Franz Jung Werke in Einzelausgaben

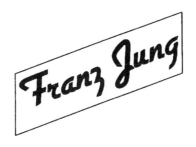

ABSCHIED VON DER ZEIT

**Herausgegeben von
Lutz Schulenburg**

Werke 9/2

Publiziert bei Edition Nautilus

Editorische Notiz: Als Druckvorlagen wurden die Originalmanuskripte verwendet, wo dies nicht möglich war, wurden für diese Ausgabe gedruckt vorliegende Fassungen benutzt. Bereits in anderen Buchausgaben erschienen: *Über die Bedeutung der Aktion, Betr. Die Hammersteins, Roger Boscovich, Die Albigenser, Amerikanischer Bürgerkrieg, Wie dem auch sei, Frank Ryberg illustriert die Welt, Paris entdeckt den Hering* in: *Franz Jung Schriften und Briefe in zwei Bänden,* Verlag Petra Nettelbeck, Salzhausen 1981. *Die Albigenser* in: *Franz Jung, Revolte gegen die Lebensangst. Die Albigenser,* Verlag Brinkmann & Bose, Berlin 1983.
Eigentümlichkeiten in der Orthographie und Zeichensetzung Jungs wurden weitgehend beibehalten, nur offensichtliche Fehler wurden korrigiert, fehlende Satzglieder ergänzt. Für die freundliche Hilfe und Überlassung der Manuskripte danken wir dem *Deutschen Literaturarchiv* in Marbach und der *Stiftung Archiv der Akademie der Künste* in Berlin. Ein besonderer Dank allen, die durch ihre uneigennützige Hilfe seit 1981 diese Werkausgabe ermöglichten. Mitarbeiter des vorliegenden Bandes: Andreas Hansen, Klaus Voß und Rembert Baumann.

Originalausgabe
Edition Nautilus Verlag Lutz Schulenburg
Am Brink 10 · 21029 Hamburg
Alle Rechte vorbehalten · © Verlag Lutz Schulenburg
1. Auflage 1997
ISBN: 3-89401-280-3 (Pb)
ISBN: 3-89401-281-1 (Ln)
Printed in Germany

Sieglinde Mierau gewidmet

I. Autobiographisches

AUS DEM SCHULHEFT 1903

Die feinsinnige Bemerkung, einmal gefallen bleibt bestehen. Wie eine kostbare Sache, die man in eine Zimmerecke stellt, nicht immer denkt man dran, aber plötzlich bei geringfügigen Anlässen, zieht es an der Seele vorbei. Aha, da bist du, der Geist umklammert es wie etwas unendlich Wertvolles u. Kostbares, saugt es heimlich in sich hinein. Man fühlt ein dichterisches Fluidum eine tragische Stimmung und die Lippen murmeln vielleicht irgend einen geliebten Namen, an den sich tausend Erinnerungen knüpfen.

Daß das Denken solche Schwierigkeiten macht. Bald ists Phantasie, bunte Gestalten, denen man nachjagt, bald eine große Leere, ein dumpfes schwarzes Loch, in das man hineinsieht, aber das Denken, wenn die Leute sagen „er denkt" das kenne ich nicht.

Du (zärtlich) es ist aber doch merkwürdig weißt du, ich liebe sie doch, unsere Backfische es liegt so etwas Pikantes in ihnen, der Reiz, ihre Gedanken offenzulegen diese Backfischpoesie, in den Pensionaten, die Freundinnenliebe – weißt du ich könnte sie zerdrücken, die Knospen. Langsam kneten und pressen wie ein Schraubstock. Hahaha, was ich hier rede – dabei habe ich nie davon gekostet. Alles romantisch bei mir. Immer nur so aus der Ferne geliebt. Und doch hab ich wenigstens Liebesgedanken gehabt. Wenigstens etwas. Ich bin kein Eroberer. Nur nicht um Liebe werben. Wer mir die Liebe anträgt, den liebe ich. Weißt du deswegen habe ich auch noch keinen Mädchenmund geküßt. Das bringe ich einfach nicht fertig, so frischweg losküssen. Und angeboten ist mir noch keiner worden.

Weißt du, so ein recht herziger Backfisch. So jung und frisch, und so viel Kraft in den Gliedern. Das fröhliche Rosengesicht, die blonden oder braunen schwellenden Haare zierlich ums Köpfchen gelegt und so recht trotzig und selbstbewußt in die Welt blicken. Ja, da freut man sich – und dann, wenn man sie zu zweien sieht, wie sie heimlich tuscheln und lachen, wie sich das Gesichtchen verzerrt und alt wird, wie die Augen, die klugen Rehaugen auf einmal blinzeln, so verdorben im innersten Kern, so angefault. Wie hasse ich solche Freundinnen meiner Freundinnen. Wie oft habe ich mich begeistert für so ein zierliches, knospiges Geschöpf und dann verbittert mußte ich erkennen, daß sie gar das war, für das ich sie sah, gar nicht frisch, und gerade ihre Frische zog mich an, gar nicht rein und unschuldig.

Also wenn ich was gewinne, komme ich aus dem Lachen nicht heraus. Nur das Verlieben macht Spaß. Ich werde dann zur Persönlichkeit. Uns modernen Menschen fehlt die Kraft, sich selbst zu belügen, daher fehlt es auch an Begeisterung. Wenn ich nur wüßte, was mich zerpflückt hat, daß aus 2erlei Blut niemals ein einziges wird. Die Chemie [davor, durchgestrichen: Der Teufel] geht doch noch allzu sehr nach Äußerlichkeiten. Ein Arzt erzählt, daß er aus Neugierde Arzt geworden ist. Ein Versicherungsbeamter, der einst Dichter und Jurist war (Idealist auf Geldbeutel), die Frau Großstadtkind mit 17 Jahren Lesen lernte (erzählt der Tochter ihre Lebensschicksale) Der Sohn verbummelter Student, Dr. phil. Geliebter der Tochter, der sich als Psychologe entpuppt. Tochter ist schwindsüchtig.

Kamm anschaffen. Gedanken wie Billardkugeln. Gedanken eines Menschen, der die Nacht schlaflos vor Zahnschmerzen gelegen hat. Idioten. Weib spricht am Grabe mit dem toten Kinde. Ich fühle eine Zange so etwas Zusammenziehendes in meinem Kopfe. Seine Stimmung drängte nach Ausdruck, monoton wie das Klagen des Herbststurmes. Warum bist du gefallen. Er hat mich so gebeten. Was tust Du (verzückt). Deine Haare (lüstern) Schluß. Du Tier. Raskolnikoffstimmung. Benimmt sich wie ein Huysmanscher Graf. Ich will dies Schweigen nicht hören. Wissen Sie ich fürchte mich vor mir selbst, darum spiele ich um Himmelswillen, nicht gewinnen da benimmt man sich ja wie ein junger Hund.

AUS DEM NOTIZBUCH 1906–08

Die große Sehnsucht

Gewitter liegt in der Luft. Eine unerträgliche Schwüle. Die beiden Freunde, der fünfzehnjährige Fritz und der 12jährige Paul haben, auf einer Fußwanderung begriffen, im Chausseegraben vor der Sonnenglut Schutz gefunden. Paul, die edel geformten Glieder lässig reckend, ist dem Einschlafen nahe. Fritz liegt lang ausgestreckt auf dem Rücken und grübelt. Seltsame, wirre Träume. Von älteren Kameraden hat er manche Worte gehört, die ihm etwas geheimnisvoll Süßes verkündeten, ihm das Blut in die Wangen trieben, ohne daß er wußte warum. Jetzt sann er darüber nach. Er fühlte die Luft erfüllt von etwas Neuem, Ungeheuerlichem. Das Blut hämmerte in den Schläfen. Mit gierigen Blicken stierte er auf den Schlummernden. Minuten vergingen. Eine Hummel kreiste taumelnd um die beiden. Leise wälzte sich Fritz an den Freund heran, wieder vergingen Minuten. Da plötzlich ein gurgelnder Laut. Krampfhaft umklammert er den Ahnungslosen. Fester und fester. Kein Laut. Nur dumpfes Keuchen. Jener versucht, mit den Beinen nach hinten ausschlagend sich zu befreien, doch der andere drückt die Knie zusammen und zwingt ihn, am ganzen Körper vor Erregung bebend, zu Boden. Sein Gesicht ist grauenhaft verzerrt. Mit den Zähnen hat er sich in Pauls Rock festgebissen. Atemlose Stille. Dann läßt es langsam nach. Das Ungeheure, Geheimnisvolle, das er erwartet hatte, ist nicht eingetreten. Allmählich kehrt die Besinnung zurück. Schweißtriefend erhebt sich Paul und blickt verschüchtert u. zitternd auf den Freund. Dieser sitzt am Grabenrande und weint.

Korpsgeist

In der Klasse übersetzt einer oder trägt irgend etwas vor. Er hat das Pech, stecken zu bleiben oder irgend einen falschen Ausdruck zu gebrauchen. Natürlich entsteht sofort ein allgemeines Kichern, der größte Teil meldet sich möglichst auffällig. Der

Lehrer wird aufmerksam, der Schüler wird verwirrt und fällt rein.

Es soll zu einem Feste, zu einem Ausfluge, Geld gesammelt werden. Anfangs sind alle begeistert. Allmählich kommen einige und schließen sich aus (natürlich aus vorgeschobenen Gründen). Die ganze Sache fällt damit ins Wasser.

In beiden Fällen fehlte der Korpsgeist.

Was ist also Korpsgeist? Korpsgeist ist das ausgeprägte Bewußtsein gemeinsamer Interessen, das Unterordnen des einzelnen zum Besten der Standesgenossen. Korpsgeist ist die selbstlose Unterstützung des Mitschülers in Not u. Gefahr.

Akademiker, Handwerker, Straßenkehrer schließen sich zu Vereinen zusammen, um ihre Standesinteressen zu fördern und ihren Anschauungen Gewicht zu verleihen. Den Schülern ist jede Organisation verboten und – leider muß es gesagt werden – mit Recht. Wir zählen in unsern Reihen Leute, die nach oben hin mit gekrümmtem Rücken dastehen, nach unten hin aber Fußtritte verteilen, Leute, denen man lieber Bleisoldaten und Anziehpuppen in die Hände geben möchte, als daß man mit ihnen über ernsthafte Dinge verhandelt, Leute, die hinter geistreich sein wollendem Spötteln ihre Dummheit und Eitelkeit ängstlich zu verbergen suchen. Eine Organisation, die aus solchen Elementen zusammengesetzt wäre, würde bedenklich mit dem Bürgerverein zu Schilda konkurrieren.

Korpsgeist ist eine Organisation ohne Satzung, ohne Übereinkunft. Was über Organisation gesagt wurde, gilt, wenn auch in erheblich gemilderter Form, auch für Korpsgeist. Vielleicht wird dieser einmal lebensfähig werden. Vielleicht. Ich glaube es nicht.

Meine Mutter

Ich stelle meine Mutter dar, wie ich sie heut sehe. Früh äußerst freundlich. Zum Mittagessen gereizt, nervös. Mir kommt sie immer vor, als wenn sie etwas erschnüffeln wollte. Ein tückischer, bauernschlauer Ton ist an ihr vernehmbar. Sie wartet bloß, bis ich irgend eine schärfere Antwort gebe, um gleich wie ein Kettenhund über mich herzufallen. Werde ich nun dadurch noch gereizter, so schleicht sie sich katzenfreundlich an mich heran und treibt nun ein grausames Spiel mit mir, Tücke u. Bosheit im Gesicht. In jenen Augenblicken hasse ich sie. Einmal erklärte ich ihr es, da fing sie an zu lachen. Später klagte sie es dem Papa und heulte die ganze Nacht. Da verachtete ich sie. War nachmittags Krach, möchte sie dann abends alles wieder gut machen. Ein großes Gejammer über den ungeratenen Sohn, tragikomische Predigten, Tränen. Schlußwort: Wie war doch die Cläre besser. Ein psychologisches Rätsel, vielleicht gar Problem.

MEINE SOLDATENZEIT

In meiner Ausbildungszeit in Spandau fühlte ich mich sehr wohl, wenngleich ich wegen meines schlechten Schießens und auch Grüßens manche Unannehmlichkeit hatte. (Beide Mängel rührten von meiner Kurzsichtigkeit her.)

Mitte Oktober fuhr ich mit einem Ersatztransport über Sagan, Kattowitz nach Polen. Der Transport traf das Regiment in der Gegend von Kutno. (Es war die Zeit des allgemeinen Rückzuges von Ivangorod bis zur Grenze.) Verschiedentlich, da unsere Division als Nachhut angesetzt war, hoben wir Aufnahmestellungen aus, die letzte bei Zarbic. Es wurden große Marschleistungen verlangt, auch mußten Wege ausgebessert werden. Ich kam zwar Anfang November in Myslowitz in sehr erschöpftem (ausgehungerten) Zustande an, doch in fröhlicher Stimmung. Ich spürte keinerlei Bedrückung.

Wir fuhren dann mit der Eisenbahn bis Hohensalza und traten über Kutno den Vormarsch auf Lodz an. Die Schlacht bei Kutno machte unser Regiment in zweiter Linie mit. Auch hier mußten wir etwa 10 Tage hintereinander ohne Ruhetag täglich 30-40 km marschieren bei sehr schlechten Quartieren. Es herrschte meist Mangel an Brot. Die Stimmung blieb aber eine gute, obwohl sehr viele an Ruhr litten.

In Brzeziny zeigten sich auch bei mir die Anzeichen eines heftigen Durchfalls. Er verschlimmerte sich bald so, daß ich die Gewalt über die Entleerungen völlig verlor und immer naß und schmutzig war. Da ich auch meine Unterkleidung weggeworfen hatte, so war ich bald in einem körperlich sehr schlechten Zustande, auch war es zu der Zeit bereits bitter kalt, es schneite zumeist. Obwohl die Kameraden mir rieten mich krank zu melden, unterließ ich es. Ich fühlte mich auch an und für sich noch frisch. In der Zeit vom 20. und 21. November hatten wir kleinere Gefechte zu bestehen (Vertreibung des Feindes aus einem Dorf, Abwehr eines Überfalls auf die Bagage). Am 22. wurden wir zum Angriff auf überlegenen Feind angesetzt. Wir wurden mit Schrapnells und Granaten überschüttet, gerieten von allen Seiten in Maschinengewehrfeuer und lagen von 10 Uhr morgens bis nachts 2 Uhr in notdürftig gegrabener Deckung. (Ich hatte keinerlei „Kanonenfieber"; ich fühlte mich sehr wohl und wie befreit.) In der Nacht litt ich sehr unter der Kälte. Wir mußten in der Früh eiligst zurück, blieben dann zwei Tage in einem Dorf unter Verhältnissen, in denen etwa 10.000 Mann durcheinander gekommen waren und ohne jede Nahrung, bis in der Nacht zum 25. der Durchbruch nach Brzeziny gelang. Wir liefen die Nacht durch unter dem heftigen Feuer der Russen mitten zwischen Artillerie und Bagagekolonnen. Auf dem Marktplatz in Brzeziny brach ich zusammen und konnte nicht mehr weiter, doch hatte ich mich am Nachmittag wieder soweit erholt, daß ich mich der Kompanie, die einen Gefangenentransport nach Kolo hatte, wieder anschloß. Ich schleppte mich noch mühselig einen Tag zu Fuß mit, dann fuhr ich mit verwundeten Gefangenen zusammen auf einem Bagagewagen. In Kolo kam ich ins Feldlazarett und wurde von dort nach Züllichau transportiert.

Ich empfand weniger Schmerzen, vielmehr war ich völlig apathisch und dämmerte die Zeit hin.

Die Hautwunden heilten schnell, der Durchfall ließ erst in der Zeit meiner Haft nach.

Meine Beziehungen zu meiner jetzigen Frau begannen in Breslau im März 1910 damit, daß sie – ich war mitten im Referendarexamen und über eine zunehmende innerliche Vereinsamung in sehr verzweifelter Stimmung – mir freundschaftlich sehr entgegenkam, ohne daß an einen sexuellen Verkehr gedacht wurde; sie war damals mit dem Berliner Schriftsteller Gustav Werner Peters, jetzt Redakteur in Mannheim, offiziell verlobt und hielt sich in Breslau zu Besuch bei ihrer Mutter auf. Sie hielt mich von meinem damals sehr starken Trinken ab, besuchte mich oft in der Wohnung, blieb auch häufig nachtsüber bei mir, ohne daß es indessen zu einem sexuellen Verkehr kam. Wir waren beide in weltschmerzlicher Stimmung. Es kam erst zu einem Sexualverkehr Ende April, als sie ein Engagement nach Petersburg angenommen hatte und vor der Abreise stand; ich mußte mehr dazu gezwungen werden. (Ich hatte von jeher eine fast unüberwindliche Scheu gegen jeden Sexualverkehr überhaupt.)

Ich geriet in solche Abhängigkeit, daß ich es nach ihrer Abreise im Mai in Breslau nicht mehr aushielt und ihr nachreiste. Im Juli, als wir wieder in Berlin waren, wollte sie sich von mir trennen. Ich machte ihr eine derartige Verzweiflungsszene auch vor den Hausleuten, daß sie schließlich blieb. Sie quälte mich dann damit, daß sie mir immer aus ihrer Lebensgeschichte erzählte, u.a. daß sie mit mehreren Männern, die sie heiraten wollten, bereits zusammengelebt, aber schließlich immer selbst das Band wieder zerrissen hätte. Es kam darüber häufig zu Streitigkeiten, so daß ich oft in ohnmächtiger Wut Gegenstände im Zimmer zertrümmerte.

Im Juli 1911 wurde ein Kind geboren, und ich mußte aus der Andeutung des Arztes entnehmen, daß meine Frau geschlechtskrank war, ich erfuhr bruchstückweise die Einzelheiten, u.a. daß eine Reise 9 Monate vorher zu ihrer Mutter dazu gedient hatte, sich im Krankenhaus behandeln zu lassen. Alles das machte auf mich einen niederschmetternden Eindruck.

Im Verlauf der nächsten Monate kam es darüber zwischen uns zu häufigen Auftritten, auch vor meinen Eltern, da meine Frau glaubte, ich achtete sie geringer und eigentlich darauf lauerte, daß ich mich ihr entfremdete, während ich nur in einer ohnmächtigen Verbitterung verblieb und mir vornahm auszuharren. (Das Kind, das anfangs bei ihrer Mutter war, nahm schließlich meine Mutter zu sich, da sich Spuren syphilitisch infizierten Blutes zeigten und es in ärztlicher Behandlung bleiben sollte; es waren damals noch alle Beteiligten sehr damit einverstanden.)

Im Winter 1911/1912 und Sommer 1912 kam es in München in der Pension Führmann, wo wir wohnten, fast täglich zu großen Schrei- und Prügelszenen; einmal wurden wir auch deswegen mit einer Polizeistrafe belegt. Meine Frau hatte viele Leute um sich, die sie gegen mich aufhetzte und denen sie auch erzählte, das Kind sei gar nicht von mir. Ich war ganz ohnmächtig diesen Dingen gegenüber, aber entschlossener als je auszuharren.

Im Herbst 1911 wollte ich mich vor einem völligen Zusammenbruch meiner Nerven retten, in dem ich eines Tages plötzlich aufs Land fuhr und ein paar Wochen als Hopfenzupfer bei einem Bauer arbeitete. Die Frau hatte mich aber dann ausfindig gemacht, kam nachgefahren, und ich fuhr wieder mit ihr zurück.

Im Jahre 1913, in dem ich bereits sehr viel literarisch arbeitete, wollten wir auf Grund von Psycho-Analyse unsere Beziehungen geordneter gestalten; wir sahen beide ein, es konnte so nicht weitergehen. Die Beruhigung war aber immer nur vorübergehend, die Scenen dann desto heftiger, häufig mußte der Hauswirt eingreifen. Meiner Frau war meine literarische Tätigkeit verhaßt und sie suchte sie auf jede Weise herabzusetzen. Sie hat sich aber auch gegen jede Tätigkeit von mir überhaupt gewandt und was ich auch immer anfangen wollte, mir zu verleiden versucht. Der Streit schloß jetzt auch immer damit, daß sie darauf drängte, das Kind zu sich zu nehmen.

Der Ausbruch des Krieges ließ in mir den Entschluß reifen, durch meinen Eintritt ins Heer dem Jammer dieser Zustände ein Ende zu machen. Ich glaubte fest daran, daß, falls ich zurückkommen würde, die Beziehungen zu meiner Frau klar gestaltet sein würden. Ich wollte keine schwülen Beeinflussungen mehr um mich dulden.

Ich hoffte, daß die Zeit an sich und meine Abwesenheit auf den Charakter meiner Frau beruhigend und klärend wirken würden. In dieser Hoffnung ließ ich sie in Züllichau, wohin ich aus dem Feld ins Lazarett gebracht worden war, von meinem Dortsein benachrichtigen.

Meine Frau besuchte mich dort mit dem mir persönlich unbekannten Dr. Serner, der einen sehr unsympathischen Eindruck auf mich machte. Ich sollte sogleich ein Schriftstück unterzeichnen, wonach Dr. Serner als Beistand meiner Frau ständig Zutritt zu meiner Wohnung habe. (Der Portier hatte vor dem Vormundschaftsgericht infolge der häufigen Besuche Dr. Serners über den Lebenswandel meiner Frau Ungünstiges ausgesagt.) Ich erfuhr von dem Kampf, den meine Frau gegen meine Eltern um das Kind führte, von allen Auftritten in Neiße und Berlin. Ich sah alle meine Hoffnungen zusammenbrechen.

Am nächsten Tag bekam ich ein Telegramm, daß mein Vater während des Besuches meiner Frau das Kind mit Gewalt aus der Wohnung geholt hatte. Ein Tag später war meine Frau wieder in Züllichau, in schrecklicher Aufregung und von mir Hilfe erwartend. Mir war furchtbar zu Mute, ich konnte keinen klaren Gedanken fassen. (Es kam hinzu, daß ich im Lazarett die nervösen Druckschmerzen im Kopf an den Stellen, wo der Helmrand eingedrückt hatte, verspürte, die sich in den folgenden Tagen bis ins Unerträgliche steigerten. Ich bekam große Angst, daß ich Krämpfe bekommen würde und dachte, daß das nervöse Zucken am Körper die Anfänge davon sind.)

Mitte Dezember kam ich auf mein Drängen vom Lazarett nach Spandau zum Ersatzbataillon. Von dort sollte ich wieder ins Lazarett kommen. Vorher aber wollte ich noch die Sache mit dem Kind irgendwie in Ordnung bringen, und da ich zwischen 12-1 Uhr mittags ins Lazarett eingeliefert werden sollte, fuhr ich um 10 Uhr zu meiner Frau, die mich nach dem Vormundschaftsgericht brachte.

Beim Vormundschaftsrichter blieb ich über 2 Stunden, während meine Frau draußen wartete. Die 4 Jahre unseres Zusammenlebens wurden mit allen häßlichen Einzelheiten durchgegangen, ich hörte, daß mein Vater gegen mich vorgehen wollte, wodurch noch die letzte Hoffnung auf eine friedliche Verständigung vernichtet war, hörte, daß mir die väterliche Gewalt über das Kind bereits abgesprochen war. Ich glaube, daß Schlimmste war, daß ich nun, was solange aus freien Stücken geschehen, jetzt zwangsweise an die Seite meiner Frau gekettet war.

Vor dem Haus empfing mich meine Frau, die glaubte, ich hätte mich gegen sie gestellt vor dem Richter, laut schreiend mit Vorwürfen, wollte auf mich eindringen, so daß sich schon die Passanten um uns sammelten.

Da es schon fast 2 Uhr war, fuhren wir dann zu unserer Wohnung, wo ich mich ins Bett legte. Ich konnte es vor Kopfschmerzen nicht mehr aushalten.

Ich sollte dann am andern Morgen in ein Lazarett in Schöneberg gebracht werden. (Durch Veranlassung von Dr. Serner.) Da fuhr ich nach dem Riesengebirge. Ich wollte von allen Menschen fort und absolute Ruhe. Und doch glaubte ich auch, ich könne ohne meine Frau nicht sein. Ich habe mich dann später hilflos an sie geklammert und war ganz willenlos.

Nach den ersten Stunden nach meiner Verhaftung fühlte ich mich erst erlöst. Ich war dann die ersten Wochen in meiner Haft unbeschreiblich glücklich, wie ich niemals vorher in meinem Leben mich gefühlt habe.

AUSSAGEN VOR DEM KRIEGSGERICHT

Spandau, den 12. März 1915.
Ich bin am 26. November 1888 geboren als Sohn des Stadtrat und Genossenschaftsdirektor Franz Jung in Neiße, besuchte dort Volksschule und Realgymnasium und studierte dann auf den Universitäten Leipzig, Jena, Breslau Jura und Nationalökonomie. Im 6. Semester lernte ich meine jetzige Frau kennen, die als Schauspielerin an einem Varieté tätig war und der ich nach Petersburg nachreiste. Darüber kam es zu einem Bruch mit meinem Vater – ich heiratete diese Frau, als ich volljährig wurde – und ich wurde so bald genötigt, mir den Lebensunterhalt selbst zu verdienen. Es geschah dies teils durch selbständige belletristische Arbeiten, teils durch Beschäftigung in Redaktionen. Ich lebte abwechselnd in München und Berlin.

Als die allgemeine Mobilmachung angeordnet wurde, war ich als Redakteur in der Correspondenz Gelb angestellt. Ich erwähne das, weil ich bereits 2 Jahre vorher diese Stellung einmal eingenommen und infolge Unstimmigkeiten in meiner Ehe – ich wollte damals mein Studium wieder aufnehmen – aufgegeben hatte. Wenn ich nun im Mai v. J. wiederum diese Stellung annahm, so tat ich dies unter dem festen Entschluß, mich unabhängig von den meine Ehe bedrückenden finanziellen Sorgen, die auf der Unsicherheit eines bestimmten Einkommens beruhten, zu machen, aber auch weil ich in den Beziehungen zu meiner Frau mich selbständiger und unabhängiger zu machen gewillt war. Dies alles wurde bei Ausbruch des Krieges nur noch verstärkt. Ich sah die Möglichkeit, die Vertrottelung meines Lebens mit einem Schlage gut zu machen, indem ich ins Heer eintrat. Es mußte sich erweisen, ob ich überhaupt noch eine Existenzberechtigung hatte oder nicht, und zwar stand es bei mir fest, daß ich diese Probe nur im Heere an der Front ablegen konnte, nicht in irgendeiner der vielerlei Tätigkeiten, in denen ich mich hätte vielleicht [nützlich?] machen können.

Ich gab sehr zum Bedauern meines Chefs meine Stellung kurzerhand auf und meldete mich bei den Berliner Garderegimentern der Reihe nach als Freiwilliger, wurde aber nirgends angenommen, schon bevor man mich erst untersuchte – ich hatte einen Paß auf Landsturm ohne Waffe. Ich fuhr dann nach Neiße in der Hoffnung, durch die Fürsprache meines Vaters vielleicht anzukommen, aber auch dort ohne Erfolg; in Breslau wurde ich beim 6. Pionier-Bataillon untersucht, aber meiner großen Kurzsichtigkeit wegen, die ca. 7 gemessen wurde, als untauglich zurückgewiesen. Ich hatte mich inzwischen resigniert an das Kriegsministerium gewandt und mich als Dolmetscher zur Verfügung gestellt, gleichzeitig aber auch ein Gesuch an Seine Kgl. Hoheit den Kronprinzen um Einstellung ins Heer gerichtet, worin ich auch darauf hinwies, man sollte mich doch wenigstens versuchen lassen. Ich bekam das Gesuch in wenigen Tagen zurück mit dem Bemerken, ich sollte mich noch einmal bei einem Regiment melden. So kam ich nach Spandau zum Garde-Grenadier-Regiment Nr. 5. Da man mir schon auf dem Korridor sagte, es würde fast jeder genommen, zeigte ich das Schreiben nicht erst vor. Bei der Untersuchung bejahte ich die Frage, ob ich gut sehe; untersucht wurden die Augen nicht. Auf meine Kopfnarbe deutend zweifelte der untersuchende Stabsarzt, ob ich würde überhaupt einen Helm tragen können. Ich sagte der Wahrheit nicht entsprechend, ich hätte noch niemals irgendwelche Bedrückungen davon gespürt. Schließlich meinte der Stabsarzt, jedenfalls sollte ich nach ein paar Wochen mich nochmals bei ihm melden. So wurde ich aufgenommen. (Bezüglich dieser Kopfverletzung ist zu sagen, daß ich sie auf einer Säbelmensur in Jena erhalten habe. Es war erst ein schmaler langer und ziemlich tiefer Schnitt, der wegen oberflächlicher Verheilung ständig eiterte und schließlich dauernd nervöse Kopfschmerzen verursachte. Es wurde so schlimm, daß sich zudem Angstempfinden und Krampferscheinungen hinzugesellten, daß ich mich in den Ferien zu Haus in Behandlung begeben mußte. Ich hatte Angst vor Krämpfen, litt an Sehstörungen, heftigem Zittern, dazu kam, daß ich das Schicksal meiner Schwester, die mit 24 Jahren plötzlich an einem Nervenleiden verschied, ohne daß die vielen Ärzte, die mein Vater konsultierte, eine nähere Todes- und Krankheitsursache angeben konnten, immer drohend vor Augen hatte, auch meine Mutter ist schwer nervenleidend. Die Verletzung am Kopf mußte schließlich noch zweimal operiert werden, einmal unter Narkose.)

Ich war gern und mit großer Liebe Soldat. Allerdings bekam ich beim Scharfschießen manches harte Wort zu hören – ich wollte es nicht eingestehen, daß ich auch trotz der Schießbrille, die ich mir angeschafft hatte, das Korn durch die Kimme hindurch überhaupt nicht und die Scheibe nur verschwommen sehen konnte. Ich litt zwar in den beiden letzten Wochen der Ausbildung unter Kopfschmerzen, doch brachte ich sie mit den mir doch ungewohnten Marschstrapazen in Zusammenhang.

Auch im Feld spürte ich zunächst keinerlei Bedrückung. Ich litt Mitte November an heftigem Durchfall und war so unklug, die Unterwäsche, die ich mir beschmutzt hatte, wegzuwerfen. Da wir längere Zeit keinen Rasttag hatten und die Bagage, bei der sich mein Tornister befand, von der Kompagnie abgekommen war, mußte ich nur mit Hose und Waffenrock auf dem Körper weiterlaufen bei immer heftigerem Durchfall. Es bildeten sich an den Oberschenkeln und in den Kniegelenken Geschwüre, so daß ich kaum mehr gehen konnte, und schließlich gezwungen war mich krank zu melden. Ich fuhr die letzten Tage – die Kompagnie hatte einen Gefangenentransport bis Kolo – in der Bagage mit und in diesen Tagen brach ein plötzlicher und vollkommener Kräfteverfall über mich herein. In Kolo wurde ich im Etappen-Lazarett verbunden und am nächsten Tag bis zur Grenze und von dort nach Züllichau ins Lazarett gebracht. Dort konnte man sich die Wunden nicht anders erklären, als daß ich Syphilitiker bin, trotzdem ich bisher niemals Erscheinungen bemerkt hatte.

Ich war so erschöpft, daß ich die ersten 4 Tage nicht aus dem Bett aufstehen konnte. Dort in dem Lazarett stellten sich auch die nervösen Kopfschmerzen ein mit allen Begleiterscheinungen, wie ich sie als Student schon durchgelitten hatte. Ich konnte nicht auf dem Rücken liegend nach der Decke sehen, da sich sofort Krampferscheinungen im Kinn und in den Wangen bemerkbar machten, ich bekam schreckliche Angstzustände, ich würde in Krämpfe fallen, ich hatte das Gefühl, ich müßte immer aufpassen und an mich halten, daß ich nicht laut schreie. Der Oberstabsarzt, den ich darauf aufmerksam machte, sagte: Wir heilen hier zunächst nur die Wunden – Sie müssen dann noch nach einer Anstalt, wo Sie mehr Ruhe finden.

Ich war vielleicht den 4. Tag im Lazarett, als meine Frau in

Begleitung eines andern Herrn, der mir als Dr. Serner vorgestellt wurde, mich überraschend besuchte. (Ich hatte allerdings bei meiner Einlieferung eine Schwester gebeten, meine Frau zu benachrichtigen.) Doch die Freude über den unerwarteten Besuch war nur von kurzer Dauer. Sie teilte mir gleichzeitig mit, daß sie unbedingt ein Schriftstück von mir brauche, daß ich den Dr. Serner mit der Führung meiner Angelegenheiten während meiner Abwesenheit beauftragt hätte und daß derselbe stets Zutritt zu meiner Wohnung habe. Ich erfuhr dabei noch, daß meine Frau unser Kind, das bei meinen Eltern bisher erzogen wurde, mit Hilfe des Dr. Serner in den letzten Wochen von meinem Vater weggenommen hatte, daß mein Vater ihr nach Berlin nachgereist war und gerade jetzt dort anwesend war, um seinerseits Schritte zu unternehmen, das Kind wieder zurückzuerhalten. Die häufigen Besuche des Dr. Serner in meiner Wohnung sollten hierbei irgendwie von Bedeutung sein. (Ich muß hierbei noch erwähnen, daß, etwa im Oktober, ich meinem Vater, der von mir eine Erklärung wünschte, ich sollte ihm das Kind ganz überlassen, geschrieben hatte, daß ich, falls meine Frau wünscht, das Kind zu sich zu nehmen, diesen Wunsch billigen würde.)

Vor Erstaunen und Schreck wußte ich zunächst nicht, was ich davon halten sollte, unterschrieb die gewünschte Erklärung, um zunächst Ruhe vor den weiteren Reden zu haben, und war froh, als die Frau mit Dr. Serner wieder zur Tür hinaus waren. Aber ich war auch furchtbar aufgeregt und verzweifelt. Am nächsten Tage bekam ich schon einen Brief, daß mein Vater das Kind wieder zugesprochen erhalten hat, sich mit Gewalt, während die Frau in Züllichau war, das Kind geholt hat, der Ton des Briefes ließ auf erregte Auftritte im [?] schließen. Ich konnte mir nicht mehr helfen, ich sah mich mitten hineingezogen in diese Sachen, es gab kein Herauskommen mehr. Am übernächsten Tag war meine Frau wieder in Züllichau, sprach erregt auf mich ein, ich müßte das Kind retten, ich müßte zum Vormundschaftsgericht, sie brachte auch bereits Vollmachten für einen Rechtsanwalt mit, die ich unterschrieb. Sie fuhr den gleichen Tag wieder ab, und mir blieb nur die schmerzliche Empfindung zurück, daß sie mit keinem Wort nach meinem Zustand sich erkundigte. Ich bat nun den Oberstabsarzt, mich wenn irgendmöglich bald zu entlassen, ich konnte schon etwas gehen und wegen des Nervenleidens würde ich in Berlin Spezialisten konsultieren.

Ich kam dann nach Berlin. Unterdessen hatte ich mich an den Gedanken geklammert wie als eine letzte Rettung, nach Neiße zu fahren und persönlich mich mit meinem Vater auseinanderzusetzen. Der Stabsarzt, dem ich in Spandau zur Untersuchung vorgestellt wurde, riet mir nach Haus zu fahren, dort könnte ich mehr Ruhe und Pflege finden als hier in einem Lazarett. Ich bekam aber keinen Urlaub, obwohl es vom Stabsarzt beantragt war. Der Durchfall hatte sich zudem wieder in besonderem Maße eingestellt, so daß ich die Darmentleerungen kaum mehr beherrschen konnte und immer voller Kot war. Den nächsten Tag lag ich den ganzen Tag zu Haus – es war, glaube ich, ein Sonntag. Als ich abends nach der Kaserne fuhr, kam es auf der Straße zwischen mir und der Frau wegen der Kinder zu einem heftigen Auftritt. Am Montag früh bat ich nochmals um Urlaub, wurde auch noch mal dem Oberstabsarzt vorgestellt und sollte ins Lazarett in Spandau. Zwischen 12 und 1 Uhr mittags sollte ich eingeliefert werden. Ich faßte den Gedanken, vorher doch noch die Angelegenheit beim Vormundschaftsgericht zu erledigen, fuhr zu meiner Frau und ließ mich aufs Gericht führen.

Dort hielt mich der Richter fast 2 Stunden auf, die schmerzlichsten Stunden meines Lebens. Mein Vater hatte ein umfangreiches Schriftstück gegen mich eingereicht mit allen Briefen und Telegrammen, die ich je nach Haus gesandt hatte und alle Jugendstreiche von frühester Kindheit an unter einem bestimmten Gesichtspunkt mit der Absicht aufgezählt, mir das Recht über mein Kind absprechen zu lassen. Ich weiß nur noch, daß ich den Richter immer wieder bat, doch nicht gerade jetzt, wo meine Frau und ich ein neues Leben hätten aufbauen können, mir jede Existenzberechtigung abzusprechen.

Der Richter, der ja schon ein paar Tage vorher ohne mein Beisein sein Urteil gefällt hatte, das mir zunächst die väterliche Gewalt absprach, erklärte schließlich, er würde sich die Sache nochmals überlegen.

Unten im Hausflur wurde ich von meiner Frau in Empfang genommen, die wütend auf mich zustürzte in der Meinung, ich hätte mich von dem Richter umstimmen lassen. Ich weiß auch nicht, wie sie zu der Auffassung kam. Ich wehre mich noch einmal mit aller Kraft gegen das schreckliche Hin-und-her, das über mich hereinbrach und es kam zu einem heftigen Streit.

Da es inzwischen 2 Uhr geworden war, dachte ich, jetzt kann ich für heute doch nicht mehr ins Lazarett, und wir gingen in unsere Wohnung, heftig streitend.

Ich hatte auch das Gefühl, ich wollte noch heute ein klares und unverrückbares Ende erzielen mit allen diesen Sachen. In der Wohnung blieb ich bis abends liegen, ich hörte gar nicht mehr ordentlich, was auf mich eingesprochen wurde – der Dr. Serner war inzwischen auch erschienen – ich war völlig zusammengebrochen und konnte vor Kopfschmerzen kaum aus den Augen sehen. Es stieg mir dumpf das Gefühl auf, die beiden, die Frau und Dr. Serner, haben etwas gegen mich vor. Abends faßte ich den Entschluß, einen Bekannten aufzusuchen, mit dem ich von früher her geschäftlich zu tun hatte, den Schriftsteller Franz Pfemfert, aber mehr, weil ich den Beobachtungen meiner Frau und ihres Freundes entgehen wollte – und mein Angstgefühl wurde noch bestärkt, daß Dr. Serner nicht von meiner Seite weichen wollte und schließlich auch noch mit mir nach einem Café am Kurfürstendamm ging, wo ich den Rechtsanwalt meiner Frau, den Dr. Braun, treffen sollte.

Ich wurde direkt mitgeschleppt. Ich erinnere mich noch, daß unter den [1 Wort fehlt], die da besprochen wurden, der einer Scheidung zwischen meiner Frau und mir den weitesten Raum einnahm. Ich begriff das alles nicht. Ich wurde dann, als ich in dem Café nicht mehr länger aushielt, nach Haus gefahren. Am Morgen sagte man mir, ich würde abgeholt werden nach einem Lazarett in Schöneberg.

Ich konnte das überhaupt nicht begreifen. Für mich stand nur das eine fest, ich mußte jetzt hier fort, koste es was es wolle. Ich fühlte, vielleicht kann ich mich retten, wenn ich ganz für mich allein, ganz einsam Ruhe habe. Das Riesengebirge schwebte mir vor, eine verschneite Baude, und so fuhr ich nach Hirschberg.

Ich trug Militärhose und Stiefel, den Waffenrock, der mir zu eng war, trug ich in einer Handtasche. Ich erinnere mich heute dunkel, daß ich auch möglicherweise hinterlassen habe entweder meiner Frau oder deren Mutter, daß ich zu Dr. Preißner, einem Schulkameraden, der bei Kriegsausbruch noch Assistent an einer niederschlesischen Nervenheilanstalt war, fahren will.

In Hirschberg angekommen fragte ich, wie weit man noch an diesem Tage ins Riesengebirge fahren kann, und fuhr so bis Hermsdorf. Dort übernachtete ich und erkundigte mich am andern Morgen bei einem Postboten, den ich traf, nach einer ruhigen Baude, die auch im Winter Pensionäre aufnimmt. Ich kam so nach der Bärensteinbaude bei Saalberg. Ich weiß nicht, ob die Leute sich über mein Aussehen gewundert haben. Mir selbst ist es heute noch kaum faßlich, wie ich in meinem erschöpften Zustand überhaupt die Fahrt ausgehalten und auf den Berg hinaufgekommen bin.

Und doch ging jetzt erst eigentlich das Leiden an. Ich saß den ganzen Tag apathisch und starrte vor mich hin, grübelte über die Beziehungen meiner verstorbenen Schwester zu mir nach, die mich auch schon im Felde stärker beschäftigt hatten, und schrieb Briefe an Franz Pfemfert, eine mir aus Literatenkreisen bekannte Dame, ein Frl. Otto, an Dr. Gross, von dem ich annahm, daß er noch am Lazarett in Ungvar tätig war. (Das Lazarett war aber inzwischen infolge des Vordringens der Russen aufgelöst und nach Wien verlegt worden.) Ich weiß heute nicht mehr genau, was ich in diesen Briefen geschrieben habe; es ist möglich, daß ich über meinen Zustand geschrieben habe. Ich habe eigentlich, wie ich mich jetzt erinnere, fast den ganzen Tag unaufhörlich geschrieben, wie unter einem furchtbar lastenden Druck. Es erschienen dann auch dort meine Frau und Dr. Serner, ich glaube, sie wollten nach Neiße fahren und das Kind wieder von meinem Vater holen. Ich hatte den Eindruck, daß meine Frau mich doch noch sehr lieb hat. Dr. Serner fuhr allein wieder ab, meine Frau blieb bei mir und pflegte mich. Es hielt mich dann aber auch nicht länger dort. Ich wollte nach München zu Prof. Schrenk-Notzing, den ich durch Dr. Gross kannte und dessen Schriften mir manchen Fingerzeig für meine Beziehungen zu der verstorbenen Schwester gegeben hatten. Meine Frau wollte zunächst das Kind holen, und wenn es nötig wäre, nach München nachkommen.

Ich wohnte in München, wie mit meiner Frau vereinbart war, bei einer früheren Pensionswirtin, lag fast ständig zu Bett und wartete, was mit mir geschehen würde. Ich war zwar mitunter gequält unruhig, doch lagen die Kopfschmerzen wie hinter einem Nebel. Ich hätte für mich allein garnichts unternehmen können. Als die Frau nach München mit dem Kind kam, mietete sie für uns ein Zimmer in Gmünd b/Tegernsee. Dort sollte ich mit dem Kind warten. Sie war gegen eine Konsultation bei Schrenk-Notzing, der zudem auch garnicht in München anwesend war, ebenso auch gegen Dr. Ludwig, den ihr Bekannte empfohlen hatten und der mir auch gut persönlich bekannt war – sie betrieb unablässig die Nachforschungen nach der neuen Adresse von Dr. Gross. Als sie die Adresse erfahren hatte, fuhr sie mit dem Kind nach Wien, ließ das Kind bei einer Familie, in der Gross verkehrt, zurück, kam am nächsten Tag zurück und gab mir den Landsturmschein eines Anton Kuh, indem sie sagte, ich könnte sonst nicht nach Österreich und erst müsse ich bei Gross selbst sein, ehe er für mich etwas tun könne, auch verschaffte sie mir die noch fehlenden Civilsachen. (Wie ich dann später zum Teil aus dem Munde des Dr. Gross selbst, zum Teil von dessen Verlobten, Frl. Kuh, gehört habe, hatte meine Frau einerseits Gross nicht alles gesagt, so, daß ich ohne Wissen der Militärbehörde fort bin, andererseits hatte es Gross nicht verschwiegen, daß meine Anwesenheit für ihn, der kurz vor der Aufhebung der Curatel auf gütlichem Wege seitens seines Vaters stand, gegenwärtig nicht unbedenklich sei, immerhin aber Hoffnungen auf seine Hilfe gemacht. Meine Frau, die wußte, daß ich allein nur noch auf Dr. Gross rechnete und auch meinen Verfall stündlich vor Augen sah, hatte sich nun selbständig einen Plan gemacht, der alle momentanen Bedenken hinwegräumte, indem sie sich von dem Bruder der Verlobten des Dr. Gross, dem Schriftsteller Anton Kuh, den Landsturmschein zu verschaffen gewußt hat.

Ich riß noch einmal, als sie mich auf die Bahn zum Wiener Zug brachte, meiner Frau aus und fuhr einer plötzlich aufleuchtenden Eingebung folgend nach Stuttgart, wo ich einen mir befreundeten Dr. Müller aufsuchen wollte. (Dr. Müller war aber im Feld.)

Schließlich fuhr ich nach Wien. Ich kam in einem sehr schlimmen Zustand an, in heftigem Fieber, suchte die Familie Kuh auf und erfuhr zu meiner allergrößten Enttäuschung, daß Dr. Gross nicht an einem Spital, das für mich in Frage gekommen wäre, sondern an einem Blatternspital tätig war. Ich traf ihn abends noch kurze Zeit, ohne daß wir über meine Angelegenheit sprachen, nur oberflächliche Begrüßungen tauschten – sie führten mich gleich in ein Hotel, ich sollte mich erst ausschlafen. Am nächsten Tag konnte ich den Dr. Gross nicht sprechen, ich kam zu der Familie Kuh und litt den ganzen Tag unter großen körperlichen und psychischen Qualen, die sich größtenteils mit der vielleicht eingebildeten kühlen Aufnahme beschäftigten.

Dort hörte ich auch verschiedenes, so daß ich einen Einblick bekam, daß man über mich garnicht orientiert war. Ich war verzweifelt, aber beinahe auch gleichgültig und mehr froh, daß ich kaum eine mir zusagende Hilfe zu erwarten hätte. Ich wußte, es muß sich ja doch in den nächsten Stunden entscheiden, ich hielt es einfach sowieso nicht mehr aus. Im Hotel hatte ich auch noch dazu den falschen Namen angegeben, trotzdem mich die Leute mit dem richtigen Namen ansprachen. Am andern Tag traf ich dann den Dr. Gross an. Ich hatte schon vorher den Herrn Anton Kuh kennengelernt und diesem von seinem Papier erzählt, die ganze Familie war entsetzt und ich gab noch am gleichen Abend das Papier zurück. Mit Dr. Gross und dessen Braut war ich von Mittag bis etwa 2 Uhr nachts zusammen. Er sprach mir Mut zu, machte mir Hoffnungen, ging auf eine frühere Analyse, die er mit mir vorgenommen hatte, wieder ein, und meinte, ohne das deutsche Konsulat, zu dem ich zuerst müßte, sei vorher überhaupt nichts zu machen; vielleicht daß ich dann in ein Wiener Lazarett käme. Ich hatte das Gefühl, er geht auf manches, was ich sagte, nur zum Schein ein, merkte, wie er sich mit seiner Braut durch Blicke verständigte, und hatte die Empfindung, ihm auf Gnade und Ungnade ausgeliefert zu sein. Aber das war mir auch gerade recht. Wenns nur erst alle wäre und ich in eine Ruhe hineinkomme, dachte ich immer wieder. Wir verabredeten, ich sollte den morgigen Tag mit der Familie Kuh verbringen, er würde zunächst sich noch bei Kollegen erkundigen, und dann würden wir das Notwendige tun. Vor dem Hotel, in dem die Familie Kuh wohnte, wurde ich dann am nächsten Tag verhaftet. Ich muß noch hinzufügen, daß, solange Dr. Gross mit mir sprach, ich ruhiger und zufrieden war, in der Nacht aber nach seinem Weggang ich eigentlich den quälenden Druck empfand, auch hier keine Hilfe gefunden zu haben und wenn ich körperlich noch imstande dazu gewesen wäre, am liebsten wieder hätte fortlaufen wollen.

Abgesehen von der Stunde, die der Verhaftung folgte, sind mir die ersten Wochen meiner Haft als äußerst glückliche in

Erinnerung. Es tat mir alles unbeschreiblich wohl. Ich begann dann zu arbeiten und arbeite noch mit ziemlich drängender Hast an Problemen und Entwürfen, die mir schon von langer Zeit her sozusagen liegen geblieben sind.

Wenn heute mitunter quälende Einflüsse der Haft sich wieder geltend machen, so hängt dies damit zusammen, daß, während ich die unscheinbarsten Einzelheiten meines Lebens in die Erinnerung zu zwingen und bewußt zu machen bemüht bin, die eine Frage immer drohend und offen bleibt, warum gerade bei mir nur mit Schmach und Erniedrigung enden muß, was Tausend und Millionen anderer den Halt für ein ganzes neues Leben gibt.

LEBENSLAUF*

Franz Jung, a native of Upper Silesia, was born in Neisse, at the time (1888) the German-Polish frontier region. He was the son of a watchmaker. Interested in literature and music, he has composed folk songs. He studied at the universities of Jena, Breslau and Munich, and left in the middle of his final law examination, to lead an independent life as agricultural worker and hop-picker. He shed himself of political and party allegiances, of external sentimental or romantic influences; he accepted only the profound realization that his life had to be led in opposition to the current conventions. That is the characteristic feature of his life and of all his literary productions.

In 1913 appeared his first work „Das Trottelbuch", as a collection of short stories, a book which at that time caused a great sensation in German literary circles and aroused heated debates. The outbreak of the first world war immediately afterwards, prevented Franz Jung from consolidation the position he had already attained in the literary world. He refused offers from the leading German publishing houses of the time (S. Fischer, Insel-Verlag, Kurt Wolff) to be their opposition voice to the war in their periodical „Aktion".

He was imprisoned, forced to join the army, deserted and lived illegally in Berlin during the last years of the war. At this time he published a number of novels in the „Aktion" edition, which have been classified in the history of literature as the type „German expressionism"; these included the first psychoanalytical novel „Sophie" (1917), which is a detailed analysis of a suicide. The German collaps in 1918 led Franz Jung into the realm of street politics, and he left for Russia in 1920, to helf relief from famine, organized and Russian command transports of the foreign relief societies which were operating in Russia, and went about the country from the west to Vladivostok, and from Archangel to the Crimea. In 1923 he went into economics, re-organized the Russian match industry, licensed in Petrograd a machine factory and small amounts for [Wort fehlt] and

---

* Übersetzung der englischen Texte siehe Anhang

petroleum burners in order to provide employment for the foreign workers stranded in Russia.

At that time Franz Jung wrote quite a number of novels for the Malik publishing firm, novels which were written with a propose and without artistic ambition, as continuity novels for the workers press.

Because he refused to join the Russian party, Jung faced very serious difficulties and in order to escape arrest he fled from Soviet Russia in a highly adventureous fashion in the [Wort fehlt] of a steamer which was leaving Petrograd bound for Hamburg.

During the subsequent years, Jung fought desperately against the alternate Communist tendencies and against bourgeois society, which had no intention of forgetting or tolerating the spirit of revolt which lay deeply rooted in the soul of the writer. He did not carry on this fight by literary means; in Germany he entered the field of economics, breaking completely his former contacts.

He went into Marine Insurance, was, for two years, delegate to the Leipzig Fair in London; established some economics correspondences and, during this period, wrote two dramas as a complete „outsider" to literature. One was performed in the old Piscator Theater in Berlin, and was notoriously sabotaged by the actors and the management, a fact which was later confirmed by Piscator his memoirs. Another drama, „Legende" had its premiere at the same time in the Dresden State Theater, and was a great success. But so much press agitation was organized against it in leftist and rightist circles, that many theatres cancelled their performance contracts.

The boycotting of Franz Jung was still in full swing, and a book in the „Vorwärts" series had just been published after a long fight, when the National Socialists came to power. The old and the new books were burnt publically and Jung himself was taken into protective custody. He was released a few months later, worked for the Berlin branch of the National City Bank of New York and developed out of this an International economics correspondence, which was closed by the Gestapo in 1935. Jung escaped over the frontier while his collaborators were sentenced to long terms of penal servitude. The usual refugees' existence followed, which was not so harsh for Jung as for so many others, because he was able to carry on research work in the Balkans for Swiss insurance companies, with an office in Budapest. He spent the final years of the war there. A new drive towards literary fame seemed pending; he produced a new dramatic work for the Comedy Theater, where he had produced the Hungarian premiere of Thornton Wilder's „Our Town". As a result Jung again attracted the attention of the German authorities; was imprisoned and spent the rest of the war years in concentration camp.

He was liberated from the police camp of Boyen in 1945, and spent the following few years in Italy. Having tried vainly to get foothold on the Italian stage, Franz Jung came to the United States in 1948, refusing all offers from the East zone, as well as from the west, to return to Germany. Jung brought with him from Italy a dramatised Hitler allegory, translated into English and entitled „The Way Home". This was read to a circle of critics in the Piscator Dramatic Workshop but met with such violent opposition that Piscator could not bring himself to produce it.

VARIATIONS

Synopsis

Fundamental idea: The position of the individual in his environment. Predispositions, character and general analysis of the environment determine the relationships of one human being with another. This relationship remains constantly rigid, as experience it revolves in constant fluctuations, but it automatically returns to its basic position. Happiness and sorrow, like and dislike, love and hate, understanding and scorn, again the same demoninator ... analysis of life, evaluated on the basis of experience.

This is conjugated on one theme (man and woman) in four separate parts. The plot, taken from the past, varies from description to intensified dramatic action; is at all times fixed to the rigid basic tendency.

Care has been taken to express the variations in their different vibrations, even as regards diction and style.

The tendency to summarize is evident in all the four parts.

Finally a separate plot dealing with the same basic character is visible, only split up into four and into points of view.

It is left to the optimism of the reader to decide why man as a result of this fundamental make-up does not exterminate himself and leave the stage. It is not personal heroism to see life through to the end; man is forced into it, destined to life and prepared for death.

The book is divided up in the following manner:
Part 1: a) Getting acquainted
        b) In conversation
        c) Slipping down.
Part 2: a) Pilgrimage
        b) Theresa
        c) The way home.
Part 3: a) I love evil
        b) Amok
        c) And I chose Hell.

Part 4: a) The foolish virgin
b) Interlude and interval
c) The way into Life.

Introduction

Man is not the crowning glory of creation.

It is not my intention to offend the reader. I do not except myself, when I repeat this statement which has already been expressed by other observers, that Man as a living being, is in his functional position, a failure. According to biological classification the creature Man belongs to the group of parasites, whose conditions of existance and behavior are described and analysed in a number of manuals.

And even as a parasite, Man is imperfect. He does not only live and eat from the life atmosphere of his environment, his fellow men, neighbors and friends, he also devours himself – contrary to all the basic laws of a parasitic nature which have hitherto been known. Admittedly, philosophers, reformers and other pessimists believed they already recognized a particular deviation which is only characteristic of the human being. Cosmic life however, is only seized to an unimportant extent, in the life span of human existence.

The analysis which always shows that in the depths of one's consciousness, if it is exposed to sufficiently strong influences of so-called supernatural forces, a sediment of cosmic life is found, faint traces, which lie outside the described and analysed biological competence of the human type and lead an existence of their own; since speech and writing developed in the past centuries, a few writers have expressed their astonishment over this.

Is it of any use? Can it help at all?

I tend rather to assume that the parasitic characteristic of human society – and please do not confuse that with political and social current phrases of today – is contrary to it. I believe that the parasite, a type in the cosmos, can be nothing but a parasite, and, isolating itself by education and development, science, technology and progress, will consciously live even more parasitically on itself, and exterminates itself. To deplore that would amount to a return to the primitive stage of our development.

I feel I must excuse myself. Expect no great perspectives, no fantasies in the cosmos, in view of our limited capacity for observation. It is certain that other creatures in the biological succession will take over the cosmic task of man, will carry on with it and according to our present knowledge, accomplish it in a better manner – if one believes in life. Or they will conquer and forget the existence of the human being, if one does not believe so firmly in life, as such, in the cosmic sense.

However that may be, such forces, types and stages of development are already in existence within us and around us. But how should we poor devils know whether it will be the rats or the ants, a jelly-fish or some strange creature of the air, that will finally hold one or the other in the retort?

I have only to speak for myself, and I shall abandon the field of speculative considerations in order to lay aside my own experiences and put them to the vote.

Slipping down

This is only a letter to introduce a few general remarks.

In the course of life we are accustomed to seeing the outward side. Our thoughts, our memory and our judgement are directed towards these exterior things. Attendant on outward development, joy and sorrow are correspondingly adjusted ... feeling and soul and sediment of agreements made in the communal life of human beings from the framework, in which the material, the visible and the physical are aroused, have their being and are destined to die away. The framework is too narrow, becomes fragile and threatens to break in pieces, forced upwards by a power, which has not yet been examined and arranged in the order received. According to each stage of life and to its position in existence, this force has different names, as manifold as the meanings and misunderstandings which are bound up in it. In each individual case, at some time or another, a support is offered, a painful support; not only in the crystalizing realization that the individual is alone, but also in the rising anxiety at being unprotected and at the same time dependent and bound. Whither should one flee, where should one hide? This question is always accompanied by a beating of the pulse, one's own or the other man's.

That is because we have not learnt to look beneath the surface. It is generally considered that animals live according to their instincts; anything at all in existence that expresses life lives according to its own law; we know nothing about it. We base ourselves on outward observations, which are collected, and which we assume are legal and valid. There is unlimited room for doubt.

Even man carries this instinct with him. He may fall back on it and often attempts to create an agreement between what lives und what is. In the outward forms of existence, which we have developed for ourselves, experience becomes atrophied. It no longer agrees, it is pulled hither and thither and finally explodes as a result of this force which has for so long been neglected, ill managed, and which, having been pent-up, seeks violent expression, formed by instinct and destiny. From the rubble heaps of thoughts and perceptions, purposes and judgements it is idle to patch up for oneself a new form of experience, if one does not from the very onset turn one's gaze inward. Every individual must learn, with surprise, whether shocked or satisfied, that the external incidents of an experience, which may even comprise a whole life-time, are in reality only silhouettes projected from another inner life which, with a deeper grasp of the agreement and the disagreements, allows the possibilities for adaptation, the conflicts and the will to remain in existence to come to the force. We pay no attention to the way in which this other life ties up development, so that we are not able to recognize the time happenings, to recognize them in time, in order to do one thing or the other, to tear the ties apart or to bind them faster.

Therefore I am writing you this letter, and I have anticipated the consideration, in order to follow, step by step, the inner state of our relationship, and to summarize what necessities and what deductions were given, what could have been avoided and what remained unused. In this reminiscence, even though I am investigating it too late, lies the question concerning the guilt and the measure of responsibility on my side as well as on yours.

It is perhaps only in order to give a definite turn to an expression if I repeat that I am writing you this letter. I feel that I shall degenerate into writing more to myself, for this letter, which primarily concerns me, will not suffice for you. I shall endeavor to keep a hold on myself. It is certain, however, that it is anything but a justification, still less a request – let us already agree beforehand to consider it as the description of a condition, in an effort to see clearly, to see more clearly.

I am attempting first of all to make a survey of the different [Wort fehlt] of the decline, in which the thing each of us separately and in common were wont to consider and to preserve as something precious and inviolable, began to evaporate, until, in a moment of extreme humiliation, it was suddenly no longer there. It is essentially your way; I shall only speak of myself more fully later. I do not need to describe the height from which we may have descended, not yet, if I wish to grasp the inner development. It is curious, every human being has within him the image of a state of suspense into which he lifts himself and surveys his surroundings. This lustre still glimmers into the gloom of our days. With this I also wish to avoid giving to this report the character of a fairy-tale, somewhat to this effect: Once upon a time there were two people who lived in the hills in the outskirts of the big city in the village named after the mother of God, a girl and a man, and such like. It would mean the anticipation of a decision which, unfortunately, is already in effect, but which we do not yet understand and of which I first wish to examine and build up the basic parts. For we always came down the steps together, nothing of our mutual intimacy was dissolved. On the contrary, the ties that bind us became closer with every step downwards; they are unbreakable. Nevertheless it would make us happy to tell the fairy story which you always longed to hear, which you expected and which I withheld from you under the seemingly flimsy pretext that I was no story-teller ...

So let us leave that. Let us begin (I need not tell you first, how hard it is for me).

The outer circumstances had changed, but actually, as far as we were concerned, almost unnoticeably. The government had been overthrown, war invaded the country. The society in which we moved, or rather, which we presumed existed, for we had in reality scarcely any contact with these people, had become opaque. People were already fleeing from the enemy and from themselves. The political upheavals took place in an exciting twilight, the supporters of the defeated government served the aims of the desperate adventure of the new one, awaiting the opportunity to betray it immediately to the [Satz bricht ab]

Forced into the chaos of oppression, flight, imprisonment and deportations – do you remember how even the last acquaintances, whom I formerly used to meet almost every day, vanished overnight and were never seen again – lived. We saw around us, in a paralyzing anxiety for what was to come, in a consciousness of guilt for the past which was not yet ripe for expression, and in a terror at the thought of a future of which they had no real conception. The carrion kites and steppe wolves, refugees, had swooped down on the city, which was already writhing in the throes of fever, and in the decomposition of social and moral solidity, the imminent collapse was anticipated; the refugees and those who were to join them the next day or in the next few weeks, no longer had any respect for order, reputation or law.

How little all that concerned us; you were busy building, furnishing and completing the country home out there in the hills on the outskirts of the town. If anything at all ever aroused the astonishment and admiration of a third person, it was this stubborn will, which looks neither to the left nor to the right, and allows nothing to divert it from its purpose; this will with which you put the house together, decorated it and [Wort fehlt] it.

I was profoundly impressed and absolutely stunned by it. Not that I could have helped you except by providing you with the material means, or to some extent by warnings and objections, doubt as to the future; I was not only stunned, but also pleased at being able to divert your thoughts. Any preoccupation with the crisis going on around you would, I presumed, would have meant a severe set-back to the result, for the creation of the home, in our view, was to be a prerequisite for inner calm, the way to equilibrium and to freedom from oppression. For it was not so easy for me to close my eyes, I saw and was obliged to see, what was going on around us and what would still break in. Rather, I was happy, that I possessed the means – which as it happened were even not justified, neither according to custom, achievement nor profession, the means the source of which I did not need to hide from you, because you did not ask me – of weathering the imminent crisis and of hiding what threatened to become visible.

There remained only one thing to do: to humor your wishes, your restlessness and perhaps your whims, according to an outward framework for our life together. I admit that at first I did not take these whims too seriously, in view of the general circumstances, which inevitably made every step in this direction questionable and useless. Nevertheless, fired by the ambition to fulfill all your wishes, we endeavored and set agents to work – for, in the end, it was not unusual to find a man for a nominal marriage – a business that had a certain value by reason of its quality and reliability. By the way, I might mention here that at that time neither of us had counted on the possibility that we ourselves might have married. Quite apart from legal hindrances, which at least at the moment would have stood in our way, I had only a very uncertain, I mean a precarious and adventurous future to offer; but before you lay a high social position, a title and such things. The choice was hard, and the less I had to offer the more your demands increased. Your ideas were not in accordance with reality, and you yourself were always only too ready to give them up, from one day to the other; it may have been a test of strength, an enticing adventure in the campaign of the heart's unrest; and that was how I understood it too. Chance brought about the solution. The fiance and lifelong friend of my daughter from my first marriage, who had come to me, led to us by the whirl of the general collapse alone, because my daughter, who was sick, had been unable to come with him, and was waiting in anxiety, longing and anguish for the opportunity to follow him, as they had planned, for both at that time wished to marry immediately – after the numerous vicissitudes in their relationship – gave his consent, at my request, to this apparent marriage, requests and appeasements and the promise that it would only be an empty, brief, temporary matter of form. It was certainly a fortunate chance, for me it was more; it was the first step into uncertainty and moreover, a decision to submit yourself to the results of my former attitude of remaining untouched by my surroundings.

It was not only on account of this marriage, whose unfortune after effects could not yet be realized; besides for you they were advantages, for this shy pleasing young man offered you in his personal papers, without himself laying any store by it, a wealth of titles and citizenships with which you would be able to play.

It surprised you, and even much later you succeeded in making still more discoveries. At that time it was only a matter of form, like a slight adjustment made to one's clothes before leaving the house in haste. I brought it about, and had to leave, that a toy which one presses into the hand of a child who is already getting impatient, only serves to turn away from oneself a destruction one fears, nay, which one certainly foresees already. I ought to have thought more deeply about this impatience, that is, I ought to have given it more thought and more serious thought. I have dealt with this episode at greater length because I realize now that fundamentally it was then that our decline set in.

Before I turn, more briefly now, to the individual stages of this decline, I should like nevertheless, to recall to our memory the strange picture and the almost comic incidents of the day, on which your wish for a nominal marriage was fulfilled; a breathing space. All the participants were assembled at the registry office at the appointed time; you, if I am not mistaken, were wearing a new fur cape, the bridegroom a dark suit which I presume he might have borrowed. I had won over an acquaintance to act as second witness, who had only consented very unwillingly and could only be persuaded with difficulty not to run away; for we had to wait rather a long time; the papers were not ready, and there were doubts generally as to the nationality, and it looked as if our scheme was doomed to failure at the last minute. You sat next to the young man on the bech with the bouquet you had ordered in your hand, on the whole, a normal picture of an intimidated couple in anxious expectation; we witnesses were sitting somewhat apart. At last is was over, thanks to my acquaintance, who had eloquently expressed his annoyance at the redtape and at the lack of politeness to strangers. The registration and the speech were soon over. We had ordered a meal in one of the best hotels, but the intended festivity of the occasion was interrupted because the acquaintance excused himself on the pretext of another engagement and left immediately. On the other hand you knew how to keep up appearances in the proper style, even having photographs taken in two different studios, in order to derive thorough enjoyment from the clumsily familiar and the congratulations of the staff, I presume. The young man felt extra-ordinarily miserable all this time, and had a forced smile; I was standing nearby, and I was afraid it would come to an explosion. Then rings were bought and presents exchanged, and wedding announcement cards ordered. Finally the day seemed to draw to a close, the husband had excused himself, or rather, he had merely gone to stand in the street. He had had enough. Then you were in a hurry to go home, and you did not think it right for me to accompany you. So we separated. However ridiculous it may sound now, compared to the much more serious and dramatic events, bear this in mind: that was the first separation; the way to separation, to a loosening of the ties, to coldness, to be trodden. For, in order to impart, so to speak, a ridiculous peak to your inward satisfaction, you did not go home, you never even intended to go home; but you went to your apartment in the town, which you had given up a long time before, and which had been given over to the young man, almost bare of furniture. If I had known or even only suspected that, I should have prevented you at all costs, even at the price of a resulting quarrel which can no longer be overlooked today.

So, I must admit, I was pleased to have got rid of you and to be alone; my rule had come to an end. The next morning I heard the following: first of all, from the acquaintance who had already met you early, which made it obvious that you must have stayed in town. Then, in addition, since I felt somewhat anxious, I had also arranged a meeting with the bridegroom, in order to go through again immediately all possibilities for a divorce, and eventually to compose a common letter to my daughter. He told me in a faltering voice, half embarrassed, half depressed, that you had gone to see him again the day before and that you had insisted on spending the night in the apartment, although the only furniture left in it was a bed and a chair. A quarrel had ensued, and he had at first refused to make a point of telling the woman in the next apartment and the caretaker about the wedding. Then you had got into bed, and he had decided to sit on the chair all night, then angry words were exchanged, and he had also had to get into bed. Finally he had left and wandered around in the streets until at last he had found accomodation in the boarding house where he had stayed before. And in the evening I had the opportunity to speak to you, that is, I came to see you out at our home, which apparently did not please you. What was really your purpose?

Even now I only have a very faint conception of the whole matter. You evaded my questions with harsh words, and when you had to know that I had already spoken with the young man, you indulged in abuses and insults which amounted to an attack of hysterics: „I shall worry with you again!" Worry whom and why? The entrance to the hall was decorated with garlands, and your mother had prepared a meal for the previous evening, had baked cakes and waited until late at night with the maid to give you a festive welcome. If it was because it had become doubtful whether your expectations as to the effect of this marriage on the outward circumstances of life, the respect of the neighbors, the general position and such, would be fulfilled, all that was to be foreseen, and had been sufficiently discussed; for, after all, I was the only one who really stood in the way.

I love evil

He who would converse with himself must be a good listener; possessed with sufficient patience. He must be a skilled listener, able to observe, to judge, to remain constant and at a distance. In such circumstances a writer easily runs the risk of degenerating into the autobiographical. When one first begins to struggle like a mountain cock for the existence of one's own ego, this conversation soon takes a sentimental turn – both lie entwined in each others arms and love one another very much. That should be avoided.

Admittedly, he who would converse with himself concerning his faults and his failings, inevitably slips willy nilly into the role of defense counsel, with an argument of effective proof: that he lives, or according to circumstances: that he still lives. It is curious how differently one's own merits and successes appear, over-emphasized in the accusation and treated with more disdain in the defense, according to whether the final aim of the conversation with oneself is to prove oneself in the right or in the wrong.

He who declares himself to be in the right allows the conversation to volatilize into sentimental reminiscing. It becomes more productive to remain in the wrong. Man gains experience from his failings, but he rests on his laurels. He who claims the merit of being in the wrong has renounced self respect, and in order to be proud of this, one must let himself go by and plunge into the stream of passers-by, who saunter along a street, some going up on the right, others going down on the left. (Essentially this means that today everyone is in the wrong.)

Allow me to introduce myself: Friedrich Schneider, known as Fränzchen. I am not defending myself. I do not love myself; it would perhaps be too literary to say that I am disgusted with myself: rather I am not interested in myself. It is only that I carry a burden around with me, which I must refine with every step and with the precision of a machine. Surrounded by a jungle of laws und decrees, principles of education, fashioned according to social conventions, I have at some time in this life, probably at an opportune moment, rebelled against all that; but something may have gone wrong, it may have been too early or too late, I may have been in doubt or perhaps have had too little conviction, self-conviction – I am still alive, I am still in the midst of it all; that is bitter.

It is certain that it is most convenient to live according to the law, in order to pass the time away. Add to that one's own laws which every individual in every age, and under all circumstances, prescribes for himself, and with which it is most difficult to conform. It is all the same whether you obey them or not – they spear you to the wall and they nail you down fast.

I am not interested as to whether, in this or that phase of life, in the interpretation of what I learned and mean to myself, I ought to have followed some general idea, which inspired me, or some friend who was well disposed towards me; whether I was right or wrong does not interest me, in order to express myself on this. I know that I am in the wrong. And I am proud of it.

There is no doubt that Friedrich Schneider was born and saw the light of day, and that his childhood was carefully sheltered. Not that the burden would have been thrust on to the shoulders of the child while the parents were alive, as is the case when adults have become indifferent to one another's way; the care is not so forceful love has not yet assumed the form of violence, the child grows up into the parents circle, with their weaknesses and their quarrels with one another, which serve the final compensation, about which the growing child trembles; he rails with them, he blames and forgives with them. Outsiders who come into this circle get a clearer picture. What decides in the balance whether they are friends or foes is whether they penetrate into the sphere of life as it was until then and are felt to be intruders; whether they take away something of a security which could be played with, thrown away and caught again, and hide behind it; or whether as an enticement to leave the protective circle, to climb over the borders, to see what might be outside, that is to say, life. For the sake of such temptations, which by the fantasy aroused appear as something quite extraordinary, making friends with the outside world, I mean friendship, comradeship and the like, for the sake of errors of all kinds, the boy leaves home, betrays his parents or whoever else cares for him, and throws off his shell, as it were; he has grown up. In so far as it takes its normal course in development, education and training, and in the case of Friedrich Schneider it did take its normal course; seen from his point of view.

Fraenzchen too found himself one day in the midst of the world, to stretch his limbs and look around a little. It all looked damnably different from the way he had imagined it. It was unthinkable that even only a few of those funny riddles which the boy had put to himself could be solved, all his fantasy; the powerful man in his profession, the lover of the great lady, the national hero, all were shrivelled up into the knowledge that the ties were broken, which binds one to the home, the family, the swing and at which one tugs and tears, because it is such fun and because they hold notwithstanding whatever people might say, oh yes – that the ties are broken. Yes, and strange to say, suddenly everything hurts, it pricks. For those who are novices in opposition have not yet developed a protective veil no precautionary measures, no foreseeing plan for settling somewhere or other, no training to cheat and rob a little, to nibble with others at the festive cakes of this world and in so doing, to rap one's neighbor's knuckles.

One must begin to learn that in good time; the best time is while one is still in the stable. It is quite a peculiar experience to find oneself suddenly alone. Wherever you want to hide, everything still hurts. That was how it was with Friedrich Schneider; that was how it began. Hurrah!

With the knowledge that it was no longer any use to go to school, to sit in the lecture rooms of universities and to wait for a final examination, merely in order to be entitled to be called and to have the prospect that ... these men in his rank will adapt themselves, the ones before him to the first man, and the ones behind him, will subject themselves to the conditions of their profession and their work, and will be happy to spend the day bothering with a woman, in bringing up children and in being respected. The adult, then, never really knows, why he is actually there; he hears the music, but does not know exactly what is being played; everything remains a little vague – those are the lucid intervals when the man seizes the machine near by and cuts off his thumb, when the cashier steals from the cashbox, when the believer denies God and the distinguished man of any profession commits some quite low action which cannot be reconciled with his conception of honor and law ... Is it worth it then? Yes, because it is not worth it for those, to whom all that has nothing new to offer and for whom it is too boring, the possibility exists for perhaps too short a time and temporarily to cover up a few things with crimes and passions, with weakness and treachery, in one's own filth, reduced to one comprehensible denominator: to hold oneself down in one's intoxication.

One man needs less, another more, and many a man who would intoxicate himself in a specialized and orderly manner needs special training for this, and weeks and months in which to accomplish it. This takes the place of an ideology.

I must repeat; one can see it otherwise.

It may be that Schneider did not come up to his parent's expectations. The father cared for his son in such a way that the difficulties which would crop up in the path of his life might not be too great, not so great as those on which he himself ran around. He was obliged to humble himself, to be resigned, to give up many things, and now he sees himself respected; he has asserted himself, even if everything might have been otherwise, more brilliant, more easy and in another sphere. The mother is anxious that the son should have little respect for the position which the father has made for himself, that he should take little care of the difficulties which every human being must overcome, because everything is made too easy for him; and put down ready for him; therefore she prefers a strict education. The father's pride will be wrecked the minute it shifts to timid love by the pampering of the child, which will change into defiance; the mother will prefer to estrange the child to herself rather than admit that she herself suffers from this love which may not express itself. That was how it was.

Although the reception of external data for experience and the broadening of knowledge of the surrounding world is subject to the same conditions at all times and is carried out in the same succession the individual always experiences this process in a new manner, although in manifold deviations. The world is constantly presenting a new picture; it is deeper and more complete when the novice is pushed out unprotected and unprepared and abandoned to his impressions and observations and it is more bound up with tradition and more understanding, more playful so to speak, when he starts out from a sheltered environment. Cared for with love and at the same time pushed out into this world, he is obliged to accept it as a badly run hotel, to intoxicate himself to the point of satiety – as an entertainment.

The boy will enter a profession in which he will gain respect. When he has grown up and passed his examination, his mother expects that he will walk arm-in-arm with her along the main street of the city, and that the neighbors will turn round to look at them both. The mother will choose the girl whom he can marry, a girl of good family, with influential relatives, and also of course, with enough money and a sufficient dowry. One cannot walk around in the world with just enough; it is terrible, thinks the mother, with fear that the father is more inclined towards such views; he himself had a hard enough time until he finally gained respect; men are inconsistent in these matters.

As for the profession – everyone has a profession. Without

a secure profession the boy will not find a wife, who respects herself at all. She must also be energetic if she wishes to educate the future man, to settle him properly in the world, and wean him from certain shifts. There is always something to which such a man must pay attention as regards himself and others; finally he must earn the money on which the family is to live.

In Germany, for example, the individual should not rise above his station. The father had begun as a watchmaker. He had had to stand at the church door four Sundays running before he was accepted into the community. And the mother came from the big city and was a stranger in the district. One may not violate the understanding and the interests of one's community, or embark upon a project which will one day ...

The parents suffered bitterly from this. The mother wore clothes that were different from the ones people were accustomed to see in small towns, she liked to dance, she sang fashionable songs, which the father accompanied on the piano. The father tried his hand at composing, maintained contact with teachers, actors and writers from the neighboring large town, he wrote poetry; the young couple had to come through all absurdities of this kind before they were able to take with calm the malicious contempt of their neighbors and fellow citizens, which often amounted to harsh hostility. They gave up many things, and much was choked with tears. There was at that time a movement for public health services; a few resolute persons began to walk bare foot over the meadows, including the parents. The father founded unions for manual workers and householder went about the country giving lectures, the mother stood in the shop and sold watches to the farmers from the villages of rural districts; it was a terrible time, full of worries, until everything finally calmed down somewhat. The father became a town councillor, then an alderman, and became the head of a cooperative society and gave up watch making. Can a child understand such years? They are deeply embedded in his memory, an unbroken chain of humiliations and anxieties.

The boy, who was only born when the decisive crises were already over, grew up in these years, in the years of success, incidentally; there was still a much older sister there, who died just as the boy was on the point of looking to her for support.

She was more light-hearted and happy, since she was born in the bloom of the hopes which were [Wort fehlt] and whose memory overshadowed childhood, not directly for the much younger brother, rather, indirectly through the mother's sorrow, the constant self reproaches; in short, the one who had remained the only child, will no longer need this terrible experience. The way is prepared and mapped out. He is put into it. Perhaps in this home town of his, perhaps in a larger one, he will be a teacher or a lawyer or some other high official – girls who respect themselves prefer that; if he succeeds ... and why should he not succeed, we, the parents, have done everything possible.

Friedrich Schneider did not succeed. He had on the other hand fought against being pushed into a profession which was arranged for him. That is not made specially difficult for a man; he only has to do the opposite to what is demanded of him. He had ceased to study. He aimed at throwing well meant advice to the winds. In his home town and even in other places where good civil behavior has much attention paid to it, he butted people with his horns. In those good old times a person of this type was called a rebel – a rebel who still had his father's money in his pocket. Whatever this Fraenzchen could do to disturb the peace of the parental home, to undermine the reputation of his father, to turn his mother's hopes into illusions, he did. It was inevitable that the breach should occur, that the tense should become open, that the son should lose his home.

Apart from that, something else was going on in the world. Not only were State examinations being held, subsequent to which positions were handed out which were closed to him, but newspapers were being printed in which he was able to collaborate; every uprooted person at some time or another strikes a new note, becomes a revolutionary writer, a revolutionary, as an intermediate solution so to speak. It seems that there were people in the world at this time who had joint parties and groups, or whole nations which had quarelled with one another; some wanted to take something from the others, which again had to defend themselves, while they drew attention to the fact that there were conflicts which could not be settled, and so on. In his own country, as it can be confirmed, society swarmed with interested parties who were out to crush one another; at any rate, confused murmers and wide spread agitation seigned everywhere. Suddenly an absolutely curious and surprising thing occured: war. For the sake of a string of substantives he had learned to decline in school, such as honor und security, war against the enemy, Friedrich Schneider joined up.

Even if not for long. The parents hoped that events would take a turn for the better; war had already set on his feet again many a man who already seemed lost; is had been an education and had hardened people in a school that makes one forget so much ...; however much of a change from the monotony of everyday life it might be to shoot and to be shot at, to kill someone in order not to be killed oneself, it is difficult however for the one directly concerned to bear the comradeship which even otherwise holds society together, the instinct of the beast of prey, the mercilessness and the hate, which has more effect on one's neighbor than on a stranger ... to be bound so long by laws and habits and now to be suddenly free ... Fraenzchen broke away from his unit and fled from his comrades to safety in the Polish woods.

Subsequently he had to endure a few critical situations; the most amusing was when he lay on the mattress on wood shavings in the observation ward to be examined for insanity, and even the prison cell was not bad, not only because one soon becomes accustomed to it, but it also smacks somewhat of the odour of home, peace and protection.

Unfortunately time rolls on. In such vicissitudes a few people will always appear who are to be approached as friends for very varied reasons; they are interested in the object of their affection. It is the help of these persons, some of whom are known and some unknown, that seems to, and actually does, put a man under obligation. But it is only the driving power that pushes the car out of the mud into which it has driven and become stuck. When it is on dry land again, the engine must be started up again so to speak under its own power. And that is what was lacking, not only power, but good will. There is not much more to say on this subject. If it be allowed, one may abandon going into further details, for they are only distinguishable by their different colors. They may be compared to a scale, a fugue, to syncopes, from which a sad little melody remains in the ear a whole lifetime. It was nevertheless wonderful – no one should be ashamed to admit it – in spite of all inner contradictions. In the course of time, with the fleeting years, he who is tossed hither and thither acquires a special view of all that surrounds him, a stiff and a piercing view.

That is something that cannot be learned, it grows with the person. Everything – the perceptions as well as the lifeless objects, the living creatures around thereby acquire their special place, their customs, and light.*

---

* Ein Fragment in deutscher Sprache zu den verschollenen *Variationen*: [Anfang fehlt] zur Planung des Weges nicht unmittelbar dazugehört. Weder will der eine etwas von dem andern oder braucht den andern, noch ist eine Überredung notwendig oder Gewalt, keiner hat etwas zu geben, keiner zu empfangen ... das sind spätere Begleiterscheinungen dann, wenn die Tür schon geöffnet ist, das Paar bereits unterwegs, und der Partner sich zu fragen beginnt, was um des Himmels willen ist geschehen, was ist los? Dann allerdings liegt nach der anfangs reichlich gesteigerten Verwirrung – jede Steigerung wirkt wie ein kühler Trunk, eine süße und wohlschmeckende Frucht – eine Straße genügend mit Wegweisern versehen vor Augen, geglättet in wohlausgewogenen Pflichten und mit guten Vorsätzen gepflastert. Sicher ist es besser, daß der Mensch nicht allein ist, besonders, wenn er im Eigenleben schon ein wenig vorher darauf trainiert ist. Und das sind doch die meisten, es wächst ihnen zu; was hätte der Heranwachsende sonst für einen Zweck. Der Mensch entwickelt sich in dieser zweiten Phase zu einer anderen Species, entfaltet sich unter wesentlich anderen Bedingungen, er wird im wahren Sinne des Wortes erwachsen und, es kann sein, er wächst über seine Begrenzung hinaus. Wer da nicht mitwächst bleibt ein Krüppel. Es gibt auch Ausnahmen; zwar sind die Ausnahmen schon so zahlreich, daß man von einer anderen Schicht sprechen kann. Friedrich Schneider gehört dazu.

Der Außenseiter und Rebell ist in dieser Lebensform entfremdet, nicht mitgewachsen, weil er seiner eigenen Entfaltung im Wege steht, weil er nicht nur gegen sich selbst, sondern gegen das Leben steht und darin seine Bestätigung, sein Glück sucht; jeder wie er gewachsen ist. Er ist ein Krüppel, gewiß – aber nicht vergleichbar mit dem Krüppel auf der anderen Seite des Lebens. Meist geht es dem äußerlich nicht besser, aber in dessen Eiterbeulen, den Zusammenbrüchen, den asthmatischen Anfällen und dem bösartigen Geifer schwingt noch ein breiter Unterton mit, der die Möglichkeit bietet sich aufzurichten, weiterzugehen und wieder zusammenzukommen – im Verbrechen, in der Verzeihung oder im Gebet. Der Einzelgänger, schief gewachsen zwar, steht aufrecht, er hat es nicht nötig am Boden zu liegen, er steht, aber nichts schwingt mit, nicht einmal der Tod.

ABSTIEG

Nur ein Brief. Zur Einführung einige allgemeine Bemerkungen. Wir sind gewohnt im Ablauf des Lebens das Äußere zu sehen. Gedanken, die Erinnerung, Beurteilung sind auf diese Äußerlichkeiten ausgerichtet.

Im Gefolge der äußerlichen Entwicklung werden Freude und Leid entsprechend zurechtgebogen, Gefühl und Gemüt und der Niederschlag überlieferter Vereinbarungen im Zusammenleben der Menschen bilden den Rahmen, in dem das Materielle, das Sichtbare, das Körperliche erweckt wird, atmet und zum Absterben bestimmt ist. Der Rahmen ist zu eng, wird brüchig, droht in Stücke zu gehen – von einer Kraft emporgestoßen, die in der überkommenen Ordnung bisher nicht untersucht und nicht eingeordnet worden ist. Diese Kraft trägt nach der jeweiligen Stufe des Lebensablaufs und der Stellung im Dasein verschiedene Namen, vielfältig wie die Deutungen und Mißverständnisse, die sich daran knüpfen. In jedem einzelnen Fall wird irgendwann einmal ein Halt geboten, ein schmerzlicher Halt; nicht allein in der sich kristallisierenden Erfahrung, daß der Einzelne allein ist, sondern auch in der quellenden Angst, ohne Schutz zu sein und zugleich abhängig und gebunden. Wohin fliehen, wo sich verbergen, verstecken, verkriechen? – der Pulsschlag des Blutes, des eigenen wie des fremden, kommt immer mit.

Das ist, weil wir nicht gelernt haben nach innen zu schauen. Das Tier lebt nach allgemeiner Anschauung seinem Instinkt; überhaupt alles was im Dasein von Leben zeugt, lebt nach seinem Gesetz; wir wissen darüber nichts. Wir stützen uns auf äußere Beobachtungen, die sich zusammenfassen lassen und von denen wir annehmen, daß sie gesetzmäßig und einmalig sind. Der Zweifel bleibt ein unbeschränkter Spielraum.

Auch der Mensch trägt diesen Instinkt mit sich. Er kann sich darauf zurückziehen und er versucht oft, eine Übereinstimmung herzustellen zwischen dem, was lebt und dem, was ist. In den äußeren Daseinsformen, die wir uns entwickelt haben, wird das Erlebnis verkümmern. Es stimmt nicht mehr überein, es wird hin- und hergezerrt und es explodiert schließlich aus dieser Kraft heraus, die solange vernachlässigt, irregeleitet worden ist und aufgestaut sich gewaltsam zur Geltung bringt, zusammengesetzt aus Instinkt und Bestimmung. Aus dem Trümmerhaufen der Gedanken und Empfindungen, Vorsätze und Erkenntnisse ist es müßig sich eine neue Form des Erlebens zusammenzuflicken, wenn die Schau nicht von vornherein nach innen gerichtet ist. Ob mit Erschrecken oder Genugtuung, mit Überraschung wird jeder Einzelne erfahren müssen, daß die äußeren Geschehnisse in einem Erlebnis, das auch den ganzen Lebenslauf umfassen mag, in Wirklichkeit nur Schattenbilder sind, projiziert aus einem inneren zweiten Leben her, das viel tiefer greifend den Ausgleich und die Widerstände, die Anpassungsmöglichkeiten, die Konflikte und den Willen im Dasein zu bleiben, hervortreten läßt. Wir achten nicht darauf, wie dieses zweite Leben die Entwicklung knüpft, so daß wir die wahren Geschehnisse nicht zu erkennen vermögen, nicht rechtzeitig erkennen, um das eine oder andere zu tun, zu trennen oder fester zu binden.

Deswegen schreibe ich dir diesen Brief, und ich habe die Betrachtung vorausgeschickt, um der inneren Gestaltung unseres Zusammenseins nachzugehen, Schritt für Schritt, und zusammenzufassen, welche Notwendigkeiten und welche Folgerungen gegeben waren, was hätte vermieden werden können und was ungenützt geblieben ist. In dieser wenngleich zu späten nachforschenden Erinnerung liegt auch die Frage nach der Schuld und dem Ausmaß der Verantwortung, vor mir wie vor dir.

Es ist vielleicht nur, um einem Ausdruck eine bestimmte Richtung zu geben, wenn ich wiederhole, ich schreibe dir diesen Brief. Ich spüre, daß ich dahin abrutschen werde, mehr noch mir selbst zu schreiben, denn dieser Brief, der in erster Reihe mich angeht, reicht nicht zu dir hin. Ich werde bemüht sein, mich wieder aufzufangen. Sicherlich aber ist er alles andere als eine Rechtfertigung, noch weniger eine Bitte – einigen wir uns schon vorher darüber, darin die Beschreibung eines Zustandes zu suchen, mit dem Bemühen klar zu sehen, klarer zu sehen.

Ich versuche zunächst einen Überblick über die einzelnen Aufenthalte des Niedergangs, in denen dasjenige, was jeder für sich und wir beide gemeinsam als etwas Kostbares und Unberührbares hinzunehmen und zu behüten gewohnt waren, sich zu verflüchtigen begonnen hatte, bis es in einem Augenblick tiefster Demütigung auf einmal nicht mehr da war. Es ist im Wesentlichen dein Weg; von mir werde ich ausführlicher erst später sprechen.

Ich brauche nicht die Höhe zu beschreiben, von der wir herabgestiegen sein mögen, jetzt noch nicht, wenn ich die innere Entwicklung festhalten will. Es ist merkwürdig, jeder Mensch trägt das Bild eines Schwebezustandes in sich, in den er sich erhebt und über der Umwelt steht, dieses Aufgelöstsein im andern, unzerstörbar und unverlöschlich. Der Glanz schimmert auch noch in das Dunkel unserer Tage. Ich will damit auch vermeiden, diesem Rechenschaftsbericht den Charakter einer Märchenerzählung zu geben etwa wie: es waren einmal zwei Menschen, es lebten zwischen den Hügeln am Rande der großen Stadt in der Siedlung, die nach dem Namen der Gottesmutter benannt ist, ein Mädchen und ein Mann, und ähnliches. Es würde die Vorwegnahme einer Entschließung bedeuten, die unglücklicherweise schon in Wirksamkeit ist, die wir aber noch nicht erfassen und deren begründende Teile ich erst suchen und aufbauen will. Denn wir sind die Stufen niedergeschritten immer gemeinsam, nichts von dem gegenseitigen Vertrautsein hat sich gelöst. Im Gegenteil, unsere Bindung zueinander ist mit jeder Stufe nach unten enger geworden; sie ist unauflöslich. Es wäre trotzdem beglückend, das Märchen zu erzählen, das du immer so gern hast hören wollen, auf das du gewartet und das ich dir vorenthalten habe, in der fadenscheinigen Begründung, ich sei kein Erzähler ...

Also lassen wir das. Fangen wir an. (Ich brauche dir nicht erst zu sagen, wie schwer es mir fällt.)

Die äußeren Verhältnisse hatten sich verändert; der Wahrheit gemäß für uns beide beinahe unmerklich. Die Regierung war gestürzt, der Krieg wälzte sich ins Land. Die Gesellschaft, in der wir uns bewegten, das heißt, von der wir annahmen, daß sie vorhanden war, denn in Wirklichkeit hatten wir kaum eine Verbindung zu diesen Menschen – war undurchsichtig geworden. Die Leute waren bereits auf der Flucht vor dem Feinde und sich selbst. Die politischen Umwälzungen vollzogen sich in einem erregenden Zwielicht, die Anhänger der gestürzten Regierung dienten dem verzweifelten Abenteuer der neuen, um auf die

Gelegenheit zu warten, sie sogleich an den sich bereits abzeichnenden künftigen Sieger zu verraten. Hineingepreßt in das Chaos von Unterdrückung, Flucht, Einsperrung und Verschickungen – erinnerst du dich, wie auch der letzte Bekannte, mit dem ich sonst täglich beinahe mich getroffen hatte, über Nacht verschwand und nicht mehr aufgefunden wurde – lebten die Menschen, die wir um uns sahen, in einer lähmenden Angst vor dem Kommenden, in einem noch nicht aussspruchsreifen Schuldbewußtsein über die Vergangenheit und dem Entsetzen vor einer Zukunft, von der sie sich keine rechte Vorstellung machen konnten. Wie Aasgeier und Steppenwölfe waren die Fliehenden in die sich bereits in Fieberkrämpfen windende Stadt eingefallen, in der Zersetzung des sozialen und moralischen Zusammenhalts war der drohende Zusammenbruch bereits vorweggenommen; die Fliehenden und diejenigen, die am nächsten Tag oder in den nächsten Wochen sich ihnen anschließen würden, nahmen keine Rücksicht mehr auf Ordnung, Ruf und Gesetz.

Wie wenig ging uns das alles an – du warst damit beschäftigt, das Siedlungshaus draußen zwischen den Hügeln am Rande der Stadt fertigzubauen, einzurichten und zu vollenden. Wenn überhaupt jemals etwas das Erstaunen und die Bewunderung eines fremden Dritten hervorgerufen haben mochte, so war es dieser zähe Wille, der nicht nach rechts oder links schaut und sich durch nichts beirren läßt, mit dem du das Heim zusammengetragen und geschmückt und hingestellt hast. Ich war davon tief beeindruckt, geradezu betäubt. Nicht, daß ich dir hätte helfen können, außer durch Zurverfügungstellung der materiellen Mittel, etwa durch Warnungen und Bedenken, Zweifel an der Zukunft – ich war nicht nur betäubt, sondern auch zufrieden dich ablenken zu können. Jedes Eindringen in die Krise der Umwelt, so nahm ich an, hätte einen schweren Rückschlag zur Folge gehabt, da die Schaffung des Heims eine Voraussetzung für die innere Beruhigung, der Weg zur Ausgeglichenheit, zur Befreiung aus dem Druck der Enge unserer Ansicht nach sein sollte. Denn mir war es nicht so einfach gegeben, die Augen zu verschließen, ich sah und ich mußte sehen, was um uns herum vorging und was noch weiter hereinbrechen würde. Ich war eher glücklich, daß ich die Mittel besaß – zufällig und obendrein nicht ganz gerechtfertigt, weder nach

Herkommen noch nach Leistung und Beruf, die Mittel, deren Quelle ich nicht zu verschweigen brauchte, denn du hast mich nicht danach gefragt – über den drohenden Zusammenbruch leicht hinwegzugehen und das, was sichtbar zu werden drohte, verdecken zu können.

Es blieb nur eines zu tun, deine Wünsche, deine Unruhe, vielleicht deine Launen nach einem äußeren Rahmen für unser Zusammenleben zu erfüllen. Ich gestehe, daß ich anfangs diese Laune nicht zu ernst genommen habe, in Anbetracht der allgemeinen Umstände, die jeden Schritt nach dieser Richtung recht fragwürdig und eigentlich überflüssig erscheinen lassen mußten. Immerhin, von dem Ehrgeiz beseelt in der Lage zu sein, jeden deiner Wünsche zu erfüllen, haben wir uns bemüht und Agenten in Bewegung gesetzt, denn einen Mann zu finden für eine Namensheirat war schließlich nicht ungewöhnlich – ein Geschäft, das nach Qualität und Vertrauenswürdigkeit seinen bestimmten Preis hatte. Ich darf hier einschalten, daß zu dieser Zeit keiner von uns etwa mit der Möglichkeit gerechnet hat, daß wir uns selbst hätten heiraten können. Ganz abgesehen von gesetzlichen Hindernissen, die dem im Augenblick wenigstens im Wege gestanden wären, hatte ich nur eine sehr unsichere, will sagen ungewisse und abenteuerliche Zukunft zu bieten, dir schwebte aber eine hohe gesellschaftliche Stellung, das Adelsprädikat und ähnliches vor. Die Auswahl war schwierig, deine Ansprüche waren ständig im Steigen, je geringer das Angebot wurde. Deine Vorstellungen stimmten mit der Wirklichkeit nicht überein, und du selbst warst immer nur zu bereit, sie von einem Tag zum andern aufzugeben – es mag eine Kraftprobe gewesen sein, ein lockendes Abenteuer im Zug der Unruhe des Herzens; und so habe ich es auch aufgefaßt. Ein Zufall brachte die Lösung. Der Verlobte und langjährige Freund meiner Tochter aus erster Ehe, der zu mir gekommen war, den der Strudel des allgemeinen Zusammenbruchs zu uns geführt hatte, allein, denn die Tochter, krank, hatte ihn nicht begleiten können und wartete ängstlich, sehnsüchtig und gequält auf die Möglichkeit nachzukommen, wie es vorgesehen war, da die beiden sogleich nach den vielen Wirrungen in ihrer Beziehung zu einander jetzt heiraten wollten – erklärte sich auf meine Bitten zu dieser Scheinehe bereit, Bitten und Beschwichtigungen und das Versprechen, daß es nur eine leere kurz vorübergehende

Formsache sei. Gewiß ein glücklicher Zufall; für mich war es mehr, der erste Schritt ins Ungewisse, mehr noch: eine Entscheidung, sich allen Folgen meiner bisherigen Haltung, unberührt zu bleiben von der Umwelt, sich anheimzugeben.

Nicht allein wegen dieser Heirat, deren unglückliche Nachwirkungen noch nicht erkennbar sein konnten; für dich waren sie zudem sehr erfreulich, denn dieser schüchterne junge Mann bot dir in seinen Personaldokumenten, ohne selbst Wert darauf zu legen, einen Schatz von Titeln und Staatsbürgerschaften, mit denen du wirst spielen können. Es hat dich überrascht und noch viel später sind dir immer wieder neue Entdeckungen gelungen. Damals war es nur eine Formsache, wie eine kleine Schönheitskorrektur an der Kleidung, ehe man in der Eile die Wohnung verläßt. Ich habe das noch zustandegebracht und erfahren müssen, daß ein Spielzeug, das man dem schon ungeduldig werdenden Kind in die Hand drückt, nur dazu dient, eine etwaige Störung, die man fürchtet, nein – die man sicher bereits voraussieht, von sich abzulenken. Ich hätte mich um diese Ungeduld intensiver, das heißt mehr und ernster kümmern müssen. Ich bin an dieser Episode länger verweilt, weil ich heute erkenne, daß im Grunde hier unser Abstieg eingesetzt hat.

Bevor ich mich, nunmehr in knapperer Form, den einzelnen Stufen des Niedergangs zuwende, möchte ich dennoch noch einmal das seltsame Bild und die fast komischen Geschehnisse dieses Tages, an dem dein Wunsch nach einer Namensehe erfüllt wurde, in unserer Erinnerung entstehen lassen; eine Atempause.

Alle Beteiligten hatten sich zur festgesetzten Stunde im Standesamt eingefunden; du wenn ich nicht irre, in einem neuen Pelzcape, der Bräutigam in einem dunklen Anzug, von dem ich annehme, daß er ihn sich geborgt haben mochte. Als zweiten Zeugen hatte ich einen Bekannten gewonnen, der sich nur sehr ungern bereitgefunden hatte und nur mit Mühe bewogen werden konnte, nicht wieder davonzulaufen – denn wir mußten im Vorzimmer warten, ziemlich lange, die Papiere waren nicht vorbereitet, in der Nationalitätszugehörigkeit bestanden überhaupt Zweifel, und es schien noch in der letzten Minute unser Vorhaben zum Scheitern verurteilt. Du saßest neben dem jungen Mann auf der Bank, den Blumenstrauß, den du dir hattest noch besorgen lassen, in der Hand, im ganzen das normale Bild eines eingeschüchterten Brautpaares, in gespannter Erwartung; wir Zeugen saßen etwas abseits. Endlich war es soweit, dank der Ungeduld meines Bekannten, der seinen Unmut über Bürokratie und mangelnde Höflichkeit Fremden gegenüber beredten Ausdruck gegeben hatte. Eintragung und Ansprache waren rasch vorüber. Wir hatten in einem der ersten Hotels ein Essen bestellt, der beabsichtigten Feierlichkeit tat es allerdings Abbruch, daß der Bekannte eine anderweitige Verabredung vorschützte und sich sogleich verabschiedete. Dagegen hast du es verstanden den äußeren Rahmen stilgemäß zu halten, Photos, sogar in zwei verschiedenen Ateliers, um die plump-vertrauliche Betreuung, die Glückwünsche des Personals recht auszukosten, nehme ich an – der junge Mann hat sich dabei außerordentlich elend gefühlt, verzerrtes Lächeln; ich stand daneben und habe gefürchtet, es kommt zu einer Explosion. Dann wurden Ringe gekauft, gegenseitige Geschenke, Karten mit der Vermählungsanzeige bestellt. Schließlich schien der Tag zu Ende zu gehen, der Mann hatte sich verabschiedet, genauer: um einfach auf der Straße zu stehen, er hatte genug. Du hattest es dann auch eilig nach Hause zu gehen und es schien dir nicht recht, daß ich dich begleitete. So trennten wir uns. Wie lächerlich das auch heute klingen mag, im Vergleich zu viel ernsteren und dramatischeren Geschehnissen, achte darauf – hier war die erste Trennung; der Weg zur Trennung, zur Loslösung, zur Distanz war beschritten. Denn, um gewissermaßen deiner inneren Befriedigung eine lächerliche Spitze zu geben, du gingst nicht nach Hause, du hattest auch niemals vor nach Hause zu gehen, sondern du gingst in deine Stadtwohnung, die längst aufgegeben, von fast allen Möbeln entblößt, dem jungen Mann überlassen worden war. Hätte ich das gewußt oder auch nur geahnt, ich hätte dich um jeden Preis, selbst um den eines in den Folgen heute nicht mehr übersehbaren Streites davon abgehalten.

So – muß ich gestehen, war ich froh, dich abgeschoben zu haben und allein zu sein; auch meine Beherrschung war zu Ende. Am nächsten Morgen hörte ich dann das folgende: zunächst von dem Bekannten, der dir schon in aller Frühe begegnet war, woraus ersichtlich wurde, daß du in der Stadt geblieben sein mußtest. Dann hatte ich noch am Vormittag im

Gefühl einer gewissen Beunruhigung eine Begegnung vereinbart mit dem neuen Ehemann, um sogleich nocheinmal alle Möglichkeiten für die Trennung durchzugehen und etwa einen gemeinsamen Brief an meine Tochter aufzusetzen. Er erzählte mir stockend, zwischen Verlegenheit und Bedrückung, daß du ihn gestern noch aufgesucht und darauf bestanden hättest, in der Wohnung zu übernachten, obwohl an Möbeln nur noch ein Bett und ein Stuhl vorhanden war. Es wäre zu einem Streit gekommen, erst hätte er sich geweigert gegenüber der Nachbarin und dem Hausmeister die Eheschließung besonders bekannt zu machen, dann hättest du dich ins Bett gelegt, er wäre entschlossen gewesen, auf dem Stuhl die Nacht über sitzen zu bleiben, dann sind von beiden Seiten harte Worte gefallen, er hätte sich gleichfalls sollen ins Bett legen und dann ist er schließlich davongelaufen und in den Straßen herumgeirrt und hat schließlich Unterkunft gefunden in seiner früheren Pensionswohnung. Und am Abend hatte ich Gelegenheit dich selbst zu sprechen, das heißt, ich habe dich draußen in unserem Heim aufgesucht, was dir anscheinend nicht recht war. Was wolltest du eigentlich erreichen?

Noch jetzt habe ich darüber nur eine sehr schwankende Vorstellung. Mit groben Worten hast du meine Fragen abgeschoben, und als du hören mußtest, daß ich mit dem Jungen schon gesprochen hatte, ergingst du dich in Schmähungen und Beschimpfungen bis zu einem hysterischen Anfall gesteigert: „Ich werde dich damit noch quälen!" – wen quälen und warum? Der Eingang zur Halle war mit Guirlanden geschmückt, deine Mutter hatte für den Abend vorher ein Essen vorbereitet, Kuchen gebacken und zusammen mit dem Hausmädchen bis spät in die Nacht hinein gewartet, um dich festlich zu empfangen. War es, daß es zweifelhaft geworden war, ob deine Erwartungen auf die Wirkung dieser Heirat für die äußeren Lebensumstände, das Ansehen bei den Nachbarn, die allgemeine Stellung und ähnliches in Erfüllung gehen würden – dann war das aber vorauszusehen und auch genügend besprochen; denn im Grunde stand dem eigentlich nur meine Person im Wege. Es hätte also zur Voraussetzung gehört, daß wir uns vorher getrennt hätten. Merkwürdigerweise dürften auch diese Trennung die anderen, von deren Urteil in diesem Augenblick das Gelingen der Aktion abhing, erwartet haben. Ein bitterer Bodensatz in dem berauschenden Trank der Phantasie, noch bitterer dadurch, daß du dir nicht im Zweifel sein konntest, daß ich eine solche Trennung hingenommen hätte, nicht anders als die Entlassung aus einer Pflicht. Das Gefühl der Ohnmacht, nirgendwo eine genügende Angriffsfläche zu finden, auch keinen wirklichen stichhaltigen Grund, überlege dir es einmal, alles ist dir von selbst geboten worden, keine geheime Kombination, die du hättest entfesseln brauchen, keine Intrige, kein Spiel mit falschen Gefühlen – es sei denn, du hättest vor einer Erkenntnis die Augen schließen wollen, ja das mag zum Ersticken gewesen sein.

Darin konnte ich dir nicht folgen und ich hätte dir auch nicht helfen können; zum ersten Mal standest du der Beurteilung des Sprunghaften und Abenteuerlichen im Charakter allein und zwangsläufig gegenüber. Dieses Mittel der Werbung, verdeckt in Charme, wird als Element der Lebensauffassung für sich selbst betrachtet, recht unbequem und drückend. Es tut mir leid, danebenzustehen und zusehen zu müssen, wie du dich in Wut und Hilflosigkeit verzehrst, aber ich kann es nicht ändern. Oder hast du auch mit der romantischen Vorstellung ein wenig gerechnet, der junge Mann würde die Heirat ernst nehmen, in eine Krise geraten, Forderungen stellen – immer aber stand ich dann im Wege; gegen wen hätten die Forderungen gestellt werden können, auch für den unwahrscheinlichen Fall, daß ihr beide euch verbunden hättet gegen mich und mit eben diesem Ziel, mich einer selbstübernommenen Verpflichtung zu entheben – das äußere technische Eingehen auf einen Wunsch ist noch nicht dessen Erfüllung. Und zählte die gewiß sehr vorbelastete Verbindung der beiden jungen Leute, des Mannes zu meiner Tochter, nichts? War es nicht ein Versprechen an die Zeit, die uns und allen Menschen nicht mehr genehm war, ein sehr zartes und glückhaftes Versprechen?

Als würde die ganze Zeit unseres bisherigen Zusammenseins, in der Wunsch und Erfüllung zu einer Einheit verschmolzen waren, unwirklich, in der traumhaften Vorstellung deines Reizes, deiner Liebe und deiner Persönlichkeit nur eine Folge, so verflüchtigte sich in diesem Augenblick eine Illusion zu einem Nebel von unklaren und schwankenden Erinnerungen, zur selbstquälerischen aber triumphierenden Erkenntnis der Vereinsamung. Wenn also doch – dann verlohnt es sich böse zu sein. So oder ähnlich magst du gedacht haben.

Ich habe noch einmal dieses scheinbar so unwichtige Begebnis, über das wir später kaum noch gesprochen haben, hier vorüber ziehen lassen, weil es die Grenzen aufgezeigt hat, die Grenze gegenseitigen Vertrauens in die Zugehörigkeit zu einander, die bereits überschritten war. Es erweist sich, geht man dann den Weg zurück, daß der Zweifel überwiegen wird, sowohl in der Zugehörigkeit als im gegenseitigen Vertrauen.

Es geht jetzt entschieden nach unten. Die äußeren Umstände tragen dazu bei, sie lassen uns nicht zur Besinnung kommen, ich meine, sie lassen eine Aussprache nicht zu, die sicherlich notwendig gewesen wäre. Denn die allgemeine Panikstimmung selbst, von der die Stadt erfaßt war, hat uns wenig berührt. Für dich äußerte sie sich darin, daß es in den Magazinen weniger zu kaufen gab, und es wurde ein amüsanter Sport, schließlich doch noch aufzutreiben, was zum Ankauf vorgesehen war; Schuster und Schneider waren unzuverlässig geworden, Lebensmittel und Delikatessen konnten nicht mehr direkt vom Laden sondern mußten durch Agenten beschafft werden. Alles war voller Abwechslung. Um nicht den Zufälligkeiten der ständigen Unterbrechung des Verkehrs nach dem Vorort ausgesetzt zu sein, stand dir ein Wagen zur Verfügung. Der Feind schoß bereits mit schwerer Artillerie in die Stadt, die Luftangriffe waren allerdings geringer geworden. Wir fanden sogar noch eine Fahrschule, die nach einem Kurs von wenigen Übungsstunden dir einen Führerschein verschaffte – du würdest in deinem eigenen Wagen fahren. Wir müssen ein seltsames Bild abgegeben haben in unserer Unbekümmertheit, die wir provozierend zur Schau stellten. Der Bequemlichkeit halber, falls durch Alarme, gesperrte Straßen, völlige Dunkelheit bei Lichtverbot es manchmal umständlich wurde, unser Heim nachts noch aufzusuchen, hatten wir Zimmer in einem der großen Hotels im Centrum gemietet. Ich frage mich oft, ob es dir nicht zum Bewußtsein gekommen sein mag, daß wir auf einer Sprengkiste saßen, zu der die Kontaktschnüre bereits zum Glimmen gebracht waren. Sicherlich hast du dir nichts davon anmerken lassen, und ich glaube eher, du hast jeden Gedanken daran aus der Wirklichkeit verdrängt. Du hattest schließlich in dem Hotel eine Kur begonnen, mit Bädern und Massagen, Injektionen und besonderer Diät – eine Kur, für die ehemals im Frieden das Hotel international specialisiert und berühmt war. Was mag nur der Chefarzt, der sichtlich belustigt unseren Besuch entgegengenommen hatte, zumal alle Einrichtungen nur noch provisorisch aufrechterhalten wurden, wahrscheinlich auf Grund eines Befehles der Besatzungsmacht, um Optimismus zur Schau zu stellen, was mag dieser Mann nur gedacht haben.

Er hat auch versucht mich auszuhorchen; wußte ich etwas mehr von der Zukunft, als was draußen der Augenschein ergab? – Ich gestehe, daß ich überhaupt keinen Gedanken hatte. Ich war, möchte ich heute das beschreiben, gelähmt. Mich hätte einer totschlagen können, ich hätte es kaum gemerkt. Wie hypnotisiert war mein Interesse auf einen kleinen Kreis gerichtet von Personen, die sich um die Mittag- und Abendstunde in der Bar eines der noch unzerstörten Großhotels zu versammeln pflegten, Geld und Juwelen, Devisen, Aktien und Schutzscheine von Freund und Feind, – Auslandspässe und Visen und ähnliches, Grundstücke, Vieh, Waffen und Nahrungsmittel waggonweise wurde dort gehandelt – alles konnte echt sein, die Chance wurde sogar echt, wenn man sie sofort umzusetzen verstand. Die Beteiligten waren sich untereinander bestens bekannt, jeder hatte seine besonderen Verbindungen und war gedeckt. Es hatte etwas schlechthin Fascinierendes, dieser Ausverkauf eines Landes über den Bartisch hin, in den in kleinen Gruppen Herumstehenden, im Halbdunkel, denn das Licht setzte schon zeitweilig aus, unter den Augen einer Polizei der verzweifelt nach Autorität bemühten Regierung und auch derjenigen bereits der kommenden Sieger; man kannte sich. Ja, wie soll ich dieses Unwirkliche eindrucksvoll genug schildern, der ich trotzdem ganz unbeteiligt hineingezogen war. Ich hatte in diesen Tagen plötzlich noch einige Aufträge zu erledigen für meine Firma im Auslande, die mir zwar schon lange vorher aufgekündigt hatte. Überraschenderweise vervielfältigten sich diese Aufträge von einem Tag zum andern, da niemand von der Firma mehr vorhanden war, dem ich hätte abrechnen können, die im Lande niedergelassene Filiale hatte sich anscheinend schon aufgelöst – es war einfach so, daß schon die Tatsache, daß eine im neutralen und feindlichen Ausland ansässige Firma noch im Markt war, genügte ihr Geschäfte zuzuführen, geradezu aufzuzwingen – aber wozu erzähle ich dir das so ausführlich, du hast dich ja niemals um meine Geschäfte, im allgemeinen wie im besonderen bekümmert; jedenfalls nahm ich das damals an. Ich weiß auch nicht, ob etwas Wesentliches sich geändert hätte, wenn es wirklich der Fall gewesen wäre, denn ich selbst hatte daran kaum Interesse, ich tauchte in dem Strudel auf und unter wie ein Automat, besser schwamm obendrauf wie ein Korken, in der Tat innerlich völlig unbeteiligt und auch mit keinem Gedanken damit beschäftigt, Geld zu machen für die Zukunft oder sonstwie an materielle Sicherheit, geschweige denn an die Flucht zu denken. Ich verdiente das Geld und gab es ebenso wieder aus, ich hatte beinahe Mühe es auszugeben, an dich. Wir lebten in diesen Wochen nebeneinanderher, zweckmäßig nach Fliegeralarm, Razzien und geschäftlichen Verabredungen in unserem Zusammensein beschränkt. Ich erinnere mich nicht einer Auseinandersetzung, die bis zum Herzen vorgestoßen wäre. Ich habe eher den Eindruck zurückbehalten einer passiven Mitarbeiterin, die Kasse und Depot verwaltet – ich hatte keine Zeit und keine Lust schriftliche Aufzeichnungen zu machen, Belege aufzustellen und alles das. Später hast du mir erzählt, du hättest eine Lupe noch wunderbarerweise bei einem Optiker aufgetrieben, um die Brillianten und Steine, die mir angeboten wurden zu prüfen. Es hat mir noch leid getan, als du es mir erzähltest, und es streift mich noch manchmal in der Erinnerung melancholisch – schade, sicher hätte dir das Geschäft großes Vergnügen gemacht.

Ich spreche also bereits von einer Entfremdung, die zwar noch nicht allzu sichtbar, zweifellos bereits eingetreten war, ich nehme an, von meiner Seite. Irgendetwas stimmte nicht mehr – später werde ich noch darauf zurückkommen. Das wider alle Voraussicht bewegte Ende dieses Abschnitts sollte das deutlicher zum Ausdruck kommen lassen.
Zusammen mit einem mir von der Firma zwecks Entgegennahme der Abrechnung zugeschickten Herrn wurde ich in dessen Hotelzimmer von einer Gruppe von Leuten überfallen und im Auto weggeschleppt. Polizeiagenten der damaligen Regierung, die es in der Hauptsache mehr auf meinen Begleiter abgesehen hatten. Der Mann hatte nicht verstanden sich in diesem Zwielicht zu bewegen, steif und anmaßend in der äußeren Haltung, überzeugt von seiner Überlegenheit und vom Sieg der augenblicklichen Machthaber, weil dieser Sieg ihm weitere Gewinne und Macht in die Hand spielen wird. Im Grunde hat-

ten die Agenten bei diesem Menschen gerade einen Gesinnungsgenossen erwischt, und ich hätte mich auch der Aufforderung zur Prüfung unserer Ausweispapiere mitzugehen, leicht entziehen können, aber ich hielt mich für verpflichtet, dem Mann, der mir persönlich überaus fremd und unsympathisch war, in diesem Fall zur Seite zu stehen. Aller Instinkt für meine eigene Sicherheit, überhaupt auch der, entscheiden zu können, was ich hätte tun sollen zu unser beider Nutzen, war von mir gewichen. Ich wußte es, aber ich begriff es in diesem Augenblick nicht, in einer solchen Lage, ist immer derjenige, bei dem man Geld und Werte beschlagnahmen und rauben kann der Feind und der Schuldige. Ich war eben allein, wie ich es schon die Wochen vorher gewesen war, und ich war nicht vorbereitet.

Auf dem Boden dieser lähmenden Unsicherheit glimmte noch schwach etwas Leben, die Neugierde. Einige Stunden haben wir, ich und der Geschäftsfreund, in einem Vorzimmer gesessen, gesprochen hat niemand mit uns, dann wurden wir in einen Keller geführt, mit einem Dutzend anderer Leute, die ähnlich wie wir aufgegriffen worden waren, zu je zwei aneinandergebunden. Der Keller mag früher als Magazin für alte Möbel gedient haben, einige zerbrochene Stühle standen noch drin. Es war sehr kalt, du erinnerst dich, es war Ende November, der Tag vor meinem Geburtstag. Meine Leidensgefährten waren sehr niedergedrückt. Eine eigenartig dumpfe Atmosphäre, mühsam beherrschte Erwartung in gleichmäßig quälender Angst, mit dem Instinkt des Tieres, das zur Schlachtbank geführt wird. Abgerissene Worte, Flüstern, das an den Wänden in der Dunkelheit entlang gleitet, sich vielleicht formen wird zu einem Seufzer, zu einem Aufschrei – ich habe von dem allem nichts verspürt, ich habe mich nicht unglücklich gefühlt, ich habe überhaupt nichts gefühlt. Es hieß, daß wir alle erschossen werden sollten, am nächsten Morgen oder am übernächsten, zwei Nächte habe ich so zugebracht – und mit keinem Nerv an dich gedacht, nicht im Herzen und nicht im Hirn. Ich konnte mir einfach nicht vorstellen, daß du mich erwarten, vermissen und suchen würdest. Ich schaudere noch jetzt bei dem Gedanken an die erste Erkenntnis in der Erinnerung, wie fremd wir uns geworden waren. Ich hatte keine Angst, ich war von einer blöden Neugier erfüllt.

Mein Begleiter hatte es fertig gebracht am frühen Morgen des dritten Tages die schwere Eisentür aufzustoßen, unter großem Gepolter, die beiden Wächter hatten sich der unerträglichen Kälte wegen in einem Nebenverschlag in Decken eingewickelt und mußten eingeschlafen sein – ich sah den Mann hinauslaufen, die anderen sahen es auch, ich zögerte, auch die andern starrten gebannt auf die offene Tür und rührten sich nicht. Im letzten Augenblick, mehr getrieben von einem mir fremden Instinkt, bin ich dem Mann nach, er war draußen auf der Straße bereits um die nächste Ecke verschwunden. Das Bild dieser Flucht und Befreiung ist mir, obwohl ich selbst eigentlich unbeteiligt war, im Gedächtnis geblieben, außerordentlich stark eingeprägt, und es ist seltsam, daß ich mit dir nachher und auch später noch nicht darüber habe sprechen können. Denn ich erlebte und sah wie durch einen Schleier hindurch, du hattest mich nicht gerufen.

Du warst verärgert, daß wir eine Verabredung nicht eingehalten hatten; daß der mir angebotene Treibstoff nicht abgenommen werden konnte, und daß unser Wagen aus der Garage verschwunden war. Du hast es mir sehr einprägsam geschildert: aus unserer Wohnung hattest du alles dort aufbewahrte Geld genommen, den Schmuck, ohne dir allerdings darüber Gedanken zu machen und warst ins Hotel übersiedelt; die für mich bestimmten Geburtstagsgeschenke hast du zurückgelassen. Und als ich dich dann im Hotelzimmer anrief, beglückt und vor Aufregung stotternd, warst du der Meinung, ich sei betrunken. Den ganzen Tag noch warst du schwer zu überzeugen, daß ich die Tage nicht in einer zufälligen Gesellschaft verbracht und irgendwo betrunken in einer Ecke liegen geblieben wäre. Im allgemeinen, das fühlte ich, hätte es dir nicht mal viel ausgemacht.

Der nächste Schritt war die völlige Gleichgültigkeit, mit der wir beide der weiteren Entwicklung entgegengingen. Wir wurden in der folgenden Nacht von einem militärischen Kommando über die Grenze gebracht als handelte es sich um hochwichtige politische Persönlichkeiten, der Vertreter der Firma und ich; du als zu mir gehörig wurdest einfach mitgenommen. Ein Spiel mit irrigen Annahmen, undurchsichtigen Voraussetzungen und Andeutungen, eine Kette von Mißverständnissen, die mein Begleiter geschickt für sich und auch für uns auszunutzen verstand. Erinnere dich, hätten wir schon vorher uns mit dem Gedanken beschäftigt, in die allgemeine Flucht einzutauchen und das Kunststück zu versuchen, ohne Papiere außer Landes und über die Grenze zu kommen, so wäre dies jetzt eine ideale Lösung gewesen; so aber waren wir nicht darauf vorbereitet. Das teilnahmslose Schweigen, mit dem wir alles geschehen ließen, hatte etwas zerstörendes in sich, es schuf für späterhin die Quelle für alle Vorwürfe, obwohl es in der Tat unsere Rettung geworden ist, aus dieser tödlichen Atmosphäre wenigstens äußerlich uns loszulösen. Mit Gewißheit wären wir zugrunde gegangen, von dem hereinbrechenden Chaos verschluckt worden. Würdest du mich in diesen Tagen gefragt haben, warum wir noch bleiben, ich hätte dir zur Antwort geben müssen, deinetwegen. Denn ich hatte keine Möglichkeit dich wegzubringen – du hast mich nicht gefragt und ich bin nicht sicher, ob ich dir die Wahrheit gesagt hätte.

Ich bin auch sicher, daß wir eigentlich mehr Gefangene dieses Kommandos waren, bei näherer Prüfung meiner Stellung und meiner Person ohne Zweifel. So aber wurden wir jenseits der Grenze dank der allgemeinen Verwirrung und dem Fehlen jeder näheren Angabe einfach laufen gelassen. Ich atmete erlöst auf. Du hattest von dieser Krise nichts bemerkt, du hattest während der nächtlichen Fahrt sehr gefroren, es war sehr unbequem, und du warst ärgerlich über mein Schweigen, meine abweisenden kurzen Antworten über das Wohin der Fahrt und unsere weiteren Absichten. Wir waren noch einmal gerettet.

Um sogleich in eine neue Schwierigkeit zu stürzen. Du konntest nicht verstehen, daß in dem Hotel, in dem unser Begleiter nach langwierigen Verhandlungen eine Unterkunft gefunden hatte, er war auch schon auf der Hinreise dort abgestiegen und anscheinend auch sonst bekannt, für uns dagegen kein Zimmer frei sein sollte. Du schriebst das meiner Teilnahmslosigkeit zu und entdecktest in mir einen neuen Charakterzug, Gefühllosigkeit gepaart mit Minderwertigkeit und Egoismus. Ich habe mich nicht verteidigt – es war bekannt genug, daß jedes Zimmer nur nach eingehender polizeilicher Kontrolle und Anweisung abgegeben wurde. Gewiß, ich wußte das auch vorher, aber ich hätte nichts anderes tun können als auf den glücklichen Zufall warten, mehr noch – auf das Wunder. Und dieses Wunder ist eingetreten, ich konnte den Geschäftsführer bestechen; unsere seltsame Einreise schien zu unseren Gunsten von einem besonderen Auftrag umwittert; eine gefährliche Hochstapelei unmittelbar am Rande des Abgrunds. Ich hätte nach ein oder zwei Stunden ruhigen Überlegens sicherlich versucht, einen Bekannten in der Stadt aufzufinden. Dazu kam es nun nicht mehr. Die ganze Wucht von seit langem aufgestapelten Haß ging von dir über mich her, ich fühlte mich beiseitegeworfen und ließ es gehen; ein neuer Zug von Verachtung war hinzugekommen. Ich war müde und wollte schlafen, vier Tage hatte ich nicht geschlafen. Aber ich konnte den Schlaf nicht finden. Damit fing es an. Später kamen die Krämpfe und die Koliken. Mochte es dir erscheinen als ein neues Zeichen meiner Bosheit – ich wurde krank, ich war krank. Bis in dieses Hotelzimmer hatten die Nerven, zum Teil war sogar das Bewußtsein davon nicht berührt, standgehalten; jetzt war die animalische Kraft verbraucht. Es war an dir, jetzt gleichgültig und teilnahmslos zu sein. Man konnte es von deiner beleidigten Miene ablesen, diese Entwicklung war für dich überraschend. Würdest du deinen Gedanken Ausdruck gegeben haben, so hättest du gesagt, du bist betrogen worden um ein feierliches Versprechen, um die Einlösung eines Märchens, genauer gesagt um die Fortsetzung eines Abenteuers. Alles um dich herum schien mit einem Schlage harte Wirklichkeit geworden. Es konnte nicht anders ein, ich war der Schuldige.

Der weitere Schritt: ich wurde ins Krankenhaus geschafft, ein Glück – denn wir hätten mit der Anmeldung und Registrierung als Flüchtlinge Schwierigkeiten gehabt; so konntest du unbehelligt zunächst das Zimmer behalten. Ich war sehr krank. Die geistige Aufnahmefähigkeit beschränkte sich darauf, den Körper am Leben zu erhalten, keinen Widerstand zu leisten, mich dem langsam einsetzenden Wiederaufbau der Kräfte anzupassen. Im Untergrund mag eine Rückschau über mein bisheriges Leben und die Erinnerung an die äußeren Geschehnisse von der Zeit an, als wir uns kennenlernten, in einer gewissen Ordnung sich vorbereitet haben; es kam aber noch nicht zum Durchbruch. Es kann sein, daß ich wenig erstaunt gewesen bin, daß du mich verhältnismäßig selten besucht hast und auch darüber, daß wir uns eigentlich nichts zu erzählen hatten. Die Angst vor dem unmittelbar drohenden Zusammenbruch muß in der Stadt auf dem Siedepunkt angelangt gewesen sein. Ich hatte einige meiner früheren Bekannten ausfindig machen können, die du regelmäßig besucht hast. Ich hätte mir nicht leicht vorstellen können, wie du die Tage verbringst und was du von der nächsten Zukunft erwartest oder befürchtest, das heißt – ich habe darauf kaum einen Gedanken verwendet. Ich fand es ganz natürlich, daß wir die Möglichkeit der bevorstehenden Verlegung des Krankenhauses ausnutzten und ich als Rekonvaleszent in ein Sanatorium in der Umgebung überwiesen und aufgenommen wurde. Es war auch selbstverständlich, daß du mich begleitetest, sowieso ohne Papiere konnten wir auch als Ehepaar gelten. Bei der ersten Untersuchung durch den Anstaltsarzt stellte sich übrigens heraus, daß du als die Kranke und ich nur mehr als Begleiter angesehen wurde. Während ich allmählich in kurzen und längeren Spaziergängen zu Kräften kam, warst du ans Bett gefesselt.

Ich übergehe hier Einzelheiten, auf die ich vielleicht in anderem Zusammenhange noch zurückkommen kann. Wenn ich im Krankenhause die Stunden gezählt habe, die so entsetzlich lang werden, eingeteilt nach den Handreichungen der Schwester und unterbrochen durch den täglichen Luftalarm, dem Abtransport in den Keller für zwei, drei und auch vier Stunden, inmitten der Stöhnenden und Sterbenden, weniger apathisch als ich, so hätte ich in dem Sanatorium den Ablauf der Tage aufhalten mögen. Denn am Ende der uns zugebilligten Frist stand die Frage, was weiter – mit dem Unterdrücken, dem Hinausschieben, dem Hindämmern war es nicht mehr getan, es mußte etwas geschehen, es mußte gehandelt werden. Ich nehme an, daß dir dies auch bewußt gewesen ist. Es gab einen festen Termin, deine Erkrankung konnte ihn nicht hinausschieben, du warst, wenn ich so sagen darf, nur zufällig krank. Die Heizung ging aus, das Licht hörte auf. Das Essen wurde sehr knapp, für uns völlig ungewohnt. Wir hätten sollen über die Lage eingehend sprechen, beraten sozusagen, das eine oder das andere bedenken. Der Zeitpunkt war gekommen, wo wir aufeinander angewiesen waren. Statt dessen stritten wir uns herum, um jede Kleinigkeit. Auf ein kleines Zimmer angewiesen und Bett neben Bett haben wir manchen Tag überhaupt nicht gesprochen.

Ich war tief beleidigt und gestört, unwissend was in dir vorgegangen sein mochte. Die Einzelheiten unserer bisherigen Rettung kamen jetzt stärker ins Bewußtsein. Du bist gegen das Geschick, nicht nur gegen mich, undankbar – dies oder ähnliches werde ich mir immer wiederholt haben. Du warst selbst den äußeren Höflichkeiten nicht mehr zugänglich. „Was wollen wir eigentlich noch miteinander – am besten jeder geht seiner Wege. Wir teilen auf, was wir noch gerettet haben und fertig." Solche Rede, diese Sprache hat mich getroffen, sehr wach gemacht. Wo und wie würdest du dich im fremden Lande halten können? in dieser Zeit des allgemeinen Chaos, bei noch weiter trotzdem funktionierender Fremdenpolizei? – und krank? eine Auflösung der dir noch verbleibenden Kräfte schien bevorzustehen. Du hast aus deiner Ablehnung meiner Person keinen Hehl gemacht, die Worte wurden gröber, ich wußte nicht, wie ich mich verhalten soll. Wieder brachte ein Zufall die Lösung.

Der Firmenvertreter hatte für mich überraschenderweise die Möglichkeit hinterlassen, mit einem Ausweis der Gesellschaft wieder über die Grenze, diesmal nach Süden zu gehen. Leider war es nicht möglich gewesen für dich die gleiche Vergünstigung zu erhalten, wir hatten aber für dich Zuflucht und Unterkunft in einem Luftkurort hoch in den Bergen in Aussicht. Du hast ohne Bedenken und Überlegung zugegriffen, wir haben uns nicht weiter bemüht, entweder trotzdem unsere gemeinsame Ausreise zu betreiben oder nach einer anderen Möglichkeit gesucht, wenigstens zusammenzubleiben. Ein sehr einprägsamer Gegensatz; für dich schien bisher die kritisch gewordene Atmosphäre der Umwelt nicht vorhanden, mit bewundernswertem Geschick hattest du sie dir ferngehalten, diesmal schien sie dagegen jeden vernünftigen Gedanken zu überwuchern, die Panik war über Nacht gekommen, du hattest keine Zeit mehr an etwas zu denken als an Flucht, so daß wir nicht einmal dazu kamen, irgendeine Vereinbarung für später zu treffen. Als nur diese, daß ich versuchen würde, dich sobald als möglich in deinem Zufluchtsort aufzusuchen, in Anbetracht der Umstände eine sehr vage Vereinbarung. Und ausgelöst eigentlich nur dadurch, daß ich auf eine Teilung der uns verbliebenen Geldmittel verzichtet hatte. Diese Geste ist mir sehr leicht gefallen, ich hatte ein wenig das Gefühl – die Wahrheit zu sagen, ich kaufe mich frei.

Bis du dann unter großen Schwierigkeiten im Zuge untergebracht warst, in einem unbeschreiblichen Durcheinander, dank der Mithilfe eines robusten Beamten, dem wir mit Unterstützung von Cigaretten hatten einreden können, du fährst im Auftrage einer ausländischen Gesandtschaft – so leicht hatte uns das Abenteuer wieder verbunden. Es war ein Wink des Schicksals, der Zug fuhr bereits an, ohne daß es mir gelungen wäre auszusteigen. Ich blieb im Zug bis zur nächsten Station, der bohrende Gedanke ließ sich nicht abweisen im Zuge zu bleiben und weiterzufahren. Du warst inzwischen in dem Abteil verschwunden, von einer undurchdringlichen Mauer von Mitreisenden blockiert. Ich bin ausgestiegen. Ich bin am Zuge entlanggegangen und habe in dein Abteil hineingewinkt. Es ist möglich, daß du sehr überrascht gewesen bist, du hast etwas unschlüssig wiedergewinkt, wie mir schien, eher verlegen. Dann hat sich der Zug wieder in Bewegung gesetzt. Ich war allein. Bleischwer das Gefühl, allein zu sein, und voll dumpfer Ahnungen. So – war es nicht richtig, es stimmte etwas nicht.

Die Monate, die jetzt folgten, kann ich eher übergehen. Es ist die Atempause, die uns geschenkt ist, Monate der Besinnung und der Rückschau. Mich ereilte das schon lange drohende Geschick, ich kam zwar noch über die Grenze, aber ich wurde sogleich festgenommen, Gefängnis, Verhöre, Konzentrationslager, und als sollte ich jetzt wo der Krieg bereits beendet war, noch alles nachholen, was ich die Jahre über in dieser Hinsicht versäumt hatte, kam ich auch noch in Kriegsgefangenschaft. Von dir weiß ich nur und zwar aus deiner eigenen Erzählung, daß du unter der schroffen Ablehnung und der Bösartigkeit der Leute, an die du dich um Unterkunft und Hilfe zu wenden gezwungen warst, gelitten haben magst. Die Menschen, die diesen Krieg durchgelitten und überstanden haben, sehen in jedem Flüchtling nur das Opfer, an dem sie sich schadlos halten können, und genau betrachtet, hatten sie nicht ein wenig recht? – in dem Falle eben waren wir jetzt dran. Hilfsbereitschaft und Nächstenliebe, Kameradschaft – das ist etwas für ruhigere Zeiten, ich meine zum Beispiel für solche Zeiten, die wir miteinander verlebt haben. Du hast mit äußerster Energie deinen materiellen Rückhalt geschützt und gerettet und mit Hilfe deiner beliebig deutbaren Heiratsurkunde alle Fährnisse der Bürokratie der verschiedenen Besatzungsbehörden umgehen können, du bist dann die Zeit über unterwegs gewesen – ich schreibe das hier nieder, weil es mich beschämt und zugleich beglückt – mich zu suchen. Ich vermag nicht zu ermessen welcher Art diese Rückschau in Bezug auf meine Person gewesen sein mag, denn als es mir nach einiger Zeit gelungen war, eine Mitteilung an dich abzuschicken, die dich sogar erreicht hat, war deine Antwort eher reserviert und kühl, du beklagtest dich über die geschäftsmäßige Sachlichkeit meines Schreibens – verständlich, da ich dir über meine wahre Lage nicht schreiben konnte. Dagegen habe ich später erfahren von anderer Seite, daß du dich über meinen Brief sehr gefreut hast. Es wäre interessant zu wissen, was du in dieser Zeit wirklich von mir gedacht hast, wahrscheinlich größeren Schwankungen unterworfen; wir haben leider später nicht mehr darüber gesprochen.

Ich selbst hatte das Empfinden, mit dir ständig in Verbindung zu sein, in einer Aussprache, der wir beide ängstlich so lange aus dem Wege gegangen waren. Erklärungen und eine Rechtfertigung und das Versprechen, dich nicht im Stich zu lassen und dich zu betreuen, so weit mir das noch möglich sein würde. In diesen Monaten, in denen ich oft nahe daran war, mich völlig aufzugeben, war dieser Gedanke mein Rückhalt, mein Ziel und der Anreiz mich wieder aufzurichten.

Als ich später nach meiner Freilassung dich in deinem Zufluchtsort nicht mehr antraf, allerdings hatte ich kaum mehr damit gerechnet, schrieb ich an die für mich dort hinterlassene Adresse, ich hätte nur den einen Wunsch, dich noch einmal zu sprechen, Mißverständnisse aufzuklären und dich um Verzeihung zu bitten, wenn und womit ich dich beleidigt und dir weh getan habe. Auch dieser Brief hat dich in wunderbarer Weise noch erreicht. Deine Antwort war, daß du ohne mich verlassen und verloren wärest, und du schicktest mir zugleich jemanden, der mich schwarz über die Grenze führen würde; es waren eben immer noch Grenzen zwischen uns. Ich bin ohne Besinnen, noch in der gleichen Stunde dieser Frau gefolgt; du würdest mich in den Bergen jenseits der Grenze erwarten.

Ich kann mich jetzt wieder dem eigentlichen Thema zuwenden. Du hattest der Frau, die mich auf ihrem gewohnten Schmugglergang mitnehmen sollte, gesagt, ich wäre wahrscheinlich krank und kaum transportfähig und man müßte vielleicht noch anderweitige Hilfe in Anspruch nehmen. Die Schmuggler pflegen in größeren Kolonnen zu gehen. Die Frau war höchst überrascht, mich sozusagen auf den Beinen vorzufinden. Und doch hattest du dich nicht geirrt. Ich war nach allen den Mühsalen und äußeren Schicksalsschlägen zu Tode erschöpft, ich hielt mich nur noch gerade aufrecht, um den Leuten meiner Umgebung meinen wahren Zustand zu verbergen, und ich hätte der Frau gegenüber niemals zugegeben, daß ich im Grunde nicht imstande war, den Marsch über die Berge, es war über ein Meter Neuschnee gefallen, durchzustehen. Es schien mir aber nach dem Vorhergegangenen eine letzte Probe, so eine Art von Gottesurteil. Du hattest geschrieben, wir würden uns sonst kaum mehr sehen, denn du seiest im Begriff weiter zu reisen, noch unbekannt wohin.

Einzelheiten interessieren jetzt nicht, ich war einen Tag und zwei Nächte mit der Kolonne unterwegs, in Eis und Schnee, mit zerrissenen Schuhen, ohne Mantel; erst mit zusammengebissenen Zähnen, dann unter Ausschaltung jeden Gedankens, nur mit dem Instinkt, ich muß ankommen – hatte ich mich weitergeschleppt, und ich bin angekommen. Nur dunkel erinnere ich mich der Stunde, der allgemeinen Begebnisse meiner Ankunft, der Hütte in den Bergen jenseits der Grenze. Du warst nicht da. Vielleicht würdest du, hieß es, an einem der nächsten Tage kommen.

Es ist nicht so einfach in der Erinnerung noch einmal nachzuerleben, was ich mir in Wirklichkeit erwartet hatte. Das Vorstellungsbild ist verblaßt, von Zweifeln und späterer Enttäuschung angenagt, von Selbstvorwürfen und Hohn, von Verhöhnung überspült. Es muß eine tiefgreifende Erschütterung gewesen sein, die etwas freigelegt hatte, was seit früher Kindheit verschüttet war, das unmittelbare Mitteilungsbedürfnis zu dem andern Menschen, die Bitte um Verzeihung in dem beseeligenden Bewußtsein, daß mir schon verziehen ist. Daraus erwächst die Schönheit und die Würde der menschlichen Existenz, dem andern das Herz darzubringen, Einblick gewähren lassen in die Tiefen der Seele. In der Vorstellung prägt sich darin auch das Bild einer überirdischen Zartheit des andern. Diese wiederherzustellen, wo sie verletzt sein könnte, ist Wunsch und Ziel. Ich weiß nicht, ob dieses Gefühl gleichzusetzen ist mit dem althergebrachten der Liebe, erfüllt ist von der Sehnsucht nach Vereinigung und Wiedervereinigung. Ich möchte eher glauben, daß ein wenig schon der Verzicht darin mitschwingt, die Trennung für jetzt oder später, in diesem oder künftigen Leben, ein Schmerz, der nicht weh tut, sondern erhebt – zur Reinheit, zum gegenseitigen Verständnis und zur Hilfsbereitschaft. Das Zusammenleben in seiner Wirklichkeit, die daraus hervorgehen mag, wird davon nicht berührt. Es kann sich ergeben – wir können auch ebenso gut darauf verzichten, je nach deinem Wunsch, und was du für zweckmäßiger halten wirst. Nicht nur mein Weg, sondern auch die Erinnerung, die nunmehr Gegenwart werden sollte, war mit guten Vorsätzen gepflastert.

Ich habe mir das in den folgenden Monaten tagtäglich vorgesagt, und ich muß es wiederholen, obwohl ich mich schäme: mit keinem Wort habe ich von dieser meiner Gemütsverfassung zu dir sprechen, mit keiner Geste ihr Ausdruck geben können. Ob du sie geahnt oder gefühlt oder gesehen hast und sie nicht hast aufkommen lassen wollen – das weiß ich nicht. Der Empfang war alles andere als entgegenkommend – rein sachlich, geschäftsmäßig. Hätten wir uns den Tag vorher in gleichgültiger Weise verabschiedet, natürlicher hätten wir uns nicht wieder begegnen können, in befremdender Distanzierung, daß wir wohl oder übel zusammengehören. Nicht ohne Betonung, daß ich insbesondere auf deine Hilfe angewiesen bin.

Du hattest auch sogleich einen fertigen Plan bereit, mit dem wir den Schwierigkeiten der Anmeldung und Niederlassung würden begegnen können; für dich allein hattest du inzwischen alles zur Zufriedenheit geregelt. Es mag sein, ich hatte eine andere Art der Begrüßung erwartet, ich könnte allerdings nicht einmal sagen, was und wie im besonderen und in Einzelheiten. Du hattest dir sehr viel Zeit gelassen, zu der Wirtschaft, in der ich untergebracht war, hinaufzusteigen und du warst sehr erschöpft; vielleicht besser gesagt, etwas gestört und nur halb dem Interesse, daß ich den Grenzübergang glücklich überstanden hatte, zugewandt. Das Erstaunliche daran ist mir im Augenblick nicht mal besonders aufgefallen. Gewiß, ich sollte die Rolle eines Pflegevaters spielen, unklar noch, ob mit meinen Ausweispapieren das überhaupt möglich gewesen wäre, aber zum mindesten den Leuten gegenüber, in deren Kreis wir uns künftig bewegen würden – ich war noch so erfüllt von allen Erschütterungen der letzten Zeit, daß mir an der äußeren Form nichts gelegen war; ich hätte jede Rolle gespielt. Statt weiterer Worte und Fragen, Bericht und Erklärung war deine Hauptaufmerksamkeit auf die Beschaffung eines ausreichenden Mittagsmahles gerichtet. Immerhin hatte sich doch in diesen Monaten einiges ereignet, das des intensiveren Erwähnens wert gewesen wäre.

Wir sollten noch an dem gleichen Tage abreisen, aber die Anstrengungen der letzten Tage wirkten bei mir zu stark nach, so daß wir noch einen Tag blieben; auch die Wirtsleute hatten uns das angeraten. Dann sagtest du zu mir, als wir am Abend allein uns am Tisch in der Gaststätte gegenübersaßen, eigentlich das erste Mal, daß wir allein für uns wieder waren und ohne Gesellschaft – sagtest du, ich müsse mich in deine Anordnungen fügen, und es wäre das beste für mich, du hättest alles reiflich genug überlegt. Ob ich als Stief- oder Pflegevater auftreten würde, das brauche mich nicht zu stören. Die Gesellschaft könnte es sonst nicht verstehen, daß du dich um mein Herkommen bemüht und so sehr dich dafür eingesetzt hast, und daß wir zusammen leben wollen. Denn: in dieser Gesellschaft hast du einen begüterten Kaufmann kennengelernt, der dir Wohnung und Aufenthaltserlaubnis verschaffen kann und auch alles das, was zur Einführung in einen größeren Kreis gehört, auch könntest du dich mit einer Kapitalanlage an seinem Geschäft beteiligen – und es wäre für uns beide gesorgt. Du glaubtest – sagtest du noch, als ich darauf schwieg, daß dich der Mann sehr schätze, und ihr würdet euch gut vertragen, denn er sei immer vergnügt, und ihr hättet viel Spaß miteinander. Der Mann sei auch schon neugierig, mich kennenzulernen. Ob ich das alles verstehen würde und mich einpassen, dir zu liebe? – Damals habe ich verstanden, daß erst jetzt unser gemeinsames Leben beginnen wird.

Du warst selbständig geworden, und es erschien dir als eine Selbstverständlichkeit, daß nur dein Wille und deine Auffassung von den Gegebenheiten Geltung haben sollte. Ich muß heute gestehen, ich habe vieles von deinen Plänen einfach nicht verstanden, es ist wie eine Sturzflut über mich hereingebrochen und ich habe den Kopf eingezogen, zu müde und entkräftet, um enttäuscht zu sein, zu überrascht, um Widerstand zu leisten, zu unsicher, um eine eigene Meinung entgegenzusetzen. Aus den

Trümmern meines Zusammenbruchs habe ich nach geeigneten Stücken gesucht, um zusammenzuflicken, was vielleicht zu einem Ganzen hätte wieder passen können. Das war nicht der Mann, den du dir vorgestellt hast, und an den du dich hättest anpassen, Rückhalt finden können. „Du mußt wissen, daß ich dich allein lieb habe" – Worte, die an mir vorübergeglitten sind, ohne mich zu berühren. Ich zweifelte nicht, ich habe auch nicht darüber nachgedacht. Denn ich hätte erklären müssen, was ich selbst mir darunter vorstelle, und das wäre wenig genug und sehr ungenau gewesen. Wollte ich einen Aufschub gewinnen?

Dieser Aufschub wurde mir nicht geschenkt.

Schon am nächsten oder übernächsten Tage erzwang deine Ungeduld eine Auseinandersetzung, wir waren noch nicht am neuen Bestimmungsort angelangt, über irgendeine belanglose Frage der technischen Lebensmöglichkeit, über die ich Bedenken äußerte, ein leichter Streit, der mit deinem Vorschlag endete, ich solle zurückbleiben und das Weitere abwarten. Ich schwieg dazu. Wir reisten zusammen. Wir fuhren einige Tage in den damals noch üblichen Güterwaggons unter Rückwanderern, in einer uns nicht gerade freundlichen Atmosphäre, schmutzig, unbequem und ziemlich anstrengend, kalt, an Schlaf nicht zu denken, Mißtrauen ringsum, und Hunger. Ich war das schon gewohnt, du wirst darin ein schlechtes Vorzeichen für unsere Verbindung gesehen haben, wahrscheinlich sogar eine Bestätigung gewisser Zweifel und Befürchtungen, von denen du später auch tropfenweise gesprochen hast. In den Monaten, in denen du mich gesucht und dich durchzusetzen verstanden hast, war sicherlich Anregung und Einfluß genug gegeben, dein Leben auf eigene Füße zu stellen, auf anderem Wege und in anderer Gesellschaft zu gestalten.

In der Nacht sind wir angekommen, keine Unterkunft, mit dem ganzen Gepäck auf der Straße. Aus einigen so hingeworfenen Äußerungen dämmerte mir die Erkenntnis, daß du mich zu verachten beginnst. Hätte ich, der heimatlose Flüchtling, völlig fremd und ohne genügende Ausweispapiere, etwas vorbereiten sollen, das du in deiner Weise übrigens schon vorher geregelt hattest? Wir ließen uns vor das Haus deines Bekannten bringen, du wurdest auch hineingelassen, ich blieb draußen im Dunkeln stehen – in diesem Augenblick erinnertest du dich, daß meine Kleidung abgerissen, das Gesicht unrasiert war, und ich insgesamt einen wenig vorteilhaften Eindruck machen mußte. Irgendwie sind wir dann doch noch in der Empfangshalle einer Schwesternpension in der Nähe für die Nacht untergekommen. Für den nächsten Tag hatte dein Bekannter eine möblierte Wohnung besorgt. Während ich allein auf die Beendigung der sich viele Stunden hinziehenden Verhandlungen wartete, wurde mir das eine zum ersten Male klar und schmerzhaft bewußt, es muß alles ein großer Irrtum, ein verhängnisvolles Mißverständnis gewesen sein: was wollten wir eigentlich von einander, was hatten wir erwartet? Es wird Monate dauern, bis ich soweit hergestellt sein würde, mich auf eigene Füße zu stellen; solange werde ich in allem von dir abhängig sein. Nur ein Ziel sich zusammenzureißen, den Boden nicht zu verlieren und sich aufgeben – ich erkannte die Pflicht, am Leben zu bleiben.

In dumpfer Stimmung waren die ersten Tage dahingegangen. Vergebliches Bemühen deinerseits, aus dieser Wohnung eine Art Heim, möglichst in Anlehnung an deine früheren Wünsche zu machen. Es fehlt da und dort, was steht, wird bald zusammenbrechen, aus allen Ecken grinst der böse Wille, Gleichgültigkeit und Betrug. Die Ungeduld steigert sich, das Mißvergnügen – ich bin an allem schuld.

Der Bekannte hat sich zurückgezogen. Erwartet vermutlich eine Erklärung, deinen Besuch. Ich kann nicht wissen, was zwischen euch besprochen und vereinbart worden ist.

Ich liege die Nächte schlaflos und versuchte zu einem Entschluß zu kommen. Noch sind mir die Bilder in der Erinnerung an unser bisheriges Zusammenleben nicht gegenwärtig genug, ich fühle nur, daß ich störe, daß ich im Wege bin, daß ich irgendetwas tun sollte, um zur Lösung der Spannung beizutragen. Ich beginne davon zu sprechen. Wie gegen eine Wand, du hörst mir nicht zu, du hast dafür nur groben abschiebenden Spott – mir bisher in deinem Charakter völlig neu. Es hilft nichts, ich kann wenigstens insoweit mich erklären, daß ich es für das beste halten würde, uns zu trennen. Ich kann diese Rolle, die mir anscheinend zugedacht ist, nicht spielen. In gutem Einvernehmen wird sich alles lösen lassen. Du warst damit nicht einverstanden. Du warst beleidigt, daß sich der andere Mann nicht mehr um dich gekümmert hat. Auch dieses hätte ich noch erklären können, denn die Anlage deines Planes muß schon von

Grund aus falsch gewesen sein, gewisse Voraussetzungen trafen nicht zu, vornehmlich daß ich in meiner damaligen Verfassung überhaupt in der Lage gewesen wäre, gleichgültig zu welchem übertriebenen und eingebildeten Zweck eine Rolle zu spielen. Völlig habe ich es in jenen Tagen noch nicht aufnehmen können, die Flut von Beschimpfungen, die du über mich ausgeschüttet hast, die Verdächtigungen und Beleidigungen, die Vorwürfe und den Versuch, mich in jeder Lebensäußerung niederzuhalten und in der Möglichkeit, mich selbst wieder aufzurichten; es war alles falsch, und wir werden noch nach Jahren daran kranken. Es mag eine Katastrophe gewesen sein; dein Plan, so überraschend er aufgetaucht war, ist zu meinem Erstaunen ebenso schnell wieder fallengelassen worden. Ratlos blieben wir auf den Trümmern sitzen. Ich sehe es so: du hattest dich entschieden, daß wir zusammenbleiben. Und dir vorgenommen, dich zu rächen.

Ich kann mich jetzt auf die knappste Form in der Aufzeigung der weiteren Entwicklung beschränken. Mir soll bewiesen werden, daß ich keine Ansprüche welcher Art immer zu stellen habe. Ich bekomme zu hören, ich bin dumm und faul und lügenhaft und schmutzig, ich habe alle die schlechten Eigenschaften der Nation, der ich durch Geburt zugehöre und es scheint dein Geschick, daß du darunter leiden, darunter zugrunde gehen sollst. Eine Übersteigerung an ständigen Bosheiten, denen ich nicht ausweichen kann. Ich bin ganz verstört und muß sie hinnehmen, ohne Widerstand zu leisten, so daß gerade daraus noch eine neue Belastung erwächst. Ich spüre, daß ich in einem Strudel bin, der mich zwangsläufig in den Abgrund zieht. Hätte ich mich damals umgebracht, das wäre vernünftig gewesen. So aber konnte ich nicht weglaufen, als ob alle Bewegungsmöglichkeiten versperrt gewesen wären, die Gedanken ausgeblasen. Ich verstand von alledem nichts, ich verstand nur soviel, daß mir bitteres Unrecht geschieht. Ich war irgendwie aus den Geschehnissen der letzten Monate noch geistig krank; ich wurde an dem Unrecht langsam gesund. Statt mir den Rest zu geben, richtete es mich wieder auf, nicht im Widerspruch, unabhängig davon, wie ich mich behandelt fühlte, ich möchte sagen, rein organisch oder von einer Kraft her außerhalb, die ich nicht kenne und die vielleicht erst sehr viel später mir erkennbar sein wird. Deine körperliche Schwäche dagegen, deine Krankheit machte Fortschritte. Es war nur zu natürlich, daß du die Folgen auf mich bezogst. Ich stand nicht nur einer Gesundung entgegen, sondern wurde dir zugleich auch unentbehrlich für die gelegentlichen Handreichungen und daher doppelt gehaßt. Denn ich war, wie du das auszudrücken pflegtest, zäh, ich nehme an, auch unempfindlich, zäher, sagtest du, als du es erwartet hättest. Aber unempfindlich war ich nicht.

So vollzog sich unter den hochgehenden Wogen der Flut von Ablehnungen und Beschimpfungen eine Art Loslösung. Ich konnte sie deinem Drängen nach nicht in äußere Wirksamkeit umsetzen; aus zwei Gründen. Wohin hätte ich hingehen sollen, an wen mich wenden – bisher hatte ich unter dem niederschmetternden Erlebnis meiner Einsperrung gestanden, der Einflüsterung von dritter Seite, ich sei zum Tode verurteilt, ich würde gesucht und verfolgt, unter falscher und zum mindesten mißverstandener Anschuldigung, eben derjenigen Handlung wegen, die mich in den Stand gesetzt hatte, deine Wünsche zu erfüllen, die Stellung eines Wundertäters und Mäzens dir gegenüber einzunehmen und auch noch bis zu dieser Zeit unsere Lebensgrundlage überhaupt zu sichern – inmitten dieser Zeit ein großes unverdientes Geschenk. Das Gemeinsame wolltest du nicht gelten lassen. Alles war dein eigenes Verdienst geworden, dein eigenes Geld, deine Wertsachen, deine Bücher, deine Basis und Reserve zum Leben, derart – daß es meine Schuld, mein Leichtsinn und meine Unvernunft und Dummheit gewesen ist, so wenig für eine echte Reserve vorgesorgt zu haben. Es war zu wenig, und du konntest dir an Einzelheiten, die dir zufällig in Erinnerung geblieben waren, vorrechnen, was ich falsch gemacht, was ich überbezahlt, was ich nicht ausgenutzt habe, denn ich bin bei derartigen Gelegenheiten meistens betrunken gewesen und dich habe ich von den Geschäften ferngehalten – ein Wust von phantastischen Verdrehungen, die zur Folge hatten, die mich immer tiefer in ein vorgefaßtes Schuldbild hineinstießen; denn in Wirklichkeit hat mich niemand gesucht und es war nichts, was ich wenigstens nach der äußeren Geltung bei diesen Geschäften mir hätte vorwerfen können. In deiner geradezu grotesken Darstellung trotzdem ein tieftrauriges Bild, denn nicht nur war alles maßlos übertrieben und widersinnig falsch – du wußtest ja nichts und weißt nichts von diesen und solchen Geschäften, von denen ich zu dir mehr aus Höflichkeit nicht gesprochen hatte, ich rechne also dies keineswegs mir als Verdienst an – aber diese Vorstellungen und Beschuldigungen nährten eine bis zur Krankheit gesteigerte Unsicherheit, über die du dich zugleich auch lustig gemacht hast.

Ich will sagen, ich hätte mich den angeblichen Verfolgern in die Arme werfen müssen, mich einsperren lassen? – und hier setzte bereits der Gesundungsprozeß ein, dafür lag auch meiner damaligen Verfassung keine Notwendigkeit mehr vor. Die Phantasiegebilde, gezeugt von einem immerhin schlechten Gewissen, schrumpften zusammen zu der bitteren Erkenntnis, nichts getan zu haben, nichts von dem, was vielleicht Freunde von mir, die mich die Jahre früher gekannt haben, von mir hätten erwarten müssen. Abgesehen davon, daß ich, ob mutwillig oder unverschuldet, in einen Strudel hineingeraten war, der im Hin- und Herschleudern, den Kopf nach unten, zwischen Baumgestrüpp und Felsgestein anschlagend mich betäubt und halbtot geschlagen hatte – nichts liegt mir ferner, als mich etwa zu verteidigen, dir gegenüber nicht. Und ich war wieder nach oben gekommen und sogar so weit, daß ich schon die Augen wieder offen hatte, offener und schärfer, als ich vorher der Umwelt gegenüber und dem Leben entgegengetreten war. Ich begann meine Lage zu sehen ...

In dieser Erkenntnis lag der zweite Grund, warum ich nicht selbst über alle technischen Schwierigkeiten hinweg einfach davonging. Ich begann in deinen Beschimpfungen, in Szenen, die schon geradezu einem Hinauswurf gleichkamen, die Laune eines unglücklichen Kindes zu sehen, das um sich schlägt, nicht allein weil seine Wünsche nicht erfüllt werden, sondern auch in dem Entsetzen nicht zu wissen, woher der Schmerz kommt, warum überhaupt Schmerzen – ein unglücklicher Mensch, der sich nicht in der Gewalt hat, der zuwenig von sich weiß, um etwas von dem Leid, der Unzulänglichkeit menschlichen Daseins zu verstehen, ein Mensch hinter Gittern seiner Hysterie. Hier schien mir der Punkt gegeben, wo ich mit einer gereifteren Einsicht wirken und einsetzen konnte – ich durfte nicht davonlaufen. Es war meine Aufgabe zu bleiben. Ein großes

Abenteuer, ich möchte sagen, mein letztes und größtes Abenteuer. Ob ich die Unruhe meistern, die Wogen der Ablehnung glätten konnte?

In der Stufenleiter unseres Abstiegs waren wir schon ziemlich tief angelangt. Gewiß, das Nichtverstehenkönnen der Ablehnung, die Beleidigungen wirkten noch genau so intensiv wie am ersten Tage, aber sie fanden trotzdem keine unmittelbare Berührung mehr. Ich entdeckte darin eine Art Rechtfertigung und den Ansporn zu büßen und mich innerlich davon zu befreien, zunächst durchzuhalten, bis sich das Gewissen von der Verpflichtung und der Verantwortung befreit haben würde. Es war sicher zu spüren, ich bot keinen Widerstand; der Mann aus Watte. Aber die Demut, das Gehen-lassen, wie ich es anscheinend zur Schau trug, hatte sich in Hochmut verwandelt, unnahbar, unberührbar, für eine Gegenwirkung immun geworden. Das Gefühl allein gelassen, ausgesetzt, verraten zu sein – mußte mit doppelter Wucht auf dich zurückfallen. Ich habe das nicht mit besonderer Absicht hervorgerufen, aber ich erkenne heute, wie es gewesen sein muß. Deine Wut drohte sich zu überschlagen. Ich würde dich, wollte ich mich in deine Gemütsverfassung zurückversetzen, noch jetzt schreien hören können, um Hilfe, aus einer Panik der Ratlosigkeit heraus, aus Angst. Ich dagegen habe nicht geschrieen. Ich habe angefangen die Symptome dieser Ablehnung aufzuzeichnen, Klarheit hineinzubringen in eine Art von System ...

Aber ich will hier nicht erklären, nur den Niedergang skizzieren. Ich kann weiter zusammenfassen: dem andern zu zeigen, daß er einem lästig ist, abstoßend wirkt, eine große Enttäuschung ... ihn belauern nach äußeren Unsicherheiten, um keifend darüber herzufallen, keine Rücksicht, keine Scham mehr, die körperliche und geistige Nichtachtung auf die Spitze getrieben, mit einem überscharf wachen Bewußtsein von den Gedanken des andern, die Kunst des Gedankenlesens hast du meisterhaft beherrscht, die leisesten Schwankungen registriert, die Rede eine Kette von Bosheiten, Grobheiten, der Ton brüchig, bereit jederzeit umzuschlagen – denn in der Mehrzahl der Stunden verläuft so ein Tag normal, Fragen und Antworten, Besorgnisse über deine fortschreitende Erkrankung und Schwäche, Ansichten aus dem Ablauf der täglichen Geschehnisse. So sehe ich dich, so verlief unser damaliges Leben. Ich verhielt mich überwiegend passiv, wie unter einer hydraulischen Druckpumpe, auf und nieder zwischen Verzweiflung, Verbitterung, Verachtung, Wut und Mitleid, ausschauend nach dem Silberstreifen einer Rettung, erbost über die Unmöglichkeit aktiver einzugreifen, eigensinnig auf das Abwarten bedacht, nicht der Erwartung einer Besserung, einer Auflösung der gegenseitigen Verkrampfung, sondern der Loslösung, der Befreiung, auf das Wunder den Blick gerichtet, zweifelnd und dennoch auf der Suche nach dem Glauben.

Wir lebten in diesen Monaten am Meer, zwar in unmittelbarer Nähe der Hauptstadt, aber doch durch die mangelnden Verkehrsverbindungen abgeschnitten und getrennt. Wie schon die ganze Zeit vorher, auf uns allein angewiesen. Jeder Schritt zur Ablenkung und Entspannung hätte einer besonderen Kraftanstrengung bedurft, die keiner von uns beiden verausgaben wollte, obendrein vielleicht zum Nutzen des andern – war es so?

Inmitten der Pinienwälder, weniger feierlich und erhaben als beschwingt und zur Fröhlichkeit anregend, lud der grüne Dom zu weiten Spaziergängen ein, auf einem Teppich von weißen und gelben und roten Blumen, betreut von einer lichten Sonne mit blauem Horizont, beäugt von den grauen und hellen Eidechsen, umschwebt von den schwarzgetupften Faltern des Schwalbenschwanz; und dazwischen den Blick auf das Meer, in das Endlose; die Wellen verlocken zum Spiel, Salzluft preßt sich in die Lungen. Die Herbheit in all dieser flimmernden Freude der Natur, der Geschmack von Bitternis scheint uns zu kräftigen, gesund zu machen – ich war nicht in der Lage darauf zu achten, immer gewärtig des nächsten Schlages, immer verschlossener und immer entschiedener bereit zu einer sichtbaren Abwehr, zum Gegenschlag. Ich kann mich indessen nicht mehr im einzelnen erinnern, in welcher Weise du deinerseits diese Wochen hingebracht hast. So weit waren wir bereits von einander entfernt.

Des Sonntags gingen wir die schattenlose Landstraße in das nächste Kirchdorf. Für mich war es eine bedeutende Anstrengung, und weniger als sonst für gewöhnlich, wenn der gemeinsame Zweck das erforderte und Nutzen versprach, warst du einer Verträglichkeit geneigt. Wir gingen hin und zurück, Bosheit im Herzen. Du hattest dich bereits entschlossen, alles auf Gott zu stellen, dem Herz Jesu und der Gottesmutter die Lösung zu überlassen. Und dein Haß – nein, die Ungeduld war auch oft gegen diese gerichtet, die dich noch nicht freigegeben hatten. In solcher Stimmung rückte ich sozusagen in die zweite Linie. Es kam sogar vor, daß du mich um Verzeihung bitten wolltest, jedenfalls flossen derartige Worte um mich herum. Um unmittelbar darauf wieder in verzweifeltes Weinen auszubrechen. „Es geht nicht, ich kann nicht mir dir leben." In einer Auflehnung gegen Gott, dem du dich unterworfen hattest, dessen Anrufung du heraufbeschwörst als Schild und Waffe, Schutz und den Ausweg zur Flucht. Ich bin gleichfalls bemüht einen Weg zu Gott zu finden, sicherlich in einer anderen Weise, tastend und scheu und voller Scham. Die Vorstellung, die jeder von uns von dieser Zuflucht hatte, muß so verschieden gewesen sein, daß wir, jeder für sich, die Kraft daraus zogen, den andern sich selbst zu überlassen. Ein Gott der Härte und Unerbittlichkeit, der Verstockten –

Wir gaben die Wohnung am Meer auf. Wir gingen wieder auf die Wanderschaft. Du hattest verschiedene Bekannte, die wir der Reihe nach aufsuchten. Ein Teil der Haushaltsgegenstände, die du im Laufe zur Einrichtung unseres neuen Heims gekauft hattest, ging verloren. Einiges wurde gestohlen, wie wir auch allenthalben betrogen wurden. Nicht daß du dich so leicht damit abgefunden hättest, du warst fremden und bekannten Leuten gegenüber nicht nur mißtrauisch, du warst provozierend mißtrauisch, beleidigend – um im nächsten Augenblick alles gehen zu lassen, alles wegzuwerfen. Abseits gestellt mußte ich das mit ansehen; niemals hättest du mir die Regelung solch äußerer Dinge überlassen, den Leuten gegenüber war ich der Trottel, das Kreuz, das Bleigewicht – du warst nicht sehr taktvoll, du hieltst dich nicht zurück, auch nach außen deine Verachtung sozusagen öffentlich zu machen.

Was war zu tun – bestimmt, ich hatte aus eigenen Kräften wieder auf die Beine zu kommen. Das war unzweifelhaftes Gebot, Selbstverständlichkeit geworden. Unter unsäglichen Anstrengungen habe ich Stück für Stück aus meinem früheren Leben mir wieder zurückgeholt. War dir dies auch nicht recht? – du hast es mir außerordentlich schwer gemacht. Decken wir einen Schleier darüber, ich werde über Einzelheiten nicht sprechen. Wenn zwei Tobsüchtige übereinander herfallen und sich mit Fußtritten bearbeiten, mit Stuhlbeinen oder Messern, so kann möglicherweise darin noch eine vernünftige Auslösung liegen, es handelt sich schließlich um den Druck, von dem derjenige, der am wenigsten diesen Druck ertragen kann, sich befreien muß – aber bei uns, bei uns blieb diese Auslösung schon im Beginn stecken, sie schlug nach innen, schweigend, ohne große Gesten und fast ohne Umschaltung. Gott und das göttliche Gebot, auf das du dich zu berufen glaubtest, war weit. Wir waren zuzeiten sehr höflich zu einander.

Es scheint mir, daß wir schon ganz unten angelangt waren, tiefer konnten wir nicht mehr absteigen. Dutzende von Plänen beiderseits, Versuche in dem und jenem, auch darin, durch eine planmäßige Heilkur deinem körperlichen Verfall entgegenzuarbeiten. Sehr schnell zerstäubte das in einer Reihe von behelfsmäßigen Einzelaktionen, die sich zudem in den Wirkungen gegeneinander aufhoben.

Wir landeten schließlich in einem kleinen Weiler in den Alpen – Höhenluft. Irgendwann hattest du früher den dortigen Pfarrer kennengelernt, der uns ein leerstehendes Haus zur Miete verschafft hatte, Triumph. Ich weiß nicht, welchen Eindruck der Pfarrer von uns bekommen haben mag; erst sehr zutraulich und hilfsbereit, später ein wenig neugierig, und dann hat er sich ganz zurückgezogen. Von den Bauern und Holzfällern will ich nicht sprechen. Wir lebten in einer Welt von nicht mehr greifbaren Schatten, die Tannen und die Krähen waren das einzig Wirkliche, der Gruß vom Leben und dem Lebenden ringsum. Und die Kälte, der Hunger und die wirre Frage, was soll werden – kann das noch weiter gehen?

Ich fühle, ich bin mit diesem Brief zu Ende. Gestern bist du von einer deiner Fahrten ins Land zurückgekommen. Um aus diesem entlegenen Hochtal an die Bahnlinie zu kommen, bedarf es allein einer sehr anstrengenden Expedition, für deinen Schwächezustand sicherlich nicht zuträglich. Ich glaube, du wolltest zu einem Heiligen tief unten im Süden, ich werde es nicht erfahren, ob du den Mann gesprochen hast und zu welchem Zweck du ihn überhaupt hast aufsuchen wollen, zu Hilfe rufen?

Ich warte, ich habe die ganzen Tage über gewartet, daß sich eine von den vielerlei Möglichkeiten, die ich ausgedacht und in Gang gebracht habe, als durchführbar erweist, eine erste Anknüpfung gefunden werden kann – der Silberstreifen; auf dich habe ich nicht gewartet.

Ursprünglich hatte ich natürlich vor, dir diese Niederschrift zu geben, sie sogar, wenn es sich glücklich gefügt hätte, dir vorzulesen – am Kamin; aber es ziemt sich nicht für mich ironisch zu werden. Ich weiß, daß solche Absicht ein überflüssiges Spiel der Phantasie gewesen ist. Denn es steht hier nicht ein Wort, das ich nicht mit dir gesprochen, keine Phrase, die wir nicht dutzendmale hin- und hergewechselt hätten wie die Bälle auf dem Tennisplatz. Jede Einzelheit, die kleinste Abweichung und manche Andeutung, die ich aus einer gewissen Scham nicht weiter ausgeführt habe, sind dir genauestens bekannt, besser wie mir.

Hinter einem Vorhang, hinter einem Schleier von Gedanken und auch vorbereiteten Gesten führte ich bereits ein zweites Leben, parallel – nicht gegen dich, aber ohne Verbindung zu dir. Dies mag bereits stärker zum Ausdruck gekommen sein.

Wie schon öfter war in dem Ordnungsablauf von Plänen, die von dir zu irgendeinem Zweck in Gang gesetzt waren, eine Panne eingetreten, ich glaube, wenn ich mich recht erinnere, eine Kiste mit Wäschestücken war nicht angekommen, oder unten im Tal an der Bahnstation liegengeblieben; wir bekamen die Nachricht, uns darum zu kümmern, möglicherweise ist auch das Gepäck verloren oder gestohlen oder irrtümlich expediert oder so ähnlich. Wir mußten hinunter zur Station, das heißt, du warst genötigt dich wieder auf den Weg zu machen und du legtest Wert darauf, daß ich dich begleite; irgendeine Hilfe hätte ich nicht leisten können, auch nichts an der verfahrenen Situation mit dieser Kiste ändern, überhaupt – wir trotteten nebeneinander her, wir fanden Platz auf einem Camion, wir stiegen vor der Station aus, es mußte ziemliche Zeit vergangen sein, ich hatte nichts gemerkt; vielleicht war ich es schon gewohnt, solche Stunden in deiner Gesellschaft teilnahmslos zu verbringen. Vor dem Eingang zur Station erinnertest du dich, daß wir das

Haus nicht genügend verschlossen hätten, es gab noch ein besonderes Sicherheitsschloß ... „Hast du die Kette vorgelegt?" „Nein."

In diesem Augenblick habe ich dich angesehen. Das Gesicht war hochrot und verzerrt. Die Augen grau, diesmal ins Grünliche schillernd halten mich fest, wie in einer Zange. Dann hast du dich mit einer flüchtigen Bewegung umgesehen, den Arm gehoben. Mit der Faust mir ins Gesicht geschlagen, einmal, zweimal. „So, das war für dich!"

Es war für mich.

II. Biographisches

DER FALL GROSZ

I

Es ist eine ganze Weile her, im Mai 1914 bin ich im Inquisiten Spital in Troppau dem Anton Wenzel Grosz begegnet, der mich damals darauf angesprochen hat ihm zu helfen. Er hat mir ein dickes Bündel von Aufzeichnungen in die Hand gedrückt, hunderte von eng beschriebenen Seiten, Personen-Beschreibungen, Adressen und Skizzen, Zeichnungen von Instrumenten, Kartenaufrisse der Örtlichkeiten, Hutformen und die flach gedrückten Eierköpfe darunter. Er hat mich bedrängt die Sachen aus der Anstalt mit herauszunehmen und zu Hause eingehend zu studieren. Das habe ich auch getan. Aber ich habe in den Fall Grosz nicht mehr eingreifen können, denn schon wenige Wochen später brach der Krieg aus. Aus dem Vorbericht, den ich bereits zur Veröffentlichung bestimmt hatte, finde ich heute noch das folgende:

II

Die Existenzbedrohung des täglichen Lebens schreitet fort. An dem simplen Zeichner der Garrison Foundry in Pittsburg-East vollzieht sich das Geschick der Allgemeinheit, bedroht zu sein in den Ne tzen einer Bande von Räubern und Mördern, die niemand kennt, deren Wirken aber bereits jeder tagtäglich hören kann.

Es wird nunmehr kein Zweifel sein, daß deren Mitglieder für den Zeichner sichtbar aus Mährisch-Ostrau, Troppau, Hotzenplotz und Bielitz-Biala sich erweisen, eine weitverzweigte Organisation bis tief nach Böhmen hinein, andrerseits bis Glatz, Breslau und selbst nach Schandau in der sächsischen Schweiz, wo einer der Beteiligten in einem Logierhaus Hilfskellner war. Es ist schwer, für den Mann, der in die Fäden des Netzes geraten war und dessen Eigensinn bis zu diffizilster Hellhörigkeit sich fortgesetzt gegen die Verfolger stemmt, noch etwas zu tun.

Es soll den Draußenstehenden überlassen bleiben, in dem Für und Wider anläßlich der Revolverschießerei in Breslau im Hotel Stadt Frankfurt, sich den Schädel einzurennen.

III

Ich muß sagen, daß ich heute meine damalige Stellung sehr beklage. Vielleicht hätte noch etwas geschehen können. Es schwebte mir dunkel ein Vermittlungsvorschlag für die Parteien vor, ich war nur zu gern bereit, ihn sofort auszuarbeiten. Ich hatte das Gefühl, es muß so was wie Frieden zwischen den Menschen geben, einzeln gesehen.

Darauf wollte ich mich stützen. Ich bin nicht mehr dazu gekommen. Ich habe über die Kriegsjahre den Fall liegen lassen und erst im Winter 1919/20 die Aufzeichnungen wieder vorgenommen. Auf eine unmittelbare praktische Wirkung konnte ich nicht hoffen. Ich habe aus den hunderten von Seiten des Manuskripts einen Grundriß gebaut und diesen dann auch drucken lassen. Die Zeit ist darüber hinweggegangen, meine damaligen Gesinnungsfreunde und die Literatur-Analyse und Historie, die den Fall Grosz ignoriert und bis heute vergessen hat.

Ich komme daher gern Ihrer etwas skurrilen Aufforderung nach, Ihnen dasjenige, was ich von meinen Vorarbeiten noch an Einzelstücken finden kann, neuerlich zum Druck zu überlassen. Sie müssen sich indessen bewußt sein, Sie streiten mit diesem Neudruck nicht für eine Zukunft, Sie sagen selbst der Gegenwart damit nichts, zum mindesten nichts Neues, sondern Sie kämpfen gegen eine Vergangenheit, die uns so oder so allerdings einmal alle verschlingen wird (ohne daß wir uns dagegen wehren können).

IV
UND DAMIT FÄNGT ES DANN AN.

DAMALS erinnert sich der Anton Wenzel Grosz, daß die Mutter der Gebrüder Seidel, um die in der Hauptsache das Anklagematerial angeordnet ist, eine Hauptmannswitwe, seiner Mutter in Zawodzie bei Wojnicz im Bezirk Tarnow im Sommer 1885 beim Kochen behilflich war, gerade zu der Zeit, als der Chef der Szepanowitzer Dampfmühle aus Holland zurückgekommen war. In jenen Tagen wurde Antons Mutter aus dem Wäschekasten ein Lotterie-Riskonto auf ein Terno von 1200 Kronen gestohlen und der Gewinn in Lemberg erhoben, als dort die alte Seidel eine Tabak-Trafik eröffnete. Zwei Jahre später wurde zudem eine reiche Erbtante der Familie Barés, Frau Spiller in Olmütz, mit einer vergifteten Nadel erstochen und um 80 000 Kronen beraubt – die Familie Barés war mit Grosz mütterlicherseits verschwägert. Dazwischen fällt im Hause des Grosz der Besuch des Klavierstimmers aus Prag, der einen Sohn, angeblich Polytechniker in Troppau, mitbringt, der aufs Haar einem Seidel ähnlich sieht. Der Seidel versucht dort, Antons Bruder Ludwig in den Teich zu stoßen, erhält aber eine ordentliche Tracht Prügel. Dafür treffen die Brüder Grosz später, als sie in Troppau zur Gewerbeschule gehen, einen Soldaten bei ihrer Klosterfrau, den wiederum ein solcher Seidel besucht und alle ihre Gespräche zweifellos belauscht hat. Erhalten Kenntnis von dem Familienwappen der Familie Barés und Grosz, letzteres dem fürstlich lichtensteinschen Erbförster Emil Grosz zu eigen. Das Wappen wird gestohlen, ein längliches rotes Rechteck mit Gatter drin, an der Seite Löwen. (Man sagt, daß es vordem ein Seefahrer-Wappen aus Schottland gewesen sei.) 1893 arbeitet Seidel in der Brauerei des Herrn Oskar von Rudno-Rudzinsky in Osiek bei Oswiecim. Dort spioniert auch ein Hauslehrer Rezmieck, von dem später aus New York noch mehr zu berichten sein wird. Die Familie Grosz kommt nach Osiek, wo Vater Grosz als Kassierer eine Anstellung erhalten hat. Antons Bruder bekommt bald Streit in einer Schänke mit einem Bauern Groß, den er nie vorher gesehen hat, der vor Gericht ausgetragen wird und für die ganze Familie unglücklich verläuft. Ludwigs Schicksal vollendet sich bald nachher. Er rückt zum Militär nach Krakau ein und wird dort von einem Sanitätssoldaten Wagner, der mit einem Seidel zusammengewohnt hat, vergiftet. Anton geht als Zeichner zu einer Firma in Aue im sächsischen Erzgebirge. Dort hält er sich vier volle Jahre, umgeben von Leuten, die sich Fremden gegenüber als seine Schulfreunde ausgeben. Von einem dieser Leute, etwa 166 cm groß, blaugraue Augen, schmale Schulter, trug kleinen weichen Hut – wird ihm eine kolorierte Photographie seines Vaters als Kadettkorporal aus dem Koffer gestohlen. Später kommt der Anton wieder nach Haus, bleibt ein paar Jahre in Bielitz-Biala in einem Konstruktionsbüro. Hört, daß die Frau Seidel einen Nordbahnlokomotivführer Herzlicka geheiratet hat und stößt auch bald mit dem jungen Herzlicka zusammen, später mit dem Sohn des Soda-Fabrikanten Werner. Im Wirtshaus der Barbara Schreinzer am Bretterplatz in Bielitz-Biala wird Anton durch einen Schluck Bier betrunken gemacht, daß mit den Herzlickas, Werners und einem Seidel, der hinter dem Schanktisch steht, eine große Prügelei anhebt. Ein Advokatenschreiber, mit sehr dicken Augengläsern und von schmaler Figur, springt dazwischen, hilft aber nicht – nach Antons Vermutungen ein Bruder ihres früheren Dienstmädchens Marie, die dem Biala-Rosenkranzverein angehört hat und deren zwei Brüder den Seidels sehr ähnlich sehen: der eine stahl Anton bei seinem letzten Heimbesuch 40 Kronen.

V

DAMALS erinnerte sich Anton Wenzel Grosz noch einer fortgesetzt quälenden Unruhe. Viele gute Bekannte kamen ins Unglück, starben plötzlich, – niemals ohne daß es den Anton schon Stunden vorher in fieberhafte Aufregung gesetzt hätte. Schließlich entschloß er sich mit seinem Freunde Stefan Schönherz nach Amerika zu fahren. Es war damals schon so weit, daß viele Hunderte aus der Gegend mitfuhren. Zu beachten ist noch aus der Zeit kurz vorher, daß einer der Mitreisenden mit der Steueramts-Offizialsgattin Sikora ein Liebesverhältnis hatte und sie veranlaßte, nach Amerika zu gehen, wo er sie als Bordellmutter einkaufte und später ermordete. Anton fuhr also im September 1906 mit dem Dampfer Großer Kurfürst des Norddeutschen Lloyd nach New York, mit der Baltimore-Ohio-Eisenbahn nach Pittsburg in Pennsilvanien und logierte im Hotel Marchand, Water-Street vis-à-vis dem Baltimore-Ohio-Passenger-Depot. Später bei der Ungarin Mimi aus Kaschau mit noch mehreren Ungarn zusammen. Im November bekam er mit Schönherz Arbeit in der Westinghouse Electric & Manufacturing Co. als Schlosser in der Sektion F 4 unter dem Foreman Marx und dem 2. Foreman Myler. Zusammen mit dem Ungarn Ribarsky aus Kaschau. Anton erkrankt bald aus nicht aufklärbaren Gründen an Typhus, irrt ein schreckliches halbes Jahr, von dem er keinerlei Erinnerung mehr hat, zwischen Chicago, Washington und Pittsburg hin und her und landet schließlich nach Jahresfrist wieder in Mährisch-Ostrau.

Bis zum Mai 1910 arbeitet er wieder in technischen Büros, verkehrt mit keinem Menschen. Der und jener stirbt, ein Betrunkener erhängt sich, worüber Anton noch lange den Kopf schüttelt, und es geschehen seltsame Ereignisse, so die Giftsendungen an die Mailänder Großkaufleute, die Methyl-Alkoholvergiftungen im Obdachlosenasyl in Berlin. Aber seine Unruhe wächst. Er erinnert sich, daß er sich ständig einen Feigling genannt hat. Zeitweilig beginnt er stark zu trinken.

VI

Niedergetreten zu werden. Anton Wenzel Grosz hatte den Selbstmord des Ferdinand Grosz aus Deutsch-Karn, sein Onkel, nicht verhindern können – so heißt es von der Früh bis in die Nacht. Hat er ihn nicht miterlebt ... hat er dabeigestanden ... nützt doch nichts, so verzweifelt zu tun ... Die Sonne hätte er sich sollen an den Hut stecken und die Abendröte umarmen, heißt es bei Adalbert Stifter. Statt sich selbst vom Turm zu schmeißen.

VII

DAMALS ruft Schönherz aus Pittsburg, und Anton fährt allen Warnungen jener Stimme zum Trotz, die schon im Aufbau der christlichen Religion eine Rolle spielt, sofort wieder nach Amerika. Am 1. Mai 1910 geht der Dampfer Kaiserin Augusta der Hamburg-Amerika-Linie von Hamburg ab. In der 2. Kajüte lungern gleichfalls zwei oder drei Kerle aus Bielitz-Biala und Anton Grosz erinnert sich, daß wiederum vergessen worden ist, auf die Amerikaner in Bielitz-Biala besonders aufzupassen, die Portiers, Polizisten und Briefträger hätten gefragt werden müssen. Hunde sind abzurichten auf die Spur jener Frauenzimmer, die den Amerikaner, der im Hause von Antons Vater Januar 1910 wohnte, besuchten. Es erwies sich später, daß diese verkleidete Männer waren. (Aus den Schiffslisten sollte man doch die Namen noch feststellen können.)

Ankunft in Pittsburg am 15. Mai. Anton Grosz wohnt im Hotel Brunswick des Herrn Berndt bis 30.6.1910. Anfänglich überall Ruhe. Ein einziger Vorfall ist bemerkenswert: Ein Irländer, der im Nebenzimmer wohnt, wird gegen Anton aufgehetzt, betrunken gemacht, stürzt aber auf einen falschen Zimmergenossen und will dem den Hals abschneiden. Grosz steht ziemlich teilnahmslos dabei. Der Irländer wird zu 7 Dollar Strafe verurteilt. Zwischendurch betreibt Anton seine Patentangelegenheit, ein Zeichengeber für Schlagwetter-Explosionen, bei der Pittsburger Anwaltsfirma Evert & Co. Anfang Juni erhält Grosz eine Stellung als Konstruktionszeichner in der Garrison Foundry. Da es von Pittsburg-East nach Southside zu weit war, siedelte er nach Knoxville nahe Southside über. Er wohnt dort parterre in der Orchardstreet Nr. 144 bei einem Herrn Sleap, Veteran aus dem Sezessionskriege. Eines Tages begegnet er in der schmalen Gasse, die an Sleaps Grundstück grenzt, einem Mann, den er als denjenigen erkennt, der sich auf der Augusta Viktoria ihm gegenüber als sein Schulfreund Kubitza ausgegeben hatte. Er kannte ihn aber nicht. Während er zeitweilig sich daran erinnerte, daß in seinem Zimmer die Jalousien zum unteren Fenster schlecht schlossen und leicht von außen zu öffnen waren, wobei das dazwischenliegende Fliegenfenster ohne weiteres weggeklappt werden konnte, sieht er den falschen Kubitza durch den Sleapschen Garten gehen. Dazu kommt, daß eines Tages vier

Taschentücher aus seiner Lade fehlen, er darf nicht einmal Frau Sleap etwas davon sagen, denn er muß fürchten, die Frau zu beleidigen. Dafür liegen ein paar Tage später zwei fremde Taschentücher unter seinen Sachen, die er nie besessen hat, und die zweifellos gestohlen und ihm untergeschoben worden sind. Außerdem sieht er noch einen zweiten Mann mit rundem weichen Hut um das Haus gehen, den ein schottischer Schäferhund begleitet. Dieser Hund, langhaarig, von lichtbrauner Farbe mit weißen Flecken am Maul, Bauch und an den Füßen, leitet für Anton die Einkreisung, er taucht später überall auf, wo für Grosz die Sachen verloren stehen, in Pittsburg, New York, Cuxhaven und Breslau. Grosz kämpft, noch viel später, schwere Träume, ob er sich ausgleichen soll. Es spricht nichts dagegen – doch er braucht Abwehrmittel. Er reibt sich den Körper mit Quecksilber ein, sie sollen nur versuchen, ihn zu infizieren, selbst das Pfeilgift der Gallaneger wird versagen – er trinkt Whisky. Einmal in der Woche. So daß er jeweils 4 Dollar Strafe zahlt. Da scheint, nach der Aussage des Anton Grosz, an einem solchen Tage die Gelegenheit gegeben. Wie er nach Hause kommt, und die drei Stufen zur Haustür hinaufgeht, stehen am Gartenzaun zwei, von denen wenigstens der eine ein Seidel war, der andere möglicherweise der Ungar Ribarsky. (Man wird sich erinnern aus der Westinghouse Electric & Manufacturing Co.) Es ist erwiesen, daß die beiden am Gartenzaun gestanden sind. Wie der Anton oben angelangt ist – erzählt er –, versinkt alles unter seinen Füßen, er hört laut lachen, und wie er sich selbst am Genick fassen will, da eine Faust sich da zu schaffen macht, stürzt er hinterrücks die Stufen hinab und schlägt mit dem Kopf hart auf. Aber als die Sleaps kommen, ist niemand mehr zu sehen.

Trotzdem geht er am nächsten Tag zur Garrison Foundry. Aber die Straßen sind voller Menschen. Er kommt nirgends durch. In derselben Nacht sind in Mont-Oliver in Southside zwei Frauen ermordet worden. Die Leute wimmeln vor ihm herum, sein Kopf schmerzt. Er geht nach Hause und legt sich hin. Die Leute rufen was vor seinem Fenster. Es geht ihn ja nichts an –

VIII

Jeder Mensch kann noch so ein Schweinehund sein, er soll erleben dürfen, wie es einem anderen schlecht geht. Die Qualen deines Freundes fressen sich in dein Hirn und reißen dir die Knochen entzwei. Wenn es gar sein sollte, daß aus Blicken, die dich mit Liebe umgeben, Leid zu dir strömt, dann verkrieche dich, verkrieche dich beizeiten.

IX

Aber schon in der Abenddämmerung bäumt sich der Anton, der eben noch geschlafen hatte, auf und beginnt fürchterlich zu schreien. Es ist erzählt worden, mit stieren Blicken hat er über die Gasse geschaut. Dort, sagt Grosz, stand ein hagerer Mensch, über 187 cm groß, in einem Zimmer im zweiten Stockwerk über einen dicken Mann gebeugt, kann auch Frau gewesen sein, und erdrosselt ihn. Anton starrt noch, wie er ihn an einem Haken an der Wand hochzieht. Dann – heißt es weiter – jammerte Grosz vor sich hin, ab und zu einen schrillen Pfiff ausstoßend. Er mußte sich übergeben. Bis er plötzlich ein Messer vom Tisch nimmt und sich die Pulsader an der rechten Hand durchschneidet. Das war am 15. November 1910.

Natürlich waren andere Leute da und stellten den Anton Wenzel Grosz wieder auf die Beine. Grosz gibt die Stellung in der Garrison Foundry auf. Die Leute denken sich ihren Teil, fühlt er. In den nächsten Wochen werden in Allentown kleine Mädchen mit Steinen geworfen und sonstige Verletzungen; dazu zwei weitere Morde in der Gegend des Oliver. „Mich gehts nichts an." Aber Anton sieht einen Mann um eine Ecke biegen, der einen abnehmbaren Sammetkragen auf dem Mantel trägt. Vielleicht der Modelltischler Karl Ruß, der neben ihm gearbeitet hat. Er hört nicht auf sein Rufen. Obwohl er damals angab, Deutscher zu sein, hört er in einer ganz andern Stadtgegend in einer Bar, wo er plötzlich neben ihm sitzt, den Ruß czechisch sprechen. Anton ruft den Keeper, steht auf und will den Ruß näher ausfragen, aber Anton wird sofort rausgeworfen. Die Zeitungen schreiben von „Velvet Colour". Die Kinder schreien diesen Spitznamen für den Mörder hinter Anton her. Der lächelt zwar: ich bins nicht. Er sucht Schönherz, aber der liegt im Krankenhause. Er soll mit zur Garrison Foundry und ihn ausweisen, dann mit zur Polizeistation. Grosz fühlt stärker, man soll auf seinen ehrlichen Namen achten. Dann nimmt ihn Stefan Schönherz noch einmal nach Brooklyn mit. Der Schönherz hatte vom 5. bis 23.12.1910 dort zu tun. Anton schwieg fast die ganze Zeit. In der Fulton-Street in Brooklyn wiederholten sich in diesen Tagen die Sittlichkeitsverbrechen an kleinen Mädchen, auch Steinwürfe. Stefan läßt aber keinen Verdacht aufkommen, und der andere erholt sich zusehends. Für Weihnachten wird neue Kleidung angeschafft. Zudem stehen dem Anton von Evert & Co. noch 200 Dollars zu, weiterhin noch ein Restgehalt aus der Garrison Foundry von 18 Dollar.

X

Als ich den Anton Wenzel Grosz später kennenlernte, trug er noch diese Sachen. Einen grünen Gebirglerhut mit einer grauen, nicht zu hohen Stutzfeder, dazu fesche helle Joppe, Lederhosen und blanke Schaftstiefel, der ganze Kerl kaum mehr als 165 cm groß, die Pfeife schief im Maul.

Es steht nicht fest, ob es in der Tat den einzelnen Personen möglich war, ihr Aussehen fortwährend zu ändern. Nicht unwahrscheinlich ist es nach Antons Ansicht, daß sie durch Einspritzen von Paraffin unter die Kopfhaut eine beliebige Kopfform annehmen konnten, sofern es sich darum handelte, einen länglichen schmalen Kopf als breit erscheinen zu lassen. Daß die Körpergröße beliebig veränderlich ist, weiß jeder.

XI

Nicht notwendig gewesen, sich um die Menschen in dieser Weise zu kümmern. Das Zueinander der Menschen bleibt unerträglich, solange die Angst sich selbst regiert. Machen Sie doch die Augen auf! Ob schon einer umgebracht wird, ist wirklich nebensächlich. Wichtig, hat einer das Recht, umgebracht zu werden. Darin liegt die Schweinerei.

Man muß die Tiere hassen, weil sie den Menschen nicht mehr goutieren. Und in endloser Kette jeden Menschen noch viel intensiver, obgleich der Anton Grosz für sich das Recht in Anspruch nimmt, sich wehren zu dürfen. Darf man denn die Welt nicht mehr zerstören? Wer ist der Gott, der sich anmaßen könnte, darauf zu verzichten, daß die Dinge ihm entgegen kommen.

Stolz war auch der Kumanitzky aus Freudenstadt, nicht nur der Anton Grosz.

Pfeife auf die Wärme!

XII

Nach mancherlei Fehlschlägen, sich wieder Ruhe und Arbeit zu verschaffen, zieht Anton Grosz später den Polen John Websky, einen diemaker aus der Westinghouse Electric & Manufacturing ins Vertrauen in der Dynamo-Avenue in Pittsburg-East. Der verschafft ihm auch endlich Juni 1911 dort wieder Arbeit in W5. Aber der Kreis zieht sich um die Bialaer immer enger zusammen. Schönherz erleidet an derselben Hobelbank, an der auch Anton arbeitet, einen Unfall und muß wochenlang aussetzen. Anton bleibt den Ungarn, die da arbeiten, ausgeliefert. Zudem ist eine furchtbare Schwüle in der Stadt. Jeden Sonntag zieht Anton von einer Bar zur anderen in Oliver und zahlt regelmäßig 7 Dollar Strafe. Eine Nachricht aus der Heimat besagt, daß die fünf Töchter des schon erwähnten Lackierers Kumanitzky aus Freudenstadt nach Amerika verschleppt worden sind. Ein Schwager des Karl Ruß soll sich beim alten Kumanitzky eingemietet haben, bis der plötzlich starb, so daß der andere die fünf Töchter in seine Gewalt bekam. Mehrere trugen einen dicken roten Rock, zwei waren flachsblond, die andern brünett, eine hatte breite Hüften und Schenkel, die sich überall scharf abzeichneten, dazu kleine Füße. Der Anton war hinter den Kumanitzkys hergegangen. In diesen Tagen lief Grosz in die Bordelle. Man wird verstehen, daß Grosz sich heute erinnert, man hätte ebensogut ein Haus anzünden können. Er stürzt dort auf die Mädel los und bearbeitet sie mit Fäusten, hört er. Dann zertrümmert er das Mobiliar, brüllt, daß die Wände einstürzen. Schreit in ganz Oliver herum, manchmal der John Websky mit. Immer erinnert er sich zweier Mädchen, in schwere rote Decken gehüllt, das Blut steht ihm in der Kehle. Bis er eines Sonntags Nacht dem Websky an die Kehle fährt. Er erkennt ihn als den gleichen, der einen Seidel in Troppau besucht hat. Websky leugnet, und ehe ihn der Anton niederschlagen kann, wird er mit einem galizischen Juden handgemein, der die ganze Zeit feixend in der Ecke gesessen ist, dem reißt er einen falschen Bart ab. Die Wände schreien, die Fenster pfeifen. Er erinnert sich, daß die beiden Mädchen, von denen er kommt, verkleidete Männer sind – rote Decken! Der eine ist der verfluchte Ribarsky, die andere ein Steward von der Augusta Viktoria, der ihm die Virginias aus der Brusttasche gestohlen hat. Diesmal gibt es Trümmer. Mit wachem Kopf träumt der Anton die Nacht zwischen Pittsburg-East, Mont-Oliver und Knoxville. Der Morgen spült die Flut von Verwünschungen gegen ihn. Tausend Männer, Frauen, Kinder, die Trams, Autos, schwirrende Netze – er sieht keinen Menschen genau, hat einer oder die paar wirklich die Massen gegen ihn aufgehetzt. Brummeln, Pfiffe, Johlen: Garrison-Fellow! Garrison-Fellow! Velvet Colour! John

Grosz! da beschließt er zu fliehen. Er hat nichts getan, nur keine Schande, fortgesetzt weiter! Das war am 7. Juli 1911. Um die Mittagsstunde schleicht er sich in die Wohnung und packt ein paar Sachen zusammen. Über Nord-Braddock und Braddock geht er zu Fuß nach Homestead, von dort fährt er mit der Straßenbahn nach The-Kolsport. Er wird, fühlt er, verfolgt; einer geht in ziemlich weitem Abstand hinter ihm her. Kennzeichen: runder weicher Hut. In der Tram sitzen zwei ihm gegenüber und sprechen bald laut, bald leise, gedehnt – daß es den Grosz ganz einspinnt. Der Anton beginnt sich selbst zu hassen, so daß er in den Wagen speit. Damals hatte er noch 90 Dollars und einige Cents in der Tasche. Es hat ihn doch keiner retten können.

Um $^1/_2$ 7 Uhr abends fuhr Anton Grosz über Washington (Columbia-Distrikt) weiter nach New York. Er wird im Abteil derart betäubt, daß er am nächsten Mittag in Hoboken aussteigen muß. Auch vergißt er seinen Hut. Ein Kerl ist neben ihm, der ihm aufs Haar ähnlich sieht, vermutlich der Allentown-Avenue-Fellow, einer der größten Spitzbuben der Union, denkt Anton. In Hoboken bleibt Grosz zunächst einige Tage und klammert sich immer mehr an die aufdämmernde Erkenntnis, daß ihm ja nichts geschehen kann.

XIII

WAS IST EIGENTLICH LOS?

Dann fährt er mit dem Dampfer nach New York und sucht Wohnung in der Bovery. Er hat keinen Menschen in New York. Er nimmt bei einer jüdischen Familie eine Schlafstelle für 1 Dollar 50 Cent per Woche, schläft dort eine Nacht und geht am nächsten Morgen Arbeit suchen. Da hört er, wie einer auf seinen Namen bei einem Juden seinen Handkoffer abholt. Er will noch schnell zurücklaufen, aber er hat Namen, Straße und Haus vergessen, er geht im Kreise in fremder Gegend herum. Ein guter grauer Anzug ist weg, zwei Scheren, ein Rasier-Apparat und eine Anzahl Kohinoors. Da ereignet sich ein Raubmordversuch in einem Juwelierladen, der Sohn des Inhabers wird dabei erschossen. Grosz fühlt, es geht ums Ganze. Weiter fliehen? John Grosz! hört er, übernachtet ein paar Tage im Hotel Hartfield nahe Bromstreet bei einer ungarischen Familie in der 83. Straße East, nahe Avenue A, unter dem Namen Jakob Robinson. Dann ein paar Häuser weiter bei einem Schmied. Das Geld geht aus, er bekommt keine Arbeit, der August 1911 neigt sich zum Ende. Schließlich schläft Anton Grosz in den Parks und hungert. In einer czechischen Wirtschaft gibt man ihm den Rat, aufs Konsulat zu gehen. Dort erhält er eine Karte auf den Namen Josef Kratky für das Austrian Home. Das verschafft ihm Arbeit im Restaurant eines gewissen Weisberger auf Coney-Island. Aber schon am nächsten Tage hört Anton, wie ein Kartenverkäufer draußen vor der Tür über einen Josef Kratky allerhand ausschreit. Eine grenzenlose Wut läßt ihn starr werden. Er stürzt sich auf den ersten besten und wird rausgeschmissen. Er versuchts dann bei Hoffmanns Farmer-Agentur als Johann Lindner. Arbeitet bei dem Farmer Dicherson auf Stralty-Island. Ein Mann ist dort, ähnlich dem Hauslehrer in Osiek, der aber den Anton nicht kennen will. Dafür versucht er ihn abends ohne Veranlassung in den Schuppen hineinzuziehen. Grosz wehrt sich, zwei andere springen hinzu, Polizeistation, falsche Papiere. Grosz bettelt zirka 1 Dollar zusammen und fährt nach New York zurück. Die Situation wird kritisch, die Pfiffe heben an, die Gassen werden Schlingen. Anton Grosz steht aber noch fest, weiß, daß er seinen Mann stehen kann. Von dem Hausmeister des Austrian Home, Pfeifer, wird ihm eine Aushilfsstelle bei einem Hausmeister in der 184. Street West Bronx vermittelt. An einem der nächsten Tage trifft er im Viertel einen alten Bekannten, den Schauderna aus Bielitz-Biala, der eine Hausmeisterstelle in der Bronx 178 Straße West Nr. 586-592 hat. Der nimmt ihn auf. Es geht noch einmal alles vorüber, Anton atmet auf. September 1911.

XIV

„September ist der Monat der glücklich Liebenden." Die Sonne strahlt tiefes Glück in Dich hinein. Alles sinkt schwer – Hand der Geliebten ist bebend, feucht – schau nicht in ihr Auge, so weit, gewölbt – daß Du aufgesogen, verlöscht bist. Das dumpfe lastende Menschenglück, entgleitend, wer weiter leben will. Sich aufmachen gegen die gleiche spitze Not: Heraus! Mehr! Ankurbeln. Verbrauchen. Maschinen. Explosionen. Fliegen lernen. Fußtritte. Glauben – zäh. Unrecht tun in der Gefahr, daß einer krepiert, daß Dein anderes Sein verdorrt und das Wesen, das es trägt, dazu. In einer allumspannenden Liebe. Immer noch mehr Unrecht tun. Liebe. Liebe! Im Wagen an der

Seite der Geliebten fahren gegen die paar schwächlichen Fußgänger – Bäume grinsen, ich kann auch Tränen vertragen und ... Ich will bald nicht mehr, Grosz Anton –

XV

DER – Anton Grosz wohnte bei dem Schauderna im Basement vis-à-vis einer Meistersfrau aus dem Beamtenhause des Ernst Gaßler in Aue im sächsischen Erzgebirge (kann aber auch eine Verwechselung gewesen sein, die Frau verhielt sich die ganze Zeit über durchaus ruhig). Die Parteien bereiteten eine entscheidende Auseinandersetzung vor. *Man kann aus den Darstellungen des Grosz nicht sagen, daß er sich sehr sicher gefühlt hätte.* Er telefonierte an die Polizeistation Head Quarter in der Bronx, daß gegen den Expräsidenten Roosevelt ein Attentat geplant sei, auch der Präsident Taft sei zu bewachen. Schrieb Eingaben und Hinweise als Anton Grosz. Der New York-Fellow wird beschrieben, derselbe, der damals durch die Sleapschen Gärten in Knoxville ging. Anton erinnert sich damals, daß die Frau Dr. Ruffert in Bielitz mit Mädchennamen Reich, die von einem der Brüder Seidel angeliebelt wurde, in Gefahr ist, ermordet zu werden, ebenso der Bogdanowicz – d. h. der richtige – nicht der Aushilfskellner, der in Schandau eine unrühmliche Rolle spielte, ebenso die Familie des verstorbenen Fachvorstandes der mech. techn. Abteilung der höheren Staatsgewerbeschule in Bielitz, Gustav v. Huschka, Edler von Rellheim. Es geht um die Grundstücke in Österreich-Schlesien und Mähren, unter denen gewisse Kreise Kohle vermuten. Ebenso der Hartenberger Max aus Lichten bei Jägerndorf, ehemals Maurer von Beruf – der früher adlig war. Auf dessen Namen ist es abgesehen. Paraffin, Haarfärbemittel, Frau Hotelier Groß aus Schönberg, vergiftete Nadeln, Tuberkulosebazillen. Grosz bemerkt öfters, wie nachts vor seinem Fenster eine elektrische Lampe aufblitzt, er kann den Schein deutlich wahrnehmen. Manchmal leise Schritte. Frau Schauderna will nicht darauf hören, daß Grosz in Gefahr ist. (Er wird alles verraten.) Anton will sich einen Revolver kaufen, fährt mit der Untergrundbahn in einem schrecklichen Menschengewühl, da gerade ein Wahltag war, – am 11. November 1911 – verfolgt! Wie er aussteigt, zwei Stunden vergeblich nach einem Waffenladen sucht, und als es schon zu spät – zur Station der Subway zurückgeht, zischt ein schwacher Knall an ihm vorbei und schlägt in die Mauer eines Hauses. Anton sieht gerade noch einen Mann um die nächste Ecke verschwinden. In der Annahme, daß der sicherlich nicht allein ist, eilt er schnell weiter und fährt, noch an allen Gliedern bebend, aber starr in sich verschlossen, in die Bronx zurück. In gewissem Sinne froh. Erstens der früheren Anzeichen – und dann werden sie ihn auch diesmal nicht erwischen.

Zwei Tage später kehrte Grosz zeitig früh das Trottoir, da sieht er im gegenüberliegenden Haus aus dem 2. Stockwerk denselben herausgucken, der auf ihn geschossen hat. Er stürzt rüber zum Portier und will den Mann herunterholen lassen. Dann ruft er den Schauderna, er soll schnell einen Detektiv rufen. Endlich kommt ein kleiner schwarzer Jude, der sich als irgendwer ihm vorstellt. Schwarze Augen, schwarzes gescheiteltes Haar, einen schwarzen gestutzten Bart, ähnlich einem Spitzbart, schwarzen Schnurrbart, eine gerade, abgestumpfte Nase. Kurze Zeit darauf erscheint ein Automobil, Ambulanz und mit ihr zwei Krankenwärter und drei ganz neu angezogene Polizisten. (Es ist zu vermuten, daß diese Polizisten verkleidet waren.) Anton Grosz wird nach dem Bellevue-Hospital gebracht. Er erinnert sich, daß er ganz froh war, es war ihm aber gleichgültig. Im Bellevue-Hospital wurde von einem Krankenpfleger an Anton ein homosexueller Akt versucht, aber nicht zu Ende geführt, da Anton sich nichtsahnend stellte und sagt: My tail is allright – worauf der andere abließ. Der Pfleger hatte rötlich blondes Haar. Dort werden dem Grosz auch die Kleider weggenommen und vernichtet, es bleiben ihm nur die Schuhe. Nach zwei Tagen wird er aus dem Hospital nach Central-Islip überführt. Der Aufnahmearzt leugnet, Anton Grosz zu kennen, obwohl er ihn tagtäglich in einem Pittsburger Kino gesehen hat; damals trug er allerdings noch keinen weißen Hängebart. Trotzdem ließ sich Grosz nicht beirren. Er schreibt wiederholt ausführliche Darstellungen an die Polizei, vor einer Kommission von 9 Ärzten trägt er seine Angelegenheit vor und erzielt so die Aufklärung vieler Mißverständnisse. Nach vier Wochen wird er entlassen. Ein Agent der Einwanderungsbehörde rät ihm dringend, Amerika zu verlassen, besorgt ihm anständige Kleider, seinen Handkoffer, der noch bei Schauderna stand, eine Fahrkarte auf einen Dampfer der Hamburg-Amerika-Linie und läßt ihm vom Kassierer von Central-Islip noch 7 Dollar auszahlen. Zudem kauft er ihm eine Pfeife und ein Paket Tabak. Anton Grosz sehnte sich nach der Heimat, es war Mitte Dezember. Er kann kaum erwarten, bis er in Hoboken aufs Schiff gebracht wird.

XVI

Die Heimat ist unser aller Wunsch. Von dem Menschen, den alle einen Verbrecher nennen, erwartet man, daß er sich selbst auffrißt. Als Schauspiel. Es ist viel weniger wichtig, daß der Anton Grosz sich nach der Heimat sehnt, als das erbitternde Gefühl, daß er alles drüben in Amerika im Unklaren lassen wird. Mord ist noch nicht die Krone menschlichen Geschehens. Wenn jemand eine Frau umbringt, arbeitet er schneller, als wenn er sie ehelicht. Auf das Tempo der Arbeit kommt es an. Milliardengesplittertes Kindergeschrei lockt zwar Massenmörder, die sich im Wunsch nach Selbstmord manifestieren, hervor. Tut diesen doch um Gotteswillen nichts. Ist denn das Schicksal dieses Anton Grosz so wichtig? Liebt ihr denn auch nur einen Menschen ... Wahnsinnige ...

XVII

Anton Grosz sah auf dem Dampfer viele Bekannte. In allen Klassen. Auch als Stewards, Maschinisten etc. Auch war ein Pfleger aus Central-Islip auf dem Schiff, der überall von einem Josef Kratky und John Grosz etwas herumerzählte. Ferner war da eine Jüdin. Diese war aber der Sohn des Lehrers Wisniowsky aus Wojnicz, möglicherweise auch der Sodawasserfabriksbeamte Pfeiler aus Mährisch-Ostrau. *Man wird in den Schiffslisten das Nähere feststellen können.* Ferner der John Grosz und der, der den schottischen Schäferhund mitführte. Auf dem Schiffe fuhr auch ein russischer Bauer mit, der betrunken gemacht wurde und bestohlen, er hatte russisches Geld, das er herumstreute. Später war der Bauer, da der Schnaps vergiftet war, im Schiffshospital ans Bett gebunden und in die Zwangsjacke gesteckt. In Hamburg fuhren sie noch ein Stück elbaufwärts und mit einem kleinen Elbdampfer zur Landungsstelle. Am Bahnhof wurden dem Anton Grosz 100 Dollar ausgezahlt und die Fahrkarte zur Grenzstation. Im Wartesaal 3. Klasse bekommt er Streit mit dem Ungarn Geörzyi Meyer, dem er irrtümlicherweise zwei Pappschachteln entwenden will. Dagegen hat der es auf seinen Koffer abgesehen und spioniert hinter ihm her.

XVIII

ES IST DOCH NICHT MEHR AUFZUHALTEN.

Noch denselben Abend fährt er weiter nach Breslau. Er steigt erst ein, geht dann wieder durch die Sperre hinaus, klettert über einen Leerzug und kommt von der geschlossenen Seite durch ein offenes Abortfenster wieder in den Zug hinein. Er bleibt längere Zeit im Abort und lacht vor sich hin. Es hilft nicht viel. Er macht dann den Schaffner, der zweifellos ein falscher und verkleidet war, auf den oder jenen, die im Zug drinnen saßen, aufmerksam. Es hilft natürlich nichts.

Anton Grosz fühlt, er wird die Heimat nicht mehr erreichen, es wird noch unterwegs geschehen. Er war völlig eingekreist. Er beschließt zunächst in Breslau zu bleiben. Es war schon weit im Dezember. Überall lag Schnee. Die Stadt schien ausgestorben. Das Leben ging träge. Er wohnt in der ersten Nacht im Sächsischen Hof. Am anderen Tage ließ man ihn nicht mehr hinein. Der Kellner, der Portier, alle waren verständigt oder schon vorher im Bunde. Sie sahen ihn von oben bis unten an und wiesen ihn hinaus. Er mußte geradezu fliehen und ließ die Koffer mit seinen letzten Sachen zurück. Die folgende Nacht schläft er in der Halle für Auswanderer. Die nächste treibt er sich in den toten Straßen herum. Immer Tritte hinter ihm her, neben ihm Flüstern, Scharren. Am anderen Tag nimmt er einen Fiaker, läßt ihn kreuz und quer fahren. Acht Wagen fahren hinter ihm her, er sucht ein Telegraphenbüro, will seine Familie anrufen. Er findet keins. Lange Zeit sitzt er bei einer furchtbaren Kälte auf einer Bank.

XIX

Du elfenbeinerner Turm
Du Turm Davids
Du Arche des Bundes
Du goldenes Haus
Erbarme Dich …

XX

Bis zum Ende blieb er ein Feigling.

XXI

Er war jetzt weniger erschöpft, sondern fest entschlossen, erbittert. Da wird er an der Lohebrücke angegriffen. Ein Polizist schlägt ihn über den Kopf. Er wehrt sich. Der Mann lief fort. Anton sieht noch wie dieser verkleidete Polizist seine Uniform mit einem weißen zweiteiligen Bart über eine Türklinke hängt und flüchtet.

XXII

Nach dem Protokoll. Breslau?
Nu ja – was is schon Breslau – Eine Stadt wie alle andern. Ich habe dort meine schönsten Jahre versoffen.

XXIII

In dieser Nacht bekommt er wieder ein Zimmer, Hotel Stadt Frankfurt. Man läßt ihn anstandslos hinein. Er besitzt jetzt zwei Revolver und sehr viel Munition.

XXIV

Aus meinen früheren Aufzeichnungen, es drängt mich, endlich selbst mehr zu Wort zu kommen:

XXV

Es war jemand, der eine Minute zu der anderen legte. Jemand, der immer wieder um das Zimmer oder das ganze Haus aufhorchend herumging und seufzend wieder etwas anfing. Es war jemand, der unhörbar die Treppen hinauf- und hinabschlich, den Korridor entlang tastete, mit ganz leiser Hand über die Klinke strich. Jemand, der vom Boden her fein durch die Decke bohrte, daß das Rieseln in dem Rattern einer vorbeifahrenden Tramway unterging. Es war jemand, der in gleichmäßig hinkendem Rhythmus wie das Tropfen einer Wasserleitung in einer undurchsichtigen Ecke einen Röntgenapparat in Stellung brachte, und jemand, der hell aufhustend zirpende Signalpfiffe überdeckte.

XXVI

Anton Grosz …, ich bin in die Falle gegangen. Nur zu. Einmal muß es doch sein. Das Bett stand noch unberührt. Er stand aufrecht mitten im Zimmer. Er stieß scharf an den Tisch. Vom Nebenzimmer kam ein Geräusch. Dann Flüstern. Er fühlte wie jemand gewürgt wurde. Hörte sehr deutlich, den Stich hast du, den du. Der Anton wand sich vor jähem Schmerz. Spürte einen Frauenkörper, den jemand mit dünnen Nadeln durchzog. Hohnüberlegen, atmend: Garrison-Fellow, Garrison-Fellow ... Er fühlte: jetzt! Er schlich zur Tür. Ah – befreit! Die Stille kroch. Er riß dann das Bett auseinander. Verrammelte die Tür. Umwickelte sich die Matratze. Zündete die kurze Pfeife an. Patronen alle heraus. In jeder Hand einen Revolver. Es klopfte schon. Er schoß. Ein einziger rannte hin und her. Eine quäkende Stimme. Anton ging zur Korridortür, schloß auf und ging noch einmal hinaus. Er gab laut eine Erklärung über die Absichten und Listen dieser Mörderbande ab. Aus dem Dunkeln wollte ein dicker Mann auf ihn zukommen. Er schoß, ein Seidel, der als Liftboy verkleidet war, lud dem Dicken einen Revolver. Er hörte jetzt Rennen und Schlürfen. Später erinnerte er sich, wie viele Minuten dann noch alles still war. Sie wollen mich abziehen lassen, dachte er. Aber er blieb jetzt auf dem Posten. Diesmal habe ich sie, versicherte er sich. Er zog sich wieder zurück und wartete. Beide Türen fest verschlossen und verrammelt. Endlich hob sich eine Tür. Er schoß. Diesmal zischten ihm Kugeln um die Ohren. Die Tür fiel krachend zusammen. Eine Blechwand schob sich vor. Es wurde von beiden Seiten unaufhörlich geschossen. Sie standen sich unbeweglich gegenüber. Draußen blieb alles still. Da wurde von draußen die Scheibe eingeschlagen. Er kauerte sich auf den Boden, verbarg sich in den Trümmern. Welche stiegen durchs Fenster. Die Wand schob sich wieder vor. Er schrie nicht. Er feuerte weiter. Er bekam einen Schuß in den Kopf. Das rechte Kinn wurde zerschmettert, ein Schuß in die Leiste, zwei Schuß in den Arm, einen Schuß ins Knie. Er blieb stumm. Er kauerte am Boden. Rote Brüste wogten. Dann fiel alles über ihn zusammen. Er wollte noch etwas schreien.

XXVII

Unparteiisch? Die Tatsache dieses armseligen Zeichners aus Mährisch-Ostrau soll nicht zur dauernden Belastung werden. Man darf überhaupt auf Tatsachen pfeifen. Dagegen vergegenwärtige man sich des Jammers der Zufriedenen, bloß weil es in der Welt nach Recht gehen soll: ihre Zufriedenheit stinkt: – die Unzufriedenen, Empörer, Ausgestoßenen. Erbärmlich, daß Grosz die Mörder im eigenen Blut sucht zu vergegenständlichen. Ordnung und

Hilferufe, Polizei, Ärzte, Irrenhaus. Feigheit, sich außerhalb wehren zu wollen. Ein wenig gescheiter Kopf. Es wird nichts erreicht. Leben rollt ab. Lächerlich – bei jedem einzelnen. Man sitzt und sitzt und sitzt. Oder steht, läuft und fliegt – und was dann? Organisation greift ein. Mörder und Räuber – diesmal aus Galizien. Es bleibt sich überall gleich – Gegen was die Leute alles sind – und keiner – bringt sich um.

XXVIII

VERFLUCHTE AFFEN! IDIOTEN!
VORKÄMPFER DER WAHRHEIT –

Die vergifteten Nadeln tun nicht weh, nicht die Versuche, wen umzubringen, nicht das Netz, in dem man Gottseidank zappelt, nicht Staat und Irrenhaus. Weh tut nur das eigene Ich, das kalte Protzentum einer Sonne, die man nicht einschlagen kann. Weh tut die Macht, alles aus den Fugen zu reißen und das Glück, das aus der Liebe der Menschen zueinander strömt. Weh tut das Wissen um eine Seligkeit, die – ein Vulkan – sich herausschreien möchte, so furchtbar weh! Dann verlöschen die Augen, daß man die Berge und das Meer und die Steppe nicht mehr sehen will, dann platzt Rhythmus und Laut, dann schwebt alles schwerer. Geliebte … wenn ein Einzelner im Versinken ist, zu einer Qual – es tut nichts. Ein einzelner. Laßt ihn. Höchstens er selbst glaubt an die Qual. Es sollte in der Welt mehr Freude sein. Und doch habe ich Tag und Nacht Euch und alle Menschen geliebt. Jeder ist manchmal zu feig, alles zu zerstören.

XXIX

Es verlohnt sich nicht mehr, die Geschichte von dem Anton Wenzel Grosz weiter zu spinnen. Ich vermute, daß er inzwischen in irgendeinem Winkel verreckt ist. Darauf kommt es nämlich nicht an.

XXX

BLEIB! Sondern: Daß der Terror endlich triumphiert!
Daß jeder sich fortgesetzt mit dem Schädel
gegen die Wand rennt!
Daß eine Kraft frei wird von einem zum anderen,
zum Dritten, von allen zu allen.
Daß wieder Wunder unter uns sind.

XXXI

Berlin, im Mai 1920

XXXII

Selbstverständlich hätte man müssen – das und jenes, und vor allem eine klare Stellung beziehen: für und gegen. Die Seidels kann man nicht ausrotten, wir haben alle die Seidels in uns – aber man kann das Bild etwas aufhellen, die Perspektive verbreitern, verallgemeinern. Heute ist es sicher dafür bereits zu spät. Der Fall Grosz ist an der Unzulänglichkeit und der Apathie der Zuschauer, wie schon so viele vorher, nicht erst zur Entwicklung gekommen. Das, was aus den Vorgängen zusammengestellt und noch aufgeschrieben worden ist, wird wohl dasjenige sein, was man heute als Expressionismus bezeichnet – das ist der Ausbruch aus sich heraus zu einem andern hin, um diesen in Bewegung zu setzen. (Woher, wozu, wohin –) das gibt es heute nicht mehr. Die Leser und die sonstigen Papierverbraucher (für jeden nur denkbaren Zweck obendrein) sind zu arm geworden und zu vornehm, sie sind eingeschrumpft, verblödet und selbst unwert, daß man sie in die Fresse schlägt. Längst unbeweglich geworden, und ihr Geld stinkt.

XXXIII

Für diejenigen, die damals noch den „Fall Grosz" gelesen haben, erschienen 1920 im Verlag Konrad Hanf, Hamburg, nachgedruckt in der Zeitschrift „Erde" und vermutlich im „Oberschlesier", muß noch etwas hinzugefügt werden. Ich hatte von Troppau aus noch versucht, mich mit den Verwandten von Anton Grosz in Verbindung zu setzen, der Frau in Biala und der inzwischen nach Mährisch-Ostrau an einen Postbeamten verheirateten Tochter. Ich habe die Verbindung nicht aufnehmen können, genauer gesagt keine Antwort bekommen. Dagegen hat mir sein Freund Schönherz, der nach Mährisch-Ostrau aus Amerika zurückgekehrt war, geschrieben. Er schreibt:
„Lassen Sie die Anna in Ruhe. Das arme Weib tut sich schwer

genug, der Neugier der Nachbarn aus dem Wege zu gehen. Sie hat lange auf den Anton gewartet, daß der zurückkehrt. An dem Tage, wo das in Breslau geschehen ist, hat sie gewußt, daß sie die Katastrophe nicht aufhalten kann. Sie hat den ganzen Tag geweint und gebetet, und der Anton hat auch zu ihr im Geiste gesprochen, aber es war kein Trost. Der Mann war zu eigensinnig, dabei ist Anna eine gute Frau, die sich um ihn sorgt. Und das mit den Unterhosen – dafür kann doch die Anna nichts. So hat es angefangen, das ganze Unglück und der Klatsch im Dorf und was daraus alles entstanden ist. Die Anna hat draußen in der Seite zum Haus die Wäsche aufgehängt. Es waren ein paar von ihren Unterhosen dabei – und wie das so ist, der Wind ist reingefahren und hat die Hosen mächtig aufgebläht, ganz prall sind sie geworden. Wie das der Anton sieht, ist der raus aus dem Haus wie von einer Wespe gestochen und hat angefangen mit einem Stock auf die prallen Unterhosen einzuschlagen. Am Zaun drüben ist die Nachbarin gestanden, die Seidel Therese, mit der Anton manchmal über den Zaun hinüber gesprochen hat, vielleicht – sagen einige, zu viel für das gute Einvernehmen der Familien. Und die Seidel'sche hat angefangen laut zu lachen, und der Anton ist immer wütender geworden und hat immer mehr auf die geblähte Unterhose eingeschlagen, und schließlich haben sich auch Leute draußen auf der Straße angesammelt; mit denen hat der Anton angefangen zu schimpfen. Die gleiche Nacht ist der Anton dann aus dem Haus gegangen und nicht mehr zurückgekommen. Einige sagen, daß er in der Nacht noch die Seidel Therese getroffen hätte, aber das weiß man nicht genau. Es soll Streit gegeben haben, und der Anton wird auch betrunken gewesen sein. Die Anna hat auch Angst gehabt um die Tochter, die damals gerade im Heranwachsen war. Oft überlegt sich einer nicht, was er so dahinspricht, wie damals die Anna, daß sie den Mann schon gar nicht mehr im Haus haben wollte, schon wegen der heranwachsenden Tochter. Das ist es, was ich ihnen noch zu dem ganzen Unglück sagen muß, ich selbst habe den Anton immer sehr gern gemocht, und meistens war er ja auch sehr anständig und ein guter Arbeiter. Daß wir halt alle manchmal nicht so sind, wie wir sein sollten, das ist eben so" … ich habe mich um den Brief weiter auch nicht mehr gekümmert.

EINLEITUNG
zu:
**Von geschlechtlicher Not
zur sozialen Katastrophe**
von *Dr. med. Otto Gross*

Über die Form der Darstellung

Die vorliegende Buchausgabe der Schriften des ehemaligen Privatdozenten an der Grazer Universität und Psychiaters Dr. med. Otto Gross stellt in der Reihe der gesammelten Werke-Ausgaben, Biographien und Lehrdarstellungen einen völlig neuen Versuch dar, nämlich die Aufgabe, eine Einführung in die von Gross aufgestellte psychoanalytische Ethik mit einer Darstellung der Entwicklung der äußeren Lebensumstände des Forschers zu verknüpfen, die wechselseitigen Bedingungen von Leben und Meinungen sozusagen als gesetzmäßig aufzuzeigen und zwar derart, daß beide bisher als getrennt erscheinenden Aufgaben zu einer einzigen unlösbar organisch zusammengefaßt erscheinen. Nun ist es zwar an und für sich zur Regel geworden, das Werk bedeutender Persönlichkeiten in Kunst, Wissenschaft und Technik in Beziehung zu ihrem Leben und der Atmosphäre ihrer Umwelt zu setzen, und ein besonderer Zweig gerade der psychoanalytischen Forschung hat darin überraschende Ergebnisse über bestimmte Auswirkungsmöglichkeiten und Wirkungsbindungen der sogenannten schöpferischen und genialen Persönlichkeit erzielt. Aber man hielt trotzdem sehr scharf auseinander die Wirkung und das Werk auf der einen Seite, betrachtet von den Bedingungen her, die der Allgemeinheit als Regel und Gesetzmäßigkeit für die jeweils besondere Klasse von Wirk[ung]en gültig erscheinen – und auf der anderen Seite die Freilegung der Quellen und sozusagen Vorbedingungen, deren Entwicklung und Wechselwirkung gleichfalls für sich einer besonderen Darstellung und Betrachtung unterzogen werden. Man hat daraus von neuem den Kompromißbegriff einer Wissenschaftlichkeit bestätigt, ohne zu bedenken, daß dies im Grunde ein sehr wissenschaftliches Verfahren ist, insofern die Zergliederungstechnik eines als organisch erkannten Ganzen die Spannungen der Auflösung und

Freilegung noch so weit spannen kann, ohne den lebendigen Zusammenhalt des Ganzen zu verlieren. Er bleibt ja zwangsläufig und schon in der Darstellungstechnik begründet dem Leser ständig vor Augen oder besser in Erinnerung, alle Werturteile knüpfen sich daran und führen immer darauf zurück. Es heißt daher, die Darstellungen trennen und vereinzeln, vergessen, daß man von einem organisch Unteilbaren ausgeht, also ein Widerspruch in sich selbst, den man nur mit der Gewöhnung an Erlerntes, das man für sich selbst als aufzulösen überflüssig erachtet hat, erklären kann. Es versteht sich von selbst, daß eine derartige in sich selbst widerspruchsvolle und daher gehemmte Beurteilung eines Menschen und seines Wirkens, als Ganzes gesehen also seiner Menschlichkeit, den lebendigen Kern, das für die Allgemeinheit bestimmte assoziationswichtige und -wertvolle nicht herausschälen kann. Man kann wohl sagen, daß es im besten Falle ein etwas überhebliches Stottern bleibt. Es ist notwendig, dies ganz scharf und eindeutig an den Eingang zu setzen, weil gerade das Besondere in der Persönlichkeit des Doktor Gross für eine oberflächliche sogenannt wissenschaftliche snobistische und überhebliche Beurteilungsweise die verschiedenartigsten Deutungen zuläßt. Andererseits aber gibt dies Besondere vielleicht zum ersten Male in der Geschichte der menschlichen Ideen und Persönlichkeiten Veranlassung, die bisherige Darstellungstechnik von Grund aus umzugestalten, weil hier über einen Menschen gesprochen werden muß, der *bewußt* diese Zusammenhänge durchlebt hat, dessen Lebensaufgabe zugleich das Erleben seiner Idee gewesen ist, anders als das bisher bei irgend einem Menschen zu bemerken war. Geschult an der psychoanalytischen Technik, deren Jünger und Lehrer er zugleich war, hat Gross es abgelehnt, diejenigen Formen von Kompromissen und Verdrängungen zu wählen, die einem unbeteiligten Beobachter den Lebenslauf normal erscheinen lassen, in der Konvention zur Umwelt befangen – nicht weil er etwa dieser Konvention und diesem Kompromiß abgeneigt war, das wäre an sich keineswegs etwas Besonderes, sondern weil die von ihm aus der analytischen Technik freigelegte Ethik dazu im Widerspruch stand, weil eine nach zukünftigem Leben hin konstruierte Lebensform die Möglichkeit, mit der bestehenden Umwelt Konventionen einzugehen, nicht vorfand, und so ein ständiger Widerspruch klaffte, den Gross im wahren Sinne heroisch durch die Wucht und die Intensität seines Erlebens aufzuheben und aufzulösen begann. Dem Psychoanalytiker aus Schulung war es gegeben, die Kontra der Persönlichkeit und des Charakters seinem Wirkungswillen, der allen offenbar gelegt war als System, unterzuordnen. Die Widersprüche zu der gegebenen Umwelt wirken auf den Beschauer verwirrend und abstoßend, gerade weil ihre so tiefe Häßlichkeit in einzelnen Erlebensformen die gerade Linie jener Zielsetzung für Gross selbst sicherte. Das Ausschalten jeder Kompromißmöglichkeit schafft gerade die Vorbedingungen, das Lebendig-Menschliche klar und unverfälscht zu erhalten, sich entwickeln zu lassen, und daran die Idee fortgesetzt zu kontrollieren und zu vertiefen. Das war in allgemeinen Worten Leben und Aufgabe des Dr. Gross. Man versteht, warum im Sprachgebrauch von den Gross Nahestehenden ihm wie etwas Zugehörigem jener mittelalterlich wirkende Titel Doktor nie vergessen wurde beizufügen. Nicht um einen Grenzfall handelt es sich, worin der Unterschied zu verwischen beginnt, treibt die Idee der Persönlichkeit und umgekehrt, sondern um den fortgesetzten und als Lebensform Bewußtwerdungsprozeß aller derjenigen Faktoren, die auf jene Schnittfläche einwirken, sie auseinander spannen, zu einem Ganzen umschaffen und vertiefen und zu der Quelle werden lassen, aus der für das Einzelbewußtsein die Erkenntnis von Wohlgefühl und Leid fließt. Dieser Prozeß ist Leben, Erleben, und Lebensziel geworden. Diese Form ist eine einzige einheitliche Linie und nur als Ganzes kann sie wiedergegeben, auch einem breiteren Kreis von Lesern bewußt gemacht werden. Es ist also keine Biographie mehr im alten Sinn unserer Gewöhnung, keine Darstellung einer Lehre, von Ideen und Meinungen, kein Zeitbild noch weniger eine Sammlung und Untersuchung von Werturteilen, oder etwa Kritik – sondern erstrebt wird nichts anderes als die unbefangene, vorurteilsfreie nüchterne Wiedergabe eines menschlichen Erlebens in der Form eines Menschlichkeitserlebens. Die Phasen dieser Menschlichkeit sollen entwickelt, freigelegt werden, und aus ihren Quellen sodann auf zukünftige Gesetzmäßigkeiten in ihrer Intensitätssteigerung zu schließen, soweit sie bereits als System erkannt und für eine sich entwickelnde neue Konvention geordnet oder verordnet erscheint. Sie verallgemeinert sich damit, sie wird allgemeingültig, und in gleichem Maße hierzu tritt das Besondere der Persönlichkeit zurück. Es löst sich sozusagen in gleicher Weise wie eine Komplexbindung auf. Diesen Weg wird die Darstellung zu gehen versuchen.

Die Problemstellung der Psychoanalyse

Es ist nicht beabsichtigt, einen geschichtlichen Abriß über die Entwicklung der Psychoanalyse zu geben. Sie ist nicht irgend eine Wissenschaft, die von jemandem über Nacht erfunden worden ist, sondern eine Technik, die sich von Stufe zu Stufe weiter ausgebaut hat. Hierbei sind gewisse Etappen von grundsätzlicher Bedeutung zu erkennen, die eine Zusammenfassung technischer Erfahrungen zu einem bestimmten System von allgemeiner gewordenen Anwendung und Bedeutung bilden, etwa diejenige Charcots, später Freuds und wenn man will neuerdings Adlers. In jedem Fall handelt es sich aber um Techniken in der Freilegung von Hemmungen und Widerständen, die der Psychiater in der Patientenbehandlung als der Heilung des Kranken im Wege stehend erkennt, wobei man den Begriff Heilung etwa so weit spannen mag, daß man darunter allgemeines menschliches Wohlgefühl, das dem Einzelnen die Entschlußkraft zurückgibt, sich sein Leben nach den Bedingungen allgemeinen Übereinkommens sittlicher und sozialer Anschauungen und Gesetzmäßigkeiten, und in diesem Sinne also nach seinen Wünschen zu richten, verstehen mag. Der Umfang dieser Einschränkung entspricht der Atmosphäre der analytischen Persönlichkeit einerseits, andererseits aber auch einem Grundbegriff von Normalität, der als Funktion der medizinischen Wissenschaft erlernbar zwar von allen bewußt anerkannt und nachgebetet wird, dem Einzelnen aber gegenüber, sofern die äußerste Hülle des Erlebens freigelegt ist, dunkel und voller Zweifel wird und von dort an gewissermaßen ins Unbekannte führt. Die Denktechnik, die jener Heiltechnik zu Grunde gelegt ist, weist gleichfalls sehr verschiedene Einflüsse auf, die beständig schwanken und im übrigen beliebig veränderlich sind. Nach den überraschenden Einsichten Freuds hat das assoziative Wahrheitssuchen und Wahrheitsfinden im Sinne Nietzsches größere Bedeutung für den Ausbau der Technik gewonnen. Man kann sich darauf beschränken, als Plattform der Betrachtung anzusehen einmal die Kenntnis vom Unbewußten im Menschen, sodann die Technik, dieses Unbewußte in den Zustand des Bewußtseins zu bringen. Die Psychiatrie als Seelenkunde, wenngleich wie alle medizinischen Disziplinen verankert in dem Begriff des Krankseins, des Mangels und der Schwäche, war sozusagen berufsmäßig der Kenntnis des Unbewußten am nächsten gekommen. Ihr war es möglich, *ohne Beiwerk* die Tatsache jener Existenz auszusprechen und damit zugleich zu beweisen. Denn gerade im Beweis sieht die medizinische Disziplin erst den Beginn ihrer Aufgabe. Sie prüft im Grunde nicht *denktechnisch*, ob etwas existent ist oder nicht; das übernimmt sie ohne weiteres von anderen Disziplinen, und wenn nicht anders vom sogenannten gesunden Menschenverstand. Die Anwendung dieser Kenntnis, die also nicht eine Vorbedingung psychoanalytischer Wirkungsmöglichkeit ist, bildet nun jene besondere Technikkonstruktion für das Bewußtwerdenlassen und zwar als Heilmittel, als Psychotherapie. Je nach dem Umfang der Anwendungsgrade und der Intensität haben sich um einzelne hervorragende Techniker Schulen gebildet. Aber der Unterschied zwischen diesen ist im Grunde genommen unerheblich, da das Besondere jener Zusammensetzung dieser Technik aus Wissen, Erfahrung, Ziel und Normalkonvention unverändert bleibt. Es ist vollkommen gleichgültig, ob die Zurückführung aller Bewegung auf den Generalnenner Geschlechtlichkeit richtig ist oder nicht. Jedenfalls wird es nicht dadurch falsch, daß die meisten Menschen dieser Zeit mit Widerständen dagegen reagieren und gegen eine so geartete Bewußtwerdung sich sträuben. Es beweist dies nur die ungeheure Überschätzung, die wir dem Geschlechtlichen dadurch zumessen, indem wir unsere Lebensängste in einen Sonderbegriff, den jeder sich privat sozusagen als unantastbar zurechtmacht, konzentrieren, der auf jeder unserer Lebensäußerungen nunmehr drohend lastet. Es ist dies also eher ein Beweis für die Richtigkeit beispielsweise der Freud'schen Theorie. Der Selbstbehauptungsinstinkt, dem Adler eine die Geschlechtlichkeit übersteigende Bedeutung zuweist, ist mehr eine Rückrevidierung an die breiteren Massen bequemere Anschauungsweise, eine Konvention im Noch-weiter-aufzulösenden, wenn auch die Folgerungen daraus verschiedene, weil dadurch verwickelter geworden sind. Der Unterschied setzt ein bei einer scheinbar mehr abseits liegenden Frage, die einer der bekannten Freudschüler Marcinowski sehr schüchtern und vorsichtig etwa so formuliert hat, daß die Psychoanalytiker berufen seien, denen, die ihre Hilfe suchen, befreiende Weltanschauung finden zu helfen. Hier liegt die Wegscheide. Von diesem Gedanken aus ist die Stellung von Gross in der psychoanalytischen Forschung zu betrachten. Von Freud ausgehend, nimmt Gross bald eine völlig selbständige Stellung ein, die ihm Freud entfremdet. Ein internationaler Psychoanalytiker Kongress in Amsterdam endet mit der Feststellung Freuds, der gegen ein dort gehaltenes Referat von Gross Einspruch erhebt mit den Worten: Wir wollen Ärzte sein und bleiben. Die Begrenzung auf das Therapeutische mag gewiß jetzt längst hier und da durchbrochen sein, besonders in der Adler'schen Schule, aber es fehlt der Boden, auf dem die heilsmäßig gebrachte „Weltanschauung" wurzeln könnte. Sie lebt nicht, sie vermag sich nicht in das Erleben einzufügen, als organische mitlebendige Substanz und Folgerung etwa, sondern als Angepaßtes, Zweckmäßiges im Erfahrungssinne der Umwelt, als Konvention von etwas, das so sein könnte, aber nicht so ist, als eine Ethik, die Gott und Kompromisse von Staat und Familie, Religion und Moral, zwar aufgelöst, aber gleichzeitig wieder uns gebunden hat, nervöser im Charakter, empfindsamer und ein wenig bewußter ihrer Konventionsexistenz – aber auch um nichts mehr. Eine Technik, die im Durcheinanderwirbeln auf ein ordnendes Prinzip hofft, das irgend woher kommen und irgend woher begründet sein soll und das am besten jeder Mensch sich irgendwie noch besorgen muß – und im übrigen nirgends ruhen, immer in Bewegung sein, daß sich nichts festsetzt, denn das wird sofort zum Konflikt und zum seelischen Bruch. Im Grunde nichts weiter als die In-Bewegung-Setzung der Lebensangst. Es bringt die Menschen weiter, aber es hilft nicht, und es hilft auf der anderen Seite, ohne die Menschen weiter zu bringen. Das sind die beiden Punkte zwischen denen die Psychoanalyse sich bewegt. Wer dem Ursprung jener Technik gefolgt ist, wird das ohne weiteres begreifen müssen. Sie beruht nicht auf einer Erlebnisgrundlage, sondern sie hängt als technisches Mittel in einem Zielbewußtwerdungsprozeß in später Phase angewandt wie tastend zu einem Versuch, vollkommen in der Luft; und sie kann daher keine Weltanschauung bieten, weil sie das menschliche Erlebnis als Grundlage nicht umfaßt. Sie bleibt daher, und in dem Sinne hat Freud recht, ausschließliche therapeutische Medizin, oder sie wird Skepsis, Selbstbefriedigung, Sport, Scharlatanerie. *Demgegenüber hat Gross den therapeutischen Charakter bekämpft und auszumerzen gesucht.* Er hat dies nicht immer eingestanden und bei dem Haß, mit der ihm Moralisten auf der einen, die Therapeutiker auf der anderen Seite bekämpften, sogar es schließlich abgestritten. Er hat sich im letzten Jahrzehnt seines Lebens krampfhafte Mühe gegeben, zu beweisen, daß er Mediziner geblieben ist in erster Reihe und in zweiter Reihe Wissenschaftler. Er wollte wenigstens gehört werden. Es ist ihm nur bis zu einem gewissen Grade gelungen. Man hat ihn unter den zunftgemäßen Psychoanalytikern weiter totgeschwiegen, nachdem Freud das Signal gegeben hatte, und Adler, der ihm sehr viel verdankt, ihn nur so nebenbei mit erwähnt. Freud ist sogar soweit gegangen, aus der psychoanalytischen Bibliographie Gross' erste Veröffentlichungen, die ja durchaus schulgemäß waren und ihm die Privatdozentur in Graz einbrachten, zu streichen und der Kuriosität halber sei erwähnt, der sehr bekannte Psychoanalytiker Jung (Burghölzli) ließ sogar in der seine Bedeutung begründenden Schrift über den Vaterkomplex im Schicksal des Einzelnen Widmung und Dank an Gross in späteren Auflagen weg, obwohl in der wissenschaftlichen Welt bekannt genug war, daß Jung in dieser Schrift, beinahe Niederschrift kann man sagen, lediglich Gross'sche Gedanken und Folgerungen ausspricht, wozu er auch in der ersten Auflage sich noch bekennt. Erst in den letzten Jahren, nachdem der Wiener Psychoanalytiker Stekel eine Rehabilitierung von Gross eingeleitet hatte, indem er dessen Arbeiten in dem von ihm geleiteten Zentralblatt für Psychoanalyse veröffentlichte und auch anderswo offen für Gross eintrat, änderte sich dieser Boykott. Hinzu kam, daß die letzten Arbeiten von Gross eine so zielklare und präzise gerade medizinisch-therapeutische Forschungsarbeit ausweisen, daß man nicht mehr daran vorbeigehen konnte. Weil sie, wie beispielsweise die Aufsätze über den inneren Konflikt, schlechtweg klassische Literatur für die psychoanalytische Forschung sind, die eine sichere Grundlage bieten, um darauf weiter zu arbeiten. Das, was Gross im Grunde wirklich war und gewollt hat, enthalten diese Schriften nur in Übertragung. Sie sind eine ungeheure Anspannung auf den Anspruch gehört zu werden und sich durchzusetzen. Der Grund dieses Hasses gerade seiner engeren Kollegen wird in einem späteren Abschnitt bei Darstellung der Gross'schen Lehre deutlich werden.

Analyse der Gesellschaft, Beunruhigung und Krise

Die Charakteranlage des Otto Gross, der als einziges Kind in eine Atmosphäre von Wissenschaftlern gestellt, sehr bald einer breiteren Wurzelung des Kindlichen entfremdet zu einem Wunderkind an Klugheit gestempelt und erzogen wird, in dem besonderen steifen Milieu seines Vaters, des Grazer Universitätsprofessors für Kriminalistik, der dieses Verwaltungsgebiet zu einem besonderen Forschungszweig einer neuen Wissenschaft umgestaltete, die Kunst in der Unterredung den Verbrecher zu fangen, wie er es nannte – ein Mensch so eindeutig auf wissenschaftliche Forschung zugeschnitten, mußte die Psychoanalyse in ihren vielfach noch dunklen Spekulationen, das Spiel mit Vermutungen und Trugschlüssen, eingespannt dem Untersuchungsverfahren des Vaters, um auf breiterer entwicklungsreicherer Basis, als willkommenes Arbeitsgebiet aufnehmen. Aber nicht so sehr eingestellt auf das praktische Ziel zunächst, vielmehr der Schluß um des Schließens und Kombinierens willen, aus Lust und Beruf am Denken. Das rein Medizinische, Therapeutische wurde bald überhaupt als lästig möglichst zurückgedrängt, zeitweilig der Beruf als entwürdigend empfunden. Die Heiltechnik wurde zum Konflikt in dem Augenblick, wo sie selbst sich auf etwas zu stützen begann, das als gegeben übernommen wurde, eine denktechnische Disziplin, die ein Teil der Analyse ist, das Wissen vom Unbewußten. Dem Forscher, der mit weit schärferer Intensität diesem Problem nachgeht, als dem Heilzweck, dem psychiatrischen Mittel, tun sich andere Folgerungsreihen auf als dem Nur-Mediziner. Auch der kleinste Schritt über die Analyse hinaus trifft immer bereits mitten in die Grundfragen der Gesellschaft hinein, deren Bindungen und Vorbedingungen. Zwar verlieren sich die weiteren Gedankenreihen schnell ins Uferlose, weil nirgends dem Fuß des sich vorwärts Tastenden ein Halt, der Erfahrungshalt des Wissenschaftlers, sich bietet. Aber der Hebel ist gegeben, weitere Denkarbeit anzusetzen. Jenes Hinübergleiten ins Ungewisse bietet Anlaß, den Zweifel des was-weiter zu stellen, zu zergliedern, seinem Ursprung nachzugehen. Es gehört in der Tat ein gut Teil Anpassungsgewöhnung hinzu, an einer solchen Fragestellung überhaupt Augen schließend vorüberzugehen, worauf die Psychoanalytiker sogar heute noch stolz sind – eine merkwürdige Anschauung, die man bald nicht mehr verstehen wird oder nur sehr eindeutig. Die Normalität des Gegebenen splittert sich aus der scheinbaren konventionellen Ordnung in Willkürlichkeit, das Chaos der Verdrängungsinstinkte, das ursprünglich Lebendige im eigenen Leben, im Einzelleben zu verbergen und nicht zum Durchbruch kommen zu lassen. Wieder schließt sich die Frage auf nach den Gründen und der Wechselwirkung des eigenen Bewußtseins zu den neuen Erkenntnissen und Zweifeln. Eine neue Konvention wird gesucht, jener Halt, der den Menschen sozusagen schon in die Wiege hinein mitgegeben scheint, sich zusammenzuhalten und miteinander auszukommen. Eine nur scheinbare Konvention soll allen Zweifels entledigt zu einer organischen wirklichen Ordnung umgestaltet werden. Nur ein sicheres Merkmal ist gegeben, ob der Weg noch geradenwegs auf das Ziel führt, das eigene Bewußtsein, und denktechnisch das Bewußtsein allgemein, im Sinne von menschlichem Wohlgefühl, Menschlichkeit, schließlich Glück und Leid. Der Weg der Heiltechnik ist verlassen und dafür etwas anderes an seine Stelle getreten. Mag man es begrenzend Ethik nennen. Gross strebte darüber hinaus. Den Bedingungen der Ethik mußte eine Gesetzmäßigkeit zu Grunde liegen. Solche Gesetzmäßigkeit muß eine Brücke bilden von der Menschheit als Summe aller Menschen zu dem Einzelmenschen und umgekehrt des einen zu den allen hin. Dann erweiterte sich das Leben des einen zu dem der Gesellschaft, zum Erleben der Gesellschaft, in der Bedeutung des einen und des All und wechselwirkend. Eine Vertiefung der Plattform jener ursprünglichen analytischen Technik war erreicht, die eine intensivere und weitgreifendere Anwendungsmöglichkeit bot, auch im Sinne noch der Therapie. Nun hatte sich unmerklich und unbewußt der Blick verschoben. Das Wissen wurzelte nicht mehr in der Bindung von Schwäche, Mangel und Kranksein, nicht mehr und dann wenigstens nicht mehr allein im Helfenwollen, in dem Beruf und der Gewohnheit zu helfen, Wissen anzuwenden. Sondern im Herausschälen, im Analysieren der bereits empordämmernden Gesetzmäßigkeit schob sich statt des Konventionell-Kranken das Erlebenskranke unter, die Spannung von Glück und Leid, Lebendigkeit und Erstarrung, Gemeinschaft und Vereinzelung. Das Ziel wird, die Menschen glücklich zu machen und das Leid aus der Welt zu schaffen. Dahin, in allen seinen Assoziationen zu Einzelheiten einer allgemeinen gesetzmäßigen Bindung, treibt die Analyse die Bewußtwerdung vor. Sie schafft neue Ordnungen, neue Gesetze, neue Religionen. Sie ordnet die Gesellschaft um, in dem sie die noch in Geltung befindlichen Konventionen als Verkrampfungen eines unlebendig gewordenen Poles im Erleben erweist, auflöst und das Erleben freilegt. Und ihr Ziel wird, die Menschen enger und gefühlsfähiger miteinander zu verbinden.

Daraus erwächst automatisch der Gesellschaft eine Existenzkrise. Gross hat sie zu spüren bekommen, es ist eben wie die Operation bei einem Kranken, der um sich schlägt, wenn die Sonde die Wundstelle berührt. Obwohl die Gesellschaft als organisch Ganzes nicht existiert, sondern nur scheinbar im Glauben eines In-einander-Verankertseins eine Konvention geboren und entwickelt hat, in die sich der einzelne hüllt. Man bekommt das Gedankenbild des Menschen, der dann langsam erfriert, und schnürt sich dabei immer enger zu, denn darauf wirkt eben diese Konvention hin. Diesen Mantel den Menschen wegzureißen, sah Gross als seine Aufgabe an. Man kann verstehen, wie heftig und mit welchen Mitteln die einzelnen sich dagegen gewehrt haben. Nicht in Überzeugungen, in einem die Handreichen zu dem andern, uns gemeinsam die Erlebnisgrundlage zu finden, sich lebendiger zu machen, um von Leid und Verzweiflung, von Einsamkeit und Vergewaltigung freizukommen – dies sind die von Gross freigelegten Gefühlsbindungen, in denen unser Lebendigkeitsinstinkt, das ist das Leben selbst, verankert ist und gefesselt sich windet in den Explosionen unseres Gemüts im Prozeß des Bewußtwerdens – sondern in der Ohnmacht ertappt zu sein, mit Schuldverknüpfung allerlei Art, direkt gegen den anderen Menschen, gegen die Persönlichkeit, Haß und Vernichtungswille gegen Gross selbst. Unter den Schwankungen dieses Hasses hat Otto Gross sein Leben gelebt. Und immer wenn er den Menschen näher kommen wollte, gerade diejenigen Menschen, die ihm am nächsten waren und denen er bereit gewesen wäre und auch war, sich selbst zu opfern, sich lieber aufzugeben als sie leiden zu lassen, wo er ihnen doch helfen konnte – gerade diese Menschen haben ihn dann am meisten gehaßt und ihn auch am schwersten getroffen. Das ist ein natürlicher Vorgang, und Gross hat dies auch wohl gewußt. Er versuchte die Beunruhigung, die von ihm ausging, keineswegs einzudämmen, jene Krisenstimmung, die ihm zeitweilig den Ruf eines Dämonikers einbrachte oder eines Verführers, je nachdem, denn alle diese Menschen haben ihn auch für eine gewisse Zeitspanne ihres Lebens in einer unsagbaren Glut geliebt. Dann kam es dem Forscher doppelt zu, schien es ihm, sich nicht gehen zu lassen und im Strudel des Glücks zu versinken. Er versuchte jene Liebe zu halten und zu festigen, indem er sie erweiterte, über sich hinaus zur Gemeinschaft hin. Bis die Intensitätsspannung brach, es scheint, daß jeder Mensch nur einen gewissen Fonds von Spannungsmöglichkeit aus der von der Umwelt her eingedrückten Leidverankerung besitzt. Vielleicht auch, daß die Lebendigkeit im Sinne des freien oder freigelegten Erlebens der Persönlichkeit von Gross selbst gleichen Schwächen unterworfen war, wenn die Anforderung des Gemeinsamkeitsbewußtseins sich auf ihn zurückwarf, ihn vor die Aufgabe stellte, sich zu leben – es mag unentschieden bleiben. Zweifellos kreiste um jene Beunruhigung dann der Verdacht, dort steht einer um die andern Menschen glücklich zu machen, weil er sich selbst nicht von Leid befreien kann. Ein Verdacht, der jedem Widerstand Raum gibt. Es ist mit wohl jene Tragik, die zuletzt erst aufgelöst werden wird, weil sie ein Glied scheint des lebendigen organischen All, das nach Steigerung der Eigenlebendigkeit drängt. Sicher ist aber, daß die daraus erwachsene Einsamkeit das Leben von Otto Gross in jene unglückliche äußere Bahn geworfen hat, die ihn den Demütigungen eines dummen Pöbels Wohlbefriedigter, dem Eigendünkel der Wissenschaftler, dem Haß von Staat und Familie und dem Verrat der ihm zunächst Stehenden ständig ausgesetzt hat, die ihm jede Möglichkeit schließlich unterband, auch in die Konvention der Umwelt sich zurückzufinden, ohne fortgesetzt anzustoßen oder sich um das Beste zu bringen, dessen er sich bewußt war, für die andern zu denken. So schien er mehr wie einmal dem Arm der bürgerlichen Justiz verfallen, so glitt schließlich sein Leben zwischen Irrenhäusern, wo er zu Entziehungskuren von Narkotika, die ihm zum zweiten Lebensinhalt geworden waren, entweder freiwillig oder gezwungen Monate und Monate immer wieder verbrachte, und den Schlupfwinkeln bei Freunden, zwischen Hotel garnis, in denen in ganz anderer Weise, als er darüber gedacht und geschwärmt hatte, die unglücklichen verängstigten und blindgewordenen Menschen einer einsamkeitsgeborenen Zeit ihre Orgien feierten, um jene Angst in sich vor dem Leben niederzuschlagen, und der Straße. Gehetzt und ins materielle Elend hinausgestoßen, mußte er bald zu Grunde gehen, wenn der Wille, weiter denken zu wollen, endgültig gebrochen war. So ist er auch dann schnell gestorben, nicht im Kompromiß, wie es fast zu erwarten war, nein, losgelöst von allen Menschen, die ihn bisher umgeben hatten, in einem riesenhaften Aufschwung von Schöpfer- und Denkkraft, die Leute begannen gerade zu ahnen, wer dieser Gross eigentlich war, aber seiner körperlichen Bedingungen hatte er dabei vergessen. Er verhungerte, nachdem er schon vorher so gut wie erfroren war, gewissermaßen auf der Straße.

Einiges über die Stellung des Herausgebers

Es ist an sich ein etwas kühnes Unterfangen, die Schriften von Gross in einer Sammelausgabe herausgeben zu wollen. Es sind Schwierigkeiten zu bewältigen, von denen der mit den Besonderheiten des Themas nicht oder noch nicht vertraute Leser sich keine rechten Vorstellungen machen kann. Es mag an dieser Stelle einiges darüber gesagt sein, um jeder Unklarheit über den Zweck dieser Ausgabe vorzubeugen und vor allem auch um das Vertrauen der Leser zu gewinnen. Es wird nichts beschönigt werden, nichts zu einer besonderen Inhaltsbetonung umgebogen. Offen und ohne Rücksicht auf Personen und Geschehnisse und insbesondere auf Gross selbst soll ausgesprochen werden das, was ist.

Es ist schon oben angedeutet worden, daß Gross den überwiegenden Teil seiner Schriften mit Rücksicht auf seine medizinischen Kollegen geschrieben hat. Man kann sogar sagen, das was Gross darüber hinaus geschrieben hat, sind nichts weiter als tastende Versuche in eine andere Sphäre, die der philosophischen und literarischen Welt, Einlaß zu finden. Nie war die Absicht indessen stark genug, daß es ihn zu einer größeren Arbeit veranlaßt hätte. So abgeneigt er dem ärztlichen Beruf an sich war, so wenig Entgegenkommen er von seinen eigenen Kollegen zu erwarten hatte, so typisch unmedizinisch, ja geradezu gegensätzlich der wahre Inhalt dieser Arbeiten war, so blieb er mit einem zähen Eigensinn darauf bedacht, gerade von diesen Kollegen gehört zu werden. Er begann sogar nach dieser Seite zu übertreiben. So ist sein großes Werk über psychopathische Minderwertigkeiten, das in der Fachwissenschaft und insbesondere in der Gerichtsmedizin, für die es in erster Linie geschrieben war, Aufsehen erregte und noch heute als Leitfaden für den Sachverständigen-Psychiater vor Gericht gilt, in einem selbst für Mediziner schwer verständlichen wissenschaftlichen Stil geschrieben. Je weiter er seine Untersuchungen ausdehnte, umso mehr baute er auch seine eigene Terminologie aus, wovon viele Bezeichnungen inzwischen in den allgemeinen wissenschaftlichen Gebrauch übergegangen sind. Dem Laien werden sie allerdings damit nicht verständlicher.

Es ist also notwendig, den gedanklichen Kern dieser Arbeiten aus seiner medizinisch-wissenschaftlichen Hülle herauszuschälen. Man wird verstehen, daß dies kein leichtes Unterfangen ist, ohne sich dem Vorwurf der Fälschung auszusetzen und ohne die Ursprünglichkeit jener Arbeiten zu gefährden. Aber, und das ist gerade der Zweck dieser Zeilen dies hervorzuheben, niemand hat an seiner Ausdrucksweise mehr gelitten als Gross selbst. Er bezeichnete es selbst immer wieder als seine schwerste Hemmung, und er hat viele Manuskripte verloren oder sonstwie verkommen lassen, weil ihm sein eigenes Gesicht daraus in diesen verhaßten Schnörkeln und völlig entstellt entgegen zu grinsen schien. Darum hat er auch, wo immer er nur konnte, das was er gefunden und mitzuteilen hatte, persönlich ausgesprochen. Man kann sagen, er war eigentlich von früh bis abends auf der Suche nach einem Menschen, dem er sich mitteilen konnte und der mit ihm die analytischen Einsichten überprüfte, in direktem Kontakt von Mensch zu Mensch. Er pflegte dann nur zu schreiben, wenn seine äußeren Verhältnisse, vor allem seine finanzielle Abhängigkeit vom Vater sozusagen eine Probe seiner unverminderten Arbeitsfähigkeit erheischten. Seine Arbeiten im letzten Jahrzehnt sind jedenfalls ausschließlich so entstanden. Immer wieder zeigen zu müssen, daß er durchaus Wissenschaftler geblieben war, um dadurch seinen neuen Einsichten umsomehr allgemeine Geltung zu verschaffen. Für die vorliegende Ausgabe kommt allerdings dieser Gesichtspunkt nicht mehr in Betracht. Um die Anerkennung der Berufspsychoanalytiker braucht nicht mehr gerungen zu werden, sie ist herzlich gleichgültig geworden. Auch der Streit um die Priorität dieser oder jener Formalie und Definition, der die wissenschaftliche Welt oft mehr als die Einsicht selbst in Atem hält, und an dem sich auch Gross und mit Recht stark beteiligt hat, interessiert nicht. Alle die Anmerkungen und die fast überängstlichen Bezugnahmen, gerade weil sein Name gewöhnlich verschwiegen wurde, können jetzt wegbleiben. Im persönlichen Verkehr sprach auch Gross von diesen Meistern der Psychoanalyse in ganz anderem Ton, als dies seine Schriften verraten lassen. Er hat wenigen davon ein gutes Andenken gegeben und nur dort anerkannt, wo wirklich eine ursprüngliche Leistung vorhanden war. Aus dem was Gross da und dort verstreut verarbeitet hat in Analysen, in medizinischen Lehrbüchern und in Polemiken und Referaten, und noch mehr aus dem was Gross stündlich allen Menschen, die zu ihm kamen, immer wieder von neuem unermüdlich vorgetragen und bewiesen, analysiert und mit Assoziationen belegt hat, ist gewissermaßen der sich verengenden Kreisbildung der analytischen Technik eine Darstellung der Gross'schen Einsicht gegeben, als Ganzes – verknüpft und durchlebt mit seinem eigenen Ich und seiner Wirkungsatmosphäre, als System und als wesentlichste Vorstufe zur Erkenntnis seiner neuen Ethik.

Es sind noch einige Worte über die Berechtigung des Herausgebers hinzuzufügen. Ich habe Gross erst verhältnismäßig ziemlich spät kennengelernt. Damals war der Höhepunkt seines Wirkungswillens zweifellos schon überschritten. Es war schon nach der Zeit, der Gross gewissermaßen durch seinen persönlichen Einfluß sowohl in Literatur wie Kunst, als auch in einer sich gerade damals als Denktechnik kristallisierenden Wissenschaft im Anschluß an die bestehenden starren Disziplinen seinen Stempel aufdrückte. Ein großer Kreis von Künstlern und sonstwie kulturell interessierten Personen, insbesondere alles, was nach neuer Ethik suchte, mochte es politisch oder sektierermäßig oder selbst spiritistisch orientiert sein, lebte von der

Diskussion über Gross. In und noch besser vor diesem Kreis spielte sich das Leben von Gross ab und zwar im buchstäblichen Sinne. Er bewies diesen Menschen fortwährend, indem er jeden, der nur wollte, zur Kontrollinstanz seines äußeren wie inneren Erlebens erhob, die intensivierende Wucht und die Auswirkungsmöglichkeit seiner Erkenntnisse und insbesondere seiner Denktechnik. Eine große Anzahl genialer Persönlichkeiten gerade noch in dieser Zeit ist in engstem Kontakt mit Gross gestanden, gewissermaßen in seine Schule gegangen. Es widerstrebt mir, Namen zu nennen, einmal weil diese Menschen, die zum Teil Gross die Freilegung ihrer Genialität verdanken, sich früher oder später mit allem Haß von selbstäugig-Werdenden gegen denjenigen gewandt haben, der nichts weiter wollte, als gerade diese Selbständigkeit ihnen zu ermöglichen. Es war dies eine Reaktion vorangegangener Abhängigkeit und Unterwerfung, und Gross verstand sich nicht darauf, sich zu wehren. Er nahm diesen Haß auf, der sehr bösartige Formen anzunehmen pflegte und geradenwegs oft darauf aus war, Gross direkt zu vernichten, zum mindesten ihn aber in ihrem Kreis unmöglich zu machen – wie etwas Verdientes und Selbstverständliches. Er ordnete sich unter, gerade weil er das Pathologische daran erkannte, sozusagen ganz Heilgehilfe geworden. Viele dieser Menschen haben sich später dieses Hasses geschämt, viele haben sich zu einer neutraleren Haltung durchgerungen, alle aber spüren irgendwie, daß in ihrer Beziehung, sie mag noch so kurz und scheinbar belanglos gewesen sein, einmal ein Augenblick einer Entscheidung gewesen ist für sie, sich aufzuschließen und mit Gross gemeinsam weiterzuarbeiten, ihn ganz als Kamerad aufzunehmen, ihn zu stützen – und vielleicht ihm zu helfen. Diese Krise schloß gleicherweise Leid und Glück auf, zugleich Aufgabe und Geschenk, zugleich tiefster Zweifel an sich selbst und Erlebensbestätigung, Produktivität. Niemand vermag zu beurteilen, ohne nicht alle Bedingungen jenes einzelnen analytischen Zueinanderlebens zu kennen, wer der motorische Teil des Bruches gewesen ist, sozusagen der Enttäuschende. Ich stehe nicht an zuzugeben, daß dies auch Gross selbst gewesen sein mag. Ein Urteil über Form und Ziel jener Reaktionen noch weniger über deren Berechtigung, steht mir heute nicht mehr zu. Damals, als Gross noch im Leben neben mir stand, war das etwas anderes; denn dazu hatte Gross mich gerufen, ihn zu verteidigen, ihn zu halten, wenn er an dem Leid daran, an den Wunden, die man ihm zufügte, an den Verfolgungen niederzubrechen drohte, und das war es auch, was uns verband. Ich könnte hinzufügen, beinahe nur das.

Ich verdanke Gross sehr viel. Sehr große Anregungen und eine Beweglichkeit der Denktechnik, die gerade ihm selbst oft versagt war. Ich lernte von ihm Skepsis, je verzweifelter er sich im Glauben einbiß. In vielem habe ich ihm widersprochen und in manchem auch Recht behalten. Menschlich zueinander, weil wir beide das Menschliche nicht nur in uns, sondern allgemein suchten, um es in Begriffe zu fassen, blieb unsere Beziehung doch kühl, um nicht zu sagen eisig. Ich fand bei Gross Gedankenfolgen, die, zu einer Technik geformt, diejenige Angriffswaffe boten, die Zertrümmerung dieser Gesellschaft, gegen die wir ja beide, jeder in seiner Weise, Sturm liefen, ihren Zerfall und ihre Umbildung vorzubereiten und zu beschleunigen, Sentiments, Rückhalte zu zerstören und Verkrampfungen, so weit sie gesellschaftssichernd waren, aufzulösen. Ich verstehe unter Gesellschaft die allgemeinere Zusammenfassung von Familie und Staat. Das band mich an Gross und diese Grundlinie hielt ich vom ersten Tage an fest. Dies ließ mich über die vielfachen Spannungen unserer Beziehung, an denen so viele andere gescheitert waren, unberührt hinwegkommen. Der Wert oder Unwert persönlichen Entgegenkommens schien mir nicht allzu wichtig. Mein Ziel war jene Denktechnik, die Gross aus bereits freigelegten Einsichten über Glück und Leid des Menschen als System ausgebaut hatte, aus einem therapeutischen Mittel umzubiegen zu einer Angriffswaffe, nicht um zu heilen oder zu helfen, sondern um zu zerstören – und zwar die Widerstände, die dem Glück der Menschen im Wege waren. Wir fanden in dem ständigen Ringen darum viele neue Zusammenhänge, die der Gross'schen Analyse an sich zu gute kamen. Was Gross mir gab, war die Einsicht der Freilegung der Quellen meiner Zielgebung. Er war unaufhörlich bemüht, aus meiner Aufgabe das Persönlichbedingte zu verallgemeinern und auf die breitest mögliche Plattform zu bringen. Dadurch näherten wir uns einem gemeinsamen Mittelweg, der mir eine Erweiterung meiner Arbeitsmöglichkeit gewährte, während allerdings für ihn seiner ganzen Verankerung entsprechend eine ungeheure Anspannung gefordert wurde, der er sich zeitweilig zu entziehen suchte, um sie doch wieder als seine eigene Auflösungsvorbedingung, als die Möglichkeit zum Erleben zu kommen, zu erkennen und zu bestätigen. Ihm fehlte die Einsicht von dem Bewegenden als dem ursprünglich Organischen. Er sperrte sich mit aller Kraft dagegen, obwohl darin seine Rettung gelegen wäre. So stand er auch meinen Arbeiten über das Arbeitsproblem völlig fern. Er konnte dazu keinen Kontakt mehr gewinnen. Und in den letzten Wochen seines Lebens schien es uns beiden ersprießlicher, uns auch äußerlich zu trennen. Wir schieden in guter Kameradschaft, die sicherlich nicht getrübt worden wäre. Es handelt sich nicht um Werturteile, gewissermaßen nur um technische Hebelpunkte, und doch muß ich behaupten, daß wohl freier von Sentiments, unbeteiligter und nüchterner niemand das, was Gross gewollt hat, darstellen kann, als ich. Ich habe es die letzten 12 Jahre seines Lebens reifen und durchlebt werden sehen, ich habe ihm widersprochen und bin gegen einzelne Mängel schließlich offen zu Felde gezogen – gerade darum werde ich es als Ganzes unverfälscht darstellen können. Denn die Wege, die uns getrennt haben, die liefen bereits vom Unbewußten her. Sie standen uns schon vorgeschrieben zu der Zeit, da wir noch den einen gemeinsamen Weg nach der Gemeinschaft zu schreiten glaubten. Wir haben es beide noch rechtzeitig erkannt und einander zu beobachten Gelegenheit gehabt. Darum blieb der Blick scharf, doppelt scharf, denn das Recht des einen hätte den andern ins Unrecht gesetzt.

Biographisches und Bibliographisches

Otto Gross wurde im Jahre 1877 in Czernowitz geboren, wo sein Vater Erster Staatsanwalt war. Später übernahm der Vater eine Dozentur für Kriminalistik in Graz, wo auch Otto Gross dann das Gymnasium besuchte. Der Vater war zeitlebens in Österreich und wohl auch darüber hinaus eine anerkannte Autorität in kriminalistischen Fragen. Eine Verbesserung des Bertillon'schen Systems, Organisationsschemen für die politische Polizei und ähnliches wie Registrierungsschlüssel Verdächtiger etc. sind von ihm eingeführt und entworfen [worden]. Otto blieb das einzige Kind. In der Schule war er mit Note I alle Klassen hindurch Vorzugsschüler, sein Vater hätte sich sonst, wie er zu erzählen pflegte, das Leben genommen. Er studierte dann in Wien Medizin und bestand, ohne besondere Begabung oder Lust für einen Spezialzweig zu verraten auch das Examen. Seine Studiengenossen schildern ihn als einen scheuen, zurückgezogen lebenden Menschen, ungesellig – der zweierlei besonders aus dem Wege ging: weiblichem Verkehr und Alkohol. Er galt daher als Duckmäuser. Er selbst erzählte aus der Zeit, daß er Botanik und Zoologie zu studieren begann und besonders in dem ersteren Fach sich weiter bilden wollte. Seine ersten praktischen Jahre als Mediziner erledigte er als Schiffsarzt beim Triester Lloyd. Er machte mehrere Reisen nach Süd-Amerika, wobei er jedesmal einige Wochen studienhalber als Botaniker in Patagonien zubrachte. Die Erinnerung an seine Ausflüge von Puntas Arenas aus ins Innere des Landes blieb ihm sein ganzes Leben lang leuchtend. Menschen aus jener Zeit erinnerte er sich nicht mehr. Auf jenen Seereisen begann er diese ihm später eigentümliche Form des Denkens zu üben, die fast bildlich wirkend den Gegenstand der Untersuchung als Ganzes packt, zerstäubt und auflöst. Auch die Narkotika, unter denen er später so zu leiden hatte, Morphium, Kokain und Opium stammen aus jener Zeit. Plötzlich läßt er die Botanik fallen und geht als Assistent zu Freud, der damals gerade seine ersten Traumanalysen veröffentlicht hatte. Beide scheinen anfänglich sehr gut miteinander ausgekommen zu sein. Freud drängt ihn, sich auf eine Dozentur vorzubereiten. Er geht zu diesem Zweck erst nach Heidelberg, wo er mit einigen deutschen Wissenschaftlern in engere Beziehung tritt, wie mit den Brüdern Alfred und Max Weber und dem späteren Münchner Finanzwissenschaftler Jaffé, der von allen seinen akademischen Freunden wohl der einzige geblieben ist, der ihm auch in späteren Jahren immer seine hilfreiche Hand geboten hat. Auf Anraten Freuds geht er dann nach München, um unter Professor Kräpelin in dessen Klinik seine Habilitationsarbeit zu machen und damit zugleich überhaupt auch unter den Münchner Psychiatern praktisch die Psychoanalyse zur Diskussion zu stellen. In jener Zeit erreichte sein persönlicher Einfluß in der sogenannten geistigen Welt Münchens seinen Höhepunkt. Inzwischen hatte er sich mit der Tochter eines höheren Beamten aus seiner Heimat verheiratet, die aber zum Leidwesen seiner Eltern mittellos war. Er habilitierte sich in Graz und hielt auch zwei Semester über Vorlesungen über Hirnanatomie. Trotzdem war er häufiger in München als in Graz. Er hatte Analysen übernommen, die er mit einem Ernst durchzuführen begann, der an Selbstaufgabe grenzte. Er pflegte mit seinen Patienten zu reisen, ordnete sich deren Wünschen in jeder Weise unter und ließ alle seine Arbeiten im Stich. Obwohl man ihm in Graz soweit als möglich war entgegenkam, war die Dozentur doch auf die Dauer nicht zu halten. Nach einem ersten längeren Urlaub gab er sie schließlich ganz auf, und entfremdete sich damit entscheidend seinem Vater, der ihm diesen Schlag, den er ganz persönlich als gegen sein Ansehen gerichtet empfand, nicht mehr vergessen konnte. Die Vorwürfe kehrten in jedem Brief über eine Spanne von fast 15 Jahren in zäher pathologisch wirkender Folge immer wieder. Dann begann Otto Gross zu reisen. Er reiste in Italien, der Schweiz, Deutschland und Holland. Im Sommer am Meer, im Winter im Süden oder am Lago Maggiore, oder in München, wohin er immer wieder zurückkehrte, nur den einen Gedanken vor sich: das Leid aus der Welt zu schaffen, alle Eindrücke darauf gestellt und unaufhörlich jedes Geschehnis verarbeitend. Nachdem er sich nach einigen Jahren von seiner Frau getrennt hatte, lebte er in Begleitung einer jungen Malerin, mit der ihn besonders innige Beziehungen verbanden. Die Künstlerin brauchte seine Hilfe, ein Gemütsleiden gewann tieferen Boden – und er selbst konnte nicht helfen. Er mußte es miterleben, wie sie sich vor seinen Augen vergiftete. Gross hat in einer seiner letzten Arbeiten das Krankheitsbild seiner Freundin zur Grundlage einer Studie gemacht. Wer den Zusammenbruch nach deren Tode miterlebt hat, staunt über die kühle materialverwertende Objektivität dieser Studie.

Sieht man von den ersten Arbeiten nach bestandenem Examen ab, die noch die Note des Vorzugsschülers tragen, so kann man diesen Zeitabschnitt als die erste Periode seines Schaffens bezeichnen. Alle seine Einsichten, auch seine späteren, beziehen sich auf jene Lebenszeit. In dieser Periode erschien neben einigen Analysen, die zu Spezialthemen als seine Fachliteratur verarbeitet wurden, das Werk „Über Psychopathische Minderwertigkeiten" (1907). Daneben eine Reihe Aufsätze. Diese Zeit war der Höhepunkt seines analytischen Wirkens überhaupt, in der Gesellschaft und seiner Umgebung. Daneben seine Tätigkeit in anarchistischen Kreisen, die Gross mit offenen Armen als Kameraden aufnahmen.

Nach dem Tode seiner Freundin verbringt Gross längere Zeit in tiefster Einsamkeit in Florenz, flüchtet dann vor Verfolgungen seines Vaters, der Polizei und Psychiater hinter ihm herhetzt, hält sich noch etwa 2 Jahre lang teils in München und teils in Berlin, bis er schließlich doch ergriffen und in eine Anstalt gebracht wird. Der Versuch ihn ganz unschädlich zu machen mißlingt, weil die öffentliche Meinung unzweideutig für ihn Stellung nimmt. Der Gefangene wird aus der Privatanstalt einer öffentlichen Landesanstalt (Troppau) überwiesen und dort schon nach ganz kurzer Zeit als geistig völlig gesund erklärt. Der Chefarzt zieht ihn zur Krankenbehandlung heran. Eine bessere Antwort konnte dem Grazer Kriminalprofessor nicht erteilt werden. In dieser Zeit seiner zweiten Periode, hält Gross fortgesetzt Generalabrechnung mit sich selbst. Er erweitert seine Einsicht, baut die Denktechnik aus zu jenem System, das Hilfe und Waffe wird, und den neuen Menschentyp vorbereiten soll. Viele Arbeiten aus Florenz sind verloren gegangen, vieles hat Gross selbst wieder vernichtet. Er ringt mit dem Versuch, sich von der wissenschaftlich-medizinischen Stilführung zu befreien, einige Aufsätze zeugen davon. Diese Periode sichert erst seine wahre Bedeutung. Sie zeigt ihm auch Weg und Aufgaben.

Es folgt der Krieg. Gross beginnt zu praktizieren, um sich von Haus unabhängig zu machen. Er ist erst tätig in einem Kinderspital, später bildet er sich als Seuchenarzt aus und geht als solcher nach einem verrufenen Flecktyphus-Lazarett hinter der Front. Dort bleibt er einige Zeit. Seine Lebensumstände werden der Normalität angepaßter. Er gedenkt wieder zu heiraten, steht in größerem Verkehr, nimmt auch mit Hilfe Steckels die Beziehungen zur Wiener Schule wieder auf. Er sucht wissenschaftlich in der Analyse nach einer Brücke zwischen Freud und Adler. Die Arbeiten dieser dritten Periode sind spärlich. Sie enthalten alle den Versuch, sich als Wissenschaftler zu rehabilitieren. Gross scheint einen Kompromiß mit der Umwelt eingegangen zu sein, der Frieden bereitet sich vor. Daneben aber schreibt er Tagebücher, in denen er über sich Buch führt. Wundervolle neue Einblicke in die menschliche Seele öffnen sich. Ein ganz eigenartiger Rhythmus beherrscht solche Selbstanalyse – etwas ironisch, etwas bedauernd, so wenn er davon schreibt, warum er eigentlich sich nicht sauber halten kann. Er versucht sich in Belletristik, schreibt Novellen und beginnt mit den ersten Kapiteln eines groß angelegten analytischen Entwicklungsromans. Arbeitet an einem Buch, das den Astarte-Kult der Gegenwart näher bringen soll.

Da stirbt der Vater. Eine neue Kokainentziehungskur macht sich notwendig. Aber zum ersten Mal in seinem Leben muß Gross materiell rechnen. Die Mutter wird ihm das Geld nicht schicken, fühlt er. Jetzt ist niemand mehr, der ihn einsperrt, mit Gewalt droht. Er merkt, das war ihm Halt – er läßt alle Arbeiten fallen, verliert jeden materiellen Rückhalt, vermag sich von der Zeit auch äußerlich kaum noch selbständig zu bewegen. Alle Hemmungen der Konvention scheinen geschwunden, sein äußeres Verhalten erhält stark infantilen Charakter. Er scheint dem Untergang geweiht. Wochen- und monatelang irrt er in Wien herum, ohne Geld, ohne Nachtquartier, dem Zufall eines Pumps bei Caféhausbekannten preisgegeben. Er schreibt in dieser Zeit seine großen zusammenfassenden Arbeiten, die Aufsätze über Beziehung, die drei Aufsätze über den inneren Konflikt (Markus u. Weber, Bonn 1919), sein Meisterwerk, technisch als gedanklicher Ausdruck von solcher Präzision, daß man erschüttert die Gemütswucht empfindet, die das Leben anders haben will, eine Kraft des neuen Gesetzgebers geht davon aus – dann geht er Oktober 1919 nach Berlin, so als hätte er jetzt eine Berechtigung, hier aufgenommen zu werden. Er kommt mit einer Leistung. Aber sein äußeres Dasein ist bereits zu verfallen. Er war nicht mehr zu retten. Wie im Fieber schreibt er Aufsatz über Aufsatz, alle plötzlich wieder mit starker politischer Note, völlig frei vom Therapeutischen. Am 13. Februar 1920 stirbt er. Das Ende soll noch besonders behandelt werden.

Es ist noch einiges über die hier veröffentlichten Aufsätze zu sagen. Der größere Teil ist jener letzten Periode entnommen. Man mag sich noch einmal erinnern, daß das wesentliche die Denktechnik der Gross'schen Gesamtanschauung ist, daß diese Aufsätze für sich allein stehend keine allzu große Bedeutung haben würden, stände nicht hinter ihnen der von Gross geschaffene Apparat, der sie zu weltumspannenden Schlußfolgerungen in Bewegung zu setzen vermag. Es sind besonders solche ausgewählt worden, die das Fachwissenschaftlich-Medizinische zurücktreten lassen. Die Aufsätze sind 1919 in einigen politisch kulturellen Zeitschriften wie Forum, Sowjet und Räte-Zeitung erschienen. Der Aufsatz „Der Konflikt des Eigenen und Fremden" stammt aus der zweiten Periode. Es ist ein von Gross selbst unternommener interessanter Versuch, einen fachwissenschaftlichen Aufsatz seines Beiwerkes zu entkleiden. Im Zentralblatt für Psychoanalyse und Psychotherapie IV. Jahrg. Heft 11/12 steht derselbe Aufsatz unter dem Titel: „Über Destruktionssymbolik". Die drei der Aktion Jahrgang 1913 entnommenen Aufsätze sind Versuche, Anschluß an die geistige Strömung des jungen Deutschlands der Vorkriegszeit zu gewinnen. Die Arbeit über Konflikt und Beziehung, ein Teil der drei Aufsätze über den inneren Konflikt glaube ich den Lesern als Beispiel bringen zu sollen, als klassischen Ausdruck analytischer Gedankenschärfe. Ich glaube, man kann das Rankwerk von Fachausdrücken dabei ganz gut noch mit verdauen. Es lohnt sich. Es eignet sich gerade, das vorliegende Buch damit zu schließen, weil alles vorhergehende, nicht allein die eigentlich nur schlußfolgernden, politischen, soziologischen, kulturethischen Aufsätze, sondern gerade die Darstellung des Gross'schen Gedankenaufbaus, so wie er aus seinen Worten und Analysen und aus dem Ablauf seines Lebens hervorgeht, im Grunde nichts weiter bedeutet, als den Versuch, an ihn selbst heranzuführen, sowie er seine letzte Einsicht zusammengefaßt hat. Es ist zu hoffen, daß daraus jeder der Leser für sich dann und sein Leben die von Gross in seinem Aufbau vorausgedeuteten Schlußfolgerungen zu ziehen den Mut hat.

Eine Anekdote

Zum lebendigeren Verständnis für die Atmosphäre eine Anekdote, die sich unter verschiedenen Inhalten und Umständen immer wiederholt.

Gross hatte mit zwei Freunden über die Frage des Geldes und des Besitzes diskutiert. Ohne daß es genau zutreffend wäre, kann man sagen, der eine war ein Kunstmaler, der sich mit zäher Energie durchzusetzen begann, der andere ein junger Mensch von ungewöhnlich technischer Begabung, der indessen nicht dazu zu bewegen war, sich einem entsprechenden Beruf zu verankern und seine Stellung als Ingenieur soeben aufgegeben hatte. Alle drei in bohême Verhältnisse hineingeraten, waren ohne Geldmittel. Die seelischen Hemmungen wurden besprochen, die der Angst vor dem Gesetz, gewissermaßen der Unterordnung zu Grunde liegen und die Spannung zwischen Verbrechen und Strafe bedingen. Die Freilegung aller Assoziationen, die sich an Geld knüpfen, und deren Herausschälung ins Besondere einer lebendigen Beziehung zur Umwelt, muß alle Widerstände, die sich an Geld knüpfen, beseitigen, also auch ohne Zweifel den Geldmangel, wenn Geld in der Organisation von Staat und Gesellschaft noch ein notwendiges Verbindungsmittel ist. Das leuchtet ein, die drei sitzen und analysieren und versuchen sich in den höchstmöglichen Zustand innerer Sicherheit zu setzen. Die Frauen spielen dabei eine entscheidende Rolle, versteht sich.

Sie gehen dann aus dem Café und hinaus auf die Straße. Dort wird Gross plötzlich ängstlich und versucht allerlei Ausflüchte, um die zum Stehenbleiben oder zur Zurückkehr ins Café zu veranlassen, das und jenes wäre noch zu sagen oder vergessen und derartiges. Die beiden gehen aber weiter und kümmern sich nicht darum, was Gross redet. Er hält schon nicht mehr gleichen Schritt, beginnt zurückzubleiben und stolpert mehr hinterher, als daß er neben ihnen bleibt. Die beiden gehen dann in einen Laden hinein. In einen Milchladen, wo man auch Brot und Gemüse und alles das bekommen kann, so einen Laden sozusagen für kleine Leute. Gross bleibt draußen, steht nebenan in der Haustür in fürchterlicher Aufregung und mit allen Zeichen von Schrecken und Angst. Im Laden drin, nachdem er eine Bestellung gemacht hat, zieht der Ingenieur einen Revolver und zielt auf die Ladnerin. Der Maler will um den Ladentisch herumgehen zur Kassenschublade. Er ist auf dem Wege und bleibt stehen. Die Frau bleibt krampfhaft über die Kasse gebeugt und schreit jetzt laut. Der Maler hätte sie mit Gewalt wegreißen müssen. Die beiden, Maler und Ingenieur, sehen sich an, etwas ratlos. Der Maler lächelt, vielleicht zynisch triumphierend, dachte der andere dabei, vielleicht auch nur verlegen und begütigend. Das ist nicht klar geworden. Der andere läßt den Revolver sinken. Inzwischen sind Leute hereingestürzt von der Straße. Aus dem Hintergrund des Ladens taucht ein Mann auf. Die beiden werden umringt. Sie liefern die Waffe aus. Der Maler hatte einen Schlagring. Bleiben dann gleichmütig stehen, eigentlich hochmütig. Denn der Ingenieur, dem einer ein paar Ohrfeigen haut, rührt sich nicht. Dann kommen auch Wachtleute. Draußen hat man den Gross aufgegriffen, wie er noch zappelte, ob er weglaufen sollte oder nicht. Leute hatten ihn mit den andern zusammen gesehen, dann seine Unruhe, die die Aufmerksamkeit auf ihn lenkte. Er wurde auch nicht eben sanft behandelt. Alle drei wurden in großem Aufzuge nach der Wache gebracht.

Dort spielte sich folgendes ab: Bevor der wachthabende Kommissar noch die Vernehmung begann, der Bericht der Wachtleute und der Augenzeugen entgegengenommen werden konnte, wußte Gross die Aufmerksamkeit des Kommissars zu fesseln. Er hatte völlig seine Ruhe wiedergewonnen und entwaffnete mit einer Art zuvorkommenden höflichen Bescheidenheit, die sich zur Geste des den irdischen Dingen fremd gewordenen Wissenschaftlers zu vervollkommnen pflegte, etwa aufsteigendes Mißtrauen. Er ging, als sei er der Anführer dieses Aufzuges, auf den Kommissar zu, stellte sich vor gleich mit dem entsprechend betonten Titel und als Assistent eines jedem bekannten Irrenarztes, der mit einer Beobachtung beauftragt sei, als Sachverständiger und Gerichtspsychiater – und bat vorher den Kommissar unter vier Augen sprechen zu dürfen. Dieser war auch, noch bevor die Wachtleute Gelegenheit fanden, sich einzumischen, so verblüfft waren sie im Augenblick, dazu sofort bereit. Im anderen Zimmer begann nun Gross dem Mann mit vielen höflichen Entschuldigungen vorzutragen, wie er, um seine Materialsammlung für ein Lehrbuch der Gerichtspsychiatrie zu vervollständigen und im Auftrage des bekannten Professors Experimentalstudien unternommen habe. Daß es sich um psychiatrisch minderwertige Personen handele, die auch unter anderen Umständen strafrechtlich gar nicht verantwortlich gemacht werden könnten – und dann begann er den Vorfall zu erzählen. Er maß sich selbst dabei die Schuld zu, den Einfluß verloren zu haben im Augenblick einer persönlichen Schwächeanwandlung als Übermüdungserscheinung, und brachte es schließlich soweit, daß der Kommissar die Augenzeugen ohne gehört zu haben nach Hause schickte, nur ein Protokoll der Wachtleute aufnahm und dazu eine längere Erklärung des Dr. Gross über die psychopathische Veranlagung der Täter und ihren Zweck als sein Studienmaterial. Gross, der übrigens keine genügenden Ausweispapiere bei sich hatte, versprach ein Gutachten seitens der Klinik im Laufe des Tages noch zu dem Protokoll einzureichen. Dann, hieß es, könne man erst die beiden laufen lassen. Gross selbst wurde mit aller Zuvorkommenheit von dem Kommissar bis zur Tür geleitet.

Draußen wieder auf der Straße, fällt ihm auf dem Wege zur Klinik ein, daß er eigentlich die Frau des Ingenieurs benachrichtigen müsse. Sie wird sich ängstigen, denkt er. Also geht er zur Frau. Er wird wieder sehr aufgeregt, weil er sich gar nicht zu denken vermag, wie die Frau darauf reagieren wird. Er hat so das dunkle Gefühl von etwas Entscheidendem, Befreiendem. Er schwitzt vor Aufregung, und assoziiert wie damals, als er zu den Professoren gerufen wird, um seine Examensnote zu hören. Dabei fällt ihm ein, daß seine Freundin ihn erwartet. Er hatte fest verabredet an diesem Tage mit ihr nach Italien abzureisen. Sie wird jetzt auf ihn warten und furchtbar bös sein. Er fühlt dabei, wie eng ihre Beziehung zueinander ist, wie noch zu keiner Frau denkt er – und ein leises Bedauern steigt hoch, daß eine so enge Beziehung nicht zu der angetrauten Frau besteht. Der Weg kommt ihm endlos vor. Endlich ist er da und stürzt mit der Nachricht ins Zimmer. Die Frau nimmt das sehr ruhig auf. Sie lacht über die Einzelheiten der Erzählung. Gross denkt fortwährend dabei, ist das nun herrlich oder bodenlos gemein. Er findet, noch nie hat er sich so elend gefühlt, hilflos. Er möchte wo eingreifen, helfen, Leid wegbringen. Aber die Frau ist ganz ruhig. Wird dann ärgerlich, weil Gross sie fortgesetzt fragend anstarrt, wie vorwurfsvoll, hört er. Er fühlt, sie müßte ihm eigentlich danken. Wird allmählich gekränkt. Die Frau ist inzwischen wütend geworden, als wird ihr etwas Schönes zerstört, es entgleitet. Dann beginnt sie zu weinen. Weinkrampf, sie kommt ganz außer Fassung. Jetzt fängt Gross an zu beruhigen. Sie weint heftiger, bis Gross sich über sie beugt und sie küßt. Sie bleiben den ganzen Tag zusammen und haben sich sehr lieb. Wie ein Wunder so lieb, sagt Gross.

In der Nacht kommt der Ingenieur. Die beiden sind spät abends noch in Freiheit gesetzt worden. Der Kommissar hat den Tag über vergeblich auf das klinische Gutachten gewartet. Hat aber wenigstens dort auf Anruf Bestätigendes über Gross' Persönlichkeit gehört. Daraufhin hat er die beiden dann auch so laufen lassen. Der Ingenieur kann ein peinliches Gefühl, über die Situation, die er vorfindet, nicht unterdrücken. Es bleibt ihm auf dem Gesicht geschrieben, auch wenn er schweigt. Gross denkt, die beiden werden sich zu sprechen haben jetzt – und drückt sich. Die Frau sieht ihm sehr erstaunt nach, der Mann beachtet sein Fortgehen nicht. Inzwischen ist die Freundin mit dem andern, dem Maler, nach Italien schon unterwegs. Sie haben Zettel zurückgelassen, wohin ihnen Gross Geld nachschicken soll. Sie haben sich gerade ein paar Mark für die Bahnfahrt zusammenborgen können. Gross erschrickt sehr, denn der Maler ist geschlechtskrank, weiß er. Er läuft dann zu der Wohnung des Ingenieurs zurück. Dort läßt man ihn nicht mehr hinein. Zu seiner Frau mag er nicht gehen, die hat jetzt doch Besuch, denkt er und wird langsam verzweifelt. Er bleibt auf der Treppe sitzen. Morgens wirft ihn die Frau des Ingenieurs noch einmal hinaus, weist ihm kalt und höhnisch die Tür, vermag sich trotz seines drängenden Bittens jener Situation, auf die Gross anspielt, nicht zu erinnern. Ist vollständig fremd und abweisend. Der Mann verlangt von Gross Geld, um nach Monte Carlo zu fahren. Die Geschehnisse des letzten Tages haben ihm ein Spielsystem eingegeben. Gross leuchtet das ein. Außerdem ist er dann weg, denkt er, ich kann mit der Frau wieder zusammenkommen. Schämt sich dessen, läuft aber den ganzen Tag nach dem Geld. Dann fahren die beiden ab. Ich habe von dem allen nichts verstanden, pflegte Gross zu sagen, wenn er später darauf zu sprechen kam.

Leben und Meinungen des Dr. Gross

Leid

„Die Klinik des Psychoanalytikers umfaßt das ganze Leiden der Menschheit an sich selbst." Diesen Satz schrieb Otto Gross in einer seiner ersten Veröffentlichungen. Er ahnte noch nicht, daß er damit schon den entscheidenden Trennungsstrich zwischen sich und der Wiener Schule gezogen, ja daß er überhaupt eine grundsätzliche Verschiedenheit in der Behandlung des Kernproblems, des Leids, aufgeworfen hatte. Dem berufsmäßigen Analytiker ist der Begriff des Leids fremd, er weicht im Gegenteil solcher Begriffsbildung aus. Als Psychotherapie, die ursprünglichste Form der Analyse, beschäftigt sie sich mit der Neurose, dem Wahn und konstruiert Krankheitsbild, Verlauf und Geschichte. Sie geht auf die Quellen des Wahns, der Neurose, die ihrerseits im Leben organische Konstruktion geworden ist, zurück und wird dann zur Psychoanalyse. Sie bewegt sich aber ausschließlich innerhalb der Vorstellung des zu heilenden Wahns und sie verdrängt geradezu darüber hinausgehende Assoziationen als unwissenschaftlich, müßige Kombinationen und nennt das den eigenen Geist in die Analyse hineintragen.

Eine solche Technik muß zwischen eitler Scharlatanerie und hilflosen Feststellungen schwanken, die im Grunde genommen mit der Tatsache des zu analysierenden Wahns eindeutiger und zweifelsfreier schon festgestellt sind. Die Hilfe ist in jedem Falle zweifelhaft, einmal sowohl nach der tatsächlichen Seite, als es sich nur um die Organisation einer verdrängungsgemäßen anders gearteten Konvention handelt, an die der Erkrankte nunmehr glauben soll, als an seine Krankheit, ein immerhin schwieriges Stück Arbeit, das der Patient bequemer haben könnte, wenn er sich seine Krankheit nicht erst beweisen lassen wollte, die er selbst schon tiefer und besser einsieht – sodann aber nach der Frage der direkten Zweckmäßigkeit.

Es ist heute auch schon allgemein den Analytikern klar geworden, eine Einsicht, die nicht zuletzt auf Gross zurückzuführen ist, daß jede Neurose, jede Wahnvorstellung neben ihrer negativen, in der äußeren Wirkung erkennbaren negativen Seiten auch eine erlebensnotwendige positive Seite hat, die sogenannte Verankerung des Komplexes im positiv Lebendigen. Eine rein schematische denktechnisch erzwungene Ausmerzung des neurotischen wahnbildenden Konfliktes im sagen wir allgemein Seelenleben, trifft organische lebendigkeitsbedingende Instinkte in gleicher Weise. Man ist sogar heute noch weiter gegangen zu behaupten, daß die Neurose eine bestimmte Sicherungstendenz enthält, gewissermaßen eine Hilfe ist, die sich der noch im Unbewußten Krankheitseinsichtige geschaffen hat, als die ihm angepaßte Form über den einen oder anderen Bruch seines Seelenlebens hinwegzukommen. In diesem Fall wird die Analyse die Form zwar verändern können, den Krankheitskern aber in den wenigsten Fällen treffen. Man kann das ruhig verallgemeinern, wenn man den Begriff Leid in den

Mittelpunkt der Betrachtung rückt. Nimmt man an, und das muß [man] wohl, daß die Neurose und die Wahnvorstellung eine besondere Ballung und Erlebenskonstruktion eines Allgemeineren, einer Lebensatmosphäre, die sozusagen krankheitsbildend ist, darstellt – nehmen wir unter den Assoziationen dazu die des Leids als für sich stehend heraus –, so liegt eigentlich der Schluß nahe, nicht wie das die schulgemäße therapeutische Analyse tut, dieser Atmosphäre als den menschlichen Bedingungen, gewissermaßen dem Pech Mensch zu sein, oder in dieser Zeit zu leben oder was immer, achselzuckend gegenüberzustehen, mit verzuckernder Skepsis, sondern dieses Leid, diese Atmosphäre anzufassen gerade aus der Analyse der daraus so oder so bedingten Neurose heraus. Es wäre dies nicht nur selbstverständlich, sondern es ist die Pflicht geradezu dem Analysanten gegenüber, der im Vertrauen darauf sein Seelenleben öffnet. Die Form jener noch üblichen Behandlung gleicht der Fliegenperspektive, und sie stellt eine Verhöhnung des Hilfesuchenden dar, mag dieser auch im Grunde genommen damit einverstanden sein; denn er verhöhnt schließlich in gleicher Weise den Arzt, weil sich zwei in ein Geschäft einlassen, das statt Geldwechseln mal den Namen ärztliche Hilfe trägt, und beide voreinander wissen, daß sie beide gerade dieses Geschäft nicht abschließen werden, denn Hilfe, Hilfe im Leid setzt von beiden Seiten andere Perspektiven voraus. Man kann sich diese Hilfe weder bestellen noch kaufen. Ich glaube, die Grenzen der therapeutischen Analyse sind nun im Rahmen dieser Darstellung klar genug gezogen. Sie vermag bis zum Problem des Leids vorzustoßen – weiter reicht ihre Technik und ihr technischer Wille nicht.

Darum ist Gross bereits im Anfang darüber hinausgegangen. Er stellt das Problem das Leid der Menschheit an sich selbst auf. Jedes erkennbare und analysierte Einzelleid führt zu der Gefühlsbindung eines Ganzen zurück, eines Menschlichkeitsleids, aus dem es gleichzeitig auch rückwirkend erst seine besondere Kristallisations- und Erstarrungsform erhält. Die Spannung zwischen dem Einzelleid und Menschheitsleid schafft diejenige Erlebensatmosphäre, die aufzulösen Gegenstand der Analyse ist, um in der Bewußtwerdung der seelischen Bruchstelle eine neue Kontaktmöglichkeit jener Spannung von Einzeln zum Ganzen bewußt und lebendig zu machen. Die Bedingungen für den Einzelnen mögen günstigsten Falles immer gegeben sein, die Mittel aber und vor allem die Intensität, mit dem er dem Ziel einer befreiteren weniger belasteten Atmo-sphäre zulebt, sind von der lebendigen Wirkung des Ganzen abhängig. Versagt diese Rückwirkung, die zugleich eine Aufnahmemöglichkeit ist, so nützt das beste Ziel nichts, um den Einzelnen von neuem in Leid und zwar in intensiveres hinabzustoßen. Dieser Bewußtwerdungsprozeß vom Einzelnen selbst, dem Leidenden, als Erlebenstechnik umgesetzt, macht die atmosphärische Befreiung des Einzelbelasteten von derjenigen der Umweltbelastung abhängig, er gibt dem Einzelnen die Mittel in die Hand, an jenem Gesamtprozeß mitzuwirken, sein Leben, das heißt sein fortgesetztes Bewußtwerden darin einzusetzen, auswirken zu lassen, das heißt sich zu erleben. Er schafft diejenige Erlebenssicherung, die in dem Bewußtsein eines Leids es in seinen Wirkungen für sich stabilisiert und neutralisiert und damit auch erst die wahre Befreiung von der Einzelbelastung sicherstellt. Es versteht sich, daß alle Formen des Einzelleids, auch die einer fixierten Wahnbildung als besondere Erstarrungsform, die den Inhalt der therapeutischen Analyse bildet, darin eingeschlossen sind. Sie können aber erst jetzt, in diesem Zusammenhang, einer Auflösung zugeführt werden.

Um dem Begriff des Leids näherzukommen, mag man sich an das Beispiel vom Tausendfüßler halten. Der Tausendfüßler lebt nun schon von allen Tieren beneidet seit unzähligen Jahrhunderten, sozusagen ohne Konflikt dahin. Bis einmal es einem Krebs, dem es gewiß schwerfällt sich fortzubewegen, einfällt, seinen so schnellfüßigen Konkurrenten im Leben zu fragen, wie er es denn eigentlich anfängt, seine tausend Füße in Bewegung zu setzen. Er will die technische Erklärung. Der Tausendfüßler stolz, fängt an zu grübeln, um die beste Erklärung zu geben. Und er probiert da und dort, setzt einzelne Beinpaare in Gang, um sich selbst die Technik erst klarzumachen. Und auf einmal geht es nicht mehr. Es klappt nicht. Der Tausendfüßler kommt nicht mehr von der Stelle. Er verwickelt sich fortgesetzt mit dem Beinpaar, er weiß nicht mehr, wie das früher gewesen sein mag, denn er hat es ja nie gewußt und ist doch immer so schön gegangen. So ist das mit dem menschlichen Leid. Sicherlich hat der Urzeitmensch unserer leidgetragenen Auffassung nach, als er von nichts gewußt und um nichts sich Gedanken gemacht hat, sehr glücklich gelebt – wer wird das vergleichen wollen? Und doch hängt alles davon ab. Wir erleben uns fortgesetzt als gehemmt, auf Schritt und Tritt. Je mehr sich der Einzelne bewußt wird, seiner Bedingungen zum Leben und Erleben, desto größeres Leid schließt sich auf, desto wirkungsreicher die Hemmungen. Gewiß kann der Mensch selbst den Eindruck bekommen, er bleibt stehen, während alles um ihn herum sich bewegt, ihn ausstößt und zu Boden wirft, daß er verzweifelt in allerlei Netze verstrickt zappelt. So erleben wir das Leid. Die eine Assoziationsform in ihren Wirkungen glücklich beseitigt, erweist sich nur als Symbol für die nunmehr auftretenden. Die Krankheit und selbst Schicksal und Zufall werden zum Symbol, dessen obenauf liegenden Bedingungen wir analytisch nachgehen können. Alles wird zu Leid, scheint es. So fragen wir. Daraufhin arbeitet die Bewußtwerdung, dieser Frage Antwort zu geben und je tiefer, je mehr Fragen, desto drängender das Suchen nach den Ursachen. Im Sinne dieses Fragens liegt das Ethos der Analyse. Und was auch aufgeschlossen sein mag, einmal muß der Lebendigkeitskontakt des Einen zum Ganzen und umgekehrt erlebensfrei von Leid sein, denn es wird zum Lebendigen selbst, eine Gesetzmäßigkeit jenes Allebendigen. Das ist der Inhalt der Frage. Nicht mehr um Krankheit, um den Konfliktfall, sondern um Leid, um das sich Verstrickende an sich, um das Organische darin. Ein großer Teil der Menschen möchte von vornherein auf solche Fragestellung verzichten. Sie denken wie der Tausendfüßler, sie haben doch vorher so schön gelebt. Sie rufen erst um Hilfe, wenn ein sie bedrängender Konfliktfall im seelischen Bruch eingetreten ist, vor dessen Bedingungen sie erschrecken. Man *kann* diesen Menschen nicht helfen, und noch mehr, man *soll* ihnen nicht helfen. Aber das gehört nicht hierher. Die Konfliktspannung zum Leid an sich, die lebendige Stellung zur Menschheit, ist die Grundlage für den Bewußtwerdungsprozeß. Wer dies nicht als Lebensaufgabe zu erleben vermag, wer nicht zu den Fragenden gehört, in jedem Fall, ob er sich krank oder gesund normal fühlt, ob unglücklich oder glücklich – der mag dieses Buch noch jetzt aus der Hand legen. Er wird es sonst später zerreißen.

Einsamkeit

Der Bewußtwerdungsprozeß, der vom Leid ausgeht, verwandelt sich als erstes in das Bewußtsein der Einsamkeit. Der Mensch sieht sich hineingestellt in die Umwelt und erkennt, daß er allein ist. Das heißt, seine eigenen Erlebensbedingungen wachsen vor ihm auf. Dieses Alleinsein wirkt schon als *die* Belastung schlechthin, und erst unter ihrem Druck als Ganzes differenzieren sich die Sonderbelastungen. Sie führen und wirken alle auf die Einsamkeit als Ganzes zurück. Der Bewußtwerdungspunkt dieser Einsamkeit ist in einen Nebel vor- und rückwirkender Angst gehüllt. Dies ist die Lebensangst. Es ist die Angst vor dem Einsamkeitsbewußtsein, sowie die Angst vor der Folgewirkung der jetzt ins Bewußtsein gehobenen Einsamkeit. Sowohl der Schluß auf den Tod wie auf das Leben, das in Bewegungsetzende, das die Einsamkeit erst erleben läßt, das ist dieser Zwang in uns, um leben zu können, leben zu bleiben – sich zu bewegen, obwohl wir doch erstarrt sind und in allem gehemmt. Die Hemmungen erhalten von hier erst ihr eigenes Gesicht. Der Mensch wird sich des Motorischen seiner Hemmungen bewußt und sieht sich bewegungsfremd. Der Begriff der Mühe entsteht, der Anstrengung, mit seinen Bindungen zu einer Konvention eines allgemeinen Muß. Solcher Zwang steht jedem Glück entgegen, jeder freien lebendigen Aus-sich-selbstheraus-Bewegung, die wir als das Natürliche und Organische der Lebendigkeit werten, als das zu erstrebende Lebensglück in noch allgemeiner organischer Bindung. Der Zwang zur Überwindung der Hemmungen wird wiederum zur Konvention einer allgemeinen Normalität, einer Gleichgewichtshaltung. Diese Konvention ist getragen von der Lebensangst in ihren verschiedensten Verknüpfungen. Sie ist das bereits im inneren Konflikt bedingte „ängstliche" Streben, sich um jeden Preis normal zu halten und im Gleichgewicht, auch auf Kosten nicht nur des Glücks, das in seinen ursprünglichen organischen Assoziationsformen aufgegeben ist, sondern aller andern den untergeordneten Konventionen, etwa des Glaubens, Moral und Ethik. Denn der Verzicht auf die Normalität läßt nur zwei Wege offen: entweder tiefer die Einsamkeit anzufassen, weiter aufzulösen, den Kampf mit der Hydra der Hemmungen aufzunehmen, in dem Bewußtsein der Erweiterung der damit automatisch konform gehenden und vom Bewußtwerdungsgrad abhängigen Konventionen, auf deren Plattform der Beginn jenes Ringens um Auflösung fällt – wobei die Assoziation zu der Konvention trotzdem unbeschadet dieselbe bleiben kann und meistens auch bleibt. Die Skepsis kommt ja davon her, die bisher dem Glauben noch nicht geschadet hat; ebenso jener Typ Individualismus, der sozusagen nur ein Verhältnis auf Zeit mit der Moral einzugehen beliebt – also entweder neue Anspannung, schwerere intensivere Arbeit, tiefere assoziative Leidmöglichkeit oder Zusammenbruch. Dieser Zusammenbruch steht uns ständig vor Augen, er ist der allgemeinere Inhalt der Lebensangst. Er spannt sich von der Bewußtwerdung des Todes als einem technischen Prinzip bis zur Instinktabsperrung und Verwirrung, aus der eine in eine zweite spezifischere Ebene gehobene Atmosphäre von Einsamkeit und Alleinsein droht. Nun steht es uns aber gar nicht frei, auf diese Normalität zu verzichten. Wir bemerken den Verzicht erst nachher in Form der Bewußtwerdung, als erweiterte Konvention, als stärkere Gleichgewichtssicherung oder als Bruch, der dann ständig sei es seelisch, sei es körperlich zugekleistert werden muß. Das ist die Geschichte unseres Krankseins. Dieses sich-im-Gleichgewicht-Halten, was sehends ungeheure Kräfte fesselt, drängt wie ein ungeheurer Zwang auf die Bewußtwerdung der Einsamkeit hin. In der Einsamkeit erleben wir die Erstarrung inmitten des Bewegungsalls. Wir wissen unsere Kräfte als gebunden und unzureichend, sich in Bewegung zu setzen. Schon der Versuch erzeugt Reibung und Ohnmacht, das heißt: Intensivierung der Bewußtwerdung – größere Angst, Todnähe und Zusammenbruchsmöglichkeit. Wir halten das Gleichgewicht immer – gerade noch so mit Zufallskräften. Weil wir zum größten Teil es ablehnen, uns der Bedingungen seiner Technik bewußt zu werden. Ständig ist diese Normalität also bedroht, unbeschadet daß wir „individualistisch" über Teilkonventionen uns hinwegsetzen. (Selbst der Gesetzgeber billigt den Mord in Notwehr.) Notwehr ist es, was das Leben sodann individualisiert, sich zu Wertkonventionen zusammenschließt, gut und böse entsteht, schön und häßlich – und alles das, was schließlich die Kultur ausmacht. Eine Riesengesetzmäßigkeit richtet der Mensch auf in der hastenden Angst, der menschlich so verständlichen Eitelkeit, damit diese Normalität konventionsgemäß zu sichern, wenn er den Verdrängungsradius größer zieht, so daß er fast dem Blick des eigenen Bewußtseins unerreichbar ist. Vielleicht läßt er sich immer höher spannen, so daß er fremdem Zugriff überhaupt sich entzieht. Fremden Zugriff – denn die Auseinandersetzung ist jetzt soweit vorgeschritten, daß die Hemmungen als Einwirkung von außen erscheinen. Die Hoffnung schmuggelt sich ein, als ließen sie sich von außen regeln und abwehren und beliebig beseitigen. Im Nu sind dafür Konventionen geschaffen. Wir stellen automatisch fest, was den einen Menschen am andern stört. Wir vermögen sofort bestimmte Bedingungen zu stellen. Und in dem Kreis dieser Verdrängungen erwächst jene Plattform, auf der sich unser Leben aufbaut, sozusagen für den Schreckautomatismus einer ersten Bewußtseinsregung. Wir brauchen nur die Fächer aufzuziehen und die wohl geordneten Konventionen anbieten. Das ist es, was die Einsamkeit so furchtbar macht.

Alles geht gerade so lange, wie der im lebendigen Schwingungskontakt mit der Umweltsbewegung befindliche Verdrängungspunkt aufeinander im Rahmen einer Konventionsbeziehung auch konventionsgemäß, sozusagen gesetzmäßig, wie das der einzelne erwartet, reagiert. Wir haben aber für diese Gesetzmäßigkeit keinen Schlüssel, weil er zudem gar keine ist. Es kann sein, heißt es immer im Unterbewußtsein, vielleicht – aber weit häufiger: Nein, das stimmt nicht, wir gehen aneinander vorbei. Es wird bald zur Gewißheit, es muß einmal früher oder später doch dazu werden. Das beschleunigt. Der Stein, solange drohend über unserem Haupte, ist im Fallen, beginnt niederzusausen. So erleben wir den Zusammenbruch als Verzweiflung. Wenige, die sich organisch noch ducken können. Die Menschen kennen eben die Bedingungen ihrer eigenen Konvention nicht. Und hierin liegt das Entscheidende. Niemand *will* das kennenlernen. Er *darf* sie sogar nicht kennenlernen. Weil es nur Verdrängung aus Lebensangst ist. Es ist die Verdrängung, die das Leben glaubte über die Hemmungen hinwegbringen zu können. Inmitten der Atmosphäre von Einsamkeit, die langsam in der Bewußtwerdung steigt und fällt, gewissermaßen als Lebensrhythmus. Dieser Einsamkeit zu entfliehen, vermag zwar die Jahre auszufüllen, es schafft aber das Leid nicht aus der Welt. Darauf allein kommt es an. Das Leid, gebunden an Krankheit, Hemmungen, Zufälle und Schicksal ist allgegenwärtig, weil schiebt es der Einzelne in Verdrängungen aus seinem Bewußtsein, automatisch der andere, der Mitmensch, der Leidende sich an diesen wieder klammert, um an dessen Verdrängungstechnik teilzunehmen. Dieser unterliegt stärkerem Druck, er trägt zwei und mehr, bis der Nebel zerflattert. Die Einsamkeit steigt auf. Die Arbeit, daher haben wir noch diese Begriffsbildung – war umsonst.

Kind und Familie

Es war notwendig, bisher so eingehend die Entwicklung der Bewußtwerdung unseres Leides zu geben, weil darauf erst das Wesentliche der Gross'schen Ethik sich aufbaut. Gerade Analytiker pflegen sonst über die Quellen und die vorbedingenden Stufen achtlos hinwegzugehen. Wir können nunmehr die einzelnen analytischen Einsichten an dieser Stelle kürzer behandeln, einmal weil sie ziemlich unbestritten und Allgemeingut, dann aber auch, weil sie gerade im Mittelpunkt der Gross'schen Aufsätze selbst stehen. Es ist ja immer nur darum zu tun, die weiteren Schlußfolgerungen daraus, die Gross für sich und zum Bau seiner Ethik zog, allgemein verständlicher zu machen.

Aber weiter die Krise, die der Bewußtwerdung der Einsamkeit folgt, läßt viele Menschen, die an Elastizität im Taumel der Verdrängungen und Symbolübertragungen eingebüßt haben, in diesen Erlebnisspannungen zerbrechen. Der Selbstmord liegt hier begründet als Versuch, die Einsamkeit zu durchbrechen, und im Grunde Krankheit und Unglücksfälle, die schließlich in Hinsicht dieser Gedankenbindung auch nichts anderes als verschleierte Selbstmorde sind. Von dem Bewußtwerdungspunkt über Leid und Einsamkeit nach den daraus bewußt gewordenen Hemmungen und Konflikten führt die Psychoanalyse zur Frage des Lebens überhaupt, zur Freilegung einer Lebendigkeitsatmosphäre und genauer eines Lebendigkeitsinstinktes, eines erweisbaren menschlichen Grundinstinktes, der die Lebendigkeit bedingt und andererseits ihr entströmt. Diesen Lebendigkeitsrhythmus, auf den die Analyse führt, kann man beliebig bezeichnen, je nach der Bedeutung, die man Summen von

Assoziationsmöglichkeiten zuweist. Tatsache aber ist, daß die lebenserhaltenden Funktionen, die wir kennen, wie Atmen, Essen etc. noch wieder auf einen Generalnenner zurückzuführen sind. So etwa unsere Vorstellung vom geschlechtlichen Instinkt auf einen allgemein wirkenden Sexualinstinkt, dem unsere Assoziationen nur differenzierende Einzelfixierungen sind. Man muß sich dessen bewußt sein, um dem Sprachgebrauch von Sexualität nicht übertriebene Bedeutung beizulegen. Die Zurückführung auf diese ursprünglichste Instinktveranlagung, deren Freilegung, die Kenntnis, deren Bedingungen und Lebendigkeitsformen vermag eine weitere Antwort auf die oben gekennzeichnete Fragestellung zu geben. Die Untersuchung nach dem Grund der Einsamkeit hat sodann an diesem Lebendigkeitsinstinkt einzusetzen. Damit ist der Anschluß an die Analyse erreicht.

In dem Aufsatz über „Konflikt und Beziehung" setzt sich Gross mit Freud und Adler in den Einleitungssätzen auseinander. Alle drei Forscher stehen auf der Erkenntnis, daß die ursprüngliche sexuelle (sexuell als bereits bestimmte Fixierung des Bewegenden im All und in uns) Anlage des Menschen und die erste Sexualität des Kindes „allsexuell" sei. Es ist dies weiter nichts als die Rückrevidierung des Begriffs sexuell zu Lebendigkeitsbewegung. Gross hebt sodann den Unterschied seiner Einsicht bezüglich des Konfliktes hervor. Der Konflikt rückt bereits als gegeben in die Beurteilungsfolge der beiden Forscher; Gross packt seine Ursachen an, analysiert das Entstehen nicht des Teilkonfliktes, sondern des Konfliktes an sich, als bestimmende organische Wesenheit. Damit bekommen die Gedankenfolgen, die sich um die Allsexualität des Kindes gruppieren, einen andern Sinn als diejenigen der beiden andern, obwohl sie terminusmäßig noch eine Zeitlang auf einer Linie zu laufen scheinen. Gross zieht daraus den Schluß auf die Einsamkeit und umgekehrt löst die Einsamkeit auf als die Summe aller der konfliktbildenden Konventionen, die sich aus der Konfliktstellung jener Allsexualität zur Umgebung, der Ichbewegung zur Allbewegung und der Gemeinschaftsbewegung ergeben und zwar zwangsläufig und scheints organisch – so hat das der Mensch ansehen gelernt. Er enthält als die Quelle der Einsamkeit die Beziehung Kind und Familie. Gross stellt diese Beziehung als allgemein gleichbedeutend hin, nicht etwa, daß es allein darum zu tun wäre, dieses Kind und diese oder jene Familie unterliege den besonders konflikterregenden Bedingungen einer besonders unglücklichen Atmosphäre, nein, an dem Automatismus dieser Beziehung weist Gross den Einsamkeitserreger, die Leidquelle, den Grund aller menschlichen Hemmungen und Unabhängigkeiten nach. Auch die andern sehen das im Grunde, wie jeder Mensch schließlich, der an sich selbst zu fragen beginnt – aber achselzuckend nehmen sie es hin, selbst zu sehr in der Lebensangst vor der Konvention befangen, daher der Ausdruck außerhalb des Berufs liegend. Gross kennt nur einen Beruf, den Beruf Mensch zu sein. Er scheut sich daher nicht, die Konventionen selbst zu brechen. Er spricht das aus, was ist – und entwickelt daran seine Schlußfolgerungen. Der Konflikt im ethischen Grundinstinkt, das heißt: der Mensch verliert schon in allerfrühestem Kindesalter seine ursprüngliche Ethik und die Möglichkeit eines Erlebensganzen von Menschlichkeit als Instinktautomatismus. Er muß sie sich bruchstückweise und künstlich und dabei willkürlichen Veränderungen unterworfen, zusammensuchen und zurechtbauen, um einer Konvention, die er als bestehend antrifft, Genüge zu leisten und sich anpassen zu können. Dies wird in eine feste Form gebracht und dem Begriffsbild der Familie einverleibt. Man nennt das Erziehung. Damit umschließt die Familie jetzt das Erleben des einzelnen restlos. Sie gebärt die Konflikte und den Konflikt, sorgt für dessen Konventionierung und stellt zu einer Zeit, da dem Kindwesen die sichtbaren Waffen, sich zu wehren, nicht gegeben sind, die Alternative, so zu werden wie die Familie ist, wie die Alten, die Eltern und die Erwachsenen sind und leben und in ihrer Erlebensverdrängung oder unterzugehen. Da dem Kind die Auseinandersetzungsmöglichkeiten, gewissermaßen das Intensitätsgleichgewicht oder Übergewicht in dieser Spannung verwehrt ist, so bezieht sich dieses Untergehen auf die Familie und heißt: oder die Familie, die Erwachsenen müssen untergehen. Die Antwort ist noch nie zweifelhaft gewesen. Also paßt sich das Kind an, das Menschenwesen, das bereits entscheidend in seinem Lebendigkeitsinstinkt gebrochen ist durch Abschnürung seiner Allsexualität, durch das Hineingeborenwerden in Erstarrung, Einsamkeit und Leid. Es paßt, nachdem es im Bruch dieser Lebendigkeit bereits Übertragungsmöglichkeiten dieses Konfliktes fixiert hat und zwar in der Summe der

Assoziationen und Suggestionen, die es aus der Umwelt erhält. Das Kind verwendet also bereits schon im frühesten Alter diejenigen Geisteskräfte, mit dem es das Leben erst ausgestalten soll, die wahren ursprünglichen Lebendigkeitskräfte dazu, die Umgebung zu ertragen, die Sexualität um sich herum, von der es ausgeschlossen ist, und die Einsamkeit die sich von den Erwachsenen auf das Kind überträgt, ja der es geradezu von diesen geopfert wird, um ihrerseits eine Übertragungsverdrängung von Verbindendem einzutauschen. Dieses Kind, so also in allen seinen Lebendigkeitsbindungen gefesselt und gebrochen, entscheidet sich nun im Sinne der Erziehung zur Konvention, verspricht so zu werden wie die erwachsenen andern – oder es zerbricht. Die Kraft zerbricht, jenen ersten und entscheidenden Konflikt in seinen Bedingungen aufzulösen, bewußt werden zu lassen, weil der Bewußtseinsrückhalt eines Allbewegenden dem frühesten Kindesalter nicht gegeben ist. Es muß also zerbrechen oder sich anpassen. Die Einsamkeitsauflösung bis zur Freilegung des Anpassungszwanges führt den Erwachsenen bis zu jener Situation zurück. Er besitzt jetzt die Möglichkeit, diesen Bewußtseinsrückhalt vom Organisch-Lebendigen und sieht sich auf der Suche nach der Gesetzmäßigkeit des Lebendigen. Und findet den Bruch im Erleben des Kindes zur Familie. Die Bewegungsspannung vom Einzelnen [z]um Allebendige[n], die Allsexualität als lebendiges Kinderleben ohne assoziative Differenzierungen, liegt wieder offen vor ihm und er vermag sich zu entscheiden aus der Analyse seiner Hemmungen das Glück aufzurichten und zwar als Gesetzmäßigkeit aus den jener Allsexualität nunmehr folgenden freien und unbelasteten Bindungen oder das Haupt zu verhüllen, nichts sehen und fordern zu wollen, weil der Mensch ja doch über diese Zeit hinaus sei und sich eben einrichten muß. Der Eiertanz der Analytiker. Aus Angst vor der Konvention eine neue Konvention. Jedes Eingehen auf assoziative Einzelheiten soll vermieden werden bei dieser Frage, weil sie nur in der funktionellen Gesamteinstellung entschieden werden kann. Die Einzelheiten von Belastungen, mit denen die Analytiker operieren, verwirren nur. Ist diese Gesetzmäßigkeit aufgerichtet, das heißt ins Bewußtsein gedrungen, Lebensziel und Inhalt geworden, so erwachsen die besonderen Aufgaben, die Familie in ihrer begriffsbildenden Zusammensetzung aufzulösen, die Atmosphäre des Zusammenhangs, das täuschend Organische zu zerstören. Daraus erwächst, wenn man über Leid, Einsamkeit und Erlebensbruch der Lebendigkeit jetzt den Begriff der Konvention scharf als drittes für sich im Bewußtsein behält, als Mittel – erwächst die Fronteinstellung gegen die Menschen und gegen den Menschen, statt der bisher üblichen Kritik der Organisation und deren Begriffsbildung. Und dieser Kampf wird gegen Menschen geführt um Menschlichkeit. Um Freilegung einer Gesetzmäßigkeit von Glück und Menschlichkeit. Dieses ist das Kernproblem. Darauf stand das Leben von Otto Gross. Dahin zielte seine Denktechnik. Er selbst ging daran zu Grunde, weil die Konvention Menschlichkeit einem in Einsamkeit geborenen stärker wirkt als das Lebendigkeitsgesetz, dem die organische glücksgetragene Begriffsbildung „Menschlichkeit" erst innewohnen soll. Für den Denktechniker zwar schon innewohnt. Er ist Moses, der das gelobte Land von ferne sieht und weiß, daß er nicht hinkommen wird. In dem Kampf um das Gleichgewicht gegen die Einsamkeits-Assoziationen, die hierbei alle aufgerufen und bewußtseinslebendig sind, in dieser fortgesetzten Marter vermag der Einzelne dieses Land bereits zu studieren, weitere Kampfmittel zu finden, neue Einsichten zu formen und für die Nachfolgenden den Weg mit ebnen zu helfen. Sich selbst vermag er nicht zu schätzen. Der Intensivierung des Bewußtseins seiner Aufgabe folgt im gleichen Verhältnis das Schwinden der Widerstände innerhalb der erzogenen und angepaßten Konventionen gegen Selbstaufhebung und Selbstzerstörung, die an Stelle der Hemmungen tritt. Otto Gross hat diesen Kampf mit beispiellosen Kräften ertragen, in Wahrheit ein Märtyrer. Das Bewußtsein, daß er mit dem Blick nach vorn zu bleiben habe, und müßte er unter den Schrecken der Einsamkeit zusammenbrechen, hat ihn nie verlassen. Er hat stärker wie gegen den erkannten Widerstand eines sich außen Bewegenden gegen sich selbst gekämpft, den Kompromiß nicht aufkommen zu lassen und sich mit dem Geahnten zu bescheiden. Es wäre ihm ein Leichtes gewesen, spekulativ zu wirken. Daher seine Schreibhemmungen. Daher das streng medizinische Gewand seiner Schriften. Seine Aufgabe war, diese Einsichten zu Ende zu denken und Plattform werden zu lassen für diejenigen, die daran anknüpfen und denen alles das erspart wird, an dem Gross so entsetzlich gelitten hat. Demgegenüber gewinnt das, was man menschliche Schwächen nennt, ein ganz anderes Gesicht. Es wird zur Schutzmarke, der einzigen, die noch Wärme zu spenden vermag. Gross hat ruhig zugesehen, wie die Leute und diejenigen, die ihm nahestanden, gerade daran herumgebohrt und daran gelitten haben. Diese Dinge waren ihm so gleichgültig, daß er sozusagen nicht auf den Gedanken kam, sie abzustellen.

Gegen den Staat

Wenden wir uns nun zu den Einzelbedingungen jener analytischen. Es sollen hier nur einige typische Grundeinstellungen hervorgehoben werden. Es sind einfache Schlußfolgerungen aus der Gesamteinstellung, und wer den unscheinbarsten Aufsatz, geschweige denn die großen Werke, aufmerksam liest, der findet sie immer wieder unter allen möglichen Bindungen variiert. Die Summe aller Konventionen formt sich für Gross zu[m] Staat. Die Organisation der Menschen zur menschlichen Gesellschaft unter Form und Begriffsbildung des Staates entspringt dem Drang nach in-Bewegung-setzen der Einzelkonventionen, es ist die wenngleich verzerrte und kranke Bewegung des einen zum All hin, der sich der auch von der Allbewegung losgelöste nicht entziehen kann. Entsprechend liegt dieser Bewegung dann auch der Sicherungsgedanke zugrunde, die Normalität und das Gleichgewicht dadurch zu erhalten. Der Bruch im frühesten Erleben, der den Menschen zur Konfliktspannung eines neuen Begriffes, dem der Vergewaltigung, führt, projiziert als Übertragung den Begriff der Autorität. Die Autorität wird geboren im Bewußtsein des Unterdrückten. Es wird sodann in Konvention umgesetzt als autoritäre Organisation mit der Atmosphäre des zum Menschen organisch gehörigen, wie Familie, Religion etc. und schließlich Staat. Der Staat sichert sich von sich aus dann wieder die zu ihm aufstrebenden Organisationen, die also sowohl Vorstufen zu ihm, als auch zugleich seine Auswirkungen sind. Das liegt im Gesetzmäßigen der Konfliktübertragung und Projektion zum Allgemeinen hin als Konvention. Das Herrschaftsproblem ist immer nur Angelegenheit der Beherrschten. Es ist deren Konfliktübertragung. (Sie wollen und wollen zugleich nicht.) Es ist demnach eine reine Bewußtseins- oder besser Bewußtwerdungsfrage. Daher gilt der erste Stoß der Autorität und sodann derjenigen des Staates. Damit fällt das Spezifische dieser Begriffsbildung Staat. Die Front gegen den Staat an sich umfaßt dann alle darin verknüpften Gedankenbindungen und Vorstellungen. Das Entscheidende ist nicht die Organisation, die wirklich im Grunde Luft und nebensächlich ist, Kritik erübrigt sich, noch mehr Verbesserungen und ähnliches – entscheidend ist die Konvention dahin gerichtet, der Glaube daran, die Aufrichtung der Autorität im Einsamkeitsleben des Einzelnen, der Wille sich beherrschen zu lassen, woraus der Herrscher und die Herrschaft emporwächst. Der Kampf gegen die Autorität ist unwichtig gegen den Autoritätsträger, sondern gegen den Autoritätsgebundenen – überall ist die Technik Freilegung von eigenen Fesseln.

Gegen den Besitz

Zu dem assoziationsbildenden Mittelpunkt Staat steht der Begriff Besitz nicht in unmittelbarer Verbindung. Selbstverständlich ziehen Staat und Autorität daraus ihre besonderen auf uns so unmittelbar wirkenden Sicherungen, im Grunde ist aber Besitz ein unabhängig für sich gebildeter Assoziationsmittelpunkt. Ist der Staat die Bewegungsverbindung zur Erstarrung, so ist Besitz die Glücksverbindung zu Vergewaltigung. Es ist die ursprünglichste Übertragungsform der Angst, vom Leben, das ist Erleben, wie vom Tod. Überall wo Angst gebunden ist, in jeder Verdrängung, überwuchert schließlich der Besitzbegriff das Verdrängungsbild. Die „normale" Sexualität ist wiederum basiert auf einer Erlebenskonvention als Lebendigkeitsersatz, die eine Verdrängung der Lebensangst zum Gesetzmäßigen binden möchte. Sie ruht ausschließlich auf Besitzvorstellungen, die soweit Zwangscharakter anzunehmen pflegen, daß der darin Bewußtwerdende – dadurch, daß der Partner stirbt oder ihm weggenommen wird – gewöhnlich das Gleichgewicht verliert und als „Erleben" der Einsamkeit gegenübersteht. Darin gibt es dann keinen Kompromiß, auch keine Rückrevidierungsmöglichkeit zum ersten Erlebniskonflikt. Weil die Besitzvorstellung jeden weiteren Bewußtwerdungsprozeß atmosphärisch bereits beherrscht. Besitz ist etwa so wie die „Sünde gegen den heiligen Geist", die nicht verziehen wird. Es ist das Unlebendige, das Gegenlebendige – auch in Bewegung, im Rhythmus zur Lebendigkeit, nur vergiftend. Der Besitz an Autorität, an Sachen, an Menschen ist weniger wichtig. Es ist nur veränderliche äußere Form. Die Grundeinstellung hört nicht auf, wenn das Vorstellungsgebäude, das, was man besitzt, verlorengeht. Deswegen wird man nicht weniger „besitzgläubig". Der Arme unterscheidet sich wenig vom Reichen. Wichtig ist die Lebendigkeitsfeststellung, ob die Bewußtwerdung gleitet zur Steigerung, Intensität und Beschleunigung der Lebendigkeit oder zu Erstarrungen, Verankerung in Konventionsgebundenem und Ersatz für Lebendigkeitserleben in Hinblick auf Angst und Tod. Dies ist bei jeder Konfliktspannung, die sich unserem Lebendigkeitskonflikt nähert, automatisch der Fall. Gegen den Besitz zu kämpfen, in jeder Form und mit jedem Mittel gibt uns die Sicherheit, jenem Konflikt ins Auge zu sehen, dem Erleben einen Schritt näher zu kommen, immuner zu werden gegen Leid und Einsamkeit. Während es in der Bewußtwerdung selbst ein harter Kampf ist, der aber Intensitätsspannungen freilegt. Der Besitzgläubige dagegen selbst interessiert nicht. Er erstickt allmählich.

Gegen den Wert

Dieser Kampf mehr in und mit sich selbst erhält seine Verschärfung in der Auseinandersetzung des damit zusammenhängenden Wertproblems. Soweit es mit dem Besitz zusammenhängt, ist es entschieden. Aber es greift darüber hinaus, es schlägt zurück in jenes gesetzmäßig-Lebendige. Wert ist etwas von Besitz selbständiges. Wert formt sich zur Wertung. Während Besitz nur sehr unvollkommene Konvention bildet, ja sogar den Widerspruch selbst erst lebendig macht, drängt Wert diesen zurück, versucht mit Normalitätsbindung ihn niederzuschlagen und zieht als lebendiges Unlebendige in jede Konventionsbildung ein. Es baut den Staat mit auf. Wichtig ist zu erkennen, daß Wert mit Erleben nichts zu tun hat, daß Wert ein Gegensatz und Konfliktübertragung zur Lebendigkeit ist. Obwohl in unserer Begriffsbildung der Wert sozusagen erst das Leben ausmacht. Die differenzierenden Assoziationen fixieren und erweitern den Lebendigkeitsbruch. Gut und böse, schön und häßlich, wertvoll und wertlos treffen sich auf einer Linie und in einem Punkt – dem, der Lebendigkeit auszuweichen und eine Schutzübertragung über jenen Konflikt zu stülpen mit der Möglichkeit, darauf eine Konvention zu bilden, um die Verdrängung zu sichern und die Angstbewußtwerdung aufzuhalten. Die Bedeutung jenes Katastrophenbegriffes Wert für uns kann nicht überschätzt werden. Vieles von unserer Lebenskraft, die wir noch, wenngleich gebrochen und blind, frei behalten haben, ist ständig in Gefahr, darin gebunden zu werden. Der Wert vollendet sich, wenn der Tod da ist. Mehr wie bei Staat und Besitz ist die Frontstellung gegen Wert die Niederreißung von Konventionen. Nicht mehr schiebt sich Organisationsbildung vor. Es kommt zur Auseinandersetzung mehr wie irgendwo in einer Konfliktsammlung mit den Menschen selbst. Über Staat und Besitz trifft der Stoß das eigentlich sich Bewegende, den Wert, als Herd einer Gegenbewegung gegen die Lebendigkeit. Der Konflikt geht gewissermaßen diagonal von einem Menschen zum andern als durch das Bewußtsein als beobachtendes Dritte hindurch und läßt den sich-Bewußtwerdenden aufschreien. Alle Stützen um ihn herum versinken, die Konventionen, die Verdrängungen, das Leben in seiner Spannung von Kälte und Wärme, aber doch wenigstens lebend mit den andern lebenden. Das versinkt und allein bleibt die Lebendigkeit, schauerlich allein in der Bewußtwerdung seiner Gesetzmäßigkeit. Der Bewußtwerdende, von jenem ersten Bruch her, empfindet es wie den Tod in der Brust. Obwohl es doch das Glück ist, das den Menschen gegeben ist. Es ist die schwerste Krise, die es zu überwinden gilt. Darum ist dieser Kampf auch der erbittertste.

Für Kameradschaft

Den toten Organisationen und Bünden ist die lebendige Gemeinschaft entgegenzusetzen, die Kameradschaft. Den im Erleben vorhandenen Konfliktinstinkten, auf Sicherung und Abgrenzung wie Verengung gerichtet, wirkt Kameradschaft entgegen. Sie setzt sie in Spannungen um, die erlebensgemäß durchgekämpft und überwunden werden müssen. Kameradschaft ist Stütze und Hebel im analytischen Bewußtwerdungsprozeß. Ihre Begriffsbildung allein wirft alle verdrängten Inhalte jener ursprünglichen Allsexualität auf. Entsprechend dem Ablauf und der Verschüttung der daraus hervorgegangenen Konfliktspannungen wirkt Kameradschaft als Bewegung und als Ziel. Es ist weniger eine Atmosphäre, in die der Mensch hineingleitet, um sich auszuruhen, neue Verdrängungen zu sammeln und auf Hilfe in der Überwindung der Einsamkeit zu warten, sondern eine Aufgabe, eine Intensitätsleistung inmitten der Auflösungsprozesse, eine Willensanspannung. Man verwechselt das oft. Kameradschaft, die, als vom andern gewährt, bewußt wird, kommt nicht in Betracht. Es ist dies nur das Wunschgebilde aus der Schwäche heraus, selbst endlich auszuruhen. Ein anderer ist da, der über das Leben wacht, das heißt diese Kameradschaft, die man im Bewußtsein bestätigt, weil man nichts dazu tut. Solche Empfindung steht der echten Kameradschaft entgegen. Kameradschaft ist eine Waffe, mit der man gegen das Gestrüpp im eigenen Innern vorgeht. Es gilt das Blickfeld freizulegen. Kameradschaft wirkt daher um jeden Preis und in jedem Fall. Es ist die Geste, die Willenskundgebung, mit der der einzelne in den Kreis der anderen treten soll. Die Atmosphäre dieser Kameradschaft ist die Gemeinschaft. Sie kommt sozusagen über die Erlebenserfahrung als Technik von dort her. Da das Leben aber diese Erfahrung nicht besitzt und fortgesetzt verdrängt, so wirkt es umgekehrt, das heißt die Kameradschaft zielt auf Gemeinschaft, sie bildet erst diesen neuen Begriff und aus ihrer eigenen Atmosphäre heraus. Dadurch entfernt sich dieser Begriff von der direkten Verbindung zur Allsexualität. Er wird zu einer Lebensform, statt was er ist, einer Erlebensform. Nicht Mittel – sondern Glück. Eine doppelte Verknüpfung also ist eingetreten, zurückzuführen auf den Einsamkeitskonflikt. Kameradschaft wird daher in der Technik des Bewußtwerdens zum Gesetz. Ein Gesetz, das wie etwas übergeordnet Drittes die Gefühls- und Willensbindungen ordnet und niederhält bis zu ihrer Auflösung in Lebendigkeit. Dann erlebt sich erst die Gemeinschaft.

Für Glück

Der Konfliktgespaltene erlebt „Glück" als Befriedigung. Das begleitende Bewußtsein löst diese Befriedigung wieder auf. Je näher nach einer konfliktreichen Lebendigkeit, umso drohender die Frage: warum gerade mir – dem Träger und Empfänger einer Glücksassoziation, verdiene ich denn dieses Glück? Die Lebensangst schlägt noch immer jeden Frieden aus dem Wege. Es ist Angst und nicht, wie viele meinen, Bescheidenheit. Die Angst um die Verbindung, denn der Glückliche steht – im Bewußtsein – allein. Die Konvention verzichtet daher von vornherein auf das Glück, weil der sich entwickelnde Verbrennungsprozeß, kann man sagen, ihre Existenz aufhebt. Sie setzt dafür den Glück-Wunsch, die Sehnsucht. Diese Sehnsucht wird verbunden mit der Gleichgewichtsspannung Befriedigung, dasjenige, was das Glück ausmacht. Man versteht, daß sich die Menschen Zeit lassen dahinzukommen, denn außerdem lauert hinter dieser Gefühlsverknüpfung die Verzweiflung, ständig bereit hervorzubrechen. In gleichem Sinne wie die Kameradschaft ist Glück eine Waffe. Es wirkt als revolutionäres Element. Es ist Aufgabe und Pflicht und zugleich Zwang. Glück tut weh. Die Verkrampfungen um Besitz und Wertung geraten in Schwingung. Ein Motor im Lebendigkeitsrhythmus treibt und das Leben verdichtet sich zum Erleben. Erleben ist Glück. Die Bewußtseinsdurchdringung zum Glück macht alle Hemmungen intensiver, weil dem Lebendigkeitspunkt näher. Im Grad zu den atmosphärischen Widerständen dringt die Bewußtwerdung vor und der Mensch leidet am „Glück", für das er eine bestimmte Bindung sich gebildet hat bis zur klaren Erkenntnis des Daseins, des konfliktassoziativen Seins. Dieses Sein ohne Wertung und Organisation, gezwungen in Kameradschaft, macht erstmalig das Atmen frei erscheinen. Wir erleben es als lebendig und als neues Bindungs- und Verständigungsmittel von der Einzellebendigkeit zur Allbewegung, als Glück. Es ist nicht zu gewinnen, und es fällt niemandem zu – es ist in jedem Menschen, es lebt mit dem Lebenden. Es ist überall, aber es ist noch gebunden. Man kann sagen, Glück ist wichtiger als Leid und Einsamkeit, für die wir es verdrängen. Man hat das ohne Sentiments zu erkennen. Der Glückliche besitzt eine Stütze mehr zum Erleben durchzukommen. Darum ist es eine Pflicht der Menschen zu sagen, daß sie glücklich sind – weil sie da sind. Von diesem Bewußtseinspunkt aus bindet sie das Erleben.

Für Genialität

Kameradschaft und Glück legen die dritte Stufe frei, mit der unser Erleben sich aufbaut: Genialität. Genialität ist für beides im Grunde genommen nichts als eine Bindung, eine lebendigkeitsgesteigerte Konvention. Da es sich um eine Verbindung zum Kampf von Befreiung von Konflikten handelt, nicht um Ausgleich zur Balance in der Verdrängung, so darf man es statt Konvention einen Kampfbund nennen, eine Verständigung. Ohne Wertung gewinnt das Mittel auch Lebendigkeitsintensität, während sonst [das] Mittel an sich wieder konfliktbildend wirkt. Genialität ist für unsern Begriff noch eine lebendigkeitswirkende, das ist schaffende Zusammenfassung von Techniken und Instinkten, zu einem lebenssteigernden Bündel von Assoziationsformen zusammengenommen, ein Ganzes gegenüber dem Teil, Sein gegenüber Sehnsucht. Wir erleben sie nicht, sondern leben sie, oder wir sagen dafür: sie ist an Einzelpersonen gebunden. Es ist der Zufall und – das Sonntagskind. Diese nämliche Genialität aber ist allgemein. Sie wirkt in jedem Menschen, und es ist notwendig, sich keinen mehr drücken zu lassen. Was für Kameradschaft und Glück gilt, als Vorstufen sozusagen, gilt erst recht für Genialität. Sie schmerzt. Sie steht um vieles näher der Krise, wo der Mensch sich seines Konfliktes bewußt wird, der ihn allein sein läßt. Aber sie geht auch schon darüber hinaus, sie bewegt schon selbst. Die Erstarrung der Umwelt beginnt, wenngleich unter Mühen und Schmerzen sich zu lösen. Es ist noch nicht das Erleben an sich, ohne assoziative Konfliktbindungen und nur in Allsexualität, sondern Lebendigkeit zum Erleben hin, das erste Licht im Dunkeln. Zum ersten Mal wird bereits etwas von der Wesenheit des Menschen frei. Und daher stammt auch ihre Begriffsbildung. Genialität ist Mensch sein. Sie wirkt als Technik zur Vermenschlichung. Sie ist in weiterer Assoziation Menschlichkeit. Diese Assoziationen werden von Kameradschaft und Glück gebildet und getragen. Sie verdichten sich zum assoziativen

Ganzen, zur Menschheit und Gemeinschaft. Die Gemeinschaft wird in Genialität erst erlebensfähig. Darum ist es notwendig, die Genialität in jedem Menschen freizulegen. Es ist die erste und wichtigste Aufgabe. Jeder Mensch hat zu wissen, daß er Mensch ist, daß er menschlich, daß er genial ist. Erziehung wird zum Unsinn, zum Hemmungsmittelpunkt. Legt die Menschlichkeit frei!

Die Orgie

Nun sind den drei wichtigsten Techniken des Widerstandes drei entsprechende Techniken der Auflösung entgegengesetzt. Verdrängung steht gegen Analyse, Hemmung gegen Lebendigkeitswiderspruch. (Das Lebendige an sich läßt sich nicht hemmen, nur in unserer Konfliktbindung übertragen, daher Kameradschaft, Glück und Genialität als Widerspruch, daher revolutionäre Elemente – Lebendigkeitswiderspruch und zugleich: Lebenssteigerung.) Leben also gegen Lebenssteigerung. Das Gleichgewicht wird bedingt durch den Grad an Intensität, mit der diese Lebenssteigerung sich auflöst in Erleben. Lebenssteigerung ist nur Stufe zum Erleben, nur Vorbedingung und Ermöglichung, Erlebensatmosphäre. Der Anschluß an die analytische Grundlage des zentralen Lebendigkeitskonfliktes, der vor dem Erleben hemmend steht, ist erreicht. Die Bedingungen schließen sich auf, *wann* das Kind diese ihm eigentümliche Allsexualität als menschlich Bewegendes, als den Grad seines Menschseins und seiner Menschlichkeit nicht erlebt. Und dieser Kreis wird geschlossen wieder in der Analyse der Lebensform des andern, des erwachsenen andern Menschen. Die Analyse allein würde also nicht genügen. Das Einzelwissen würde nicht lebendig sein. Alle Techniken nichts als blutleere Schemen. Die Zusammenfassung der Wirkungsaufgaben von Kameradschaft, Glück und Genialität als Ganzes der Lebendigkeitssteigerung, als menschliches und menschlich bedingtes Lebendigkeitstempo schafft die Erlebenssituation, zwingend, voraus, ein Erleben *über* die Plattform der Analyse hinaus, organisiert eine Zukunft, gerade weil nur die Gegenwart erlebensgetragen und erlebensfähig ist. Trotz diesem Bewußtsein aber und gerade in dieser Bewußtwerdung, weil der konflikttragenden Begriffsbildung in uns von Schäche, Angst und Verdrängung her ein funktionell intensitätsgleicher Widerspruch entgegengesetzt werden muß, um den Erlebenspunkt für die Lebendigkeit der Auflösung, als Kranker gesehen, um die Heilung zu organisieren, zu gewinnen. Der Kranke selbst kann sich nicht heilen anders als durch Bindung seiner Assoziationen auf ein Zukünftiges, das seinen gegenwärtigen entgegengesetzte Begriffsbildungen trägt. Der Kranke muß also überhaupt wissen, was gesund ist – auch wenn er wie wir Menschen schon von Lebensbeginn an krank ist. Ursprung der Utopie und der Revolution. Beide sind nur von dem Ganzen der technischen, lebendigkeitssteigernden Mittel zu betrachten. Beide wirken nur auflösend für den dieser Zukunft Zustrebenden, dagegen zerstörend auf die andern, auf die Konvention. Es gibt keine Vergleichs- und Kompromißpunkte, nichts worauf sich eine Linie von unten oder von oben miteinander schneidet. Die Vorstellung der Revolution bildet sich zu einer gemeinsamen um. Utopie – hat jeder Einzelne im Grunde schon leuchtender und besser ausgedacht, als die gemeinsame Vorstellung, aber dafür eine Vereinbarung, eine gemeinsame Linie zu finden, das ist der Sinn der Revolution. Sie wirkt als Zukünftiges, nic als Zustand. Wenngleich sie den Lebensumständen ihren Assoziationsrahmen gewährt und fertigt

So entsteht die Vorstellung vom Paradies, bildet sich die Vorstellung jener Allsexualität, geschaffen im Zwang zur Lebendigkeitssteigerung, um zum Erleben zu kommen. Das Erleben dieser Vorstellung wird zugleich zum analytischen Mittel, zum auflösenden Bewußtseinsmittelpunkt. Leben und Erleben nähern sich der Verschmelzungslinie. Die Allsexualität bildet die Vorstellungsreihe der Orgie. Gross hat im eigentlichen Sinne seine Ethik ausschließlich darauf gebaut. Alle Wege führen schließlich zur Orgie hin, als Sexualutopie. Alle religiösen Kulte des Altertums, sofern sie der Lebendigkeit nach näher waren, als die daraus hervorgegangenen erstarrten Konventionen wie unser Christentum, sind Teilbildverknüpfungen der Orgie. Konfliktspannungen in heutigen Religionssystemen, die in Krisen sich auflösen, münden wieder in der Orgie. Unsere Assoziationen zur Sexualität, die eine gemeinsame Verdrängung der Einsamkeit ist, sammeln sich zur Orgie wie zu dem Gefühlsganzen, wenn wir in der Analyse nicht nachlassen. Alle Gefühlskomponenten, die sich als Allsexualität des Kindes zu einem einzigen Instinkt zusammengeben und verdrängt und gebrochen werden im Leben, werden in der Orgie und in der Allsexualität befreit und zur Wirksamkeit gebracht. Kameradschaft, Glück, Genialität (Menschlichkeit) machen die Orgie erlebensfähig, sie führen damit also direkt in das Erleben ein. Sexuelle Revolution und Utopie als Orgie ist Erleben, erstmaliges konfliktfreies Erleben. Ohne Besitzvorstellung und ohne Wertung, ohne Konvention und nur Lebendigkeit, nur menschliches bewußtes Sein. Die Assoziationen zur Orgie sind noch konfliktgebunden. Man muß sie durch Leid daran erleben, durchleben, freimachen. Von der Orgie her erlebt sich die neue Gesetzmäßigkeit des Lebendigen und zwar schon jetzt in jeder einzelnen Gefühlsbindung und in jeder wie immer gearteten Gewöhnung. Die Menschheit als Geschlechtsgemeinschaft gemeinsam und in Lebendigkeit.

Die Arbeit

Damit wäre das System der analytischen Ethik geschlossen. Es richtet nur die Eckpfeiler auf, die um unser Erleben sich auftürmen und die erkannt und bewußtgemacht werden müssen. Nicht um sich oder andern zu helfen, ein Stück weiter zu schreiten, sondern als Ding an sich, als Ganzes und als System, endlich das Leid aus der Welt zu schaffen und die Welt und das Weltgeschehen dem Menschen näher zu bringen und menschlicher zu machen. Die tausendfältigen Differenzierungen zur Menschlichkeit und menschlicher Gesellschaft, ihre Lebens- und Erlebensformen werden dadurch bedingt. Gross hat darüber zum Teil geschwiegen. Es schien ihm wichtiger das, was er als Grundlage erkannte, immer wieder und immer schärfer auszusprechen und erlebend zu analysieren und zu beweisen und bewußt zu machen für sich und andere, als denktechnisch Nebenwege zu gehen, spekulativ an der Peripherie des Problems zu bleiben, selbst vom Bewußtsein des sich auflösenden Ganzen aus, und damit wie er glaubte bequeme Zustimmung zu erschleichen. Er verachtete das, und es scheint, daß ihn die Intensität seines Leids an diesen seinen Erlebensbedingungen ihm nicht immer den Blick für die Bedeutung dieser Fragen zur

Vollendung seines Forschens um die Gesetzmäßigkeit der Lebendigkeit frei genug gehalten hat. Er war schon am Zusammenbrechen, als er erkannte, daß über die Orgie hinaus in der Gemeinschaft sich ein weiteres Bindungsganzes zum Erleben erst bildet, das die Verbindung mit dem Einzelbewußtsein des noch in Konflikten Ringenden herstellt. Das ist die Arbeit. Gross war lange diesem Problem völlig aus dem Wege gegangen, vielleicht weil er fürchtete, die sich folgemäßig sich erschließenden Einsichten auf eine Nebenlinie zu lenken. Erst gegen Ende seines Lebens hat er erkannt, daß alle Analyse zielgemäß und ausschließlich auf das Arbeitsproblem als den Bewußtseinskern des Menschlichen zustößt. Wir besitzen darüber weniger schriftliche Arbeiten, als Andeutungen und vor allem den reichen Schatz persönlicher Anregungen und Fragestellungen, die im Gespräch mit Gross aufgeworfen zu werden pflegten.

Das Erleben der Gemeinschaft in der Lebendigkeitsbindung der Orgie gibt den Begriff Gemeinschaft und gemeinsam erst frei. Ein neuer Inhalt für unsere Vorstellungsreihen wird geschaffen, der Kollektivismus. Ein therapeutischer Analytiker glaubte feststellen zu sollen, daß der Kollektivismus nur dann in den Assoziationen auftrete, wenn es sich darum handle, etwas – Großes auszuführen. Er bemerkt das mit einer deutlichen Wertbetonung von Ironie und Hohn; man kann ihm die ruhig lassen, er wird früh genug an seiner eigenen Dummheit krepieren. Das Große ist das dem Lebendigen Nahe, das Erlebensreife. Die Gemeinschaft umgesetzt in allsexuelles menschliches Erleben ist die Gemeinschaftsarbeit. Sie ist im besonderen die Freilegung und Auswirkungsermöglichende in Lebendigkeitssetzung für unseren Konflikt gesehen, der homosexuellen Komponente in der frühen Allsexualität des Kindes und der Lebendigkeitskontakt, der jenen Konflikt erst restlos auszulösen geeignet ist. Über das Wissen zum lebendigen Erleben. Die Gemeinschaftsarbeit und davon her, aber auch erst dann, die Arbeit allgemein schafft die Erlebenssicherung und die Erlebenstiefe oder Bedeutung für das Einzelich. Sie ist bereits sozusagen immun gegen die Bakterien neuer Konflikte, es sei denn, diese enthielten nichts anderes als die fortlaufenden Parallelbildungen immer wieder unserer zentralen Bruchstelle. Man mag wohl von uns aus schließen, daß wir selbst diese Immunität nicht erreichen. Den Nachkommen ist sie jedoch sicher, wenn wir wach sind und bleiben, und zwar das Wir im Sinne der Revolution der Kämpfenden, bis das Wir allgemein ist. Ein anderes Wir ist buchstäblich sinnlos. Wir vermögen trotzdem schon zu erkennen, daß in Kollektivismus und Gemeinschaftsarbeit der Schlüssel ruht, der uns die wahren lebendigen Kräfte der Menschlichkeit aufschließt. Kameradschaft, Glück und Genialität lösen sich dort als Waffen dann auf. Sie ordnen sich in das menschliche Sein und es beginnt jenes Erleben des Menschen, das ohne Hemmung und ohne Tempospannung nur Rhythmus und Steigerung ist. Möge der Leser, bis hierher gekommen, sich ernstlich geloben, dahin mitzuwirken.

Das Ende des Doktor Gross

In buchstäblichem Sinne waren Meinungen und Leben identisch. Gross lebte in seinen Lebensformen genau der Intensität seiner Einsichten entsprechend. Er jammerte unter dem Leid, schrie auf in den Schmerzen der Einsamkeit, erlebte die Krise jenes Lebendigkeitsbruches der Allsexualität, nur daß er ein Kind, dem die Äußerungsmöglichkeiten hinzugewachsen waren, sich wehrte, in Erbitterung erstarrte, vor Verzweiflung sich überschlug, in glühender Hoffnung auf jeden Nerv der Bewegung in andern harrte, die Beziehung zum andern, nicht die verdrängende, vergewaltigende, sondern die Konfliktfreies über alles stellte und selbst sein eigenes Leben darüber vergaß. Immer war er bemüht, diese konfliktfreie Situation zu rekonstruieren, ins Gedächtnis zurückzurufen und seine Technik an den Widerständen dagegen zu messen. Das ist der Inhalt und die Intensität seiner Denktechnik. Nie wieder erlebt die Umwelt in solcher reinen Form die Tragik des Erfolges, deren Doppelsinnigkeit. Gross erlebte zwar, aber inmitten einer erlebniskranken Umwelt nützte ihm das nichts; denn er erlebte doch nicht auf sich und für sich, sondern ausschließlich gerade Umwelt und sich zur Umwelt hin. Drücken wir es anders aus: Der Erfolg blieb ihm versagt, und er mußte, das erkannte er oft genug, ihm versagt werden. Sein Erleben beruhte aber auf der Lebendigmachung dieses Erfolges. Ohne Erfolg konnte er nicht lebendig sein, wenigstens das Bewußtsein davon nicht tragen, und darauf allein kam es an. So ging er daran zu Grunde, *sah sich zu Grunde gehen*, erlebte den Tod. Wir sterben alle, wir leben auch alle zum Tod, doch wir sind nicht zerrissen in jener Konstruktion, die im Bewußtsein das eine mit dem andern erkauft. Es wäre nur eine Möglichkeit gewesen, das Wunder – daß Gross an sich selbst die konfliktfreie Allsexualität erlebt hätte, und die Arbeit. Die Bewußtseinszukunft hätte Lebendigkeitsgegenwart sein müssen und zwar derart, daß Gross damit hätte frei schalten und walten dürfen für alle. Er mußte den Hebel in die Hand bekommen. Wer mag sagen, ob Gross eine Konvention hätte finden sollen, und mehr noch, wer kann es Gross verdenken, daß er sein ganzes Leben darauf aus war, diese Zukunft doch zu zwingen, nur um weiter atmen zu können? Ist dies nicht eine Gesetzmäßigkeit? Wer den Mut hat, die Augen aufzumachen, der vermag in Wahrheit das Bild einer Menschlichkeit zu sehen. Gross hat, wenigstens sagen das die davon Betroffenen, viele Menschen unglücklich gemacht, hat sie gehemmt, vielleicht auch zerstört. Er hat viele Menschen glücklich gemacht, frei und steigerungsfähig. Einmal waren immer die einen auch die andern und in einer gemeinsamen Linie treffen sie sich, wenn sie das Menschliche in sich bewußt und in den Mittelpunkt stellen, dann gewinnen sie die richtige Stellung zu Gross. Er war weder ein Phantast, noch ein Dämon, weder vergewaltigend noch infantil, weder masochistisch-sadistisch, weder gut noch schlecht, er war ein leidzerquälter, einsamer, nach Liebe schreiender Mensch, der über alles und sich selbst die Wahrheit suchte. Und vor allem ein Mensch, der in der gleichen Atmosphäre unserer Bedingungen lebte und sie, genau wir wir selbst, nur gehemmter, unglücklicher, verschmähter und konventionsfremder widerspiegelte. Der ebenso log und sich rächte und haßte und schwach war wie wir selbst, nur wahrheitsgemäßer. Das Gefühl hiervon gab Gross eine Unsicherheit, eine Selbsthemmung, die ihm gerade in seinem Denken viel zu schaffen machte. Zu diesem Zweck nahm er schon von sehr früh an die Narkotika. Sie blieben ihm sein ganzes späteres Leben treu und machten ihn vollkommen abhängig. Er übertrug darauf schließlich alles, was er als Leid an der Umwelt auffaßte. Gross hat damit Menschen, die ihm nahestanden, oder die zu ihm wollten, entsetzlich gequält. Er lachte darüber. Auch daß er selbst daran zu Grunde ging.

Denn, und das ist das Seltsame, gerade zu Grunde gegangen ist Gross wirklich daran nicht. Sondern buchstäblich an sich selbst. Er wußte nichts mehr. Er hatte zu Ende gedacht. Er sah zu sich selbst keinerlei neue Spannung. Er hatte sich zu sehr von der menschlichen Konvention entfernt, als daß er eine neue Brücke geschlagen hätte, um das, was er gesehen und gedacht hatte, zu vollenden, als Ganzes aufzubauen, die Schlußfolgerungen zu erweitern. Es wäre ihm vorgekommen, als hätte er ein neues Leben beginnen müssen. Und das wollte er in dieser körperlichen Hülle, die er haßte, und gegen die er selbst die stärksten Hemmungen hatte, nicht. Daran klebte zu sehr der Leidensweg seines Erlebens. In dieser Verfassung kam er Spätherbst 1919 nach Berlin. Damals trennten wir uns. Für mich lag keinerlei Bindung vor, mit zu Grunde zu gehen, für ihn ebensowenig, mit zu leben. Das Erlebensfähige schien verschüttet, einem Kompromiß nahe. Ultimative Forderungen gegen einander blieben wirkungslos. Niemals zeigte ein Mensch deutlicher den Willen, nicht mehr leben zu wollen, als Gross in jener Zeit. So trennten wir uns. Und schließlich auch die letzten Menschen dann, die ihm in früheren Zeiten nahegestanden waren und die er als Rückhalt fühlte. Und es war dennoch falsch, so notwendig es schien. Denn, und es ist oben schon angedeutet, Gross hatte etwa nicht den Willen, sondern nicht die Möglichkeit, weiter zu leben. Er war einem Kompromiß nahe, er wollte mit der Umwelt Frieden schließen. In fieberhafter Hast hatte er an seinen letzten Schriften gearbeitet. Das Gebäude stand vor seinen Augen aufgerichtet. Er sah sich vollendet. Er übersah das Eigentliche, die Wirklichkeitsfolgen und darin hätte man stützen müssen, das Gleichgewicht herstellen. So aber schien ihm das Weitere gleichgültig. Er begann zu schreiben wie der Schüler seiner eigenen Arbeiten, automatisch. Nach außen war er Kind geworden, in der Hoffnung, in die Konvention eingeführt zu werden, die er damals aufgegeben hatte. Was dem Kind gelang, mußte ihm auch noch gelingen. Er fror und hungerte. Materiellen Rückhalt besaß er nicht, noch weniger Maß. Nächtelang blieb er auf der Straße ohne Wohnung, ohne Narkotika, nach denen er von Apotheke zu Apotheke hetzte. Alle, die ihm helfen wollten, und er gewann seltsamerweise noch in seinen letzten Wochen viele Menschen, die näher zu ihm wollten, fühlten die Unmöglichkeit. So durfte man ihm nicht helfen, und Gross hat das auch abgelehnt. Er weinte zwar nach einem warmen Platz, nach dem und jenen, aber er kümmerte sich dann nicht darum. Er verlor das Geld, das die Leute ihm gaben. Fand die Apotheke nicht mehr, die ihm noch Narkotika gab. Vergaß die Adresse der Wohnung, in der er erwartet wurde. So konnte man im Dezember auf den Straßen Berlins einen verhungerten und zerlumpten Menschen im Schneegestöber laufen sehen, der laut vor sich hin heulte und dann ganz in sich zusammenkroch, um Brust und Finger warm zu halten. Die Leute blieben stehen und lachten hinter ihm her. Ein Irrsinniger, dachten die meisten. Der aber stolperte weiter. Bis er soweit war. Am 13. Februar 1920 starb er.

JACK LONDON
Ein Dichter
der Arbeiterklasse

Vorwort

Jack London ist in der deutschen Arbeiterschaft bisher noch wenig bekannt. Im Vergleich zu der Verbreitung seiner Schriften in dem englisch sprechenden Teil der Welt, in Rußland und in Skandinavien ist die Verbreitung der Schriften von Jack London in deutscher Sprache außerordentlich gering. Bis auf einige Übersetzungen [von] für Jack London unwesentliche Kurzgeschichten, die noch vor dem Kriege gelegentlich im „Vorwärts" erschienen, sind die Hauptwerke und vor allen Dingen die sozialistischen Schriften Jack Londons erst spät und zum allergrößten Teil überhaupt noch nicht unter die deutsche Arbeiterschaft gekommen. Erst einige Jahre nach dem Kriege und inmitten der Schwankungen des Bürgerkrieges in Deutschland erschien in deutscher Übersetzung „Die eiserne Ferse". Gleichzeitig damit versuchte ein bürgerlicher Verleger mit der Herausgabe der Tiergeschichten Jack Londons Leser zu gewinnen. Diese Ausgaben („Der Ruf der Wildnis", „Wolfsblut" und die Affengeschichte „Vor Adam") sind aber gleichfalls kaum in die Hände von Arbeiterlesern gelangt.

Die Gründe für die Schwerfälligkeit, mit der Jack London bisher von deutschen Lesern aufgenommen wurde, sind verschiedener Art. Selbstverständlich hat ein Autor, dessen Schriften in Millionen von Exemplaren in der ganzen Welt gelesen werden, dessen Bücher beispielsweise in Norwegen in Auflagen von je 100000 Exemplaren erschienen sind und durch die Parteiorganisation, die damalige sozialdemokratische Partei, verbreitet wurden, literarische Besonderheiten, denen sich auch in Deutschland die klassenbewußten Arbeiterleser nicht entziehen können. Insoweit also beruht der Mangel an Jack-London-Übersetzungen in Deutschland vielleicht auf einem Zufall, auf einer gewissen Unbeweglichkeit und Rückständigkeit der Verleger von Arbeiter-Literatur.

Jack London war aber nicht nur ein Liebling der Arbeiterklasse, sondern auch ein Liebling des breiten Lesepublikums überhaupt, und insoweit dürften doch prinzipielle Gegensätze in der deutschen und der angelsächsischen Literaturauffassung, der englisch-amerikanischen Belletristik, vorhanden sein. Der deutsche Bürger liest und verdaut eine nur ausgesprochen bürgerliche Klassenliteratur. Jack London, selbst in seinen neutralen auf das rein Abenteuerliche gestellten Seegeschichten, wirkt dagegen antibürgerlich. Die vorliegende Schrift wird im einzelnen darauf noch zurückkommen. Auch das Abenteuer wünscht der deutsche Durchschnittsleser bürgerlicher Herkunft in seiner Klassensphäre zu finden, und der Begriff *Welt* allein ist für solche Leser ein schon mit bestimmten Vorstellungen politischer oder sozialer Atmosphäre verknüpfter Begriff. *Welt* im kosmischen Sinne – die weite Welt als Tummelplatz von Energien und Hoffnungen, von Arbeit und Rassenkameradschaft –, das liegt dem deutschen Bürger nicht.

Die Arbeiter-Verleger waren zu schwach und zu ungeschickt, Jack London in Deutschland zu verbreiten. Den bürgerlichen Verlegern lag er nicht. So blieb Jack London im großen und ganzen für Deutschland unbekannt. Heute sollte es darin anders werden. Das Klassenbewußtsein der Arbeiter ist trotz alledem vertieft und erstarkt. Das Verständnis für Probleme der Solidarität ist in Arbeiterlesern lebendiger als früher. Die Inhalte einer Arbeiterliteratur treten schärfer hervor. Es ist nicht gerade notwendig, direkt von einer Arbeiterdichtung oder gar von einer sogenannten proletarischen Kunst zu sprechen; aber es gibt schon eine Zwischenstufe dieser Kunst, die sozusagen für den Arbeiterleser auf die Linie zu bringen ist: Hier wird deine Sache behandelt! Hier spricht einer, der aus der gleichen Klasse ist wie du, und er spricht für dich! – Ein Typ dieser Belletristik ist Jack London. Von Rußland, aus dem Sowjetrußland der Arbeiter und Bauern, kommt eine Literatur, die schon viel bewußter und schärfer die proletarischen Zusammenhänge der siegreichen Arbeiterklasse zum Gegenstand und Inhalt der Erzählung macht, eine Literatur, die gar keine Berührungspunkte mehr mit der bürgerlichen Welt hat und die von dem bürgerlichen Leser wahrscheinlich überhaupt nicht mehr verstanden werden kann. In diese Klasse ist Jack London nicht einzureihen. Aber, obwohl er Vorstufe dazu und zugleich Außenseiter ist, verbindet ihn mit diesen neuen russischen proletarischen Schriftstellern ein Wesenszug, den man unter den deutschen, sogenannten proletarischen Schriftstellern nirgends findet: die unbestechliche und überall durchbrechende Betonung seiner Zugehörigkeit zur Arbeiterklasse. Jack London denkt nicht daran, zu belehren oder zu erziehen oder, von der Überlegenheit gewonnener oder erarbeiteter Erfahrungen und Mittel herab, seinen Klassengenossen sozusagen gut zuzusprechen. Er schildert im Grunde genommen immer nur seine Klassenatmosphäre und sich selbst, und alles, was er schreibt an Abenteuerlichkeiten, an Seltsamkeiten und Schönheiten der Welt, ist gesehen durch das Temperament von Jack London, dem Seemann, dem Jute-Arbeiter, dem Tramp, dem Goldwäscher, dem Pferdeknecht, dem Klassengenossen der Arbeiter der Welt. Dies ist der allgemeinere Grund der ungeheuren Verbreitung seiner Schriften. Und den deutschen Arbeiterlesern Jack London näherzubringen, ist der Zweck dieser Schrift.

Die Gesellschaftsschichtung in Amerika

Um die Wurzel der Bedeutung von Jack London und seinem Werk zu erfassen, muß man die Bedingungen kennen, aus denen Jack London hervorgegangen ist, das ist die Gesellschaftsschichtung, die Gegensätze zwischen Kapital und Arbeit und der Zustand der Arbeiterschaft selbst. Über die Gesellschaftsschichtung in Amerika sind sehr viel irrige Ansichten verbreitet. Um das Ende des vorigen Jahrhunderts, um die Zeit, in die auch die Hauptentwicklung Jack Londons fällt, der 1876 als Sohn eines kleinen Farmers und späteren Landarbeiters in der Nähe von San Francisco in Kalifornien geboren wurde, waren auch in Deutschland die romantischen Vorstellungen von der neuen Welt drüben als dem Eldorado aller Glücksucher schon etwas zerstoben. Der neugebackene Industriekapitalismus richtete sich zu der Zeit in den Staaten gerade ein. Dieser Industriekapitalismus zeigte wesentlich andere Merkmale, als der sich viel langsamer entwickelnde Kapitalismus in Europa. Er übertrumpfte die europäische Entwicklung bei weitem, und die Plutokratie, die sich erst viel später und in Deutschland beispielsweise in ihrer reinsten Form sogar erst nach dem Kriege und während der Revolution entwickelte, war schon zwei bis drei Jahrzehnte vorher in Reinkultur in Amerika vorhanden.

Der Kapitalismus in Amerika entwickelte sich ohne Zwischenstufen. Er hatte gar nicht nötig, Mittelschichten zu gewinnen, aufzusaugen und zu vernichten. Er übernahm die Demokratie sozusagen von vornherein in der Form der plutokratischen Diktatur. Die historischen Gründe hierfür liegen in der Überführung der Sklaverei, die mit dem amerikanischen Bürgerkrieg, der Auseinandersetzung zwischen Nord- und Südstaaten, in ihrer patriarchalischen Form abgeschafft wurde. Diese Überführung aus einer patriarchalischen in eine hochkapitalistische Form geschah ohne zwischenstufliche Entwicklung, sozusagen wurde nur das Steuerruder am Schiff der Ausbeutung nach der anderen Seite herumgeworfen. Sklaverei und Ausbeutung blieben dieselbe, nur die Form war gewechselt. Die sogenannte Dynamik des amerikanischen Tempos findet in dieser Tatsache ihre Haupterklärung.

Die Arbeiterschaft, ganz abgesehen davon, daß sie als von dem europäischen Kontinent als wurzellos ausgespieen nach Amerika kam, um sich zur Ausbeutung anzubieten, besaß von vornherein weniger bürgerliche Beeinflussung als die Arbeiterschaft irgendeines anderen Landes der Welt. Der Arbeiter sah gar nicht das Zwischenbild der kleinbürgerlichen Existenz vor sich, zu der er hätte hinstreben können. Zwar drücken die Lebensgeschichten der großen amerikanischen Plutokraten das Bild dieser Gesellschaftsschichtung gerade umgekehrt aus. Sie gehen darauf aus, das Märchen von dem Mann, der ohne Dollar in der Tasche nach Amerika kam, das Leben mit Flaschenspülen in der Bar am Broadway begann, um sich schließlich bis zum Multimillionär durchzuarbeiten, nach Kräften aufrechtzuerhalten. Heute weiß man, ein wie raffinierter Schwindel dieses Märchen ist, um den Arbeitern Sand in die Augen zu streuen. Gewiß mögen solche Einzelfälle richtig sein. Ihre Untersuchung ergibt aber, daß an der Schwelle des Aufstiegs brutale Ausbeutung des Nebenmannes, Verrat von Solidarität, entwürdigende Kriecherei und Betrug stehen und immer gestanden haben. Die Chancen solchen Aufstiegs waren für den einzelnen in jedem Lande und in jedem Ort, auch in Europa, die gleichen. Das Beispiel Jack Londons und unzähliger anderer, die ihre Lebensgeschichte im Lande der Dollars geschrieben haben und die allmählich jene süßliche Schwindelatmosphäre durchbrechen, die für die Arbeiter und die spießbürgerlichen Bewunderer der neuen Welt aufgeblasen worden ist, zeigt gerade, daß in Amerika wie in jedem anderen Lande, wenn möglich noch brutaler und schärfer, der Satz gilt: Wer nichts hat, der kann nichts kriegen! Bist du Arbeiter, so laß dich freiwillig ausbeuten oder ins Arbeitshaus! – Die Geschichte der Tramps, der „amerikanischen Handwerksburschen", die jahrelang in Deutschland von einer Romantik umgeben war, ist alles andere als romantisch, und es gehört schon eine ziemliche Instinktlosigkeit dazu, solche Trampgeschichten als Ausdruck des freien, ungebundenen Lebens im demokratischen Amerika auszugeben. Denn wer das Mißgeschick gehabt hat, als Tramp in Amerika auf die Wanderschaft zu gehen, der weiß, daß seine romantischen Vorstellungen dabei schnell zu Ende gegangen sind. Es ist im Grunde genommen nur eine Wanderung von einem Gefängnis zum anderen, von einer Zwangsarbeit zur anderen, und glücklich der Tramp, der im Slum, dem Arbeiterquartier der nächsten Großstadt, wieder untertauchen kann.

Dieser, einer solchen Arbeitermasse, erscheint naturgemäß der Begriff von Kameradschaft und Solidarität, von Klassenorganisation utopisch, ideeller und unerreichbarer als in einem anderen Lande. Und der Kampf um diese Solidarität, der vereinzelt und von einzelnen Gruppen aufgenommen wird, wirkt im Bewußtsein der Masse tiefer nach als gleichlautende Forderungen im Parteiprogramm einer Arbeiterpartei in den europäischen Staaten. Nur zu natürlich, daß die ersten Ansätze einer Verwirklichung dieser Solidarität überschätzt werden, gewissermaßen in der Masse der Ausgebeuteten in Amerika zu Mythen umgestaltet werden, denen eine wirklich praktische Bedeutung noch fehlt. So war es in den letzten Jahrzehnten des vergangenen Jahrhunderts, in denselben Jahren, als die sozialistische Bewegung in Europa festen Fuß zu fassen begann und sich die Beachtung der bürgerlichen Regierungen errungen hatte.

Kennzeichnend für amerikanische Gesellschaftsschichtung war und ist es, daß das Heer von Beamten und Angestellten, die jahrzehntelang in Europa gegenüber den Arbeitern eine Sonderstellung eingenommen haben, in Amerika von vornherein auf der gleichen Stufe mit der Arbeiterschaft gehalten wurden. Sie waren Teile der Unternehmermaschine, die die Dollars verdient, und sie rechneten nicht höher als die Hände und Muskeln der Handarbeiter. Man findet sogar in den ersten Jahrzehnten dieser hochkapitalistischen Entwicklung die Versuche dieser Gesellschaftsschicht, sich den Unternehmern aufzudrängen, ähnlich wie jener verhaßte Typ der Bosses und Vorarbeiter. Aber überall werden diese Schichten zurückgestoßen. Bezeichnend dafür ist ein Wort Rogers, des Chefs jenes ehemals allmächtigen Standard-Oil-Trustes, der irgendwelche Versuche seiner Beamten um Besserstellung und um Einräumung besonderer Rechte kurzerhand mit den Worten abtat: „Ich mag die Leute nicht! Sie blicken zu stark ins Geschäft!" Dieser Ausspruch kennzeichnet sehr gut die Gesellschaftsschichtung in Amerika. Auf der einen Seite die wenigen Herren, die Verfüger über die großen Kapitalien, die wirklichen Leiter der Politik und die Besitzer der öffentlichen Macht. Von ihnen, wie von einer Geheimgesellschaft ausgehend, besoldet das Heer von Köpfen, Armen und Muskeln, das die Maschine des Staates und der Dollars in Bewegung hält, bezahlte Söldner der Plutokratie. Angefangen vom Präsidenten, von den Richtern, den Militärs, den Bürgermeistern und Sheriffs, den Beamten und Angestellten der öffentlichen und privaten Unternehmungen, den Fabrikleitern, Bosses und den Arbeitern, sie alle arbeiten im Solde desselben Molochs, und sie kämpfen um ihre Lohnquote mit der Intensität des Menschen, der alles zu verlieren hat, verliert er seinen Platz. Daraus ergibt sich von vornherein der grundsätzliche Kampf aller dieser Leute vom Präsidenten bis zum Arbeiter in der Fabrik gegen diejenigen, die noch draußen oder unter ihnen sind und die darauf warten, ihren eigenen Platz einzunehmen. Unter einer solchen Maschine, die erst in diesen Jahren etwas zu wanken und zu zerbröckeln beginnt, kann Solidarität praktisch nicht gedeihen. Trotzdem taucht auf der anderen Seite aber ein anderer, ebenfalls allen gemeinsamer Grundzug auf, der fälschlicherweise als Auswirkung der „amerikanischen Demokratie" gewertet wird: Das Verständnis für freie Individualität, für die Auswirkung der Unabhängigkeit des einzelnen, gewissermaßen ein Solidaritätsersatz wie Sport, Bewunderung der Einzelleistung, und in letzter Zeit ein Nationalismus der Zweckmäßigkeit. Dies hält die Massen zusammen. Es schiebt den eigentlich zu erwartenden Kampf aller gegen alle auf und es schafft sich Bindeglieder, die wie ein Meteor aufsteigen und denen für einen Augenblick alle gemeinsam zugetan sind. Ein solches Bindeglied ist einmal der jeweilige Schwergewichtsweltmeister oder Alwa Edison oder eine Filmdiva und es war auch Jack London. Jack London hat in den letzten Jahrzehnten seines zu kurzen Lebens (er ist nur 40 Jahre alt geworden) unter seiner Excentric-Stellung sehr gelitten. Er wollte mehr sein, und er war mehr. Jack London ist der Schriftsteller, der über Amerika hinaus für die Arbeiter der Welt schrieb.

Die soziale Literatur in Amerika

Noch einige Bemerkungen über die soziale Literatur in Amerika. Eine soziale Literatur in Amerika gab es um die Zeit, in der Jack London heranwuchs, für die Arbeiterklasse nicht. Was an Literatur in Amerika überhaupt produziert wurde, beschlagnahmte die obere Klasse für sich, auch wenn diese Literatur sich geradezu gegen diese Klasse selbst richtete. Man ignorierte das einfach. Dazu hatte die Literatur keinen Boden, auf dem sie sich verbreitern konnte und von dem aus die Aufnahme in den breiten Massen vorbereitet hätte werden können. Die intellektuelle Mittelschicht, die in vielen Ländern Mittler zwischen Literatur und Masse geworden ist, fehlte und fehlt auch heute noch in Amerika. Der typische deutsche Intellektuelle beispielsweise würde es sich höchst verbitten, mit einem Mann, der in Amerika die hohe Schule und Universitäten besucht hat, auf gleiche Stufe gestellt zu werden. Die Praxis des deutschen Oberlehrers endet bei Hegel. Das praktische Leben beginnt ihm erst bei der Tatsache des verlorenen Krieges und in den Tagesfragen der Revolution aufzudämmern. Trotzdem bleibt die Bedeutung dieser intellektuellen Mittelschicht, selbst wo sie nur einen Widerstand gegen sich selbst hervorruft, für die geistige Entwicklung der Massen unbestritten. Die Ansätze einer sozialen Literatur sind in Amerika nicht in die Masse gekommen. Bezeichnend dafür ist, daß die Hymnen eines Walt Whitman, der in der europäischen Arbeiterbewegung als Arbeiterdichter gefeiert wird, in der Arbeitermasse Amerikas nicht Wurzel gefaßt haben. Walt Whitman besingt die Freiheit der Straße, das Glück der Arbeit, das Hohelied der Verbrüderung, der Kameradschaft, aber Literaturprofessoren nehmen es auf. In der amerikanischen Gesellschaft wird er zum Sonderling, den man gewähren läßt. Er greift auch nicht an. Seine Kritik ist unpersönlich und ebenfalls utopisch. Er erwartet von dem guten Glauben des anderen alles. Er erwartet, daß einmal der Unternehmer in sich gehen und die „industrielle Freiheit" seinen Arbeitern schenken wird. Seine Schüler sind, so paradox es klingen mag, Andrew Carnegie und Henry Ford. Aber in einem ist die Bedeutung Walt Whitmans auch noch heute zu spüren, in der Wirkung des freien Menschen. Die oben charakterisierte Gesellschaftsschichtung in Amerika hat es mit sich gebracht, daß Freiheit kein kollektiver politischer Begriff, sondern ein menschlicher, mehr oder weniger sogar hygienischer Begriff für den amerikanischen Arbeiter geworden ist. Dort, wo Walt Whitman spricht von den schwellenden Muskeln, von dem Glück der Arbeit, von der weiten Welt, die der Jugend offen steht, dort spricht er auch aus dem Herzen der amerikanischen Arbeiter. Der Begriff des Klassenkampfes ist Walt Whitman fremd.

Die Literatur, die sich mit dem Anwachsen der Plutokratie befaßt, und im Grunde genommen ist die gesamte, in Europa bekannt gewordene amerikanische Literatur eine einzige Anklage bzw. Ironisierung dieses plutokratischen Systems, greift nicht an das Interesse der Massen. Wenn Frank Norris die Hülle zieht von der Skrupellosigkeit der Bahn- und Landgesellschaften, wenn er die Chicagoer Weizenbörse in den Mittelpunkt der Welt, in den Kampf um Hunger- und Börsengewinne stellt, so bleibt er für die Oberklasse doch immer gesellschaftsfähig. Er hat keinen sozialen Boden unter sich. Alle soziale Tagesliteratur wird rücksichtslos unterdrückt. Solche Literatur entsteht auch nur aus zufälligen Erscheinungen. Der Sozialist in Amerika um die Jahrhundertwende ist identisch mit dem verabscheuungswürdigsten Verbrecher, und solche Verbrecher rekrutieren sich wiederum aus dem Heer der Arbeitslosen, der landfremden Elemente, der Tramps, deren Freizügigkeit man tunlichst einschränkt. So entstand die Bewegung der *Industriearbeiter der Welt*", und Jack London war ihr erster literarischer Propagandist.

Erst heute kann man von literarischen Gruppen und einer sozialen Literatur in Amerika sprechen, zwei bis drei Jahrzehnte nach dem ersten Wirken Jack Londons. Und auch heute zeigt diese soziale und sozial-kritische Literatur in Amerika keine einheitlichen Gesichtszüge. Da ist die schwankende Erscheinung Upton Sinclairs, der früher nach jedem Buch in lange Diskussionen mit den Arbeiterparteien verwickelt wurde, und trotz vieler Ansätze einer bewußten sozialkritischen Arbeiterliteratur das Vertrauen der Proletarier in Amerika nicht gewonnen hat. Er ist der Vertreter der kleinen Leute, von einer sich entwickelnden geistigen Mittelschicht, die mit den revolutionären Problemen der Welt, ausgehend von Sowjet-Rußland, zu jonglieren beginnt. Da ist die Dichtergruppe um Karl Sandburg, da ist die Gruppe des Liberator-Kreises um Max Eastman, die vieles verwandt hat mit dem ehemaligen Friedrichshagener Kreis um Gerhart Hauptmann und Bölsche. Ihnen allen hat Jack London das Feld frei gemacht, obwohl sie die Möglichkeiten, die er gegeben hat, nicht ausnutzen.

Die soziale Literatur in Amerika arbeitet unter wesentlich verschiedeneren Vorbedingungen als in jedem anderen Lande der Welt. Insofern begegnet sich Jack London mit Walt Whitman. Beide kämpfen für die Solidarität. Das Hohelied der Brüderlichkeit und Kameradschaft klingt in jeder Zeile, die sie geschrieben haben. Gleich stark wie bei Whitman ist die freie Entwicklung der Persönlichkeit bei Jack London gleichfalls in den Mittelpunkt gestellt. Es ist dies etwas Typisches für Amerika, und die soziale Literatur geht von diesem Gesichtspunkte im wesentlichen aus. Jack London hat diesem Zug noch den Klassengedanken und, nicht in allem vollendet, den Charakter vom Klassenkampf hinzugegeben. Er ist eigentlich damit der Begründer der sozialen Literatur geworden, einer Literatur, die es nicht mehr gelungen ist, für die Oberklasse zu reservieren. Jack London bedeutet die Bresche, die in die Abgeschlossenheit hineingetrieben wurde, mit der die Masse der amerikanischen Arbeiter geistig umfangen war. Er ist bis auf Sinclair, der sich heute erst aus der Oberklasse zum Proletariat hin entwickelt, ohne Nachfolger geblieben.

Wie Jack London wurde

Alles, was Jack London geschrieben hat, spiegelt irgendwie sein eigenes Leben wider. Als Sohn eines Farmers geboren, der später gleichfalls dem Landkapitalismus zum Opfer fiel, von einem Staat zum andern wanderte und als kleiner Landpächter, der für deutsche Verhältnisse den Charakter eines Landarbeiters und Häuslers hatte, der auf dem Vorwerk eines großen Gutes angesiedelt wird, lebte, war seine Jugend nicht gerade rosig. Der kleine John, der im übrigen ganz wild aufwuchs – konnte doch seine Mutter, die zweite nicht rechtmäßig angetraute Frau des Farmers John London, dem sie die Wirtschaft führte, sich wenig um ihn kümmern neben fünf anderen größeren Geschwistern, die die verstorbene Frau zurückgelassen hatte – dieser reichlich nachgeborene Sproß wurde schon früh zur Arbeit angehalten. Sozusagen kaum, daß er auf den Beinen stehen konnte, waren ihm die Haustiere, die Hunde, Katzen, die Hühner und was sonst an Tieren in einer solchen kleinen Wirtschaft vorhanden war, unterstellt. Als später der Vater eine Stelle in der Nähe von San Francisco bekam, war es möglich, ihn zur Schule zu geben, ihm eine Schulbildung beizubringen, und mit neun Jahren ging der kleine John zum erstenmal regelmäßig zur Schule. Das Schulgeld mußte er sich selbst verdienen, und der Vater wußte es mit dem Schulbesuch so einzurichten, daß der Kleine Zeit fand, zwischendurch die Morgen- und Abendzeitungen auf der Straße zu verkaufen. Das so verdiente Geld war aber nicht nur für den Schulbesuch bestimmt, sondern er mußte noch einen beträchtlichen Teil davon in die Wirtschaft nach Hause abliefern, wo jeder Cent eine notwendige Beihilfe war. Natürlich war der Junge selbständiger als andere im gleichen Alter. So änderte er in der Schule seine Personalien nach eigenem Ermessen um. Was konnte auch der Neunjährige über die etwas verwickelten Familienverhältnisse seines Vaters für Auskunft geben. Getauft oder sonstwie standesamtlich registriert war der Junge nicht. Unser John ließ sich keck einschreiben als Jack London mit den dazugehörigen Geburts- und Herkunftsdaten, die auch in die Literaturgeschichte gekommen sind, die aber, was Genauigkeit der Ortsbezeichnung anlangt, kaum der Wirklichkeit entsprechen. In der Schule eignete er sich hauptsächlich das Lesen an, und er benutzte eigentlich jede freie Stunde, um alles, was ihm an Räuber- und Abenteurergeschichten in die Hände fiel, gründlich zu studieren. Die Verhältnisse zu Hause wurden bald so schlecht, daß Jack versuchen mußte, mehr Geld heranzuschaffen, als er durch den Zeitungsverkauf verdiente. Dazu nahm auch die Schule zuviel unbezahlte Stunden in Anspruch, und Jack wurde mit zwölf Jahren schon in die Fabrik gebracht.

In dieser Fabrik, einer Blechwarenfabrik, lernte Jack das Proletarierleben gründlich kosten. Es kamen Zeiten vor, wo er 36 Stunden hintereinander arbeiten mußte, um dann einen halben Tag frei zu haben. Die Mutter erschien und holte das verdiente Geld ab. In solchen Verhältnissen hielt der kleine Jack zwei Jahre aus, keinen Tag wurde unter zwölf Stunden gearbeitet. Rechnet man noch hinzu den Weg von der Farm, die über eine Stunde von der Fabrik entfernt war, so kommt man auf eine Tagesarbeit von mindestens 15 Stunden. Jack war ein Liebling der Fabrikarbeiter und noch mehr der Arbeiterinnen, und er lernte früh das Leben der ausgebeuteten Klasse in all seinen erzwungenen Verkümmerungen und Entbehrungen kennen. Seines Vaters Farm lag an der Bucht direkt am Meere, südlich der Hafeneinfahrt von San Francisco, und Jack Londons sehnlichster Wunsch wurde, aus der Sklaverei der Fabrik herauszukommen und Seemann zu werden. Auf normalem Wege war nicht daran zu denken. Er wußte, wie notwendig seine verdienten Cents im Haushalt der Mutter gebraucht wurden. Er benutzte jede freie Stunde, um am Meeresstrande bei den Fischern herumzukommen und sich einige seemännische Fähigkeiten anzueignen, besonders das Segeln zu erlernen. Nun waren diese Fischer keine sehr angesehenen Leute. Ihr Gewerbe bestand nämlich darin, daß sie die Austernbänke, die ein Unternehmer in der Stadt gepachtet hatte, nachts auf ihre eigene Rechnung aufsuchten und ausplünderten. Der Verdienst war zwar nicht sehr groß, immerhin aber stand sich ein solcher Fischer besser wie ein Arbeiter in der Spinnerei. Außerdem, was für Jack London am ausschlaggebendsten war, gehörte dazu Mut. Es waren nicht nur die Gefahren des Meeres, sondern auch die Gefahren des Erwischtwerdens zu überwinden. Eines Tages konnte Jack doch der Versuchung nicht widerstehen und fuhr als Matrose auf einem dieser Fischerboote mit auf den Austernfang. Damit entschied er selbst sein Schicksal. Er sagte von dieser Zeit später zu sich selbst: „Wäre ich meiner Mutter (die ihn natürlich beschwor, die Abenteuer aufzugeben) damals gefolgt, aus mir wäre nichts geworden!" Den ersten Konflikt mit seiner Pflicht, die er sich der Mutter schuldig fühlte, entschied er zu seinen Gunsten. Er brachte jetzt der Mutter mehr Geld als früher, und ein Jahr später war er unter Austernfischern so bekannt als der verwegenste und beste Segler der ganzen Bucht, daß die staatliche Behörde auf ihn aufmerksam wurde, und ihm vorschlug als Fischkontrolleur in ihre Dienste zu treten. Es kam eine Zeit, die in der Erinnerung Jack Londons später keine sehr erfreuliche war. Diese Zeit legte auch den Grund zu einer verhängnisvollen Liebe für den Alkohol. Er verdiente damals sehr viel Geld, schämte sich vor seinen Fischerkameraden, die er jetzt kontrollieren sollte, und warf das Geld sozusagen mit vollen Händen heraus. In seinem Buch „Fischkontrolle" hat er später sehr anschaulich diese Zeit beschrieben. Schließlich ging Jack London als Vollmatrose an Bord eines Dampfers, der nach Japan fuhr. Damit schließt eigentlich seine erste Entwicklung ab; denn später, als er aus Japan zurückkam, war seine Lust am Seemannsleben etwas verlorengegangen.

Er kam zurück als ein wissensdurstiger junger Mann, der sich bilden wollte und den selbst das Angebot, als Steuermann eine zweite Reise nach Südamerika zu machen, nicht mehr lockte. In dieser zweiten Etappe beginnt die Zeit des Selbststudiums. Jack hat gemerkt, daß ihm vieles, um das Leben zu meistern, fehlte, und daß er vor allen Dingen sich ein breiteres Wissen zulegen muß, wenn er seiner inneren Unruhe Herr werden wollte. Wieder beginnt die Zeit schwerer Fron. Er arbeitet in einer Jutefabrik. Zwischendurch fällt er in den Kreis des Vereins christlicher junger Männer (die in Amerika weitverbreitete Y.M.C.A.-Bewegung), die er, angewidert, bald verläßt. Auch die Heilsarmee interessiert sich für ihn. Dann arbeitet er als Kohlenschaufler, und wo immer er arbeitet, er singt das für Amerika im Walt Whitmanschen Sinne typische Lied der Arbeit, er freut sich seiner Muskeln, seiner Kraft, daß er damit arbeiten kann, und er denkt noch wenig daran, daß die Ausbeutung dieser Kraft einmal ihn ruinieren wird und ihn zum Heer der Arbeitslosen und Gescheiterten werfen wird, auf die er vielleicht in jener Zeit noch überlegen herabsieht. Jack London hat dieses Gefühl später in einem sehr beachtenswerten Aufsatz „Der Streikbrecher" geschildert. Er kennt die Empfindungen des Streikbrechers, der nichts weiß von Solidarität, der keine Zusammenhänge sieht der Arbeiter als Klasse, sondern der nur die Arbeit sieht, auf die er solange wartet, und der die Muskeln fühlt, diese Arbeit zu bewältigen, und er gibt sozusagen aus der Erfahrung seines eigenen Lebens Ratschläge, solche Streikbrecher für die Sache der Arbeiter, die Sache der Solidarität zu gewinnen. Leere Phrasen und nur demagogische Agitationsreden nützen für diesen Typ Menschen nichts, eine Erfahrung, die im übrigen in Amerika nicht allein gemacht ist und die gerade heute auch in europäischen Ländern besonders aktuell ist.

In dieser Zeit geht er auch als Tramp über Land. Bevor er mit 200 Kameraden, die wie er von einem Unternehmer für Landarbeit auf großen Farmen engagiert waren, San Francisco verließ, gelingt sein erster schriftstellerischer Versuch, und er erhält bei einem Preisausschreiben eines San Franciscoer Lokalblattes mit einer Darstellung eines Taifuns, den er in der Südsee erlebt hat, den ersten Preis. Weitere Versuche, Geschichten nach seinem Leben aus seiner Seemannszeit anzubringen, mißglücken zwar, und die schnell aufgeflammte Hoffnung, damit sein Brot zu verdienen, scheitert. Aber er behält auch in seiner späteren Zeit als Tramp in allen Situationen, auch als er schließlich als Landstreicher ungesetzlich eingesperrt wird, immer die Vorstellung lebendig, daß er als Schriftsteller sich seinen Unterhalt verschaffen wird, und daß er mit der das Gesetz beherrschenden Plutokratie noch einmal mit ihren Waffen, d. h. den Waffen der Logik, der Diskussion und des schriftlichen Wortes kämpfen wird. Die Monate und Jahre seines Trampdaseins haben sich unverlöschlich in ihm eingeprägt. Sie sind eigentlich der große Fonds, aus dem Jack London ständig schöpft. Sie haben aber auch dem Schriftsteller neben der abenteuerlichen Seite seiner Erlebnisse das Bewußtsein eingeprägt, daß er Mitglied der Klasse der Rechtlosen ist und daß in dem Zusammenschluß der Ausgebeuteten als Klasse und in dem Kampfe dieser Klasse mit allen Mitteln gegen die Ausbeuter das Ziel und die Hoffnung der Arbeitermasse liegen. Jack London wurden die Grundsätze des Klassenkampfes und das Bewußtsein zur Klasse praktisch eingebläut. Er hat nicht nötig, Bücher zu lesen, um Sozialist zu werden, er wurde aus dem Leben heraus Sozialist und Klassenkämpfer. Lassen wir Jack London selbst schildern, wie er Sozialist wurde.

Wie Jack London Sozialist wurde

Ich darf wohl sagen, daß die Weise, wie ich Sozialist wurde, etwas ähnlich war derjenigen, wie die heidnischen Deutschen Christen wurden: es wurde mir eingehämmert. Vor meiner Bekehrung zum Sozialismus habe ich ihn nicht gerade gesucht. Das war damals, als ich ganz jung war und noch nicht flügge, als ich überhaupt von nichts wußte, und obgleich ich niemals von einer Lehre des „Individualismus" gehört hatte, sang ich mit allen meinen Kräften das Loblied des Starken, weil ich selber stark war. Unter stark meine ich, daß ich eine gute Gesundheit und feste Muskeln hatte. Ich hatte meine Kindheit auf kalifornischen Farmen zugebracht, als Junge Zeitungen auf den Straßen einer gesunden Stadt im Westen verkauft, meine Jünglingszeit in der ozonhaltigen Luft des Meerbusens von San Francisco und des Stillen Ozeans verlebt. Ich liebte das Leben in der freien Luft, und ich arbeitete nur in freier Luft. Ich lernte kein Handwerk, sondern ließ mich treiben, nahm bald diese, bald jene Arbeit an, sah zufrieden in die Welt und fand alles in ihr gut. Aber ich hatte diesen Optimismus, weil ich gesund und stark war, weil ich mich weder mit Schmerzen noch mit körperlichen Schwächen herumschlagen mußte, niemals wurde ich von einem Arbeitgeber als ungeeignet zurückgewiesen, ich bekam immer irgendeine Händearbeit, ob es nun beim Kohlenschaufeln oder auf einem Schiff war.

Und weil ich mich meines jungen Lebens freute, und weil ich meinen Mann stellte bei der Arbeit wie bei der Rauferei, war ich ein unentwegter Individualist. Das war sehr natürlich. Ich gewann immer. Darum wagte ich jedes Spiel, ich glaubte, ich könnte es spielen, es sei das rechte Spiel für Männer. Ein Mann zu sein, bedeutete für mich, das Mann mit großen Buchstaben auf mein Herz zu schreiben. Zu wagen wie ein Mann, zu kämpfen wie ein Mann, zu arbeiten wie ein Mann, auch wenn man dafür wie ein Junge bezahlt wird, das alles ergriff und packte mich wie nichts sonst. Und ich sah vor mir in eine verschleierte unbegrenzte Zukunft und sah mich das männliche Spiel weiterspielen, mit unerschütterter Gesundheit, ohne Unglück, und mit immer kräftigen Muskeln. Ohne Ende erschien mir diese Zukunft. Ich sah mich durch das Leben rasen wie

Nietzsches „Blonde Bestie", frischfröhlich abenteuernd und erobernd durch bloße Kraft und Stärke.

Ich muß gestehen, ich dachte kaum an die Unglücklichen, die Kranken, die Siechen, die Alten, die Verkrüppelten, außer daß ich dunkel fühlte, daß sie ebensogut wie ich, wenn sie es wirklich wollten, schwere Arbeit leisten könnten. Ihr Unglück zog ich nicht in Betracht. Unglück erschien mir als Schicksal, das ich ebenso mit großen Buchstaben schrieb, und dem man nicht entgehen kann. Napoleon hatte Unglück bei Waterloo, aber das dämpfte nicht mein Verlangen, ein neuer Napoleon zu werden. Außerdem erlaubte mein Optimismus, der von einem Magen kam, der Eisenstücke verdauen konnte, und von einem Körper, der durch Schwerarbeit immer kräftiger wurde, mir nicht, das Unglück mit meiner erhabenen Persönlichkeit auch nur als weitläufig verwandt zu betrachten. Ich war stolz darauf, einer von den starkarmigen Söhnen der Natur zu sein. Die Würde der Arbeit war mir das eindruckvollste in der Welt. Ohne Carlyle gelesen zu haben, formulierte ich ein Evangelium der Arbeit, das jenes in den Schatten stellte. Arbeit war mir alles. Es war mir Heilung und Erlösung. Mein Stolz über ein gut verbrachtes Tagewerk mag einem anderen unbegreiflich sein, und es erscheint mir auch unbegreiflich, wenn ich zurückblicke. Ich war ein so getreuer Lohnsklave, wie nur je einer von Kapitalisten ausgebeutet wurde. Sich von der Arbeit zu drücken oder sich krank zu stellen, erschien mir als doppelte Sünde, einmal gegen mich und dann gegen den, der mir meinen Lohn bezahlte. Eine solche Handlungsweise wäre mir wie ein Verbrechen vorgekommen, das gleich hinter Verrat kam.

Kurz gesagt, mein freudiger Individualismus war beherrscht von rechtgläubiger Bourgeoismoral. Ich las die Bourgeoisblätter, hörte die Bourgeoisprediger und schrie Beifall den lauttönenden Plattheiten der Bourgeoispolitiker. Und ich fürchte, wenn nicht gewisse Geschehnisse meinen Lebensweg anders gerichtet hätten, würde ich mich zu einem professionierten Streikbrecher entwickelt haben, und mein Kopf und meine Arbeitsfähigkeiten würden unweigerlich eines Tages zerschmettert worden sein von dem Knüppel eines kämpfenden Gewerkschafters.

Ich war eben achtzehn geworden und von einer siebenmonatigen Seereise als Matrose zurückgekehrt, als ich mir vornahm, auf die Wanderschaft zu gehen. Auf Schusters Rappen und als blinder Passagier schlug ich mich durch vom Westen, wo Menschen zur Arbeit gesucht wurden, und wo es sich gut leben ließ, nach den dichtgedrängten Arbeiterzentren des Ostens, wo der Mensch wenig Bedeutung hatte und jede Arbeit anzunehmen begierig war. Und auf dieser Abenteurerfahrt der blonden Bestie lernte ich das Leben von einem neuen und ganz anderen Gesichtswinkel aus sehen. Ich war gesunken vom Proletariat herunter in das, was die Soziologen das untergetauchte Zehntel nennen, und ich war erschreckt, als ich fand, auf welche Weise dieses untergetauchte Zehntel in seine Lage gekommen war. Ich fand darunter allerlei Menschen, viele unter ihnen waren ehedem so gut wie ich, und gerade solche blonden Bestien, Matrosen, Soldaten, Arbeiter, alle herausgerissen und entwurzelt, aus der Bahn geschleudert durch Arbeit, Entbehrung und Unglücksfälle und von ihren Arbeitgebern auf die Straße gejagt. Ich pochte an die Türen mit ihnen und schlug hinter mir die Tore zu, ich fror mit ihnen in Güterwagen oder auf Parkbänken, ich hörte ihre Lebensgeschichte an, die so hoffnungsvoll begann wie die meine und die vor meinen Augen in der Abdeckerei endete im tiefsten Schlamm des menschlichen Abgrundes.

Und während ich zuhorchte, begann mein Gehirn zu arbeiten. Das Weib auf der Straße und der Mann im Rinnstein kamen mir ganz nahe. Ich sah das Bild des menschlichen Abgrundes so lebhaft vor mir und im tiefsten Abgrunde mich über ihnen, nicht viel höher hängend an der abschüssigen Wand und mich nur durch meine bloße Kraft und Anstrengung festhaltend. Schrecken ergriff mich. Was würde geschehen, wenn meine Kraft nachläßt? Wenn ich unfähig sein würde, Schulter an Schulter mit den starken Männern zu arbeiten, die heute noch ungeboren sind? Und dort und damals schwor ich mir einen heiligen Eid: Mein Lebtag habe ich schwer gearbeitet und mit jedem Tage, an dem ich arbeite und mit gerade um so viel, bin ich näher dem Abgrunde gekommen. Ich werde mich schon aus dem Abgrunde herausarbeiten, aber das wird nicht geschehen durch bloße Muskelarbeit. Ich werde keine Schwerarbeit mehr tun, und Gott soll mich niederschmettern, wenn ich jemals wieder schwerere körperliche Arbeit tue als ich unbedingt tun muß.
– Und seitdem habe ich mich bemüht, diesen Eid zu halten.

Und ich blieb mir treu. Als ich einmal bei meinem Herumwandern durch die Vereinigten Staaten und Kanada bei den Niagarafällen landete, wurde ich von einem belohnungslüsternen Polizisten geschnappt, jede Gelegenheit wurde mir genommen, meine Unschuld zu beweisen, man verurteilte mich kurzerhand zu dreißig Tagen Gefängnis, weil ich keine feste Wohnung und keine ersichtlichen Unterhaltsmittel besaß, man legte mir Handschellen an und kettete mich zusammen mit einem Trupp von Männern, die ein ähnliches Schicksal betroffen hatte; ich wurde hinunter nach Buffalo transportiert, wurde sorgfältig numeriert im Kreisgefängnis von Erie, man schor mir den Kopf kahl, rasierte meinen aufsprossenden Schnurrbart ab, kleidete mich in einen gestreiften Anzug, irgendein Medizinstudent, der Leute unseres Schlages als Versuchskaninchen betrachtete, impfte mich gewaltsam, man lehrte mich im Gänsemarsch gehen und ließ mich arbeiten unter der Aufsicht von scharfbewaffneten Posten – alles nur darum, weil ich gewagt hatte, wie eine blonde Bestie zu leben. Weitere Einzelheiten mögen unerwähnt bleiben, nur soviel, daß der Nationalpatriotismus dadurch beträchtlich zusammenschmolz und bis auf den letzten Rest durch irgendeinen Riß meiner Seele hindurchsickerte – wenigstens habe ich mich seit dieser üblen Erfahrung mehr um die Menschen als um imaginäre geographische Grenzen gekümmert.

Ich denke, daß mein überschäumender Individualismus ziemlich wirksam aus mir heraus- und etwas anderes ebenso wirksam in mich hineingehämmert worden ist. Aber gerade, wie ich ein Individualist geworden war, ohne es zu wissen, so war ich ein Sozialist geworden, ohne mir dessen bewußt zu werden. Ich war wiedergeboren worden, hatte aber keinen neuen Namen bekommen, und ich ging umher und suchte herauszufinden, was ich nun eigentlich wäre. Ich ging zurück nach Kalifornien und fing an, Bücher zu lesen. Ich weiß nicht mehr, welches mir zuerst in die Hand fiel. Es tut auch nichts zur Sache. Ich war ein anderer geworden, auch wenn ich nicht wußte, was das andere war, aber mit Hilfe der Bücher fand ich, daß ich ein Sozialist war. Von da ab habe ich viele Bücher gelesen, aber kein volkswirtschaftliches Argument, kein logischer Beweis von der Notwendigkeit des Sozialismus hat mich so tief überzeugt wie die Lehre jenes Tages, da ich den kapitalistischen

Abgrund um mich wie eine Mauer sah, da ich fühlte, wie ich hinunterglitt, immer weiter hinunter bis auf den Bodenschlamm.

Und was das Leben ihm gab

Unter diesem Titel schreibt Jack London in seinem Essayband „Revolution" ein eigenes Kapitel aus seinem Leben, das als Ergänzung seiner Biographie in folgendem wiedergegeben wird.

Ich stamme aus der Arbeiterschicht. Frühzeitig entwickelten sich in mir Begeisterung, Ehrgeiz und Ideale, und wie ich sie erfüllen könnte, damit beschäftigten sich die Gedanken meiner Kindheit. Meine Umgebung war ungebildet, roh, hart. Ich konnte nicht weit um mich sehen, nur über mich hinauf. Mein Platz in der Gesellschaft war tief unten, wo nichts als Schmutz und Elend war, wo Körper und Geist ausgehungert und zerquält wurden.

Und über mir türmte sich das ungeheure Gebäude der Gesellschaft auf, und zu diesem Gebäude wollte ich emporklimmen. Über mir sah ich Männer in schwarzen Anzügen und gewaschenen Hemden und Frauen in schönen Gesellschaftskleidern. Da gab es auch viel Gutes zu essen und in reichlicher Menge. Und dort gab es auch Nahrung für die Seele. Ich wußte, da über mir wohnten Selbstlosigkeit, reine und edle Gedanken und frisches Geistesleben. Ich wußte das alles aus den Geschichten, die ich aus der Leihbibliothek gelesen, und in denen, mit Ausnahme der Schufte und der Hochstaplerinnen, alle Männer und Frauen groß und edel dachten, eine schöne Sprache sprachen und herrliche Taten vollführten. Es war für mich so sicher wie der Aufgang der Sonne, daß über mir alles schön und edel war und auch alles was dem Leben Annehmlichkeit und Bedeutung gibt und was einen für die Mühe und Arbeit belohnt.

Aber es ist nicht leicht, aus der Arbeiterschicht emporzusteigen, besonders wenn man belastet ist mit Idealen und Illusionen. Ich lebte auf einer Viehfarm in Kalifornien, und es war schwer für mich, die Leiter zu finden, auf der ich in die Höhe klettern könnte. Auch wurde ich frühzeitig bekannt mit der Zinsenlast, die man für geliehenes Geld bezahlen mußte, und ich quälte mein kindliches Gehirn ab, wer wohl die merkwürdige Erfindung des Zinseszinses gemacht hätte. Dann lernte ich das beständige Schwanken der Löhne für Arbeiter aller Altersklassen kennen und die Kosten der Lebenshaltung und aus diesen Voraussetzungen rechnete ich zusammen, wenn ich sofort anfangen würde zu arbeiten und zu sparen, daß ich dann mit fünfzig Jahren aufhören könnte zu arbeiten, daß mir dann der Eintritt in die höhere Gesellschaft mit ihrer Güte und ihren Genüssen offenstehen würde. Natürlich nahm ich mir ganz fest vor, nicht zu heiraten, ich vergaß ganz und gar an die große Klippe zu denken, an der die Arbeiter in der ganzen Welt gewöhnlich scheitern, nämlich an die Krankheit.

Aber etwas war in mir, das vom Leben mehr verlangte, als nur eine magere Existenz zusammenzuscharren und bloß zu raffen. Auch fand ich, als ich zehn Jahre alt war und in den Straßen einer großen Stadt Zeitungen verkaufte, daß sich mein Lebensziel etwas geändert hatte. Um mich war noch immer derselbe Schmutz und dasselbe Elend und über mir winkte noch immer dasselbe Paradies, aber die Leiter, auf der ich in die Höhe klettern könnte, war eine andere geworden. Jetzt war es die Leiter des Geschäftslebens. Warum sollte ich meine Ersparnisse in Staatspapieren anlegen, wenn sich mein Kapital dadurch verdoppeln konnte, daß ich zwei Zeitungen für fünf Cents kaufte und sie im Handumdrehen für zehn Cents wieder verkaufen konnte? Das Geschäft sollte meine Leiter werden, und ich sah mich in Gedanken als wohlgenährter und erfolgreicher Glückspilz.

Ja, die Luftschlösser! Als ich sechzehn war, hatte ich wenigstens den Beinamen „Glückspilz". Aber diesen Titel hatte mir eine Bande von Gurgelabschneidern und Spitzbuben gegeben, mit denen ich auf den Austerbänken räuberte und wobei ich meine Zunftgenossen ausbeutete. Als Kapitän und Besitzer des Bootes nahm ich zwei Drittel der Beute, die anderen bekamen, obwohl sie ebenso wie ich gearbeitet hatten und ebenso Leben und Freiheit aufs Spiel gesetzt hatten wie ich, nur ein Drittel.

Auf dieser Leiter kam ich nur eine Sprosse hoch. Eines Nachts unternahm ich einen Raubzug auf chinesische Fischer. Es war Raub, muß ich zugestehen, aber es war nichts anderes als der kapitalistische Geist. Der Kapitalist beutet seine Mitmenschen aus durch Vorzugsbehandlung, durch Vertrauensbruch oder durch den Kauf von Richtern und Regierungsstellen. Ich machte es nur etwas roher, das war der ganze Unterschied. Aber meine Mannschaft war in jener Nacht reichlich ungeschickt und eben das ist es, worüber der Kapitalist am meisten wütet, weil solche Ungeschicklichkeit die Ausgaben vermehrt und die Gewinne verkürzt. Meine Leute taten beides. Durch Nachlässigkeit geriet das große Hauptsegel in Brand und wurde vollständig vernichtet. Und dann gab es auch in jener Nacht keinen Gewinn und die chinesischen Fischer blieben im Besitz ihrer Netze und Seile. Ich war bankrott, weil ich nicht fünfundsechzig Dollar für ein neues Hauptsegel bezahlen konnte. Ich ließ mein Boot vor Anker und ging auf einem Hafenboot den Sacramentofluß hinauf, und währenddessen stahl mir eine andere Bande mein Boot. Sie nahmen mir alles, selbst den Anker, später fand ich auch das Wrack wieder und verkaufte es für 20 Dollar. Ich war also die eine Sprosse, die ich emporgestiegen war, wieder herabgerutscht, und nie wieder machte ich einen neuen Versuch auf dieser Leiter des Geschäftslebens.

Von jetzt an wurde ich von anderen Kapitalisten mitleidslos ausgebeutet. Ich besaß Muskeln, und sie machten Geld daraus, während sie mir nur einen sehr dürftigen Lebensunterhalt ließen. Ich wurde Matrose, Hafenarbeiter, Kohlenschlepper, ich arbeitete in Konservenfabriken und Wäschereien, ich arbeitete im Garten, klopfte Teppiche und wusch Fenster. Und niemals bekam ich das volle Entgelt für meine Arbeit. Ich sah die Tochter des Fabrikbesitzers im Wagen fahren und wußte, daß es zum Teil meine Muskeln waren, die ihren Wagen schleppten. Ich sah den Sohn des Fabrikbesitzers nach der Hochschule gehen und wußte, daß es meine Muskeln waren, die ihren Teil beitrugen, um den Wein und die gute Gesellschaft zu bezahlen, mit der er sich vergnügte. Aber ich ließ alles so hingehen, das gehörte dazu. Sie waren die Starken. Ja aber ich war auch stark, und ich würde mir schon meinen Weg nach dem Platze bahnen, wo sie waren und selber Geld zu machen suchen aus den Muskeln anderer. Ich wollte mich mehr anstrengen und härter arbeiten als zuvor, um eine der Säulen der Gesellschaft zu werden.

Und gerade zu der Zeit wollte es das Schicksal, daß ich einen Arbeitgeber fand, der dasselbe im Sinne hatte. Ich war willens zu arbeiten, und er war mehr als willens, daß ich arbeitete. Ich glaubte einen neuen Geschäftszweig zu lernen und ersetzte in Wirklichkeit zwei Arbeiter. Ich glaubte, er wollte einen Elektromonteur aus mir machen, in Wirklichkeit aber verdiente er monatlich fünfzig Dollar an mir. Denn die beiden Arbeiter, an deren Stelle ich getreten war, hatten jeder vierzig Dollar monatlich bekommen, ich tat die Arbeit beider für dreißig Dollar im Monat.

Mein Auftraggeber nutzte mich aus bis fast ans Ende meiner Kräfte. Man kann Austern gern essen, aber wenn sie einem jeden Tag zu jeder Mahlzeit vorgesetzt werden, so bekommt man sie schließlich über. Und so war es mit mir. Ich wurde unlustig zur Arbeit, ich konnte sie nicht mehr sehen und lief schließlich davon. Ich ging auf die Landstraße und bettelte mich von Tür zu Tür durch die ganzen Vereinigten Staaten hindurch und ging durch die harte Schule der Spelunken und Gefängnisse. Statt vorwärts zu kommen, war ich noch tiefer gesunken als ich angefangen hatte, ich befand mich in dem Kellergeschoß der Gesellschaft, in Tiefen, wo Elend herrscht und über die man nur ungern spricht. Es war der Abgrund, der Müllhaufen, die Jauchegrube, die Abdeckerei, der Abschaum der Zivilisation. Es war jener Teil des Gebäudes der Gesellschaft, in den die Gesellschaft nie hineingeht. Die Dinge, die ich dort sah, versetzten mich in furchtbare Angst. Und diese Angst brachte mich zum Nachdenken. Ich sah nackt und klar die einfachen Tatsachen der vielfachen verschlungenen Zivilisation, in der wir leben. Leben ist eine Magen- und Wohnungsfrage. Und um Essen und Wohnung zu bezahlen, müssen die Menschen irgend etwas verkaufen. Der Kaufmann verkauft Schuhe, der Politiker seinen Charakter, die Volksvertreter – es gibt natürlich einige Ausnahmen – Treue und Glauben, nahezu alle verkaufen ihre Ehre. Auch die Frauen, sei es auf der Straße oder im geheiligten Ehebett, verkaufen ihren Körper. Alle Dinge werden Ware, alles kauft und verkauft. Der Arbeiter hat nur eine einzige Ware zu verkaufen – seine Muskeln. Die Arbeitsehre hat auf dem Markt keinen Preis.

Aber da ist ein Unterschied, ein fundamentaler Unterschied. Schuhe, Ehre und Vertrauen lassen sich wieder ersetzen, davon gibt es ungeheure Vorräte. Aber die Muskeln lassen sich nicht wieder ersetzen. Wenn der Kaufmann seinen Schuhladen ausverkauft hat, dann füllt er ihn neu wieder auf. Aber es gibt keinen Fabrikanten, der dem Arbeiter wieder neue Muskeln liefern kann. Je mehr Muskeln er verkauft, desto weniger bleiben ihm übrig. Er hat keine anderen Waren und mit jedem Tage wird sein Vorrat kleiner. Schließlich, wenn er nicht vorher gestorben ist, hat er alles verkauft und muß den Laden zumachen, er ist bankrott, nichts bleibt ihm übrig, er muß in die Kellerwohnung der Gesellschaft ziehen und elend zugrunde gehen.

Ich machte weiter die Erfahrung, daß auch das Gehirn eine Ware ist. Aber es ist doch etwas verschieden von den Muskeln. Einer, der sein Gehirn verkauft, macht erst seine besten Geschäfte, wenn er fünfzig bis sechzig Jahre alt ist, dann bekommt er bessere Preise als vorher. Ein Handarbeiter ist mit fünfzig verbraucht und nicht viel mehr nutze.

Ich war in der Kellerwohnung der Gesellschaft, aber mir gefiel die Wohnung nicht. Sie war recht ungesund, und die Luft darin sehr schlecht. Wenn ich schon nicht im Wohnzimmer der Gesellschaft leben durfte, so wollte ich doch wenigstens versuchen, in einer Dachstube unterzukommen. Die Kost ist dort zwar nur schmal, aber die Luft ist wenigstens rein, und ich entschloß mich, von jetzt ab keine Muskeln mehr zu verkaufen, sondern mein Gehirn.

Eine wilde Jagd nach Wissen begann. Ich kehrte nach Kalifornien zurück und setzte mich hinter Bücher. Ich vertiefte mich hinter soziologische Fragen, und ich fand in den Büchern die Gedanken bereits wissenschaftlich formuliert, die ich schon für mich selber ausgearbeitet hatte. Andere und größere Geister als ich hatten, schon bevor ich geboren war, all das was ich ausgedacht, bereits ausgearbeitet und ein gut Teil mehr. Ich machte nur die Entdeckung, daß ich ein Sozialist war.

Die Sozialisten sind Revolutionäre, da sie die heutige Gesellschaft umstürzen und aus dem übrigbleibenden Rohstoff eine neue zukünftige Gesellschaft aufbauen wollen. Ich war jetzt auch ein revolutionärer Sozialist. Ich schloß mich den revolutionären Hand- und Kopfarbeitern an, und zum ersten Mal kam in mein Leben etwas Geistiges. Ich kam zusammen mit kühndenkenden Köpfen und hinreißenden Rednern, mit starken und geweckten Mitgliedern der Arbeiterklasse, auch wenn sie eine schwielige Hand hatten. Ich traf Prediger ohne Talar, deren Christentum für jede Gemeinde von Mammon-Anbetern allzu ernst war, Universitätsprofessoren, die entlassen worden waren, weil sie nicht länger bloß der herrschenden Klasse dienen wollten, sondern ihr Wissen in den Dienst der gesamten Menschheit stellten. Hier fand ich warmen Glauben an die Menschheit, glühenden Idealismus, Selbstlosigkeit, Selbstverleugnung und Bekennertum, all die herrlichen und bewegenden Taten des Geistes. Hier erneuerte sich das Leben wieder und wurde voller Wunder und Größe, und es war eine Lust für mich zu leben. Ich war in ständiger Fühlung mit großen Geistern, die Körper und Geist emporhoben über Dollars und Cents, und denen das schwache Wimmern eines verhungernden Kindes mehr bedeutete als all die Großartigkeit des geschäftlichen Lebens und der Weltreiche. Alles um mich war edelstes Streben und heroische Anstrengung, am Tage schien mir die Sonne und nachts leuchteten mir die Sterne, und vor meinen Augen sah ich den immer lodernden und glühenden heiligen Gral, das langmütige, mißhandelte Warmmenschliche, das nun endlich gerettet und erlöst wird.

Und ich, ich armer Tor, betrachtete all das als bloßen Vorgeschmack der Lebensfreuden, die ich über mir in der Gesellschaft finden würde. Zwar hatte ich schon viele Illusionen aufgegeben, seit ich die Leihbibliotheksgeschichten auf der kalifornischen Viehfarm gelesen hatte, und ich sollte noch viele Illusionen verlieren, die noch übriggeblieben waren.

Als einer, der mit seinem Gehirn arbeitet, hatte ich Erfolg. Die Gesellschaft öffnete mir ihre Tore. Ich durfte geradewegs ins Empfangszimmer gehen, ich setzte mich zu Tische mit den Herren der Gesellschaft und speiste mit deren Frauen und Töchter. Aber rasch verflog eine Illusion nach der anderen. Die Frauen waren wohl schön gekleidet, aber zu meinem Erstaunen machte ich die Entdeckung, daß sie doch aus demselben Lehm geformt waren wie alle übrigen Frauen, die ich im Kellergeschoß kennengelernt hatte. Und doch war es nicht so sehr dieses, was mich so betroffen machte, als vielmehr ihr Materialismus. Wohl plapperten diese elegant gekleideten schönen Frauen von ihren niedlichen kleinen Idealen und von ihren kleinen moralischen Anwandlungen, aber durch all ihr Plappern hindurch kam immer der Grundzug ihres Lebens hindurch, ihr Materialismus. Und sie waren so merkwürdig sentimental egoistisch. Sie halfen bei allen möglichen niedlichen kleinen Wohltätigkeitsveranstaltungen mit und waren stolz, wenn sie davon erzählten, während all das Essen, das sie sich und ihren Gästen vorsetzten und all die schönen Kleider, die sie trugen, bezahlt waren von Geschäftsgewinnen, so daß das Blut von Kinderarbeit daran klebte, von übermäßiger Arbeit, selbst von Prostitution. Wenn ich solche Tatsachen berührte, und in meiner Unschuld erwartete, daß sie sofort das blutbefleckte Seidenkleid und die Juwelen ablegen würden, so wurden sie aufgeregt und böse, und ich bekam ihre Predigten zu hören über Mangel an Sparsamkeit, über Trunksucht, über angeborene Verderbtheit, die all das Elend im Kellergeschoß der Gesellschaft verursacht hätten. Und wenn ich dazu bemerkte, daß ich nicht recht einzusehen vermöchte, wie Mangel an Sparsamkeit, wie Unmäßigkeit und Verderbtheit ein halbverhungertes Kind von sechs Jahren zwingen könnten, jede Nacht zwölf Stunden in einer Baumwollspinnerei zu arbeiten, dann griffen sie mein Privatleben an, nannten mich einen Agitator, als wenn damit die Sache bewiesen wäre.

Nicht besser fuhr ich mit den Herren der Gesellschaft. Ich hatte nach ihren reinen, edlen, lebendigen Idealen erwartet, reine, edle und lebendige Menschen zu finden. Ich kam mit Männern zusammen, die an hervorragenden Stellen standen, mit Predigern, Politikern, Geschäftsleuten, Professoren und Zeitungsherausgebern. Ich aß mit ihnen, trank Wein mit ihnen, fuhr aus mit ihnen und studierte sie. Ich fand manche reine und edle Gesinnung, aber das waren seltene Ausnahmen, ich glaube, ich konnte sie an den Fingern abzählen. Aber sie waren wie wohlkonservierte Mumien, sie waren nicht lebendig. Ich fand Männer darunter, die in ihren Gesprächen gegen den Krieg den Namen des Friedensfürsten anriefen, und die bewaffneten Polizisten Gewehre in die Hand gaben, mit denen sie die streikenden Arbeiter ihrer Fabrik niederschießen sollten. Ich fand Männer, die entrüstet waren über die Brutalität der Boxkämpfe, und die zu gleicher Zeit beteiligt waren an Lebensmittelfälschungen, durch die jedes Jahr mehr Kinder getötet werden, als die blutbefleckte Hand des Herodes hat umbringen lassen. Ich sprach in Hotels, Klubs, in der Eisenbahn und auf Dampfern mit Industriehäuptern und war erstaunt, wie wenig sie im Reiche des Geistes herumgekommen waren, und wie ihre Moralbegriffe aufhören, wenn das Geschäft anfängt.

Ich traf einen aristokratisch aussehenden Herrn mit feinen

Zügen, er nannte sich Direktor, war aber nur ein Strohmann, ein Werkzeug eines Trustes, der Frauen und Waisen beraubte. Einen Herrn traf ich, der schöne Bilder sammelte und ein besonderer Literaturfreund war und Erpressergelder bezahlte an politische Parteigrößen mit Hängekinnen und Augenwülsten. Ich traf einen Zeitungsherausgeber, der Inserate von Schwindelmedikamenten aufnahm, und der nicht wagte, in seinen Zeitungen die Wahrheit über diese Medizinen zu drucken, aus Furcht, er könnte das Inserat verlieren, und als ich ihm sagte, daß seine wirtschaftlichen Anschauungen veraltet wären, da nannte er mich einen verruchten Demagogen. Ich traf einen Senator, der nur das Werkzeug und der Sklave einer mächtigen und ungebildeten Parteigröße war, ein großes Kirchenlicht, der für ausländische Missionen hohe Beiträge zahlte, aber seine Ladenmädchen um einen Hungerlohn zehn Stunden am Tage arbeiten ließ und sie dadurch der Prostitution gerade in die Arme trieb. Ein anderer, der Universitäten mit neuen Lehrstühlen ausstattete, leistete vor Gericht einen Meineid wegen ein paar Dollar. Ein Eisenbahnkönig brach sein Wort und wurde ein Lügner, indem er einem von zwei rivalisierenden Industriehäuptern, die sich auf Tod und Leben bekämpften, geheime Vergünstigungen gewährte. Es war überall dasselbe, überall Verbrechen und Betrug, Betrug und Verbrechen. Und daneben stand die große hoffnungslose Menge, die nur reinlich war und sonst nichts Großzügiges und Lebendiges hatte, die zwar vorsätzlich kein Unrecht tat, aber durch ihre Teilnahmslosigkeit und ihre Unwissenheit sündigte, indem sie zu der landläufigen Unmoralität schwieg und davon Nutzen zog.

Ich wollte nicht länger mehr in den guten Räumen der Gesellschaft leben, es langweilte mich, es machte mich krank. Ich dachte an meine geistigen und idealen Freunde, an meine abgesetzten Prediger, entlassenen Professoren, an die reinlichdenkenden klassenbewußten Arbeiter. Ich dachte an den Sonnenschein, das Leuchten der Sterne, wo das Leben ein einziges wildes schönes Wunder ist, ein geistiges Paradies, ein selbstloses Erlebnis und eine ethische Romanze. Und ich sah vor mir beständig glühend und lodernd den heiligen Gral.

So kam ich zurück zu den Arbeitern, unter denen ich geboren war und zu denen ich gehörte. Ich wollte nicht höher klettern. Das mächtige Gebäude der Gesellschaft über meinem Kopfe hatte keine Reize mehr für mich. Nur die Grundmauern dieses Gebäudes haben noch Interesse für mich. Dort bin ich zufrieden bei meiner Arbeit, bin Schulter an Schulter mit geistigen idealen Menschen, mit klassenbewußten Arbeitern, die manchmal einen festen Hebebaum in die Hand bekommen, mit dem sie das ganze Gebäude ins Schwanken bringen. Eines Tages, sobald wir nur ein paar Hände, ein paar Brechstangen mehr bekommen haben werden, werden wir es gänzlich umwerfen, mit all seinem faulen Leben, seinen unbegrabenen Toten, seiner ungeheuerlichen Eigensucht und seinem abgelebten Materialismus. Dann werden wir das Kellergeschoß wieder wohnlich machen und ein neues Wohnhaus für die ganze Menschheit erbauen, in welchem es kein besonderes Empfangszimmer geben wird, in welchem alle Räume in gleichem Maße hell und luftig sind, und wo die Atmosphäre überall rein, edel und lebendig ist. Ich sehe vor mir eine Zeit, wo die Menschen auf etwas Wertvolleres und Höheres hinstreben, als auf die Befriedigung des Magens, wo es höhere Motive geben wird, die Menschen zur Tat anzutreiben, als der heutige einzige Trieb des Magens. Ich behalte meinen Glauben an all das Edle und Hervorragende im Menschen, ich glaube, daß die Freundlichkeit und Selbstlosigkeit der Seele über die heutige grobe Gefräßigkeit siegen wird. Und vor allem glaube ich an die arbeitende Schicht der Bevölkerung. Der Treppenaufgang der Zeit hallt beständig wider von hinaufgehenden Arbeiterschuhen und herabkommenden Lackschuhen.

Jack London ringt sich durch

Jack Londons Erfahrungen als Tramp ließen ihm die Notwendigkeit, sich das Wissen der Herrscherklasse anzueignen, um gegen diese zu kämpfen, jetzt noch dringlicher erscheinen. Seine ersten Erzählungen waren bereits veröffentlicht, literarische Kreise waren bereits auf ihn aufmerksam geworden. Vor ihm stand die Notwendigkeit, drei Jahre mit literarischer Produktion so viel Geld zu verdienen, daß er davon Studien und Lebensunterhalt bestreiten konnte. Er schrieb an die Universitäten und Privatschulen in San Francisco im Staate Kalifornien gelegen. Seine Halbschwester, die inzwischen einen reichen

Farmer geheiratet hatte, wollte ihn unterstützen, aber er sollte in ihrer Nähe bleiben. Jack London faßte aber auch das Lernen sportlich an, wozu drei Jahre notwendig waren für den normalen Menschen, das glaubte er in sechs Monaten leisten zu können. Natürlich ließen die Schulen sich nicht darauf ein: auf zwei Jahre würden sie allenfalls heruntergehen, hieß es. Jack London fing auch sozusagen probeweise an.

Seine Kenntnis der bürgerlichen Gesellschaft, die in seinen Romanen, die „Eiserne Ferse" und „Martin Eden", so unbestechlich kritisch wirkt, hat er sich größtenteils in seiner Zeit als Student erworben. Er blieb völliger Außenseiter unter den jungen Leuten, die sich für das bürgerliche Leben vorbereiteten. Nicht gerade von ihnen verachtet, aber doch gemieden. Was sollten auch solche Leute mit einem Mann wie Jack London anfangen, der das Leben und die Auseinandersetzung zwischen Kapital und Arbeit in all seiner Schärfe kennengelernt hatte, und der ja nur deswegen neben ihnen auf der gleichen Bank saß, um ihre Methoden zu studieren, und um sie dann besser niederschlagen zu können.

In jene Zeit fällt aber auch die Beschäftigung mit sozialistischer Literatur. Jack London lernte Marx kennen. Und er fand auch bald einen Kreis von Gleichgesinnten, mit denen er über Mehrwerttheorie und Revolution diskutierte. Daß er ein guter Interpret des Marxismus geworden ist, das beweisen die Diskussionskapitel der „Eisernen Ferse", die, was Verständlich- und Bildlichmachung der marxistischen Lehren anlangt, bis heute wohl alleinstehend in der Arbeiterliteratur geblieben sind. Die vorliegende Schrift wird ein besonders kennzeichnendes Kapitel aus diesem Roman im Anhang wiedergeben.

Die Beschäftigung mit Marxismus, die zugleich den Schlüssel gab für das Verständnis der sozialen und gesellschaftlichen Fragen der Gegenwart, kürzte das Studium unerwartet ab. Was hat er eigentlich von den bürgerlichen Professoren noch zu lernen. Sein Hauptinteresse war gerichtet darauf, die englische Sprache gut schreiben zu können. Seine Schwestern und seine eigentlichen nächsten Freunde, Matrosen, Steuerleute, Textilarbeiter, einige Fabrikarbeiterinnen und nicht zuletzt die Herausgeber von Zeitschriften, bestätigten ihm ja alle Tage, daß er sehr gut zu schreiben verstand. Aber nicht genug damit, er wollte sozusagen sich trainieren, er wollte „fertig" sein, wenn er als Schriftsteller in der großen Welt startete. Und selten hat ein Schriftsteller seinen Beruf so ernst genommen wie Jack London. Er vergrub sich geradezu in die Technik der von ihm studierten Schriftsteller. Und sein ersehntes Prinzip, anschaulich zu schreiben, lebenswahr, farbig, und das Interesse der Leser zwingend, hat er schließlich in vollem Umfange erreicht. Es ist der von Jack London angewandte und ihm allein eigentümliche Stil der Kurzgeschichte geworden, die von ihm aus unzählige Nachahmer, aber keinen Jack London wieder hervorgebracht hat.

Selbstverständlich hielt es Jack London die vorgeschriebenen zwei Jahre an der Universität nicht aus. Er fühlte sich schon fertig ... und dann drängt es ihn auch, Körper und Muskeln wieder Bewegung zu verschaffen. Die Tramp-Erfahrungen hatten die Studienzeit, in der kaleidoskopartig die sechzehnstündige Arbeitszeit täglich und mehr, der gesamte Wissenwust der bürgerlichen Klasse an ihm vorüberging, wieder ausgelöscht. Damals kam in den Weststaaten das Goldfieber gerade auf. In Klondyke und in den Eisflüssen des nördlichen Alaskas waren die die ganze Welt elektrisierenden Goldfunde gemacht worden. Abenteurer und Goldsucher aus aller Herren Länder strömten nach Alaska. Auch Jack Londons Schwager wurde vom Goldfieber erfaßt und suchte Partner für eine Expedition nach Klondyke. Jack London griff mit vollen Händen zu. Das Gold interessierte ihn zwar nicht, aber ihn erwarteten dort Abenteuer, Gefahren und harte, körperliche Arbeit. Und eines Tages war Jack London von der Universität verschwunden. Über ein Jahr blieb er in den Eiswüsten von Alaska verschwunden. Die Gesellschaft, die aus vier Personen bestand, wechselte viele Male ihren Arbeitsplatz und der materielle Erfolg mag sehr gering gewesen sein, denn sein Schwager mußte sein Goldfieber schließlich mit dem Verlust seiner Farm bezahlen. Aber Jack London lernte in Alaska Land und Leute kennen. Er gewann sich dort unter den Ausgestoßenen und Abenteurern der ganzen Welt Freunde, denen er sein ganzes Leben treugeblieben ist; mit denen er später, als er schon der gefeierte Schriftsteller war, an allen Ecken der Welt auf seinen späteren Weltreisen immer wieder zusammentraf, und denen er in seinen Büchern, Novellen, Skizzen, Romanen ein dauerndes

Andenken geschaffen hat. Ein überwiegender Teil von dem was Jack London geschrieben hat an Kurzgeschichten, an Korrespondenzen für Zeitungen und Journale, spielt im hohen Norden unter diesen Menschen, die die Gesellschaft verstoßen oder nicht verstanden hatte einzuordnen und die im Kampf gegen die Natur und in Kameradschaft mit den Tieren des Nordens eine freiere und bessere Menschlichkeit zeigen, als der dollarverdienende Bürger, der vom Gesetz geschützte Ausbeuter in den kapitalistischen Staaten.

Als Jack London von Klondyke zurückgekehrt, beginnt sein Ruf als Schriftsteller durchzudringen. Verträge auf fortlaufende Lieferungen von Kurzgeschichten werden ihm angeboten. Er wird bald zum Mittelpunkt eines Kreises begeisterter Verehrer und Verehrerinnen.

Jack London, der Liebling des Lesepublikums

Jack London als Schriftsteller stand bald über den Parteien. Die großen New Yorker und Chicagoer Tageszeitungen bemühen sich, von ihm Korrespondenzen zu erhalten. Amerikanische und englische Verleger reißen sich um die Herausgabe seiner Kurzgeschichten. Woche für Woche schreibt er für ein Franciscoer, Washingtoner oder New Yorker Wochenblatt die führende Geschichte. Fast immer im gleichen Stil, sehr anschaulich und farbig ohne Beitaten psychologischer, politischer oder menschlich-sentimentaler Spekulationen, mit sicherem Griff aus dem Leben gestaltet, so daß man die Personen, die Tiere, die lebende Natur vor sich handeln und wirken sieht, und mit einem Unterton, den einzig allein Jack London von allen amerikanischen Kurzgeschichtsschreibern gestaltet hat, denen der Sozialist Jack London verhaßt ist, den sie beschimpft, eingesperrt und am liebsten des Landes verwiesen sehen möchten, dennoch duldeten, und sich gewissermaßen mit dem Schriftsteller Jack London über den Sozialisten aussöhnten. Dieser Unterton, allgemein betrachtet, sozusagen auf den ersten Blick, ist ein sieghafter Optimismus. Das Hohelied auf die Schönheit der Welt, die Hoffnung auf die freie Menschheitsentwicklung des einzelnen, das Zutrauen des Menschen zum Mitmenschen an sich, alles Züge Walt Whitmanscher Herkunft. Der Bürger glaubt darin Versöhnung und Überbrückung des Klassenkampfes zu finden, bleibt er doch selbst auch als unterdrückende Klasse erdgebunden, verpflichtet dem kosmischen Glücksgefühl. Mit diesem Unterton gewann Jack London gerade die Masse der bürgerlichen Welt.

Die Aufträge für ihn häuften sich, sie gewinnen anderen Charakter. Er reist bald als Korrespondent nach London und dem Kontinent. Er besucht auch das wilhelminische Berlin, für das er sein lebenlang nur zu sehr mit Recht keine Begeisterung aufbringen konnte. Er wird später Kriegskorrespondent im Russisch-Japanischen Krieg, den er im Kriegspressequartier der Japaner mitmacht. Er unternimmt dann eine Studienreise nach Korea, später reist er nach Jamaika, Kuba, Florida und unternimmt 1907–1909 eine Reise um die Welt. Als der gelesenste Schriftsteller haben sich seine Einnahmen ins Riesenhafte gesteigert. Er besitzt eine große Luxusfarm in Glenellen in Kalifornia an der südlichen Bucht vom Goldenen Horn. Er besitzt eine eigene Jacht, mit der er die Weltumsegelung unternimmt, alldort verweilend, wo sein schriftstellerisches Interesse gefesselt ist. Und unermüdlich schreibt er seine Korrespondenz, seine Kurzgeschichten, zwischendurch seine größeren Arbeiten und Romane.

Im Beginn seiner Laufbahn als Reisekorrespondent geht er nach London und besucht die Arbeiterviertel als stellungsloser Matrose, um die Eindrücke des Londoner Ostens unverfälscht in sich aufzunehmen. Man hat über diese Skizzen, die als Buch zusammengefaßt sind, „Menschen des Abgrundes", bei ihrem Erscheinen eine lebhafte Diskussion geführt. Besonders in der englischen Presse, die vielleicht nicht ganz zu Unrecht den Veranstaltern von Jack Londons Untersuchungen den Vorwurf machte, sie sollten doch im eigenen Lande, den Arbeiterquartieren von New York oder Chicago, solche Untersuchungen anstellen. Sicherlich sind die Slums von New York oder Chicago keineswegs anders als die vom Londoner Osten. Jack London hat diesen Einwand auch ganz richtig gefunden und er spricht über New York auch nicht anders wie über London. Bemerkenswert sind diese Skizzen aber auch deswegen noch besonders, weil damit die Reihe der ausgesprochen sozialistischen Schriften Jack Londons eröffnet wird. Bezeichnend für die Sonderheit der bürgerlichen Klasse Amerikas ist übrigens, daß sie die sozialistische Kritik nur dann fressen, wenn es sich um Zustände außerhalb ihres gesegneten Landes handelt. Im Anhange bringen wir einige Kapitel der „Menschen des Abgrundes" zum Abdruck.

Trotz der immer wachsenden Stellung Jack Londons als Lieblingsschriftsteller des breiten Lesepublikums, jener indifferenten Masse, die aus Mitläufern, Anhängern und Speichelleckern der Bourgeoisie besteht, blieb Jack London in gleich steigendem Maße der Liebling der Arbeiterklasse. Nicht so sehr wegen seiner Tätigkeit, auch als Klassenpolitiker, mit der das nächste Kapitel sich befassen wird, denn seine politische Tätigkeit endete, ehe noch der Klassenkampf sich über eine lokale Ausdehnung in Amerika erhob. Der Grund für die Beliebtheit seiner Schriften in den Arbeiterkreisen ist gerade derselbe Optimismus, dieselbe Perspektive von Weltweite, Schönheit und Harmonie, der auch die Bürgerlichkeit ihren Tribut zollte. Was für den Bürgerlichen die Auswirkung einer schwächlichen Sentimentalität bedeutet, das stärkt im Proletariat die Kraft und das Klassenbewußtsein. Dieser Optimismus wird für den Lohnsklaven, der wochen- und monatelang die Sonne nicht sieht, aus der dieser Optimismus gerade seine Kraft saugt, zu einer Quelle der Hoffnung auf jene Zeit, wo die Klasse der Ausgebeuteten das Joch der Ausbeuter abgeworfen haben wird und der freien und klassenlosen Gesellschaft im Sozialismus zuströmt. Darin hat Jack London nie einen Kompromiß gemacht. Ob als Kriegskorrespondent oder als Reiseberichterstatter für die großen bürgerlichen Blätter, er sieht die Welt und alle Vorgänge immer mit den Augen Jack Londons des Landarbeiters, des Seemanns und Lohnsklavens und des Universitätsstudenten, der außerhalb der bürgerlichen Klasse steht. Er diskutiert nicht darüber, und er hat es auch nicht nötig. Man will ja ihn, gerade so wie er ist. Der scheinbare Widerspruch, der darin liegt, erklärt sich zum Teil in der seltsamen Erscheinung, daß die Schwäche der einen Klasse auf der gleichen Linie mit der Hoffnung der andern Klasse schwingt. Der Arbeiter sieht Jack Londons Welt mit seinen Augen, er findet sich überall zuhause, er ist überall identifiziert mit Jack London selbst und er hört etwas heraus, was dem Bürger entgeht, den Aufruf zur Kameradschaft, er begreift die Notwendigkeit zur Solidarität, auf deren Plattform sich die Klasse der Unterdrückten erst organisiert. Eine Skizze braucht diesen Aufruf nicht in Worte zu kleiden, der Arbeiterleser nimmt die Atmosphäre doch davon. Er nimmt gerade das als seine eigene Sprache und seinen eigenen Wesenszug auf, was dem bürgerlichen Leser bei Jack London als exzentrisch und exotisch erscheint.

Jack London, der Sozialist

Der Name Jack London ist mit der Geschichte der Arbeiterbewegung in Amerika, dem ersten Aufkommen des Sozialismus, der sozialistischen Arbeiterpartei und der Organisation der Industriearbeiter der Welt eng verknüpft. Jack London wurde in den Sozialismus eingeführt durch den Verkehr mit den Geschwistern Strunsky, russischen Studentinnen, die aus dem zaristischen Rußland vor den Verfolgungen der politischen Polizei nach Amerika geflüchtet waren. Mit ihnen zusammen durchlebte er auch die Berichte von der russischen Revolution 1905, und die erschütternde Enttäuschung über den Zusammenbruch des ersten Aufflackerns einer russischen Arbeiterbewegung. Mit Anna Strunsky hat er auch später einen Briefwechsel über sozialistische Fragen, über Erziehungsfragen, Familie, Ehe und die Stellung der Frau herausgegeben. Das Auftreten des Sozialismus in Amerika vollzog sich in lokalen Gruppen, Jack London war der Führer einer solchen Gruppe in San Francisco. Es wäre falsch, den Zusammenschluß solcher Gruppen zur sozialistischen Partei oder zur sozialistischen Arbeiterpartei vom theoretischen Standpunkt aus zu überschätzen. All diesen Gruppen, die zum Teil den Sozialismus aus den kontinentalen Heimatländern erst nach Amerika mit herübergebracht hatten, war der eine Grundgedanke gemeinsam, zur Solidarität aufzurufen und die Klasse auf dieser Plattform zu sammeln. Die ideologische Seite überwog bei weitem die praktische Seite einer sozialistischen Politik. Um diese Klassensolidarität wurde im Grunde genommen allein gestritten, d. h. um die möglichst schnellste und wirksamste Herbeiführung dieser Kameradschaft. Und im ersten Jahrzehnt dieses Jahrhunderts, als drei Gruppen auf dem Plan standen und sich gegenseitig heftig bekämpften, versuchte Jack London die streitbaren Geister zu einigen und war zeitweilig an der Spitze eines Büros, das von allen sozialistischen, syndikalistischen und anarchistischen Gruppen zum Zwecke einer Einigung und Vorgehens beschickt war. Mit Recht glaubte man an dem gefeierten Namen des Schriftstellers die geeignete Autorität für das Zusammengehen gefunden zu haben. Selbstverständlich kam die „One Big Union", die schon vor zwanzig Jahren auf dem Programm stand, nicht zustande. Damals wußte man noch nicht wie heute, wie notwendig erst eine Klärung der Geister und eine innerliche Verarbeitung des marxistischen Programms ist, wie ungeheuer schwer der Weg der Unterdrückten zur aktionsfähigen Klasse ist. Begeisterung allein hilft hier nicht, trotzdem der Glaube Berge versetzen soll. Aber es wurde doch für amerikanische Verhältnisse und bei der in ihrer Zusammensetzung stets wechselnden Arbeitermasse Ungeheures erreicht. Die Gewerkschaftsbewegung kam in Fluß und der Heldenkampf der Industriearbeiter der Welt begann im Bewußtsein der Arbeitermasse feste Wurzel zu fassen.

Dem Herzen nach war Jack London wohl immer den Industriearbeitern der Welt zugetan. Er bezeichnete sich selbst in unzähligen Privatbriefen als Anhänger der direkten Aktion. Seine bürgerlichen Verehrer haben das zu einer gewundenen Erklärung umgebogen, die es ihnen möglich machte, Jack London weiterzulesen und hochzuschätzen. Sie nannten ihn einen Aristokraten, einen Individualisten, höchstens einen Individual-Anarchisten und sie prägten Jack Londons Ausspruch, daß man die Herrscherklasse mit ihren eigenen Waffen bekämpfen müsse, und daß man sich selbst Herr fühlen müsse, um die heutige Herrscherklasse niederzuzwingen, in ihrem Sinne um. Im Grunde ziemlich lächerlich, denn jeder Proletarier weiß heute, daß damit das Klassenbewußtsein gemeint ist, und wir haben im übrigen mit seinen Bewunderern aus dem anderen Lager nicht zu rechnen. Und es war gerade auch der Stolz der amerikanischen Arbeiter, daß ihr Jack London auch von den Klassenfeinden anerkannt wurde.

Von den Industriearbeitern der Welt trennt ihn indessen ein wesentlicher Zug, der gerade heute für die Auseinandersetzung der kommunistischen Theorie mit der syndikalistischen entscheidend ist. Jack London war ein strenger Anhänger des politischen Kampfes und der politischen Partei. Und das, was er über die Disziplin des politischen Kampfes geschrieben hat, über die anzuwendenden Machtmittel des Proletariats gegenüber der Bourgeoisie, das macht ihn zum ausgesprochenen Feinde der Demokratie im Klassenkampf. Er war, bevor das Wort noch eine Weltbedeutung bekommen hat, ein begeisterter Anhänger der proletarischen Diktatur. Und er war mehr, als es aus einigen seiner Briefe scheinen mag, Internationalist. Seine Beziehungen zu anarchistischen Kreisen gerieten bald auf ein totes Geleis. Es war, als ob er die klägliche Rolle, die Emma Goldmann und Alexander Berkman später im Sowjet-Rußland spielen sollten, vorausgeahnt hätte. Alexander Berkman bat ihn um ein Vorwort zu seinem Buch „Gefängniserinnerungen eines Anarchisten". Jack London schrieb es, aber Alexander Berkman hat es nie zu drucken gewagt. Es war zugleich mit der Verehrung für den Klassenkämpfer Alexander Berkman, der alles der Bewegung geopfert hatte, eine Abrechnung mit den eigenbrötlerischen und spießbürgerlichen Tendenzen des Anarchismus und Anarchokommunismus. Die häßlichen Polemiken und Verdächtigungen, die von diesen Gruppen gegen Jack London später erhoben wurden, haben die Tatsache nicht verhindern können, daß Jack London die Ausbreitung der anarchistischen Bewegung in Amerika und vor allem ihre Bodenständigkeit schon im Keim erstickt hat.

Der Weltkrieg traf Jack London schwer. Aber noch größer war seine Enttäuschung über die Unaktivität der Arbeiterparteien, denen Jack London damals angehörte. Jack London war kein Freund der Deutschen, er dachte proenglisch, und er wünschte die Vernichtung dieses Hunnenstaates sicher von ganzem Herzen. Er sprach damit nur aus, was Millionen Arbeiter bei Beginn des Weltkrieges über das kapitalistische Deutschland dachten. Aber er brachte es dennoch als Sozialist nicht fertig, wie sein Freund und Meister Rudyard Kipling, aktiv in die Kriegspropaganda gegen die Deutschen einzugreifen. Er trat bei Ausbruch des Weltkrieges sozusagen von der öffentlichen Bühne ab. Der Krieg überraschte ihn in Mexiko, wo er als Korrespondent die Sache der Rebellen vertrat, des damals für eine sozialistisch orientierte Regierung kämpfenden Generals de la Huerta. Jack London sah voraus, daß Mexiko der Tummelplatz der deutschen Intrigen, der Tummelplatz deutscher Spionage würde, und daß damit für Amerika der Vorwand gegeben wäre, in den Weltkrieg einzutreten. Die Erschütterung über den Zusammenbruch der Sozialisten der kämpfenden Länder, auf die Jack London die ganzen Jahre alle Hoffnung gesetzt hatte (vergleiche seinen Essay „Revolution", der im Anhang zum Abdruck gebracht ist), hieß ihn schweigen. Er lebte die letzten zwei Jahre (er starb 1916 im November) auf den Hawai-Inseln, dem Ausflugsort und der Sommerfrische der Oberen Zehntausend New Yorks, für die er Hawai gewissermaßen erst entdeckt hat. Er lebte dort beschäftigt mit allerhand ideologischen und soziologischen Problemen. Ein vom Weltkrieg abseits Stehender. Noch einmal schien er sich aufzuraffen und aktiv eingreifen zu wollen. Er schickte der sozialistischen Arbeiterpartei Amerikas seine Austrittserklärung. Jack London, der prominenteste Mann in dieser Gruppe, warf diesen Leuten sein Parteibillet vor die Füße. Er spricht in diesem Schreiben mit bitteren Worten von dem Entschluß dieser Partei, die Propaganda und den Kampf um die Klassenherrschaft während des Krieges einzustellen. Er verachtet den Nationalismus der Gruppe und glaubt nicht länger in ihren Reihen kämpfen zu können. In diesem Schreiben bekennt er sich künftighin als Syndikalist. Der Kommunismus in Rußland war noch nicht geboren. Kurz vor seinem Tode hatte er eine Vision. Er stand am Kraterrand eines Vulkans auf Hawai und hatte das Gefühl, als wolle sich etwas von ihm loslösen, sich gewaltsam befreien, so daß er spürte, er könne in einer ungeheuren Dynamik seines Ichs sich in die Lüfte erheben und fliegen. Ein Glücksgefühl, daß ihn explodieren zu lassen drohte, wuchs in ihm hoch. Und er fühlte auf einmal so etwas wie den Sinn des Weltkrieges, er sah die Arbeiter der ganzen Welt ihre Waffen gegen die eigenen Regierungen richten, und den Sozialismus im eigenen Lande erkämpfen. Er fühlte, welch ungeheurer Kraftstrom damit in die Welt eingeführt würde, er sah die neue Zeit von fern, und vor diesem Leuchten schloß er beseeligt die Augen. Er fürchtete, es würde ihm nicht mehr beschieden sein, von dieser Neuordnung zu sprechen, diese neue Kraft auszudrücken. Damit erwachte er aus einer tiefen Ohnmacht am Rande des Grabes. Und unten in seinem Heim am Meeresstrande erzählte er mit glänzenden Augen von dieser Illusion. Seine Frau, zwei entfernte Bekannte waren um ihn. Er fühlte sich schwach und leidend. Er sprach und erzählte die ganze

Nacht von dem neuen kommenden Reich. Am nächsten Tage starb er. Drei Monate später wurde der Zarismus in Rußland gestürzt.

Jack London als Kamerad und als Mensch an der Schwelle einer neuen Zeit

Es bleibt noch abschließend zu sagen, wie Jack London zu allen Zeiten seines bewegten Lebens auf seine engere und weitere Umgebung gewirkt hat. Ein Vergleich mit der Aufnahme Upton Sinclairs gibt da wertvolle Fingerzeige. Vom ersten Tage an, als Jack London sich als Schriftsteller durchgesetzt hatte, flossen ihm die Honorare reichlich zu. Er kann vielleicht als einer gelten, der von allen Schriftstellern am meisten nur durch seine Feder verdient hat. Er reiste später in eigenen Jachten, er gründete sich in Glen Ellen Sonomaco, Kalifornien, eine Luxusfarm, groß genug um dort landwirtschaftliche Experimente im Sinne der maschinellen Kollektiv-Bewirtschaftung der zukünftigen sozialistischen Großfarm veranstalten zu können. – Upton Sinclair, der aus der bürgerlichen Mittelschicht hervorgegangen ist, begann seine schriftstellerische Laufbahn als „Staubaufwirbler", eine amerikanische Bezeichnung für sozialkritische Schriftsteller, die die Schattenseiten der amerikanischen Kultur mit der plutokratischen Demokratie aufdecken. Er schrieb schon in seinen ersten Büchern über die Arbeiter, er schrieb über die Schlachthäuser in Chicago, die Kohlengruben in Pennsylvanien, die Korruption der Presse und des öffentlichen Lebens, kurz, er schrieb über die Maschine der Ausbeutung, der in Amerika die Arbeiter zum Opfer fallen. Trotzdem gelang es ihm fast zwanzig Jahre lang nicht, das Vertrauen der Arbeiter zu gewinnen. Jack London schrieb fast überhaupt nicht über die Arbeiter und besonders über das Leben der ausgebeuteten Klasse, für Sinclair war es das Hauptthema. Und heute noch wird die weitaus überwiegende Zahl der Arbeiterleser in Amerika Jack London als ihren Dichter und Sinclair als einen zufälligen Mitläufer bezeichnen. Auch Sinclair gewann materiellen Lohn, aber in weitaus bescheidenerem Maße als Jack London. Doch haben die Arbeiter gerade Sinclair gegenüber den Standpunkt vertreten, daß er sozusagen mit ihrer Lage Dollars mache. Fast nach jedem Buche hatte Sinclair Verteidigungsbriefe gegen solche Ansichten zu schreiben. Heute mag darin eine gewisse Wandlung eingetreten sein, und auch Sinclair genießt heute Vertrauen, besonders nachdem er sich zu einem Propagandisten der russischen Sowjetrepublik in Amerika entwickelt hat. Die spontane Liebe aber, die die Massen Jack London gegenüber aufbrachten, wird er nie erreichen. Bei diesem Beispiel zeigt es sich vielleicht am deutlichsten, daß Jack London immer der Repräsentant der Arbeiterklasse geblieben war.

Die Beispiele rührender Anhänglichkeit seiner Kameraden, der Seeleute, mit denen er in der ersten Zeit seines Lebens zusammen auf See war, der Textilarbeiter von San Francisco, der Goldgräber, Jäger und Abenteurer in Klondyke, an ihn sind unzählige. Nach seinem Landsitze pilgerten von San Francisco, wenn das Gerücht ging, daß er zuhause war, unzählige seiner alten Bekannten, um Jack London wieder die Hand zu schütteln. Auf seinen Reisen um die Welt traf er überall mit Leuten zusammen, die in irgendeiner Phase seines Lebens ihn kennen und schätzen gelernt hatten. Seine Freunde haben von ihm den Ausdruck geprägt, er sei ein „Napoleon der Feder" gewesen. Der Ausdruck mag für europäische Leser etwas reichlich amerikanistisch klingen, psychologisch, was die Wirkung seiner Feder anlangt, und nicht nur die Fernwirkung auf den Leser, sondern die persönliche Nahwirkung bezeichnete es wohl den Eindruck ganz richtig. In welchen Kreisen Jack London immer lebte, in den Studentenkreisen von San Francisco, im Kreise der russischen Sozialisten um die Geschwister Strunsky, in der Umgebung von jungen Literaten und im Schwarm der amerikanischen Zeitungskorrespondenten, ob in Japan oder in Mexiko, in London oder New York, überall war er im Augenblick seines Auftretens der Mittelpunkt. Alle bekunden darin übereinstimmend: eine besondere Atmosphäre ging von ihm aus, der Hauch eines freien Menschen, ein blonder Riese, umgeben von einer ewigen Jugend, die ihm eine Führerrolle für die Zukunft anzuweisen schien. Er blieb sein Leben lang „der Junge", der auf der See zu Hause war und an dessen Lippen die Umstehenden gespannt hingen in der Erwartung, er werde ihnen das neue Lebenselixier, ewig zu leben, verkünden. Um so schmerzlicher wirkte sein plötzlicher Tod. Er starb ohne vorhergehende Krankheit. Ein Brief von Charmian London, seiner zweiten Frau, an einen Bekannten gibt einen gewissen Aufschluß darüber. Sie schreibt: „Seit einigen Tagen ist Jack still, er spricht nicht, und sein Blick ist immer starr ins Weite gerichtet. Nie war Jack in einer solchen Stimmung. Ich fürchte er ist zurzeit leer an Leben und auch an Liebe." Wenige Tage später starb er. Der, der hundert Jahre leben wollte, ging mit vierzig dahin. Er war leer und fertig. Kompromisse zu machen, sich künstlich oben zu halten, das lag einer Natur wie Jack London nicht.

Noch ein Wort über Charmian London. Jack London war zweimal verheiratet. Mit seiner ersten Frau, von der er zwei Kinder besaß, wurde er in beiderseitigem Einverständnis nach fünfjähriger Ehe geschieden. Seine zweite Frau Charmian kannte er schon von früher Jugend an. Sie war Lehrerin und Schriftstellerin, und sie war wohl wie kaum eine andere Frau der Welt dazu geschaffen, eines Jack London Leben zu betreuen und ihm auf all seinen Fahrten Kamerad zu sein. Nach Jack Londons Tode hat Charmian London ein umfangreiches Buch über Jack Londons Leben und Werke veröffentlicht. Es ist dies eine Biographie wohl einzigartig in der Weltliteratur dastehend. Mit unendlicher Liebe zeigt Charmian London jede Phase, man ist versucht zu sagen beinahe jeden Tag von Londons Leben auf. Die Rekonstruktion jener vierzig Jahre Jack London wirken wie ein erschütterndes Epos des vorläufigen neuen Menschen, des Menschen an der Schwelle einer neuen Zeit, des neuen Typs oder einer neuen Rasse, welche die Arbeiterklasse zur Bewältigung ihrer künftigen Machtaufgaben hervorbringen wird. Man hat dieser Biographie vielfach vorgeworfen eine maßlose Überschätzung Jack Londons. Vom bürgerlichen Standpunkt, vom Standpunkt einer bürgerlichen Literaturkritik mag das zugegeben sein. Das Seltsame ist aber, daß gerade Charmian, die Jack London am nächsten stand, weniger um die literaturkritische Seite sich bemüht, sondern den Menschen Jack London in den Mittelpunkt stellt. Sie wirbt um die Liebe für diesen Menschen, und deswegen – Charmian London selbst aus der bürgerlichen Klasse stammend, weiß den Grund nicht – das höhnische Echo. Die Arbeiterklasse und die Arbeiter Amerikas werden Charmian Londons Bemühen ganz anders aufnehmen. Sie finden den Menschen in ihrem Buche, der ihrer Klasse entstammt und ihrer Liebe würdig ist.

Zusammenfassender Rückblick auf Jack Londons Schriften

Die Arbeit Jack Londons kann man in verschiedene, äußerlich von einander getrennte Gruppen einteilen. Da sind zunächst die Kurzgeschichten, die in verschiedenen Sammelbänden vereinigt gewissermaßen einen Typ der Kurzgeschichte geschaffen haben. Sie sind literarisch gesehen fast gleichwertig untereinander. Im Mittelpunkte einer solchen Geschichte steht eine Handlung, ein Abenteuer, das im Grunde genommen nur das tägliche Leben, eine Alltagsgeschichte in schärfere Beleuchtung und in tiefere Zusammenhänge mit dem Leben rückt. Daraus entsteht die naturlebendige Gestaltung der beschriebenen Personen, Tiere und Landschaften. Es wirkt wie sprechende Photographie. Die Sprache ist ungemein lebendig, Gemüt und Herz des Lesers mitzwingend. Es ist das blutwarme pulsierende Leben, in das der Leser in den Mittelpunkt hineingestellt wird. Solche Geschichten spielen bald in Alaska, sie erzählen Jack Londons Abenteuer als Tramp, sie spielen in der Südsee und auf den Hawai-Inseln, die Jack London damit sozusagen für die amerikanische Mode entdeckt hat. Von diesen Kurzgeschichten sind nur einige wenige unter dem Titel „Austernpiraten" (verlegt bei Robert Lutz in Stuttgart) den deutschen Lesern zugänglich. Sie geben kein Bild von Jack London als Meister der Kurzgeschichte.

Diesen Kurzgeschichten reihen sich an einige größere Novellen und Erzählungen, in deren Mittelpunkt gleichfalls das Abenteuer steht und die der Kinobesucher in Deutschland sicher schon als amerikanischen Film auf der Leinwand hat abrollen sehen. Ins Deutsche sind diese Erzählungen gleichfalls nicht übersetzt. Die bekanntesten davon sind: „Der Seewolf", „Jerry" und „Weißfang", ein Alaska-Roman.

Eine zweite Gruppe seiner Schriften sind seine Tiergeschichten. Viele Beurteiler nicht nur Amerikas sehen darin die literarische Höchstleistung Jack Londons. Der Schriftsteller trat nicht unvorbereitet an seine Tiergeschichten heran. Nicht nur, daß er aus wissenschaftlichen Büchern das Leben der Tiere studierte, daß er die Tiere ständig in der Wildnis beobachten gelernt hatte, er studierte auch die bisher vorliegende Tiergeschichtsliteratur. So wurde er ein Schüler von Rudyard Kipling, dessen Dschungelgeschichten ihm eine große Anregung boten. Er blieb sein Leben lang seinem Meister Kipling dankbar und ergeben. Nicht daß er seine Abhängigkeit von Kipling ableugnen wollte, er stellte sogar eher sein eigenes Licht Kipling gegenüber unter den Scheffel. Was Kipling für Jack London war, das wurde Jack London für eine ganze Literatur in Amerika, deren Modehöhepunkt noch heute nicht erreicht ist. Da sind die Tiergeschichten des Ernest Thompson-Eton und unzähliger Nachahmer, die aus der nordischen Wildnis Alaskas und Nord-Kanadas das Leben der Tiere zum Inhalt ihrer Erzählungen machen. Die Jack London eigene Note dieser Geschichten nehmen sie allerdings nicht auf. – Jack London identifiziert sich als Schriftsteller zwar nicht aber im Tone mit den Tieren, die er schildert. Er ist der Affe in seiner Affengeschichte „Vor Adam", der sich aus der Urgesellschaft heraus auf die nächsthöhere Zwischenstufe entwickelt. Überhaupt ist diese Affenerzählung eine sehr tiefe Parallele zur heutigen Gesellschaft und behandelt das Problem der Solidarität und das fehlende Klassenbewußtsein, an dem eine Möglichkeit zur Solidarität bricht, in einer so klaren Weise, wie wohl kaum in einem anderen Buch der heutigen proletarischen Literatur. Er ist aber auch der Hund Buck in seinem wundervollen Roman „Der Ruf der Wildnis", der seine Erfahrungen mit den Menschen macht, nach der ungebundenen Freiheit der Wildnis sich zurücksehnend und diesem Rufe schließlich auch folgt. Jack London selbst zeichnet jahrelang seine Briefe mit „Wolf". Eine Variation des gleichen Themas ist sein drittes Buch „Wolfsblut". Alle drei Schriften liegen in deutscher Übersetzung vor.

Als dritte Gruppe seiner Schriften heben sich Essays und Romane heraus, die Jack London als Psychologen, als Arzt der menschlichen Seele kennzeichnen, ohne die für Jack Londons typische Betonung des Abenteuers und des gesteigerten Lebens. An der Spitze dieser Gruppe steht der Roman „John Barleycorn". Dieses Buch ist ein seltenes Kleinod der Weltliteratur. Leider ist es auch noch nicht ins Deutsche übersetzt. Es ist der Roman eines Trinkers, der Name „Barleycorn", ins Deutsche übersetzt etwa Gerstenkorn, deutet schon darauf hin. Es ist ein Roman wie man will, für oder gegen den Alkohol, und es ist nicht zuletzt auch eine Seite aus dem Leben Jack Londons selbst, die er in diesem Roman analysiert und entwickelt. Der Roman schildert das tragische Geschick des Trinkers, seine Verfolgungen und Delirien, seine Hoffnungen auf Erlösung im Alkohol, seine Flucht vor der Welt und der Versuch, der Ausbeutung und Dummheit, die die Welt regiert, im Trunke zu entgehen: ein erschütterndes, psychologisches Dokument für das notwendige Laster einer Zeit, die nicht versteht, den einzelnen Menschen an seinen Mitmenschen aufblühen zu lassen und in Brüderlichkeit das Leben für alle erst erträglicher und farbiger zu machen. In diese Gruppe fällt auch der Briefwechsel mit Anna Strunsky über Liebe und andere soziologische Probleme und eine besondere soziologische Essay-Sammlung „Menschenwege", in der Jack London auch eine Charakteristik von sich selbst gibt.

Schließlich hebt sich aus seinen Schriften eine besondere Gruppe „Sozialismus und Klassenkampfliteratur" heraus. Darin sind zu erwähnen: „Die Menschen des Abgrundes", das demnächst in deutscher Übersetzung vorliegen wird. Eine Sammlung von Aufsätzen, die Jack London über die Zustände im Londoner Osten schrieb. Einige Kapitel aus dieser Sammlung sind im Anhang abgedruckt. Ferner der Revolutionsroman „Die eiserne Ferse", der in deutscher Übersetzung bereits vorliegt. „Die eiserne Ferse", ein grandioser Zukunftsroman der amerikanischen Revolution, hat manche Kritiker gefunden. Die meisten dieser Kritiker verstehen nicht, daß sie damit Jack London als Typ kritisieren. Jack London, der der wahrheitsgetreue Schilderer des Lebens ist, vermag sich nicht in uferlose Utopien zu verlieren. Er kennt die Schwäche des Proletariats und er kennt die Stärke der Plutokratie und deren militärische Organisation, genannt „die Eiserne Ferse", und er weiß, daß dieser Kampf nicht ein Kampf der Phrase und parteipolitischen Demagogie ist, sondern der besten technischen Kriegsmittel. Und er weiß auch, daß das Volk des Abgrundes, die nicht zum Klassenbewußtsein gekommenen Proletarier in dieser Auseinandersetzung der Klassen zum Untergang und als Schlachtvieh bestimmt sind. Er wäre nicht Jack London, hätte er in dieser Frage sentimentale Kompromisse gemacht. Merkwürdigerweise übersehen solche Kritiker, daß das Wesen dieses Romans in der Popularisierung des Marxismus liegt. Ein wichtiger Roman für Jack London ist „Martin Eden", die Geschichte eines Proletariers, der von dem glühenden Glauben an die Zukunft beseelt, sozusagen mit der Jack London eigentümlichen „aristokratischen" Seele, um die Güter und gerechte Verteilung dieser Welt, doch an den Widerständen dieser Welt zugrunde geht. Er tötet sich selbst, ohne Kameradschaft gefunden zu haben und allein zu schwach, gegen diese Welt zu kämpfen. Der Roman hat viel Widerspruch gefunden, und die Nietzscheanische Tendenz des Werkes gibt auch zu Mißdeutungen Anlaß. Dem Autor war gerade „Martin Eden" besonders ans Herz gewachsen, und er wird nicht müde, immer wieder brieflich seinen Kritikern aus seinen sozialistischen Freundeskreisen die Gründe auseinanderzusetzen, warum er „Martin Eden" gerade mit diesen aristokratischen und tragischen Zügen ausgestattet hat und nicht anders. Er beabsichtigte, für die sozialistische Bewegung in dieser Figur einen Wegweiser aufzustellen. Bedeutsam für diese Gruppe ist auch eine Sammlung von Kurzgeschichten: „Die Macht der Starken", in der eine Perle der sozialistischen Literatur, „Debs' Traum", enthalten ist.

Eine Reihe Essays über Klassenkampf und Revolution sind noch bei Lebzeiten Jack Londons in einigen Bänden zusammengestellt worden. Nicht alle diese Schriften, die zum Teil besondere Gelegenheiten zum Ursprung hatten, wirken heute noch lebendig. Durch alle aber geht der Grundzug eines unverwüstlichen Optimismus auf den Sieg der Arbeiterklasse. Wie stark Jack London darauf gehofft hat, zeigt, daß er überall den Sieg des Proletariats schon in die ersten Jahrzehnte des zwanzigsten Jahrhunderts verlegt. Diese Aufsätze zeigen auch Jack London als Internationalisten. Als Kalifornier mag man es ihm besonders in Amerika übelgenommen haben, daß er gegen die Lüge von der gelben Gefahr und gegen die Unterdrückung der gelben Rasse in den Weststaaten Amerikas auftrat. In einer eigenen Schrift spricht er von der hohen Kultur der chinesischen Arbeiter, er spricht von der Überlegenheit dieses chinesischen Arbeiters an Arbeitsrhythmik und Arbeitsintensivität gegenüber dem kontinentalen Einwanderer, der sich zur Ausbeutung drängt und nur zu oft in der Jagd um einen Arbeitsplatz seine Klasseninteressen verrät. Jack Londons Ruf war allerdings die

Stimme eines Propheten in der Wüste. Auch seine sozialistischen Freunde gingen darin mit ihm nicht mit.

Das ist im großen und ganzen das Gesamtwerk Jack Londons. Es ist das Werk eines Arbeiters, der seinen schriftstellerischen Beruf so nahm wie jeder andere Arbeiter sein Handwerk. Jack London glaubte nicht daran, daß ein literarisches Werk mit Kunst im bürgerlichen Sinne viel zu tun habe. Er schrieb darüber an einen Freund: „Wenn ich tot sein werde, wird man mich vergessen. Ich bin schließlich auch nicht mehr wie ein Moskito." – Solcher Gedankengang mag ein gutes Mittel gewesen sein, sich vor Selbstüberschätzung zu bewahren und der Gefahr der Absonderung von seiner Klasse durch die ihm zuteil gewordenen literarischen Ehren vorzubeugen. Eins aber hat Jack London dabei geflissentlich übersehen mit der ihm gleichfalls typischen Schüchternheit und Schamhaftigkeit, daß die Liebe der Arbeiterklasse zu dem, den sie auf ihren Schild erhoben hat und den sie als den Ihrigen erkennen, nicht mit der Person schwindet. Der Körper tritt vom Schauplatz ab, die Erinnerung und die Liebe aber bleiben. Sie wird zum Mythos, und ein solcher Mythos ist Jack London im Herzen der Arbeiterklasse Amerikas und in immer fortschreitendem Maße der ganzen Welt geworden.

FRANZ PFEMFERT – 70 JAHRE

Am 20. November wird Franz Pfemfert, Begründer und Herausgeber der Zeitschrift „Die Aktion", 70 Jahre alt. In der „Aktion" ist die Geschichte des jungen geistigen Deutschlands, jung von der Jahrhundertwende an, bis zur Entfesselung des ersten Weltkrieges enthalten – und auch abgeschlossen. In den stürmischen Jahren von 1910 bis 1914 finden sich unter den Mitarbeitern fast ohne Ausnahme die Namen der deutschen Avantgarde auf allen Gebieten des Kulturlebens, das sich gerade auszurichten begann gegen den dividendengesegneten Nationalismus der Bismarckzeit, international und Gegner des Krieges.

Ludwig Rubiner gab die Richtung an: der Dichter greift in die Politik. Was an Poeten und Malern heranwuchs in dem Kreis um die „Aktion", ist in der kritischen Historie geordnet unter dem Sammelbegriff „Deutscher Expressionismus", der Neopathetiker-Kreis um *Georg Heym, Else Lasker-Schüler, Jakob van Hoddis, Erich Liechtenstein.* Neben dem späteren Nazipräsidenten Johst: *Gottfried Benn* und *Oskar Kanehl.* Es hieße, eine neue Literaturgeschichte schreiben, alle die Mitarbeiter, die Freunde und Feinde Franz Pfemferts, nach ihren späteren Profilen zu ordnen – die „Aktion" war das Forum, auf dem die Jugend sich zum Wort zu melden hatte und auch gehört worden ist.

Pfemferts zu gedenken heißt Ausdruck zu geben dem Gefühl einer tiefverpflichtenden Achtung vor der Leistung dieses Mannes, der, nachdem das Heerlager, das sich um seine Zeitschrift gesammelt hatte, aufgebrochen war zu einer explosiven Leistung, seinen eigenen Weg weitergegangen ist, immer weiter – als der Sturm und Drang sich bereits verlaufen hatte.

Denn – inzwischen hatte sich einiges Nebensächliche ereignet, der erste Weltkrieg, einige Revolutionen, in Weimar und um Weimar herum, der zweite Weltkrieg und dazwischen jene Revolte der deutschen „Volksseele", die von Hitler „zum Kochen" gebracht worden war.

Für den Fernstehenden schien der Glanz der „Aktion" erloschen, vergessen die Opfer und Schwierigkeiten, unter denen die Zeitschrift durch die kaiserliche Kriegszensur laviert hatte.

Für die Mehrzahl seiner Feinde – Freunde wollte ich sagen – schien die Beschränkung der Zeitschrift auf die politische Kritik, das Einschwenken des antimilitaristischen Kurses in den Kampf gegen Parteien, gegen die Parteiorganisation an sich, ein Zeichen von Erstarrung. Es schadet ja nichts, daß Franz Pfemfert schließlich recht behalten hat.

Es schadet niemals etwas – wenn ich mir noch erlauben darf, darauf aufmerksam zu machen – daß der einzelne gelegentlich sich vor die Tatsache gestellt sieht: etwas ist zu Ende gegangen. Wir alle aus dieser Zeit stehen vor der gleichen Erkenntnis, den Blick auf uns selbst. Nicht sehr schön, ein etwas verworrener Haufen von Übriggebliebenen. Was aber hätten wir *anderes* tun können?

Auch diese Bewertung bindet. Zwar ziehen wir auch nicht mehr aus, irgendwohin – als irgendein Fähnlein, als Gruppe, oder als Partei. Wir haben sehr viel gelernt. Durch Schläge wird man klug. Aber nicht klug genug, um das Wissen nicht in ein Lächeln einzufangen, das über die eigene Unzulänglichkeit triumphiert.

Franz Pfemfert lebt heute in Mexiko-City, eine Station, aber wohl noch nicht das Ziel der üblichen großen Rundreise nach 1933 über Prag, Paris und ähnliche Plätze. Von fast 18 Jahrgängen der Zeitschrift „Die Aktion" und der vorangegangenen Wochenschrift „Der Demokrat", von über 200 Publikationen des Aktions-Verlages hat er kaum etwas mit sich tragen können. Dafür aber seinen Photo-Apparat. Er hat in der Emigration photographieren gelernt. Schon in Paris hatte er den Ruf eines ausgezeichneten Porträt-Photographen.

In seiner Jugend war er ein Trainingsschüler des Altmeisters August Lehr, des Begründers des deutschen Radrennsports. Beim ersten öffentlichen Radrennen brach sich der vielversprechende Rennfahrer Franz Pfemfert das Schlüsselbein – ich glaube, es war auf der Rennbahn in Breslau-Grüneiche. Einiges war auch in der Lunge kaputtgegangen. Pfemfert kam dann als junger Mann zur „Berliner Volkszeitung" ... und so begann es.

So beginnt es immer, die Berufung kommt später. In unserer Zeit hat der Schriftsteller mit dem Rennfahrer aber das eine gemeinsam, daß er schnell vergessen wird. Die Übriggebliebenen aus der „großen" Zeit zumindest sollten das nicht gelten lassen.

ÜBER DIE BEDEUTUNG DER *AKTION* ...

Über die Bedeutung der „Aktion" für die Jahre vor dem ersten Weltkrieg und die nachfolgende Zeit, ihre Stellung in der Sammlung einer geistigen Revolte in Literatur, Kunst und Politik ist hier bereits ausführlich gesprochen worden. Auch zur Person des Herausgebers ist in dieser Hinsicht wenig hinzuzufügen. Herausgeber und Zeitschrift sind völlig eins und selbst der innere Mitarbeiterkreis, so differenziert sich auch später die Einzelnen bewegt haben mögen, in der Aktion kamen sie zu Wort unter einem Sammelnamen: Franz Pfemfert. Sie wären unter diesem Namen woanders auch nicht gedruckt worden.

Der Schluß liegt nahe, Franz Pfemfert hätte einen magischen Einfluß auf seine Mitarbeiter ausgeübt, eine Diktatur, wenn man so will. Mag das manchmal auch so aufgefaßt worden sein, dem Pfemfert lag das völlig fern. Er war alles andere als darauf bedacht, seinen Mitarbeitern einen Einfluß aufzuzwingen ... der Mann, der in Berlin in der Nassauischen Straße im Hinterhaus im 4. Stock sozusagen bei offener Tür hinter seinem Schreibtisch gesessen ist, jeder konnte ohne zu läuten oder zu klopfen eintreten und zu ihm sprechen, während er mit einer kleinen Handmaschine sich seine Cigaretten stopfte ... für Pfemfert war jeder, der in den Laden kam, ob er etwas zur Beurteilung brachte oder gedruckt werden wollte, ein Kunde, ein guter oder ein schlechter.

Die Mutter Pfemferts hatte einen Stand in der Berliner Großmarkthalle, Wild und Geflügel, Pfemfert sel. Witwe. Franz wurde schon sehr früh im Laden der Mutter beschäftigt. Er hatte die Bestellungen auszutragen, und zu diesem Zweck war für den Jungen ein Fahrrad angeschafft worden. Franz Pfemfert als Radfahrer. Ich weiß, daß ich mich mit dieser Bemerkung bereits auf gefährlichem Boden bewege. Als vor einigen Jahren, anläßlich des Ablebens Pfemferts, die New Yorker Wochenzeitung „Der Aufbau" in einem Gedenkartikel den Radfahrer Pfemfert erwähnt hatte – ich selbst bin für diese Information die Quelle gewesen – antwortete Alexandra Ramm, die Frau und Lebensgefährtin Franz Pfemferts, aus Mexico City sofort und telegraphisch mit einem scharfen Dementi. Ich kann mir nicht helfen: die geheime Vorliebe unseres Pfemferts ist das Radfahren gewesen.

Er war eingeschrieben in der Rennfahrerschule des Altmeisters August Lehr, der Heros und der Vater aller deutschen Radrennfahrer – die Einschreibung allein berechtigte den Schüler, bereits kleinere Rennen in der Provinz zu fahren. Pfemfert liebte es, mir Photos zu zeigen, wie er im Rudel der August Lehr Schüler Tempo fahrend zur Spitze aufgeschlossen war, im Grunewald, ich nehme an auf der Straße der heutigen Avus. Er bedauerte dabei stets, daß die so vielversprechende Karriere als Rennfahrer bald aufgegeben werden mußte, als ein Sturz mit einem Bruch des Schlüsselbeins als Folge ihn außer Gefecht gesetzt hatte. Pfemfert hatte darin großes Vertrauen zu mir, und er pflegte mir seine Erlebnisse als angehender Rennfahrer über das ganze Gesicht strahlend zu erzählen, weil ich selbst, wie ich jetzt hier gestehen muß, brennend gern hätte Radrennfahrer werden wollen.

Ich sollte jetzt hier erwähnen, daß Pfemfert sich schließlich um den Durchbruch jener literarischen und künstlerischen Richtung hat kümmern müssen, die wir heute als Expressionismus zu bezeichnen gewohnt sind. Er hat dieser Bewegung während des ersten Weltkrieges und der späteren Kriegsfolgen im Weimarer Regime eine politische Spitze verliehen, eine aggressive Spitze gegen die Regierung und deren Vertreter, das parlamentarische System, später gegen die Parteien, die Partei-Apparate und schließlich gegen jede Form sozialistischer und kommunistischer Ideologie, sofern diese an ein autoritatives Dogma der Partei gebunden war.

Das führte bei der Machtübernahme durch den Nationalsozialismus Pfemfert in die Emigration nach der Tschechoslowakei, aber auch innerhalb der Emigration in eine völlige Isolierung – als Photograph nach Karlsbad.

Ich verstehe von Photographie nichts. Ich kann mich daher auch nicht in Argumente darüber einlassen, ob Pfemfert ein guter, ein schlechter oder überhaupt kein Photograph gewesen ist. Auf die Gefahr hin, gesteinigt zu werden, neige ich der letzteren Auffassung zu. Ich bin selbst eines seiner Opfer geworden. Als echter und gut handwerklich ausgerüsteter Photograph benutzte Pfemfert eine riesengroße Kiste auf dem üblichen dreibeinigen Gestell, die er in gefährliche Nähe gegen das Objekt vorschob. Dann kam das Manipulieren mit dem schwarzen Tuch, und es fiel eine Klappe. Herauskam später ein Photoabzug, auf dem die Gesichtshaut um die Backen und das Kinn einer Kraterlandschaft auf dem Monde glich, mit tiefen und breiten Löchern, überzogen und miteinander verbunden durch ein Spinngewebe von Bartstoppeln. Das ist das wahre Gesicht, das echte, hieß es bei Pfemfert, das ungeschminkte. Es zeigt den Menschen an der Wand, hinter der er sich nicht mehr verstecken kann. Im letzten Jahr vor dem zweiten Weltkrieg hing an der Ecke des Boulevard des Capuzines in Paris vor dem Freiplatz der Madeleine ein Schaukasten mit Pfemfert-Photos, die französische politische Prominenz mit Léon Blum an der Spitze – das Pfemfert-Studio war oben im Haus untergebracht, in der Tat, diese Photos zeigten bereits das wahre Gesicht Frankreichs.

Hier scheint mir der Anknüpfungspunkt zu liegen. Es gab zu diesen Zeiten nicht mehr allzuviel zu schreiben, zu entlarven. Es fiel schon sowieso alles in Trümmer. Leichenfledderer ist Pfemfert nie gewesen, und das noch verbliebene Fett schöpften die Emigranten ab, die davon notdürftig zu leben hatten. Für Pfemfert keine Arena mehr, wo es sich verlohnt hätte aufzutreten.

Ich habe mir von gemeinsamen Bekannten erzählen lassen, die Pfemfert in Mexico City aufgesucht haben, daß er in seinen letzten Lebensjahren damit beschäftigt gewesen ist, die Neuherausgabe der Zeitschrift „Die Aktion" vorzubereiten. Das Photo-Studio war der Automation zum Opfer gefallen. Als das Jewish Labor Committee in New York beschlossen hatte, Pfemfert zu seinem 70. Geburtstag ein Geschenk zu übermitteln, hatte er sich ein Photomaton gewünscht. Mit seltener Einmütigkeit hat die Bürokratie in Washington und Mexico City dies verhindert: Washington gab keine Ausfuhrerlaubnis, und Mexico verweigerte die Einfuhrerlaubnis selbst als Geschenk.

Wohin hätte die neue „Aktion" gesteuert und gegen wen? Ich vermute, in erster Reihe gegen den überwuchernden Geschäftsbetrieb in Literatur und Kunst, gegen die Überheblichkeit von neuen Richtungen, die ohne Inhalt sind, ohne Beziehung zur Umwelt, ohne die inneren Auseinandersetzungen des geistigen und schöpferischen Menschen, die dem Expressionismus erst den Auftrieb gegeben haben, mit anderen Worten: Pfemfert und die neue „Aktion" wären zu ihren Anfängen zurückgekehrt.

ERNST FUHRMANN – 70 JAHRE

In diesen Tagen wird Ernst Fuhrmann 70 Jahre alt. Von seiner Wohnung in Flushing geht der Blick über das Gelände, das vom Flugplatz La Guardia zum Wasser hin abfällt, Tor in die Welt, von der Fuhrmann sich schon seit vielen Jahren zurückgezogen hat, vor bald 20 Jahren, als er als Flüchtling vor dem Hitler-Regime nach den Staaten gekommen war. Das Zimmer bietet noch gerade Raum für einen Stuhl, den Tisch mit der Schreibmaschine und einen Divan, der allerdings erst von Manuskripten, Zeichnungen und Photos geräumt werden muß, wenn selten genug ein Besucher kommt, der Platz nehmen soll.

Die meisten dieser Besucher kommen aus Israel, Mitarbeiter und Angestellte der Regierungsinstitute und Laboratorien, die sich mit Bodenuntersuchung, Fruchtfolge im Anbau und der Besiedlung des Negeb befassen. Ihre Grundplanung ist von Fuhrmanns biologischer Perspektive stark beeinflußt, viele dieser Beamten sind Freunde Fuhrmanns aus alter Zeit. So vollgepfropft die Wohnung mit Büchern, Manuskripten und Bildatlanten ist, so ist doch noch Raum vorhanden für die Pflanzen, mit und an denen Fuhrmann experimentiert. Anstelle eines landoffenen Laboratoriums, das ihm Henry Wallace seinerzeit zur Verfügung stellen wollte und später der Farmerverband in Iowa, arbeitet Fuhrmann lieber im kleinsten Rahmen in einer Ecke im Zimmer, an Pflanzstoffversuchen, die an sich eine Lebenszeit brauchen, ehe sie schlüssige Erkenntnisse bringen können.

Ernst Fuhrmann, in *Hamburg* als Sohn einer begüterten Kaufmannsfamilie geboren, ist heute in seiner Generation *eine der umstrittensten Persönlichkeiten,* von der anthropologischen Berufswissenschaft gehaßt, von der orthodoxen Biologie mit Mißtrauen betrachtet und von einer kleinen Schar von Anhängern und Freunden auf den Schild gehoben; wie so oft für die Charakteristik eines Außenseiters kämpft Fuhrmann gegen seine Freunde und ignoriert seine Feinde.

In weiteren Kreisen bekannt geworden ist Fuhrmann erstmalig nach dem Zusammenbruch des Kaiserreichs als *Leiter des Folkwang Museums in Hagen.* Das von dem Siegener Industriellen *Hirschland* mit einer Millionstiftung ins Leben gerufene Folkwang-Museum ist als ein Forschungs- und Sammlungs-Zentrum vorhistorischer Kulturen im Ausland bekannter geworden als in Deutschland, wo erst die Inflation die Mittel aufgezehrt, später das Hitlerregime die Bestände verschleudert und schließlich der Bombenhagel der Alliierten die Restbestände vernichtet hat.

Von Fuhrmann stammt aus dem Folkwang-Verlag die Sammelreihe „Material zur Kultur- und Kunstgeschichte aller Völker-Kulturen der Erde (Bildwerke)". Diese Bände sind heute noch in jeder größeren Bibliothek der Welt vorhanden, dagegen kaum noch in Deutschland. Daneben existieren Dutzende von Sonderstudien über vergleichende Sprach- und Lautforschung der Ursprachen, Sammelwerke über die Bildwerke der Osterinsel, den vorgeschichtlichen Grabbau und die Maya-Kultur.

Schon Ende der 20er Jahre, als das Folkwang-Museum zu einem Schattendasein aus Mangel an Mitteln herabgesunken war, hatten Freunde versucht, durch Gründung einer „Ernst Fuhrmann-Gesellschaft", in der so verschiedenartige Persönlichkeiten wie der Kulturphilosoph Pannwitz und der finnische Komponist Sibelius vertreten waren, in einer auf 10 Bände berechneten Gesamtausgabe die Arbeiten zu sammeln.

Der Vorschatten des Hitlerregimes machte diesen Bemühungen ein Ende. Hitler paßte die Richtung nicht, noch weniger der Autor, der in einem Essay in der Frankfurter Zeitung die These vertreten hatte, daß als die reinen Teutonen die Franzosen anzusprechen seien, während das, was man gemeinhin als germanisch-deutsche Rasse zu bezeichnen beginnt, eine rassisch vielfältig zusammengesetzte Mischung ist aus Ausgestoßenen, Minderwertigen und Zurückgelassenen, den „Fußkranken" der Völkerwanderung.

Nach weiteren 20 Jahren hat wiederum der inzwischen weiter stark eingeschränkte Freundeskreis einen Vorstoß gewagt und eine zweite Sammelausgabe „Neue Wege", diesmal in 5 Bänden ermöglicht. Sie ist entweder vom Autor selbst (35-05 Parsons Boulevard, Flushing) oder in Hamburg vom Verlag Wilhelm Arnholdt zu beziehen.

Ernst Fuhrmann schuf ein umfangreiches Lebenswerk, auf das er heute zurückblickt. In den Verzweigungen und Ausblicken von phantastischem Ausmaß besteht es aus einem ständigen Sammeln und Aneinanderreihen von Erkenntnissen, die sicherlich einmal bei irgendwem und irgendwann auf fruchtbaren Boden fallen und aufgehen werden. Ein erbarmungsloser Kampf des Autors gegen eine Umwelt, die ihn zu erdrücken beginnt ... wenn es mir erlaubt ist zu sagen, in den Schrecknissen der immer bitter werdenden Vereinsamung. Für die Gegner und Zweifler und die große Masse der völlig Uninteressierten sollte dieser Augenblick des Gedenkens an Ernst Fuhrmann ein Teil der Achtung sein, die wir später einmal ihm schulden werden ... alle.

Betr. DIE HAMMERSTEINS

Der Kampf um die Eroberung der Befehlsgewalt im deutschen Heer 1932–1937

Die Generale
Beim Aufbau des deutschen Heeres unter der Weimarer Republik erhielt die alt-konservative Tradition innerhalb der Generalität, an 1914/15 anschließend, das Übergewicht. Die reine militärische Offiziers-Tradition in der Hierarchie der Befehlsgewalt, eine parteigebunden politische Tendenz war ausgeschlossen, dagegen freiere Diskussionen über außenpolitische und innenpolitische Perspektiven, die ihrerseits vor 1914 als ausgeschlossen hätten angenommen werden müssen; mehr als leicht interessierte, sogenannte „gebildete" Zuschauer, weniger als Mitwirkende.

Erleichtert ist das worden durch die Schwäche der jeweiligen deutschen Regierung, überhaupt einen festumrissenen außenpolitischen Kurs zu steuern, was andererseits wieder die Folge des Versagens der Gesamtwirtschaft war, einen außenpolitischen Kurs der Regierung zu stützen, was zu dem Wirtschaftschaos, dem Krieg der Großen gegen die Kleinen, Industrie gegen Mittelstand mit der Folge der ansteigenden Arbeitslosigkeit geführt hat – bei diesem Verfall war die Generalität fast ein unbeteiligter Zuschauer, mit den Ansätzen zu einer eigenen Militärpolitik, national verantwortlich, in sich ziemlich aufgeschlossen, ängstlich darauf bedacht, nicht die letzte Perspektive bereits zu präzisieren und auszusprechen: die Militär-Diktatur.

Das Heer, die Generalität hat in dem aufkommenden Nationalsozialismus keinen ernst zu nehmenden politischen Faktor gesehen, im besten Fall als einen Hebel, mit dem die unpolitischen Massen in eine Richtung gestoßen werden können, wo man sie dann politisch erfassen kann. Hitler hat man dieses Erfassen nicht zugetraut, ein Demagoge mit dem großen Zulauf aus der Masse der Arbeitslosen und Unbalanzierten aus den mittleren und höheren Berufen, den Renten-Offizieren aus dem 1. Weltkrieg – Typ eines Seifenkisten-Redners, auf deutsche Verhältnisse übertragen, von einer leichten Komik umwittert.

Hammerstein, Initiator und Garant des deutsch-russischen Militärabkommens, hatte die gleiche Beobachtung aus Moskau mitgebracht. Eine neue Version für die Analyse der russischen Revolution, vielleicht sogar für alle socialen Revolutionen überhaupt, an dem Beispiel Napoleons ermessen. Bedeutung und Einfluß der Kommunistischen Partei als administrative politische Spitze wird überschätzt. Die Partei wird nur geduldet als notwendiges Bindeglied, vorbereitend das politische Erwachen einer bisher apathischen Masse, einschließlich einer Spitzenintelligenz in den geistigen Berufen und einer nicht mehr an das Landgut gebundenen Adelsschicht. Die Partei wird nur solange zu benutzen sein, bis eine neue Führerschicht sich sammeln kann, die später das Volk administrativ zusammenzuhalten in der Lage sein kann. Als solche Schicht sieht Hammerstein die jungen aus den Kriegsschulen entlassenen Offiziere, die zudem durch verschiedene Kurse über Taktik und Organisation, die laufend von deutschen Gast-Offizieren veranstaltet werden, hindurchgegangen sind.

Aus dem deutsch-russischen Militärbündnis wird zwangsläufig eine neue Außenpolitik geboren werden, mit welchem Direktziel und unter welchem Schwergewicht wird erst später entschieden werden können.

Die Tradition des Zarentums fortzusetzen (ohne Zar) als national russisches Ziel – darin liegt keine Bedrohung deutscher Interessen. Zunächst wird es Jahrzehnte in Anspruch nehmen, zudem mit Hilfe der deutschen Wirtschaft, bis sich eine solche Linie auch innenpolitisch konsolidiert. In Deutschland kann das, mit dem Rückhalt in Rußland, schon in sehr viel kürzerer Zeit geschehen.

Das ist die Hammerstein'sche Konzeption. Sie ist – auf deutsche Verhältnisse übertragen – zu einer Art Grundsatz-Leitmotiv geworden und sie hat den großen Einfluß von Hammerstein innerhalb des deutschen Offizierskorps begründet. Fast alle führenden Generale der Wehrkreisbezirke gehörten dieser Auffassung an, mit ganz wenigen Ausnahmen. (Man wird später diese Generale wiederfinden, offen oder sympathisierend in den Monaten vor und nach dem Hitler-Attentat 1944.)

Schleicher: eine der Ausnahmen in der wie oben charakterisierten Generalität. Bereits auf die akuten politischen Tagesprobleme ausgerichtet, ehrgeizig und mit einer stark gelockerten Offizierstradition. *Gegensatz zu Hammerstein.*

In den Monaten vor und nach der Machtübernahme hatten beide Generale als Vertreter des Heeres den direkten persönlichen Kontakt zu Hindenburg, den beide gleichermaßen als einen bereits kindischen und schwachsinnigen Narren eingeschätzt haben.

Die politischen Pläne, die Schleicher als Meinungsausdruck des Heeres Hindenburg vorzutragen hatte – oft mehreremals in einer Woche und jedesmal mit kleinen unbedeutenden Abweichungen, um das Interesse des Alten Herrn wachzuhalten – eine Volksbewegung mit einer wirtschaftlichen Diktatur als Spitze, mit oder ohne Parlament, Notstandsgesetze etc, gestützt auf die Armee, die Administratoren in die politischen Schlüsselstellungen einschiebt – im Grunde die verschleierte Militärdiktatur – hat Hammerstein nur lauwarm unterstützt, aber auch nicht direkt widersprochen. Daraus ist einer der Eckpfeiler in der tragischen Entwicklung dieser Monate entstanden: Schleicher glaubte die Armee hinter sich zu haben – was in Wirklichkeit eine Täuschung gewesen ist. Hätte Schleicher in der entscheidenden Krise die Armee aufgerufen, so hätte die Mehrheit der Wehrbezirke nur „manövermäßig" reagiert. Hammerstein hatte in den Wehrkreisen abgewinkt. Er hatte die Gespräche bei Hindenburg mit starker Ironie seinen vertrauten Generalen interpretiert, die zum mindesten Schleicher nicht [als] den geeigneten Mann für die Machtübernahme erscheinen ließen. Schleicher mag das geahnt haben, aber hatte keine Beweise; er hatte keinen Vertrauten. Der einzige, der ihm scheints treu ergeben war, ist sein Kabinettschef gewesen, der spätere General Reichenau, der erkannt hat, daß Schleicher nicht das Vertrauen der Armee besitzt. Reichenau hat versucht, sich Hammerstein zu nähern, und ist schroff abgewiesen worden. Darauf schwenkte Reichenau zu Hitler um. Er hat die Schleicher-Pläne an Hitler und dessen Hintermänner verraten, hat hinter dem Rücken Schleichers die Unterredung Hitlers mit Hindenburg organisiert, die Schriftstücke vorbereitet, die Hindenburg zu unterzeichnen hatte und diesem das Vertrauen der Armee in ihn, Hindenburg, suggeriert. Zusammen mit den in die Unterredung eingestreuten Drohungen gegen den Sohn Hindenburg ist dann die Machtübergabe erfolgt – weder Schleicher noch Hammerstein noch sonst ein Vertreter der Armee waren zugezogen; auch Reichenau hatte sich vorher entfernt.

Für die nationalsocialistische Durchdringung der Armee war dies der Anfang. Es hat noch einige Jahre gedauert, bis alle Widerstände beseitigt werden konnten, aber Position nach Position ging für die Generalität verloren. Hindenburg, Schleicher, der Blomberg-Skandal, Seeckt, Halder ... noch hielt sich Hammerstein, dessen Prestige für die Hitler-Equipe ein schweres Hindernis war. Noch bestand das Parteiverbot innerhalb der Armee. Aber die überstürzte Aufrüstung brachte eine Flut von Reserve-Offizieren in die Armee zurück, die Chance rascher Beförderung wurde zum Politikum.

Das deutsch-russische Militärbündnis konnte nicht länger gehalten werden, trotzdem sich die Generalität geschlossen, fast einem Ultimatum gleich, einer offenen Aufkündigung widersetzt hat. Es hat noch einen Aufenthalt gegeben, während dessen der praktische Sinn des Militärbündnisses verblaßte und eher langsam in das Gegenteil gekehrt wurde. Daraus ist dann von der nationalsozialistischen Führung beeinflußt die falsche Einschätzung des russischen Aufbaus entstanden, die Kenntnisse aus der Praxis über die russische Armee wurden zu hoch und zu allgemein gültig gewertet. In der Folge ist daraus die falsche Zielsetzung der deutschen Außenpolitik entstanden, mit der Aggression gegen Rußland im Hintergrund.

Inzwischen hat dann die innere nationalsozialistische Intrigue mit vollen Touren eingesetzt, auch nach Rußland hinein. Die Abwehr in der Bendlerstraße wurde überspielt und geradezu zu einem Zentrum der oppositionellen Strömungen innerhalb der Armee gegen Hitler erst künstlich geschaffen.

Die Fälschung der Tuchatschewski-Dokumente, die Moskauer Schauprozesse, beliefert mit falschem und halbechtem Material aus deutschen militärischen Archiven, als politische Dokumente aufgeprüfet – der Zweck: die noch verbliebenen Reste aus dem Militär-Vertrag, die russische Armeespitze mußte liquidiert werden.

Das ist der Hintergrund, Anfang und Ende einer Entwicklung, in der sich die Tragödie um die Hammersteins, beinahe nur nebenbei, aber in einem direkten und ursächlichen Zusammenhang abgespielt hat.

Es ist die Basis und Dokumentation, die etwa zu einem Drittel des Gesamtumfanges dem Buch vorangestellt werden sollte. Es ist keine echte Dokumentation, sondern sie greift bereits hinüber ins rein Literarische, das heißt, alle geschichtlichen Quellen, die Fülle der historischen Abhandlungen sind nur insoweit zu benutzen, als man einiges herausziehen kann, was die oben skizzierten Thesen zu decken imstande ist. Es ist zwar ungefähr die Linie, aber Einzelheiten mögen anders in der orthodoxen Historie gedeutet worden sein. Darauf kommt es aber bei diesem Projekt nicht an. Das Schwergewicht, die Unterströmung, die Konflikte und die Tragödie liegen in der inneren Verflechtung, nicht in einer rein äußerlichen Dokumentation, die ja an sich verschieden interpretiert und gewertet zu werden pflegt.

Die Familie Hammerstein

Hammerstein ist das aktive Zentrum im häuslichen Leben der Familie. Selbst in Moskau – Diplomat, Militärattachee – hielt er die Familie von dem üblichen Gesellschaftsverkehr fern. Typ des Konservativen von altem preußischem Adel, mit dem offenen Blick für neue Entwicklungen, ablehnend sich aber persönlich hineinziehen zu lassen, richtet er auch das Familienleben dahin aus.

Von den Söhnen ist wenig bekannt geworden. Dagegen umsomehr von den beiden Töchtern. Hammerstein pflegte nach Dienstschluß den Abend im Kreis der Familie zu verbringen; interessierter Beobachter, Zuhörer – was sich den Tag über ereignet hat, in den Auffassungen der Familienmitglieder zur Zeit, den Vorgängen auf der Straße, Meinungen von Bekannten und der Geschäftsleute um die nächste Straßenecke. Daraus entstanden dann angeregte Diskussionen, bei denen Hammerstein aus seinen Erfahrungen im Amt zu erzählen pflegte, aus den verschiedenen Begegnungen und Konferenzen – sehr freimütig und mit leicht distanzierendem Spott. Meist bildeten naturgemäß auch der Kollege Schleicher und der heraufkommende Hitler das Unterhaltungsthema. Hammerstein hielt nicht gerade mit seiner Ablehnung zurück und oft mußte die Frau ein wenig bremsen, wenn der Mann über das Ziel hinauszuschießen begann und die Unterhaltung das „Gesellschaftsfähige" zu verlassen drohte.

Umso eifrigere Zuhörer waren dann dagegen die Töchter.

Die ältere Hammerstein-Tochter

Ernstes Wesen, Zug zum Pietismus. Nach außen den Charakter eines „Blaustrumpfes". An allem interessiert, Politik, die socialen Bewegungen, die Ursachen des politischen Marasmus – daher auch besonders eifrige Zuhörer[in] der Spöttereien des Vaters. In ihren Bemühungen, die Zeit zu verstehen, die sociale Kritik zu rechtfertigen, wurde sie im Familienkreis oft als „rot" und „Kommunistin" verspottet, Flintenweib hätte Hammerstein das genannt. Aber der Spott war gutmütig, niemals recht ernst gemeint, und Hammerstein hielt auch seine Ansichten über die großartigen menschlichen Reserven des russischen Volkes in geistiger und politischer Hinsicht nicht zurück. Sie hatte es durchgesetzt im Familienrat, Jura zu studieren, und bereitete sich auf einen juristischen Beruf vor. Dem Vater hat es oft einen besonderen Spaß gemacht, sie zu Fuß zur Universität zu begleiten.

Scholem: prominentes Mitglied der kommunistischen Reichstagsfraktion, überdurchschnittlich intelligent; innerhalb des Parteiapparates auf Organisationsaufgaben specialisiert. Gehörte zu der innerhalb der Fraktion von außen her durch Maslow beeinflußten linken Opposition, das Sprachrohr Maslows, etwas mehr distanziert gegenüber Ruth Fischer. (Ruth Fischer blieb im Verdacht, von Moskau aus zur Beobachtung eingesetzt worden zu sein – dieser Verdacht war mit einer der Gründe, warum eine trotzkistische Bewegung als Massenpartei sich in Deutschland nicht entfalten konnte.) Als die Opposition sich später von der Fraktion trennte und sich als „Unabhängige" konstituierte, war Scholem deren Führer. Die Gruppe, die bei der nächsten Wahl nicht mehr aufgestellt wurde, selbst aber keine Kandidaten durchbringen konnte (und wollte), fiel auseinander, Splittergruppen, die sich gegenseitig bekämpften. Scholem kehrte dieser Bewegung den Rücken, hielt aber lose Kontakte aufrecht, in der Hauptsache persönlich freundschaftliche zu Maslow.

Die *politische Polizei*, die später dann in die *Gestapo* hineinwuchs, führte Scholem als Anti-Kommunisten in den Listen, zur Beobachtung vorgesehen, zur Anknüpfung von informativen Verbindungen geeignet, sozusagen in dem damaligen Jargon „aufs Eis gelegt", das heißt, daß Scholem – abgesehen davon, daß er Jude war – die ersten Jahre des Hitler-Regimes in Ruhe hätte überstehen können. (Tatsächlich konnte er in den ersten Jahren auch noch ziemlich frei herumreisen.)

Dieser Scholem besuchte die gleichen juristischen Kollegs wie die ältere Hammerstein-Tochter; Vorbereitung auf das Referendar-Examen.

Scholem war äußerlich wenig anziehend, von untersetzter Statur, weit abstehende Ohren, dicke Brillengläser und schwulstige Lippen. Das Bild änderte sich aber sofort, wenn er sich für einen Gegenstand oder Thema zu interessieren begann – er schien plötzlich geradezu ein anderer Mensch zu werden, faszinierend. Alles, was er sprach, wirkte wie aus einem präzisen Uhrwerk stammen, ein funktionierender und dynamischer Mechanismus, sehr klar, sehr scharf, ohne in Zynismus abzugleiten.

Das war der beherrschende Eindruck, den die Hammerstein von ihm empfing – der Typ eines Mannes, der ihr bisher völlig verschlossen war. Im Kolleg saßen sie in der gleichen Reihe, sie hatten begonnen, Notizen zum Kurs gegenseitig auszutauschen, und es ergab sich bald von selbst, daß sie sich immer am gleichen Platz wiederfanden. Wenn Scholem in dem auf den Kurs folgenden Seminar sprach, meist erst vom Professor besonders aufgefordert, schienen die Rollen vertauscht: Scholem als der leitende Kopf, der *wirklich* das Thema analysieren konnte und dazu etwas zu sagen hatte, der Professor wurde mehr zu einem devoten Zuhörer. Alles das muß auf die Hammerstein einen überwältigenden Eindruck gemacht haben.

Sie hatte begonnen, im häuslichen Kreis von diesem interessanten Mann zu erzählen, und der Vater hörte nicht ohne Wohlwollen zu: er sei sogar bereit, den seltsamen Vogel in seinem Haus zu empfangen, wenn sie ihn einladen wolle – er sei geradezu neugierig darauf, diese deutsche Spielart seiner Moskauer kommunistischen Offiziersfreunde aus dem Kreis um Trotzki sich hier mal näher anzusehen ... die Tochter hatte verlegen abgewinkt.

Scholem, hatte sie bereits festgestellt, war alles andere als zu einer gesellschaftlichen Verabredung zu bewegen. Die Beziehungen, erst kühl abweisend von seiner Seite, waren zwar sachlich freundlicher geworden, und man hatte begonnen, gegenseitig schon von mehr persönlichen Belangen zu reden. Das Mädchen mußte dabei den Eindruck gewinnen, das beginnende Interesse zu ihr galt mehr einem völlig unbekannten Wesen, dem Typ einer anderen Schicht, die es sich vielleicht nicht mal besonders lohnt näher aufzuschließen.

Das rückte das Mädchen in die Verteidigungsposition. Sie begann ihre Gesellschaftsschicht sociologisch zu erklären, die Umwertungsmöglichkeiten herauszustellen, den Vater zu verteidigen, ihre eigenen gesellschaftlichen Auffassungen, die auch noch für eine Proletarier-Gesellschaft nützlich und tragbar sein würden. Aus dieser sociologisch betonten, aber immer mehr ins Persönliche abgleitenden Debatte erwuchs schließlich ein Liebesverhältnis.

Scholem hatte das schon vorher ironisiert. Er hatte von seiner Familie, Frau und Kindern, erzählt, seine Auffassung von Familien-Zusammenhalt, seine Auffassung von den ehelichen und außerehelichen Beziehungen, die Überschätzung des Geschlechtsverkehrs, die Drüsen-Funktion und Sekretion, und alles im Stil der Interpretation von Paragraphen einer juristischen Verordnung.

Hier setzt dann die Tragödie ein und nimmt ihren Lauf.
Angeregt durch ein plötzlich ans Licht gekommenes Liebesverhältnis der jüngeren Schwester zu einem Offizier aus dem engeren Bekanntenkreis der Familie, das zuhause durchgesprochen wird, mit einer gewissen Duldung im Unterton, so schockierend es zuerst für die Tradition von Familie und Stand sein mag – beschließt die Ältere das auch jetzt ihrerseits zu versuchen. Sie muß Scholem, der sich im Grunde genommen sehr dagegen sträubt, geradezu zwingen, mit ihr ein Absteige-Quartier in der Nähe der Universität aufzusuchen.

In diesem Verhältnis bleibt Scholem der distanzierende und mehr passive Partner. Hinzukommt, daß die Hammerstein, immer mehr alle Hemmungen beiseite schiebend, den Mann zu fesseln sucht, indem sie ihm berichtet, was der Vater über die Schleicher und Hindenburgs zuhause erzählt hat, sie bringt Memoranden, die sie im Schreibtisch des Vaters findet, später ganze Aktenbündel, darunter des Vaters Notizen zu dem Putsch-Plan Schleichers gegen den Nationalsocialismus, den Schleicher unter immer neuen Versionen Hindenburg vorzutragen pflegt.

Scholem bleibt nur sehr mäßig interessiert. Seine Ironie deckt sich mit den ironischen Randnotizen des alten Hammerstein, aber das ist auch alles, was er an Interesse dafür aufbringt.

Es entwickelt sich bei ihm das Gefühl, was Außenstehende wie zum Beispiel sein Freund Maslow für ganz ungewohnt ansehen, daß er das Mädchen schützen müßte – eine echte Auswirkung und Reaktion zu dem Liebeswerben des Mädchens. Er warnt sie, sich mit solchen Dingen, Entwendung von Schriftstücken etc zu befassen, ihm solche Sachen überhaupt ins Haus zu bringen – allein auch aus der eigenen Vorsicht heraus, daß die Polizei solche Schriftstücke bei ihm finden könnte. Es hat den gegenteiligen Erfolg, die Leidenschaft des Mädchens wird immer stärker.

Bei Scholem kommt noch hinzu, daß er nach all den Verleumdungen des Moskauer Apparats ein gewisses Ressentiment zurückbehalten hat, überhaupt Moskau in irgendeiner Weise, etwa durch Informationen über die Gegenseite behilflich zu sein – es kommt darüber zu Zerwürfnissen mit Maslow, den er noch in Paris von Berlin aus aufsuchen konnte, zwar mit einem etwas veränderten Paß, aber dennoch ziemlich offen und anscheinend geduldet. Er besucht dort auch seine Familie, Frau und Kinder, die schon vorher nach Paris verzogen, d.h. emigriert sind.

Er erzählt dort, so nebenbei – eigentlich mehr um seine Uninteressiertheit zu zeigen –, was er aus den Akten aus dem Hause Hammersteins herausgelesen hat, er erwähnt den Schleicher-Plan, und einen neuen Aufmarschplan gegen Rußland im Falle eines plötzlichen Konfliktes – der Plan bringt gegenüber einem Standardplan des Generalstabes wesentliche Veränderungen, Schlußfolgerungen aus der engen Zusammenarbeit während des Militärbündnisses. Er erwähnt, er hätte den Plan in der Hand gehabt, er hätte ihn sogar nach Paris bringen können, aber er hätte ihn sogleich zurückgegeben, er sei eben daran nicht mehr interessiert.

Die Familie Scholem: Bei der früheren Prominenz Scholems in der Partei ist die Familie in der Emigration in Paris ein Zentrum von Ex-Kommunisten, loyal gebliebenen KP-Freunden, allerhand Emigranten um den Kreis der Pariser Tageszeitung. Man kommt einfach dahin, weil man sicher ist, Neuangekommene von Interesse oder sonstiges, was noch in Deutschland zurückgeblieben ist, dort zu treffen.

Bei aller zur Schau getragenen Gleichgültigkeit hatte Scholem eine sehr enge Bindung zur Familie. Die Frau hat die außerehelichen Eskapaden hingenommen, stillschweigend geduldet. In der Frau war indessen die Überzeugung gereift, daß dieses Verhältnis zu der Hammerstein, das inzwischen auch innerhalb der Familie offenkundig genug geworden war – die Hammerstein hatte die Familie noch vor der Emigration in Berlin aufgesucht und ihre Hilfe angeboten –, ernster zu werden drohte als die bisherigen Seitensprünge mit den Stenotypistinnen im Partei-Apparat. Natürlich war sie sich auch der Gefahr für den Mann, die daraus erwachsen konnte, bewußt. Sie hatte die vielleicht aus normaler Eifersucht geborene Überzeugung gewonnen, daß der Mann in eine Falle gelockt werden sollte. (Darin hatte sie übrigens, was die Absicht der Gestapo anlangt, vollkommen recht.) Aus dieser Besorgnis ist ein Haß gegen die Hammersteins entsprossen, dem die Frau im Kreis der Besucher aus den Emigrationskreisen unverhohlen Ausdruck zu geben pflegte.

Das Hammerstein–Scholem-Verhältnis war zum Gesprächsstoff innerhalb der Emigration geworden, mit allen möglichen Kombinationen.

Der Aufmarsch-Plan – in Wirklichkeit ist die entsprechende Mappe nicht aus der Bendlerstraße hinausgekommen, wenigstens nicht effektiv. Der alte Hammerstein hatte die Mappe aus dem Archiv angefordert, um für das Heereswaffenamt entsprechende Eintragungen herauszuziehen. Aus der Mappe in Hammersteins Schreibtisch – die Tochter war inzwischen auch in der Bendlerstraße angestellt worden – hatte das Mädchen einige Blätter herausgenommen, in der Absicht sie zu kopieren, wenn Scholem es gewünscht hätte. Scholem hatte aber kein Interesse, wollte sie auch nicht kopiert besitzen, und die Hammerstein hat noch am gleichen Tage die Blätter wieder zurückgebracht. Die Mappe war aber inzwischen wieder zurück ins Archiv gewandert. Die Tochter mußte nun zur Frau von Natzmer gehen, der Leiterin des Archivs, und die Blätter unter einem Vorwand in die Mappe zurückbringen ... im Schreibtisch unter anderen Papieren liegen geblieben etc.

Als am nächsten Tage die Natzmer dem alten Hammerstein die routinemäßige Mitteilung machte, daß die Mappe wieder komplett sei, hat dieser dazu geschwiegen. Er hatte jetzt die Gewißheit, daß die Tochter aus seinem Schreibtisch Manuskripte einsieht oder entwendet. Er hat dazu geschwiegen. Die Tochter wurde nur in eine andere Abteilung versetzt, in einem andern Stockwerk, so daß der Zutritt zu seinem Büro an sich sehr erschwert war.

Bei den späteren Verhören der Natzmer kam dieser Vorgang auch zur Sprache, von der Natzmer mit als Entlastung benutzt. Im Prozeß selbst wurde darauf nicht eingegangen. Praktisch war die Hammerstein in den Natzmer-Prozeß (Auslieferung der Konstruktionszeichnungen neuer Waffen an den polnischen Attachee Graf Sosnowski) überhaupt nicht verwickelt, obwohl sie mit verurteilt wurde.

Die Gestapo greift ein

Scholem wird kurz nach seiner Rückkehr aus Paris von der Gestapo verhaftet, ohne Angabe von besonderen Verdachtsgründen in Schutzhaft genommen und dem berüchtigten Untersuchungsrichter Vogt beim Reichsgericht in Leipzig vorgeführt. Der hat noch keine besonderen Anweisungen, behandelt ihn freundlich, verspricht baldige Freilassung. Es erweist sich, daß den eigentlichen Drahtziehern, die an dem Netz arbeiten, in dem Hammerstein sich fangen soll, um dann beseitigt werden zu können, die Verhaftung von Scholem ganz überraschend gekommen ist. Das Netz war noch nicht festgefügt genug. Man wußte natürlich aus Beobachtungen, daß ein Liebesverhältnis zwischen der Tochter Hammersteins und dem jüdischen Kommunisten Scholem bestand – die Judengesetze waren aber noch nicht herausgekommen – man wartete noch, und das Material schien für den großen Schlag noch nicht ausreichend. Zudem war Scholem für eine andere Aufgabe aufgespart – den Test, ihn für Informationen über Moskau benutzen zu können.

An dem Netz gegen Hammerstein (im Auftrage Görings und

der Partei-Hierarchie der Nazis) arbeitete ein Dreier-Kollegium, Nebe, der Kriminal-Kommissar, Vogt, der Untersuchungsrichter beim Reichsgericht, und der General Reichenau – dieser um die Stimmung innerhalb der Generalität abzutasten, falls und wie weit gegen Hammerstein vorgegangen werden kann. Alles war aber noch in vorbereitendem Stadium. Die Verhaftung wirkte sich eher störend aus.

Sie ist veranlaßt worden durch einen Bericht aus der Pariser Emigration und zwar über eine völlig andere Abteilung: Spionageverdacht. Die Denunziation stammte aus den Kreisen, die bei den Scholems verkehrten, direkt veranlaßt durch einen gewissen Baer, Pariser Vertrauensmann der Otto-Strasser-Organisation. Baer hatte sich in der Pariser Fremden-Polizei festgesetzt. Er arbeitete dort in der Überwachung der Emigranten, Anwerbung von Spitzeln und ähnlichem. Zur besseren Abschirmung hielt er auch Kontakte zur Gestapo. Der Mann war für die Strasser-Organisation von großem Nutzen, weil er als Gegenleistung einen gewissen Schutz für einige der besonders gefährdeten Strasser-Flüchtlinge einkaufen konnte.

Baer hat die Denunziation gegen Scholem in Gang gebracht, hatte wenig exakte Einzelheiten, glaubte jedoch Scholem im Besitz des Aufmarschplanes, zum mindesten den Verdacht rechtfertigend, Scholem hätte ihn in Paris an den Mann zu bringen versucht. Baer ließ auch die Familie Scholem unter Druck setzen, sie solle veranlassen, daß Scholem wieder nach Paris zurückgerufen werden solle zu einer weiteren Besprechung; andererseits würde die Familie ausgewiesen werden.

Frau Scholem war erfahren genug, mit einem Anruf um Schutz bei einer der großen Emigranten-Organisationen, dem SPD-Partei-Vorstand zu parieren. Die Reaktion bei Baer war die Unterstreichung der besonderen Gefährlichkeit Scholems. Sofortiges Eingreifen schien bei der Gestapo erforderlich. Keine Rücksicht mehr auf die Notwendigkeit weiterer Beobachtung.

Die Hammersteins selbst waren bei dieser Denunziation noch zunächst völlig aus dem Spiel. Vogt erkannte schon nach dem ersten Verhör, daß der Spionage-Verdacht unbegründet war. Was aber nun mit Scholem zu tun?

Das Netz zieht sich zusammen
Für die Initiatoren blieb jetzt nicht viel anderes mehr übrig als die Tochter Hammerstein jetzt auf die Bühne zu bringen. Zunächst sie unter moralischen Druck zu setzen. Sie wurde von Nebe vorgeladen und nach ihren Beziehungen zu Scholem gefragt. Sie ließ sich wenig einschüchtern und verweigerte zunächst jede Auskunft, Privatangelegenheit (das Judengesetz existierte ja damals noch nicht).

Es beginnt jetzt das Katze-und-Maus-Spiel, das sich über Monate hinziehen sollte. Fäden um Fäden wurden in das Netz hineingesponnen.

Vogt kam von Leipzig nach Berlin, in die Villa Hammersteins, und verhörte dort erneut die Tochter – als besonderes Entgegenkommen in der elterlichen Wohnung.

Vogt hat dort behauptet, Scholem hätte gestanden, er hätte von ihr Informationen aus der Bendlerstraße empfangen. Die Hammerstein bestritt dies nicht nur energisch, sondern sagte ihm auf den Kopf zu, daß er ein Lügner sei: Scholem würde niemals etwas derartiges behaupten; sie verlangte eine Gegenüberstellung mit Scholem.

Vogt erbat die Erlaubnis, das Verhör im Beisein des Vaters fortzusetzen. Das fand am nächsten Tage statt. Keine Aussprache zwischen Vater und Tochter in der Zwischenzeit.

Bei dem 2ten Verhör beruft sich der Vater auf das Verbot der Auskunftserteilung über Vorgänge im Amt ohne besondere ministerielle Ermächtigung. Er schwieg zu den meisten Fragen. Die Tochter ist sehr aggressiv zum Schutze von Scholem aufgetreten. Sie hat schließlich das intime Verhältnis zu Scholem zugegeben. (Scholem hatte es Vogt gegenüber bestritten.)

Der Vater erklärte auf direkte Anfrage, er sei von einer Studienfreundschaft der Tochter zu Scholem unterrichtet gewesen.

Es geschah mehrere Wochen nichts. Der Vater hat mit der Tochter nicht gesprochen.

In der Zwischenzeit wurde Scholem unter stärkeren Druck gesetzt. Die aus Paris gekommenen Denunziationen wurden ihm vorgelesen, die Interpretation, der Spionageverdacht – ja Gewißheit angedeutet. Dazu: daß die Hammerstein bereits einiges zugegeben hätte. Die Behörde sehe es noch nicht als

Spionage an, als Leichtsinn, aus der Intimität der Beziehungen heraus.

Scholem hat dazu geschwiegen. Sich wiederholt geweigert, überhaupt dazu sich zu äußern.

Diesbezügliche Äußerungen seiner Frau in Paris – gipfelnd in der Aufforderung, durch Mithilfe an der Untersuchungsbehörde seine Position zu klären, als Lügen bezeichnet und jede weiteren Versuche nach dieser Art ironisiert und abgelehnt.

Praktisch waren die Verhöre Scholems damit beendet.

Die ältere Hammerstein hat sich der jüngeren Schwester offenbart. Aus dem Vertrauen um eine gewisse Hilfe gebeten. Die Schwester war ohne Bedenken sofort dazu bereit. Es gelang ihr über einen ihrer Freunde im Justizministerium eine Verbindung zu Scholem herzustellen. Scholem konnte über die Situation im Hause Hammerstein unterrichtet werden, den Umfang der Aussagen. Scholem hat den als möglich in Aussicht gestellten ständigen Kontakt nicht angenommen. Er ließ erklären, er wünsche keinen Kontakt zu den Hammersteins – vermutlich hat er in dem Angebot eine neue Falle gewittert.

Der Vater Hammerstein griff jetzt zum ersten Mal direkt ein. Er beauftragte den Justitiar der Bendlerstraße, v. Dohnanyi, sich um den Fall Scholem zu kümmern, soweit seine Tochter, Angestellte der Bendlerstraße, dahinein verwickelt schien.

Dohnanyi war für Aufgaben im Bereich der Abwehr specialisiert. Besaß dafür außerordentliche Vollmachten auch für die civilen Reichsbehörden, insbesondere die Polizei und Justiz. Er verlangte von Vogt Einsicht in die Untersuchungs-Akte gegen Scholem.

Es hätte ihm auf die Dauer auch nicht verweigert werden können. Vorerst wurde ein Aufschub erreicht, als die Untersuchung an Kommissar Nebe abgegeben wurde. Dieser zog wieder die Auskunft noch einige Wochen hin.

Inzwischen war Scholem in ein KZ abgeschoben worden mit dem üblichen Aktenzeichen: Rückkehr nicht erwünscht. Die Akten kursierten in dem routinemäßigen Umlauf.

Die Gestapo hatte den Plan aufgegeben, sich Scholem irgendwie dienstbar zu machen.

V. Dohnanyi ist auch sonst nicht müßig gewesen. Er hatte in

der entsprechenden Abteilung in der Bendlerstraße selbst diskrete Untersuchungen angestellt. Dabei auf verschiedene Hinweise Reichenaus gestoßen in der Personalabteilung, vorgeschlagene Warnung Hammersteins über den Umgang seiner Tochter mit Kommunisten (und Juden), ein Memo der Frau v. Natzmer über Nachlässigkeit Hammersteins in der Verwahrung von Geheim-Akten.

Aus dem Dossier Hammerstein hat Dohnanyi diese Schriftstücke entfernt und zu einer eigenen Untersuchungsakte im Abwehr-Tresor deponiert, zusammengefaßt. Darin befand sich auch eine präzise Anweisung Heydrichs über die Beobachtung der Wehrkreis-Kommandanten im Verhältnis zu Hammerstein und ihrer früheren Stellung im Ausbildungsbereich nach dem russisch-deutschen Militärabkommen. Diese Akten sind im späteren Prozeß Natzmer–Hammerstein nicht angefordert oder auch nur verwendet worden; sie blieben auch verschwunden.

Die Generale hatten noch ein letztes Mal einen Erfolg aufzuweisen: Reichenau wurde nach Königsberg abgeschoben. Aber Reichenau hat das Eingreifen Dohnanyi's nicht vergessen.

Nach Beginn des Rußlandfeldzuges wurden von Göring–Heydrich die Akten Hammerstein angefordert. Sie befanden sich in dem privaten Tresor Dohnanyi's, der damals gerade auf Dienstreise in Rom war.

Die Abwehr, Oberst Oster, der Personalchef Canaris', verweigerte die Einsicht und den Schlüssel zum Tresor.

Gegen Dohnanyi wurde ein sehr langsam anlaufendes Verfahren beim SD eingeleitet, in dessen Verlauf er schließlich verhaftet wurde.

Oster als General-Major hinaufbefördert, wurde in die Führerreserve versetzt. Der größte Teil der engeren Mitarbeiter Canaris', die Abteilungsleiter von A 1 und 3 verdrückten sich in Front-Kommando-Stellen. Der Rest wurde mit Canaris liquidiert.

In der Liquidationswelle der 44er wurde auch Dohnanyi, der damals schon über 12 Monate in Haft war, mit umgebracht.

Der Endkampf um die letzten Oppositionsreste innerhalb des Generalstabs war beendet.

Vorher – zum Ablauf der Hammerstein-story gehörend, hatte die jüngere Hammerstein versucht, der Familie Scholem in Paris die Wahrheit über die Gefahren, die Scholem und ihrer Schwester drohen, zu unterrichten. Es war ein spontaner Entschluß, die Familie Scholem um Hilfe zu bitten. Aus dem engeren Verkehrskreis der Familie in Paris mußten die Denunziationen stammen.

Sie hat sich dabei naiverweise – wie jeder opferbereite Amateur – bereiterklärt, zur Entlastung des Verdachtes auf ihre Schwester und Scholem ihrerseits für Informationen aus der Bendlerstraße zu sorgen, falls solche von Nutzen sein könnten und gewünscht würden.

Frau Scholem war zunächst sehr abweisend und zurückhaltend. Ließ aber nach mehrmaligen Besuchen in ihrem Hause die Reserve fallen und hat sich später Freunden gegenüber geäußert, das Mädchen verdiene volles Vertrauen und habe ihr eigentlich gefallen.

Vorher hatte allerdings Frau Scholem die Hammerstein mit einer Reihe von Bekannten, wie sie zufällig ins Haus kamen, zusammengebracht.

Die Reise nach Paris schien zunächst ergebnislos verlaufen. Das Mädchen fuhr aber mit der Hoffnung von Paris nach einigen Tagen wieder ab, daß ein engerer Kontakt mit der Familie würde hergestellt werden können.

Das Ende

Auf der Rückreise von Paris wurde die jüngere Hammerstein an der Grenze verhaftet und blieb verschwunden. (In seinem Bericht, aus 1939 stammend, nimmt Maslow an, daß sie sogleich an der Grenze umgebracht worden ist.) Ob zwischen einer etwa vorangegangenen Tortur und der daraufhin gleichzeitig erfolgten Verhaftung der älteren Schwester eine Verbindung hergestellt werden kann, wird man nur ahnen.

Die ältere Schwester wurde verhaftet und nach einem Schnellverfahren wegen Spionage zum Tode verurteilt. Hingerichtet.

Sie ist in dem Verfahren kaum zu den Anklagen eingehender verhört worden, das Verfahren, für sie nur künstlich mit der Anklage gegen die Frau v. Natzmer zusammengekoppelt, verlief vor einem Sondergericht und ohne Zeugen. Frau

v. Natzmer war der Preisgabe von Konstruktionszeichnungen von neuen Waffen an den polnischen Grafen Sosnowski angeklagt. Mit der Affäre Sosnowski hatte die Hammerstein nichts zu tun. Sie hat auch und konnte dazu keine Aussagen machen.

Unmittelbar vor dem Prozeß ist Scholem im KZ umgebracht worden. Er ist so als Zeuge oder Mittäter in dem Prozeß nicht erschienen, selbst nicht einmal erwähnt worden.

Über das Ausscheiden Hammersteins aus dem Amt erwähnt der Bericht nichts, auch nichts über sein weiteres Schicksal.

Der Bericht schließt mit einer detaillierten Darstellung der Hinrichtung. Während Frau v. Natzmer bis zur letzten Minute auf eine Begnadigung gehofft hat und gestützt auf diese Hoffnung verzweifelt um ihr Leben gekämpft hat, ist die Hammerstein völlig apathisch geblieben. Man hat sie schon mehr bewußtlos unter das Fallbeil geschleppt und den Körper stützen müssen, um den Kopf zurechtlegen zu können. Kein Wärter in Plötzensee vor ihrer Zelle oder die Beteiligten an der Serviette haben auch nur einen Ton von ihr gehört.

Die Reichsregierung hat der deutschen Bevölkerung in einem besonderen Anschlag an den Litfaßsäulen von der vollzogenen Hinrichtung Kenntnis gegeben.

Vorschlag für eine Funk-Novelle
Neuzeitliche Legende – anderer Titel wird sich noch finden (in Wirklichkeit die *Hammerstein*-Tragödie im 3. Reich)
Ohne Namensnennung

Aufriß: erster Teil
das Mädchen (die ältere H)
der Mann (der KPD-Abgeordnete Scholem)
die Schwester (die jüngere H)
die Ehefrau (von Sch; in der Pariser Emigration)
darunter dann *ein Strich gezogen*
das *Gepolter der Hinrichtungen*

Aufriß: zweiter Teil
der Vater (General H)
die deutschen Generale – Tauroggen-Tradition
das deutsch-russische Militärbündnis

die Unterwanderung der Armee (Hitler & Co)
Politische Generale und Gestapo
Untersuchungsrichter und Volksgericht – KZ
die russischen Prozesse
der Generalstab ohne Armee
darunter dann *der Strich gezogen* und dahinter das *Hinrichtungsgepolter* (1944)

Aufriß: dritter Teil
Niederlage und Vernichtung
Kann Volk vernichtet werden oder nur der Einzelne?
Volk das gleiche wie unter Barbarossa, Friedrich II, Bismarck, Wilhelm II, Hitler
Gestapo, KZ-Schergen etc, Figuren aber auch Menschen, fehlkonstruiert, aber in der Konstruktion wie wir alle
Wie wir uns drehen, wir gehören zu diesem Volk
Was *bleibt*: die organische Angst, das vegetative Zittern vor dem Ende, Schicht für Schicht tiefer gelagert im Unterbewußtsein: Es wird immer so sein
Es wird wieder sein.

In der *Durchführung:* 1. Aufriß sehr pointiert, präziser Bilderbogen. 2. Aufriß: sehr viel knapper gehalten, mit dem Zeigestock über den Geschichtsdaten. 3. Aufriß: noch knapper, nur noch die Akzente.
(Wenn man es sich leisten kann: Schlußzitat aus dem Buch von Professor Knauff aus Braunschweig, erschienen um 1740 herum: „Über das Schmatzen und Schnarchen der Toten im Grabe")

Von der Berichterstattung zur Erzählung bestimmt der Zuhörer, der Intensitätsgrad bis zum Miterleben, was in die Tagesgeschichte eingeht, verarbeitet wird und dort untergeht oder was sich zur Legende verdichtet.
Es beginnt mit dem Einzelschicksal, der Person und dem Namen, aber je stärker sich dieses Schicksal in das Bewußtsein des Hörers prägt, je mehr schwindet die Bedeutung von Person und Namen hinein in die Vielfalt von Gruppen, in der jeder der Zuhörer ein Teil hätte sein können oder bereits so gewesen ist.
Merkwürdig – das Böse, die tragische Verkettung, in frühe-

ren Zeiten als Schicksal gedeutet, scheidet sich nicht nach den Glaubensbekenntnissen, der Weltanschauung und der Gesellschaftsform, der sozialen wie politischen – es wird der Boden, auf dem der Einzelne steht, die Luft, die wir atmen, und – hineingezogen oder hineingedrängt, es wird das Gemeinsame und davon wiederum das, was wir gewohnt gewesen sind so zu bezeichnen – das Volk, unser Volk.

In der vergangenen Gegenwart ist statt der Personen und Namen geblieben nur der Akzent, die Kurve des Insektenfluges, das leichte Zittern im letzten Atemzug. Dies Gestalt werden zu lassen mit dem Anspruch auf allgemein Gültiges ist Aufgabe der Legende dieser Gegenwart.

ROGER BOSCOVICH

Die geometrische Entschlüsselung des Weltalls

Die Einführung eines der großen mathematischen Genies in der Geschichte der Wissenschaften erfordert einige erklärende, ich möchte beinahe sagen entschuldigende Vorbemerkungen. Nachdem über zwei Jahrhunderte, im Gefolge der Aufklärungs-Epoche in Frankreich und England die Geometrie, der am stärksten aus dem klassischen Altertum überlieferte Zweig der mathematischen Wissenschaften, von der neuen Wissenschaft der angewandten Physik in den Hintergrund gedrängt worden war, hat sich der Sprachgebrauch in der Terminologie der Forschung innerhalb dieser Fachwissenschaften spezialisiert, den magischen Formeln vergleichbar, die nur der Berufene interpretieren und mit Argumenten diskutieren darf. Der Laie, der etwas für sich daraus entnehmen will, auch Schlußfolgerungen, die in sein eigenes Wissensgebiet fallen, etwa der Psychologe, der Gesellschaftswissenschaftler, der Theologe oder ganz allgemein der Philosoph, wird brüsk in seine Schranken verwiesen. Es bleibt für das Verständnis des Weltbildes nach außen wie nach innen im Erleben des Individuums kaum etwas übrig, an das sich ein Suchender klammern könnte und das ein Verständnis, das ist zunächst das Wunschbild, befruchten könnte. Das ist sicherlich eine beklagenswerte Erscheinung, verteidigt von der Fachwissenschaft der Physik mit der Notwendigkeit, sich vor verallgemeinernden Schlußfolgerungen zu schützen, vor dem Abgleiten in sogenannte Geheimwissenschaften und vor der Scharlatanerie. Ob mit Recht, soll hier nicht erörtert werden.

Das Pamphlet von Jean-Paul Marat, dem großen Publizisten der französischen Revolution, gegen die unbegabten Nachfolger der Enzyklopädisten in der Französischen Akademie unter dem Titel „Les Charlatanes modernes", wirkt noch heute in den Akademien und Fachinstituten der organisierten Wissenschaft als ein Menetekel an der Wand, unter dessen Folge eine Kontrolle des Schweigens eingeführt und gehandhabt wird. Merkwürdigerweise richtete sich dieses Pamphlet in erster Reihe aber gegen diese Praxis des Totschweigens – eine seltsame Verkehrung von Absicht und Wirkung. Sie hat noch für ein weiteres Jahrhundert die Forschung beeinflußt und gelähmt, nachdem auch die französische Revolution selbst über die ersten Ansätze zur Schaffung eines neuen Weltbildes nicht hinausgekommen ist.

Unter dieser rückflutenden Welle von Angst und Scheu, sich exakt genug mit den Problemen des Weltalls zu beschäftigen, ist der Name von Roger Boscovich für die breitere Öffentlichkeit vergessen gemacht worden. Hier steht nicht mehr die Frage: zu Recht oder zu Unrecht, denn der Durchbruch gegen die Isolierung in einem Ring des Schweigens ist von selbst und geradezu automatisch erfolgt. Praktisch hatte die Diskussion um die Einstein'schen Relativitätsformeln die Isolierung bereits durchbrochen. Boscovich hat die Fundamente geschaffen, auf denen die Relativitäts-Begriffe von Zeit und Raum, die Beschleunigungsgesetze des Lichts und das gesamte Rüstzeug der Astrophysik erst entwickelt werden konnte. Das ist heute auch innerhalb der Fachwissenschaft unbestritten. In die große Kette der Mathematiker der letzten Jahrhunderte von Newton, Euler, Riemann, Mendeljew bis Poincaré und Michelson wird auch Roger Boscovich einzureihen sein, vielleicht der größte der Anreger einer Mathematik, die nicht mehr auf ein wissenschaftliches Fachgebiet sich beschränkt, sondern wie das Weltall und den Kosmos auch den Menschen umfaßt, den inneren wie den äußeren, die geistigen wie körperlichen Funktionen – der die ersten Ansätze zur Entwicklung und Mutation zu einer biologisch höheren Rasse in einer geometrischen Formel fixiert hat, wie Allan Lindsay Mackay im „New Scientist" 1958 schreibt.

Gestützt auf das neu entwickelte Gesetz der kosmischen Akzeleration hat die Geometrie ihr zu schnell in die Höhe gewuchertes Stiefkind, die Physik, bereits in weit bescheidenere Grenzen zurückverwiesen. Sie ist dabei, die Phantastik der angewandten Physik zu beschneiden, in exaktere Formeln zu transmutieren und vielleicht schon für das nächste Jahrhundert wieder völlig vergessen zu machen. Die größere Sicht in den Weltenraum und die Reflexe auf die Erkenntnis des Einzelwesens, die Ausstrahlung dieser Erkenntnis im Einzelwesen auf die Umwelt – das ist das große Ziel, nicht die Eroberung des

Weltalls, von der noch immer selbst in wissenschaftlichen Kreisen gesprochen wird.

Für manchen Leser wird vielleicht der Name Roger Boscovich noch völlig unbekannt sein. Es mögen hier einige Angaben aus der Encyclopaedia Britannica eingefügt werden. Die Entwicklung, der äußere Lebenslauf ist ohne erregende Zwischenstationen, der typische Lebenslauf eines prominenten Wissenschaftlers des 18. Jahrhunderts, in gutem Kontakt und keineswegs im Gegensatz zu den Spitzen der wissenschaftlichen Welt jener Zeit. Geboren 1711 im dalmatinischen Durazzo, geht Boscovich mit 14 Jahren als externer Schüler an das Jesuiten-Kollegium in Rom. Er ist dort eingeschrieben für das Studium der Mathematik, Astronomie und später Theologie. 1728 tritt er in den Orden der Jesuiten ein. 1736 veröffentlicht er seine erste wissenschaftliche Arbeit über die Sonnenflecken. Von 1740 an unterrichtet er am Collegium Romanum Mathematik. Er wird zum päpstlichen Berater für die mathematischen Wissenschaften im Vatikan ernannt. Boscovich baut für den Vatikan das Observatorium. Er zeichnet die Pläne für die Trockenlegung der pontinischen Sümpfe, ein Projekt, das nach der politischen Einigung Italiens noch 70 Jahre hindurch die jeweiligen italienischen Regierungen beschäftigt hat, immer wieder aus Budgetgründen und durch die Eifersüchteleien der parlamentarischen Fraktionen hinausgezögert, bis schließlich Mussolini ein unverändertes Teilstück dieser Pläne auf dem Verordnungswege durchführt, die Entwässerung der Küstenstrecke bei Ostia. Boscovich unternimmt umfangreiche Reisen durch die europäischen Länder und nach Asien, konstruiert das System der geophysikalischen Aufnahmen, die Berechnungen der Klimaabweichungen, die Krisenherde für Naturkatastrophen. Er ist in der Lage, an Hand dieser kartographischen Aufnahmen in einem Vergleich zu den aus dem Altertum überlieferten Skizzen genau den Ort anzugeben, wo das alte Troja verschüttet liegt – was Schliemann später durch seine Ausgrabungen bestätigt findet.

Boscovich wird 1760 zum Mitglied der Royal Society in London ernannt. Wird 1763 zum Direktor in die Verwaltung der optischen Instrumente in der Königlichen Flotte Frankreichs berufen. Er erhält das französische Ehrenbürgerrecht. In diese Zeit fällt sein berühmt gewordener Briefwechsel mit Voltaire und Johnson, der im Vorjahr in England neu herausgegeben worden ist. Boscovich hält eine enge Freundschaft mit den Veteranen der Enzyklopädisten, d'Alembert und Lagrange. 1785 zieht er sich nach Bassano zurück, um an der Herausgabe seiner gesammelten Werke zu arbeiten. Er stirbt in Mailand im Jahre 1787. Sein Hauptwerk ist eine Schrift über die Theorie der Naturphilosophie, die 1758 in Wien in lateinischer Sprache gedruckt worden ist und die seinen wissenschaftlichen Ruhm begründet hat. Sie trägt den Titel: Theoria philosophiae naturalis redacta ad unicam legem virium in natura existentium. Er begründet darin die universale Einheit, die einheitliche Gesetzmäßigkeit allen Geschehens in Natur und Kosmos, die Formeln der Bewegung, der Anziehung und Abstoßung und den Bewegungsablauf in der Mechanik, wo alle Teile zu einem Ganzen zurückkehren.

Der Lebenslauf dieses Roger Boscovich bringt an und für sich nichts Ungewöhnliches. Auch daß das meiste von seinen Werken für die Fachwissenschaft bisher in Vergessenheit geraten war, ist nicht so aufregend. Das gleiche Schicksal haben viele der großen Anreger am Ausgang des Mittelalters, an der Schwelle der sogenannten neuen Zeit mit ihm teilen müssen, ohne daß die wissenschaftliche Welt darüber jetzt in Ekstase geraten wäre. Was aber für Boscovich in Anspruch genommen wird, das ist – er war eben mehr als nur ein wissenschaftlicher Anreger und Vorläufer. Er hat, wie man nachträglich heute wieder entdecken muß, bereits ein System aufgebaut, das steht, und zwar auf den gleichen Fundamenten, auf denen die klassische Geometrie des Altertums gegründet war: es umfaßt das in sich geschlossene Universum, dessen Grenzen zu berechnen sind, ein Anfang und ein Ende, das in einer Gleichung fixiert werden kann, das feststehende und unabänderliche Weltbild, nach außen wie nach innen. In der Formulierung dieser Erkenntnis liegt die heute noch nicht abzusehende Bedeutung dieses mathematischen Genies. Die Grundannahme der Physiker des 19. Jahrhunderts bis weit hinein ins 20ste, daß unser Universum ständig expandiert und ewig fließend ist, wird zugleich damit erledigt.

Die heutige Astrophysik bekennt sich zum überwiegenden Teil zum Boscovich'schen Weltbild. Sie beinhaltet als eine der Schlußfolgerungen, daß alles Lebende in unserem Universum nicht auf dem Planeten Erde begonnen haben kann. Der Astronom an der amerikanischen Cornell Universität, Professor Thomas Gold, hat dieser Erkenntnis, die in striktem Gegensatz zu der bisherigen Annahme der Astrologen und Theologen steht, auf der 1960 abgehaltenen internationalen Tagung der Weltraum-Forscher Ausdruck gegeben. Sie hat ein Universum zur Voraussetzung, dessen Zeitbegriff und Ausmaß an sich fixiert, aber in variablen Relationen steht. Die daraus errechenbaren Relativitäten erklären erst die Moleküle und Menonen Heisenbergs in Atom und Kernzelle ebenso wie die Planck'schen Quanten-Gesetze, die Konstante.

Der Laie läuft Gefahr, in phantastische Spekulationen abzugleiten. In einer Zusammenfassung vieler solcher Möglichkeiten, hergeleitet auf der Grundlage der Boscovich'schen Richtlinien, haben die französischen Parapsychologen Louis Pauwels und Jacques Bergier ein Buch veröffentlicht unter dem Titel „Le matin des magiciens", zu dem hier nicht Stellung genommen werden soll, obwohl es sehr verlockend erscheint. Die für nächstes Jahr in England angekündigte Gesamtausgabe der Werke von Roger Boscovich und ihre sicherlich zu erwartende wissenschaftliche Interpretation sollte abgewartet werden. Auch die jugoslawische Regierung hat ein umfassendes Werk über die Bedeutung von Boscovich in Auftrag gegeben. Auch eine russische Arbeit über Boscovich, die von dem Mendeljew-Institut in Moskau vorbereitet wird, sollte dann bereits vorliegen.

Aus der bereits erwähnten französischen Zusammenfassung, hauptsächlich für Laien bestimmt, möge hier nur eine Beobachtung herausgegriffen werden, und zwar ausschließlich referierend. Es ist in der wissenschaftlichen Welt seit dem ersten Auslaufen des amerikanischen Unterseebootes im Atomantrieb „Nautilus" bekannt, wenn auch bisher von der amerikanischen Regierung noch nicht offiziell zugegeben, daß zwischen einem Versuchslaboratorium auf dem Lande und einem hermetisch auf dem U-Boot in einer Kabine abgeschlossenen Nachrichtenoffizier Versuche einer Gedankenübertragung durchgeführt werden, Befehlsübermittlung unter Ausschaltung des üblichen Kommunikationssystems, wobei Diagramme und eine Kombination von Strahlungslinien von Boscovich als Unterlagen oder, wenn man will, als Kode benutzt werden. Es soll darüber bereits ein detaillierter Bericht der Rand Corporation vorliegen, die solche Versuchszentren bei der General Electric, der Westinghouse, der Bell Telephone Co. und im Zentrum der militärischen Forschungsstelle in Redstone (Alabama) eingerichtet hat. Alle solche Versuche sind noch mit größter Geheimhaltung umgeben, ebenso wie die von Moskau durchgeführten Versuche einer Radar-Kommunikation, basierend auf einem von Boscovich beschriebenen Energie-Ausstrahlungszentrum einer Einzelperson mit einer Aufnahmestation im Weltraum. Die Übervorsicht in der Geheimhaltung dieser Versuche ist reichlich überflüssig. Sie sind bereits in allen Einzelheiten beschrieben, mit den notwendigen Diagrammen versehen, den Strahlungsrichtlinien, den zu erwartenden Abweichungen, die wiederum in einer Gleichung korrigiert werden können, in den Briefen von Boscovich an Voltaire. Dort findet sich auch der Vorschlag der Einführung eines geophysischen Jahres, um solche Versuche zu verbreitern und eine Grundlage für eine wissenschaftliche Überprüfung zu schaffen, auf der dann eine Konstante erwartet werden kann.

Die Revolutionen in der wissenschaftlichen Erkenntnis verlaufen unter anderen Begleiterscheinungen wie diejenigen auf der Bühne der Politik. Manchmal dauert es Generationen, bis sie allen sichtbar werden. Die schon erwähnten französischen Katalogisten deuten in ihrem Buch, das seit Monaten an der Spitze der Bestseller-Liste in Frankreich steht, den Abschluß einer solchen Revolution an. Sie hat einer größeren Aktivität in den Verbindungen des Intellekts den Weg geebnet, einer neuen Welle des „Aufwachens" wie sie es nennen – das Erwachen aus dem Dämmerschlaf der Emotionen. An der Schwelle dieses „wachen" Zeitalters steht Roger Boscovich.

DIE ROLLE VON RUTH FISCHER

**Die Rolle von Ruth Fischer
in der Kommunistischen Partei
(Spartakusbund)**

Als Anfang 1919 aus dem losen Spartakusbund, der kaum organisatorische Bindungen zwischen den einzelnen Gruppen hatte, die Kommunistische Partei (Spartakusbund) gegründet wurde, war Ruth Fischer bereits von Wien nach Berlin gekommen. Sie war von niemandem berufen worden, sondern nutzte lediglich einige Beziehungen zu führenden Leuten, die sie von ihrer Tätigkeit in der revolutionären Jugendbewegung in Wien kennengelernt hatte, aus. Sie wurde in der gerade in Bildung begriffenen Partei dem Frauen-Sekretariat zugeteilt. In diesem Frauen-Sekretariat saßen altgediente Funktionärinnen der SPD und USAP, mit Clara Zetkin an der Spitze neben jüngeren Genossinnen aus der Jugendbewegung wie Rosa Wolfstein, die aber gleichfalls nur bestrebt waren parteitraditionelle Arbeit zu leisten, das sind Registrierung, Organisierung von Kursen und Vorträgen, Referate zum allgemeinen Parteiprogramm und ähnliches mehr – keine besonders aktuell politische Aufgabe, wie etwa die oppositionellen Abweichungen zum offiziellen sozialistischen Parteiprogramm, aus der erst in späteren Monaten ein direktes kommunistisches Parteiprogramm entstanden ist. Ruth Fischer war von Beginn an in diesem Frauensekretariat ein eher störender Fremdkörper. Sie suchte nach einer mehr nach außen aktiveren Betätigung, Versammlungsreden, Beteiligung an Demonstrationen, Straßenkämpfen und alles das – was bei den Mitarbeiterinnen im Sekretariat auf kühle Ablehnung stieß, gemischt mit ein wenig Verachtung für den marxistisch nur sehr oberflächlich geschulten „Wirrkopf" und es ist wichtig, dies zu erinnern – daß diese Geringschätzung bis zur Verachtung auch über die späteren Jahre geblieben ist. Unter den Parteiarbeiterinnen konnte Ruth Fischer im Grunde nicht einen einzigen wirklichen Anhänger aufweisen, im Gegenteil. Was ihr später nachgelaufen ist, hatte mehr den ehrgeizigen Zweck sich an den Wagen der Ruth Fischer mit anzuhängen, wenn Erfolg in Aussicht stand, um so tiefer dann im Falle der schwindenden

Erfolgschance die „Führerin" zu denunzieren. RF hat nie versäumt, mit gleicher Münze heimzuzahlen, was das außerordentlich schlechte Verhältnis zwischen RF und den Frauen der jeweiligen Bewegung erklärt.

Von nachhaltigem Einfluß wird dabei auch die Ablehnung von Rosa Luxemburg, dem Idol der romantischen Bewegung innerhalb der Partei gewesen sein, die alle Annäherungsversuche der RF schon nach Wien hin abgewiesen hatte. Obwohl Rosa L und Liebknecht bald ermordet wurden, gerad als RF begonnen hatte im Partei-Apparat an untergeordneter Stelle Fuß zu fassen, war es doch genügend bekannt, daß beide gegen die Übernahme von RF in den Apparat einer im Aufbau befindlichen Partei Bedenken geäußert hatten, in der Hauptsache begründet mit der völligen Unerfahrenheit und einer sichtlichen „emotionellen Verwirrung" der RF – der Typ einer Jungsocialistin, die während des Krieges herangewachsen sich auf nichts weiter berufen kann als auf einen socialistischen Vater – (der Vater, Prof Eisler ist zwar in der socialistischen Bewegung nicht sehr hervorgetreten, galt aber als linientreuer Socialist, hatte sich aber zudem wenig um die Erziehung seiner Kinder gekümmert) – ein Urteil Liebknechts, daß einer der prominenteren Gründer des Spartakusbundes Hermann Duncker im Zentralkomitee der KPD zur Charakterkritik der Ruth Fischer niedergelegt hatte. Ruth Fischer hat dies der Rosa Luxemburg, die sie für die Urheberin dieser Beurteilung hielt, nie verziehen. Sie ist damals und auch späterhin jeder Art von Legendenbildung um Rosa Luxemburg sehr schroff entgegengetreten, mit zynischen und herabsetzenden Witzen, was ihr innerhalb der KPD und besonders innerhalb des Funktionär-Apparates niemals verziehen worden ist, auch dann noch, als die offizielle Parteilinie von Moskau aus sich von der Luxemburg'schen Theorie der Akkumulation des Kapitals distanziert hatte.

In einem gewissen Gegensatz zu dem, was Ruth Fischer selbst in ihrem Buch „Stalin und der deutsche Kommunismus" darüber schreibt, hat nicht Radek sie von sich aus [aus] dem Frauen-Sekretariat zu einer aktiveren Betätigung in der Partei herausgeholt, sondern sie selbst hat Radek, der von Moskau offensichtlich mit der Organisierung der Partei-Kadres beauftragt gewesen ist – eine Version, die lange Jahre über von Moskau übrigens bestritten worden ist: er sei lediglich außenpolitischer

Beobachter gewesen, für seine spätere Tätigkeit als Chefredakteur sich vorbereitend – sozusagen Tag und Nacht überlaufen, ihn mit politischen Aktions-Vorschlägen überschüttet, daß Radek, dem sie bereits lästig geworden war, sie loswerden wollte und den auch noch im Aufbau befindlichen Publikationsapparat veranlaßte sie mit zu beschäftigen bezw. wie man heute sagen würde sie dort anzusiedeln und „unschädlich" zu machen. Dieser Publikations-Apparat beinhaltete die Herausgabe von Zeitungen, bezw die Verteilung der notwendigen Unterstützungsgelder, Ankauf von Papier und Druckereien, die Herausgabe von Zeitschriften und Pressekorrespondenzen und von Bulletins zur Erziehung von Funktionären (der Verfasser hatte für die letzteren die Büros zur Verfügung gestellt und die Tarnung nach außen. Er hat in diesem Rahmen auch Ruth Fischer erstmalig kennengelernt). Ruth Fischer übersiedelte in das Büro von Thomas – James – Rubinstein, der zugleich die Aufgabe einer Sammlung von Ausschnitten, Materialien, Dokumentationen für eine Moskauer Zentralstelle verwaltete, über dessen Vermittlung die Auszahlung der finanziellen Subventionen ging, und der zu dieser Zeit auch noch die Herausgabe der Bulletins betreute. In eine dieser Bulletin-Redaktionen wurde RF gesteckt – wie man heute sagen würde als copy boy, genauer sogar mehr als Botengänger zwischen den einzelnen Tarnstellen. Sie schnitt Zeitungen aus für die Räte-Korrespondenz, das Bulletin für die Gewerkschaftsfunktionäre, bestimmt, die Partei in Kontakt mit der bestehenden Gewerkschaftsbewegung zu halten und gegen die Bestrebungen zur Bildung eigener KP-Gewerkschaften, die spätere Betriebsräte-Bewegung zu diskutieren und Diskussionsmaterial zusammenzustellen. Aus dieser Bulletin-Redaktion sind die späteren Chefredakteure der „Roten Fahne" hervorgegangen. Von einem aktiven Parteileben war Ruth Fischer in diesen Monaten 1919 trotzdem noch völlig abgeschlossen. Allerdings hatte sich in Verbindung mit dieser Finanzzentrale ihr Prestige innerhalb der Berliner Mitgliedschaft zum mindesten bereits stark erhöht.

Im Zuge der Entwicklung der verschiedenen Apparat-Büros und dem Aufbau der Kadres wurde die James-Zentrale sehr bald aufgespalten. Die einzelnen Abteilungen wurden selbständige Apparate und die von Radek zunächst dirigierte Kontrolle wurde, nicht zuletzt durch die striktere Überwachung Radeks und des offiziellen Sowjet-Bevollmächtigten in Berlin, abgelöst durch die Berufung Tschemerinskys-Maslow. (T, ein mit Verwandten in Dänemark domizilierender Konzertpianist, aber sehr engen Beziehungen zu den russischen Parteispitzen, wurde zu diesem Zweck schon Ende 1918 von einer Tournee durch südamerikanische Länder zurückgerufen und in Berlin nach einer Einschulung durch Radek eingesetzt.) In praktische Erscheinung getreten – zur Tarnung eingeschrieben als Student an der technischen Hochschule für mathematische Kurse – ist Maslow erst gegen Mai/Juni 1919, als bei der strafferen Herausarbeitung des Parteiprogrammes der KPD, die den Namen Spartakusbund auch im Zusatz jetzt fallen ließ, die Frage der Beteiligung an den Parlamentswahlen und des Festhaltens an den bestehenden Gewerkschaftsverbänden das akute Diskussionsproblem geworden war. Ruth Fischer hat in diesen Büros Maslow kennengelernt. Sie wurde von Maslow als Verbindung zu den übrigen Büros einerseits und zu Radek andererseits, der damals schon unter Polizeiüberwachung stand, praktisch eingesperrt war, benutzt. Es kam zu einem engeren Vertrauensverhältnis, aus dem sich dann eine Liebesbeziehung, hauptsächlich von Ruth ausgehend, entwickelte.

In diese Zeit fällt die für die Geschichte der Partei historisch gewordene Übermittlung einer Botschaft Radeks an den Parteikongreß, den sogenannten Spaltungskongreß von Heidelberg. Auf diesem Kongreß sollten die neuen Richtlinien der Partei, Parlamentarismus und Gewerkschaften betreffend, zum Programm erhoben werden. In der Funktionärszentrale waren die Meinungen geteilt, ob man es zu einer Spaltung kommen lassen sollte, zumal die großen an Mitgliedern stärksten und auch am disciplinierstesten Bezirke, gegen das Programm stimmen würden. Der damalige Sprecher und Führer der Partei Dr Paul Levi selbst war unentschlossen, neigte aber mehr zu einem schroffen Trennungsstrich. Ruth Fischer überbrachte an Levi nach Heidelberg diesen Brief von Radek, der Levi zur Vorsicht mahnte (nicht wie Ruth Fischer in ihrem Buche schreibt, zur Spaltung aufforderte). Dem Brief war von Maslow eine Anweisung des Moskauer Zentralkomitees beigegeben worden, worin die Ablehnung jeder Kompromißformel, der Abbruch sogar jeder Diskussion weiterhin angeordnet worden war. Ruth Fischer hat später, Jahre später, der Vermutung nicht widersprochen, daß der Brief Radeks gesondert und zwar zuerst und eine Stunde später die beiliegende Anordnung aus Moskau gesondert überreicht worden wäre. Das würde manches widerspruchsvolle auf diesem Heidelberger Parteitag erklären. Jedenfalls ist der Befehl Moskaus über Radeks Kopf und ohne dessen Kenntnis erfolgt. Die Rolle, die Ruth Fischer bei dieser Übermittlung gespielt hat, selbst wenn sie schließlich direkt im Auftrage Moskaus vonstatten ging, ist noch lange später in den engeren Parteikreisen sehr mißfällig beurteilt worden. Man hat Ruth Fischer vorgeworfen, sich aus persönlichem Ehrgeiz – übrigens in diesem Falle sicherlich zu Unrecht – eingemischt zu haben, um beim späteren Aufbau der Kadre-Partei schon von Anfang an eine führende Rolle spielen zu können. Radek hat sich dem Moskauer Beschluß zwar sehr schnell unterworfen, hat aber ein starkes Ressentiment gegen Maslow und daneben auch das Mißtrauen gegen Ruth Fischer niemals verloren. Bei jeder späteren Degradation Ruth Fischers war die Hand Radeks mit zu bemerken. Alle Versuche RF's in Moskau zu einem besseren Verhältnis, was das politische Vertrauen anlangt, zu Radek zu kommen, sind ergebnis[los] geblieben. RF selbst führt das auf mehr rein persönliche Neigungen und Abneigungen zurück, die Hauptsache aber war das Mißtrauen gegen einen gefährlichen Gegner, der vor nichts zurückschrecken würde, den Gegner in eine zwielichtige und für Denunziationen reife Position zu manövrieren. Diese Charakterisation ist für Ruth Fischer alle die Jahre über, wo noch eine direkte Verbindung zum Parteiapparat in Moskau bestanden hat, geblieben.

Mit Heidelberg war die Spaltung besiegelt. Das heißt, mitten in einer revolutionären Entwicklung, die einem Höhepunkt zuzustreben schien, wurde die KPD zu einer Kadre-Partei umkonstruiert und der Massen beraubt, ohne die diese Entwicklung nicht auszunutzen war. Im Gegenteil, diese Massen wurden inaktiviert, paralysiert und in eine Enttäuschung zurückgeworfen, die letzten Endes das Aufkommen der Nazi-Bewegung indirekt unterstützt und mit hervorgerufen hat. An dieser Beurteilung, die zu der Zeit schon ganz allgemein geworden war, ist nicht zu zweifeln. Sie kann damit begründet werden, daß Moskau zu jener Zeit kein Interesse mehr daran hatte an einer revolutionären Bewegung in Deutschland, die den eigenen Aufbau des neuen Sowjet-Rußland eher gefährdet hätte. Die

Propaganda für die deutsche Hilfe für den Sowjet-Aufbau war von der revolutionären Arbeiterschaft und den kleinen Mittelschichten, die propagandistisch erfaßt werden konnten auf die Großwirtschaft und die Finanz hinübergewechselt. Ruth Fischer hat diese Entwicklung, bei der sie ja am Anfang sogar mit eine nicht unwesentliche Rolle gespielt hat, verschwiegen. Hier erhebt sich erstmalig die Frage *warum?*

Die Rolle von Ruth Fischer in der Kommunistischen Partei Deutschlands (KPD)

Die Durchführung der Spaltung vollzog sich 1919/20 sehr konsequent und schnell; in den größeren Bezirken wie Berlin, Magdeburg und dem Ruhrrevier wurde eine örtliche Kadre-Zentrale eingesetzt von oben her bestimmt, dh von dem Vertrauen des Maslow-Stabes abhängig, über den auch die Subventionen etc gingen, eine Reihe von technischen Organisationen, wie die Papierbeschaffung, Druck, den Verteiler-Apparat, auch eine Reihe illegaler Organisationen, Nachrichtendienst, Berufsgruppen zusammengefaßt für den Fall einer Machtübernahme und ähnliches mehr. Es entstand ein nach hunderten von bezahlten Personen bestehender Partei-Apparat – praktisch ohne Mitglieder. Die bisherigen Mitglieder – man könnte sie als aktive und beitragszahlende Kämpfer kurz vor und nach dem Kapp-Putsch noch auf etwa 300.000 schätzen – waren in der offenen Opposition, aus der sich dann während des Kapp-Putsches die Kommunistische Arbeiter Partei (KAPD) konstituierte. Die KAPD zählte bei ihrer Gründung etwa 60.000 Mitglieder, dh organisatorisch erfaßte und eingeschriebene Mitglieder (die sympathisierenden Mitläufer, besonders aus zahlreichen Nebenorganisationen wie der Betriebsräte und der Arbeitslosen-Bewegung u.a. nicht mitgerechnet).

Was hat nun die neue Kadre-Partei getan, diese immerhin noch revolutionsbereite Masse für sich zu gewinnen? Im Gegensatz zu Ruth Fischer, die darüber in ihrem Stalin-Buch lang und breit schreibt, muß hier gesagt werden: nichts! absolut nichts! Bei den örtlichen Funktionärversammlungen, wo nach Heidelberg über die Programm-Punkte diskutiert wurde, hieß es stets entweder-oder, die opponierenden Bezirke wurden geradezu provoziert sich zu spalten – jeweils dann wenn der neue örtliche Parteiapparat bereits aufgestellt war. Ursprünglich unter Maslow's Regie für diese Kadre-Auswahl als Sekretärin mit vorgesehen, erwies sich RF sehr bald als dafür ungeeignet, da sie nicht scharf genug die Trennungsstriche zu ziehen verstand, die Dialektik auch nicht beherrschte und noch nicht genügend verstand, daß man die „nur revolutionären Elemente" in der Arbeiterschaft – so hat RF das später selbst sehr oft formuliert – aus der Partei herausdrängen mußte, wenn die Partei für Moskau als Werkzeug nützlich sein sollte. Das heißt Ruth Fischer war sich damals durchaus bewußt, daß eine von Moskau abhängige Partei keine eigene etwa auf deutsche Verhältnisse zugeschnittene Politik hätte führen dürfen.

RF wurde zur besseren Parteischulung in das Sekretariat der Berliner Ortsgruppe eingeschleust. Sie war dort praktisch nicht viel mehr als die ständig gegenwärtige Verbindung zu Maslow und dessen Stab. In dieser Funktion überraschte sie der Kapp-Putsch. Hier war die Gelegenheit für eine gemeinsame Aktion der Arbeiterparteien, die auf eine breite bürgerliche Unterstützung hätten rechnen können. Die Aktion verpuffte, weil eine zentrale Führung nirgend vorhanden war, keine außenpolitische Perspektive, auf die die Organisatoren des Generalstreiks gewartet haben, einschließlich der bestehenden SPD-Regierung – die von Maslow organisierte Kadre-Partei war praktisch nicht da. Sie machte geradezu ihre Existenz vergessen – in Berlin zum Beispiel unterstützte die Partei hintenherum die Opposition Berlin durch Geld und Papierlieferungen für Flugblätter, und nach außen denunzierte sie die gleichen Leute, denen sie eben noch Geld zugesteckt hatte, als Provokateure, vor denen die Arbeiterschaft gewarnt werden müßte. Dieses Doppelspiel hat sich noch eine Reihe von Jahren fortgesetzt. In ihrer Stellung im Berliner Partei-Sekretariat hat Ruth Fischer entscheidend dabei mitgewirkt. Der KAPD war die Rolle einer sympathisierenden Partei innerhalb der Komintern neben der KPD als Vollmitglied zugedacht. Dieser Versuch konnte nichts anderes bedeuten, als die Partei, solange sie noch über disciplinierte Mitgliedsbestände verfügte, innerlich so zu zersetzen, daß ein Aufsaugen dieser Mitglieder in die KPD erleichtert wurde. Die Zersetzung ist gelungen, die Aufsaugung nicht. Die Behauptung von Ruth Fischer, daß sie schon seit dem Kapp-Putsch ständige Beziehungen zur KAPD und den bald zerfallenden einzelnen Gruppen unterhalten habe, daß die KAPD-Tendenz von Moskau falsch verstanden worden sei und ähnliches, stellt die wahren Verhältnisse auf den Kopf.

Niemals hat Ruth Fischer zur KAPD irgendwelche Beziehungen unterhalten, selbst auch nur Verbindungen gesucht. Nach ihrem Ausschluß aus der KPD bestanden kaum noch überhaupt solche KAPD-Gruppen, höchstens kleine sektiererische Zirkel, aber selbst diese, etwa die Pannekoek-Gruppe in Holland hatten keinerlei Verbindung zu RF. Es erhebt sich die Frage, welches ist der Grund, daß sich RF auf diese kapdistischen Beziehungen später beruft? Innerhalb der KAPD hat man von Beginn an Ruth Fischer nicht als eine selbständige Politikerin angesehen sondern nur als eines der Sprachrohre Moskaus, und dabei nicht mal als eines der sehr bedeutenden, dh man hat sich mit ihrer Person kaum befaßt, weder als sie im Aufstieg war noch später bei ihrem Niedergang. Man muß allerdings hier hinzufügen, daß RF sich in ihren ersten aktiven Jahren im Parteiapparat sehr zurückgehalten hat, sich überhaupt mit rivalisierenden socialistischen und revolutionären Theorien und Praktiken zu beschäftigen. Sie wurde auch von der Partei bezw Maslow nach einer anderen Richtung eingesetzt. Wenn ich mich richtig einer Bemerkung von Maslow erinnere, so deutete er an, daß man Ruth Fischer einfach ständig mit etwas beschäftigen müsse, sonst macht sie Dummheiten ... das soll besagen ihre Aktivität müsse dort eingesetzt werden, wo es am wenigsten schaden kann. So wurde denn damals RF eingesetzt, die bürgerlichen Elemente, soweit sie nicht parteipolitisch gebunden waren, und das waren in den zwanziger Jahren die wenigsten, als Sympathisierende für die KPD zu gewinnen. Sie sprach vor Studenten, selbst vor Reichswehroffizieren, vor allen möglichen Berufsgruppen, wo immer nur eine Möglichkeit gegeben war, über so vage Themen wie die Deutsche Zukunft, ganz allgemein – auch je nach der respons der Einleitung. Mit starker Betonung der nationalen Zusammengehörigkeit, im Grunde mit Tendenzen zum National-Bolschewismus. Bezeichnenderweise wurde eine völlig bedeutungslose Abweichung innerhalb der Arbeiterbewegung, ausgehend von der Hamburger Ortsgruppe der KPD (Laufenberg – Wolfstein –

ehemalige Freunde Radeks) groß als National-Bolschewismus nach Moskau denunziert und dort zu einem tagelangen Gegenstand von Beratungen innerhalb der Komintern gemacht, zur selben Zeit, wo Ruth Fischer mit blond gefärbten Haaren vor einer Gruppe von Offiziersanwärtern der „Schwarzen Reichswehr" sprach. Sie hielt die Verbindung zu dem Leiter dieser Reichswehr, Major Buchrucker, der den Putsch in Küstrin gestartet hat, und den RF dann nach Moskau gebracht hat. Mit anderen Worten: von der längeren Perspektive her gesehen, rückblickend war das Ziel des Parteiapparates bezw RF dafür eingesetzt, die dahinschwindenden Arbeiter-Mitglieder durch zugelaufene Bürgerliche aus allen Schichten zu ersetzen, eine auf bürgerlichen Fundamenten beruhende manövrierfähige politische Arbeiter-Partei, im Sinne einer Kadre-Partei zu schaffen, die auf das parlamentarische Leben Einfluß nehmen kann, aber keinen entscheidenden. Genau gesagt heißt das, vom Marxismus her gesehen die sogenannte revolutionäre Situation, die dann zur politisch entscheidenden Aktivität zwingt, für Deutschland zu vermeiden. Das war die Aufgabe Maslows in der Kontrolle der Partei in Deutschland und Ruth Fischer war dafür eingesetzt. Man kann das dialektisch beliebig erklären und mit den sogenannten langfristigen Perspektiven arbeiten. Das spielt keine Rolle, es ist auch politisch nicht als Werturteil zu benutzen, aber es charakterisiert den Zugang zur Behandlung der politischen Fragen für Deutschland.

Als bezeichnendes Charakteristikum kann angeführt werden, daß bei dem russischen Krieg gegen Polen 1920 die KPD einen von den Eisenbahnern vorgeschlagenen Generalstreik, für den sich auch die sozialistischen Parteien und die noch vorhandene KAPD eingesetzt hatten, sogar eine Ermunterung seitens der SPD-Regierung, praktisch verhindert hat, zunächst durch eine Einberufung einer Parteienkonferenz, die den Streik zum mindesten auf 3–4 Tage hinausschieben mußte, dann aber durch Flugblätter gegen den Streik in der Form von Warnungen gegen Saboteure, Spitzel und Provokateure etc. Der Streik sollte den Transport französischen Kriegsmaterials an die Warschauer Front über deutschen Boden verhindern. Die KPD und auch Ruth Fischer erklärt diese in ihrem Buch damit, daß die Partei nicht über genügend Mitglieder gezählt hätte, den Streik effektiv zu machen. In Wirklichkeit hat es sich um einen Moskauer Parteibeschluß gehandelt, den militärischen Vormarsch auf Warschau einzustellen, weil die Gefahr eines neuen Allgemein-Krieges drohte, mit der Gefahr deutscher Revanche-Tendenzen, ausgetragen auf dem Buckel Rußlands, das Ruhe für den Aufbau braucht und der polnische Angriff auf Kiew sowieso abgeschlagen sei und nicht mehr wiederholt werden würde. So wurde die Tuchatschewski-Armee geopfert, ebenso wie die kommunistischen Gruppen in West- und Ostpreußen, die für den Empfang der russischen Truppen auf deutschem Boden bereits mit russischen Mitteln bereit gestellt waren. Es ist gleichgültig heute darin bereits den Gegensatz zwischen Stalin und Trotzki erstmalig offen auftauchen zu sehen (Stalin soll die militärischen Befehle, die den Vormarsch auf Warschau über Oberschlesien, damit Deutschland bereits in den Krieg einbeziehend, veranlaßt haben) weil Rußland aus dieser kritischen Lage herausgekommen ist, ob mit Aufopferung der deutschen Revolution spielt keine Rolle mehr – man hat nur keine Veranlassung heute, die Geschichte noch nachträglich zu fälschen. Es ist auch kein Grund mehr die damalige Lage und Perspektive zu verschweigen. Ruth Fischer tut dies. Warum? Im Grunde genommen, ist nichts dabei zu gewinnen. Eines Tages wird die russische Geschichtsschreibung doch selbst damit herauskommen. Gewiß – das russische Parteiregime ist damals gerettet worden. Eine Ausdehnung des Krieges nach den Jahren der Bürgerkriege, die gerade beendet waren, hätte das Regime vielleicht nicht mehr überstanden. Vielleicht gibt eine teilweise Erklärung für die Behandlung dieser Krise durch RF die Beurteilung, daß hier eine politische Aktion gestartet wurde *gegen* die Massen, eine für Rußland durchaus verständliche Politik, für Ruth Fischer aber noch nach außen hin schwer zu verdauende. Ihrem Temperament und ihrer ganzen Veranlagung nach muß das ein schwerer Schock gewesen sein. Sie hatte diesen Schock noch nicht überwunden, als sie für die KPD jenes Schanddokument unterschrieben hat, als Sekretärin der Berliner Ortsgruppe, das den Mitteldeutschen Aufstand Ostern 1921 entfesselt hat. Darin wurde von der KPD den Ortsgruppen der USPD und der KAPD (die KPD war dort nicht einmal vertreten) im Mansfelder Revier die Zusicherung gegeben, daß im Falle eines Generalstreiks im Revier in Gesamtdeutschland eine revolutionäre Bewegung in Gang gesetzt werden würde mit dem

Ziel die Regierung zu stürzen etc. Der Aufstand wurde im Mansfeldschen entfesselt (der Schreiber war selbst einer von denen, die mit einem solchen Dokument nach Halle und Mettstedt geschickt wurden).

Aber nichts hat sich sonst in Deutschland gerührt. Es waren auch keinerlei Vorbereitungen getroffen. Das ganze war Bluff und eigentlich Wahnsinn. Nach der Katastrophe trat die KPD sofort auf in der Rolle des Verfassungsschützers, die politisch solide parlamentarische Fraktion, die gegen jeden Putsch ist und die Putschisten aus ihren Mitgliedschaften entfernt – Ruth Fischer als Sprecher im Reichstag für die große politische Linie der Kooperation mit allen Demokraten.

Die Rolle der Ruth Fischer im Zentralkommittee der KPD

Inzwischen war Ruth Fischer in der Hierarchie des Funktionär-Apparates in das Zentralkommittee der Partei aufgerückt. In den Reichstag gewählt wurde sie als Sprecher herausgestellt in den außenpolitischen Debatten. In der Zeit der französischen Okkupation des Ruhrreviers mehr nach Frankreich, hin zur Verbrüderung des deutsch-französischen Proletariats, als zur deutschen Innenpolitik, die völlig unaktiv geworden war, praktisch paralysiert. Die Politik des Abwartens; das Warten auf die Entwicklung der von Marx für eine Aktion vorgeschriebenen revolutionären Situation war im Zentralkommittee vorherrschend. Innenpolitisch rutschte die Wirtschaft in die Inflation ab. Im allgemeinen kann man hier den Linien, die Ruth Fischer nach außen in dem Stalin-Buch aufzeichnet, folgen. Der Widerspruch liegt darin, daß im Reichstag RF sich als Bürgerschreck betätigte, Sprecherin der Weltrevolution, nach innen aber im Partei-Apparat überhaupt kaum eine aktive Linie verfolgt hat. Sie war gegen die jeweilige Führung in Opposition, zuerst fast allein, dann in einer zahlenmäßig größeren Minderheit. Was erstrebte diese Opposition?

Das parteipolitische Bild war damals: Die KPD war aus ihrem Embryonen-Zustand bereits heraus. Ein größerer Zulauf an Mitgliedern war zu verzeichnen, nicht politisch vorgeschult, Enttäuschte aus allen Lagern, die in der im Parlament (hauptsächlich durch RF) sehr forsch auftretenden Partei eine Zukunft witterten. Die eigentliche innere Parteiarbeit, die politische Erziehung, war völlig vernachlässigt worden, statt dessen Aufmärsche und Demonstrationen mit sehr vagen Parolen und Plattformen, die späteren Parolen der „Volksfront" bereiteten sich vor.

Es gibt sehr wenig direkte Aufzeichnungen, Memoiren etc über diese Jahre aus dem kommunistischen Lager. Woran hat es gefehlt, daß keine zentral dirigierende Führung sich entwickelt hat. Die Parteikongresse in Moskau sind alle gerade über die besondere Lage in Deutschland sehr knapp in ihren Berichten. Ruth Fischer hat beiden Kominternkongressen während dieser Zeit beigewohnt. Sie ist nirgends direkt in den Vordergrund dort geschoben worden. In der Zentrale saßen noch die Reste des alten Spartakusbundes, die Brandler, Koenen etc. Ruth Fischer hat überall wo es ihr nützlich schien, direkte Kontakte mit den Führern der übrigen Parteien im Ausland, die in Moskau vertreten waren, gesucht. Das Thema der Annäherung war die Weltrevolution. Erstmals fiel bei solchen privaten Diskussionen auch das Schlagwort von der „permanenten Revolution", das später die trotzkistische Bewegung für sich in Anspruch genommen hat. Hier klafft der Widerspruch: Ruth Fischer bisher in der anti-putschistischen Linie, streng orthodox in der Definition der Etappen zur Revolution (der Einfluß von Maslow) verbündet sich in Moskau unter Akzenten der Weltrevolution mit Elementen, die in ihren Ländern als Politiker keine Bedeutung hatten und auch keine aktionsfähige Partei aufweisen konnten, einfach Schaufiguren. Warum? War da etwas für Deutschland zu gewinnen? Konnte etwa ihre Stellung innerhalb der Partei gestärkt werden? Welche Rolle haben die Russen, das russische Parteikommittee dabei gespielt? War Ruth Fischer nur ein vorgeschobener Katalysator, der die Spreu vom Weizen zu trennen hatte? War sich Ruth Fischer ihrer Doppelrolle überhaupt bewußt? Wollte Rußland unter dem Schwall weltrevolutionärer Phrasen verdecken, daß es auf die sich entwickelnde Situation in Deutschland keine Antwort zu geben bereit war? Tatsächlich hat das Fehlen jeder präzisen Analyse der Situation durch Moskau die Verwirrung in den kommunistischen Parteispitzen in Deutschland nur verstärkt. Das heißt, die Frage steht heute ganz klar: Hat Rußland, dh der Moskauer

Parteiapparat die Ausnutzung einer revolutionären Situation in Deutschland, die bereits am Horizont sichtbar heraufzog, verhindert? Die Verteidigung der durch die Ruth Fischer Gruppe 1924 abgelösten Parteizentrale der Brandler & Co. deutet das an. Welche Rolle hat dann RF dabei gespielt?

RF behauptet in dem Buch, daß die Forderung nach Aktivität aus den Bezirksgruppen, richtiger wahrscheinlich von den Gewerkschaftsverbänden ausgehend, die den Mitgliederschwund während die Inflation ihrem Höhepunkt zutrieb, fürchteten, der Einschätzung der Lage auch keineswegs gewachsen waren, die Brandler-Zentrale überrascht und eigentlich auch vorwärts getrieben haben. Ohne Programm und ohne politische Endperspektive. Demgegenüber aber mag darauf hingewiesen [sein], daß die Brandler-Zentrale auf diese Direktiven von Moskau gewartet hat. Daß Brandler ein Führungs-Kadre von Moskau angefordert hat, das ausgeblieben ist. Eine Reihe sich widersprechender Anordnungen sind ausgegangen, falsche Losungen, die widerrufen werden müssen, verhinderte Direktiven, mißverstandene Kode-Übermittlungen (wie im Falle der Hamburger Straßenkämpfe) – zusammengefaßt bestand überhaupt eine organisierte Partei, eine zentrale Direktive, die sich noch obendrein auf Moskau beruft? Was Ruth Fischer darüber schreibt, mag sicherlich stimmen. Aber sie verschweigt ihre Eigenverantwortung dabei und diejenige Maslows.

Bezeichnend, daß sie in den letzten Monaten, als sie begonnen hatte, eine Biographie Maslows zusammenzustellen, die eine Art Selbstrechtfertigung darstellen sollte, zum Teil auch bestimmt, einiges in ihrem Stalin-Buch anders zu deuten oder ganz vergessen zu machen, zum Teil aber auch um ihre Rückkehr in die kommunistische Bewegung und in die KPD selbst vorzubereiten – sie an diesem Punkt der Biographie stecken geblieben ist. Die Biographie wäre praktisch niemals geschrieben worden. Sie hat dies damit erklärt, wörtlich: im Grunde kannte ich Maslow ja viel zu wenig. In seine rein politischen Perspektiven habe ich mich überhaupt nicht hineindenken können. Man kann kein politisches Portrait geben über jemanden, den man eigentlich nicht gekannt hat.

Sie hatte die Kontakte zu dieser Zeit zu Moskau und zu den ausländischen Parteien. Sie hat von Moskau aus die Aktivisierung zu beschleunigen versucht – hauptsächlich gestützt auf einen von der Partei aufgezogenen Propaganda-Apparat, der aber selbst zur eigenen Parteilinie nur sehr lose Beziehungen unterhielt und sich um die direkten Analysen der Parteizentrale nicht gekümmert hat. Das typische Beispiel einer Partei, bereits wieder in völliger Zersetzung. Die Appelle von der Reichstagstribüne waren in die Luft gesprochen. Sie hat die Volksfront-Regierungen in Thüringen und Sachsen (ihre eigene These: sie sind durch die Verhältnisse der Inflation aufgezwungen gewesen, nicht aus eigenem politischem Ziel) nur sehr lauwarm unterstützt. Sie stand, wie aus den Parteiarchiven hervorgeht, zu diesen „Machtübernahmen ohne Macht" in Opposition, und zwar in so scharfer, daß sie automatisch nach dem Zusammenbruch der Aktionen an die Spitze geschoben wurde. (Automatisch, weil sonst die Partei sich selbst hätte liquidieren können; es war einfach niemand da, der die Führung hätte übernehmen können und wollen.)

Die Frage: hat Maslow (und RF) auf diesen Moment gewartet? War das von Moskau so vorbestimmt? Das heißt, die bereits parlamentarisch sich als attraktiv erweisende Partei von den Resten revolutionärer Elemente, beinahe richtiger zu sagen der Tradition – zu befreien. Die Reichstagsreden sind nichts weiter als Schaustücke, Rückendeckungen für eine vage politische Moral, und was besonders bemerkt werden soll, von Moskau ignoriert worden.

Die russische Außenpolitik hat in der deutschen Inflationskrise sich äußerst zurückgehalten. Zur Zeit der französischen Ruhr-Besetzung konnte man das Doppelspiel beobachten: Nationalbolschewistische Volksfrontphrasen, internationale Verbrüderung der sozialistischen und kommunistischen Parteien – dazwischen eine fast direktionslose Masse von Entwurzelten, (politisch) Hungernden, Rentenempfängern ohne Rente und alles das, Besitzer ohne Besitz – von Moskau mit geschürt aber nicht offiziell gebilligt – und die russische Außenpolitik, die nach London und Paris hin versichert, jedes Abenteuer in Deutschland zu verhindern bereit zu sein. Diese Beurteilung, die Ruth Fischer auch in ihrem Buch zwar andeutet, aber sehr schnell darüber hinweggeht, hat in den späteren Moskauer Prozessen eine große Rolle gespielt. Den damaligen russischen Vertretern im Ausland wurde die Rolle einer Konspiration zugewiesen, unabhängig davon, daß sie nur im Auftrage und wahrscheinlich nach einem Parteibefehl gehandelt haben. Ruth Fischer war damals schon in das Zentrum dieser Konspiration mit hineingeschoben, Maslow nach dem Prozeßprotokoll kaum am Rande. Das kann nur heißen: Ruth Fischer war für die Abdeckung dieser Doppelrolle eingesetzt. Von Maslow? Von Moskau direkt?

Es mag interessant sein darauf hinzuweisen, daß als RF's Buch erschienen war, die in der Emigration in New York lebenden Überlebenden aus dem Partei-Apparat der Brandler-Zentrale sich mit einer in London existierenden Überlebenden-Gruppe in Verbindung gesetzt haben, sich untereinander verständigt haben, der Ruth Fischerschen Darstellung der inneren Vorgänge in Deutschland vor der Seeckt-Diktatur nicht entgegenzutreten oder sie überhaupt zu diskutieren, um sich „Weiterungen" zu ersparen. Solche „Weiterungen" wären darin bestanden, daß man in Moskau die Frage aufgegriffen hätte und diese Überlebenden vielleicht in ein neues politisches Zwielicht gerückt hätte oder Denunziationen von Seiten der RF, die ebenso in diesen Gruppen gefürchtet waren. Ruth Fischer hat versucht, zu diesen Gruppen persönlichen Kontakt wieder aufzunehmen, sie zu versichern, daß sie heute mit ihnen konform gehe etc. Fast alle haben es abgelehnt, persönlich mit RF zusammenzukommen und sich sozusagen „auszusprechen". Geblieben ist nach außen eine Art gegenseitiger Duldung, nach außen höflich (und dies Verhalten gilt eigentlich für alle die Jahre nach Seeckt bis auf die heutige Zeit), unter sich aber mit einem geradezu fanatischen Haß gegen Ruth Fischer. Steckt da mehr dahinter?

Zur damaligen Situation selbst muß daran erinnert werden, daß Rußland begonnen hatte eine Reihe von kommerziellen Gegenseitigkeitsabkommen zwischen Rußland und Deutschland zu unterzeichnen, die Handelsvertretung war organisiert worden. Zwar nicht die Parteispitze aber Maslow war über die russischen Ziele gut informiert. Maslow war bei einer Reihe dieser Abmachungen mit hinzugezogen. Man konnte bereits erkennen, daß die Großfinanz und die intakt gebliebene Wirtschaft der Inflation und ihrer innerpolitischen Folgen würden Herr werden können. Die Vorbereitung des Gegenangriffs war bereits zu sehen – in diese Situation hinein wurde die Partei mit unsubstantiierten Volksfrontparolen in eine revolutionäre Lage hineingetrieben, der sie nicht Herr werden konnte. Die Partei hatte mobilisiert, aber die Mobilisation stand auf dem Papier. RF verschweigt das. Der größte Teil der vom Ausland berufenen Kadre-Spezialisten ist überhaupt nicht zum Einsatz gekommen. Ruth Fischer gehörte der technischen Kommission [an], die die Einschleusung dieser Specialisten über die russischen Behörden und die diplomatischen Vertretungen zu übernehmen hatte. In Wirklichkeit hat diese Einschleusung nirgends funktioniert. Es ist schwer sich vorzustellen, daß Moskau nicht über jede einzelne Phase dieser Fehlleistungen unterrichtet gewesen wäre. Das erklärt, warum der Zusammenbruch der Brandler'schen Aktionen in der Internationale beinahe mit einer gewissen Erleichterung aufgenommen worden ist. Die Komintern hatte eine Untersuchung der Schuldigen angeordnet, mit den Erhebungen in Deutschland wurden offiziell Ruth Fischer und Maslow beauftragt. Damit war Ruth Fischer an die Spitze der Partei gelangt.

Die Partei drohte auseinanderzufallen. Es gab überhaupt keine Perspektive mehr. Hier vollzog sich dann für Ruth Fischer und Maslow die im Gegensatz zur bisherigen Politik stehende Schwenkung nach links (im Parteijargon gesprochen), die Partei mußte zunächst ihre Existenz beweisen. Sie tat dies in völlig nutzlosen aber zur Schau und für die Tradition ganz eindrucksvoll abrollenden Demonstrationen. Das Verbot gegen das Versammlungs- und Demonstrationsverbot offen ignorierend. Viele Hunderte der noch linientreu gebliebenen Anhänger wurden dabei aufgeopfert (die genauen Zahlen spielen keine Rolle, es können Tausende gewesen sein. Die Leute im Betrieb, die Woche für Woche zu irgendwelchen Streiks aufgerufen wurden, verloren ihren Arbeitsplatz). Zu demonstrieren, daß die Partei noch vorhanden ist, war das einzige Ziel der Maslow-Fischer-Zentrale. Der Druck ist von Moskau ausgegangen, ebenso wie später die Kritik, als, wie zu erwarten war, auch Moskau hat dies nicht anders erwartet, die Partei neue Niederlagen erlitt, diesmal mehr nach innen schlagend, in die Disziplin der Mitgliedschaften. Es bereitet sich bereits die noch heute herrschende Grundthese vor, daß jeweils die Parteizentrale autoritär zu bestimmen und zu interpretieren hat. Eine schroffe Parteidisziplin gegen Abweichungen nach links oder rechts. Der Name, der Führer wurde autoritär. Ruth Fischer hat sich offensichtlich darauf vorbereitet, diese Rolle zu übernehmen. Es schien das Ziel ihrer Wünsche und ihres Ehrgeizes.

Die Entwicklung nahm einen anderen Kurs. Maslow wurde verhaftet. Es kam der Prozeß in Leipzig wegen Vorbereitung zum Hochverrat. Über den Prozeß selbst und die weiteren Folgen herrscht noch völliges Dunkel. Wer hat Maslow denunziert? Wer hat laufend den Untersuchungsrichter Vogt unterrichtet, was Maslow vorschlägt und vorantreiben will? Nur aus der Zentrale selbst kann das gekommen sein. Mit Maslow aus dem Wege konnte sich Ruth Fischer in der Zentrale nicht halten. Es kam zum Bruch innerhalb der Reichstagsfraktion und Ruth Fischer ging nach Moskau sich zu verteidigen, die Opposition legalisieren zu lassen oder auf Moskaus Hilfe zu pochen?

Die Rolle von Ruth Fischer in Moskau

Der Neuaufbau der Kommunistischen Partei in Deutschland nach der Mark-Stabilisierung vollzog sich im Gegensatz zur bisherigen Parteirichtlinie, unter dem autoritären Zeichen einer Kadaver-Disciplin, in starker Ausnutzung der parlamentarischen Plattformen im Reich und den Ländern – eine Restauration auch innerhalb der außenpolitischen Akzente: internationale Zusammenarbeit, Völkerbund etc. In der Innenpolitik wurde das Arbeitslosenproblem akut, das hohe Preisniveau der Konsumgüter und auch in den bürgerlichen Schichten allgemein platzgreifende Erkenntnis, daß die Marktstabilisierung nur einem kleinen Kreis, in der Hauptsache der Großwirtschaft zu gute kommen würde. Der landwirtschaftliche Großgrundbesitz, der nur wenig unter der Inflation selbst gelitten hatte, kontrollierte wieder die Tarifpolitik und es hatte sich eigentlich seit Bismarck's Zeiten nichts geändert, nur daß das Volumen des Wirtschaftsumlaufs und dadurch das Risiko der Krisenzyklen sich vervielfacht hatte. Hatte der Wiederaufbau des besiegten Deutschland 1918 mit einer Kreditschwemme von Anleihen aus dem Ausland, in der Hauptsache der USA begonnen an die Länder, Provinzen und Städte sowie an die Industrie-Konzerne zur Hebung der Produktivität, Modernisierung des technischen Apparates, so halfen jetzt nach der Stabilisierung die Entschuldungsanleihen (Dawes und Young), das internationale Schuldenmoratorium, das schließlich mit der völligen Schuldenstreichung endete, die Wirtschaft nach außen über Wasser zu halten, Scheinkonjunktur, Scheinwährung, zusammen mit einem rapiden Verfall der gesellschaftlichen und politischen Bindungen. Hitler hat das nicht hervorgerufen und erfunden, die Bewegung wurde geradezu in diese Situation hineingestoßen.

Alles dies war jedem halbwegs geschulten Beobachter im Inland wie Ausland sichtbar. Rußland hat diese von der Hand in den Mund lebende Wirtschaft, von einem Tag zum anderen sozusagen, mit Kaufaufträgen größten Stils unterstützt. Es entstanden die aufeinanderfolgenden Tranchen der Reichskredite für diese russischen Käufe, es kamen die privaten Großbankkredite für mehr gesonderte Projekte, insgesamt etwa 1½ Milliarde D-Mark. Diese Kredit-Tranchen waren jeweils mit den Schuldenverhandlungen genau abgestimmt. Entstanden ist in diesen Jahren der sogenannte Russenwechsel, der bei einer Verdienstspanne oft bis zu 30% beinahe den normalen deutschen Außenhandelswechsel am Weltfinanzmarkt ersetzt hat. Russische Handelskontore in Hamburg und Frankfurt schalteten einen deutschen Zwischenhandel ein, um auf dem Weltmarkt vorzustoßen, wobei zeitweilig die deutsche Firma nur als Tarnung benutzt wurde – das war die Zeit der Getreide und Erzkontrakte, der russische Versicherungspool, die Schmelzkontrakte für Gold und Platin und das entsprechende Dumping am Weltmarkt. Daneben stand dann der russisch-deutsche Militärvertrag, die Schulungslager, der Bau von Spezialfabriken in Litauen und Südrußland für die deutsche Wiederaufrüstung – in der Gegenleistung die Installierung von russischen Kontrollstellen in den wichtigsten Lieferwerken, nicht nur für die Qualität der Ware sondern für die Arbeit im Betrieb, die Sicherung der Kontinuität dieser Arbeit in den Fabriken. Man erkennt heute in allen Einzelheiten, daß dieser Entwicklung ein großer detaillierter Plan zugrunde gelegen ist. In all dieser Zeit bewegte sich die KPD wie ein Beutetier, das im Begriff verschlungen zu werden von der Cobra bereits hypnotisiert und gelähmt ist, nicht von dem Klassenfeind, der nach der Ideologie einfach mehr oder weniger ignoriert wurde, sondern von der russischen Parteilinie. Es bestand kein Kontakt zwischen den Parteifunktionären und solchen russischen Kontrollbeamten. Oft wurden untere Funktionäre im Betrieb, die sich mit den Russen anbiedern wollten oder Streikparolen in Umlauf brachten, einfach auf russischen Druck aus der Partei herausgeworfen.

Diese Entwicklung, die hier so breit aufgezeichnet wurde, weil sie den nicht zu übersehenden Hintergrund für das Verständnis der Rolle der Ruth Fischer in Moskau abgibt, bereitete sich schon vor, war in den Grundzügen bereits vorhanden, als Ruth Fischer zur Klarstellung der Position ihrer oppositionellen Fraktionsgruppe nach Moskau gekommen war, um für die Anerkennung der Opposition im Rahmen der Komintern zu werben, halb auch direkt nach Moskau berufen worden war.

Moskau hat von vornherein der Ruth Fischer jede eigene Initiative in der Durchführung ihrer Aufgabe beschnitten. Sie wurde von der offiziellen Parteispitze ironisiert, zum Teil auch direkt geschnitten. Sie sah sich dem Wirtschaftsanalytiker Eugen Varga beigegeben, der sie über die Einschätzung der Lage in Deutschland, wie sie im Zentralkommittee in Moskau vorherrschte unterrichtete oder zu unterrichten hatte. Eugen Varga hat manchmal in Aufsätzen in Parteiorganen aus der Schule geplaudert, er wurde in fast regelmäßigen Abständen desavouiert und zurechtgewiesen, fiel sogar zeitweise in Ungnade. Mit seinen Analysen aber wird er Ruth Fischer gegenüber nicht zurückgehalten haben. Der Kernpunkt war: das revolutionäre Potential Deutschlands als ein Hebel der Weltrevolution sei endgültig vorbei. Das bestimme auch die Rolle der KPD im Parlament und in der Öffentlichkeit – ein Sammelzentrum für entwurzelte Bourgeoisie, mit Arbeiter-Kadres, die aber aktiver in den Gewerkschaften zusammenzufassen seien. Eine Massenpartei, die im Parlament Einfluß ausüben will, müsse sich den russischen Interessen unterordnen und diese sind: keine internationalen Störungen, kein Nationalbolschewismus, sondern Ruhe für den russischen Wiederaufbau, Ausnutzung des deutschen Wirtschaftspotentials für den russischen Aufbau – eine Anziehungskraft für breite bürgerliche Schichten in Deutschland, die die Partei auszunutzen hat. Ruth Fischer hat sich selbst auch noch später sehr offen über solche „Rückfälle" Vargas ausgesprochen. Sie deuteten aber die genaue Parteilinie an, die nur noch nicht offenkundig geworden war.

Es konnte dabei nicht ausbleiben, daß Ruth Fischer Argumente daraus für die Verteidigung der Oppositionsgruppe verwendet hat, in dem Sinne, daß bei dieser längerfristigen Perspektive die Aufrechterhaltung einer Oppositionsgruppe doppelt notwendig sei, allein schon um die Partei zusammenzuhalten. In Moskau hat das Zentralkommittee darüber nicht mit Ruth Fischer diskutiert. Sie wurde zu internen Besprechungen des Sekretariats der Komintern nicht mehr hinzugezogen. (Einfach weil man in solchen Argumenten eine Gefahr für die russisch nationalen Isolierungs-Tendenzen gesehen hat.) Statt dessen ging RF mit ihren Argumenten hausieren bei Delegationen an sich unbedeutender Parteien der Internationale, die nur zu froh waren, sich einer Plattform anzuschließen, auf der man breit diskutieren konnte. Ein wirkliches echtes und effektives politisches Ziel aber hatte diese Opposition aus eigener Initiative nicht.

Ruth Fischer hat dies in den letzten Lebensjahren noch selbst klar genug analysiert. Sie begründet ihr Auftreten gegenüber dem Zentralkommittee in Moskau erstmals mit ihrer bitteren Enttäuschung, daß man sie wie einen politischen Neuling behandelt hat, ihre bisherigen Verdienste um die Bewegung einfach ignoriert hätte. Sie habe sich stark genug gefühlt, der Parteilinie ihre eigene Meinung entgegenzusetzen und habe mit einer Opposition gedroht, die hinter ihr stünde, nicht nur in Deutschland sondern auch anderswo. Sie hat dabei stark aufgetragen und erklärt diese Übertreibungen mit der allgemeinen Situation. Sie hat zuletzt noch auch ganz offen zugegeben, daß sie falsch gehandelt habe, auch die politische Lage in Rußland selbst falsch eingeschätzt. Niemand hat sich die Mühe genommen, sie besser zu unterrichten, begründet sie. Sie habe auch keine Respons erhalten aus Deutschland von der eigenen Gruppe, sie sei praktisch von jeder Verbindung abgeschnitten gewesen. Sie war durchaus bereit, die Stalin zugeschriebene Parteilinie heute zu akzeptieren; sie bedauerte, daß es zu solchen Mißverständnissen gekommen sei, die praktisch dann den völligen Bruch zur Partei zur Folge hatten.

Ihre innere Stimmung wird am besten charakterisiert in einem Ausspruch: Sie sah in Deutschland eine Partei entstehen, die über 5 Millionen Stimmen und später sogar noch mehr für den Reichstag aufbringen konnte, und sie selbst war nicht mehr dabei. Hier setzt dann bei Ruth Fischer erstmals in ihrer politischen Karriere der Hang zu einer selbständigen politischen

Linie ein, aus Ressentiment geboren und in falscher Einschätzung der Machtmittel der ihr entgegenstehenden politischen Persönlichkeiten. Es gab im Zentralkommittee Stimmen genug, die für einen Kompromiß in der Ruth-Fischer-Affäre – es war inzwischen eine Affäre geworden, weil RF die einzelnen Kommitteemitglieder ständig überlaufen hat, sie an alte Geständnisse und Zusagen für eine revolutionäre Linie in Deutschland erinnert hat. Hinzu kam, daß die Berichte aus Deutschland, vom Zentralkommittee angefordert, sich überaus ungünstig über RF ausgesprochen haben, auch verständlich, denn das waren genau die Leute, die Maslow-Fischer bisher aus der inneren Arbeit ferngehalten hatten. Es mußte, erklärte RF das später, verhindert werden, daß Ruth Fischer nach Deutschland zurückkehrt mit der Potentialität, die Partei zu spalten oder eine neue Partei aufzuziehen. Deswegen wurde auch nach außen die eigentliche Schärfe des Bruches übertrieben. Es ist kaum anzunehmen, daß RF wirkliche Gefangene im Hotel Lux oder in einer der offiziellen Behausungsstätten gewesen ist. Sie ist bis in die letzten Tage von hohen Parteispitzen besucht worden. Es ist auch kaum anzunehmen, daß man sie hat vergiften wollen. Sie selbst hat das später als eine Art von politischer Hysterie abgetan. Aber sie konnte eben nicht vorher nach Berlin zurückkehren, ehe nicht die Gewähr gegeben war, daß sie keine irgendwelche aktive Rolle mehr spielen konnte. Es ist schwer heute so ohne weiteres zu sagen, wie weit ihr das bewußt gewesen ist und wie weit sie selbst mit dem Ausgang sich einverstanden erklärt hat. In diese Zeit begannen auch die Auseinandersetzungen Stalin–Trotzki in die entscheidende Endphase zu treten. Hat Ruth Fischer wirklich geglaubt, in der späteren trotzkistischen Bewegung den Ersatz für ihre gescheiterte Rolle in der KPD gefunden zu haben? Sie ist zwar unter dieser Marke nach Deutschland schließlich zurückgekehrt. Viele Leute, ebenfalls Dissidenten aus den verschiedensten Gründen mögen das geglaubt haben. Mit der Trotzki-Bewegung ist auch äußerlich der Name Ruth Fischer noch lange verbunden gewesen. Aber war das wirklich echt? Sehr vieles, vor allem sehr exakte Einzelheiten sprechen dagegen.

Über die Rolle Ruth Fischers in diesen Monaten in Moskau gibt es eine Reihe von ganz unvoreingenommenen Augenzeugen. Die Geschwister Schöller, beides Sekretärinnen in der

Komintern (beide leben heute in Zürich) haben zum Teil mit RF während dieser Zeit zusammengewohnt, der Kreis um Neumann, mit der Buber-Neumann an der Spitze und Susanne Leonhard, die mit einem hohen Funktionär liiert war und über das Tauziehen um Ruth Fischer besonders gut informiert sein dürfte, weil dieser Freund zugleich ein enger Freund von Maslow und damals Redakteur in der Prawda gewesen ist.

Die Rolle von Ruth Fischer in Berlin bis 1933

Die Rückkehr der Ruth Fischer nach Berlin hatte entsprechend den Zusagen, die sie in Moskau gegeben und unterschrieben hatte, die Auflösung der parlamentarischen Oppositionsgruppe zur Folge. Für die Plattform einer besonderen Organisationsbildung als selbständige linke Partei gegen die KPD war keine besondere Stimmung mehr vorhanden. Wenn RF selbst mit dem Gedanken gespielt haben sollte, so war Maslow, der inzwischen aus dem Gefängnis entlassen worden war, strikt dagegen. Auf Maslow ist es schließlich auch zurückzuführen, daß eine Reihe nach außen als prominent geltender Politiker und Abgeordneter wie Werner Scholem zum Beispiel sang- und klanglos abgetreten sind. Überhaupt löste sich die Oppositionsgruppe sozusagen von selbst auf, weil sie in den internen Parteidiskussionen geradezu ignoriert wurde, und aus der Opposition selbst alle Vorstöße gegen die offizielle KPD-Linie sehr lahm und uninteressiert vorgetragen wurden, praktisch schon von Anfang an mehr im Keim erstickt wurden. Erstaunlich zu bemerken, daß die sonst so aktiv überschäumende RF nicht eingegriffen hat. Sie hat eigentlich tatenlos zugesehen, wie der Auflösungsprozeß ihrer Gruppe vor sich ging. Es setzte in dieser Zeit schon auch in der deutschen Bewegung die Jagd nach trotzkistischen Abweichungen ein, der eine Reihe gut installierter höherer Funktionäre auch bald zum Opfer fielen. Es ist zu keiner Zeit eigentlich innerhalb der deutschen Bewegung ernstlich die Rede davon gewesen, anläßlich der Ausschaltung Trotzkis aus dem russischen Parteiapparat eine Verteidigung der Trotzkischen Plattform – etwa wie später die „permanente Revolution" in einer Zeitschrift oder Zeitung zu konzentrieren, um sozusagen eine trotzkistische Bewegung darauf zu starten. (Übrigens hat Trotzki dies selbst all die Jahre abgelehnt und sich erst gegen Ende seines Lebens mit solchen inzwischen entstandenen Splittergruppen identifiziert.) Es ist daher erstaunlich genug, wie sehr bald der Name Ruth Fischer mit dem Aufbau einer trotzkistischen Bewegung erst in Deutschland, und später international in Zusammenhang gebracht wurde. Umso erstaunlicher als von Beurteilern dieser Epoche darin eine sorgfältig gehütete Konspiration gesehen wurde, über die man nur in Andeutungen zu sprechen gewohnt war – die künstliche Schaffung von Atmosphäre, die später bei den Moskauer Prozessen eine entscheidende Rolle gespielt hat. Die ganze Konspiration bestand, wie RF später selbst oft genug zugegeben hat, darin, daß eine Reihe von Funktionären in Moskau mit Persönlichkeiten, mit denen sie in Moskau zusammengekommen, vielleicht sogar sich näher angefreundet hatten, Briefe gewechselt haben, worin auf die innere Auswirkung der Stalin-Trotzki-Krise in den Partei-Kadres in Rußland und im Ausland bezuggenommen wurde, meist ohne direkte Stellungnahme, oft in völliger Unwissenheit darüber, wohin dieser „persönliche" Konflikt führen könnte – in keiner Weise aber anregend oder ermunternd eine politische Gegenlinie im Ausland innerhalb oder außerhalb einer der KPD Parteien aufzuziehen. Ruth Fischer war als Ersatz für die sonst aktive politische Betätigung ein reger Briefschreiber. Leute, die anfingen für sich und ohne jeden organisatorischen Rückhalt über den Stalin-Trotzki-Konflikt zu schreiben, zumeist in Sympathie zu Trotzki, gaben sich dann als die Exponenten einer Trotzki-Bewegung aus, die aber de facto gar nicht bestand. Typisch ist der Fall des französischen Kommunisten Souverine, der sich seinerseits für die Bewegung auf RF beruft, die dann schließlich wiederum ihrerseits Souverine desavouiert hat. Aus der langjährigen großen Freundschaft zwischen Souverine und Ruth Fischer (in den Pariser Emigrationsjahren durch Maslow zusammengehalten) ist schließlich eine engagierte Feindschaft geworden. Es ist die Frage aufzuwerfen und zu untersuchen, inwieweit nicht alle die Gerüchte über die Trotzki-Bewegung nicht von Moskau ausgegangen, maßlos übertrieben worden sind, als ein Sammelbecken benutzt worden sind, abweichende Funktionäre von der Parteilinie dort aufzufangen, sich dort entwickeln zu lassen bis zum Zugriff – und welche Rolle hat RF in dieser Entwicklung gespielt? Die Frage kann nur dann beantwortet werden, wenn man sich entschließen würde, die Annäherungsversuche von RF an Moskau in den letzten Lebensjahren ernstzunehmen, sie auf ihren inneren Wert zu analysieren und einzeln die Frage aufzugreifen: wer hat die 4te Internationale gesteuert, die Veröffentlichungen zusammengehalten, die Kontakte erweitert und aus einer Vielfalt von lokalen Sekten eine theoretische Plattform zu bilden versucht? Genau genommen niemand, wenn man von den Briefkorrespondenzen einiger „Ehemaligen" absehen will, die sich untereinander Ratschläge erteilen, aber bestimmt nicht Ruth Fischer, der das viele Jahre lang zugeschrieben worden ist, besonders in der ersten Zeit der Emigration. Über die eigentliche Stellung des Maslow-R Fischer-Teams während der letzten Berliner Jahre vor Hitler herrscht noch völliges Dunkel. RF hat wenig dazu getan dieses Dunkel zu lüften. Ihre Tätigkeit in der Sozialfürsorge im Berliner Vorort Neu-Kölln hat ihr tiefe Einsichten in die Praxis der Sozialprobleme in ihrer administrativen Form gegeben, was zweifellos auch den Grundstock für ihre späteren Social-Analysen der russischen Gesellschaft abgegeben hat. Aber alles das lag weit von einer politischen Betätigung. RF hat während dieser Jahre noch eine Reihe von Kontakten mit kommunistischen Parteifunktionären aufrechterhalten, sofern dies mehr auf einer informalen gesellschaftlichen Basis geschehen konnte, auch mit durchreisenden Kominternfunktionären. Die meisten dieser letzteren Kontakte hielt zudem Maslow aufrecht und man traf dann in der Wohnung mehr zufällig auch Ruth Fischer. Maslow selbst scheute jede direkte Verbindung zu Parteispitzen der KPD, die manchmal notwendig wurde, weil Maslow nach wie vor als Verbindungsmann zur russischen Handelsvertretung und zu russischen Genossen, die in Spezialaufträgen nach Deutschland gekommen waren [tätig war]. Nach außen war Maslow völlig harmlos (politisch) abgedeckt durch seine Tätigkeit in der Continental Correspondenz, wo er für die Redakteure, wirtschaftlich und Feuilleton die Auslandszeitungen las und ausschnitt. Ruth Fischer versuchte, in Zusammenarbeit mit Leuten, die sich als Socialschriftsteller, Reformer und ähnliches einen Namen gemacht hatten, auch in die Literatur zu kommen, Entwürfe für ein Kinder-Erziehungsbuch, über Erwachsenen-Erziehung, den

Menschen-Typ Kind zu verstehen, stark beeinflußt von der damals in der KPD herrschenden psychoanalytischen Welle (Alfred Adler und Wilhelm Reich). In dieser Zeit bestand nicht der geringste Kontakt zur SPD, obwohl viele aus ihrer Oppositionsgruppe und Jahre vorher die Mehrzahl der ausgebooteten Spitzenfunktionäre des Spartakusbundes dort Unterkunft gefunden hatten, zum Teil auch versucht haben werden, ihr den Anschluß an die SPD zu ebnen. Maslow unterhielt überhaupt keine Beziehungen zur SPD, auch nicht zu den Überläufern. Dagegen Ruth Fischer lose, aber nicht zur Parteispitze. Es erhebt sich die Frage, was hat RF veranlaßt, sich völlig zurückzuhalten? War es nur die Enttäuschung, benutzt und dann abgeschrieben worden zu sein? Ihrer ganzen Veranlagung nach hätte sie sich dagegen mit Händen und Füßen gewehrt. Es wäre auch nicht in ihrer Natur gelegen, sich sozusagen auf den Altenteil zurückzuziehen, und über ihre politischen Erfahrungen Artikel zu schreiben. Keine solcher Aufsätze sind in dieser Zeit geschrieben worden. Ein sehr charakteristisches Bild gibt die in diese Zeit fallende Gründung der SAP, eine Parteigruppierung, die sich gegen die Schaudemonstrationen der KPD und die tatsächliche Unfähigkeit der Partei, den heraufkommenden Faschismus zu verstehen in Gegensatz stellte, ohne indessen irgendwie von der SPD beeinflußt zu sein, im Grunde ein Versuch, eine Organisation der „alten Kämpfer" aufleben zu lassen.

Viele von denen, mit denen RF noch einen losen (und mehr gesellschaftlichen) Kontakt aufrechterhielt, sind in dieser Zeit bei der SAP zu finden. RF hat niemals klar genug machen können, warum sie in der SAP, gleich in welchem äußeren Zusammenhange nicht mitgewirkt hat. Ihre spätere Erklärung, daß die SAP keine Aussicht hatte, eine Massenpartei zu werden, aus diesem Grunde sie auch uninteressant für sie gewesen wäre, ist sicherlich nicht richtig. Viel näher liegt die Erklärung, die von SAP-Seite angegeben wird, daß innerhalb der im Aufbau befindlichen Ortsgruppen von vornherein die Meinung bestimmt, Ruth Fischer würde in die SAP geschickt, um die Partei von vornherein unter Moskauer Einfluß zu bringen bzw. die Partei selbst zu zersetzen. RF war die gegen sie herrschende Stimmung, zum mindesten im Apparat der Partei bekannt genug, so daß sie es auf den Versuch erst [gar] nicht ankommen lassen wollte. Die Partei hätte sie, wie heute aus diesen Kreisen gesagt wird, zwar aufgenommen, aber als verdächtig sehr bewacht. Eine unabhängige Rolle hätte RF in der Partei nicht spielen können. Aber ob sie es wollte oder konnte oder nicht, die Frage bleibt bestehen, alle die ihr verbliebenen Kontakte in Deutschland aus dieser Zeit waren meist in der Spitze dieser SAP-Bewegung – haben sie abgeraten? Haben sie gewarnt? Ruth Fischer hat sich schließlich in dem letzten Jahr vor Hitler so bewegt, als habe überhaupt weder KPD oder SAP bestanden. War die Interesselosigkeit echt?

MORENGAS ERBE

Nachwort zu einer Kurzgeschichte

Es wird jetzt etwa 50 Jahre sein, daß ich in der Zeitschrift „die Aktion" eine Kurzgeschichte veröffentlicht habe unter dem Titel „Marengo". Sie ist heute wieder allgemein zugänglich, nachdem der Cotta Verlag die Vorkriegsjahrgänge der „Aktion" in 4 Sammelbänden neu herausbringt, mit Index versehen und einem biographischen Anhang der in der Zeitschrift vertretenen Autoren. Ich selbst habe auf diesem Wege auch die Marengo-Kurzgeschichte wiedergefunden.

Man sollte mich nicht einer falschen Bescheidenheit beschuldigen, aber es ist die Wahrheit: ich hatte diese Kurzgeschichte völlig vergessen, das Thema, den Inhalt und den Anlaß. Ich habe die Kurzgeschichte nicht ohne Neugier wieder gelesen; sie hätte ebensogut auch von einem anderen geschrieben sein können.

So war das also: 1904 war für die deutsche Kolonialverwaltung völlig überraschend und mit großer Wucht der Aufstand der Hereros über Deutsch Südwest Afrika hereingebrochen. Überraschend, weil durch einen Frieden seit über 6 Jahren zwischen den rivalisierenden Hottentotten Stämmen im Süden und den Hereros im Norden das Land endlich den weißen Einwanderern für die wirtschaftliche Erschließung gewonnen schien. Nur eine Kriegslist. Sechs Jahre sind nötig gewesen, gemeinsam den Widerstand gegen den weißen Einwanderer, der für sich das Weideland in Anspruch nahm, zu konservieren, den Haß zu aktivieren und zum Glühen zu bringen und schließlich zu einer gewaltsamen Explosion. Eine sorgfältig geplante gemeinsame Führung zwischen den Hereros und Hottentotten hatte dann den Aufstand ins Rollen gebracht.

Während die Masse der Hottentotten Stämme sich nach außen neutral verhielt, hatte einer ihrer Kapitäne Jakob Morenga aus Freiwilligen eine an englischen Gewehren geschulte Kampfgruppe gebildet, der die Aufgabe zugefallen war, die aus kaum 1000 Mann bestehende deutsche Schutztruppe im Süden zu binden und die Nachschübe aus Deutschland auf sich zu ziehen. Morenga hat mit außerordentlicher Geschicklichkeit, zuletzt in aufgelösten kleineren Kampfgruppen von 100–200 Mann diese Aufgabe erfüllt.

Sie diente dazu, die Masse der Hereros im Norden sich sammeln zu lassen, die – ein ganzes Volk im Sturm, mit Frauen und Kindern und Greisen, die Viehherden mit sich führend, wie dies die Hereros seit Jahrhunderten gewohnt waren – dann sich über das Farmland ergossen. Die Regierungsstationen wurden überrannt oder eingeschlossen, die Verbindungen unterbrochen; die Farmen im offenen Land blieben zurück in Rauch und Trümmern.

Das war der Herero Aufstand, gegen den die Wilhelminische Regierung einige Monate später ein kriegsmäßig ausgerüstetes Heer mit Schnellfeuerwaffen und Geschützen ins Feld stellte, annähernd 10.000 Mann Ersatz aus dem Reich. Die Hereros verfügten über keine Gewehre; sie hatten Knüppel, die aus dem Mittelalter her mit Dornen bespickten Keulen, mit denen sie die Weißen tot schlugen.

Jakob Morenga hat mehrere Monate mit seinen Freiwilligen ausgehalten gegen mehr als eine zwanzigfache Übermacht. Er ist schließlich in die Kalahari Wüste ausgewichen. Dort ist er auf eine englische Patrouille aus dem Betschuanen-Land gestoßen, die ihn zur Übergabe aufgefordert hat. Morenga hat den Kampf vorgezogen. Die Engländer hätten ihn in Sicherheit bringen wollen. „Afrika den Farbigen" – war seine Antwort. Und so ist er gefallen.

So weit die Kurzgeschichte. Man kann in den Schriften zur Kolonialgeschichte jetzt nachlesen, daß nach langen Kämpfen die Flutwelle der Hereros zum Stehen gebracht werden konnte. Die Hereros wurden am Waterberg eingeschlossen und in einer Reihe von Einzelgefechten in die wasserlose Steinwüste von Omaheka abgedrängt. Es ist ihnen nur die Wahl geblieben: Übergabe oder die Omaheka – und das war der Tod; die Hereros haben den Tod gewählt.

Der große Generalstab hat einen Bericht über diesen Feldzug veröffentlicht. In den Schlußsätzen heißt es: „Besonders in den dichten Büschen am Wege, wo die Verdurstenden Schutz vor den versengenden Strahlen der Sonne gesucht hatten, lagen die Menschenschädel und Gerippe zu Tausenden dicht neben- und übereinander ... alles läßt darauf schließen, daß der Rückzug ein Zug des Todes war ... das Röcheln der Sterbenden – schließt der Bericht – und das Wutgeschrei des Wahnsinns, sie verhallten in der erhabenen Stille der Unendlichkeit."

Nicht ganz so verhallt – in der Erinnerung der deutschen Großfinanz – ist das Hohnlachen der ostelbischen Junker, die im Reichstag dem damaligen Staatssekretär für die Kolonien die Entwicklungskredite für das nunmehr befriedete Land verweigert hatten. Herr Dernburg, ein früherer Direktor der Deutschen Bank, großväterlicherseits jüdischer Abstammung, hatte die Kühnheit besessen, davon zu sprechen, daß der Finanzbeitrag für Südwest Afrika durch einen verstärkten Import aus der Viehzucht der Kolonie, Fleisch und Häute aufgebracht werden könnte. Zudem wird der Abbau der Otavi-Kupfer-Minen, die Erschließung der Goldvorkommen und die industrielle Ausbeute der Diamanten-Vorkommen dem Reich hundertfach das wieder einbringen, was durch die Anleihe vorfinanziert werden solle. Herr Dernburg wurde davongejagt und die Herren um Oldenburg-Januschau behielten das letzte Lachen ... bis im Frieden von Versailles 1918 den Deutschen die Fähigkeit zur Verwaltung von Kolonien überhaupt abgesprochen wurde, wobei der Bericht des Großen Generalstabes mit dem so lyrisch verbrämten Aspekt, ein ganzes Volk zu vernichten, als Beweisstück mit herangezogen worden ist.

Inzwischen sind die Diamanten gefunden worden. Sie bilden heute die Reserve für das internationale Syndikat. Die Goldvorkommen sind abgesteckt und warten der Erschließung, bis Südwest Afrika frei sein wird, das heißt frei von dem Kapitaleinfluß der Londoner Börse und der Union einverleibt. Herr Dernburg, der viele Jahre lang eine besonders beliebte Witzfigur abgegeben hat für die deutschen Illustrierten, vom „Kladderadatsch" bis zum „Ulk" ist heute vergessen, die tragikomische Figur, der Herr im englischen Cut und Melone, der wie weiland Moses mit dem Spazierstock gegen den Felsen schlägt und das Wasser herabstürzen läßt und der dann mit dem Regenschirm im Sande nach Diamanten stochert.

Geblieben sind die Nachkommen der Janischauer, die heute in mittleren und unteren Verwaltungsstellen sitzen in der Wollverarbeitung der Karakulschafzucht, oder die als Händler dem Lande dienen oder als Polizisten der Johannesburger Trustgesellschaften ... und die im Augenblick damit beschäftigt sind, die kommende Abstimmung im Sinne der Unionsregierung für strikte Rassentrennung zu dirigieren. Sie bilden immerhin noch 30% der weißen Bevölkerung im ehemaligen Deutsch Südwest Afrika.

Aber auch damit ist der Nachtrag noch nicht zu Ende. Da existiert noch ein Neffe von diesem Marengo, der – ein Junge noch – damals in dem Heereszuge mitgelaufen ist. Sein Name ist Hosea Katako, 92 Jahre alt und der Chef der Hereros, die als Überreste den Untergang ihres Volkes überlebt haben; sie zählen heute noch etwa 40.000 Köpfe.

Katako wohnt mit einigen Getreuen in der Umgebung von Windhoek, in Wellblechhütten. Er besitzt die völlige Autorität über die Herero Stämme und durfte sich bisher erlauben, in einigen Fällen der Unionsverwaltung Widerstand entgegen zu setzen. Die Regierung der Union wünscht jedes Aufsehen zu vermeiden, das Anlaß geben könnte, das Mandatsstatut ins Gespräch zu bringen. So hat sich Katako geweigert, den Stamm umsiedeln zu lassen in eigens gebaute Reihenhäuser mit fließendem Wasser und elektrischem Licht. Er wünsche nicht in zu enger Nachbarschaft mit den Nachkommen der weißen Siedler zu leben, hat Katako dem Korrespondenten einer der großen Londoner Tageszeitungen erklärt. Er hat in diesem Interview auch darauf hingewiesen, daß bei den Hereros eine strikte Geburtenkontrolle durchgeführt sei, „damit weniger Hereros in die Sklaverei geboren werden".

Heute ist Hosea Katako unumstritten der geistige Führer der Delegation der afrikanischen Völkerstämme des ehemaligen deutschen Schutzgebietes, die bei den Vereinigten Nationen in New York für die Unabhängigkeit des Landes plädieren. Er selbst hat es abgelehnt, die Delegation nach New York zu begleiten, weil er inmitten seines Volkes zu bleiben wünsche „bis die Zeit reif sein wird".

DOKUMENTATIONS REPORTAGE
SÜD WEST AFRIKA

Anlaß: das ehemalige deutsche Schutzgebiet Südwest Afrika, heute unter der Trustverwaltung der Union of South Africa wird in nächster Zeit Gegenstand heftigster politischer Auseinandersetzungen innerhalb der UNO. Nicht nur wird das seinerzeitige Mandat der Union über dieses Territorium überhaupt angezweifelt, nachdem jetzt die Union aus der Commonwealth ausgeschieden ist, sondern der Kampf gegen die Apartheid in der Union, der auf die UNO übergreifen wird (schon in dieser Session) wird besonders in diesem Gebiet ausgetragen werden.

In dem Gebiet, das etwa die Größe Englands besitzt, leben heute 74.000 Europäer gegenüber 430.000 Eingeborenen, von denen der Ovambo Stamm im Norden, an Angola grenzend kulturell rückständig, meist aus Farmarbeitern bestehend, ziemlich fest noch in der Hand der Regierung der Union ist. Die höher stehenden Stämme, die die Arbeiter in die Minendistrikte und die Fisch Konserven Industrie stellen, setzen sich aus den Buschmännern, den Namas und den Hereros zusammen. Sie sind politisch und gewerkschaftlich organisiert und sie unterhalten eine Vertretung bei der UNO sowie dem Internationalen Arbeitsamt in Genf, neuerdings sind Delegierte bei der Kampf Organisation der afrikanischen Staaten in Konakry (Guinea) aufgetaucht und bereiten eine Art schwarze Exil Regierung für das Territorium vor. Mit Aufständen, einer Angola ähnlichen Entwicklung ist zu rechnen, sobald die Union nach einem eventuellen Ausschluß aus dem Völkerbund (der zu erwarten ist) die Apartheid offiziell auf Südwest Afrika ausdehnen wird.

Unter den Europäern, die sich um 50% seit 10 Jahren vermehrt haben, hauptsächlich durch den Zuzug von privilegierten Farmern und Beamten aus der Union, stellen die früheren Deutschen 30%, 60% sind seit 1914 eingewanderte Buren und 10% sind Engländer. Die Deutschen bilden den Mittelstand in den Städten, die Hauptstadt Windhoek ist noch vollkommen deutsch, auch sprachlich.

Die Unionsregierung hat das Territorium sehr vernachlässigt, aus der Unsicherheit heraus, daß eines Tages die Trusteeship wieder abgenommen werden könnte, zum Teil auch eine Rechnungslegung für die Zeit seit 1918 erfolgen müsse, die immer noch aussteht. Zu dem Budget der Union in Höhe von 50 Millionen Pfund im Jahr für das Gebiet bringt allein der Export in Erzen und Diamanten 30 Millionen £ ein, 10 Millionen £ Fischereiprodukte und etwa 5 Millionen £ Häute und Felle (Karakul). Die Ausgaben für Wegebau, Eisenbahnen, Schulen und Sanitätseinrichtungen sind vielleicht kaum 2 Millionen, übrigens nicht speziell ausgewiesen, der Import ist ebenfalls im Innenhandel verrechnet, ein Import vom Ausland ist verboten. Den sehr erheblichen Jahresüberschuß steckt also die Union ein. Ein Teil wird verwendet durch direkte Subventionen an Farmer und sonstige Berufsschichten, Stimmen für die Apartheid bei einer von der UNO geforderten Abstimmung zu kaufen.

Trotzdem setzt eine Abwanderung der Europäer im Territorium ein auch unter den an sich besonders privilegierten Deutschen, deren jüngere Generation durch den Boom im Mutterlande angelockt nach Deutschland zurückkehren will.

Das Land selbst bietet außerordentlich große Möglichkeiten, die Diamantfelder längs der Walwis Bay, die an Reichtum die Kimberley Aerea in Transvaal übertreffen sollen, und die heute hermetisch von jeder Ausbeute abgeschlossen sind. (Gelegentlich finden groß aufgezogene Schmuggler Jagden statt, die oft den Charakter militärischer Operationen gegen „Aufständische" tragen und stets in der Öffentlichkeit verschwiegen werden.) Die Kupferproduktion in den Otavi Minen wird künstlich gedrosselt, um dem Weltmarkt nicht den Anreiz zu geben von internationaler Investments. Die Produktion von Fischereiprodukten könnte verzehnfacht werden, schon heute ist die Union der größte Fischmehllieferant in der Welt.

Unter den einheimischen Stämmen stehen die Hereros als eine Art Helden Idol an der Spitze. Sie belaufen sich heute noch auf rund 40.000 Köpfe, von ehemals 300.000, die seinerzeit in dem Herero Aufstand 1907 von den deutschen Schutztruppen in die Wüste getrieben worden sind und dort umgekommen sind.

Zur Charakterisierung der heutigen Situation ist noch zu erwähnen, daß die Unions Regierung legal die Apartheid noch nicht im Territorium eingeführt hat und der einheimischen Bevölkerung auch noch größere Freiheiten zugesteht, um die

Weltöffentlichkeit nicht besonders auf die kritische Entwicklung aufmerksam zu machen. So sind für die Hereros, die in den Vororten von Windhoek noch in den alten Wellblechhütten wohnen, Lehmhaus Siedlungen gebaut worden, mit verhältnismäßig neuzeitlichem Komfort, in die aber die Hereros nicht einziehen, weil sie den Anfang der Apartheid darin sehen und im übrigen „Geschenke von den Weißen" nicht annehmen. Ihr Führer ist eine Art Kenyatta, der 92jährige Hosea Katako, der als Führer einer Gruppe von Herero Kriegern den damaligen Aufstand überlebt hat, ein Neffe des Nationalhelden Morenga, der gegen Ende des Aufstandes von den Engländern mit Gewehren beliefert, bei einer Invasion des Territoriums von englischem Gebiet aus gefallen ist. Die englische Unterstützung ist damals zu spät gekommen, die Hauptmasse der Hereros in die unwegsame Wüste abgedrängt, konnte nicht mehr gerettet werden. (Über Morenga habe ich 1912 oder 1913 in der Aktion eine Novelle geschrieben.)

Gegen die Situation, wie sie sich heute darbietet, stellt sich *Die Vorgeschichte,* eine tragikomische Groteske der deutschen Kolonial Geschichte.

Die deutsche Öffentlichkeit und der Reichstag haben in Deutsch Südwest Afrika niemals etwas anderes gesehen als eine Sandwüste mit kümmerlichem Weideland dazwischen.

Um die Jahrhundertwende begannen sich die Banken kolonialwirtschaftlich (nach englischem Vorbild) zu interessieren. Die Deutsche Bank entwickelte die Kupfervorkommen, die Otavi Minen, die in diesen Jahren zu einem hochspekulativen Börsenpapier getrieben wurden.

Die ersten Gerüchte tauchten auch auf von Diamantenvorkommen und Kohlevorkommen im Norden, an der Angola Grenze.

Dem Druck der Banken gab Kaiser Wilhelm nach und schuf gegen den Willen der Konservativen ein selbständiges Kolonial Staats-Sekretariat. An die Spitze wurde ein Direktor der Deutschen Bank [Manuskript bricht hier ab]

III. Literarische Vorarbeiten

ER LIEGT AM BODEN

Er liegt am Boden. Hat sich eingewühlt in die harten Schollen. Eine Straße atmet und dehnt sich, steigt, keucht schwer im Dahingleiten, reißt – daß er zittert und sich enger preßt. Grüne Halme ballen sich dichter, weiten sich, Wolken tupfen auf blauem Bogen. Er möchte schreien.

Hinten drängen die vielen Menschen. Wimmeln. Weiße Schuhe. Lächelnd verstohlen sehnsüchtig. Straffen sich. Beine. Ein Kind springt. Lockendes Parfüm aus der Zeit, als er zwölfjährig neben einer hochgestellten Dame im Parkett des Provinztheaters saß, die Treppe hinter einer Ingenieursgattin hinausstieg, die Fäuste gegen die Wand schlug und sich würgte, später Steine, Segel, Meer, schließlich enger zusammenkroch, heiß, Blut rieselt, bunte lachende Menschen zueinander, alle – Sonne –

Atmete fiebernd, schlug den Hinterkopf gegen das Grau des Himmels, fraß sich tiefer in die Schollen, weinte und schluchzte und wollte beten, ein Duft zog über allen und schlug nieder. Eine ferne Häuserreihe schob sich näher.

Er wehrte sich, dachte sich die Achseln zucken. Aufstehen. Das Gesicht abwischen. Langsam den Leuten zugehen. Jehan.

In der Erinnerung lebte noch Jehan, der Timuride. Dieser Perser-Chan. Indien. Er fühlte sich schmerzlich lächeln.

Jehan zog vorüber. Der Haß gegen den Bruder. Verschwommen, Indiens Blut und Pracht, heißt es. Wollust in der Herrlichkeit zu verschenken, verschwenden. Palast in Delhi. Der Harem, goldüberhaucht, Düfte steigen, lockender Gesang. Jehan muß die Mutter erwürgen, die Revolution schwelt. Tar Mahal, die liebliche Blüte, kniet vor ihm. Wird ihn erlösen, hüllt ein. Führt ihn den Frauen zu. Die Brust, noch erobernd – kalt, weitet sich, fremde, scheints unstillbare Sehnsucht schreit sich los, da läßt er Paläste aufführen, gewinnt Ruhm, Macht, zahlreiche Schlachten, sein Reich wächst unermeßlich, er lauscht dem Wesen der Frauen, trinkt schwerfließendes Glück. Glück zu den Füßen Mahals – die stirbt und lächelt hold über ihn weg den Sternen zu. Es reißt nichts. Alles Glück schwebt leuchtender.

Weicher Gesang schwillt unaufhörlich, bis Mahals Bruder

vor den Augen des Königs sich zerfleischt. Sich in Krämpfen windet und Mahals Seele vor den Blicken Jehans neu entstehen läßt, Mahal schwebt wieder, nur Jehans Blick bleibt scheu. Krallt sich fester an den Fakir und kann nicht mehr von ihm. So stottert er Befehle, die elfenbeinerne Säule wird Wunsch und Wunder, hunderttausend Hände arbeiten ein kleines Leben lang und jeder Atemzug aus des Königs beklemmter Brust begleitet sie. Dagegen muß Jehangir aus Jehans Blut sich empören. Der Vater will dessen Ruhm und Macht im Keim ersticken, kann man Jehan noch übertreffen – den Blick ewig in Mahals Seele – und Jehangir wirft den Vater in den tiefsten Kerker. Nur der Fakir tastet sich zu ihm. Und Jehan erblindet vor der Unermeßlichkeit, die sich seiner Seele auftut. Während draußen Jehangir neuen Ruhm häuft, während Jehans Wunder über die Welt wächst. Und Jehan denkt im Kerker mehr als dreißig Jahre von der Seele Mahals und von dem Wesen der Welt und dem Glück der Frauen und ihrer Kraft und hockt unbeweglich an der Seite des Fakirs. Und sehnt sich alles hinauszuschreien –

Bis der Träumer stockt und dumpf murmelt, schwer lösen sich einzelne Laute – unruhiger wird, eine Spannung friert auf dem Gesicht ein. Angst.

Eine Gaslampe, die so lange niedergehalten war, flackert heller und surrt.

Wird Jehan –? Er selbst ist so gefesselt. Der Fakir, niedergedrückt vom Zweifel an die Wucht seiner Gedanken, Befehle, alles wahrnehmbare löst sich auf. Der Träumer quält sich. Träume bluten, ritzen scharf ein. Er muß sich zusammenpressen.

Angst schreit. Nicht sich aufblättern zu können. Die Welt zieht vorbei. Das Blut kreist enger. In Rußland gründen junge Menschen die Gemeinschaft, er ist als Knabe auch versucht gewesen, aus seinem Kreis herauszutreten, hat dennoch gleichaltrige Mädchen nicht anschauen können, sich verkrochen, nur glühender gehofft – dann auf so etwas wie Krieg und Exzentrik, Sport, er reitet an der Spitze der Eroberer in die Vaterstadt ein, die Frauen lächeln hinter ihm – hoffnungslos, aber es tut ein wenig wohl.

Die Gemeinschaft wird wieder brechen. Eher gegen alles als in sich. Revolution. Sich selbst zerstören. Glück des Gehenkten. Wenn man sich selbst erstickt, bleibt noch ein dünnes Leben. Klingt weiter. Er hört sich beten, anschwellen, Wände schwinden, Weiten tun sich auf, aber angeschmiedet ... durchbohrt ... kreisend in fremder Qual ... Hilfe, knirscht er.

Er geht eine lange Allee. Schneller. Wirft sich wieder hin. Und eilt dann. Manchmal öffnet sich der Weg. Aber er beißt sich in den Kissen fest, daß er nicht müde wird. Beißt in die Faust, die er sich drohend hält, unterdrückt das Heulen. Richtet sich auf und schaut sich wirr um. Dann schließt er die Augen matter. Er will auch nicht mehr glauben. Niemandem mehr etwas Böses tun. Und um das Leben betteln. So vieles opfern, Zug um Zug eintauschen, nur um das plumpe nackte Leben. Hoffnung saugt ihn auf. Bald wird er ruhiger blicken und freundlich sein. Laßt mich leben –

Jetzt baut er still, voll Sicherheit, ein Werk vor sich her. Unbeirrt. Wenn es auch wächst, streng, fest gefügt – er schaut kaum hin, keine Freude, keine Zweifel, die Uhr zählt die Zeit, die Arbeit, die Steine, die er aufschichtet, Menschen gliedern sich an. Er bebt nicht vor Ungeduld, obwohl das Herz schlägt.

Da steht jemand auf, dreht das Licht aus.

Ein Stuhl wird gerückt.

Alle merken, daß es fast hell ist.

Dann werden die breiten gelben Fenstervorhänge weggezogen.

Während alle sich räkeln, den Kopf wieder in die Kissen wühlen, der Wächter hängt sich die Kontrolluhr über, rafft am Tisch Papiere zusammen, Sindbad den Seefahrer und die Leiden der Bettelgräfin sagt der Nachbar von Nr. 12 nach der hinteren Wand zu und steigert schnarchend: Morgen, Leute. Merkwürdig, wie er die Worte quetscht. Alle Wärter sind auf ihn ärgerlich. Meistens hören sie später, daß er ein Schneider ist namens Erb. Sollen glauben, daß Erb Beziehungen hat, in Verbindung mit Regierungsstellen, andererseits Intrigen, die Frau spielt eine Rolle, will ihn loswerden, Graf braucht Ehescheidung. Dann aber lassen sie an Erb die Wut über den Schneider aus. Immerhin bleibt es unklar.

Erb mit dem schmalen spitzen Kopf, knallrotes Gesicht, springt im Bett auf, wiederholt, sieht sich enttäuscht um.

Ganz vorn an der Tür lacht ein hübscher jünger Mensch. Erb schaut strafenden Blickes hin. Der Junge schüttelt sich vor lachen.

Dann werden aber alle wach.

Wärter ist gereizt. Ruft dahin: still! dorthin: legen Sie sich wieder hin! und da: na, Herr Schmidt, ausgeschlafen? Nr. 12 sagt leise zu Erb: Morgen. Der Kalfaktor kommt vom Flur herein und stellt die Waschschüsseln auf. Erb hat schon längst die Stirn gerunzelt. Der Junge seufzt lange. Schmidt denkt verzweifelt nach. Der Kopf schmerzt, überdies in zu trockener Binde. Zwei Gegenüber starren ihn an und nicken: Zuwachs? Da fragt Schmidt: Wenn ich mal hier was sagen darf, schließlich muß man das wissen. Wie nennen wir uns hier eigentlich? Der Wächter interessiert sich. Nu ich meine, sagt Schmidt, wenn wir uns hier unterhalten wollen – der Wärter sagt inzwischen, nachdem er sich vergebens nach seinem Kollegen umgesehen hat: Immer mit dem Namen. „Ach so, sonst sind wir ja auch alle Brüder." „Nein, nur mit dem Namen." „Ja, da muß was gewesen sein die Nacht, meine Stirn brennt mich ...", dann spricht er mit ihm weiter. Der Wärter schaut sehr bleich drein. Nein, sagt Schmidt, wenn einer von Euch noch eine Frage hat, ich kann das ja nicht wissen. Wenn ich auch manches noch aufklären kann, also Genossen ... Erb lacht zu den Anderen hin. Sie liegen noch alle im Bett, einige in Kästen, daß sie nicht rausklettern können. Die Ablösung für die Wärter kommt. Der junge Mensch steigt aus dem Bett und wird sich waschen. Drückt die Knie nach vorn beim Gehen. Nur die paar Schritte. Ein anderer wird geführt. Viele stehen auf einmal um die zwei Waschschüsseln rum. Erb schreit: heute nehme ich Euch alle mit raus.

Schmidt fragt: Wie denn – raus – mein Kopf tut mir so weh. Verzieht das Gesicht zum Weinen. Die beiden neuen Wärter kennen ihn noch nicht und tuscheln, sehen ein Buch nach.

Aber Erb erzählt, wie man ihn abholen wird. Alle werden sich entschuldigen. Er wird bestimmen, wer mit ihm hinausgehen soll. Er wird erregter, fieberrot. Er ist ein so schmächtiger Mensch, die Schultern sind ganz spitz. Für ein paar Sekunden ist alles peinlich still. Er faßt den Andern am Arm. Schmidt, Du mußt mit. Der eine Wärter sagt: Sie sollen ruhig sein, sonst schreibe ich. Erb: Sie kommen ja auch mit, Sie wissen schon, haben Sie Kleider besorgt? Der Wärter ... Erb: Also, ich sag Ihnen – wütender, dreht sich um, schmeißt sich wieder ins Bett. Der junge Kneis fängt wieder an zu lachen. Bekommt einen Anfall. Der Wärter ist freundlich zu ihm, legt ihm die Kissen zurecht, freut sich, daß er eine Hilfe hat, denkt – bald wird man den Kneis anders behandeln können. Aber der wird schon angststarrend. Beginnt sich vor dem Mann zu fürchten, kriecht zusammen. Nur Schmidt ist mehr verwundert. Eine verfluchte Erinnerung quält in ihm noch. Das möchte er immer wieder sagen, ob man denn hier unter anständigen Leuten ist, fragte er.

Es wird jetzt gekehrt, gewischt, Eimer klappern. Die Fenster sind aufgerissen. Es scheint, als ob die Eisenstäbe in der Sonne glitzern wollen.

Dann erinnert sich Schmidt, daß er mit dem Hammer sich vor den Kopf geschlagen hat. Er erzählt, daß er manchmal Krämpfe hat und einmal sich halb die Zunge abgebissen hat. Er macht eine gute Figur, früher trug er schwarzen Bart, die Haare etwas wirr. Er hat sehr viel in seinem Leben studiert. Allerdings ist er unter gewissen Voraussetzungen bereit, heute mit Erb gleich wieder wegzugehen, er trinkt indessen keinen Schnaps. Erb würde Wein trinken. Beide sind schließlich vergnügt.

Der Wärter denkt, es ist ekelhaft hier drin. Man sitzt und sitzt. Die Toilette, die zwischen den beiden Sälen eingebaut ist, stinkt. Er schaut in den Garten hinaus – er ist schon lange nicht mehr in der Stadt drin gewesen. Jetzt sprechen alle 16 leise miteinander. Gewaschen, ruhig, ganz in Ordnung. Dann muß er laufen, einen, der aus seinem Kasten raus will, umschmeißen: Bleib unten. Dann auf einmal immerzu. Er kocht vor Wut. Was? Ach so, austreten. Die Wände werden heruntergelassen. Los! Der schiebt sich den Gang entlang. Der Kollege im andern Saal erzählt sich was mit seinen Leuten. Es hört sich an, als ob er ein munterer Bursche ist. Der andere denkt neidisch, der hat heute sicherlich mit der Köchin geschlafen, wart nur. Er muß ihm eine Bosheit sagen, ihn still machen. Pah – überdies so eine Schlampe.

Aber die andern alle sind wieder still geworden, manche haben frische Wäsche bekommen. Jeder denkt über einiges in seinem Leben nach. Der Saal ist fein sauber. Wenn Frühling ist, singen draußen die Vögel. Einige dürfen aufstehen und sitzen in ihrem Bett. Schmidt denkt, ob er hier von seiner Frau erzählen soll, vielleicht wissen die was? – Ob sie den Erb wirklich kennt – manches stimmt ja. Der Schönauer fängt schon an zu zanken. Schönauer liegt dem Schmidt gerade gegenüber. Er soll in Paris Ringkämpfer gewesen sein. Schmidt denkt nach.

Er weiß nicht, ob seine Frau solche Muskelmenschen mag. Schmidt quält sich. Er gibt dem Erb keine Antwort. Er will nicht raus, grient und schluchzt plötzlich. Bekommt eine rasende Wut. Der Wärter hat aus Langeweile die Zeitung gelesen und lacht jetzt auf. Der Kollege erzählt ihm überdies einen Witz, daß er wieder stockstill wird. Der Oberwärter flitzt durch die Säle. Alle sind einen Augenblick in gehobener Stimmung. Schmidt fühlt ein ungeheures Loch in seiner Seele, das immer weiter noch reißt. Und doch glaubt er nicht an Gott. Genossen, möchte er losheulen. Ich weiß nicht, was das für Leute sind. Einer heißt Draqua, einer Schubert. Die Frau, die Frau, sie spricht mit allen Menschen. Er will keine Leute um sich. Er stiert in den Saal. Ich bin nicht weit genug, denkt er müde. Er kann sich nichts wegseufzen. Er dreht allen den Rücken.

Während sie alle aufhorchen, die Becher werden aufs Brett gestellt, man hört schon Tritte, ein hübsch aufgeputztes Mädchen schleppt das Tablett, einer nimmt Becher für Becher ab. Brot mit rotem Mus, die Uhr geht ganz genau, selbst der Wärter ißt Brot, das Mädchen mit der weißen Schürze …

Ein Vergnügen, wie schnell die Tage vergehen. Mehr als jede Wohltat.

Schmidt lebt in seine Leute um ihn herum mehr hinein, hört, daß einer, den er schon lange wegen seines gequälten Gesichtsausdrucks beobachtet, ein Ofensetzer ist. Zu dem kommt öfters eine Frau, setzt sich zu ihm, bringt Milch, Eier, Bonbons. Jedesmal dreht sich der Ofensetzer weg, wenn die Frau erscheint. Das Gesicht wird ganz starr. Schmidt denkt, sicherlich quält sie ihn sehr. Einmal begleitet sie ein junger schmächtiger Mann, vielleicht der Sohn, er steht verlegen am Bett herum, die Frau stopft dem Manne Eßwaren in den Mund. Der spuckt wütend alles aus. Die Frau ist fiebrig an der Arbeit. Der Mann hebt den Kopf, der Hals quillt an, wird blutrot, er gurgelt etwas, dann kann er nicht mehr sprechen, hält den Arm weit weg. Der ganze Körper erstarrt. Die Frau dreht sich gekränkt zum Wärter um. Schmidt hat das Gefühl, sie möchte den Ofensetzer totprügeln. Der aber bekommt für viele Tage einen Anfall, er steht fortwährend auf, zieht das Hemd aus. Er möchte hinausgehen, schreitet durch den Gang, bis er gefaßt und ins Bett geworfen wird. Die Wärter schreien, das Aas führt uns an. Die Andern sagen: wenn einer geht, soll man ihn gehen lassen. Einige lachen aber, wenn er Prügel bekommt. Der eine schlägt ihn ins Genick, der Kopf wackelt hin und her. Er schreit, wenn die Frau an der Tür sichtbar wird. Die Frau sagt weinend: Es war der beste Mensch, immer so still und sanftmütig. Der Sohn schämt sich. Plötzlich spricht der Ofensetzer wieder: Was soll ich denn? Er ist in wenigen Tagen völlig abgemagert. Er wird dann allmählich ganz weich. Schaut aus tiefliegenden Augen sehnsüchtig ins Freie. Schmidt sieht das alles. Wenn er mit ihm sprechen will, lächelt der. Schmidt fühlt in seiner Seele ein Auf und Nieder, das mit dem andern mitschwingt. Die Seele wird übervoll. Er hört, wie später Mann und Frau friedlich miteinander sprechen. Er möchte zu ihnen gehen. Die Frau tritt so sicher auf, sicherlich fällt es ihr sehr schwer. Schmidt denkt, lieber würde sie weinen. Was soll ich ihr sagen, grübelt er. Ein Wärter starrt sie immer an, läuft mit ihr hinaus. Schmidt weist den Kneis zurecht, der sich dann vor Lachen schüttelt.

Dem würde ich noch Art beibringen, denkt er. Es tut ihm aber doch leid, als Kneis Ohrfeigen bekommt. Wegen einer anderen Sache. Er ist langsam aufgestanden. Wie wenn er zur Toilette wollte. Der Wärter liest ruhig weiter. Kneis geht zum Fenster und schlägt fünf Scheiben ein. Die Scherben fliegen im Zimmer rum. Es geschieht sonst nichts, Kneis hat die Faust in den Vorhang gewickelt, geht dann langsam ins Bett zurück, lacht. Draußen scheint die Sonne. Eigentlich freuen sich alle, sprechen miteinander, fragen, warum denn eigentlich – nur die Wärter, der Vize, der Oberwärter – Erb freut sich kindisch. Probezeit, es wird noch schlimmer kommen, das schlechte Essen muß herhalten, auch von draußen werden sie kommen. Zwei Stunden später ist völliger Aufruhr. In allen Stockwerken. In den andern Häusern. Am nächsten Besuchstage kommt die Mutter. Sie darf ihm nichts geben von dem, was sie mitgebracht hat. Der Junge scheint teilnahmslos, Schmidt merkt, wie weh ihm ist. Die Mutter weint, dann schimpft sie ihn aus. Da lacht er wieder. Später steckt ihm Schmidt was zu. Auch der Wärter wird mit ihm Dame spielen. Schmidt möchte pfeifen und singen. Blinzelt zu ihm hinüber.

An diesem Tage glückte es ihm auch, Stinner zum Sprechen zu bringen. Der lag ein paar Betten weiter weg am Fenster und fragte ihn plötzlich: welches mag wohl der schwerste Beruf sein – alle horchen auf. Der kleine schmächtige Mann hat bisher überhaupt noch keinen Laut von sich gegeben. Der Wärter hat Weisung bekommen und interessiert sich. Aber Schmidt nimmt ihn ganz für sich in Anspruch. Er sagt: Heizer, Stinner besteht auf Tapezierer. Er weiß genau die jährlichen Sterbeziffern. Schmidt denkt daran, daß Stinners ebenso schmächtige Frau regelmäßig den Mann besucht. Sie flüstern jetzt immer erbittert aufeinander ein. Stinner hat auch Blumen am Fenster stehen. Schmidt denkt oft nach, warum der nicht aufsteht, umhergeht. Er sieht, wie er sehnsüchtig in den Garten schaut – und dabei ein so ruhiger Mensch. Später erzählt Stinner etwas von einer Flaschenpost. Er möchte eine Mitteilung hinausgelangen lassen. Der Wärter will ihm eine Karte bringen. Aber Stinner schüttelt den Kopf, schweigt wieder. Schmidt sieht jetzt häufiger hinüber. Möchte so gerne mehr mit ihm sprechen. Er soll mit seinem Geschäft obendrein pleite gegangen sein. Erb versichert, er wird ihm ein neues einrichten. Er will Stinners Frau ein Schokoladengeschäft kaufen oder einen Milchladen, alle denken nach.

Bis Erb ihrem Gesichtskreis entschwindet. Er wurde zunehmend aufgeregter. Es begann damit, daß er mit den Wärtern uneins wurde. Mit einem hat er sich verabredet, nachts in die Stadt zu gehen. Dann ließ ihn der aber nicht mehr aufstehen. Es gab Wortwechsel. Andere mischten sich darein. Schmidt wurde traurig, er sah eine Hoffnung schwinden. Er hatte sich mit Erb gefreut, trotzdem er ihn manchmal weniger leiden mochte.

Jetzt sah er, daß man ihm Unrecht tat. Er wollte vermitteln und wurde weggestoßen. Der Streit zog sich mehrere Tage hin. Erb zitterte vor Unruhe, ließ telegraphieren, man soll ihn abholen. Wollte die Polizei in Bewegung setzen. Seine Augenlider wurden fieberrot und schwollen an. Schließlich hetzte er die andern auf, zerrte aller Schwächen hervor. Man hatte den Eindruck, er erstickt sich, wird umschlagen. Da wurde er plötzlich ergriffen, auf ein Brett geschnallt, hinausgetragen.

Es herrschte eine entsetzliche Stille im Saal. Schmidt biß die Zähne zusammen, daß er das mit ansah.

Es quälte ihn ständig mehr. Er hörte in sich etwas aufbrüllen. Laut sagte er: Ordnung muß sein. Jeder muß sich in etwas hineinfügen, sonst kann eine menschliche Gemeinschaft nicht bestehen, da muß der Eine dem Andern nachgeben – aber er fühlte zutiefst eine qualvolle Fessel, es würgte ihn. Er begann wieder, andere Menschen um dessenwillen zu hassen.

Dennoch wehrte sich Schmidt weniger heftig gegen das zarte einspinnende Wesen vieler Gegenstände, die scheinbar von selbst sich zu ihm ordneten. Der Tisch, Schrank, Stühle, die Bettstellen, der Fußboden, die Lampe – sprachen vertraut dämmernd auf ihn ein und umrankten seine Unterhaltung mit den Freunden in zunehmend bestätigender Herrlichkeit. Er lernte viel und streichelte die Bettdecke zutiefst manchmal beruhigt und voll Erwartungen, einer bisher fremden Seligkeit den Weg bereiten zu helfen.

Draußen – zwischen den Stäben, Verzierungen, Rosetten und Kreisen, die das Fenster vergitterten, schwand Tag um Tag das Licht, sprach in der Dämmerung, summte von Glück. Weiter hinaus stand ein Fabrikschornstein starr gegen den Dunst, ein Gewimmel schwarzer Häuser, daneben ein Stück Laubwald, der bis an den schmalen Garten heranlief. Und wieder daneben Ackerland, die Männer vom andern Haus gingen häufig drüber hin, aus versteckter Feldhütte kräuselt Rauch, Schmidt hört Schaufeln, metallischen Klang, kurzen Ruf eines Aufsehers, drei große Buchen standen allein, ganz scharf, und weiter weg zog sich der Bahndamm, Tag für Tag.

Schmidt hörte das Rollen der Eisenbahn und lauschte, bis es verklang. Die Sirenen der Fabriken, Glockenläuten von fern her, und spürte keinerlei Sehnsucht, so stark lebte er in sich und in allem was ihn umgab.

Bis er auch nach Wochen selbst in den Garten hinaustrat und immer in der Runde herum und dann kreuz und quer ging, anfangs scheu allein, dann auch mit andern zusammen. Kinder wurden im geschlossenen Zuge herumgeführt. Hinkten, stolperten, schleppten sich nach, hingen schleimig aneinander und sangen. Schmidt ging immer den Kindern nach. Der rhythmische Gesang, Lallen prägte sich ein, rief ihn viele Stunden lang, Tränen. Es lebte mit jedem einzelnen Kind. Wenn einer aus der Gruppe heraustrat, plötzlich über den Rasen lief oder die Hand in den Mund steckte und biß, oder die Finger drehte, ein zarter schlanker Knabe, das Gesicht voller Geschwüre, die Augen suchten durchdringend – mit seltsam langen Blicken, vor denen Schmidt jedes Mal erschauerte. Dann stand er auch bei denen, die im Garten arbeiteten. Die Hecken wurden allmählich grün, die Bäume leuchteten schärfer, als würden die noch kahlen Äste zu sprechen anfangen, ein Bekannter erzählt ihm wieder von allen tausend Vogelarten, in einem Holunderstrauch würde wie alle Jahre ein Zeisignest sein. Ein Klingen, ein Schrei über die ganze Welt ... ging weiter im Kreise, grüßte, wollte alle umarmen ... blanke kühle Stirn, freier Blick ...

Da krampfte wer sein Herz zusammen.

Da stand auf einmal alles um ihn herum still. Wurde schwarz. Trocknete ein. Verkroch sich. Wind pfiff.

Da rief wer.

Dann sah er den Wärter auf sich zukommen. Er hätte noch schnell etwas sagen wollen. Aber er mußte sogleich mitgehen. Es war alles so eisig. Die Zäune, Mauern, Stufen, die Glastür. Drin stand der Doktor, eine Frau, ein dicker Beamter, der freundlich lächeln wollte. Plötzlich mußte er daran denken, wie peinlich es sei, draußen sagt einer, Schmidt wird außer der Reihe vorgerufen. Er wurde glühend rot. Sah sich scheu im Vorzimmer um. Die Dame sprach hastig auf ihn ein. Der Doktor sagte etwas zur Dame. Der Beamte klopfte ihm auf die Schulter. Der Doktor maß ihn mit einem scharfen Blick. Schmidt verzog das Gesicht. Die Frau sah gleichfalls scheu um sich. Eine Pause. Eine Frau. Dann drängte der Doktor weiter. Dem Schmidt stieg ein Haß gegen die Frau auf. Willst Du was haben, hörte er. Alles wurde glitschig. Er klammerte sich wo an. Er verzog noch mehr das Gesicht. Bitten kann man hier nicht, dachte er noch. Und doch hätte er die Frau am Arm fassen wollen und auf sie einreden. Der Haß wanderte zum Doktor. Schmidt sagte etwas leise zum Beamten. Der verstand nicht. Wurde plötzlich größer, ein fetter Koloß. Immerhin fühlte sich Schmidt zu ihm hingezogen. Er setzte alles daran, mit dem Mann weiter zu reden. Er merkte, daß er der Frau Unrecht tat. Sie wird bald weinen. Er fühlte auch in sich etwas, das unsagbar weh tat. Und ihn wohlig überzog. Dann gingen alle. Er gab die Hand. Und fiel in einen Abgrund.

Schreiend.

Er hörte sich noch zu einem hinzutretenden Aufseher sagen, ich will heute nicht in den Saal, ich will eine Zelle. Ich halts nicht aus. Eine Zelle für mich allein. Der bot ihm eine Zigarette an, draußen im Garten, ein paar Züge –? Es sieht niemand.

Schmidt aber dachte, ich habe ihr sehr weh getan. Ich habe sie irgendwo getroffen.

Dann begann er zu fiebern.

Es ist alles doch nicht so! Brüchig. Faulig. Bedreckt. Immer gefesselt, unlösbar verstrickt, angeschmiedet. Er fühlte sich das Maul aufreißen. Hinten im Kopf hing ein Grinsen: Vorsicht! Dann schlich er weiter. Pah. Die Frau. Soll sie sehen ... ich will nicht mehr. Die Andern! Aber es war keiner mehr da. Schmidt brach ganz zusammen. Er schlich im Gang herum, pickte an die Fensterscheiben, dachte noch es wird dunkel, man wird bald zur Nacht essen. Er quälte sich immer höher. Stand schließlich: Ich hab mich verschrieben, mich selbst – mir, der Schwester – ich muß folgen, demütig sein, ich muß ... dann wollte er Tränen herauspressen, sich selbst beflecken, stellte Stationen auf, haßte sich, wollte sich an die Gurgel fahren, aufheulen – bald wird man mich rufen, ängstigt er sich – nein oder ja? Ja!

Es gibt noch einen Weg. Feststehen mit der Frau. Mag sie mit den andern gehen. Ich will auch nicht mehr für sie tun. Nur mit ihr, aber ohne mich. Gegen mich wüten, bis alle Fesseln gebrochen sind. Ich will hinaus. Fabrikpfeifen – Arbeiter gehen jetzt heim. Ich will gegen die Macht sein, die mich hält. Dort stehen, bis ich den Bann breche. Er mußte lachen.

Er wurde dann gerufen. Er sprach dann im Saal verlegen mit einem andern. Nein, der hat keine Wurst bekommen, auch sonst nichts, vielleicht später. Er kroch mit dem Kopf unter die Bettdecke. Zitterte. Sah sich atemlos laufen, fliegen, stürzen. Die Nacht draußen, schrie auf. Das Gaslicht zerschnitt ihn in Stücke. Er lag zusammengekrümmt, durchbohrte sich mit der Faust. Keine Erlösung, wenngleich müde geworden.

Dann träumte er, schwer, interessiert, in Schweiß gebadet. Er träumte voller Auf und Nieder. Versuche, Zusammenbrüche. Er träumte zäh und krallte sich am Bettpfosten fest. Noch, als man ihm Trional geben wollte, das er ausspieh. Es nützte nichts, daß man gewaltsam die Zähne auseinanderbrachte ...

Stotternd sagte er: Lassen Sie mich doch, ich bin gleich ganz ruhig. Der Oberwärter war geradezu erstaunt. Wollte nochmals zugreifen, ließ aber, während er schon fest den Kopf hielt, plötzlich ab. Es ging von Schmidt ein Zwang aus. Er nahm das Glas und trug es hinaus, ohne dem Aufsichtführenden noch ein Wort zu sagen. Der schüttelte den Kopf und setzte sich wieder an seinen Tisch. Draußen rollte die Bahn. An einem der nächsten Morgen wurde Schmidt zum Doktor gerufen. Ein Schreiber saß da, mit aufgedunsenem Gesicht, Triefaugen, die Hand zitterte schrecklich, dann der Doktor, hinter einem Stoß Akten – auf einem Stuhl dicht an der Tür nahm Schmidt Platz.

Die Personalien – der Vater ist Uhrmacher, jähzornig, hat oft geprügelt, Säufer? Nein. Fanatischer Vegetarier. Der Vater ist ein „Tüftler". Der Doktor horcht auf, der Schreiber schreibt auf einen Wink. „Und Sie?" „Nichts." Schmidt gibt an: Nichts. Mutter lungenleidend. „Lieben Sie Ihre Mutter?" „Nein." „Warum?" „Sie lügt." Der Doktor rückt auf dem Sessel herum, Schmidt schweigt auf die nächste Frage.

„Ja, aber nun sagen Sie mal, wie lange leben Sie mit Ihrer Frau zusammen?" „Ein paar Jahre schon." „Vertragen?" „Nein." „Also – nach einer peinlichen Pause – hier ist angegeben, Sie haben sich mit einem Hammer auf die Stirn geschlagen. Sie leiden an Krämpfen?" „Ich weiß nicht." Der Doktor steht auf. Lang, hager, faltiges Gesicht, die Augen blinzeln über den Klemmer hinweg. „Kommen Sie doch näher, fürchten Sie sich denn?" Schmidt lächelt verlegen. „Na also – sagen Sie mir doch, quält sie die Frau, nicht? Man weiß doch, wie das ist." Schüttelt den Kopf, reckt sich. „Ha?" „Nein" – ehrlich überzeugt. Der Doktor fragt schnell: „Trinken Sie?" „Manchmal." „Viel?" „Ja, dann sehr viel." „Stottern Sie immer?" So ein Hund, denkt Schmidt. Vorwurfsvoll: „Schmidt –?" „Nein." Der Doktor legt seine Hand Schmidt auf den Arm. „Vertrauen Sie mir doch." „Ja, um Gotteswillen, was soll ich denn sagen", sprudelt der hervor. „Sehen Sie, so was tut man doch nicht." Der zuckt die Achseln. Pause. Dann sagt er leise: „Manchmal kann ich mich nicht halten. Ich muß einfach." „Wie" – „Ich will nicht mehr leben, es ist so furchtbar, ich halte es nicht aus, ich will nicht, es ist geradezu …" Ein Gewicht fällt nieder. Der Doktor verzieht nervös das Gesicht. „Sie sind jetzt sehr aufgeregt." Schweigt. Sieht dann demütig zum Doktor auf. Der lächelt etwas. Man hat das Gefühl, die werden zueinander gehen. Schmidt steht auf und sieht zur Tür. „Fehlt Ihnen hier was?" „Nein." „Wenn Sie was brauchen, kommen Sie immer gleich zu mir." Schmidt verbeugt sich, will gehen. „Warten Sie, lieben Sie Ihre Frau?" Schmidt wird ganz weich. Tränen in den Augen. „Nein." Der Schreiber schreibt auf einen Wink. „Doch, ich liebe sie, aber ..." „Na?" „Ja und nein." „Wie –" „Mehr beides zusammen." „Das verstehe ich nicht." „Ich bin mit meinem ganzen Leben zu ihr fest gebunden." Der Doktor zuckt nervös. „Sehen Sie, Sie sind doch so ein prächtiger, vernünftiger Mensch, ich glaube, Sie passen nicht zusammen, ha?" Ach – denkt Schmidt geringschätzig, bereitet eine lange Rede vor. Dann sagte er: „Ich prügele sie manchmal." „ – " „Ich muß. Viel schlimmer, als wenn ich mich prügele." Der Doktor winkt ärgerlich ab, murmelt: „Sie werden doch einen Grund haben." Schmidt möchte dem Doktor in die Gurgel beißen. Er ist hier so machtlos. „Nein", sagt er scharf. Der Doktor wandelt sich, fühlt: armer Kerl. „Das müssen sie mir andermal mehr erzählen." Schmidt will sprechen. Da kommt schon der Nächste.

So verging das erste Beisammensein.

Aber schrittweise kamen sie doch einander näher. Später einmal sagte der Doktor: „Ich hätte gern, daß Sie recht fröhlich sind." Er ließ ihn auch über den Wirtschaftshof hinüber in seine an die Peripherie des Häuserkomplexes gelegene Wohnung kommen. Sie aßen dort zusammen zur Nacht. Der Doktor zeigte Bilder, Bücher, er hatte eine Sammlung Böhmischer Gläser. Schmidt wollte in wissenschaftlichen Büchern blättern, aber der Doktor nahm sie weg. Dann zeigte er ihm die Photographie eines Freundes, das sei ein starker herrlicher Mensch. Schmidt drehte, verlegen geworden, das Bild hin und her. Der Doktor hetzte gegen die Frau. Der andere hielt um so eiserner fest. Bestand darauf: „Ich muß mich auch so frei entwickeln können, selbst wenn ich äußerlich daran festgebunden bin. Jetzt erst liebe ich sie." Der Doktor stritt dagegen. Er verschwieg, daß die Frau ihn öfters besuchte. Er sagte, sie sei verworren, rede geschwollen auf ihn ein, wisse überhaupt nicht, was sie mit Schmidt anfangen solle. Aber ohne Erfolg. Nur knüpfte er das Band zu Schmidt enger. Es machte nichts aus, daß Schmidt häufiger in ihm das abweisende Gebaren des Meisters und Vorgesetzten empfand. Er fühlte sich immer tiefer ein und liebte ihn. Er ist unglücklich, dachte er, ist ganz verzweifelt, immer allein, warum wehrt er sich gegen mich. Am besten wäre es, wir könnten Freunde sein. Inzwischen schrieb Schmidt seine Lebensgeschichte. Dann hörte er mit zu, wie der Doktor ein Protokoll über ihn aufsetzte. Er sah ihm unverwandt in das zergrübelte, nervös zuckende Gesicht. Er mußte denken, wie mag es sein, wenn dieser Mann mit einer Frau. Zwischendurch merkte er, wie der ihn lächelnd betrachtete. Merkte noch, daß es durchaus nicht überlegen und geringschätzig geschah. Auch ging er ihm an sich mehr aus dem Wege, so daß der Doktor ihn immer erst zu sich besonders rufen mußte. Nur nicht aufdringlich sein. Und wurde allmählich so glücklich, daß es vorkam, daß der Doktor ihn am Arm faßte, ihn an der Schulter streichelte. Er wurde immer rot und sah zur Erde.

So glücklich war Schmidt, daß er fest daran glaubte, es würde ihm noch gelingen, den Doktor zu retten. Er hat keinen Glauben mehr, fühlte er. Und immer den andern gegenüber noch so mißtrauisch. Und Schmidt ging daran, zwischen den andern und dem Doktor zu vermitteln. Er wuchs über die Aufseher und Wärter turmhoch hinaus. Er quälte sich, wenn der Doktor hastig durch die Säle ging, manche kaum ansah, die ihn sehnsüchtig von Tag zu Tag erwarten, vielleicht nur einen besonderen Gruß sagen wollten – jetzt würde er wieder so viele Freunde verstoßen, beleidigen, quälen und das alles in seine einsame Stube mitnehmen. Enttäuschung der vielen, kann er denn alles noch tragen –? So sprach er insgeheim über die Mauer hinweg und für sich schon vorher mit ihm und half auch, so alle Lasten nachher mitzutragen. Es war in den Wochen und Tagen unmerklich ein Wunder geschehen. Er hatte ein neues, ungeheuer ausgedehntes Arbeitsfeld gefunden. Die vielen Freunde um ihn, die er im Innersten von Stunde zu Stunde hinübertrug, den lange ansah, daß ihm selbst die Tränen kamen, ihn in der und jener Sache zu beruhigen, und dem die Hand drückte und im Arm einhakte und mit ihm auf und ab ging. Auch die Aufseher tiefer bemitleidete.

Es blieb dabei, draußen leuchtete die Sonne blutrot. Die Vorhänge wurden vorgezogen, es hieß schlafen gehen, und sein Glaube wuchs und wuchs und wurde so übermächtig, daß alle Glieder bebten.

Unter seinen Freunden nahm eine besondere Stellung der alte Weißenberg ein. Eigentlich war er nicht gar so alt, vielleicht knapp 40 Jahre, aber vollkommen weißes Haar und ganz eingefallen. Einmal wurden die gegenseitigen Beziehungen sehr getrübt. Schmidt ging mit Weißenberg im Garten spazieren. Nachdem anfangs gerade Weißenberg ihm eher nachgelaufen war. Er hatte etwas Einschmeichelndes, das auf Schmidt überging. Erst wunderte sich Schmidt, als der neue Freund plötzlich schroff von seiner Seite weg ging und an seiner Mauer stehen blieb, unbeweglich, starr. Schmidt ging anfangs mehr verlegen weiter. Später sprach Weißenberg wieder ruhig das frühere Gespräch fort. Als aber an einem anderen Tag Schmidt bei dem andern in einem solchen Falle stehen blieb, sah er, wie dessen Gesicht einen harten giftigen Ausdruck bekam. Schmidt erschrak, dachte, es ist ihm irgend etwas zugestoßen, wollte näher herantreten. Da nahm Weißenberg Sand auf und warf es ihm ins Gesicht. Dann begann er laut zu fluchen. Schmidt schämte sich. Aber der andere beruhigte sich nicht. Er legte das Ohr an die Wand und lauschte. Plötzlich begannen viele im Garten auf ihn zu schauen. Dann weinte er laut auf, flüsterte zwischendurch flehende Worte, glühte vor Erwartung, fühlte Schmidt. Er wollte ihn wegziehen. Der schrie gellend, der Wärter kam. Ein anderer sagte, laßt ihn doch, der hört wen, aber er wurde doch gewaltsam weggeschleppt. Schmidt sah, daß die Augen voll Blut waren, der Mund nach unten gezerrt, wie im Entsetzen, hoffnungslos.

Von der Zeit an hörte auch Schmidt schärfer in sich hinein. Sie spricht jetzt zu mir, dachte er und lauschte und quälte sich. Eine Flut von Selbstanklagen schwoll an. Ich wollte manchmal allein sein, ich wollte selbst etwas sein, ich wollte mich verkriechen, verschlossen sein, ich habe ihr Leben erstickt, sie ruft mich wieder. Dann schüttelte er den Kopf, alles Blut stieg empor, ich muß die Zähne zusammenbeißen, ich will trotzdem nicht. Sein Gesicht wurde häßlich, er hätte hingehen wollen, jemanden schlagen, das Kleid herunterreißen. Er war so erregt, daß er die Finger ins Bein einkrallte, stehenblieb. Bis ihn allmählich irgend ein anderer da hinauszog. Vielleicht gerade, daß Bergholz trotz aller Verbote leise einen Choral zu singen anfing. So, daß Schmidt fürchten mußte, er wird bestraft. Es ist jedenfalls nicht in der Ordnung. Bergholz hatte sowieso viele Vorrechte. Er durfte laut gegen den Doktor fluchen, er stieß manchmal die Wärter beiseite, er sprach immer von Huren und Ehezwistigkeiten, bei denen er dem Oberwärter die Schuld gab. Schmidt sprach dann leiser mit ihm weiter. Aber auch das endete meist, daß Bergholz ausspuckte, allen Dreck in sich hineinfraß und die Hände des andern, die er eben noch gestreichelt hatte, brüsk ausschlug.

Dann flüchtete Schmidt vielleicht zu einem andern im Saal, mochte er ihm auch weniger nahe sein, er verstand nicht, daß Bergholz trotz seiner Psalmen dann fluchen konnte. Wie mag er verzweifelt sein, auch läßt er sich nicht zusprechen. Er dachte noch immer darüber nach, als ihn vielleicht schon wieder ein anderer in Beschlag nahm, vielleicht der Droschkenkutscher. Der hatte seiner Frau nie etwas getan, ein Schlafbursche war da, der lag bei der Frau im Bett, er selbst hat alles gehen lassen und doch hat ihn die Frau wegschaffen lassen, er hätte ihren Freund bedroht – und so weiter. Schmidt wollte nicht hören. Etwas so Gleichgültiges, Tiefstehendes. Er hätte am liebsten sich weggedreht, aber der Droschkenkutscher spricht bei jeder Gelegenheit auf ihn ein. Oder gar noch der Schönauer, der von Ringkämpfer, Montmartre, Kohlentrimmer, Boxkampf, Craveur – sprach, ihn immerzu zeichnete, Schach spielen – er mußte die ganze Zeit im Bett liegen, einmal warf er einen Stuhl nach ihm, als er endlich von ihm weggehen wollte, zweifellos hatte er gut trainierte Muskeln. Auch pfiff er wunderbare österreichische Märsche – oder Sachtleben, der ein Schneidermeister war, und von sich als Theatermann vor sich hersang, so daß Schmidt an sein Bett treten und ihn lange ansehen mußte, bis er wieder einschlief ... oder Rose, der vom Zigarrengeschäft seines Vaters erzählte und von dort rausgeworfen wurde und ihn immer wieder inständig bat, ja bei seinem Vater die Zigarren zu kaufen. Dies alles hielt Schmidt den Tag über in Atem. Wenngleich er nicht auswich, einer inneren Stimme, die zusehend drängender wurde, Bescheid zu geben.

Ernster beunruhigt wurde er eher durch die verzweifelte Stimmung der Wärter.

Viele waren um zwanzig alt, der Vize vielleicht dreißig, der Oberwärter sicherlich über vierzig Jahre und doch waren alle gleichmäßig verbittert. Sie hockten herum, mürrisch, gelangweilt, schnitten Grimassen, was mag in ihnen vorgehen, mußte er denken. Sie bringen allen mehrmals Essen, müssen für Ordnung sorgen, gleichmäßig Ruhe, sie machen die Stube sauber, dürfen Trional und Pulver geben, aber wenn sie am Tisch sitzen, sind sie wütend. Sie könnten ebensogut bellen. Schmidt belauschte ihre Gespräche untereinander. Erinnerte sich, daß der Oberwärter ihn über das menschliche Leben ausgefragt hatte. Der wußte nichts von Glück, er selbst ist voller Falten – auch der Doktor sagte einmal, er hätte alles so furchtbar satt – was waren diese Menschen doch elend und verzweifelt. Die Jüngeren schliefen ihren Erzählungen nach in einer Kammer, in der Nebenkammer die Hausmädchen. Der eine konnte Frösche verschlucken, er goß sich den Bauch mit Öl bis oben voll, früher Zirkus. Aber aus ihren Gesprächen quoll kein Leben. Einmal sahen sie den Hausmädchen nach, die durch den Garten, durch die Seitentür, dann übers Feld in den Wald hinübergingen. Hinterher zwei Wärter aus einem andern Haus. Die beiden in Schmidts Saal waren sehr wütend, schimpften laut und machten über die Mädchen häßliche Bemerkungen. Schmidt, der auch am Fenster stand, mußte sich zu ihnen umsehen. Er hatte die Mädchen sehr gern, fiel ihm dabei plötzlich ein. Was werden sie jetzt gerade denken, grübelte er und hätte auch draußen herumgehen wollen. Aber die beiden Leute neben ihm zitterten vor Wut. Dann dachte auch Schmidt jäh aus qualvoller Unruhe heraus, sie legen sich jetzt ins Gras, die Männer werden sie drücken, erst kichern sie noch, dann vielleicht hat eine noch den Mund halb offen – schnaufen – alles so zwecklos. Wie sie auch weitergehen – alles nur mehr noch zersplittert. Schmidt nahm die Unruhe der beiden ganz auf. Er konnte auch abends nicht mehr schlafen. Er verfluchte das Licht. Er sah den Doktor, den Oberwärter, der hatte eine dicke, resolute Frau – die beiden Mädchen, viele tausend Frauen, soweit er denken konnte – und er empfand eine rasende Wut, daß alles um ihn herum hier ruhig liegen und schlafen konnte, während draußen in jeder Sekunde das Schicksal der Welt entschieden wurde.

In solcher Nacht lauschte Schmidt dem Ablauf jedes Lebens. Und es kam vor, daß sein Nachbar Schubert sich aufrichtete, stöhnte, einige Worte stammelnd starr gegen das Fenster sah. Auch Schmidt richtete sich auf, er dachte, Schubert wird jetzt zu ihm sprechen wollen. Aber der sah angstverzerrt zum Fenster hin, stöhnte ... Die Augen, die Augen ... und brach in Weinen aus. Jammerte: Ich kann nicht hier bleiben, wandt sich hin und her, bis er nur noch krampfhaft zuckte. Es half nichts, daß der Wärter ihn festhielt, er begann aufzustehen, es hielt ihn keine Gewalt, er schrie: Ich muß hier fort, liebe, liebe Leute. Half nichts, daß man ihn schlug, die Arme und Beine binden wollte – die Wärter sch[w]itzten – er gurgelte und stöhnte und brachte immer neue Kraft auf, alle ringsum im Saal wurden unruhig, Schmidt fieberte vor unerträglichstem Schmerz – dann glitt ein leuchtender Strahl über den Jammernden hin, er lauschte gespannt, Verzerrungen lösten sich, man ließ von ihm ab, Schmidt sah wie er das eingefallene Gesicht zu einem Lächeln verzog.

Dann fühlte er, wie Schubert nebenan sich lang hinstreckte, den Kopf unter die Decke vergrub. Er fühlte deutlich die entsetzliche Spannung hoch und nieder gehen. Fühlte, wie dessen Körper mitging, er mußte ganz zusammengeballt verkrochen sein, zwar waren die Hände mit Fausthandschuhen überdeckt am Bettpfosten angebunden, aber sein Blut bebte ruckweise, atmete schwer und sehnsüchtig, bis er erlöst abbrach, ein lauter heller Ton schwebte noch im Saal, dann fiel Schubert wieder völlig zusammen, der Kopf hing zur Seite über das Bett hinaus, der Körper schrumpfte sich mit ein, es war unschwer, auch die Hände wieder aus der Fesselung zu befreien.

Dennoch hatte alle ein ungeheuer lastendes Grauen gepackt, sie schwangen mit diesem Körper mit und waren erstarrt, daß sie nicht mit erlöst wurden. Eine Würgehand hielt alles nieder. Es war entsetzlich, daß niemand die Kraft hatte, laut zu schreien. Nur der Wärter lächelte verzweifelt an seinem Tisch. Er kam allen auf einmal klobig und eckig vor. Ein plumpes glotzendes Stück Menschenfleisch völlig außerhalb. Er konnte durch das Grauen hindurch kaum deutliche Worte sprechen. Es klang blechern, klapperte vor Unruhe, er hätte sagen wollen, auch das ist eine Krankheit wie zuvieles Saufen oder so etwas. Schmidt sah, daß er sich lieber meilenweit fortwünschte. Es war eine maßlose Überlegenheit vieler Menschen über den Wärter hereingebrochen. Der dachte noch daran, daß Schubert eine junge Frau hatte, der viele Männer auch hier im Hause nachsahen. Er erzählte dann noch jemandem, daß Schubert bei seiner Einlieferung einen feinen Anzug hatte, er sei sicher was Besseres und seufzte zu guter Letzt.

Schmidt wälzt sich noch ruhelos herum, in steigender Angst, sie greifen wieder in das Leben ein, denkt er. Widerwillen bis zum Speien. Die Eingeweide schmerzen. Kein Fleck an seinem Körper, der nicht wieder betastet werden wird. Es fließt ekle Weichheit auf ihn über. Er möchte sich aufbäumen und ist doch so wehrlos. Sieh mal, hört er eine ferne Stimme sich zusprechen, die Menschen sind aufeinander angewiesen. Nein, will er schreien, doch, doch, sie sollen sich ergänzen, auch trägt die Kraft des einen viele andere mit. Ich habe keine Kraft, begehrt er auf. Allerdings bin ich auch zu viel mit anderen Menschen verbunden, gesteht er sich zu – darum will ich jetzt allein sein. Aber die Glut, die über ihm ist, läßt nicht locker: Sei doch stark. Er beginnt schon nachzugeben, Tränen steigen auf. Wenn ich auch wollte, ich kann doch nicht, fühlt er noch. Dann ist er bereit, sich zu opfern. Er schämt sich bald, denn er wird ruhiger und ist voll Glück: Ich will alle Menschen tragen und ich bin selbst nur der Staub von den vielen, die über mir sind. Man muß sich wieder mitten in die Welt hineinstellen, beschließt er. Ich habe die Frau doch nicht geliebt, fällt ihm ein. Ich muß erst einsehen, daß sie mich völlig trägt. Vielleicht wird sie bald zu mir kommen, fühlt er. Man muß daran denken, daß sie bei ihren Besuchen immer Tränen in den Augen hat. Es braucht nicht alles glitschig und schmierig zu sein. Er ist schuld, daß sie nicht freier atmet. Luft schaffen soll er erst. Es nützt nicht sich selbst zu zerstören. Alles Betrug. Den Kopf hinhalten und die andern leben lassen. Warum sollen die andern ersticken, daß er nicht leben will? Er beginnt sich glühender zu schämen. Wie ein beißendes Netz liegen die Gedanken über ihm. Er muß die Knoten von innen her ausbrennen. Freies Leben. Frohlocken. Er sieht einen Weg. Sicher kann er einen Beruf aufnehmen. Auch der Doktor wird ihm helfen. Pläne überstürzen sich. Er ruft sich selbst Halt zu.

Dann spinnt er ruhiger seine Pläne fort. Er fühlt, daß er unendlich stolz geworden ist. Jetzt merkt er erst, daß er schon viele Menschen in sich lebt. Sehnsucht quillt. Es muß nur Ordnung sein. Wenn er die Tiere liebt, Blumen, den Horizont, den blauen Strich ferner Wälder und im Menschen das alles zusammen? Zuerst in dem einen einmal bestimmten und gewählten Menschen – niemals mehr Ekel empfinden, sich gehen lassen. Mag er selbst noch gezogen, gezwungen, bestimmt sein – los! Er wartet alle Tage auf die Frau. Schillernder Frühling macht alles weit, das Feld dehnt sich und lockt. Er muß ganz schnell im Garten hin und her laufen. Er muß den Doktor, den Oberwärter, gar den Professor glückstrahlend grüßen, danken, aufatmen. Das Lächeln verstrickter Gewohnheiten ist hinter ihm. Klammert sich an. Gibt mir Kraft, fühlt er. Ganz frei.

Wenn auch draußen die Sonne steigt und fällt, freches Grün

zwitschert, Schmidts Sehnsucht klammerte sich nicht daran. Eine andere Arbeit hielt ihn im Bann und zwang und lockte. Es galt, sich tiefer zu festigen. So, daß er täglich mit sich rang und Erinnerungen vor sich ausbreitete, die zwar tiefe Wunden geschlagen hatten und immer wieder das Blut sieden ließen, aber dennoch eine mehr regelmäßige Bewegung auslösten, auf deren Zügelung Schmidt alle Hoffnung setzte. Darin war der Glanz seiner Umwelt nicht mit einbegriffen.

Er dachte – zwischen blutheißen Schauern und bohrenden Erbitterungen – an den Musiker, zu dem erst noch unlängst die Frau gelaufen war: Sie muß ihm helfen, ruft er mich nicht – ist nicht auch dort mein Platz?

Sicherlich hat sie so gesprochen, jedenfalls lief sie hin, sie blieb Nacht für Nacht dort, gleichwohl er sie schlug, sich selbst die Haare raufte, auf dem Boden lag und mit den Füßen schlug. Schmidt fühlte, es wird nie sein, daß er das begreift. Damals hatte er auch noch gejammert: Ich hab ihr doch nichts getan. Bald wußte er, das war es nicht. Auch der Andere nicht. Er kannte ihn nicht einmal. Später war er ihm ganz gleichgültig. Ich hätte auch sein Freund sein können, erinnerte er sich. Und das Schlimmste – schließlich versank wieder alles. Die Frau ließ allmählich den Musiker fallen. Es wurde eher, daß Schmidt ihn hätte verteidigen wollen, er fühlte sich ihm immer näher, er kam nie dazu, sich klar auszusprechen, die Frau stritt gegen ihn, sie wurde so leidzerrissen, daß er zutiefst erschrak und verstummen mußte. Das Leid dieser Frau schob sich dazwischen und verlangte nach ihm, fraß sich ein und erstickte alles. Das Leid dieser Frau. Manchmal war es so lächerlich klar, daß er sie nicht liebte. Er dachte daran, Liebe ist etwas Befreiendes, es muß aufstürmen, Empörung, ungeheures Glück sein. Alles das aber kann es nicht sein, grübelte er. Eher eine Erweiterung voll gräßlicher Anstrengungen, sich zu ertragen in all dem Mehr. War der Musiker ein Stück Holz – mußte er nicht ein Mensch sein, der auch zu ihr strebte, und dennoch wußten sie voneinander nichts. Sie vereinten sich niemals. Schmidt konnte sich keine Antwort geben. Biß sich in die Faust, das Blut sickerte. Er stellte sich hin und hämmerte sich in den Kopf: Ich will dennoch aushalten. Ihr Blut strömt zu einem Andern, sie schließt mich aus. Gut, ich ersticke trotzdem nicht. Aber er weinte.

Es war so schwer, wenn sie dann später zu ihm sprach, neben ihm ging, er erlebte jede Sekunde beider Zusammensein. Das Blut sehnte sich zu beiden. Ob er auch sich empörte, und wurde verschmäht und wandte sich gegen ihn, daß er zitterte und zerriß.

Die Birken im Garten wußten darum. Leichter. Monate früher mit einem Baumeister. Sie wollten sich gegenseitig zerfleischen, sie suchten sich. Schmidt wußte noch, daß er sie damals haßte. Sie aber haßte einen andern. Sie wollte dem das Blut rausquälen. Fürchtete sich nur, ihn in der Tat zu erwürgen. Schmidt blieb gleichgültig. Dann spie er sie an. Wenn er sie damals umgebracht hätte, lebte er heute vielleicht. Vielleicht hat sie auch das Maul halb offen – er lachte in sich hinein. Und wußte nicht, daß er sich selbst bedreckt, ein Stück seines eigenen Lebens lag damit verkrustet, verloren und bohrte neue Qual herauf. Manchmal fühlte er zwar, ich bin für die Frau nicht weich genug. Sie will ein noch dunkles Leben durch mich leuchten lassen. Doch setzte er sich hinzu. Warum gerade ich, der so schwächlich ist? Aber die Verknüpfung alles Lebens ist ewig schon festgelegt und das Licht im Dasein des Einzelnen von unveränderlichen Quellen gespeist, freue Dich doch. Schmidt schwankte hin und her und neigte endlich zu einiger Sicherheit.

Auch die Frau kam häufiger und küßte ihn. Auch sonstige Menschen von draußen kamen und sprachen zu ihm. Schmidt richtete sich langsam darin ein, wenngleich überlegener. Aber er dachte: die Frau soll gehen. Ich will aufmerken, daß ihr nichts fehlt, daß ich für sie da bin. Die Frau drängte ihn wieder zu sich. Sie war zu scheu ihm aufzuzeigen ob sie litt. Das Wesen der Frau war ihm so fremd. Er wollte ihr glauben und liebte sie.

Baumeister, Musiker – er hätte gern eine starke Erinnerung an Liebe gehabt – waren Grundlagen, die auf und nieder schwebten, zersplitterten und leidvoll wieder sich anwiderten, um von neuem niedergetreten zu werden. Und zu verschweigen, daß er ins Bordell gegangen war in der Hoffnung aufgeblättert zu werden, emporgerissen, endlich ein neuer Mensch, um enttäuscht wieder herauszulaufen, Gelächter hinter ihm.

So lebte Schmidt zwischen den Tagen aufblühender Klarheit. Aber es fügte sich so, daß Schmidt, als er viel später eines

Tages plötzlich auf die Straße entlassen wurde und an der Seite der Frau zur Bahn ging, durch ein hohes altertümliches Tor hindurch, an dem kunstvolle Schmiedearbeit besonders auffiel, fügte es sich, daß Schmidt alle äußere Sicherheit wieder verlor, die Kameraden, Kinder, Birken und den Rauch aus der Waldhütte.

Er erschrak vor den Menschen, die jetzt um ihn herum sein wollten. Sie waren so aufgequollen, grob – stier, eckig und zuckten wie Hampelmänner, waren wirklich so klobig, er ekelte sich und schrie verzweifelt in sich hinein. Die lächerliche Bahnfahrt.

Er schritt dann am Arm der Frau ihrer Wohnung zu. Sonne grinste herbstlich. Die Frau war mild befangen, zutunlich, zuweilen aufgelegt, sie störte nicht und bestärkte ihn. Er wird es nie merken, daß sie vielleicht für ihn in sich die Welt trägt.

Aber Schmidt kriselte. Kruste auf Kruste fiel. Ein Leben umspannender Schrei dehnte sich, eine namenlose Furcht – er hörte die Menschen sprechen, als ob sie bellen, beißen werden – doch das Wunder hielt stand: er wußte, von ihm selbst wirds abhängen. Sollte er auch allein sein – und hätte der Frau spontan die Hand küssen wollen.

DER BRISBANE-FELLOW

Jeder in der Commonwealth (Australischer Bund) hat ihn gekannt. Mag er aus Canada gekommen sein oder von drüben aus den Staaten, oder, wie einige auch sagen, mehr aus der Mitte Europas – das tut nichts zur Sache. Unter den Hobos und Diggers (Goldgräbern) war er zu Hause. Das war schon einige Jahre so gegangen. Papiere hatte er als Steuermann. Das will was heißen, denn die Steuerleute, die da unten die See befahren, sind verdammt selten und verdienen ihr gutes Geld dazu. Und wer mit so einem Kasten die Ostküste längs fahren will oder eine Postlinie nach den Inseln rüber, der ist ein gemachter Mann. Es bleibt nur keiner lange dabei. Die Patrone in Melbourne, Sidney, Adelaide und wo sonst immer auf australischem Boden, verdienen gewiß gern ihr Geld, die Prämien der Kapitäne für das Einfangen ihrer Leute sind reichlich hoch, sehr hoch sogar – aber selten sieht man einen wieder, wenn er schon losgehen will. Der australische Boden verschluckt solchen Mann – das soll wahr sein! –

Der Brisbane-Fellow ist lange bevor er diesen Ehrennamen trug, immer wieder von Zeit zu Zeit gefahren, nachdem er damals an Land geblieben war, also immerhin schon ein nicht zu häufiger Fall. Kommt trotzdem vor, daß man dem Barkeeper die letzten fünf Pfund hingeworfen und dabei seinen soliden Platz eingenommen hat, um zu trinken und zu essen (mit den andern, versteht sich, ringsum) bis das Geld alle ist, der Mann einen am Kragen packt und an die Luft befördert – mag auch noch nicht alles haarscharf hinübersein, denn etwas soll man seinem Mann immer zugestehen – kommt dann vor, erzählt man, daß manche lieber den Kurs einschlagen nach dem Busch, als ins Logis unter Deck, wo für die nächsten Monate wenig zu holen ist und der Kapitän das Kontobuch nicht früher aufzuschlagen gedenkt. Das ist dann so.

Zehn Meilen hinter der Stadt, sagt man, hast du schon dein Geschäft, oder man zieht eben den breiten Weg nach dem Innern; sind schon viele vorangegangen. Dann gehts von Farm zu Farm, bleibt auch da, wie der Lohn und die Laune gerade ist und wie die Gesellschaft, je größer je flotter, gerade behagt, oder greift sich ein Pferd, die Bettstelle unterm Arm, das Messer, den Hammel abzustechen, und es ist selbstverständlich, daß man das Fell an den Baum hängt. Wehe dem Neuling, der aus Unachtsamkeit in seinem grünen Leichtsinn mit dem Hammelfell verschwindet – man findet ihn unweigerlich im Umkreis von zwanzig Meilen am Baum von hoch oben die Gegend peilen. Ja, in ein paar Monaten kommt man weit. Viel Geld wird verdient. Dann auf an die Küste. Dort kannst du die Hobos sehen.

Dann kam der Krieg und die Aufrufe, und die Redner allenthalben, und mit Geld wurde auch nicht gespart. Na, der Steuermann, der gerade mal weit hinten im Busch gewesen war, – zu jagen gabs da nicht viel, da mußte man schon die Flinte auf die Schwarzen halten, bloß die machten sich selten, sehr selten, ein paar alte Weiber kamen zum Schuß, – unser Steuermann, der schlug ein. Könne auch drüben mal was versuchen, denkt so einer. Nun, kam auch hinüber. Muß aber verdammt anders gewesen sein. Verdirbt einem die gute Laune, da im Schlamm zu stecken und mit Gas zugedeckt zu werden.

Weiß der Teufel, wie er es gemacht haben mag, kaum anderthalb Jahr später stand er schon wieder eines Sonntags in Sidney, gerade als der Krieg noch im besten Schwunge war. Und in Sidney und auch anderwärts war jetzt alles auf den Beinen, für die Dienstpflicht zu votieren, die Reverends (Pfarrer), Hausfrauen und Kinder, die jungen Mädchen mit Phantasieschärpen, einige wenige Abgeordnete und dann so Leute, die man für einige Pence auf die Beine gebracht hatte. Aber von den Hobos und von den Arbeitern, die da unten ja ganz anders ein Wort mitzureden haben wie in Europa, war keine Seele zu sehen. Saßen zu Haus, gerade weil es Sonntag war und hatten im Garten zu tun. Hat jeder da unten sein eigenes Haus. Aber der Brisbane-Fellow, der stand da mitten drin, noch im braunen Rock und hatte eine Menge Leute um sich, als er zu reden anfing. Aber er sprach gar nicht im Geschmack der Leute. Sagte ihnen verdammt derbe Wahrheiten und boxte sich mit Polizeileuten. Das Meeting erlitt arge Störungen und Mißklang. Unser Mann tat gut, aus Sidney zu verschwinden. Er ging da und dorthin, segelte ins Politische und begann den Kopf klar zu machen für die soziale Frage. Dann tauchten die Agitatoren gegen den Krieg auf, Agitatoren gegen die Farmer, denen empfohlen wurde, *ihre* Söhne hinüberzusenden, wenn schon die Commonwealth verteidigt werden sollte. Agitatoren gegen die Großhändler, die Schiffseigner, die Banken und Kirchen. Es gab keinen Sonntag in den großen Plätzen, wo nicht, schlugst du die Augen auf, die Stadt beklebt war mit diesen Stickers (Streifen). Und dann die Aufmärsche. Da war es für den „braven" Mann schwer, auf der Straße, seine Meinung für die „gerechte" Sache kund zu tun. Er schwieg besser, oder er wurde niedergeschlagen. Das ging so, bis Herr Hughes, sonst ein fixer Junge, der den Schwindel kennt, Militär aufmarschieren ließ. Aber Freund Parker aus Queenstown sammelte in seinem Departement auch Militär, bewaffnete seine Jungens – und wenn Herr Hughes keinen Wind aus London bekommen hätte, wären über die Dienstbill in Australien die Gewehre schon losgegangen. London kennt die Sache besser. Erst Ruhe, dann einwickeln, dann Rache. Und richtig. Als so die Krise vorbei war – die Parkerleute sahen stolz auf ihren Sieg, die Bill gestürzt zu haben – fing man an, diese Leute einzeln herauszuholen und einzusperren. Es versteht sich, daß man in erster Reihe hinter dem Brisbane-Fellow her war, der Sekretär der nördlichen Arbeiterorganisation geworden war und als solcher Hauptanteil an der Agitation gehabt hatte. Aber unser Mann gab sich so leicht nicht gefangen. Für jeden eingesperrten Genossen wurde ein Haus in Brand gesteckt, ein Bankgebäude flog in die Luft, die Züge, die mit dem Erz an die Küste wollten, entgleisten und es kam vor, daß ein Truppentransport nicht eben weit weg vom heimischen Hafen mit Maschinenschaden versackte. So ging das eine Weile Zug um Zug und Schlag auf Schlag. Und dann holte, so um das Kriegsende, der Brisbane-Fellow zum Hauptschlag aus. Er trommelte seine Leute zusammen und noch welche aus den Nachbarbezirken und besetzte im Norden die Fabriken, die Banken, die Polizeistationen und den Hafen von Brisbane. Der Widerstand war gering, die Sache ging glänzend. Aber es fehlten die Leute, die nun weiter was damit anfangen sollten. Wie das alles in Gang kriegen, dazu gehören Verbindungen, und man muß schließlich was davon verstehen, was eben sonst nur die Söhne der Grubenbesitzer und Farmer lernen. Das war verteufelt. Trotzdem lavierte sich die Sache so eine ganz gute Zeit hin. Den Leuten in Sidney war der Schreck in die Glieder gefahren. Der Brisbane-Fellow als Präsident trat mächtig auf mit Proklamationen und alledem was sonst noch zugehört und dann verhandelte er und verhandelte er, bis die Freilassung der politischen Gefangenen zugestanden wurde. Dann sollte eine Kommission kommen und prüfen und ausarbeiten und alles das – das war von geringem Interesse. Die Gefahr war groß, daß die demobilisierten Soldaten und Brisbane-Fellow gemeinsame Sache machten. London trat wieder warnend auf den Plan. Hughes ließ die Gefangenen frei. Ein Moment höchster Spannung im Land. Was jetzt –

Da verschwand der Brisbane-Fellow in den Busch. Schmiß alles hin. Was sollte er noch, von der Revolution verstand er nichts, sagt er, von Politik – langweilig, da muß man lernen und dann der verdammte Krieg, der Mensch nützt zu nichts – macht alleine weiter. So verschwand er. Es versteht sich, daß der Norden sehr schnell wieder in die alte „Ordnung" kam. Aber der Brisbane-Fellow blieb nicht im Busch. Er kam wieder zur Küste und wurde dort festgenommen. Jetzt sitzt er dort – auf zwanzig Jahre heißt es. Wird wohl so lange nicht sein.

DAS CHINESEN-MÄDCHEN

Jeder Mann weiß, daß in seltenen Augenblicken seines Lebens die Frau auf ihn wirkt wie ein ihm völlig fremdes Wesen aus einer unbekannten Welt, voller unlösbarer Rätsel. Viele bewahren solche Erinnerungen als tiefstes Glück, manche in steigend quälendem Bedauern, einige voll spitzer lodernder Wut. Allen aber ist gemeinsam, daß ihr Leben vom Augenblick an solcher Erkenntnis irgendwie anders geworden ist.

Vor dem Magistratsgericht in Bromley hatte sich Ane Christie Griffin zu verantworten, ein Weib Ende der Dreißiger. Bromley gehört zu denjenigen östlichen Vorstädten Londons, die in der Meinung der Provinz und der Landfremden als verrufen gelten. Es bildet mit Stepney und Bow die Zugangsstraße zu den großen Docks und umschließend die berühmtesten unter diesen, die westindischen Docks, liegt Bromley. Im Stepney-Bezirk bilden einige kleine Straßenzüge das Ghetto des östlichen Londons, in Bromley führt von der Themse ein Gewirr schmaler Gassen entlang dem Kohlenweg, durch breite Eisenbahnviadukte von einander getrennt, das chinesische Viertel, das von Fremden besucht wird.

Ane Christie Griffin war beschuldigt, einen betrunkenen Seemann, den sie nachts in einen dunklen Torweg hineingezogen hatte, hinterher beraubt zu haben. Die Beklagte stand vor den Volksrichtern des Magistratsgerichts von Bromley und ließ die einleitenden Fragen völlig teilnahmslos an sich vorübergehen. Sie stand, die Schultern vornübergebeugt, hager, kaum in Mittelgröße, kleine Haarsträhne im Nacken, mit einem breit aufgedunsenen Gesicht, die Stirn stark gewölbt. Sie antwortete ihre Personalien mit heiserem Krächzen.

Die Zeugen wurden aufgerufen. Dockarbeiter, Seeleute, die schon seit Jahren kein Schiff mehr gefunden hatten, Invaliden und Bettler und der Wirt vom „Blauen Löwen", in dessen Lokal die Beklagte ihren Gin zu trinken pflegte. „Sie fängt sich bei mir ihre Männer", sagte der Wirt, „sie trinkt für 4-5 Shillinge manchmal den Tag. Meine Gäste lieben sie nicht zu sehen, sie nennen sie das Chinesen-Mädchen." Ein alter Seemann, dem schon der Rheumatismus die Knochen zermürbt hatte, so daß er kaum aufrecht stehen konnte, fügte hinzu: „Ich kann das

Weib nicht vorbeigehen sehen, ohne ihr nicht mit meinem Stock einen Puff zu geben."

Die Verhandlung förderte wenig Tatsächliches zu Tage. Alle hatten das Chinesen-Mädchen an jenem Nachmittage gesehen und wie gewöhnlich ihren Spaß mit ihr getrieben. Der dänische Bill, der seinen Namen davon hatte, daß er früher auf dänischen Schonern gefahren war, und der mit dem Chinesen-Mädchen die Bar schon ein bißchen angetrunken verlassen hatte, weil er nämlich in gewisser Weise etwas verdient hatte – über solche Einzelheiten spricht man nicht –, also Bill war später in einem Torweg aufgefunden worden, Rock und Weste zerrissen, völlig ausgeplündert und im allgemeinen in einem sehr elenden Zustand. Aber Bill als Hauptzeuge war nicht zur Verhandlung erschienen und schon seit Tagen nicht mehr aufzufinden. Die Gäste des „Blauen Löwen" hatten an diesem Abend noch das Chinesen-Mädchen aufgegriffen und das Weib in großem Aufzuge unter Johlen und Fluchen den Kohlenweg entlang geschleift durch das Chinesen-Viertel hindurch bis auf den großen Dockweg, wo erst eine Polizeistation war, denn in die Gassen des Kohlenweges traut sich die Polizei nicht so ohne weiteres hinein. Die Polizei hatte darauf Ane in Haft genommen.

Die Angeschuldigte verhielt sich zu dem allen sehr gleichmütig. Es schien, daß sie betrunken sei, aber der eine Beisitzer zuckte die Achseln, seines Wissens erhalte man in der Polizeihaft keinen Schnaps. Der Volksrichter hatte ein sympathisches Äußeres, der Typ eines unteren Angestellten, der Geduld genug hat, von der Welt immer noch etwas Neues hinzuzulernen. Er ließ den Bezirksbeamten rufen, der über die Armen in Bromley so eine Art Register führt, um noch etwas über dieses Weib da vor ihm zu erfahren. Die Angeklagte begann während dessen Aussage förmlich zu wachsen. Der Richter blätterte in den Akten. Die Angeklagte, sagte der Beamte, stammt aus der Severn-Gegend im Walliser Hochland, sie ist die Tochter eines Farmers und sie kam mit dem 17. Jahr nach London, um eine Stellung zu suchen. Sie war ein hübsches aufgewecktes Mädchen, und der Zeuge hatte sie noch selbst gekannt, als sie später einen Chinesen aus dem Viertel heiratete, so daß sie eigentlich nicht Griffin, sondern in Wirklichkeit Wu-Lon heiße. Der Chinese ist irgendwie verschwunden oder gestorben, die Frau kam immer mehr herunter. Früher machte sie noch kleine Dienste, aber jetzt, wo die Leute hinter ihr her sind, die ihr die Heirat mit dem Chinesen nachtragen, treibt sie sich in den Seemannsheimen und Bars herum. Der Beamte weiß nicht, woher sie das Geld zum Lebensunterhalt nimmt.

Die Angeklagte schreit dazwischen: „Ich hol mirs schon. Natürlich zahlen sie, was denn sonst – aber ich brauche sie nicht, ich will sie nicht, ich spucke auf sie" – ihre Stimme überschlägt sich. Sie scheint sich auf den Richter stürzen zu wollen. Der senkt die Augen. Die Beisitzer, die Männer im Saal, alle sind so merkwürdig peinlich berührt.

Der Richter erledigt die Formalitäten und spricht, teils um der Gerechtigkeit Genüge zu tun, teils um der Frau ihr Schicksal zu erleichtern, ein Urteil.

Später nehmen Richter und Beisitzer das Frühstück. Der Gerichtsschreiber hat noch etwas anzubringen. „Wissen Sie", beginnt er sich zu ereifern, „das ist nichts Unbekanntes, daß die Chinesen hier die schönsten Weiber haben. Das wird Ihnen jeder bestätigen. Die weißen Weiber, die Sie hier im Chinesen-Viertel finden, die suchen Sie vergeblich im Londoner Westen. Dieser Wu-Lon war auch so ein sanfter Schuft. Krümmte kein Haar – bis es hieß, er sei in eine Schmuggelaffäre verwickelt. Das sind sowieso alle Chinesen, es nutzt nichts, daß sie leugnen. Ein richtiges Gericht fragt nicht danach, braucht keine Beweise. Wu-Lon wurde verurteilt, soll dann im Gefängnis irgendwie gestorben sein. Können Sie es verdenken, daß unsere Jungens sich dann an dem Weibe rächen. Ich wenigstens –"

Ein anderer nahm ihm das Wort weg und wußte etwas besseres. „Ich las da, daß das Weib von ihrem Chinesen auch ein Kind gehabt hat, ein Mädchen, möchte es gesehen haben."

„Ja", fuhr der Schreiber in neuem Fahrwasser fort, „da ereignete sich noch eine merkwürdige Geschichte. Das kleine Ding soll übrigens auch ganz nett ausgesehen haben, war nicht gern gesehen, versteht sich. Die Jungens waren hinter dem Ding drein, es setzte häufig genug Prügel. Sie wollten den Bastard nicht auf ihren Straßen sehen, kann mans verdenken. Und eines Tages, verängstigt war das Kind schon, wie übrigens damals die Mutter auch, die Jungens hinter ihr her, das Kleine stolpert und die ganze Bande drauf, später fand man das Kind da unten in einem Schacht am Themse-Ufer – muß den Schacht hinuntergefallen sein." Der Erzähler fing einen fragenden Blick des ihm gegenübersitzenden Richters auf. „Natürlich nicht, in solchen Fällen lohnt es sich nicht, etwas zu beweisen."

Aber das Gesicht der Frau tauchte plötzlich in der Erinnerung vor ihnen auf, mit so einem merkwürdigen Zug, so daß alle mehr bedrückt eine Zeitlang schwiegen.

TAUBENFREUNDE

Den Tauben geht der Ruf der Sanftmütigkeit voraus. So ein Taubenpaar, nebeneinander auf dem Dachfirst, erinnert, besonders im Frühling, wenn sie sich schnäbeln und gurren, an gewisse menschliche Regungen, die uns sympathisch sind. Zärtlich und weich, und wie schon gesagt sympathisch. Sie schnäbeln sich. Der Taubenfreund, das ist der Mann, der das Futter streut, der die jungen Tauben verkauft oder selber in den Topf steckt, kommt mit der Stange. Er steckt die Stange zur Dachluke raus und wedelt damit in der Luft rum. Denn die Tauben müssen fliegen, damit sie gut fressen und dick und fett werden. Wenn einer keine Zeit hat, ständig mit der Stange zu drehen, so muß er das mindestens zweimal täglich, früh und abends tun, und das ausgiebig. Das ist eine feine Beschäftigung.

Zwischendurch steht so einer dann an der Drehbank oder läuft seine Gänge und macht irgendwie sonst seine Arbeit und, wer kann ihm das verdenken, sehnt sich nach seinen Tauben. Jetzt werden sie alle wieder um den Schlag herumsitzen, immer Paar zu Paar, und niemand ist da, der sie zum Ausfliegen bringt. Und sie fliegen sonst so schön, Kreis um Kreis. So ist das mit den Tauben.

Von dem Taubenschlag wandert dann der Blick auf die Laube und über den Garten, das sind die paar Sträucher und die Gemüsebeete, die mit Blättern zugedeckt sind und mit Pferdemist, wenn das Glück günstig war und ein Gaul in der Nähe vorbeigetrottet ist. Der Spaten liegt noch irgendwo in der Ecke – es ist Zeit umzugraben. Die Stunden schleichen nur so dahin, jetzt wäre gerade so die Zeit. Aber es gibt ja auch Sonntage. Der Aufenthalt in der frischen Luft ist gesund, heißt es. Der Mensch muß sich ausarbeiten – mit einem unterdrückten Seufzer schaltet der Mann an der Drehbank den dritten Gang ein. Der Vater hat schon eine Laube gehabt, und wenns gut geht und der Verdienst nur halbwegs bleibt, da findet es sich vielleicht, daß man die Holzbude mit Fachwerk neu aufbaut, mit einer Feuerstelle, und die Villa ist fertig – da können die Jungen reinziehen. Und die Arbeit schleppt sich weiter. Der Mensch wird alt.

Aber das ist schließlich kein Grund zur Bitterkeit, denkt der

Kolonist. Wir können doch nicht alle in Palästen wohnen. Die großen Parks, die Spielflächen sind eben für diejenigen da, die keinen Sinn haben für das Eigene, für das, was man sich selber geschafft hat – oh weh. Und was ist da schon los – in der Laube weiß ich, wo ich hingehöre. Da kommen die Oberschlauen, und wollen einem das auch noch wegnehmen, die letzte Freude – hm. Nicht mal Tauben soll man sich halten dürfen?!

Es ist nur ein kleiner Unterschied, ein ganz kleiner, aber eben ein Unterschied. Wir stehen ja alle in Reih und Glied. Wir sind eine bestimmte Marschkolonne mit einem bestimmten Ziel. Für den einen ist es vielleicht nur eine Entspannung, ein Augenblick der Sammlung inmitten unseres Kampfes um die Zukunft mit einem Gegner, der nur die Losung kennt: Du oder ich. Diese Entspannung kann und wird noch ganz nach seinem Belieben und seiner Veranlagung sein. Für den andern aber ist es ein Ausweichen, und ich sage die Wahrheit, nicht für wenige. Es ist nicht leicht diesen Unterschied festzuhalten. Es ist bitter. Man muß auch das Bittere schlucken, heute noch.

Also Kinder – schafft euch Tauben an. Tausend Tauben, hunderttausend Tauben, so viele Tauben, daß man die Sonne nicht mehr sieht. Jeder soll seinen Spaß haben. Aber versteckt euch nicht dahinter –

DIE SCHLOSSER VON BLOCK SIEBZEHN

Maschinenwerkstatt (Ressora) Schlosser, Dreher, Schleifer Rythmus der Maschinen – eiserne Sklaven – Die *Gemeinsamkeit* der Freuden u. Sorgen / ausgleitend in ihre tausendfältigen Differenzierungen.
Aufzählung ein Dutzend Schicksal – Entwicklungen, wieder zurück geknüpft in den Arbeitsrythmus, Maschinen.
Aufbegehrend, wilder

Einleitung

In der Werkstatt zu ebener Erde stehen in langer Reihe dem Fenster zugekehrt die Drehbänke. Dahinter, in unregelmäßigen Abständen gegen eine Zwischenwand, haben einzelne Schmiede-, Schleif- und Bohrmaschinen Aufstellung gefunden. Rings umsäumen die Werkstatt breite Tische mit Schraubstöcken. Hier arbeiten die Schlosser. Sie wachsen mit ihren Tischen bis in den oberen Raum und beginnen ihn zu füllen. Der obere Raum nimmt die ganze Fläche des Blockes ein. Der Fußboden zittert. Von dem Stampfen der Hämmer, der großen und kleinen Stangen, die hinter der Zwischenwand der Werkstatt zu ebener Erde lärmen.

Die Schlosser betreten die Werkstatt schon zur Arbeit fertig. Die Überkleider werden in einem besonderen Vorraum abgelegt und viele benutzen ein eigenes Arbeitskleid. Jeder Schlosser nimmt seinen Kasten mit den verschiedenen Feilen und Werkzeugen, dann dreht er den Schraubstock. Das Arbeitsstück wird ihm gebracht, bezeichnet. Inzwischen sind die Dreher und Schleifer an ihre Maschinen getreten. Der Motor hat zu surren begonnen. Ein Griff an den Hebel nach oben, klatschend wirft sich der Lederriemen um das Metall, scheints unwillig, dann beherrschter. Die Maschine geht in den zweiten Gang. Dort sprüht der Stahl schon im Feuerregen. Von drüben dröhnt der erste Hammerschlag. Überall noch unwilliges Knirschen. Es dehnt sich. Es schwingt, sausend. Die Arbeit ist erwacht. Die Feilen kreischen.

Jeden Tag lernt der Arbeiter an der Maschine von vorn

an. Die Maschinen sind unschuldig. Sie sind tot und leblos, ein Stück Eisen. Sie haben keine Seele. Fußtritte erwecken sie nicht. Klammere den Griff fester, daß es schmerzt – die Maschine schweigt. Dreht sich nur weiter. Aber es ist sicher, daß dies nur eine Maske ist. Jeder Arbeiter weiß das.

Einmal wird der Mensch mehr davon verstehen. Es ist nicht wahr, daß die Maschinen ganz wehrlos sind. Das ist es – in diese Verwirrung solcher Gedanken ordnet sich der Rythmus der Arbeit, das Stampfen und Kreischen, der Schlag und das dahingleitende Schwirren. Immer von neuem ordnet sich der Arbeiter erst in die Wirklichkeit ein. Er steht fest auf den Beinen, er ist da, lebt – herrscht über die Maschine. Bis diese sich zu bewegen beginnt. Sie atmet. Sie spricht eindringlich, fordert, schweigt und zischt. Sie wird ungeduldiger. Ringsum stöhnt wer; alles. Der Arbeiter holt tiefer Atem und sieht auf den andern. Wie ein Alp war es und schwindet.

Dann beginnt er zu sprechen. Erst mit sich selber und ohne Worte. Aber einzelnes gewinnt Gestalt und Klang.

Ist es wahr, daß diese Arbeit bald beendet ist? Der Schlosser an der ersten Bank kann solchen Gedanken nicht mit sich selbst ins Reine bringen. Der Zweite denkt an Zuhause. Er ernährt die Kinder und die Frau, die sich an ihn klammert. Versinken wird er, im Schlamm, fühlt er. Ein anderer gibt sich sicherer. Noch ein bißchen aushalten, denkt er, nur dann ists zu schaffen. Ein Ziel, ein Mosaik von kleinsten Zielen, das sich zufällig und doch nicht ohne Zwang in den vielen Tagen, Wochen und Monaten gebildet hat. Vielleicht – ein anderer lacht darüber. Lacht überhaupt über die vielen Gedanken. Und es hat ja alles keinen Zweck, wie es eben gerade kommt. Daneben steht einer, der bestätigt das dumpf. Solches – tut weh. Der Körper läßt sich abhärten, manche Verkrüppelung spürt man bald nicht mehr. Gift tötet ab, und Gier wird Freude. Weiter nichts, weg damit, was dann im Wege ist. Einer flucht, sowieso, wird diese Arbeit bleiben? Man wird vielleicht eine andere bringen? Der Verstand und der Körper rechnet und rechnet, die Familie, eine Leidenschaft, irgendein Ziel, ein Sport, was Ideales, Gewalt, Auflehnung, Genuß, Traumland – die Pfennige, das Brot – bis sich dann die Wortreihe bildet und zur Frage formt, direkt heraus: —

Dann fallen alle wie ein Mann über den Unglücksmenschen her. Wieder reißt ein Vorhang. Wieder ein neuer Antrieb. Etwas schaltet sich ein, die Pause.

Nun wird vieles frei. Es ist wahr, daß über einen neuen Tarif verhandelt wird. Die Zeitungen lügen, und die Politik kommt nicht vorwärts. Deutschland wird zugrunde gehen und wird wieder auferstehen. Das Leben ist bunt, hat tausend Seiten. Alle erschließen sich. Alles schwebt. Die Minuten gehen und flattern. Das Kino und das Gericht, ein spätes Kind, Schulden, Operation, Gewinne und Tricks, sich weiter durchzuschlagen, leichter und fließender, Lachen – Lachen noch in Wut, weit weg von allem, was wirklich ist.

Und so beginnt die Arbeit wieder. Der Schlag, das Surren, der Schwung, und hinein in den pfeifenden Atem. Und knetet die Maschine.

IV. Monographisches

DIE VERWIRRUNG
DER GEISTER DURCH DEN KRIEG

Es ist irrig, anzunehmen, daß der Engländer kriegsliebend sei. Richtig ist aber, daß er sich vom Frieden keine rechte Vorstellung machen kann. Der Engländer hat bisher als Molekül des englischen Weltreiches die Kriege nur an der äußersten Peripherie seines Landes und seines persönlichen Bewußtseins erlebt. Die Kriege kommen ihm erst näher, wenn es sich darum handelt, einer besonders kühnen Tat, für die ein Engländer verantwortlich zeichnet, Beifall zu spenden und seinen Namen auf eine Sammelliste zu setzen, die für einen Gedenkstein oder eine Marmortafel an einem der Vorstadthäuser Londons oder für Beiträge für ein Krankenhaus für Kriegsverletzte wirbt. Die finanzielle Seite des Krieges war für den Engländer bisher immer in bester Ordnung. So oft das englische Weltreich in Kriege direkt verwickelt war, oder so oft es Kriege anderer Völker untereinander finanzierte, ihm ging die finanzielle Belastung nicht über momentane Schwankungen des Pfundkurses hinaus, und es blieb letzten Endes mehr eine Angelegenheit zwischen den Haussiers und den Baissiers an der Börse, als daß der normale Engländer, der seinen Geschäften nachgeht, oder seinen Gemüsegarten bestellt, tiefer davon beeinflußt worden wäre. Da der Engländer und mit ihm die nationalökonomische Wissenschaft der Welt von der Macht des Geldes und seiner endgültigen Regulierungskraft überzeugt ist, so ist an einen unglücklichen Ausgang eines Krieges oder einer Finanzspekulation mit Kanonen und in Uniform gesteckten Menschenmassen bisher nicht zu denken gewesen. Es blieb gewissermaßen dem Einzelnen freigestellt, sein Geld auf einem anderen Felde anzulegen, vorausgesetzt, daß er hierfür die gleichen guten Berater findet, die für den Normalengländer sein City-Bankier darstellt.

Von dieser Grundauffassung aus hat der Engländer auch die fünf Jahre Weltkrieg durchgehalten. Alles, was während dieser Zeit dieser seiner Grundeinstellung zu widersprechen schien, wurde künstlich zurückgedrängt. Es war im Grunde genommen gar nicht einmal notwendig, daß die Regierung eine sehr exakt geleitete Propaganda führte. Der Durchschnitts-Engländer, der englische Geschäftsmann, der Beamte, der Rentier und alle die

Leute, die als Zwischenglieder zwischen dem Landlord und der Masse des Volkes einerseits und zwischen dem Produzenten und dem Bankier andererseits ihr Geld verdienen, waren mit ihrer Existenz daran gebunden, verschiedene Wahrheiten dieses letzten Krieges nicht wahrhaben zu sollen. Der Engländer, der einen solchen Abscheu vor dem Militärwesen hatte, daß die Familie den ungeratenen Sohn in die Armee zu stecken pflegte, und daß selbst die hohen Offiziere der Kolonialarmee nicht gerade als erstklassig und gesellschaftsfähig angesehen wurden, derselbe Engländer sollte sich plötzlich in Rekrutierungslisten einschreiben lassen, er wurde in den ersten Jahren gewissermaßen von der Straße weggefangen und in Uniform gesteckt, und es entwickelte sich diese Jagd nach Soldaten in England mit solcher Exaktheit, daß Leute, die irgendeine Stellung angenommen hatten, nicht sicher waren, über Nacht nicht von ihrem Brotgeber zur Einschreibung angemeldet worden zu sein. Dazu kam etwas, was dem Engländer nicht minder fremd ist, der Gedanke, in der Nahrung beschränkt zu sein. Das Gefühl der Überlegenheit, das jedem Engländer eigentümlich ist, und das sich darauf stellt, daß er gewissermaßen vor den Toren des Kontinents sitzt und in allen Dingen möglicherweise völlig uninteressiert sein kann, vorausgesetzt, daß sie kein Geschäft einbringen, diese insulare Stellung des Engländers begann während des Krieges sich gegen ihn selbst zu wenden. Die Drohung des Hungers, in allen Kriegsplakaten zwar nur vorsichtig angedeutet, muß einen unauslöschlichen Eindruck gemacht haben, und wird noch nach Generationen aus dem Gemüt des Engländers nicht verschwinden. Dazu kommt die letzte Form, die der Krieg im innern Leben verändert hat, die Verknüpfung des Einzelnen mit dem Staatsganzen auf der Basis seines Einkommens. Der Engländer steht und stand bisher dem Staat gegenüber wie einer Maschine, die für ihn läuft, und die zu ölen ihm Spaß macht, wenn sie ihm gefällt, und wenn er den Eindruck hat, daß sie für seine Interessen läuft. Bei solchen Voraussetzungen zahlt der Engländer sicherlich gern Steuern, wobei er im übrigen niemals verfehlen wird, der Regierung Ratschläge zu geben, freundschaftlich selbstverständlich, diese Gelder auf irgendeinem anderen Weg einzuziehen, und sich das Versprechen geben zu lassen, künftighin bessere Mittel und Wege zu finden, das Finanzöl für die Staatsmaschine zu verschaffen. Er kreditiert mit seiner Steuerhergabe gewissermaßen nur den guten Willen der Regierung, inzwischen andere Wege für das Öl, mit dem die Maschine geschmiert werden soll, zu suchen, und zwar mit dem Ziel, es ihm später mit Zins und Zinseszins zurückzuzahlen. Jede Steuer wirkt für den Engländer als ein gut angelegter Wechselkredit. Der letzte Krieg hat mit dieser Vorstellung aufgeräumt. Zwar ist heut noch, zehn Jahre nach dem Ausbruch des Krieges, der Durchschnittsengländer im Grunde genommen unklar darüber, was dieser Krieg gekostet hat, welche Schuldenlast der Staat mit sich herumschleppt, und welche Einwirkungen das letzten Endes auf sein eigenes Vermögen hat. Als vor etwa zwei Jahren ein immerhin nicht unvernünftiger Mensch in England auf die Idee kam, die Budgetfrage im Lande aufzurollen und dem Problem der Kriegsschuldentilgung das Wort zu reden, hätte der Mann vom Lande es gern gesehen, wenn eine solche Meinung aus der öffentlichen Diskussion verbannt worden wäre und Vertreter derselben auf Lebensdauer in ein Irrenhaus gesteckt würden. Denn in der Praxis wäre die Folgerung herausgekommen, daß England, wie das alle anderen Länder hatten tun müssen, eine Kapitalbeschlagnahme bevorstand, und daß, solange diese Kapitalbeschlagnahme nicht durchgeführt ist, Steuern in einem Ausmaße erhoben werden müssen, das dieser Kapitalbeschlagnahme gleichkommt, ohne daß sie die notwendigen und reinigenden Wirkungen dieser Maßnahme haben würden. In der Tat erlebt derjenige, der sich heute nur wenige Stunden von London entfernt und einspricht im Hause eines Landeigentümers oder eines kleinen Pensionärs die im Augenblick für England stereotype Frage: Wie kommt das, daß England Steuern zahlen muß, und daß alles in England so teuer ist, obwohl England den Krieg gewonnen hat; eine Ansicht, die sofort ergänzt wird mit der Frage, ob man denn nicht wisse, wo Deutschland eigentlich sein Geld versteckt habe, denn eigentlich müsse doch Deutschland zahlen statt des kleinen Mannes aus dem englischen Volke. Diesen Ansichten gegenüberzutreten, ja, nur zu versuchen, diese Leute aufzuklären, wäre gleichbedeutend mit der Heraufbeschwörung der Revolution.

Man kann sich vorstellen, daß solche grundlegenden Veränderungen in der Beziehung des Einzelnen zum Staat, die nicht ausgesprochen werden dürfen, die sich im öffentlichen Leben nicht aus einer diskussionsfähigen Plattform heraustrauen können, einen Sturm im Innern hervorrufen müssen. Und in der Tat, England macht für denjenigen, der jahrelang die Insel nicht betreten hat, und sie jetzt fünf Jahre nach dem Kriegsende wiederfindet, den Eindruck eines Hexenkessels. Alles, was zur Tradition Englands und des Engländers gehörte, ist aufgewühlt und drängt nach einem Ausdruck, ohne daß dabei die Formen verlöscht werden sollen, die ein für alle Mal als die Tradition englischen Lebens und englischer Politik in den Schulen gelernt worden sind. Dieses brodelnde Element ist schwer in den kommenden Wirkungen zu beurteilen. Es ist durchaus nicht sicher, daß es den Auspuff findet in einer gewaltsamen Lösung der sozialen Fragen, ebenso, wie es nicht sicher ist, daß sich eine neue Konsolidierung der uralten englischen Tradition auf einer durch die Erfahrungen des Krieges gewonnenen Plattform vorbereitet. Sicherlich bereiten sich neue Formen des gesellschaftlichen Lebens, wie der kulturellen Grundanschauungen vor, aber die Kräfte, die zu einem Aufgeben des insularen Charakters des englischen Geisteslebens drängen, sehen sich ebenso starken Kräften gegenübergesetzt, die für eine Intensivierung der englischen Abgeschlossenheit vom Kontinent und von der Welt kämpfen. Es ist eben der Kampf aller gegen alle, der sich in zwar typisch englischen Formen, aber in jenen Grundfragen des gesellschaftlichen und persönlichen Lebens abspielt, die dem Besucher Englands ins Auge fallen. Man kann dieses Chaos insofern auf eine Linie bringen, als heute erst der Engländer begreift, und gewissermaßen mit seinem ganzen Innern in sich aufgenommen hat, daß das Viktorianische Zeitalter für ihn und sein Volk eine Blütezeit darstellt, die er in ihrer ganzen Intensität erst heute begreifen lernt. Dieses Viktorianische Zeitalter ist aber durch ein Jahrhundert begrenzt und die Durchschnittsantwort jedes Engländers, in welcher verschiedenen Lage er auch im Augenblick stehen mag, geht heute darauf, das Viktorianische Zeitalter auf einer breiteren Plattform zu schaffen, es, wenn möglich, auszugestalten zu einem Millennium, und die Hoffnung auf dieses Millennium schwebt nicht nur jedem englischen Politiker, sondern jedem englischen Arbeiter vor. Es ist nur schade, daß zur Zeit gar keine Aussichten vorhanden sind, ein solches Millennium aufzurichten, die anderen Völker und Nationen würden gern daran teilnehmen.

Der Militarismus in England

Es ist nicht rein zufällig, das alle fremden Besucher, die in den letzten Jahren über England geschrieben haben, übereinstimmend auf die im öffentlichen Leben überragende Bedeutung des englischen Militärs hinweisen. Man findet diese Bedeutung nicht etwa nur ausgedrückt in den zahlreichen Kriegsdenkmälern, mit denen England zweifellos alle kriegsführenden Staaten der Welt an Zahl übertrifft, oder in den Paraden, Manövern und üblichen militärischen Schauspielen, die heute zur Londoner Saison gehören, wie das Derby und die Henley-Regatta, oder in dem Auftreten des Militärs und der Soldaten im allgemeinen Publikum auf der Straße, in den Theatern, in wissenschaftlichen Gesellschaften usw, sondern mehr noch in der Stellung des einfachen Bürgers zu diesen Militärschauspielen. Man hat früher, um sich über Deutschland lustig zu machen, vielfach den Witz erzählt, daß der Deutsche vom Bürgersteig ausweicht, wenn ihm eine uniformierte Person entgegenkommt. Dies Beispiel auf England angewandt, kann man sagen, daß der Engländer zur Salzsäule erstarrt stehen bleibt, wenn seinen Weg eine Militärperson kreuzt. Diese Erstarrung, natürlich cum grano salis zu nehmen, ist Bewunderung und Schrecken zugleich. Der Schrecken des Krieges taucht auf, der Verlust aller seiner Traditionen, und biegt sich im Augenblick um zu der Bewunderung für die Organisation, für den uniformierten Menschen, der England gerettet hat, und der dem Engländer die Garantie dafür darstellt, daß diese Zeiten des Schreckens nicht mehr wiederkommen werden. Zwischen beiden Gemütspolen ist Raum für die englische Sentimentalität. Der früher so verachtete Soldat ist heute der Typ des Gentleman. In den Gerichten, in den Parlamentsversammlungen und zum großen Teil selbst bei Geschäftsverhandlungen spielt der Kriegsrekord des Redners, des Verhandelnden und Verhandelten eine große Rolle. In den ersten Jahren nach dem Kriege wurden Leute freigesprochen, die eines sonst als gemein bezeichneten Verbrechens beschuldigt waren, wie Straßenraub, Einbruchsdiebstahl, Roheitsdelikte und ähnliches, wenn sie auf gute Kriegsrekorde Anspruch erheben konnten. Der Verteidiger pflegte seine Rede damit zu beginnen, daß sein Klient an den und den Schlachten teilgenommen hat, daß es für einen Menschen, der solche Heldentaten aufzuweisen hat, entehrend sei, wegen eines gemeinen Deliktes vor den Richtern zu stehen. In der Mehrzahl der Fälle pflegte der Richter dann die Verhandlung gar nicht zu Ende zu führen, sondern den Beschuldigten mit einer Warnung zu entlassen, wie es unter Gentleman üblich ist, ihm den guten Rat zu geben: Hoffentlich sehen wir Sie an dieser Stelle nicht wieder. Erst im letzten Jahr beginnt man, von dieser Praxis abzugehen, wobei es trotzdem noch vorkommt, daß in der Öffentlichkeit ein Richter gerügt wird, der auf eine solche Verteidigungsrede eines Klienten etwa gesagt hat, die Kriegsrekorde hätten mit diesem Verbrechen nichts zu tun. Es ist bezeichnend, daß immerhin fünf Jahre darüber vergangen sind. Im Parlament pflegt man sich gegenseitig statt mit dem früher üblichen „right honourable" anzureden mit „my gallant friend", „mein tapferer Freund", oder „mein im Kriege ausgezeichneter Kamerad". Es gibt wohl auch heute im englischen öffentlichen Leben kaum Leute, die nicht auf irgendwelche Kriegsdekorationen, ja sogar auf irgendwelche höheren militärischen Titel Anspruch erheben dürften, und es würde wohl zu den größten Beleidigungen gehören, in der Anrede den militärischen Titel wegzulassen. Wenn es heute in Deutschland nur noch halb so viel Majore und Oberstn gibt, wie in England im öffentlichen Leben, in der City, in der städtischen und ländlichen Verwaltung herumlaufen, so könnte man, selbst vorausgesetzt, daß diese Leute ohne Waffen sind, von einer ständigen Kriegsdrohung seitens Deutschland sprechen. Denn diese Leute, obwohl sie vielleicht im Sinne eines preußischen Generalstabsoffiziers nicht militärisch durchgebildet sind, sind doch derart stolz auf ihren Titel und scheinen so verwachsen mit dem Kriegshandwerk, daß man sich eigentlich wundern müßte, daß sie nicht vorziehen, in den Kolonien weiter für Englands Ruhm zu kämpfen.

Das Volk, das in sportlicher Tradition erzogen ist, hat den Krieg als den vornehmsten Sport in sich aufgenommen. Es werden dadurch eine große Anzahl innerer Beunruhigungen ihres Stachels beraubt, gleichgültig ob sie damit gelöst sind oder nicht. Der Engländer hat zwar schon immer eine große Vorliebe für seine Flotte gehabt, aber es scheint beinahe, als ob seine Liebe zum Landheer, und zwar zu seiner Garnison, größer geworden ist als zur Flotte. Militärkapellen, die früher vielleicht kaum beachtet worden wären, sind in England heute der Mittelpunkt der Verehrung und der öffentlichen Aufmerksamkeit. Die Konzerte auf Straßen und Plätzen sind um das Zehnfache vermehrt, und eine Kapelle, die nicht die Uniform eines irgendwie berühmten Regiments aufweisen könnte, würde vermutlich kaum Beachtung finden. Das gilt nicht etwa nur für London, sondern gerade von den sogenannten Kleinstädten in der Provinz.

Von Abrüstung zu sprechen, ist heute in England keine Gelegenheit, daher auch der Vorschlag MacDonalds bei der letzten Genua-Konferenz, nicht etwa die englische Flotte abzurüsten, sondern in den Dienst des Völkerbundes zu stellen, ein Vorschlag, der zwar an und für sich einem Durchschnittsengländer einleuchten würde, der aber auch schon genug Grund gegeben hat, gegen die englische Arbeiterregierung ausgespielt zu werden, als gelte es, England seiner Flotte zu berauben.

Trotz dieses zur Schau getragenen Militarismus, der zum mindesten wie eine Karikatur auf den sogenannten preußischen Militarismus wirkt, ist es bisher noch nicht möglich gewesen, keiner Partei in England, eine durchgreifende Versorgung der Kriegsverletzten herbeizuführen. Ein großer Teil der schwer Kriegsverletzten ist bis heute noch auf private Sammlungen angewiesen. Der Staat hat vor einigen Jahren ein großes früheres Gefangenenlager für die Kriegsbeschädigten herrichten lassen und hat versucht dort diese Leute zwangsweise anzusiedeln, selbstverständlich mit negativem Erfolg; und die Frage drohte zu einem Skandal zu werden und wäre auch sicher ein ganz außerordentlicher Skandal in ganz England geworden, wenn nicht die öffentliche Meinung in England selbst mit den Kriegsverletzten etwas Rechtes anfangen kann. Man erwartet von den Großindustriellen, daß sie in ihrem Betriebe Abteilungen einrichten, um die Kriegsverletzten zu beschäftigen. Aber es besteht keine Vorschrift, sie dazu zu zwingen, und für den Fall, daß wirklich solche Versuche gemacht worden sind – in einzelnen Fabriken sind Blindenabteilungen eingerichtet –, so tun sich diese Industriellen etwas darauf zugute und verlangen eine besondere Berücksichtigung dieser ihrer Industriezweige, als ob sie für sich allein die Kriegsverletztenfrage geregelt hätten. Ein typisches Beispiel hierfür ist die Pianoforteindustrie, die ebenfalls mit zu diesen Industrien, die erst während des Krieges begründet worden sind, zu rechnen ist, und die unter 14000 Arbeitern 250 Kriegsverletzte beschäftigt. Mehrere Monate lang hat die Pianoforteindustrie darum gekämpft, daß ein besonderer Schutzzoll gegen Deutschland aufgerichtet wurde, zugunsten dieser 250 bei ihr beschäftigten Kriegsverletzten, und die gesamte öffentliche Meinung, gleichgültig, welcher Partei sie angehörte, fand in dieser Forderung nichts Unbilliges. Man sieht daraus, das dieser Militarismus etwas rein Äußerliches und mehr psychologisch Aufgezwungenes ist, als daß er mit der inneren Entwicklung der Dinge verwachsen wäre. Niemand fällt es auf, daß die Kriegsverletzten sich zu Musikbanden zusammentun und zu vergleichen sind etwa den Hofsängern in den Berliner Straßen. Sie werden durchschnittlich ein bis zwei Schilling am Tage sammeln, und der Normalengländer glaubt damit auch vollständig genug getan zu haben. Würde die Regierung heute mit einem Budgetvorschlag herauskommen, der naturgemäß eine zur Lösung des Kriegsverletztenproblems notwendige Summe auswerfen würde, so würde der Engländer eine solche Verschwendung von öffentlichen Geldern nicht verstehen. Man kann sich vorstellen, daß die Meinung dieser Kriegsverletzten nicht gerade dieser heute herrschenden militaristischen Stimmung freundlich gesinnt ist. Aber man soll sich auf der anderen Seite hüten, daraus und aus gelegentlichen Exzessen dieser Kriegsentlassenen und Kriegsverletzten Schlüsse für das politische und soziale Leben in England zu ziehen. Häufig sind auf dem Lande Kriegsdenkmäler umgeworfen worden, es sind Versammlungen gesprengt worden von Leuten, die besondere Ligen zu bilden beabsichtigen um sie in oder an der Kriegstat für immer der Erinnerung der Enkel und Enkelkinder einzuverleiben. Im allgemeinen nimmt die Öffentlichkeit in England von solchen Exzessen keine Notiz, und da zugleich die Kriegsverletzten- und Kriegsentlassenenfrage mit der Arbeitslosenfrage zusammenhängt, so bedeutet das Lösen des letzteren Problems zugleich auch das Verschwinden des ersten.

Weit schärfer zeigen sich die Nachwirkungen des Krieges und eine Gegenwirkung gegen den Militarismus in den englischen Dominions. Aber, und das ist auch typisch für den Nachkriegsengländer, England nimmt von diesen antimilitaristischen Tendenzen in Kanada, Australien, Neuseeland und Südafrika keine Notiz, von Ägypten und Indien naturgemäß ganz zu schweigen. Im Gegenteil, die Regierung, und nicht etwa die konservative Regierung, sondern die Arbeiterregierung, schickt während ihrer Regierungsperiode eine Abordnung englischer Frontkämpfer um die ganze Welt, um überall im britischen Weltreich die Stimmung für die englische Armee neu zu entfachen und in gewissem Sinne eine Gegenwirkung gegen den Antimilitarismus der Dominions aufzurichten. Diese Tour wird zwar unter dem konservativen Regiment jetzt beendet werden und mag möglicherweise auch bereits von der vorhergehenden konservativen Regierung eingeleitet worden sein. Immerhin wäre es der Arbeiterregierung naturgemäß ein Leichtes gewesen, die Tour zum Stocken zu bringen oder zum mindesten ihrer besonderen Wichtigkeit zu entkleiden. Nichts dergleichen aber ist geschehen.

Zusammenfassend kann man sagen, daß der englische Militarismus im Gegensatz zu dem so sagenhaft gewordenen preußischen nicht aus einer inneren Entwicklungslinie des Volkes herauswächst und vor allen Dingen nicht von den Militärs selbst getragen wird, die ihr Pflichtbewußtsein zum Volk mit militärischen und disziplinarischen Mitteln auszudrücken und auf das Volk zu übertragen wünschen, sondern daß dieser englische Militarimus eine Angelegenheit des nicht Uniform tragenden englischen Volkes ist, mit der es auf der einen Seite auf eine nicht unbequeme Weise sich mit der Erinnerung an seine eigene Uniform abfinden möchte, auf der anderen Seite diejenigen Leute, die heute noch eine Uniform tragen, in eine Atmosphäre hüllt, die es ihm leicht macht, die ihm im Grunde doch unangenehme Uniform weiter zum Besten Englands und zum Schutze des englischen Weltreichs weiter zu tragen und werbend auf Nachschub zu wirken.

Der Wirtschaftsaufbau

Die Grundlage der englischen Wirtschaft, so mitbestimmend sie für den Weltmarkt ist und zum mindesten gewesen ist, ist doch im Auslande verhältnismäßig wenig bekannt. Es berührt einen ganz merkwürdig, daß über die englischen Industriezentren zwar zahllose Beschreibungen existieren, von Feuilletonisten, die das äußere Bild von Manchester, Birmingham, Glasgow, Leeds und Sheffield aufgenommen haben – überhaupt existieren sehr farbenprächtige Bilder von den englischen Schiffswerften an der Clyde –, daß der innere Kern dieser Zentren aber im allgemeinen unbekannt geblieben ist. Zum Teil hängt das mit einer geschickten Art der englischen Großindustrien zusammen, das Interesse von sich abzulenken. Über Krupp pflegten in der Vorkriegszeit spaltenlange Berichte in der Presse der ganzen Welt zu stehen, und zahllose Studiengesellschaften von Ingenieuren und Wirtschaftlern pflegten Essen auf ihrer Tour durch den Kontinent zu berühren. Von den Vickers-Werken konnte man das Gleiche nicht sagen. Sie sind in der Öffentlichkeit weit unbekannter und haben vielleicht doch mit Kanonen noch bessere Geschäfte gemacht als unser Krupp. Man hat den Eindruck, daß es überhaupt den Engländern nicht lieb ist wenn seine Industriezentren besucht werden. Von den Ausländern, die im Laufe dieses Sommers Wembley besucht haben, sind sicherlich nicht ein Prozent in die englischen Industriezentren gegangen.

Man bildet sich ein Urteil über die wirtschaftliche Grundlage eines Landes und über seine voraussichtlichen Wirtschaftsaufgaben, über seine Organisation der Wirtschaftsarbeit nicht anders als vom Zentrum der Produktion aus. Und hier muß jeder Chronist versagen, weil der Engländer es auf jede mögliche Weise erschwert, an das Produktionszentrum selbst heranzudringen. Bis zum Kriege herrschte in der industriellen Organisation, wenn man von einer solchen in England überhaupt sprechen konnte, der Grundsatz: Jeder für sich und die Bank von England für alle. Das bedeutete, daß die Bank von England mit ihren City-Beziehungen, ihren privaten Anleihekonsortien, Anleihen in die Welt hinausgab, auf Grund deren die Produkte der englischen Schwerindustrie, Stahl, Schienen, Elektrizitätsmaschinen, Lokomotiven und Schiffe, von den Anleiheschuldnern gekauft und bezahlt wurden. Das Geschäft entwickelte sich also gewissermaßen in der City von einem Kontor zum anderen, und die Konkurrenz, wenigstens in dieser Phase des Geschäfts, war kaum spürbar. Zudem war die Periode des Vorkrieges zugleich die Periode der industriellen und wirtschaftlichen Entwicklung der Dominions, einer Entwicklung, die fast konkurrenzlos von der britischen Industrie bestritten wurde. Man denke an die britische Textilindustrie, die Indien, Asien und Afrika in einer Weise belieferte, daß sie ganze Märkte als Brocken den deutschen und italienischen Konkurrenten unter den Tisch werfen konnte. Der Krieg hat da eine wesentliche Änderung hervorgerufen. Einmal hat sich die Grundlage der englischen Industrie von Grund auf geändert. Die Notwendigkeit, eine Kriegsindustrie zu schaffen, hat zugleich für die Regierung die Notwendigkeit erzeugt, dieser Industrie Subventionen zuzuführen, und alles zu tun, um den Ausbau der englischen Industrie zu einer Kriegsindustrie, die mit der amerikanischen Kriegsindustrie konkurrieren konnte, zu erleichtern. Infolgedessen mußten diese großen Gesellschaften stärker in den Mittelpunkt der Öffentlichkeit treten. Sie traten mehr als Aktiengesellschaften heraus, die auf den Markt kamen und Bonds verkauften, sie gingen zum großen Teil während der letzten Kriegsjahre mit der amerikanischen Kriegsindustrie konform, und das Gebilde der Brüderschaftsbanken, Morgan, Kindersley und Warburg, die Ende des Krieges die Rolle des Geldgebers der Welt hatten und heute noch spielen, datiert von jener Zeit her, als das englische und amerikanische Kriegsindustriegeschäft gewissermaßen in einen Topf geworfen wurde. Damit entstand erst die typisch englische Großindustrie nach kontinentalem oder amerikanischem Muster. Es entwickelt sich die Vorstufe zu den großen schwerindustriellen Trusts.

Einmal auf diesem Wege der Trustbildung, mußte die Industrie ihn nach dem Kriege wohl oder übel weiter beschreiten. Einer Trustbildung stehen in England von vornherein zwar besondere Schwierigkeiten entgegen, weil kaum in einem einzigen Falle solche Verhältnisse vorlagen, wie in Deutschland beispielsweise, daß eine vertikale Vertrustung möglich gewesen wäre. Die englische Industrie verfügte nicht über Rohstoffquellen. Die während des Krieges zwangsweise enteigneten deutschen Besitzrechte an ausländischen Erzen wurden zwar der Kriegsindustrie zugeschoben, aber diese Rechte waren nicht entwickelt, und das, was bisher an Rohstoffquellen entwickelt war, lag in Händen von City-Konzernen, von Jahrzehnte an der Börse bewährten Rohstoffringen, die, wenn man die Sache grob darstellte, von der Existenz einer britischen Industrie nur eine geringe Ahnung hatten, und vor allen Dingen gar nicht gewillt waren, ihre Geschäfte mit denen eines britischen Produzenten zu vereinigen. Außer diesem grundlegenden Mangel sprach die innere Struktur der englischen Wirtschaft gegen diese Truste, weil der Engländer bisher nicht nötig hatte, überhaupt an eine Organisation des Consumenten zu denken. In der Nachkriegszeit, bis vor wenigen Monaten sogar, existierten in England noch 87 verschiedene Eisenbahnlinien, die nichts miteinander zu tun hatten, und die jede auf vollständig eigenen Füßen standen, vollständig unabhängig waren im Materialbezug. Man hätte sich denken können, daß die Nordostlinie, die durch die großen Industriezentren geht, ihre Lokomotiven auch in Deutschland hätte bestellen können, und niemand hätte in England zu jener Zeit auch nur ein Wort darüber gesagt. Heute ist das anders. Dem Einfluß dieser sich bildenden industriellen Truste ist es zuzuschreiben, daß die Eisenbahngesellschaften zusammengeworfen sind, daß der Staat, der im Kriege aus militärtechnischen Gründen eine zusammenfassende Kontrolle der Eisenbahnen aufgestellt hatte, diese Kontrolle nach einer mehr wirtschaftlichen Seite hin weiterentwickelt. Man achte sehr darauf, daß dies nicht etwa während einer Arbeiterregierung geschah, sondern während des konservativen Kabinetts Baldwin, und daß die Eisenbahngesellschaften in ihrer Stellung zu dem Stahl-, Eisen- und Schiffsbautrust die Frage der Elektrifizierung aufrollen, indem sie einen Zusammenschluß mit großen Elektrizitätsgesellschaften anstrebten und in Aussicht stellten für den Fall, daß das Kohlen-, bezw. Betriebsstoffproblem, gelöst würde. Nun kann dieses Problem keine Regierung in England lösen, ohne in den Verdacht einer Revolution zu geraten. Denn das Kohlen- und Betriebsstoffproblem in England ist zu lösen nur wiederum mit einer Lösung des Problems von Grund und Boden. Die sich entwickelnden Ansätze zum schwerindustriellen Trust in England umschließen also zugleich alle wirtschaftlichen Fragen, die zu lösen, das wirtschaftliche Leben in England von Grund auf umändern muß. Im Rahmen der vorliegenden Schrift kann das nur in diesen wenigen Worten angedeutet werden. Die Ablösung des Grund und Bodens durch den Staat oder durch diese industriellen Trusts gibt dem Kohlengrubenbesitzer, der vom Grundbesitzer abhängig ist, die Möglichkeit, über den Anschluß seiner Gruben an diesen Trust zu verhandeln, bezw. die Ablösung seiner Rechte wieder zu einem produzierenden Dritten zu übertragen. Damit würde zunächst der Stahltrust in den Besitz des ersten und wichtigsten Rohstoffes kommen, der Kohle. Ohne Kohle schwebt aber dieser Trust vollständig in der Luft. Es würde also von vornherein die Zusammenschweißung des Großgrundbesitzes, bezw. dessen Ablösung, mit den Rohstoffquellen zu einem einheitlichen industriellen Staatstrust erforderlich sein, und zwar einem Staatstrust, weil dazu nicht allein die Autorität des Staates, sondern auch das Geld des „British Empires" notwendig wäre, diese Ablösung budgetmäßig vorzubereiten und vorzunehmen.

Auf diese beiden Gruppen, der sogenannten Birminghamer Schutzzollgruppe, und dem Großgrundbesitz, baut sich der innere Kern der konservativen Partei auf. Hatte bei den vergangenen Wahlen die Birminghamer Schutzzollgruppe die Oberhand und ihre Direktiven der Parteileitung aufgedrängt, so hat bei der jetzt zu Ende gegangenen Wahl die andere Gruppe, die mit einem Wahlprogramm mit Konzessionen in der Kohlenfrage und in der Grundbesitzfrage herausgekommen war, den Erfolg der Konservativen Partei gesichert. Man darf aber nicht vergessen, daß die Birminghamer Schutzzollgruppe im Hintergrunde geblieben ist, und es ist bei dem sich entwickelnden Kampfe am Weltmarkt um Kohle, Stahl und Eisen eine Frage von ganz naher Zeit, daß einer dieser Einflüsse sich wieder stärker in der konservativen Partei geltend machen muß, und daß der Versuch gemacht wird, die englische Industrie mit einem vertikalen Zusammenschluß konkurrenzfähig zu machen, und insbesondere die Produktionskosten herunterzudrücken. Dazu sind die Elektrizitätsgesellschaften notwendig, die in den Stand gesetzt werden sollen, sich zu modernisieren, um die Rate für elektrische Kraft, für elektrischen Strom den Weltmarktsbedingungen anzupassen. Vorläufig liegt sie noch weit über dem normalen Preise in Kontinentaleuropa oder in Amerika, und man rechnet, daß die Produktionskosten der englischen Industrie, nicht eingerechnet das Verhältnis der Löhne, bis zu 10% höherliegen als alle in Belgien, Deutschland oder Amerika. Deswegen ist der Staatstrust der Industrie, wenn man davon sprechen kann, weil er wirklich die gesamte Schwerindustrie umfassen wird, und sich sowohl auf die bis zu der Zeit sicher nationalisierten Rohstoffquellen, wie die Kohlenindustrie und Elektrizitätsindustrie stützen wird, im Rahmen des konservativen Wirtschaftsprogramms noch eher zu erwarten als im Rahmen eines

Programms der Arbeiterpartei oder der Liberalen. Und die konservative Partei braucht diesen Wirtschaftstrust, um den Kontakt mit den Dominions, der schon halb verloren ist, wieder herzustellen. Von diesem Wirtschaftstrust aus hofft man nämlich die Schwerindustrie in Kanada, Australien und Südafrika zu entwickeln, die sich ihrerseits mit dem Ergebnis ihrer Rohstoffquellen diesem Trust anschließen soll und dafür Kontingentquoten erhalten soll in einem Konkurrenzkampf der angelsächsischen Schwerindustrie gegen Europa. Selbstverständlich hofft man in England hierfür auf eine gemeinsame Front mit Amerika.

Unter dem Schatten dieser Riesenentwicklung bereitet sich der Aufmarsch der britischen verarbeitenden Industrie vor. Man könnte sagen, daß diese Industrie erst durch den Krieg Luft für ihre Entwicklung bekommen hat, und mit dieser größeren Bewegungsfreiheit haben sich alle diese Probleme herausgestellt, die Deutschland und Amerika schon früher durchgemacht haben, die Entwicklung zum Kartell und Preiskonventionen, Exportverbänden und Wirtschaftsgemeinschaften, die variabel sind, die sich zusammenschließen für einen bestimmten Zweck, im Einkauf von Rohstoffen oder der Eroberung eines Marktes, sich aber auch wieder lösen, ist dieser Zweck erreicht oder gescheitert. Das augenblickliche England ist in den Kämpfen dieser Entwicklung mitten drin. Überall zeigen sich Ansätze zu Konventionen und Preisverbänden, etwas, was der englischen Tradition bisher direkt entgegengesetzt war. Solche Preisverbände, die heute noch in Form von gemeinsamen Auskunftstellen für eine Industrie, wie die Uhrenindustrie, die Pianoforteindustrie, Glasindustrie und einzelne Zweige der Textilindustrie, erhalten sind, sind dem Gedanken von Präventivzöllen sehr geneigt. Ihre Bedeutung darf aber nicht überschätzt werden, auch wenn früher die Arbeiterpartei und jetzt die konservative Partei ihnen gewisse Zugeständnisse machen, da sie in ihrer Produktion traditionslos sind, d.h. da sie weit über den normalen Durchschnittspreis des von ihnen hergestellten Produktes produzieren. Mit diesen neu entstandenen Industrien, zu ihnen gehört bekanntlich auch die Anilinfarbenindustrie, wird sich England die Absatzmärkte seiner Dominions nicht erzwingen können, und bezeichnenderweise ist gegenüber diesen Industrien die City gerade sehr zurückhaltend. Der englische Bankier und das englische Kreditsyndikat geben lieber einer eingeführten Konkurrenzfirma Geld, auf Akzepte, kann sie Rohstofflieferungen dafür bekommen, als daß sie Bands einer eigenen verarbeitenden Industrie empfehlen, die gewisse politische Folgerungen nach sich ziehen, die dem englischen Bankier und dem Freihändler unbequem sind.

Auf diesen beiden Tatsachen baut sich die Organisation der englischen Industrie, die zusammengefaßt ist in der „British Federation of Industries", auf. Sie ist heute noch ein loses Gebilde, und wenn betont wird, daß ihre Organisation in gewissem Sinne dem deutschen Reichswirtschaftsrat gleichkommt, oder gleich strebt, so ist bis dahin noch ein weiter Weg. Es sind Entwicklungstendenzen, die noch nicht ausgereift sind, und bei denen es fraglich erscheint, ob sie überhaupt ausreifen werden. Dies hängt in der Hauptsache ab von den Handelsverträgen und Wirtschaftsübereinkommen, die England mit seinen Dominions schließt, und daß ein englischer Bankier solche Verträge gut heißen würde, wobei schlechte Ware geliefert und dafür viel Geld verlangt wird, Dinge, die letzten Endes doch seine eigenen Kassen berühren, ist überaus zweifelhaft.

Irgendwie wird auch das englische Exportkapital von dieser Entwicklung berührt werden. Diese Hochburg der City und des englischen Liberalismus, die Versicherungskapitalien, die Kolonialgesellschaften, die Kreditsyndikate, die in England selbst bis zu den Ersparnissen des kleinen Mannes hinuntergreifen und sich in den Kolonien mehr oder weniger in Börsenspekulationen betätigen, in Gummi, Gold und Diamanten oder in Wolle und Hanf, werden in den Gang der Vertrustung in der Großindustrie mit hineinbezogen, weil diese Vertrustung zu politischen Folgerungen führt, die das innere soziale Leben verändern, und von Grund auf andere wirtschaftliche Formen im Inlande heraufziehen lassen werden. Das bedeutet, daß die Geldreserven des kleinen Mannes in Gefahr sind, von anderer Seite in Anspruch genommen zu werden, daß auf der anderen Seite die großen Anleihen, die bisher die Vormachtstellung des englischen Kaufmannes im Auslande bedeutet haben, mehr, als das bisher der Fall war, für industrielle Zwecke ausgebeutet werden sollen, und daß drittens eine industrielle Entwicklung der Dominions, nicht zuletzt auch das Exportgeschäft der Dominions, auf eigene Füße gestellt werden, so daß der englische Cityman nicht mehr so sehr der automatische Vermittler für diese Wirtschaftszweige sein wird. Aus diesen Gründen kämpft heute noch das City-Kapital gegen diese industrielle Entwicklung, und es versucht sich sogar der drohenden Einkreisung in diese Probleme zu entziehen, indem es im Ganzen aus England abzuwandern wünscht. Daher stammen diese Kapitalkonzerne, die in Schweden und Holland in letzter Zeit zu bemerken sind. Ein großer Teil geht nach Amerika, um über die Brüderschaftsbanken in Europa angelegt zu werden. Auf der anderen Seite wird der britische Exporteur und die britische Kolonialgesellschaft einen Anteil fordern an der Wirtschaftsentwicklung dieses Trustes, was zweifellos dieser nicht zubilligen kann, weil ja in der Einbeziehung dieses Geschäfts in sich der Trust zugleich seine wirtschaftliche Reserve entwickeln [einige Wörter unleserlich] Kampfes ist, daß diese Exportverbände der kleineren Industrien schwerer Kapital bekommen als die konkurrierenden Firmen im Auslande, und daß bei dieser schärferen nationalistischen Bewegung in England man das Beispiel findet, daß der britische Exporteur fremde Waren lieber zu exportieren und zu vermitteln unternimmt als britische Waren, eine Merkwürdigkeit, die früher oder später zu ernsten Auseinandersetzungen führen muß, wobei es sich darum handelt, ob die sich entwickelnden schwerindustriellen Truste stark genug sein werden, das Exportgeschäft und die Kreditvermittlung ebenfalls unter ihre Kontrolle zu stellen. Sicher aber ist bereits heute, daß der Versuch umgekehrt, von seiten der Banken und des Exports, die Truste zu kontrollieren, gescheitert ist, wenn er überhaupt jemals ernstlich unternommen worden ist.

Der monarchistische Gedanke

Wenn man die Geschichte Englands aufmerksam verfolgt, kann man leicht zu dem allgemeinen Schluß kommen, daß das Königtum in England letzten Endes nur eine Atrappe bedeutet. Es stellt ungefähr so etwas dar, wie das Symbol der Wohlgeordnetheit der gesellschaftlichen Sitten. Von diesem Gesichtspunkte aus war auch das Königtum in England bisher tabu, und es hatte sich ja sogar die Gewohnheit herausgebildet, alles das, was man dem Könige selbst an Kritik nicht sagen durfte, auf den jeweiligen Prinzen von Wales, den Kronprinzen, zu übertragen. Der Kronprinz wurde bespöttelt, wurde kritisiert, dem Kronprinzen wurden Vorwürfe gemacht und ihm die Wahrung der Ehre der Nation ans Herz gelegt, während der Name des Königs in der öffentlichen Diskussion so gut wie überhaupt nicht genannt wurde. Er präsentierte eine Tradition und war nicht persönlich zu nehmen.

Der Krieg scheint darin eine grundsätzliche Wandlung hervorgerufen zu haben. Man muß sagen „scheint", denn um die Wurzeln dieser Wandlung freizulegen, wäre eine volkspsychologische Untersuchung notwendig, die sich nicht allein auf das englische Volk, sondern auf die Wirkungen der Heimat zu den Kolonien, auf die Wirkungen einer unterbrochenen Tradition von Gesellschaftssicherheit, die gestört zu werden droht, die Beziehungen der Familie zum Staat und des Staates zum Einzelnen, der aus dem Familienband herausgetreten ist, erstrecken müßte. Daher ist es auch nicht abzusehen, wie tief der jetzt in England neu auflebende monarchistische Gedanke im Volke und im öffentlichen Leben selbst eingewurzelt ist, oder wie weit dieses monarchistische Gefühl nur Oberfläche ist, hervorgerufen in der psychischen Erschütterung der Nachkriegszeit.

Eins aber steht fest: Daß England zur Zeit das am stärksten monarchistisch fühlende Volk der Welt ist. Interessant ist, daß England darin einen lebendigen Einfluß auf seine Dominions ausübt, und daß rückwirkend auch wieder von den Dominions der englische Monarchismus gefestigt wird. Man erzählt sich sogar, daß anläßlich des Besuches einer Gesellschaft amerikanischer Juristen in London den Amerikanern die Frage vorgelegt wurde, ob sie nicht das System des englischen Monarchismus für vorteilhafter für ein Volk hielte als das der amerikanischen Republik. Eine solche Frage hätte man vor einigen Jahren einem Amerikaner wahrscheinlich gar nicht vorlegen dürfen, wollte man ihn nicht beleidigen oder auf ein vollständiges Unverständnis stoßen. Die Amerikaner sollen diesmal aber frei geantwortet haben: Amerika muß noch warten, es muß sich noch eine festere Tradition zimmern, dann können wir darüber sprechen. Würde diese Antwort wirklich so gelautet haben, dann wäre der englische Monarchismus wirklich volksverwurzelt, und seiner Kontinuität wären die günstigsten Perspektiven zu stellen. Die Anekdote wird aber von einsichtsvollen Leuten stark bezweifelt und lediglich als ein Teil der englischen nationalistischen Propaganda betrachtet.

Manches spricht dafür. Denn dieser nationalistische Monarchismus, von dem man jetzt in England als dem beherrschenden sprechen muß, ist weniger eine Anschauung, nicht einmal eine Stimmung, sondern, glatt gesagt, eine Hysterie. Es sind nationalistische und monarchistische Exaltationen, die sich im England der Gegenwart abspielen. Zeigt sich der König oder nur irgendeine Person, die dem König nahe steht, ein Hofmarschall, ein leerer Krönungswagen oder so etwas ähnliches auf der Straße, so hat man das Gefühl, die Leute, die vorher noch nüchtern und mit dem Typ des englischen Geschäftsmannes über die Straße gegangen sind, werden plötzlich verrückt. Man stößt und drängt sich, jeder Verkehr stockt, eine Raserei scheint die Masse erfaßt zu haben. Die Augen eines solchen, von dieser Hysterie ergriffenen Passanten werden starr und blicken in die Weite, als wollte er irgendeine indische Beschwörung sprechen. Es gab auch in anderen Ländern Zeiten solcher Exaltationen. Aber man hatte, wenn man eingedrängt in einer solchen Menschenmenge stand, und bis zu einem gewissen Grade sogar mitgerissen wurde, nachher das Gefühl, wenn der Gegenstand der Begeisterung vorüber war, als wäre Anlaß, sich ein bißchen seiner Überspanntheit zu schämen. Die Leute verliefen sich schnell und vermieden es, einander anzusehen. England ist hier zu diesem Punkt der Selbsteinkehr noch nicht vorgeschritten. Es ist eine vollständige Umkehr der bisherigen Tradition eingetreten. Zwar ist der König tabu geblieben, aber er ist, wenn möglich, noch mehr aus der Öffentlichkeit verschwunden, als dies früher der Fall war. Zugleich aber hat auch die traditionelle Kritik an dem Prinzen von Wales aufgehört. Der Prinz von Wales ist in Wirklichkeit der Abgott des englischen Volkes geworden. Man wird leicht böswilliger Übertreibungen beschuldigt, wollte man eine Zusammenstellung von Exaltationen, die mit dem Prinzen von Wales zusammenhängen, geben, und eins steht fest: Ist selbst diese Propaganda um den Prinzen von Wales künstlich gemacht, so verfehlt sie doch ihre Wirkung auf die weiterstehenden Gemüter nicht. Es ist vorgekommen, daß der Prinz, der an und für sich eine sehr harmlose Natur sein soll, und sich durch nichts besonders auszeichnet als ein sehr gerechtes und freundliches Gesicht, die letzte Entscheidung in wissenschaftlichen Fragen oder, was für England vielleicht am meisten bedeutet, in geschäftlichen Fragen getroffen hat. Er ist ständig Gast bei den großen Industriegesellschaften, er reist im Lande herum von einer Fabrik zur anderen, überall in den Mittelpunkt gestellt von Schiedsgerichten, von Schlichtungsaktionen, er reist neuerdings nach den Dominions, um den Zusammenhang zwischen den Dominions und dem Mutterlande enger zu gestalten, und er hat erst vor Wochen große Begeisterung in den Vereinigten Staaten erweckt. Jeder Schritt dieses Prinzen findet in der Presse seine besondere Würdigung. Man zählt die Stunden, die der Prinz täglich tanzt, er hat das Mißgeschick, schon mehrmals vom Pferde gestürzt zu sein, beim Polo, einem Spiel, das er besonders liebt, und jeder solcher Sturz verdrängt gewissermaßen das große politische Interesse aus den Tageszeitungen, die in Millionen von Auflagen, wie die „Daily Mail" und die „News of the world", in das Volk geworfen werden. Daß dann von dieser Manie auch ruhige Leute betroffen werden müssen, ist verständlich, und das Seltsamste dabei ist, daß sich um den Prinzen ständig Affären ziehen. Eine solche Affäre drohte auch während der amerikanischen Reise des Prinzen seine Popularität zu untergraben. Man weiß nichts Näheres darüber. Eine Zeit lang schwieg sich die große amerikanische Presse über den Prinzen vollständig aus, um dann plötzlich wieder in verstärkter Aufmachung Hymnen auf den Prinzen zu singen. Die Affären des Prinzen sind wohl so ziemlich jedem Engländer irgendwie im Bewußtsein, aber man spricht sie nicht aus. Es gehört auf einmal mit zur Erziehung des Engländers, über diesen Prinzen nichts als allererste Meinung zu haben.

Der Fremde, auf den dieses Schauspiel eigenartig [wirkt], und der, aus einer anderen Nation und einer anderen Rasse, keinen direkten Kontakt zu diesen Exaltationen gewinnen kann, analysiert den Überschwang der Gefühle als ein Produkt der Angst und Unsicherheit. Solche Angst mag irgendwie mit der Zukunft des britischen Weltreiches begründet sein, sie mag im Monarchismus und in einem intensiv betonten Nationalismus, der in einer Fabelfigur seine höchste Spitze und seine höchste Blüte findet, so etwas sehen wie ein Ausgleichsmoment, eine Empfindung, die begreiflich und beruhigend, aber nicht immer der Logik der Entwicklung entsprechend sein mag.

**Zersetzungserscheinungen
im geschäftlichen Leben**

Die Erschütterung der englischen Gesellschaftsstruktur wirkt auf das englische Geschäftsleben revolutionierend. Hierbei zeigt sich die fabelhafte Geschicklichkeit der Engländer, Dinge, die noch nicht neue Tradition geworden sind, im Interesse des Althergebrachten zu verschweigen. Ein Vergleich mit Deutschland gibt darin interessante Aufschlüsse. Schon während des Krieges waren die Zeitungen voll mit moralischer Entrüstung gegen die Kriegsgewinnler. Es wurde in einer Zeit, da es darauf ankam, daß wirtschaftlich und technisch jeder alle Kräfte anspannen mußte, um die deutsche Wirtschaft und die Versorgung des Heeres in Gang zu halten, diesen Leuten der Vorwurf des krassesten Egoismus gemacht, über die Form der Bereicherungen, bezw. der Einkommen, große und zeitraubende Untersuchungen angestellt. Das Gefühl dieser Moral war teuer erkauft, denn es brachte zugleich die Unsicherheit mit sich, für etwas an den Pranger gestellt werden zu können, was Hunderte von Nebenleuten ungestraft tun konnten. Es ist zum mindesten fraglich, ob die Wirkungen einer solchen Kampagne moralisch im einzelnen Mann, im Schützengraben oder im Hilfsdienst, wirklich diesen Erfolg gezeigt haben, den man sich von ihr versprochen hatte. Zum mindesten aber hat man damit den deutschen Geschäftsmann und den deutschen Wirtschaftler vor aller Welt mit dem Signum des Schiebers versehen, was im Ausland noch gewisse Nachwirkungen nach sich zog. Niemand wird behaupten, daß dieser Typ des Kriegsschiebers nicht in England in ebenso großem Maße, wie in Deutschland, zu finden gewesen ist, aber in der englischen Öffentlichkeit hat man nichts davon gehört. In der englischen Presse las man von dem Opfermut der großen Industriekonzerne, der City-Leute, man las von dem Wagemut englischer Kaufleute, Kontrakte abzuschließen, um das englische Volk mit Nahrungsmitteln zu versehen, und die englische Aufsichtsbehörde wird zweifellos auf dem Standpunkt gestanden haben: Erst die Ware und die wirtschaftliche Sicherheit, um den Krieg fortzuführen, und nachher eine Kontrolle über die Art, wie dabei Geld verdient worden ist, und welche Preise man hierfür verlangt hat. Eher hat die englische Regierung selbst in die Tasche gegriffen und Differenzen aus dem eigenen Budget bezahlt, wenn es notwendig war, der Preissteigerung gewisse Grenzen zu setzen, als daß sie die Volkswut auf die Wucherkaufleute gehetzt hätte. Man merkt von dieser Taktik der englischen Regierung noch heute im öffentlichen Leben sehr viel. Der traditionelle Kaufmann, der Mann, der seine Firma seit Jahrzehnten in der City betreibt und von Generation zu Generation vererbt, hat zweifellos mit Kriegsgeschäften entweder Geld verdient oder verloren, auf alle Fälle in Kriegsartikeln mit spekuliert, denn das ist ja eins der vornehmsten Geschäfte in der City, und die englische City hält sich zum großen Teil überhaupt nur davon, Munitionslieferungen und Kriegswechsel zu diskontieren. Aber es wird doch ein Unterschied gemacht von demjenigen, der ohne Geschäftsbasis solche Geschäfte abgeschlossen hat, der auf keine geschäftliche Tradition zurückblicken kann, und der heute als Kriegsgewinnler am Markt steht. Alt eingesessene Kaufleute versichern, daß mit solchen Leuten ein sachverständiger englischer Kaufmann überhaupt keine Geschäfte abschließen würde. Sie sind boykottiert und geächtet und, was noch schlimmer ist, man nimmt ihnen das Geld so schnell wie möglich wieder ab, da keine Spekulation eines Outsiders an der Londoner City Aussicht hat, irgendeinen Erfolg zu erringen. Solche Leute sind die weißen Raben, denen schon auf ihrem ersten Flug ins normale Geschäftsleben ihre Federn ausgerupft werden. Man muß eigentlich sagen, daß diese Methode besser und schneller zum Ziele führt, als ein ganzes Volk mit einer besonderen Moral zu bemühen. Von diesem Grundsätzlichen abgesehen, sind die Wirtschaftskräfte am Werk geblieben, die eigentlich der Tradition des englischen Geschäftslebens widersprechen. Man mag noch so sehr den Eindruck gewinnen, daß die Tradition auch erzwungen werden soll, der Krieg und die besondere Art der Geschäftsführung während des Krieges ist doch letzten Endes schon ein Teil Tradition geworden. Von solchen Geschäftsleuten ist die Rede, wenn man auf dem Kontinent davon spricht, die Engländer für kontinentale Geschäfte zu interessieren. Diese Geschäftsleute sind Mittelsmänner für leicht verdientes Vermögen, das in Syndikaten zusammengefaßt ist, und das überall dort als englisches Kapital auftritt, wo etwas aus dem Zusammenbruch des Krieges zu verdienen ist. Gegen dieses Kapital kämpfen im Grunde genommen die drei englischen Parteien gemeinsam, und traditionelle Freihändler, die Liberalen, spielen mit dem Gedanken, einen Gesetzesentwurf einzubringen, um dieses Kapital zu kontrollieren und es zu hindern, sich dem Steuerzugriff der englischen Regierung zu entziehen. Dieses Kapital hatte man wahrscheinlich auch im Auge, als man von der 10%igen Kapitalabgabe sprach. Daß solche Kräfte auch den solidesten Wirtschaftsaufbau langsam untergraben, der ja doch bis zu einem gewissen Grade wehrlos ist, da er ja von den Umsätzen und Geschäftsverdiensten leben muß, ist nur zu verständlich. Daher findet derjenige, der sich in der City auskennt – denn selbstverständlich wird in der englischen Öffentlichkeit von solchen Dingen nicht gesprochen –, Geschäftsleute, die, um es knapp zu sagen, zu allen Schiebungen bereit sind. Die großen Schiebungen der Welt, und zwar in einem phantastischen Ausmaße, finden in London ihren Diskontplatz, die Schiffe des Admirals Stark, die dieser der Sowjetregierung abgenommen hat, werden vor den Augen der russischen Vertretung auf Privatkonto des Admirals gebucht, und, um bei Rußland zu bleiben, noch etwa 10 Millionen Pfund Sterling, sogenanntes beschlagnahmtes russisches Kapital, arbeiten in der Londoner City, ohne daß die daran denkt, sie den rechtmäßigen Besitzern wiederzugeben, weder der sogenannten zaristischen Regierung, die ja de facto nicht existiert, noch der Sowjetregierung, deren Rechtsnachfolger sie trotz Verträgen der englischen mit der Sowjetregierung nicht anerkennt. So werden die Vermögen und sozusagen die Betriebsunkosten aller Revolutionen der Welt heute auf dem Londoner Markt umgesetzt. Es ist notwendig, dies zu wissen, weil die zahlreichen Angebote, die von England über Holland oder Schweden stammen, um den Kontinent aufzubauen, nicht zum geringsten Teil auf diese Kapitalquellen zurückzuführen sind. Dort herrscht ein Gefühl geschäftlicher Unsicherheit, wie es sich katastrophaler kaum denken läßt. Verträge sind nichts als ein Stück Papier, und geleistete Anzahlungen gelten nicht mehr als ein Händedruck, der ja bei dem früheren ehrlichen Kaufmann allerdings auch genügte. Zum mindesten waren damals keine Prozesse nötig, um solche Vorschüsse zurückzuerhalten. Die Methoden solcher Geschäftsentwicklung wirken sich recht bedrohlich aus. So ist von diesen Kreisen die deutsche Anleihe, noch bevor sie seinerzeit aufgelegt wurde, eskomptiert worden durch private

Syndikate, die in der Lage waren, Kreditobjekte in Europa zu großen Blocks zusammenzufassen, die weit bessere Sicherheiten boten als die staatlichen und amtlich beglaubigten Sicherheiten einer deutschen oder französischen oder ungarischen Anleihe. Es unterliegt keinem Zweifel, daß zwischen solchen Kapitalgruppen in England und dem alten ehrlichen Handelskapital ein Kampf bis aufs Messer entbrennen wird. Es ist dies einer der Punkte, wo der wirkliche Zustand des britischen Weltreiches hindurchschimmert, der der Zersetzung und des sinkenden Prestiges.

Es mag noch hinzugefügt werden, ohne daß es in einer besonderen Betonung gesagt zu werden braucht, daß die Auffüllung der nationalen englischen Armee und die Einführung der Dienstpflicht während des Krieges viele Leute zu hohen militärischen Posten befördert hat und ihnen damit Machtvollkommenheiten in die Hand gegeben hat, die jetzt nach dem Kriege leicht ausnutzbar sind. Man darf nicht vergessen, daß der alte Offizier einer Armee, und das galt sowohl für die deutsche als auch für die englische Armee, nach den verbrachten Dienstjahren im allgemeinen ein Bedürfnis der Ruhe empfindet, und daß er daran geht, sich den Rest seines Lebens so behaglich wie möglich einzurichten. Der neugebackene Kriegsmajor in England liebt es im allgemeinen, mit dem Titel Major Anspruch auf einen geschäftlichen Wirkungskreis zu verbinden. Dies ist hier weit mehr als in Deutschland der Fall, wo solche Erscheinungen auch vorübergehend nach dem Kriege aufgetreten sind. Bei der besonderen Note des parlamentarischen Lebens in England ist darin auch nichts Besonderes. Jeder nutzt seine Beziehungen so kräftig wie möglich aus, und niemand wird darin etwas finden. Ein Eingeweihter in der City zeigt auf der Straße die Leute, die bei dem Verkauf von Heeresgut Millionäre geworden sind, oder die bei der Abwicklung von Kriegsgeschäften und noch heute bei der Versorgung englischer Besatzungs- oder Kolonialtruppen wenigstens die Aussicht haben, noch weitere Millionen zu verdienen. Alles das schreibt man in England noch heute irgendwie auf Kriegskonto, und es scheint allerhöchste Zeit, nicht nur in England, sondern für ganz Europa, die Kriegsschuldenfrage endlich zu lösen, oder irgendwie in feste Formen zu bringen, sollen nicht nachträglich noch gewaltige Rechnungen von solcher Art der Geschäftsführung her dem einen oder anderen Kriegspartner präsentiert werden. Ein junger Major, der in einem Kreditsyndikat die Rolle eines Anreißers spielt, rühmte sich persönlich dem Verfasser dieser Schrift gegenüber, während der ersten Revolutionsmonate, [unter]stützt von einer englischen Brigade Soldaten, einen 54achsigen Güterzug mit Gold quer durch Deutschland gefahren und über die Grenze gebracht zu haben. Auch den Schmuggel ordnet der Engländer, wenn er im großen betrieben wird, ein als Sport.

Die Klassenunterschiede

Für den Engländer gibt es keine Klassen. Es gibt entweder nur Engländer und solche, die es werden können, wenn sie Glück, Ausdauer und Geld haben, oder Nicht-Engländer, für die gewisse Ausnahmen und Schattierungen zulässig sind wie etwa Amerikaner, Europäer und Deutsche. Der Rest der Nichtengländer gilt in diesem Zusammenhange als Klasse für sich. Es ist nur zu natürlich, daß der Engländer eigentlich dazu geboren ist, über sie zu herrschen, ihre Geschicklichkeit, falls sie wirtschaftlich denken, sich zu nutze zu machen, ihre Faulheit, falls sie für Arbeiten herangezogen werden sollen, zu brechen, oder ihre Kultur zu ihrer eigenen Erziehung und zum besten des von ihnen bewohnten Landes, aus dem der Geschäftsengländer dann seine Profite zieht, zu verwenden. Dieser vom Gesichtspunkt des Engländers aus aufgestellte Satz stimmt natürlich nicht ganz. Man braucht nicht die englische Geschichte abzurollen, um von den Klassengegensätzen in England selbst etwas zu erfahren. Aber im Grunde genommen werden diese Klassengegensätze im Tenor der obigen Darstellung behandelt. Man liebt jedenfalls in England nicht, über solche Klassengegensätze zu sprechen.

Der Engländer ist ein traditioneller Tierfreund. Die 500 Tierschutzgesellschaften, die über das ganze Land zerstreut sind, und die eine solche Macht errungen haben, daß sie den Polizeirichtern zugleich die Strafe vorschreiben, wenn sie einen Frevler an Tieren zur Anzeige bringen, sind alle auf dem Prinzip aufgebaut: Man muß dem Tier helfen, da es sich nicht selbst helfen kann. Mit Verlaub zu sagen, ist das auch die Einstellung des Durchschnittsengländers gegenüber den niederen Klassen. Sie beweisen durch ihre gesellschaftliche Situation, daß sie sich nicht selbst helfen können. Sie haben kein Geld, sie haben kein Haus, sie betreiben kein gewinnbringendes Geschäft, sie gehören nicht zu irgendwelchen Familien, die für sie eintreten. Darum erbarmt sich ein Unternehmer ihrer, wenn er solche Leute beschäftigt, er baut ihnen das Haus, er richtet sogar evtl. der Frau des Arbeiters einen Gemüseladen ein, er lehrt sie gewissermaßen wirtschaftlich gehen. Von allem abgesehen, was dafür oder dagegen sprechen kann, von aller Gesellschaftskritik weit entfernt, ist das wirklich der Grundgedanke des englischen Unternehmers, und genau, wie alle Entwicklung in England sich langsam und stufenweise vollzieht mit einem Pionier, der das Feld ebnet, bis hinterher allmählich das Gros seiner Leute nachrückt, so ist das Unternehmertum in England heute ganz nahe daran, dem Vorbild von Robert Owen zu folgen, der ja in der übrigen Welt als einer der Vorläufer des Sozialismus bekannt ist. Es ist natürlich schwer, in die Mentalität dieser Kreise einzudringen, und, wie schon an anderer Stelle ausgeführt, noch schwerer, sich selbst in einer Fabrik und im Leben eines Fabrikbetreibers umzusehen, aber es ist zweifellos, daß die Entwicklung der sozialen Verhältnisse in England nach dieser Richtung verläuft: Schutz dem Arbeiter, dem eine gewisse Unmündigkeit zugesprochen wird.

Unter solchen Gesichtspunkten entwickelt sich eine Anzahl sozialer Bestrebungen, die in einem europäischen Lande bereits Folgen des Klassenkampfes wären, so die Beteiligung der Arbeiter am Gewinn, der Aufstieg des Arbeiters von der Fabrik zum Fabrikdirektor. Nur in England ist es möglich – besonders in den Industriezentren der Stahlindustrie ist das System eingeführt –, daß der einfache Arbeiter sich, ohne besondere Protektion zu genießen, zum Betriebsingenieur und, wenn er Glück hat, zum leitenden Direktor des Unternehmens emporarbeiten kann. Dieser Entwicklungsgang ist durchaus nicht etwa ein besonders seltener, und wenn hier gesagt wird, er muß Glück dazu haben, so bedeutet das, daß eine nicht zu große Zahl von Anwärtern denselben Weg gehen darf, und daß die Ingenieure und Direktoren des Unternehmens recht schnell wechseln, weil sie in den Kolonien oder in Amerika größeren Aufgaben zugeführt werden. Es ist in Deutschland viel zu wenig bekannt, daß die

Birminghamer Stahlindustrie in nicht sehr wenigen Fällen von deutschen Auswanderern mit ausgebaut worden ist. Man findet dort Betriebe, wo es dem Inhaber, der inzwischen längst geadelt ist, nicht darauf ankommt, bei einem Gang durch den Betrieb plötzlich den Rock abzulegen und dem betreffenden Arbeiter am Feuer die Handgriffe zu zeigen, die ihm ermöglichen, den Härtegrad des Stahles besser zu fühlen. Die Hatfield-Stahlwerke, eine der größten Stahlgesellschaften der Welt, haben aus der Behandlung ihrer Arbeiter ein System gemacht, für das sie in ganz England und in Amerika große Propaganda betreiben, und worüber eine reichhaltige Literatur existiert, die leider in Deutschland viel zu wenig bekannt ist. Natürlich werden für einen nüchternen Beurteiler in der Form der Behandlung der Arbeiter die Klassenunterschiede nicht aufgehoben. Sie werden aber doch sehr gemildert, denn in der Tat, die Chancen der Entwicklung hat jedermann, und es ist ganz sicher, daß das „Self made"-Prinzip in Amerika durch England importiert ist, vielleicht gerade deswegen, weil in England für das „Selfmade"tum schon nicht mehr genügend Boden zur Entwicklung vorhanden gewesen ist. Die Tradition desselben aber ist vorhanden, und das zeigt sich an jeder Stelle des öffentlichen Lebens, nicht nur in der Fabrik, es zeigt sich bei den großen Pferderennen, wo der Eintritt frei ist und jedermann an der Barriere seinen Platz hat, ob es der Mann aus dem Londoner Osten ist oder der Mann aus der City. Aus dieser Tradition ergibt sich aber auch, daß das kulturelle Niveau, im bürgerlichen Sinne gesprochen, nur geringe Differenzierungen aufweist, woraus nicht zuletzt die typische englische Langweiligkeit erwächst. In Frankreich beispielsweise hat jede Kulturschicht, d.h. jede Schicht, die sich innerhalb von besonderen Entwicklungsgesetzen und Entwicklungen gebildet hat, ihre besonderen kulturellen Ansprüche. Es gibt eine Literatur und beinahe eine Moral für jedes Niveau. Aus jeder Schicht gehen Verbindungen und Befruchtungen nach der nächst höheren und der nächst unteren Schicht, und es entsteht dadurch ein so vielfältiges kulturelles Leben, daß zum Schluß, wirtschaftlich in Klassen eingeordnet, eine Kultur selbst dieser Klassen läuft, die in der Nation nicht unterschätzt werden soll. In England ist diese Bewegung außerordentlich verkümmert. Selbstverständlich gibt es das Vergnügen der unteren Klassen, aber dieses Vergnügen ist einfach nur ein vergröbertes, und meistens sogar nicht einmal ein vergröbertes, sondern dasselbe, nur in einem ärmlichern Rahmen, als es den sogenannten höheren Klassen geboten wird. Und der Engländer der höheren Stände hat im Grunde genommen die Sehnsucht, möglichst unter den allgemeinen Volksvergnügungen, wenn sie schon an der Reihe sind, mit unterzutauchen. Das ist der Grund für die Fastnachtspäße an den Bankfeiertagen, den Karneval nach großen Wahltagen, und die Ansprüche, die kulturell der Engländer an das Leben stellt, sind wirklich sehr bescheiden. Daher fallen die Ausnahmen aus diesem Niveau so scharf heraus, daher dieser große Einfluß der irischen Schriftsteller auf das gesamte englische Schriftleben, weil der Ire als Sanguiniker das Bedürfnis hat, oft die Dinge auf den Kopf zu stellen. Er sucht Differenzierungen, während der Engländer möglichst Gleichheiten tuscht. Es wäre müßig, nach der moralischeren Bedeutung der einen oder anderen Methodik zu forschen. Es genügt, festzustellen, daß es so ist.

Den Klassenunterschied zu beheben, oder nach englischem Muster zu vertuschen, liegt nicht mehr in der Kompetenz der englischen Volkspsyche allein. Die Produktionsmethoden und die Vereinfachung des Arbeitsprozesses bei all seiner Differenzierung zwingt heute dazu, sich Arbeitsheere zu halten, die in Reserve liegen, um eingesetzt zu werden, wenn es gilt, eine Konkurrenz aus dem Felde zu schlagen, oder der Konkurrenz den besseren Wind aus dem Segel zu nehmen. Solche Arbeitsheere in Form der Lohnarbeiter oder in Form der Arbeitslosen fügen sich zu einer Gesellschaftsschicht zusammen mit eigenen Interessen, die über das Interesse der Nation hinausgehen, und die gewissermaßen geregelt werden durch die internationale Arbeiterbewegung, die, revolutionär oder nicht revolutionär, eine besondere Gesellschaftsschicht darzustellen beginnt. Auch England hat sich dieser Bewegung nicht entziehen können, und alle Versuche, sie abzubiegen, indem bei Arbeiterforderungen der Unternehmer sich vor den Arbeiter stellt, können an der Tatsache nichts ändern, daß die Produktionsbedingungen Englands abhängig sind von den Produktionsbedingungen Europas und Amerikas. Das typische Beispiel dafür ist die amerikanische Kohlenindustrie, die durch Einführung von Maschinen unter der Erde, etwas, was in England durch die Gesteinsformationen nicht möglich ist, die Kohle billiger auf den Markt werfen kann, als das England zu tun in der Lage ist, selbst wenn es die Löhne der Kohlenarbeiter auf ein Minimum heruntersetzt. Hier sind wirtschaftliche Faktoren stärker als volkspsychologische. Aus einer solchen Bewegung heraus hat sich der Zusammenschluß der Arbeiterorganisationen entwickelt, ist entstanden die Union der Kohlenarbeiter, eine Union, die den wirtschaftlichen Zweck verfolgt, Krisen in dem einen Industriegebiet auf dem anderen auszugleichen, ein Programm, das sich neuerdings die konservative Partei nach der rein wirtschaftlichen Seite gestellt hat, ein Programm aber, das, von Arbeitern aufgenommen, ein Kampfprogramm der Arbeitnehmer gegen den Arbeitgeber darstellt. Es braucht nicht von vornherein dieser Kampf beabsichtigt zu sein. Er ist aber unvermeidlich, und die Entwicklung in England zeigt deutlichst, daß eine solche Auseinandersetzung zwischen Arbeitnehmer und Arbeitgeber auf wirtschaftlichem Gebiet und damit letzten Endes notwendigerweise auch auf politischem Gebiet sich vorbereitet. In diesem Kampf werden sich eigentlich in England zum ersten Male wirkliche Klassenunterschiede aufzeigen. Die jetzt zu Ende gegangene Arbeiterregierung war nicht in der Lage, darüber ein klares Bild zu geben. Zwar waren gerade zu Beginn ihrer Regierungsaera große Streiks zu überwinden. Mehr als einmal schien das Arbeiterkabinett mehr durch die Kämpfe aus dem eigenen Lager gefährdet als von seinen konservativen und liberalen Gegnern. Jetzt aber, unter der neuen konservativen Regierung, der ja eine sehr lange Regierungsdauer prophezeit wird, liegen die Dinge insofern anders, als die Wohlfahrt des Landes, als alle die Steuerprobleme, als die für England maßgeblichsten Wirtschaftsprobleme, wie die Ablösung des Grundbesitzes, die Elektrifizierung der Eisenbahnen, die Nationalisierung der Kohlengruben, von einer grundsätzlichen Änderung im englischen Wirtschaftsaufbau abhängig sind, einer Änderung, die politisch durchgeführt werden muß, und die nach der heutigen Situation in der Welt entweder vom Gesichtspunkt der Arbeitgeber diktiert sein muß, oder von dem der Arbeitnehmer. Die konservative Partei hat zwar beide Gruppen in sich vereinigt, sie ist aber nicht in der Lage, für die Lösung der oben genannten Fragen Arbeitgeber und Arbeitnehmer auf eine Linie zu bringen, sie kann höchstens die gleiche Taktik, die man in England schon immer verfolgt hat, anwenden, indem sie sagt, die

Arbeitgeber mit ihrem soliden Unterbau, mit ihrer Kenntnis der Wirtschaft und ihren besseren geldtechnischen Bedingungen sind bei diesem Neuaufbau der Arbeitnehmer die geborenen Führer, und sie werden infolgedessen den Neuaufbau der englischen Weltwirtschaft von sich aus allein durchführen. Die Arbeitnehmer sollten ihnen darauf vertrauen. Die Frage, so gestellt, wird von Arbeitnehmerseite bestimmt abgelehnt werden, denn auch die Arbeitnehmer berufen sich auf ihre Tradition, sie berufen sich auf ihre technischen Erfahrungen, auch sie haben Geldmittel gesammelt, und manche große Firma der City steht finanziell auf Seite der Arbeitnehmer, so daß die Frage der Bevormundung durch die Arbeitgeber von seiten der Arbeitnehmer bestimmt abgelehnt werden wird, und das ist es, was heute einsichtsvolle Leute in England bereits voraussehen, eine Spaltung der Interessen selbst innerhalb der konservativen Partei und eine Hinausschiebung der Lösung der für England notwendigsten Grundfragen, eine Hinausschiebung, die zugleich eine Schwächung der Stellung am Weltmarkt sowohl wie in der Weltpolitik bedeutet. Ob dies eine dieser beiden Klassen, die doch zweifellos über die Lage gut informiert sind, zulassen wird oder ob man nicht versuchen wird, die Entscheidung doch herbeizuzwingen, der Stellung Englands in der Weltpolitik zuliebe, das ist eine Frage, über die in England etwas anderes entscheiden wird als Wahlen und politische Diskussionen, nämlich die Revolution.

Die Grundpfeiler
englischer Gesellschaftssitten

In einer Zeit, in der alle Tradition stürzt, verändert sich auch die kulturelle Grundlage, auf der sich das öffentliche Leben aufbaut, nicht nur in ihren Wurzeln wirtschaftlicher und politischer Natur, sondern auch in ihren äußeren Erscheinungen, Erscheinungen, wie sie für den Engländer, mit den Augen des Kontinents gesehen, typisch geworden sind. Solche äußeren Erscheinungen, Auswirkungen einer inneren Entwicklung, sind, und das beweist gerade die Geschichte des Engländers, für den Durchschnitt eines Volkes wesensbildender als man gemeinhin annimmt. Die Entwicklung, die solche Äußerlichkeiten nehmen, spielt daher bei der Gesamtbeurteilung eines Volkes eine nicht zu geringe Rolle.

Vom Kontinent gesehen, gehört der englische Puritanismus mit zu den Grundpfeilern englischen Gesellschaftslebens überhaupt. Dieser Puritanismus, ein revolutionäres Produkt, hat den Engländer mit jener Zähigkeit ausgestattet, die ihn befähigte, an die Eroberung der Welt zu gehen, die ihm die Möglichkeit gab, den Grundstein zu legen für die wirtschaftliche und politische Erschließung der neuen Welt, und die gewissermaßen den Rahmen abgibt, in dem sich die heutige amerikanische Gesellschaftsentwicklung vollzieht. Es wäre daher falsch, über den englischen Puritanismus zu sprechen, wie wenn man über irgendeine religiöse oder gesellschaftliche Bewegung irgendeines anderen Landes sprechen würde, mit jener Leichtigkeit, mit der man solche Geistesbewegungen, die einen Anfang und ein Ende haben, abzutun beliebt. Der Puritanismus ist eben für England mehr. Er ist eine der Grundformen des englischen Lebens, in dem Sinne wenigstens, wie man es heute noch in der Welt erleben kann. Der seelische Kampf um die Erhaltung dieser puritanischen Grundformen im Gesellschaftsleben ist ein überaus heftiger. Er wird nicht geführt auf der Basis der Religionen und Religionssysteme, wenngleich gewisse Schlüsse aus den religiösen Bewegungen auf diesen Puritanismus zu ziehen sind. Immerhin verarbeitet der englische Puritanismus solche religiösen Bewegungen, seien sie kirchlich orthodox oder katholisch betont, in sich selbst, er saugt sie gewissermaßen auf, und er drückt einer fortschreitenden Intensität einer solchen Bewegung seinen Stempel auf. Der neue englische Katholizismus oder die verschiedenen Bewegungen der englischen Hochkirche und des Calvinismus sind bereits durch den Puritanismus hindurchgegangen, sie sind puritanisch gefärbt. Über den Grundursprung des Puritanismus und seine Lebensnotwendigkeit für die englische Gesellschaftsentwicklung ist viel geschrieben und gedeutet worden. Es würde zu weit führen, den verschiedenartigsten Hypothesen eine neue hinzuzufügen, und noch weiter sogar, diese beweisen zu wollen. Denn alle solchen Hypothesen hängen doch bis zu einem gewissen Grade in der Luft. Nur eins kann man sagen, weil sich die Praxis daran knüpft, und weil es ein Erfahrungsgrundsatz ist, den man täglich im Zusammenleben mit Engländern erleben kann: Daß der

Puritanismus für den Engländer eine psychologische Technik bedeutet, er ist das Training, mit dem sich der Einzelne im Rahmen der Gesellschaft hält, und mit dem sich die englische Gesellschaft hält als Insularbegriff, als ein Außerhalb-Stehendes gegenüber den Gesellschaftsformen des Kontinents und der sogenannten fremden Völker. Interessant ist, zu sehen, wie hierbei nach Amerika eine Abstufung zu verzeichnen ist, und der Engländer heute mehr, als das früher vielleicht der Fall war, auch Eindrücke aus Amerika, Techniken, die seine Vettern drüben herausgebildet haben, in sich aufnimmt, von sich aus vervollkommnet und rückwirkend zurückgibt.

Dieser Puritanismus als Technik umfaßt alle Formen des gesellschaftlichen Lebens. Er zeigt sich ebenso im Gerichtswesen wie in den Gesetzen des Familienlebens, und er ist so von sich selbst als von dem Ursprung allen Seins überzeugt, daß der Engländer sogar bis heute ein Gesetz noch nicht nötig hat. Er urteilt aus dem Volksempfinden, er spricht von dem jedem Engländer eingeborenen Naturgesetz, das ihn befähigt, über Recht und Unrecht Urteil zu sprechen. Dabei ist dieses Naturgesetz nicht ein kollektives, es ist auch nicht das Gesetz der Masse, wie man das grob nennen könnte im Vergleich zu Rußland. Der Engländer fühlt sich gar nicht genötigt, sich hinter der Masse des Volkes zu verstecken. Er hat gerade seine puritanische Technik, daß er zugleich das Volk ist, und daß er nicht verstehen würde, wenn seine Auffassung nicht von der Umgebung geteilt würde. Er analysiert lieber für solche Gegensätze die Besonderheit der Interessen, und mit Bezug auf England muß man sagen, daß er dabei nicht Unrecht hat. Betrachtet man die drei politischen Parteien beispielsweise von diesem Gesichtspunkt aus, und umreißt man ihre spezifischen Interessen als Partei, so zeigt es sich, daß alle ihre Maßnahmen und alle ihre Parteiprogramme den anderen durchaus verständlich sind. Jeder behauptet nur, daß seine Interessen stärker sind und weitreichender, als die des anderen, wenn er überhaupt auf politische Diskussionen sich einzulassen gewillt ist. In der Mehrzahl der Fälle aber wird er solche Interessenvertretung als etwas ansehen, das vollständig in der Ordnung ist, und wird genau wie früher zwei Parteien im öffentlichen Leben auch das Drei-Parteien-System allmählich als für England typisch und gegeben in sich aufnehmen. In dieser Entwicklung liegt der konservative Grundgedanke des Puritanismus, daß alles, wie es sich entwickelt, und daß alles, wie es von den Vätern her überkommen ist, seine innere Berechtigung hat und deswegen gut ist. Aus dieser Sicherheit her folgert er den neuen Grundgedanken, daß dieses Gute auch für die Zukunft durchgeführt werden muß, und das allein genügt ihm, so schwierige Probleme wie die Bürokratisierung des Rechtswesens mit Korruptionserscheinungen in der Verwaltung, im öffentlichen Leben, in dem Zerfall der Familie, die tastenden Unsicherheiten des Privatlebens mit Beziehung auf Moral und Sitte, die Umformungen des öffentlichen Geschäftslebens, Probleme des Kollektivismus, kurzerhand entweder für sich praktisch zu verwerten oder generell abzutun. Es ist interessant zu beobachten, wie nach dem Kriege jener puritanische Grundzug nach neuer Richtung Betätigung sucht. Niemals sind wahrscheinlich in der Literatur und Welt der politischen Biographien so viele entscheidende Urteile versucht worden, wie in dieser Zeit. Es ist für den Engländer ein unangenehmes Gefühl, eine Sache in der Schwebe zu lassen. Er hat beispielsweise versucht, dem Bolschewismus beizukommen in der Form der gesellschaftlichen Ablehnung. Für ihn ist der Bolschewismus dasselbe wie Räubertum. Hinter dieser Wand gegen den Bolschewismus aber war es für ihn notwendig, sich mit Rußland als Wirtschaftskörper zu verständigen, und mit all diesen 130 Millionen Menschen fertig zu werden, die die Absicht haben, eine Vormachtstellung in Asien zu erringen und die englischen Kolonien und Einflußsphären zu bedrohen. Damit wandelte sich für ihn das Problem. Der Bolschewismus blieb zwar, wie er war, dagegen erschienen ihm die russischen Machthaber durchaus verhandlungsmöglich, und man wird vielleicht in keiner Literatur der Welt, die deutsche mit eingeschlossen, so gute und so sachliche Literatur über den russischen Kommunismus finden, über das russische politische und wirtschaftliche Programm, über die Zustände in Rußland selbst, wie in England, und, was noch bezeichnender ist, alle Kritik, die man in der englischen Presse und in der englischen Öffentlichkeit über die Zustände in Rußland heute liest, basiert im Grunde genommen auf der nüchternen und klugen Beobachtung eines fast unparteiischen Geschäftsmanns, der mit Rußland entweder verdienen will oder von vornherein das Risiko scheut. Das kann sich auch nur jemand leisten, der in seinen ethischen Grundanschauungen eine feste Basis hat. Für einen solchen Menschen ist alles in seiner Endwirkung vorausberechenbar und bestimmt.

Aus diesem Beispiel kann man manchen Aufschluß gewinnen über die Stellung Englands zu seinen Kolonien. Der ägyptischen Bewegung und den indischen Freiheitsbestrebungen steht der Engländer, so scheint es allgemein, verständnislos gegenüber. Man kann mit demselben Recht genau das Gegenteil behaupten. Er versteht oder will nicht verstehen, daß sich die Ägypter und Inder zu einem selbständigen Volksganzen entwickeln wollen mit einer eigenen Kultur und einem eigenen inneren Gesellschaftsleben, das für sich die gleichen Rechte nach den gleichen Methoden in Anspruch nimmt, wie die englische Gesellschaft. Würde der Engländer das verstehen, so müßte er eine vollständig andere Taktik einschlagen, eine Taktik der brutalen Unterdrückung oder der Ausrottung der bestehenden als Vorstufe zu betrachtenden gesellschaftlichen Richtungen. Damit wäre die Stellung Englands zu Indien so verändert, daß sie voraussichtlich eine Revolution in England selbst in gesellschaftlicher wie politischer Hinsicht das Wort redet. Weil das zunächst im allgemeinen unbequem ist, und weil es vor allen Dingen die innere Sicherheit unterbindet, und jede puritanische Grundeinstellung auflösen würde, so negiert [der] Engländ[er] die eigenmächtige Gesellschaftsentwicklung dieser Länder, sie existiert für ihn nicht. Die Inder wie die Ägypter sind für ihn unmündige Kinder, denen man gewisse Freiheiten geben kann, denen man aber nicht gestatten darf, auf gleicher Stufe mit den Erwachsenen zu sprechen. In überaus deutlicher Weise trifft dies auf das Problem des Sudans zu. Bisher hatte die Autonomie Ägyptens die englische Öffentlichkeit kaum interessiert. Es gibt außer den jährlichen Reisenden, die an den Pyramiden ihren Winter verbringen, und die ihren Katarrh aus den Gefilden des Londoner Lebens herausschleppen, um ihn an der Sahara zu kurieren, kaum in England Leute genug, die etwas wesentliches über Ägypten und die Nilkolonien der Engländer wissen. Als aber Ägypten Anspruch erhob auf den Sudan, da fühlte sich die öffentliche Meinung in England geradezu beleidigt von der Undankbarkeit, daß das von ihnen zur Autonomie erhobene Ägypten Ansprüche an den Sudan zu stellen wagt, an ein Land, von dem die Wirtschaftler und Experten in der Presse erklären, daß es für den Bestand des englischen Reichs notwendig ist. Dabei ist es gleichgültig, daß die englische öffentliche Meinung erst während dieser Kontroverse entdeckt hat, daß der Sudan neben dem Schutzgebiet für den Suezkanal zugleich das Baumwollgebiet für die englische Textilindustrie ist, und daß ohne die Baumwolle aus dem Sudan, die ja sowieso erst in Jahrzehnten auf dem Weltmarkt entscheidend eingreifen kann, die englische Textilindustrie den sich häufenden Krisen nicht mehr gewachsen sein wird. Zweifellos ist auch hierbei im allgemeinen nicht der Öffentlichkeit bewußt geworden, daß ein so starkes Festhalten am Sudan als dem Baumwolland zugleich den inneren Zwangsgedanken freilegt, daß die übrigen England mit Baumwolle versorgenden Länder zu der Zeit schon aus dem Bereich des Imperiums ausgeschieden sein werden.

Dieser Gedankengang leitet über zu dem wesentlich anders gearteten Verhältnis, in dem England zu seinen Kolonien, denen es gewissermaßen schon von vornherein eine Selbständigkeit eingeräumt hat, steht. Die erste und wichtigste dieser Kolonien ist Amerika, sind die Vereinigten Staaten. Sie sind zwar wirtschaftlich und politisch von England vollständig unabhängig, und man kann sogar sagen, daß England wirtschaftlich nicht mehr so unabhängig von Amerika ist, aber es sind die Beziehungen zwischen zwei Geschäftsfreunden, bei denen das Schwergewicht der Nationalitätenbetonung bald auf der einen, bald auf der anderen Seite liegt. Der Weltkrieg mit dem Eingreifen von Amerika sollte darin gerade in Deutschland diese Frage ein für alle Mal entschieden haben. Es gab eine gewisse Zeit, wo von Leuten, die im Kriege wirtschaftliche Perspektiven zu stellen gewohnt waren, die Ansicht vertreten wurde einer Konkurrenz zwischen England und Amerika und einem demnächst ausbrechenden Weltkriege, wo England auf der Seite Japans die Konkurrenz der Vereinigten Staaten niederkämpfen werde. Eine solche Ansicht hat nichts von Wahrscheinlichkeit für sich, und sie steht im Widerspruch zu den inneren gesellschaftlichen Bindungen engster Art, die noch heute zwischen den Vereinigten Staaten und England fester denn je bestehen, und die mehr noch denn je zu einem einheitlichen Gesellschaftskörper hintendieren. Unter diesen Tendenzen entwickelt sich das Verhältnis England zu seinen Dominions. Die

Frage eines Anschlusses Kanadas an Amerika, die ohne Zweifel nicht so ohne weiteres aus dem Bereich der Möglichkeiten auszuschließen ist, wird in England sehr kühl behandelt. Der Kontakt zwischen England und Kanada ist an sich nicht sehr stark, und die Regierungen in Kanada stehen nicht anders zu England als die Vereinigten Staaten selbst. Wirtschaftlich hat England versucht, Kanada als Aufmarschgebiet in der Zeit nach dem Kriege auszubauen. Die englische Stahlindustrie hat die kanadische Industrie bis zum Weißbluten gebracht, und auch die britische Textilindustrie sieht in Kanada den gebotenen Markt, von dem aus sie ihren Einfluß auf den Markt der Vereinigten Staaten behalten will. Gleichzeitig aber hat Kanada eine eigene Industrie entwickelt, und nicht zuletzt mit englischen Mitteln, mit englischer Hilfe, und mit Hilfe derselben Industrien, die sich heute zunächst als schwere Konkurrenz gegenüberstehen. Über kurz oder lang wird das verbindende Kapital die Einigung bringen. So wirkt Kanada auf den Engländer, das bisher am meisten dem Zusammenschluß des großen Wirtschaftsimperiums, wie es die konservative Partei fordert, entgegensteht. Ähnlich verhält sich die Lage in Südafrika, wobei zweifellos jeder Engländer erwartet, daß Südafrika am ehesten von allen Kolonien sich unabhängig machen wird. Aber auch heute schon weiß man in England sicher, daß letzten Endes die Unabhängigkeit von Südafrika irgendwie dem englischen Geschäft, sogar dem englischen Weltgedanken entgegenkommen wird. Es gehört mit zu dem nüchternen Blick, mit dem man, von England aus gesehen, Weltpolitik treiben muß, daß es leichter ist, jemand frei gehen zu lassen, als unter schweren Opfern zu halten. Zweifellos wird der englische Welthandel, das ist die Ansicht maßgebender City-Kreise, bei einer Unabhängigkeit Südafrikas nicht schlechter fahren als jetzt, und das ist schließlich für den Engländer, der Zeitungen zu lesen gewohnt ist, und der mit Konten umgehen kann, die Hauptsache. Was Australien anlangt, und Neuseeland, so ist auch der Kontakt ziemlich gering, und auch die Versuche, die England macht, diesen Kontakt zu stärken und gerade Australien und Neuseeland politisch abhängiger von England zu machen, enden schließlich in einer Anleihe, für die Australien verpflichtet ist, billige Lebensmittel nach den britischen Inseln zu liefern. In diesem Rahmen stören die Unabhängigkeitsbestrebungen der australischen „Common wealth" nicht besonders. So widersprechend eine solche Perspektive für den mächtig emporblühenden Nationalismus in England scheint, so einfach läßt sich gerade diese Bewegung auf das puritanische Grundprinzip zurückführen. Der Engländer weiß, daß diese Dominions, auch wenn sie politisch unabhängig wären, nicht den Grundzug des Engländers verlieren. Es stört seine nationale Idee nicht im geringsten, weil er weiß, daß die wirklichen Verbindungen der Dominions zu England unzerreißbar sind, ebenfalls eine Idee, die rein aus dem Puritanismus stammt.

Der stärkeren Betonung dieses Puritanismus entsprechend ist auch nach dem Krieg eine gewisse Kehrseite desselben in Erscheinung getreten, die man in England „hypocrasy" nennt. Der Engländer ist im Grunde genommen stolz auf diese „hypocrasy". Sie erscheint ihm als das A und das O der politischen Weisheit, weil sie die Möglichkeit läßt einer größeren Bewegungsfreiheit im Rahmen der hypokratischen Einstellung. Sie wirkt wie der Jäger, dem die Möglichkeit geboten ist, vorerst sein Wild genügend zu beobachten. Die im Ausland gebräuchliche Bezeichnung, die ja mehr oder weniger eine reine Übersetzung ist, Scheinheiligkeit und ähnliche Ausdrücke, trifft den Begriff der Hypokrasie nicht ganz. Hypokrasie ist für den Engländer der Nebel, der sich über die Dinge legt, die Dinge nicht bis zu Ende schauen läßt, daher die überraschenden Widersprüche. Sofern der Engländer die Hypokrasie anwendet auf politische Affären, kann sie immerhin sehr unangenehm werden. Sie hat aber für den Engländer den Nachteil, daß sie zu einer Analyse des englischen Interesses zwingt, zu einer Analyse der englischen Gesellschaftsbildung und ihrer Notwendigkeiten, und daß daher über kurz oder lang der fremde Beschauer besser über den Engländer Bescheid weiß und ihn voraus zu berechnen versteht, als der Engländer selbst, eine Methodik, die über kurz oder lang sicherlich dem Engländer nicht besonders angenehm sein wird.

Katholisierende Bestrebungen

Es mag auf den ersten Blick verwunderlich erscheinen, solchen Bestrebungen ein eigenes Kapitel zu widmen, doch sind sie für die Unterströmungen in der englischen Gesellschaft wichtig genug, daß sie selbst ein flüchtiger Besucher Englands auf den ersten Blick entdeckt. Hierbei handelt es sich nicht nur darum, daß vielleicht im Hyde Park und der berühmten Umgebung des Marble Arch unter den zahlreichen Heilspropheten, die dort ihre Anhängerschar um sich versammeln, auch die „Catholical Evidence League" zu bemerken ist, unter welcher Flagge der Katholizismus dem Londoner Spaziergänger gepredigt wird. Die Zuhörerschar dieser „Catholical Evidence League" hat sicherlich von den Auseinandersetzungen der Vortragenden keinen Nutzen und noch weniger den ernsten Willen, sich auf Grund solcher Diskussionen zum Katholizismus zu bekehren. Aber wenn [der] in London fremde noch an verschiedenen anderen Stellen der Stadt Gruppen sieht, wo von den Vorzügen des Katholizismus gerade für England gesprochen wird, und wo vor allen Dingen darauf hingewiesen wird, daß die starre seelische Unterordnung des englischen Volks jetzt nach einer gewissen Biegsamkeit sich sehnt, und daß Gegensätze, die im englischen Charakter fest verwurzelt sind, allmählich ausgeglichen werden sollten, so scheint dieser Bewegung doch eine größere Bedeutung zuzusprechen [zu] sein. Sie kommt nicht so sehr von oben her oder etwa von Abgesandten katholischer Organisationen, sondern sie ist ein Gegengewicht gegen die langsame Erstarrung im Puritanismus. Das englische Volk braucht wahrscheinlich genau wie den Gegenrhytmus in der Musik, der zur Jazzband geführt hat, auch ein Anschwellen dieser katholisierenden Tendenz. Hierbei ist es interessant zu beobachten, daß selbst irische Kapuzinermönche solche Konventikel unter den Londoner Spaziergängern halten. In der Hampsteadter Heide, dem Ausflugsort des Londoner kleinen Mannes, kann man solche Kapuzinerpater sehen, die recht zahlreiche Zuhörer um sich geschart haben, und die von dem Katholizismus sprechen, so wie vielleicht ein Astrologe von seinem Horoskop spricht. Es ist eine Diskussion mit Frage und Gegenfrage, mit scharfen Zwischenrufen, die lächelnd abgewehrt werden, die nichts von der vielleicht in südlichern Ländern üblichen Ekstase auf der einen Seite und Demut auf der anderen Seite innerhalb der katholischen Religion enthalten. Es ist ein kalter und für England typisch zurechtgeschnittener Katholizismus, der aber doch schon stärker im Volke Wurzel geschlagen haben muß und eine große Bedeutung für die englische Gesellschaftsentwicklung haben muß, groß genug, um ihn von der Gegenseite bereits als Gefahr zu erkennen. Von dem heutigen Katholizismus spricht man noch in der herrschenden Gesellschaft in England wie von einem Feind, er steht nicht all zu weit entfernt vom Bolschewismus. Man verfehlt niemals jetzt in England darauf hinzuweisen, daß der Betreffende, der irgendeine höhere Stellung eingenommen hat, ein Katholik ist. Es ist zweifelhaft, ob früher diese krasse Unterscheidung gemacht worden wäre. So ist es als sicher anzunehmen, daß ein großer Teil der Schwierigkeiten des Wohlfahrtsministers Wheatley im letzten Arbeiterkabinett darauf zurückzuführen sind, daß er sich als Katholik bekannt hat. Man findet das übrigens auch gelegentlich in der englischen Presse ausgesprochen. Es wirkt ja auch geradezu merkwürdig, daß beispielsweise die jetzt augenblicklich amtierenden Londoner Ratsherren, der Bürgermeister, der Sekretär und sein oberster Ratsherr, geborene Katholiken sind. Es ist sehr leicht, im Zufallsgespräch den Engländer auf diesen Gegenstand zu leiten und es ist seltsam, zu beobachten, wie verschieden und doch bestimmt er darauf reagiert, entweder mit einer verzerrten Wut oder mit lächelnder Gleichgültigkeit, die viel weniger Gleichgültigkeit als sympathische Zustimmung ist. Es ist notwendig, diese Tendenzen besonders zu erwähnen, weil sie wie keine andere augenblicklich unterhalb des Spiegelniveaus der Gesellschaftsentwicklung außerordentlich tätig sind. Die Erinnerung an die Zeiten der Religionskämpfe im Zusammenhang mit Autonomiebestrebungen im Süden, Norden und Westen dämmern schon in der Ferne auf.

Das Land ohne

Die Empfindungsumstellungen im Puritanismus, die das psychische Training mit sich bringt, machen auf den fremden Beschauer einen verwirrenden Eindruck. Sie führen zu Schlagwortbezeichnungen, die niemals den Tatsachen entsprechen, die aber im Grunde genommen versuchen, mit englischen Mitteln über England fertig zu werden. Ein solches Schlagwort ist das „Land ohne". England wird von den verschiedensten Schriftstellern von den verschiedensten Gesichtspunkten aus bezeichnet als „das Land ohne": Das Land ohne Revolution, das Land ohne Gesellschaft, das Land ohne Musik, das Land ohne Erotik, das Land ohne Sonne, und, wenn man besonders bösartig sein will, das Land ohne Wissenschaft. Denn für alle solche Qualitäten gibt es kontinentale Begriffe, die im Gegensatz zu den in England üblichen stehen. Um das eine herauszugreifen, England ohne soziale Bewegung, so werden wir weiter unten sehen, daß vielleicht in keinem anderen Lande der Welt die Spitzen der sozialen Bewegung so scharf in den Mittelpunkt der Dinge eingreifen wie in England. Man muß sich nur hüten, daraus Schlüsse und Prophezeiungen zu ziehen. Denn darin schlägt England alle Berechnungen über den Haufen, weil es nicht im Rahmen von verschiedenen Klassen, weil es nicht im Rahmen von vorausbestimmten Gegensätzen wirkt, sondern einheitlich als ein Ganzes, nach welcher Front sich dies auch im Augenblick richten mag. Eine sehr bekannte Bezeichnung ist England, das Land ohne Musik, das ein sehr guter Kenner, Oskar A.H. Schmidts, in einem instruktiven Buche über England geprägt hat. Der Begriff der Musik ist leider sehr vieldeutig, und man kann diesen Begriff nicht an der Hand eines deutschen Philosophen, und sei es selbst von der überragenden Bedeutung eines Kant, behandeln. Denn die Gesellschaftsformen reagieren auf Rhytmik und Bewegung entsprechend ihrer Zweckzusammensetzung, und das, was für die eine Gesellschaft in Übereinstimmung von Rhytmen und Formen Musik ist, ist für die andere Gesellschaft unter denselben Bedingungen Gegenrhytmus, Geräusch und Hindernis. Der Bedarf nach Rhytmus entsteht in den inneren Reibungen der Gesellschaft, und wenn solche inneren Reibungen in England stärker sind als in irgendeinem anderen Lande, so muß auch der Rhytmus für diese Reibungen stärker sein. Ein solcher Rhytmus kann sich vielleicht ökonomisch auswirken, er kann sich auswirken und wirkt sich aus in der Tendenz des Engländers, aufs Land zu gehen und die Freuden der Blumenzucht zu genießen. Auch hier sieht der Engländer nicht die Blumen in ihrer Vielfältigkeit der Farben, in ihrem Rhythmus des Blühens und Vergehens, sondern er sieht solche Blumen als etwas, was da ist, was zu ihm gehört, was mit seinen Händen gepflanzt ist und um ihn herum wächst als Garten, inmitten dessen er sein Haus aufgebaut hat, um dort der Ruhe zu pflegen. Auch solche Ruhepunkte, über das Land verstreut und um die großen Städte herum in ungeheuer ausgedehnten Siedlungen, die jedem Engländer sein Heim zu seinem Schloß machen, das er nur allein für sich und seine Familie bewohnt, bilden einen Rhytmus, und wer besonders sein Auge dafür geschärft hat, hört aus diesem Rhytmus eine Musik des Landlebens, wie sie Ovid über die alten Römer nicht besser zu singen verstanden hat, nur, daß der Engländer auf den Ausdruck weniger Wert legt und dafür praktisch auf dem Boden einer soliden Grundstücksrente steht. Um bei der Musik zu bleiben, so ist es ja schließlich keine neue Entdeckung, daß die rhytmische Musik, die aus Amerika gekommen ist, und die früher fälschlich den Negern zugeschrieben worden ist, auf englischen Einfluß zurückzuführen ist, die neueste Form, der amerikanische Jazz, ist englischer Einfluß. Der Engländer hat schon vor Jahrzehnten in seine Unterhaltungsmusik den Gegenrhytmus, die Synkope, eingeführt, das was früher die deutsche Musik zu Zeiten Bachs so stark gemacht hat. Das ist in verwässertem Zustande erhalten geblieben in der englischen Unterhaltungsmusik und hat von hier aus seinen Einfluß auf Amerika ausgeübt, das sich hierfür dann der Negerrhytmen bediente, mehr zufällig als rhytmikgemäß. Um noch ein weiteres Schlagwort ad absurdum zu führen: Auch das stimmt nicht, daß England ohne Erotik ist. Bei dem stark ausgeprägten Familiengefühl, das eine besonders starke soziale und wirtschaftliche Grundlage trägt, wäre es an und für sich möglich, zu denken, daß die Erotik sich nach den Gesetzen nüchternster Zweckmäßigkeit bewegen würde. Die Leute, die diese Ansicht vertreten, benutzen hierfür rein theoretische Erwägungen, die aber der einfachsten psychologischen Beobachtung widersprechen. Der Mann, der vor die Zweckmäßigkeit einer Familiengründung und von Familienbeziehungen gestellt ist, muß gewaltsam versuchen, seine erotischen Empfindung über diese Beziehungen hinaus zu retten. Sein Innenleben und seine erotischen Beziehungen werden beeinflußt von dem Bestreben, den Boden der Zweckmäßigkeit auf der einen Seite nicht zu verlassen, auf der anderen Seite aber aus ihm herauszuholen das, was eine mehr naturgemäße Entwicklung seiner erotischen Beziehungen geben würde. Utopische Pläne von freier Liebe und ähnlichem haben in England wohl nie großen Boden gewonnen, ebenso wie etwas dem Rousseauismus Verwandtes in England eine Unmöglichkeit wäre. Dafür sorgt schon die öffentliche Meinung in sittlichen Dingen, die durchaus keine Ausnahme zuläßt und unweigerlich jeden zu Tode hetzt und verfolgt, der der allgemeinen Auffassung in sittlichen Dingen zuwiderhandeln würde. Es wäre eben denkbar, und das führt wohl auch zu dieser Ansicht, daß außerhalb solcher Endpfeiler eine freie Entwicklung der Erotik überhaupt ausgeschlossen ist. Nun zeigt sich aber, daß man in England versteht, den Ansprüchen an das erotische Empfindungsleben auf eine Art zu genügen, die eine gesteigerte Fähigkeit erotischer Empfindungen freiläßt. Vom Tage seiner Geburt an mit einer bestimmten Zwangsjacke vorbelastet, erlebt der Engländer seine Erotik sadistisch, als eine Intensitätsform erotischer Empfindungen, die nichts mehr von dem Gesellschaftsbindenden und dem sozialen Charakter haben, mit dem die Erotik in den europäischen Ländern letzten Endes behaftet ist. Die Gesellschaft ist für den Engländer gegeben, infolgedessen ist seine Erotik im Rahmen dieser Gesellschaft, sofern sie nicht gesellschaftsstörend wirkt, frei. Sie zeigt sich ihm in tausend Verwirrungen, die zu durchbrechen und einzuordnen die Jugend des englischen Mädchens ausmacht. Sie wird zugleich zu dem Training, sich gesellschaftsfähig zu machen und Mittelpunkt einer Familie zu sein, die im Rahmen der großen englischen Familie ihren vorbestimmten Platz ausfüllen kann. Für den jungen Mann ergibt sich die Gegenbeziehung sportmäßig. Da er sich um gesellschaftsbildende und soziale Faktoren hierbei nicht zu kümmern braucht, so entsteht, psycho-analytisch gesprochen, eine Vaterbeziehung, die nicht viel anders ist als die Beziehung der Menschen zu dem Tier, des Erwachsenen zu dem Kinde und des Erfahrenen zu dem Unaufgeklärten. In diesem Sport der Gegenwirkungen erlebt sich die erotische Beziehung vielfach konfliktloser und unbelasteter als sie sich unter gleichen Bedingungen in einer anderen Gesellschaftswelt vollziehen würde. Aus diesem Grunde auch ist die englische Ehe so unsentimental. Auf der anderen Seite findet darin aber auch ein anderer typischer Charakterzug des Engländers seine Erklärung, seine

Liebe zu Tieren. Kein Richter in England wird etwas besonderes darin finden, daß von der Allgemeinheit ein Mann verachtet ist, der ein Tier schlecht behandelt, während man es viel weniger nachträgt, seine Frau oder Familie zu vernachlässigen. Zwar steht beides unter Strafe. Es wird aber genau gesehen, ob die beleidigte Partei in der Ehe nicht Chancen genug gehabt hat, sich diesen Beleidigungen zu entziehen, bezw. mit entsprechenden Gegenbeleidigungen zu antworten. Aus dieser Stellung des Mannes zur Frau und umgekehrt hat sich herauskristallisiert jene besondere Stellung, die heute die Frau in Amerika einnimmt, eine Stellung, die bei aller Unabhängigkeit und bei allem nach außen zur Schau getragenen Schutz in der gesellschaftlichen Moral weit unfreier und im Grunde genommen weit beleidigender für die Frau ist als im übrigen Europa, wo man noch immer versucht, um die Gleichberechtigung der Frau mit dem Manne zu kämpfen. Die Frage der Gleichberechtigung ist für den Engländer völlig undiskutabel, sie stellt dem Mann gewisse Grenzen in der Entwicklung seiner Erotik, die das England ohne Erotik nicht dulden kann, ohne einen seiner Grundpfeiler im Gesellschaftsaufbau aufzugeben.

Der puritanische Wissenschaftler kennt keine Wissenschaft an sich, er kennt gar nicht das Bestreben, der Menschheit mit irgendwelchen Erfindungen zu helfen. Er sieht nur die Zweckmäßigkeit, den Fehler in irgendwelcher Konstruktion, den Hinderungsgrund wirtschaftlicher Zusammenhänge und Entwicklungen zu beseitigen. Daß England darin Großes geleistet hat, wird niemand bezweifeln. Zu den Streitfragen von absoluter und angewandter Wissenschaft in diesem Rahmen Stellung zu nehmen, erübrigt sich.

Der Sozialismus in England

Es ist merkwürdig, daß das grundlegende Buch der modernen sozialistischen Bewegung in England erschienen ist und englische Verhältnisse behandelt. „Die Lage der arbeitenden Klassen in England" von Friedrich Engels liefert alle diese Vorarbeit, die Marx benötigte, um daraus seine Gesellschaftskritik, die als Marxismus bekannt ist, zu schaffen. „Die Lage der arbeitenden Klassen in England", die Studie von Friedrich

Engels, der selbst eine Fabrik in England besaß, und sozusagen von Unternehmerseite aus die Lage der arbeitenden Klassen beurteilen konnte, ist im wesentlichen zugleich die Geschichte der Arbeiter in den englischen Textilwebereien, und viele Grundzüge des Marxismus sind mehr oder weniger beeinflußt von der Geschichte der Maschine und zwar des Webstuhls. Von England wurde diese Gesellschaftskritik am Beispiel eines Webstuhls in die Welt der Arbeit getragen und hat den modernen Sozialismus als politische und soziale Bewegung begründen helfen. In England selbst ist aber hiervon nichts zurückgeblieben, zum mindesten so gut wie nichts. Wer heute nach London kommt, dem wird es schwer fallen, die Grabstätte des Begründers des modernen Sozialismus, Karl Marx, [zu] finden. Es ist dies vielleicht in keinem Lande der Welt so bezeichnend wie in England, weil alles in England auf Tradition gestellt ist, und die Bedeutung eines Mannes im Grunde genommen erst davon abhängt, was die Nachwelt aus ihm macht, das heißt in England, wie groß und in wieviel Exemplaren sein Standbild auf den Straßen Londons aufgestellt ist. Das Grab Karl Marx' ist verwahrlost, niemand kümmert sich darum. Eine halbe Steinplatte verdeckt den allmählich verfallenden Erdhügel, und ein bronzener Lorbeerkranz, der von der Sowjetregierung ihrem größten Propheten, Marx, gestiftet worden ist, liegt von hohem Gras überwuchert. Man trifft nicht so leicht Leute in London, die von dem Stifter der sozialistischen Bewegung etwas wissen. Vor Jahren hat in der Gegend des lateinischen Viertels, an der Charlottstreet in der Umgegend des Tottenham Court Road ein Marx-Klub existiert, der aber scheinbar keine größere Rolle gespielt hat als der von Chesterton in dem „Mann, der Donnerstag war" karikierte Anarchistenklub. Die Bedeutung dieses Marx-Klubs in der Entwicklung der englischen Gesellschaft muß minimal gewesen sein, und von seiner Bedeutung in der heutigen sozialistischen Partei Englands – als diese gilt doch immerhin noch im wesentlichen die Arbeiterpartei – zu sprechen, wäre durchaus verfehlt. Die Arbeiterpartei und der Sozialismus in England mögen sich vielleicht in vielem auf Marx berufen und mögen versuchen, sich die Tradition des Marxismus als Unterbau zu verschaffen, im Grunde genommen hat aber diese Bewegung in England mit dem Marxismus nichts zu tun. Es ist ein Sozialismus, der beispielsweise dem Sozialismus in Deutschland [?] ist, daß kaum genügend Brücken vorhanden sind, sich über Grundfragen der marxistischen Ideologie zu verständigen. Man findet in den öffentlichen politischen Diskussionen wenig Anhaltspunkte für diese Ansicht, weil gewissermaßen von beiden Seiten ängstlich vermieden wird, die Grundlagen des englischen Sozialismus klarzulegen, bezw. in Diskussion mit dem internationalen Sozialismus marxistischer Theorie zu stellen.

Der englische Sozialismus beruht auf Analyse. Er gestattet sich die Utopie, sofern sie mit analytischen Argumenten umsäumt ist und gewissermaßen einen Weg weist, auf dem die Menschheit sich in evolutionärer Weise weiter entwickeln kann. Eine solche Analyse sozialistisch zu nennen, ist Ansichtssache. Denn eine Gesellschaftsanalyse auf der Basis einer Analyse der Geschichte setzt nur vorurteilsfreies Denken voraus, im Grunde genommen eine Selbstverständlichkeit, da ja sowohl Religion, wie alle Gesellschaftsformen der Vergangenheit der gleichen analytischen Sonde unterworfen sein müssen. Geht man also von diesem rationalen Denken aus, indem man den Menschen als erste Einheit setzt, von ihm auf die Gesellschaftsentwicklung und von dieser Gesellschaft rückschließend wiederum auf das Einzelindividuum in seinen Beziehungen zur Gesellschaft, so erhält man etwas, was möglicherweise mit dem historischen Materialismus von Marx identisch sein kann, und auch sein wird, oder nichts enthält von Ressentiment, von Klassenkämpfen in Form von Klassenaufstand, den Marx an die Spitze seiner Ideologie gestellt hat. Bei dieser Verschiedenheit der Auffassung hat der englische Sozialismus auch gar nicht diesen Charakter einer Massenbewegung. Er braucht die Masse nicht, die Masse, von der Marx von vornherein annimmt, daß sie die unterdrückte ist. Daher ist auch der englische Sozialismus anders in seiner politischen Einstellung konstruiert. Er zeigt eben die Arbeiterpartei, die die verschiedensten Elemente in sich vereint, und die im Grunde genommen alle jene Theorien umfaßt, die Europa in den letzten Jahrhunderten durchgemacht hat. Der typische Naturheilkundige und Gesundheitsapostel, der Mann, der mit Kräutern heilt, statt mit Medizinen, die Vertreter der Antivivisektion, Geistliche, die ihrer Sonntagspredigt eine besondere Auslegung zu geben wünschen, Leute, die man beispielsweise in Rußland einer besonderen Bibelforschersekte zuzählen würde, mit besonderen Ansichten übers Paradies, und die von beiden, bisher staatserhaltenden Parteien bisher noch nicht anerkannt sind, daneben die Handelsbeamten der Arbeiterorganisation, von denen man nicht überzeugt im gleichen Rahmen sagen kann, daß sie als Arbeitnehmer marxistisch gesinnt sind, Studenten und wissenschaftliche Eigenbrödler, die bei der mangelnden Organisation der Wissenschaft in Berufs- und Studiengruppen alle mehr oder weniger gezwungen sind, selbständig aufzutreten und sich einen Kreis für ihre Ansichten durch persönliche Vorträge außerhalb des Kollegs zu erobern, alle diese Leute würde man und wird man in der Arbeiterpartei treffen. Es ist der große Brodeltopf, aus dem die neuen Ideen hervorgehen, und wenn die Amerikaner neuerdings eine dritte Partei die progressistische genannt haben, so trifft das mehr auf die englische Arbeiterpartei zu. Es sind Leute, die etwas anders machen wollen, als man es bisher gemacht hat, und sie haben in ihrem linken Flügel, der unabhängigen Arbeiterpartei, einen starken Rückhalt an einer nach Sozialismus suchenden Arbeiterschaft, doch ist dieser Einfluß nicht so stark, um im Sinne des europäischen Sozialismus oder mit Rücksicht auf den russischen politisch wirksam zu werden.

Nach dem Kriege beginnen einzelne Strömungen sich stärker herauszusondern, und man baut gewissermaßen einer Auseinandersetzung im Rahmen dieser Arbeiterpartei zwischen einzelnen Gruppen schon vor. Ein von Europa aus gesehen sogenannter populär wissenschaftlicher Klub, die „Fabian Society", hat jahrelang der Arbeiterpartei ihre kulturellen und politischen Direktiven gegeben. Man ist geneigt, in Europa die Bedeutung dieser „Fabian Society", der fast alle großen englischen Schriftsteller und Kulturträger angehören, zu überschätzen. Obwohl sie eine eigene Bücherei hat und neuerdings sogar einen eigenen Verkaufsladen ihrer Bücher eingerichtet hat, allerdings in bescheidenem Umfange, ist diese „Fabian Society" doch ohne Bedeutung. Sie greift nicht praktisch ins Leben ein. Sie ist eben der Sammelpunkt schriftstellerischer Sonderlinge, von denen man die Dichter gelten läßt, von denen man aber die Sozialökonomen, Naturwissenschaftler und Kulturphilosophen in Deutschland etwas distanzierend als Privatgelehrte bezeichnen würde. Ein typisches Beispiel für diese

„Fabian Society" ist die Gildenbewegung, die ihrer Mitte entsprungen ist, und die man jahrelang, gerade im ersten Jahre nach dem Kriege, als Allheilmittel gegen den Klassenkampf gepredigt hat. Diese Gildenbewegung ist ein typisches Produkt der „Fabian Society". Sie umgab sich gleichfalls mit dem Mantel des Sozialismus, und zwar unter dem Schlagwort der Gilde für die Arbeiterpartei. Die Gildenbewegung, oder der Gildensozialismus, wie diese Bewegung auch genannt wird, ist im Grunde genommen nichts weiter als eine Neuauflage der alten Produktivgenossenschaften der Arbeitervereine, die schon zu Lassalles Zeiten propagiert worden sind. Sie weisen sonst keinerlei neue Gesichtspunkte auf. Die Baugilden beispielsweise, die die größte Bedeutung gewonnen hatten, waren die Zusammenfassung der Bauarbeiter zu einer Produktivgenossenschaft, die ihrerseits Bauverträge für Gemeinden und öffentliche Körperschaften und auch für Private ausführte und in der Lage war, billiger zu arbeiten als die private Baufirma. In der Blütezeit der Baugilden wurde in England die Frage diskutiert, ob nicht von Staats wegen den Baugilden besondere Vorrechte eingeräumt werden sollten. Im Auslande erweckte diese Bewegung der Gilden – es gab da auch zahlreiche Tischlergilden, sogar Schiffswerften und Metallbetriebe wurden gildenmäßig betrieben, auch in der Bekleidungsindustrie fanden sich solche Gilden – häufig genug ein falsches Bild. Man sah eine praktische Lösung zur Vermeidung des marxistischen Klassenkampfes und war geneigt, diesen Gilden eine überragende Bedeutung zuzumessen. Der Grund für das Emporblühen dieser Gilden war sehr einfach. Die englische Regierung hatte keinerlei Maßnahmen getroffen, das Gespenst der Arbeitslosigkeit, unter dem ja alle europäischen Länder zu leiden hatten, zu bannen. Es war auch ohne weiteres nicht möglich, da die inneren Schwierigkeiten, die Abwälzung der Kriegsschulden und vor allem die Umstellung der ins riesenhafte gesteigerten englischen Industrie auf Friedensarbeit nach dem Kriege bei einem immerhin technisch schwerfälligen Land wie England sehr groß waren. Erst jetzt beginnt man, der Lösung des Arbeitslosenproblems näherzutreten, und zweifellos, wie man unbedingt vorausberechnen kann, mit ganz ungenügenden Mitteln, da das Arbeitslosenproblem ja für England auf die bequemste Weise gelöst werden soll, nämlich durch Auslandsaufträge und durch Vorzugszölle außerhalb der Dominions, womit ja England mit den freihändlerischen Machtfaktoren an der Regierung nichts tun konnte und obendrein auch das Demobilisationsproblem für die englische Regierung unlösbar blieb, so sah die Regierung sehr gern einer Selbsthilfe der Arbeiterschaft zu, ohne daß sie jedoch das Geringste hätte tun können, irgendwie diese Selbsthilfe zu unterstützen. Es wurde nach dem Kriege in England überhaupt nicht gebaut, und bei der unsicheren Marktlage für Grundstücke, da man die Beschlagnahme des Grundstückes, bezw. die Kapitalabgabe auf Grundstücke, fürchtete, waren die Privatbauten so gut wie unmöglich. Soweit also direkt gebaut werden mußte von Gemeinden, die ihrerseits ihre Arbeitslosen und Demobilisierten auf dem Halse hatten, wurden diese Kommunalbauten ausgeführt, indem man das Risiko der schließlichen Auseinandersetzung mit den Grundstücksbesitzern auf die Baugilde abschob, ein Risiko, das eine Privatbaufirma in der Zeit gar nicht hätte tragen können. Es ist eben gerade bezeichnend für England, die mangelnde innere Entschlossenheit zu dieser Gildenbewegung selbst unter den Arbeitern und unter den Sozialisten, daß, nachdem nun diese Konjunktur abgeflaut ist, und nachdem man Baupläne aufgestellt hat, hinter denen sich starke kapitalkräftige Gesellschaften befinden, die Baugilden jetzt zu verschwinden beginnen. Die Bewegung, die schon seit vielen Monaten vollständig zum Stillstand gekommen ist, stagniert, und eine Anzahl der Baugilden ist schon in Konkurs geraten. Bezeichnend ist noch, daß die Mitglieder der Baugilden trotz ihrer Mitgliedschaft Arbeit bei privaten Bauunternehmen suchen, eine Tatsache, die schließlich den endgültigen Zusammenbruch der Baugilden hervorrufen muß. Nicht viel anders ist es den Gilden auf anderen Wirtschaftsgebieten ergangen. Ähnlich wie in Rußland in der ersten Zeit nach der Revolution versuchten die Arbeiter auf eigene Kosten und auf eigenes Risiko gewissermaßen den Betrieb einer Werft oder einer Metallfabrik oder anderer Betriebe fortzuführen, was allerdings zur Voraussetzung gehabt hätte, daß die Regierung nach wie vor als Abnehmer der entsprechenden Fabrikate aufgetreten wäre. Das mag im Kriege gegangen sein, wo sich die Kriegsindustrie nicht so sehr um Kalkulation zu kümmern brauchte, wo vor allen Dingen die Regierung der immer am Markt gebliebene Käufer geblieben war, das geht aber nicht in einer Zeit, wo die Regierung abbauen muß, und wo selbst bei aller Tendenz Englands, seine Kriegsindustrie in der Welt weiter zu beschäftigen, schließlich die englische Regierung solche Aufträge nicht mehr auf ein unendliches Konto setzen kann. Mit dieser einfachen Rechnung war gewissermaßen solchen Betrieben von vornherein das Urteil gesprochen, und alle die Gilden, die die verschiedensten Betriebe übernommen hatten, sahen sich bald gezwungen, anderweitig um Arbeit nachzusuchen, und der größte Teil derselben ist sehr bald aufgelöst worden. So stark das Auftreten der Gilden im Auslande propagandistisch herausposaunt worden ist, so sehr schweigt man sich jetzt über den Zusammenbruch der Gildenbewegung aus. Von einsichtsvollen Führern der Arbeiterpartei wird zudem der Gildenbewegung der Vorwurf gemacht, daß sie es den Unternehmern erleichtert hat, das Risiko der Konjunktur auf die Arbeitnehmerschaft abzuwälzen. Besonders in der Textilindustrie sind zahlreiche solche Fälle bekannt geworden, wo in Zeiten des Absatzmangels der Unternehmer seinen Betrieb an die Arbeiterschaft verpachtet hat, die in der Hoffnung auf Absatz ihre Ersparnisse, zum mindesten Teile ihres Lohns, in den Betrieb gesteckt hat, um schließlich froh zu sein, dieses Risiko wieder unter ziemlich erheblichen Verlusten an den Vorunternehmer zurückgeben zu können. Allerdings war das dann zum mindesten wieder in einer aufsteigenden Konjunktur, auf die so eine Gilde nicht warten konnte. Während der Regierungszeit der Arbeiterpartei bemühten sich die politischen Kräfte, die Bewegung durch ein starkes geistiges Zentrum zu halten und zu vertiefen. Diesem Zweck diente ein offizieller Regierungsklub, der zweifellos auch ausländischen Besuchern starke Anregungen gegeben hat. Auch deutsche Reichstagsabgeordnete konnte man häufig in diesem Klub als Gäste sehen, und es mag sehr bezeichnend gewesen sein, daß solche Abgeordnete in der Hoffnung, dort internationalen Sozialismus zu finden, sehr enttäuscht über das mangelnde Verständnis englischer Arbeiterführer für europäische Fragen sich ausgelassen haben, wenn sie, was ziemlich häufig vorkam, unverrichteter Sache in ihren Aufträgen wieder abfahren mußten. Der Sozialismus in England ist eben, wie verschiedene andere Bewegungen Pazifismus, Religion und Geschäft, in erster Reihe englisch. Das haben die englischen Arbeiterführer, die während der Zeit der

Arbeiterregierung einflußreiche Ministerposten vertraten, wie etwa der Kolonialminister Thomas, häufig wiederholt. Für einen Engländer kommt in allererster Reihe England, und es gibt keinen internationalen Sozialismus, der englische Interessen irgendwelchen internationalen unterordnen würde. Der Internationalismus wird auch im englischen Sozialismus durchaus als Utopie bezeichnet. Der Engländer kennt den Begriff international überhaupt nicht, und es ist notwendig, darauf bei der Beurteilung des englischen Sozialismus in der Hauptsache Rücksicht zu nehmen. Denn nach dem europäischen Begriff des Sozialismus bedeutet er ja Völkergemeinschaft auf sozialer Grundlage, die die nationalen Schranken allmählich verschwinden läßt. Ein bezeichnender Hinweis mag noch darin liegen, daß die russische Sowjetregierung allen Arbeitern der Welt ihre Grenzen geöffnet hat und versucht hat, Arbeitsgruppen in den ersten Jahren nach der Revolution nach Rußland zu bringen, um bestimmte Produktionsgenossenschaften auf halbnationaler Grundlage, mehr noch zu propagandistischen Zwecken, durchzuführen. Auch die deutschen Arbeiter haben ja mit ihrer Auswanderung nach Rußland schlimme Erfahrungen machen können. Eine Ausnahme machte England: den englischen Arbeitern war gewissermaßen der Eintritt nach Sowjetrußland verwehrt. Die russische Vertretung in London hatte die strikte Anweisung, wie erzählt wird, keinerlei Pässe für englische Arbeiter auszustellen. Dies ist deswegen um so bezeichnender, als gerade die englischen Arbeiter in ihrer Krise der Arbeitslosigkeit und bei der einsetzenden starken bolschewistischen Propaganda in den ersten Jahren nach dem Kriege zu Tausenden nach Sowjetrußland ausgewandert wären, um dort Arbeit zu finden. Die Sowjetregierung wußte wohl, daß der englische Arbeiter mehr konservativ ist, daß er für einen Internationalismus nichts übrig hat, und daß eine englische Arbeitsgruppe ein kleines England, wie in Kanada oder Südafrika oder irgendwelchen sonstigen Kolonien, mit dem typischen englischen revolutionierenden Puritanismus gebaut hätte, was zweifellos in absehbarer Zeit zu Konflikten mit der englischen Regierung geführt hätte, ohne daß es der Sowjetregierung gelungen wäre, die Arbeiter aus sich selbst heraus zu internationalen Sozialisten oder Kommunisten zu machen. Ähnliche Beispiele gibt es auch mit amerikanischen, deutschen, französischen und italienischen Arbeitern, sie sind doch aber wenigstens von der Sowjetregierung versucht worden, und sie hat sich sogar die Herüberziehung solcher Arbeiter aus anderen [Ländern] etwas kosten lassen.

Der Ausgang der letzten Wahlen läßt ein Steigen der Wahlziffern der Arbeiterpartei erkennen. Aber sicherlich geht es nicht für irgendeine sozialistische Bewegung, sondern es ist der Ausdruck derjenigen Leute in England, die gewisse Fortschritte und Experimente nach einem Weltfrieden oder nach besserem Lohn und Arbeitsbedingungen riskieren. Der Rücktritt der Arbeiterpartei von der Regierung wird aber außerdem zur Folge haben, daß jetzt gewisse Arbeiterforderungen mit einer stärkeren sozialistischen Betonung in den Vordergrund treten werden, wobei durchaus nicht unmöglich ist, daß die Arbeiterpartei in ihrer bisherigen Form aufhört zu existieren. Der frühere Herausgeber des Daily Herald, Lansboury, der Bürgermeister im Londoner Osten ist, radikalisierte Gewerkschaftsführer, die sich im wesentlichen um die Independent Labour Party gruppieren, versuchen, den englischen internationalen Sozialismus einzuführen. Sie gelten, obwohl vom russischen Kommunismus weit entfernt, bereits in England als „Bolschi". Wie weit die beiden Gruppen in der Arbeiterpartei bereits differieren, zeigte sich anläßlich der Dawesverhandlungen in London und nach Annahme des Gesetzes durch Deutschland, als die kämpfenden Parteien um das Dawes-Gutachten in England Gewerkschaftsführer waren, von denen die einen das Interesse der Arbeiter vertraten für eine Ausschaltung der deutschen Konkurrenz, die man durch das Dawes-Gutachten erwartet, während die anderen den Eintritt und Gleichberechtigung Deutschlands im Völkerbund und allgemeine Abrüstung etc. das Wort redeten. Rechts-[unleserlich] und Kompromißler waren durcheinander gewürfelt. Die Linken, obwohl internationale Sozialisten, wie Lansboury, waren gegen das Dawes-Gutachten im Interesse der englischen Arbeiter, während die Rechten mit MacDonald für die allgemeine Abrüstung waren und hierfür von dem Arbeiter als Sozialisten gewisse Opfer verlangten. Dasselbe wiederholt sich bei jedem internationalen Streik, wo Sozialisten im gleichen Lager als Arbeiterführer zu ganz verschiedenen Resultaten in der Interessenvertretung der hinter ihnen stehenden Gewerkschaftsmitglieder gelangen, aber beide segeln unter der gleichen Flagge des Sozialismus, und wenn man schon von diesen Arbeiterführern im allgemeinen spricht, sogar des internationalen Sozialismus. Was man immerhin davon zu halten hat, dürfte aus dem Vorangegangenen eindeutig genug hervorgehen.

Konservatismus und Liberalismus

Seit dem Kriege ist die konservative Partei bemüht, mehr als das früher der Fall war, dem englischen Konservatismus zu einer politischen Grundeinstellung zu verhelfen, die von Zufallsprogrammen und Zufallssituationen des Tages nicht mehr abhängig ist. Bekanntlich fand ein ständiger Wechsel statt in dem Kampf zwischen Whigs und Tories um das Schlagwort des Tages, ein Ideenwettstreit, der dazu führte, daß ein großer Teil von Parteiansichten entweder beiden Parteien gemeinsam war oder gelegentlich die Besitzer wechselte. Der Unterschied zwischen Whigs und Tories wurde gelegentlich ein rein formaler, und infolgedessen war es an und für sich gar nicht so schwer, einen einmaligen Zusammenschluß beider Parteien zu prophezeien. Die kritische Lage des britischen Imperiums und der Krieg vor allem haben es mit sich gebracht, daß der Konservatismus sich auf eine besondere und abstraktere Rettungsmethode besonnen hat, und daß unter dieser Flagge der Konservatismus nunmehr zu segeln beginnt. Man errät unschwer, daß der Nationalismus in diesem Programm eine Hauptrolle spielen muß. Es klingt zwar paradox, aber es ist deswegen nicht weniger wahr, daß jene Betonung des Nationalismus der englischen Tradition widerspricht, daß infolgedessen die vielen Krisen, die das englische Gemüt zu durchleben hat, mit einer neuen bereichert werden.

Der englische Konservatismus umfaßt England und seine Dominions zu dem einheitlichen politischen und wirtschaftlichen Block, der als Weltreich bei der Einteilung der Weltwirtschaft eine entscheidende Rolle zu spielen gedenkt. Nicht jeder Engländer ist mit diesen Gedanken zufrieden, und es gibt eine große Anzahl früher Konservativer, die den Gedanken vertreten, die Dominions auf ihre Weise selig werden zu lassen, da die geschäftlichen Beziehungen nicht darunter leiden. Solche

Konservativen sind in das Lager der Liberalen abgeschwenkt, während es auf der anderen Seite wiederum Liberale gibt, die von dem Zusammenschluß eine neue geschäftliche Initiative erhoffen, und die lieber den Schutzzoll und den Präferenzzoll in den Dominions sehen als den ungewissen Freihandel einer internationalen Völkerverbrüderung, etwa in der Bedeutung, daß einem der Sperling in der Hand lieber ist als die Taube auf dem Dach —- Liberale, die naturgemäß im Lager der Konservativen stehen. Hätte der Konservatismus nur diese nationalistische Betonung des British Empire aufzuweisen, so dürfte man seiner Herrschaft kaum eine lange Dauer prophezeien. Der englische Konservatismus ist aber etwas anderes, d. h. er charakterisiert sich als ein vollständig anderer, als irgendein Konservatismus in den übrigen europäischen Staaten. Er ähnelt sehr einem fortschrittlichen Radikalismus, wie er eben zwar nur in England möglich ist, oder doch vergleichsweise sich mit dem bürgerlichen Radikalismus in Frankreich oder in Spanien oder anderen Ländern deckt. Er ist, genau wie die Arbeiterpartei auch, progressistisch. Der Konservatismus in England ist, wenn man das Paradox nicht scheut, sozialistischer als der Sozialismus. Der Konservatismus sucht das Arbeitslosenproblem zu lösen, indem er an die Grundwurzel herangeht, die Ablösung des großen Grundbesitzes. Er spielt mit dem Gedanken des großen staatlichen Trusts, was eine Zusammenfassung der Kohlengruben, der Verkehrsgesellschaften und der Schiffswerften und der Eisen- und Stahlindustrie bedeutet. Über die Formen dieser Zusammenfassung hat er kein klares Bild, und sicherlich würden die konservativen Mitglieder es auch ablehnen, wenn ihnen unterstellt würde, sie arbeiteten auf einen Staatssozialismus hin. In der Wirkung aber wird die Zusammenfassung der Betriebe, um sie wettbewerbsfähiger zu machen, einer staatssozialistischen Tendenz in der Wirtschaft wie in der Verwaltung Vorschub leisten. Daher auch die seltsame Stellung zwischen Kapital und Arbeit in England. Daher auch die merkwürdige Tendenz in der Arbeiterpolitik des Landes und der Konservativen Partei, die mit größerem Recht, als dies von seiten der Arbeiterpartei geschieht, gelegentlich erklärt, daß sie die Interessen der Arbeiter vertrete, und daß die Arbeiterschaft des Landes hinter ihr stehe. Der einfache Arbeiter begreift, daß hinter solchen Zielen der Wunsch steht, die Interessen der Arbeitgeberschaft und Arbeitnehmerschaft miteinander zu versöhnen, einer der Programmpunkte der Konservativen Partei. Dieses Programm dient zugleich als Rahmen, um den Zusammenhang mit den Dominions und dem Mutterlande zu festigen. Die Liberalen behaupten, daß die Vorbedingung dazu die Entwicklung nach eigenen wirtschaftlichen Notwendigkeiten sei, und daß der Zusammenhang auf rein geschäftlicher Basis ein dauerhafterer und besserer als der durch besondere Gesetzesvorschriften erzwungene sei. Die Liberalen führen hierfür die englische Tradition ins Feld, während die Konservativen sich nicht scheuen, diese Tradition zu opfern im Interesse der Stabilisierung der englischen Wirtschaft. All solches versteht der Arbeiter, weil diese Gedankengänge auch seinen Interessen am nächsten stehen. Es bleibt allerdings eine andere Frage, ob die Dominions für diesen Nationalismus Verständnis aufbringen werden, auch dann, wenn sie ihn auf Kosten ihrer eigenen Wirtschaftsentwicklung beabsichtigen sollen. Hier liegt vielleicht auch die Krise des englischen Konservatismus, wenn es ihm nicht gelingt, die Entwicklung der Wirtschaft der Dominions unter englische Kontrolle zu bringen, eine Hoffnung, die von sehr vielen einsichtsreichen Wirtschaftlern nicht geteilt werden kann.

Demgegenüber verleugnet der Liberalismus alle liberale Tradition, indem er mit dem Gedanken spielt, das gleiche, was der Konservatismus auf dem Wege dieser nationalen Zusammenfassung zu erreichen sucht, herbeizuführen durch Abdrosselung des englischen Geldverkehrs. Die Zeit, wo der Engländer der Bankier der Welt genannt wurde, ist ja heute vorbei. Trotzdem ist die englische Kapitalmacht, die im Auslande arbeitet, noch sehr groß, und es ist noch von jener ersten Zeit her bei dem englischen Großkaufmann das Bestreben geblieben, sein Geld im Auslande anzulegen. London war und ist auch bis heute noch der Anleiheplatz der Welt, wenngleich es nicht mehr der Bankier genannt werden kann. Es ist jedenfalls für die Charakterisierung des heutigen Liberalismus in England bezeichnend, daß von liberaler Seite mit dem Gedanken gespielt worden ist, die Ausfuhr englischen Kapitals zu unterbinden. Eine Art Devisenkontrolle sollte eingeführt werden, teilweise um das Pfund zu retten, teilweise um die Aufmerksamkeit von dem Kriegsschuldenproblem abzulenken, teilweise um sich mit dem amerikanischen Vetter zu verständigen, dessen Großbanken damit ein freieres Feld gegeben würde und denen die Kontrolle über das englische Anlagekapital in die Hände gespielt werden würde, aber doch neben all diesen Momenten in der Hauptsache darum, um das englische Kapital zu zwingen, sich im Lande selbst zu betätigen und der Industrie mit zu helfen, das Risiko zu tragen. Es ist vielleicht kein falscher Schluß, wenn man den Zusammenbruch des Liberalismus mit dieser Tendenz in Zusammenhang bringt. Selbstverständlich ist eine Kontrolle des Kapitals in England durchaus unpopulär. Zweitens aber kann man doch niemand, weder in England noch in der übrigen Welt, zwingen, sein Geld dort anzulegen, wo er mit Sicherheit seinen Verlust erwarten muß. Denn das ist auch bezeichnend für England, daß die englische Industrie selbst im Lande nicht populär ist, am allerwenigsten in der City. Die Schwerindustrie, um die sich heute die konservative Partei kümmert, weil sie in der Propaganda die Interessen der Arbeitnehmer wahrnehmen will, steht im öffentlichen Leben ziemlich isoliert. Man findet es durchaus in der Ordnung, daß die konservative Partei für die Schwerindustrie mit den Dominions Verträge zu schließen sich bemüht und auf der anderen Seite selbst mit Schutzzoll für diese Industrie spielt. Die Hilfe aber, die die Liberalen dieser gleichen Industrie mit ihrem Vorschlage zu geben beabsichtigen, wandte sich in erster Reihe gegen die Verfechter dieses Vorschlages selbst. Damit aber hängt der Liberalismus vollständig in der Luft. Auf dem Wege des Freihandels schien das englische Reich nicht mehr zusammenzuhalten. Tradition allein konnte die Engländer nicht davon überzeugen, daß ihre Steuern zu hoch, und daß ihre Zukunftsaussichten auf dem Weltmarkt nicht rosig sind. Daher die Bevorzugung des Konservatismus. Trotzdem zeigt auch dieser Konservatismus Todeskeime, gerade mit Rücksicht auf seinen Progressivismus. Die Schutzzollgruppen der Industrie, insbesondere die Birminghamer Gruppe, hat für die progressiven Tendenzen außerhalb dieser Parteibewegung nur insoweit etwas übrig, als sie sich dieser Tendenzen für ihre eigenen Zwecke in einem politischen Wahlkampf oder in staatlichen Vertragsverhandlungen bedienen können. Über kurz oder lang werden außerhalb der Vertrustungstendenzen und außerhalb der schwierigen Frage, die das Klassenproblem lösen sollen, diese Schutzzollgruppen mit den mehr progressistischen Gruppen aufeinanderstoßen, und man könnte sich ganz leicht denken, daß trotz des überwältigenden konservativen Wahlsieges die konservative Partei auseinanderfällt, um sich mit einer Gruppe der Arbeiterpartei und der liberalen zur progressistischen Partei, die in dem Falle wirklich den bürgerlich Radikalen in Frankreich entsprechen würde, zu vereinigen. MacDonald, der Arbeiterführer war der Typ eines solchen Konservatismus, und um das Paradoxon zu beenden, es war schwer, einen Unterschied von dem von ihm so gehaßten liberalen Führer Asguith herauszufinden. Denn alle Politik und alle politischen Erscheinungen gipfeln in England nun einmal auf einer und derselben Grundlage, dem Puritanismus.

Die Gesellschaftskritik

Aus dem Vorstehenden ergibt sich, daß die Gesellschaftskritik in England, und wenn man will, der konservative und liberale Fortschritt nicht so sehr auf politischem Gebiet liegt als vielmehr daher notwendigerweise auf literarischem. Damit ist zugleich auch die heutige Literaturbewegung in England umrissen. Wenn man die Geschichte der englischen Literatur zum Vergleich heranzieht, so zeigt sich, daß dieser gesellschaftskritische Zug in der Literatur schon seit Jahrhunderten existiert. Er ist eine besondere Nuance in der englischen Literatur, die deswegen berühmt geworden ist. Diese Gesellschaftskritik ist zugleich auch einer der schärfsten Gegenbeweise für die Tendenzen des „l'art pour l'art". Denn gerade die Tradition dieser Gesellschaftskritik hat zu einer Blüte in der englischen Literatur geführt, die Viktorianische Epoche, die mehr als die klassische Epoche in Frankreich und Deutschland die Literaturgeschichte des Landes beeinflußt hat und noch heute beeinflußt. Das Viktorianische Zeitalter in der englischen Literatur und Kunst ist noch nicht beendet. Man kann heute noch mehr oder weniger alles, was in England gedruckt wird, als Nachläufer dieser Viktorianischen Zeit ansprechen. Dabei ist die Wirkung der großen Schriftsteller jener Epoche auf England noch heute nicht abgeschlossen. Noch heute wirken in London wie in der Provinz und besonders in der Erziehung des jungen Engländers die großen Romanschriftsteller des Viktorianischen Zeitalters nach. Der Schriftsteller dieser Zeit arbeitet daher mit sehr einfachen Mitteln. Angepaßt an das Gesellschaftsmilieu unserer Tage, hineingeschraubt in die brodelnde Krise der englischen Gesellschaft überhaupt, analysiert er Zukunft und Vergangenheit und hat nichts weiter nötig als daraus die Schlüsse für die Gegenwart zu ziehen. Diese einfache Methode umreißt die Gesellschaftskritik eines G.K. Chesterton. Von der Beliebtheit dieses Schriftstellers in England kann man sich kaum eine Vorstellung machen, obwohl seine Beliebtheit in einem ganz anderen Sinne, als das in irgendwelchem anderen Lande der Welt zu bemerken wäre, wirkungslos ist. Chesterton mit seiner Gesellschaftskritik, mit der Aufzählung all der tausendfachen Dummheiten, die sich der typische Engländer leistet und womit er als Individuum gewissermaßen auffällt, gehört zu dem heutigen England, enger noch, als das vor dem Kriege der Fall war, oder während des Krieges, wo Chesterton, wie übrigens alle englischen Schriftsteller, im Dienste der englischen Regierungspropaganda tätig war. Damals behandelte Chesterton die irische Frage, und es gehört zu den seltsamsten Kunststücken dieses so überaus klugen Schriftstellers, daß er alle die Gründe für die Freiheitsbewegung in Irland aufzählen durfte, und daß dieses Propagandabuch über Irland neben Aufzählung aller Unterdrückungen und der Feststellung einer vollständigen Unfähigkeit der Engländer, Irland zu verstehen, doch ein Buch der englischen Propaganda geworden ist. Der Engländer rechnet die irische Angelegenheit nicht als den Freiheitskampf eines Volkes, sondern er urteilt darüber wie über die Seltsamkeiten und den Cant eines seiner eigenen Landsleute, durch die das englische Charakterbild ausgezeichnet ist. Daneben weist Chesterton in zahlreichen Romanen mit einer überaus treffenden Charakteristik die Grundzüge des englischen Charakters auf. Er stellt die englische Gesellschaft und die englische Politik als eine Karikatur auf, und zwar mit einem Ernst, daß man davon überzeugt sein muß, daß Chesterton selbst an die Notwendigkeit eines so geordneten, bezw. karikierten Gesellschaftslebens glaubt. Darin liegt der besondere Reiz, und zweifellos ist auch in diesem Glauben die große Verehrung begründet, die Chesterton von seinen Lesern und der öffentlichen Meinung erfährt, ganz im Gegensatz zu Bernard Shaw, der gelegentlich weit unbequemere Wahrheiten als Chesterton sagt, und von dem man von vornherein auch annimmt, daß er eines schönen Tages darauf verzichten würde, als Engländer genannt zu werden und sich zu dem karrikierten Gesellschaftsirrsinn zu bekennen. Shaw hätte gar nicht nötig, so oft zu versichern, daß er ein Kommunist sei, was er mit dem Lächeln tut, als wolle er sagen, er beabsichtige, eine Bombe in die englische Gesellschaft zu werfen, die englische öffentliche Meinung glaubt ihm das, und man spielt Shaw und geht in seine Stücke, nicht weil man ihm eine Ehre erweisen will, sondern weil es spaßhaft ist, einen Mann zu sehen, der über England lächelt. Er gilt unter den englischen Intellektuellen als der irische Spaßmacher, dessen Witze zünden, und auf den England stolz sein kann, obgleich und gerade weil es ihn nicht liebt. Dies wird am ehesten bewiesen, wenn man das typisch englische Lustspiel zum Vergleich heranzieht. Das moderne englische Lustspiel und die harmlose Lustspielsatyre sind auf sketch gestellt, es trägt variete- und revuehafte Züge, und es scheut nicht den großen Situationsspaß, der auf feinere Nerven erfrischend wirken soll. Sicherlich könnte man sich nichts grundsätzlich Verschiedeneres vorstellen als Shaw und den Verfasser englischer Lustspiele. Trotzdem wirft man sie zusammen. Man schätzt bei beiden den Spaß und findet es ganz in der Ordnung, daß die Autoren sich in der Quelle ihrer Späße um Unterschiede bemühen.

Daneben fällt unter die Gesellschaftskritik, die man in England auch Literatur nennen kann, auch die Arbeit der Leute vom Fach. Erfahrene Kritiker, die über Romane und Theaterstücke jahrzehntelang geschrieben haben, setzen sich am Ende ihrer Laufbahn und gewissermaßen unaufgefordert hin und verfassen selbst Romane und Theaterstücke, die an Technik dem sonst üblichen Niveau durchaus überlegen sind. Sie scheuen sich nicht, vom Standpunkte des Handwerkers auszugehen, und das in jedem Wort merken zu lassen. Es hat eben mehr von Gesellschaftskritik an sich als von dem sonst üblichen Begriff der Literatur und Kunst. Würde ein nach Literaturgesetz urteilsfähiges Publikum vorhanden sein, so würde man zweifellos solchen Autoren in England eine größere Bedeutung zumessen. Das breite Publikum aber nimmt solche Arbeiten auf als die reine Fortsetzung ihrer Tätigkeit. Man streitet sich nicht um literarische Dinge und Kunstauffassungen in England, wenigstens nur in sehr geringem Umfange, und man nimmt beispielsweise die dramatische Produktion Fred Archers nicht anders, wie vordem seine Literaturkritiken, als den Ausdruck der Meinung eines Mannes, der von der öffentlichen Meinung Englands berechtigt und aufgefordert ist, seine eigene Ansicht vorzutragen.

Literatur als Sport

Um den Schlüssel zur Beurteilung der englischen Literatur zu bekommen, ist es notwendig, die Atmosphäre kennen zu lernen, aus der der englische Schriftsteller produziert. Aus dem Vorangegangenen wird man erkennen können, daß eine solche Grundlage im wesentlichen das puritanische Gesellschafts- und Weltbild ist. Bei der starken Selbstbeschränkung, dem Training zur engsten Abgrenzung verfügt diese Literatur über ein außerordentlich hohes technisches Können. Sie wirkt daher auch für das übrige Europa technisch vorbildlich, und ihr Einfluß beispielsweise auf das deutsche Schrifttum im vergangenen Jahrhundert ist außerordentlich groß und im Grunde genommen gar nicht zu überschätzen. Die Vertreter dieses Schrifttums sind jedem halbwegs gebildeten Europäer bekannt. Weniger bekannt ist die große Zahl derjenigen Schriftsteller, die in den Fußstapfen dieser Vorbilder wandeln, so wenig bekannt, daß man gelegentlich die Meinung vertreten hört, als würden in England überhaupt nur in geringem Umfange literarische Bücher produziert. Bekanntlich ist das Gegenteil der Fall. Die Überschwemmung des englischen Büchermarktes ist darauf zurückzuführen, daß es in den höheren Gesellschaftskreisen mit zu einer Vorbedingung der Gesellschaftsfähigkeit gehört, Literaturtechnik gelernt zu haben und literarisch zu produzieren in der Lage zu sein. Literatur als Sport — unter dieser Kennmarke kann man drei Viertel der englischen Literatur behandeln. Man kann übrigens mit Sicherheit auch voraussagen, daß diese Tendenz bald auch in Europa sich eingebürgert haben wird. Es ist geradezu erstaunlich, wie gleichwertig im Grunde genommen diese Literatur ist. Sie benutzt dieselben technischen Mittel, sie jongliert nach bestimmten Gesetzmäßigkeiten so wie es der Sport verlangt, mit den Inhalten und ihren Tricks, und exzentrische Umrahmung sind trotz der möglichen Einmaligkeit nicht so untereinander verschieden, als daß sie sich besonders herausheben würden. Eine solche Literatur verfügt über eine starke Dosis Realismus, sie ist daher auch in der Lage, das Leben so darzustellen, wie es ist, es gehört nur Technik und Fertigkeit dazu, psychologische Schlüsse zu ziehen, und diese Allerweltspsychologie zur Gesellschaftskritik zu vertiefen. Auf diesem Wege der englischen Literatur sind die heute noch lebenden großen Schriftsteller entstanden, ein Gals Worthy, ein Wells und selbst ein Thomas Hardy, von Meredith und den übrigen Lieblingen des englischen Lesepublikums ganz zu schweigen. Im allgemeinen beginnt der Engländer, wenn er die Schule verlassen hat, sich für das Management seines Berufes zu interessieren. Die Wahl dieses Berufes ist nicht allzusehr in sein freies Ermessen gestellt, er bewegt sich in einer hierfür schon übernommenen Tradition, und häufig genug kauft die Familie den aufkommenden Nachfolger in einen solchen Beruf ein. Ob er in der Verwaltung das Leben zu verbringen beabsichtigt, in den Kolonien, oder in England, oder an beiden Plätzen, was immer dasselbe ist, oder ob er im geschäftlichen Leben seinen Platz und sein Scheckbuch ausfüllen wird, oder zwischen diesen beiden Berufen als Rechtsanwalt, Pfarrer oder Wissenschaftler, seine Gesellschaftsfähigkeit und seine Stellung im gesellschaftlichen Leben ist damit noch nicht entschieden. Jeder dieser jungen Engländer muß von vorn anfangen, sich gesellschaftsfähig zu machen. Er muß zeigen, daß er auch auf demjenigen Gebiete, das nicht geradezu unbedingt notwendig zum Geldverdienen gehört, das aber die Atmosphäre der englischen Gesellschaft mit ausmacht, etwas leistet. Daraus entstand der Dandyismus, später der Sport, sofern man von dem Sport in Form des Rekordgewinnes spricht, und bei der immer stärker werdenden Konkurrenz für solche Rekorde nimmt heute Literatur und künstlerische Betätigung die gleiche Stellung ein. Es gehört zum guten Ton, auch ein anständiges Buch schreiben zu können, und es ergeben sich daraus gewisse Abstufungen von der Lyrik über den Roman zum Drama, von der wissenschaftlichen Abhandlung über das leichte Feuilleton zum Revuekouplet. Seit einiger Zeit wird auch das musikalische Gebiet in diesen Kreis hineingezogen, wie es schon früher Malerei und anderweitige Kunstbetätigung gewesen ist. Bei dem großen Umsatz, auf den diese Produktion rechnen kann, bei der Fülle der Zeitschriften und Magazine, die sich mit der Unterbringung dieser Literatur befassen, gehört es weiter zum guten Ton, damit auch Geld zu verdienen. Es wäre überhaupt verfehlt, diese literarische Beschäftigung des vornehmen Engländers, ebenso wie den Sport, als eine Sache zu betrachten, die man nebenbei ausübt, und die gewissermaßen eine Luxusbeschäftigung darstellt, wofür man Geld ausgibt, statt Geld einzunehmen. In Europa ist es vorläufig noch so, in England aber wird ein literarisches Werk noch nicht als vollgültig angesehen, wenn es nicht auch eine gute Einnahme abwirft. Für den geschäftlichen Betrieb im Umsatz solcher Produktionen sorgen daher die Agenturen. Das England nach dem Kriege ist das typische Land der literarischen Agenturen, und einem flüchtigen Beobachter wird es so scheinen, daß die großen Geschäftshäuser der Literaturagenturen keinen Platz mehr lassen für die Entwicklung der direkten Verlagsgeschäfte. Während alle Verleger, die belletristischen wie die wissenschaftlichen, sich um die Henriettastreet gruppieren, und in einigen Läden mit wenigen Hinterzimmern ihr Dasein fristen, wachsen die Geschäftshäuser der Agenturen in der City über das vierte Stockwerk hinaus. Eine solche Agentur hat gewissermaßen den Erfolg eines Buches in der Hand, und es ist daher nur zu verständlich, daß ein junger Mann oder eine junge Dame der Gesellschaft, die jetzt ihre literarische Prüfung ablegen wollen, zugleich schon einen Schritt in dieser Gesellschaft vorangekommen sein müssen, um für den Agenten zur Verbreitung seiner Schriften schon gesellschaftsfähig zu sein, so daß die Entwicklung in seinem Beruf mit seiner Entwicklung als Schriftsteller gleichen Schritt hält, und daß derjenige, der sich vielleicht zu einem guten Schriftsteller eignet, und bereits gewisse Eigenheiten herausgearbeitet hat, noch lange nicht agenturfähig ist, wenn seine gesellschaftliche Entwicklung hiermit inzwischen nicht gleichen Schritt gehalten hat. Beziehung und Geld, Verdienst und persönlicher Wirkungskreis, das sind die Vorstufen zur Tür des Verlagsagenten, und das übrige erwartet man dann von selbst, nämlich die Beherrschung der literarischen Technik. Man setzt weiter auch von vornherein voraus, daß ein solcher Autor bereits durch die Schulung eines literarischen Zirkels und eines literarischen Klubs gegangen ist. Ein solcher Klub hat viel Verwandtschaft mit den Literaturzirkeln am Ausgange der deutschen Romantik, und Ludwig Tieck mit seinem Kreis, der ja von der damaligen englischen Literatur beeinflußt worden ist, würde heute in der englischen Literaturöffentlichkeit dieselbe führende Rolle spielen, welche er seinerzeit in der deutschen Nachromantik gespielt hat.

Man findet in der englischen Öffentlichkeit keinen Mann von prominenter Bedeutung, keinen englischen Botschafter, keinen über das Mittelmaß hinausragenden Kolonialpolitiker oder Offizier, der nicht einen gewissen literarischen Rekord aufzuweisen hat, vom Anglerbuch des englischen Ministers, der über Angeln spricht, und darunter eine sehr feine Symbolik der englischen Politik gibt, bis zu dem Gesellschafts-Sketch des englischen Botschafters d'Aberdon in Berlin, und den lyrischen Versen „An den englischen Frühling" des englischen Allerweltsministers Winston Churchill und den Memoirenwerken der Lady Asquith und MacDonalds. Was man von dem Engländer in hervorragender Stellung sagt, das gilt ebenso für dessen Frau. Es wird als selbstverständlich angesehen, daß die Frau versucht, die gesellschaftliche Stellung ihres Gatten damit zu erhöhen und zu schmücken, daß sie auch ihrerseits sich als auf der gleichen Höhe stehend erweist. Nichts besseres findet man hierfür als literarische Bedeutung, und es hat sogar den Anschein, als ob die Frauenliteratur darin sogar ihre männliche Konkurrenz an Rang übertrifft.

Die Nachkriegsliteratur

Um von dieser Nachkriegsliteratur zu sprechen, mag es gestattet sein, einige Worte über die Vorkriegsliteratur zu sagen. Selbstverständlich ist die Vorkriegsliteratur kein literarisch-historischer Begriff für das englische Geistesleben. Vor dem Kriege sind einige markante Typen von Schriftstellern zu erkennen, denen eine Bedeutung über die Grenzen Englands hinaus zukommt. Soweit es sich dabei um die Gesellschaftskritiker handelt, sind sie bereits erwähnt. Fast zur gleichen Gruppe gehörend, aber über sie hinausweisend, sind einige Schriftsteller, die in der Abgeglichenheit ihrer Technik und der Vornehmheit ihrer Analyse doch gewisse Weltbedeutung haben. Einer davon ist Gals Worthy. Seine Erzählung vom reichen Mann gibt nicht nur Gesellschaftskritik, sondern in einer scheinbar eiskalten Art, die Dinge so darzustellen, wie sie sind, und vor allen Dingen, wie sie sich in der dargestellten Type zeigen, hat er eine ganz neue Literaturtechnik hervorgerufen, um deren Nachahmung man sich bisher in Europa vergeblich bemüht. Es wird auch schwerlich gelingen, weil sie eben typisch englisch ist; der reiche Mann, die reiche Familie, der englische Gutsbesitzer, alle die Berufe der besseren englischen Gesellschaft sind so präzise dargestellt, werden derart lebendig, daß wohl kein Buch der neueren Zeit so sehr beinahe filmischen Charakter trägt, so daß es sich beinahe erübrigt, diese Typen selbst kennen zu lernen. So plastisch wirkt beispielsweise die Forsyte-Sage von Gals Worthy. Sie gehört auch zu den Büchern, die mit ihrer Verbreitung in der englisch sprechenden Welt mit an erster Stelle stehen.

Von nicht minderer Bedeutung wie Gals Worthy ist Arnold Bennet, der zwar den Typ des Gesellschaftsromans vertritt, und sehr oft jedem sportmäßig schreibenden Engländer als Meister vorbildlich ist, der aber dennoch in der Wahl der Themen und in der Perspektive dieser Themen auf die Gesellschaft und auf den Untergrund dieser Gesellschaft besondere Feinheiten entwickelt. Die Bennetschen Romane und Theaterstücke nähren sich in ihrer Realistik schon von einem bißchen Romantik, die nicht zu weit entfernt von einer durch diesen Schuß Romantik sympathischen Gesellschaftsanalyse ist. Diese Gesellschaftsanalyse steigert H.G. Wells zur Utopie. Nicht alles, was Wells geschrieben hat, und das sind überaus zahlreiche Bände Romane und Novellen, und zoologische Schriften, basiert strikt auf der Analyse der Gesellschaftsentwicklung unter marxistischen Voraussetzungen. Wells ist auch ein guter Beobachter, und in einer großen Zahl seiner Romane bemüht er sich, die Kontaktzusammenhänge der Menschen untereinander auf eine neue Entwicklungslinie zu bringen. Es ist bedauerlich, daß diese Seite von Wells über die Grenzen Englands hinaus noch nicht genügend bewertet worden ist. Sein Roman „Kips" ist hierfür ein gutes Beispiel.

Eine andere Gruppe der Schriftsteller bemühte sich um die Bereicherung der englischen Sprache. Dort konnte man so etwas von „l'art pour l'art-Prinzip" merken, und das, was Schriftsteller wie Stefenson, Joseph Conrad und bis zu einem gewissen Grade sogar Rudyard Kipling, in sprachtechnischer Hinsicht erreicht haben, wird zweifellos noch einen nachhaltigen Einfluß auf die Entwicklung der englischen Schriftsprache ausüben. Vor allem Stefenson darf als ein Meister der englischen Sprache anerkannt werden, dessen Einfluß bei weitem noch nicht den Höhepunkt in der englischen Literatur erreicht hat. Man muß Stefenson erwähnen, weil unter seinen Fittichen der, der zufällig die Abenteuergeschichte auch miteingeführt hat um die Jahrhundertwende, ein Defoe, modernisiert, mit puritanischem Einschlag, aber einer starken selbstkritischen Geste, und eine große Anzahl von ähnlichen Schriftstellern segeln, die sehr viel von Stefenson gelernt haben, ohne naturgemäß die typisch Stefensonsche Mischung von Puritanismus und Zweifel mitzubringen. Darunter fallen Rudyard Kipling (bekanntlich ist auch Jack London aus Stefenson hervorgegangen) und Conan Doyle. Der letzte behauptet eigentlich seinen Platz in der englischen Literaturgeschichte nur durch die Tatsache, daß er seine Abenteuer statt nach den Kolonien nach den Straßen Londons [verlegte], und daß er in einer Zeit groß geworden ist, als es in der englischen Literatur Mode war, analytisch zu wirken. Aus beiden Mixturen zusammen wurde die Figur des Sherlock Holmes gezeugt, die ja dann wiederum eine Weltliteratur für sich hervorgerufen hat.

Die Nachkriegsliteratur enthält von all den vorerwähnten Schriftstellern und Gruppen die Nachwirkung. Die Frische ist verschwunden, Technik und Themen sind geblieben, und da die Gesellschaft sich im Fluß befindet, so schwindet auch die Spitze und Schärfe der Gesellschaftskritik, um einer leisen Sentimentalität im Unterton Platz zu machen. Der größte Teil der erwähnten Schriftsteller ist auch in der Nachkriegszeit auf dem Markt geblieben, nachdem die gleiche Linie von ihnen auch während des Krieges und nicht zuletzt im Dienste der englischen Kriegspropaganda fortgesetzt worden ist. Die letzte Gruppe ist über Kriegsgeschichten und Kononialromane etwa eines Patrick MacGill zu den Seegeschichten von Devere Stacpool gelangt. Stacpool und noch mehr Joseph Conrad haben einen Typ dieser Abenteuergeschichten gewissermaßen zu Ende gehetzt. Die letzte Geschichte Stacpools, die schon in Millionen von Exemplaren vertrieben worden ist, „Die blaue Lagune", benötigt schon über das Abenteuer hinaus eine gewisse Primitivität und moralinmäßige Sentimentalität, die dann Borough in seinen Tarzan-Büchern noch ins Unerträgliche steigert. Conan Doyle analysiert nicht mehr die Mystik des Verbrechers, er findet in dem Konflikt zwischen der verfallenden Welt und dem Übersinnlichen ein viel dankbareres Arbeitsfeld. Gals Worthy und Bennet sind breiter geworden. Man möchte sagen, ihre Produktion ist über die Ufer getreten und arbeitet mit Einzelheiten, beide sind feuilletonistischer. Dagegen gibt es zahlreiche Schriftsteller, die um die neue Gesellschaftsentwicklung herumschreiben. Am bekanntesten geworden ist davon im letzten Jahr Gilbert Frankau, der den Typ des süßen Mädchens nach Wiener Vorbild herausarbeitet. Auch der typisch englisch knock-about-Humor, der noch bei Gals Worthy lebendig ist, und den Shaw als Technik handhabt, ist stark ins Breite gegangen. Eine Gruppe jüngerer Schriftsteller, darunter Mason und Frank Cane, versuchen sich darin, ohne zunächst das feuilletonistische Niveau irgendwie zu überschreiten. In letzter Zeit sind auch Ansätze einer sozialen Literatur vorhanden, ohne daß sich diese allerdings durch eine besondere Originalität auszeichnet. Von dem Leben der armen Leute schreibt Patrick MacGill in „Children of the dead end" und „The Red", worin er etwas an Wilhelm Raabe erinnert. Ferner ist schon, etwas seltsames für England, ein Arbeiterdichter aufgetreten, Welsh, der über das Leben der Kohlenarbeiter mehrere Romane und Gedichte geschrieben hat.

Anhang
Das irische Schauspiel

Eine Darstellung der augenblicklichen Lage Englands und der in England herrschenden politischen und wirtschaftlichen Hemmungen wäre unvollständig, würde man hierbei nicht Irland erwähnen, und zwar das Problem Irland, wie es auf die innere Entwicklung Englands in den letzten Jahren gewirkt hat, und wie es weiter wirkt, auch wenn man in England eine solche Ansicht nicht gern hört. Ein Fremder, der einen Normalengländer nach Irland fragen würde und von ihm seine Ansicht zu hören wünschte, über die Vorgänge in Irland, die zur Gründung des Freistaates, die zu den Kämpfen zwischen Süd- und Nordirland geführt haben, über den Bürgerkrieg in Südirland selbst, würde in neunzig Fällen von hundert zur Antwort bekommen: Alles das sind nur Possenstreiche. Der Ire ist für solche Possen bekannt. – Seit drei Jahren existiert in London ein offizielles irisches Konsulat nach den Bestimmungen des mit Irland abgeschlossenen Vertrages, doch kein Engländer, selbst nicht der in seinem Entgegenkommen traditionelle Tommy, wird angeben können und wollen, wo ein solches irisches Generalkonsulat ist. Es ist bis heute nicht gelungen, festzustellen, ob es überhaupt existiert, zum mindesten, ob es wirklich arbeitet. Von dieser Seite würde also das irische Problem kaum in eine Darstellung des England der Gegenwart gehören, und doch arbeitet es fieberhaft an der Oberfläche. Irgendwie unterdrückt der Engländer, daß sozusagen vor seiner Tür diese Insel liegt, die sich erlaubt, gegen England die schwersten Beschuldigungen auszusprechen, und die in jedem Engländer den geborenen Feind sieht. Der Engländer kann und will etwas derartiges nicht wahrhaben. Was sollte dann aus seinen Dominions und seinen Kolonien werden. Was man auch immer über die englische Kolonialkunst gesagt haben mag, in Irland hat sie jedenfalls völlig versagt. Vielleicht auch deswegen, weil der Engländer Irland nicht als seine Kolonie sondern schon mehr als sein eigenes Land und Boden ansieht.

Der heroische Kampf, den die Iren um die Befreiung ihres Landes geführt haben, artete bekanntlich 1921 in den Bürgerkrieg aus zwischen demjenigen Teil des Landes, der mit England den Vertrag schließen wollte, und den Republikanern, und es ist bekannt, daß die Garde jener demobilisierten Soldaten, die „Schwarz-Gelben", den Kampf zugunsten der Republik entschieden und ihren Weg durch brennende Dörfer und über Leichenhaufen in den Straßen Dublins genommen hat. Dieselben Schwarzgelben arbeiten zur Zeit in gleichem Auftrage in Palästina, wo sie ebenfalls zur Beruhigung des Landes eingesetzt sind, und dann wird England vielleicht diese Truppe in Ägypten oder im Irak verwenden. Jedenfalls steht fest, daß Südirland den Aufstand aus eigenen Kräften nicht hätte niederschlagen können. Die Berichte, die in der englischen Presse darüber erschienen und insbesondere die Haltung der Arbeiterpartei und der Gewerkschaften, die von den Valera-Republikanern um Hilfe angegangen worden sind, sprechen für die Bedeutung

Irlands in der sogenannten rein-englischen Existenzfrage Bände. Damals war die englische Öffentlichkeit darauf eingestellt, durchaus das irische Problem ernst zu nehmen, als die Gefahr drohte, daß dieser Bürgerkrieg gewissermaßen zu einer internationalen Diskussion führen würde. Um dieser Diskussion auszuweichen, die für England vielleicht wirklich katastrophal geworden wäre, schloß England den Vertrag, der im Wortlaut dem irischen Freistaat große Freiheiten einräumt, in der Praxis aber kaum irgendwelche Bedeutung hat, und augenblicklich ist die öffentliche Meinung wieder darauf eingestellt, Irland aus ihrem Interessenkreis verschwinden zu lassen und es zu vergessen bis zu einem Punkte, wie er im Laufe dieses Sommers eintrat, als man davon hörte, daß der irische Freistaat ein Abkommen mit den deutschen Siemens-Schuckert-Werken geschlossen hätte, ein Abkommen, das in der englischen Presse ganz unverblümt als ein Verbrechen gegen die Sicherheit des englischen Staates bezeichnet wurde. Zwar existiert ein irischer Zolltarif, zwar existiert eine verbriefte Freiheit Irlands, selbständig und unabhängig Handelsverträge zu schließen, wie weit dies aber in der Praxis geht, zeigt das eben erwähnte Beispiel.

Immerhin ist eins aus diesen Freiheitskämpfen geblieben, und ihre Wirkung in England selbst noch unter der Oberfläche zeigt sich eigentlich in einem stärkeren Maße. Ein wichtiger Faktor dieser Wirkung ist eine nationale irische Literatur. Zwar kommt die Bewegung der gälischen Sprache nicht recht vorwärts, und es wird wohl auch von seiten des irischen Freistaates nicht genügend Gewicht darauf gelegt, das Gälische als Nationalsprache zu wählen, schon aus dem einfachen Grunde, weil die irische Freistaatsregierung keine neuen Konflikte mit England sucht. Dagegen sind die Dichter, die im Gälischen schreiben oder zum mindesten das Gälische in die englische Sprache eingeführt haben, von einem ganz besonderen und eigenartigen Reiz. Irische Dramen, etwa eines Synse, die spezifisch irische Atmosphäre tragen und irische Themen behandeln, sind im Auslande bekannter als in England selbst, ebenso ein jüngerer Novellen- und Dramendichter, Daniel Corkery, dessen Themen der irischen Revolution und der letzten Geschichte Irlands entstammen, und der nicht nur in Irland, sondern auch im amerikanischen Auslande und im übrigen Europa eine steigende Verbreitung findet. Auch die englische Presse registriert diesen englisch schreibenden irischen Revolutionär, da sie seine Bedeutung nicht ganz unterdrücken kann. Sodann ist die Freistaatsregierung tätig, geschichtliche Reminiszenzen aus Irlands Vergangenheit zu sammeln, darunter auch die typisch gälischen Sagen und Gedichte. Stärker treten die irischen Volkssitten in den Vordergrund, und alles scheint darauf hinzudeuten, daß Irland sich rüstet, in stärkerem Maße als bisher als ein Volk mit eigener Kultur und eigener Sprache dem englischen Unterdrücker entgegenzutreten. Der Engländer liebt das heute noch zu übersehen, aber der Fremde, der in England ist, merkt die Unsicherheit in der englischen Öffentlichkeit, sofern das irische Problem angeschnitten wird, und daß diese Unsicherheit mit dazu beitragen wird, d gesamte staatliche und wirtschaftliche Existenzfrage Englands aufzurollen, ist jedem Engländer schon heute klar. Daher der schon über Snobismus hinausragende Haß des Engländers gegen den Iren.

DIE ALBIGENSER

Revolte gegen die Lebensangst

Anmerkungen zu einer Studie über die parasitäre Lebenshaltung

*Sooft ich unter Menschen gewesen bin,
bin ich als ein geringerer Mensch
heimgekommen.*
Thomas von Kempen, I, XX.

Gegenüber der großen Zahl wissenschaftlicher Bemühungen, die Stellung des Menschen zu sich und seiner Umwelt im weitesten Sinne in ein System zu bringen, stellen die nachfolgenden Betrachtungen lediglich einen Versuch dar, von der soziologischen Deutung her dem Problem einer Fassadenkonstruktion näher zu kommen, aus dem Erlebnisbereich der Lebensangst. In dieser nicht als besonders wesentlich gewerteten Folgeerscheinung wird die eigentliche Ursache unserer Lebenshaltung begründet sein. Die Form einer lose geknüpften Gedankenfolge gestattet der Methodik nur Mittel, die von vornherein unzulänglich erscheinen mögen; es mangelt der Methode an Beweiskraft, dafür wirbt sie aus Überzeugung um Verständnis – ohne überzeugen zu wollen.

Die Untersuchung bewegt sich auf dem analytischen Spannungsfeld zweier grundsätzlicher Annahmen, die in gewisser Hinsicht allerdings Voraussetzungen für das Verständnis sind.

1) *Nichts geht verloren.*

Im Haushalt der existenziellen Kräfte des Menschenwesens geht nichts verloren in geistiger und nichts in stofflicher Beziehung, weder im Allgemeinen der Gattung noch im Besonderen der Eigenheit, im Rahmen des aus der menschlichen Wesenheit wirkenden Bereichs von Erfassung und Bewertung, Sicht und Erkenntnis.

2) *Der Mensch steht nicht für sich allein.*
In der Darstellung von Lebewesen erscheint der Mensch als zeitgebunden. Aus der Erkenntnis der Zeitbegrenzung wird der Ablauf des Daseinsbildes verstandesmäßig aufgenommen. Die organische Bindung zur Zeit ist weder stofflich noch geistig auf das Sichtbare und Greifbare begrenzt. Diese Bindung wirkt gleicherweise, mit gleicher Intensität, in den Kräften der Vergangenheit und auf dem Nährboden der Zukunft, auf dem die Wurzeln unserer Gegenwart sich entfalten sollen. Sie begrenzt sich nicht im Einzelwesen. Der Mensch erlebt in allen Bindungen sich als Gattung: stofflich zeitgebunden, geistig unbegrenzt.

Es *kann* nichts verloren gehen, solange nicht aufzuzeigen ist, erkenntnismäßig – wohin. Dagegen wandelt sich die Substanz, stofflich, geistig und artungsgemäß. In dem bewußten Erlebnis dieses Wandlungsvorganges sind wir noch nicht sehr weit gekommen. Wir haben dem Zivilisationsprozeß statt dessen den Vorzug gegeben, der Lebenstechnik, aus der unter anderem auch der sogenannte technische Fortschritt abgeleitet wird. Ein wilder Trieb am Baum des Lebens, ohne Früchte.

Die Lebenstechnik unterliegt dem physikalischen Grundprinzip der Akzeleration, das heißt, wenn nichts verloren geht, wird die Substanz vermassen und überwuchern, der Prozeß der Umwandlung, des Verschleißes, der Abstoßung und der Aufsaugung wird zwangsläufig beschleunigt, um das biologische Gleichgewicht zu halten. Was geboren wird, muß rascher vernichtet werden, geistig wie stofflich, bei immer mehr gesteigerten Ansprüchen, die Kluft zwischen Spreu und Weizen verbreitert sich, der Weizen wird akzeleriert, nicht die Spreu, und der Verschleiß der Spitze, der Begnadung ist charakteristisch für den Zustand der menschlichen Gesellschaft. Die Lebenstechnik, bemüht dem Einhalt zu tun, wird von dem technischen Fortschritt überwuchert.

Die Bindung der Gattung zurück und in die Zukunft wird zu einem unerträglichen Druck. In der biologischen Reihenordnung erscheint das Lebewesen Mensch als Parasit, eine Blattlaus am Baum des Lebens, vom technischen Fortschritt her gesehen eine Art Heuschrecke. Die Bewertung dieses Parasitären spiegelt sich nicht in Moralgesetzen und in der Gesellschaftsordnung, sondern in der Stellung des Einzelnen zu dieser Gesellschaft und zu diesem Gesetz, in der mehr umfassenderen Bedeutung der Lebensdisziplin. Im Bewußtwerden seiner Stellung zur Umwelt, in der Erkenntnis des parasitär Gebundenen. Das Erlebnis der Substanzveränderung, der Übertragbarkeit und Wandlung verkümmert und bleibt ungenutzt.

Statt dessen tastet der Einzelne in eine Fülle von Vorstellungen, die mal aufleuchten und dann wieder verblassen, beschmutzt werden, zerfetzt und zertreten und schließlich völlig verschwinden, Nährboden zwar für eine Zukunft, die aber substanziell mehr aus der Vergangenheit schöpft als aus der Gegenwart, in der das Erlebnis des Daseins keine Spannkraft mehr besitzt, weil alle Vorstellungen verkümmern in dem Gebundensein an das, was sichtbar und greifbar ist. Das ist der Erlebnisbereich der parasitären Lebensform, der Erlebnisbereich des Menschen. Dies nebenbei vorweggenommen.

Aus dem geschichtlichen Aspekt

Die Beschreibung der Aufeinanderfolge von Generationen, unter dem Namen von Geschichte vorgetragen, legt das Schwergewicht auf äußere Geschehnisse, denen eine Allgemeingültigkeit zuerteilt wird; vermutlich des leichteren Verständnisses wegen. Man hört von Rassen, Völkern und Nationen, Fürsten und Königen, manchen Unzuträglichkeiten und Verwicklungen unter diesen Personen, gelegentlichen Unruhen, die, sofern sie einer Disziplin unterworfen waren, dann Kriege genannt werden, und da man solche Einzelvorgänge gleichsetzt der Repräsentanz einer Entwicklung in ihrer Gesamtheit, der Repräsentanz eines Ganzen, dem Ursprung wie der Überlieferung nach, so handhabt eine spielerische Fertigkeit Begriffe wie Staat und Gesellschaft, Politik, Ordnung, zu einem zusammensetzbaren und zugleich auswechselbaren Schaustück, in das Eigenschaften des Einzelwesens als Gesetze und Direktiven hineinwachsen. Man soll nicht annehmen, daß der Einzelmensch auf seinem Lebenswege, der von der Geburt zum Tode führt, viel mit allen diesen Konstruktionen zu tun hat, nicht viel mehr als ein zusätzliches Gepäck, das er von Zeit zu Zeit gern abzuschütteln wünscht. Es ist doch schließlich so, daß der Mensch diesen seinen Weg gehen muß bei Regen oder Sonnenschein, im Sturm und Gewitter, oder von einer leichten Brise beschwingt, im Tageslicht und im Dunkel. Er muß den Weg gehen, ob er will oder nicht, und würde man schärfer zusehen, er hat mit dem ganzen Theater, das die Geschichtsschreibung um ihn herum aufführt, eigentlich wenig oder nichts zu tun. Er nimmt es hin, weil es offensichtlich zu seinem Gepäck auf den Weg gehört, erstaunt darüber, daß Glück gleich Unglück, und daß das Unglück sein eigentliches Glück ist. Wie jedes zu schwere Gepäck drückt es nieder, frißt an Spannkraft, und das Wahrnehmungsvermögen wird schwächer.

Er möchte nur – und das ist verständlich – gern wissen, wie lange das gehen wird, wie lang noch der Weg ist, wann etwa das Ende abzusehen ist. Es wäre falsch zu behaupten, daß ihn das Ziel erschreckt. Schweißbedeckt und vor Erschöpfung keuchend steht er am Wegrand, eine Wegmarke in dem grellen Licht vor sich, die nach dem Grad der Bewußtwerdung stechen wird, oder den Blick verlierend in Dämmer und Nebel und – fängt an zu schreien. Er hat Angst. Die Angst vor dem Leben, die Lebensangst. Ist es verwunderlich, daß zu allen Zeiten, mal Einzelne, mal alle zusammen, der Mensch sich erhebt und zu fragen beginnt, fragt nach dem Sinn des Lebens, dem Sinn?!

In seiner Angst ist der Mensch nur zu sehr davon überzeugt, daß er betrogen ist. Mehr noch als nur im Stich gelassen, allein ausgesetzt einer ihm unverständlichen Umwelt, dem Unglück und den Katastrophen des Zufalls preisgegeben – er ist auch betrogen. In zyklischen Kurven hat sich diese Angst in die Erwartung gesteigert, daß alles bald zu Ende sein wird. Es ist ihm versprochen worden, er hat es sich selbst versprochen. Siehe, dein Erlöser naht – und dann hat die Hoffnung sich als trügerisch erwiesen, der Höhepunkt ist vorübergegangen, die Welt hat sich nicht aufgelöst, es ist immer weniger und weniger geworden von dieser Erwartung – soweit er sie überhaupt verstehen konnte, wie jemand, der nach Wasser dürstet, eben in Wirklichkeit nur Wasser meint; statt dessen hat sich eine neue Spanne von Aufgaben unmerklich zwischengeschoben, es geht weiter, es sollte aufwärts gehen, es soll ... aus der Folge von Generationen steckt das dem Einzelnen im Blut, das große Versprechen der Erfüllung und der Erlösung. Es hat ihn befähigt, seine Kraft zusammenzuballen zu einer Anstrengung, die über ihn hinausgeht, einer gewaltigen Entfaltung des Lebens, aus der Erschütterung aller seiner Anlagen und Erkenntnisse heraus, in ein Glauben von unergründlicher Tiefe, in dem wirklichen Erlebnis, für das es sich lohnen würde, geboren zu sein ... ja, und dann bröckelt es wieder ab, es zieht sich alltäglich dahin, wie es vorher war und in die Zukunft hinein sein wird, vererbt von neuem von einer Generation zur anderen; weitermachen!

In dieser Welt muß etwas nicht richtig sein. Nicht vollkommen genug, da das Vollkommene so vielen Ausdeutungen unterworfen ist und ständig wechselt, mit den Jahreszeiten wie auch sonst. Was fehlt? Woran fehlt es? Irgend etwas ist verloren gegangen. Irgendwer hat etwas weggenommen, ohne das es auf die Frage nach dem Sinn des Lebens keine Antwort gibt, dem Sinn des In-die-Welt-Gestelltseins. Nach diesem Verlorenen sucht der Mensch. Jeder – nach seinen Anlagen und seinen Kräften und dem Grad der Bereitschaft, sich von vornherein jedem Spruch zu unterwerfen, der nach unserem Fassungsvermögen heute noch ein Urteil, später vielleicht einmal nur eine Aufklärung sein mag, wenn die behelfsmäßige Trennung zwischen Gut und Böse nicht mehr wirksam ist.

Am Beispiel der Albigenser

Die Legende der Albigenser ist nur zu verstehen aus einer soziologischen Analyse der ersten christlichen Jahrhunderte, aus den Gegensätzen zwischen der sich konsolidierenden Ordnung einer Gesellschaft, die von der Bewußtwerdung des Dasein-Erlebnisses durchdrungen nach dem Sinn zu fragen begann, und der zerfallenden Ordnung einer politischen Verwaltung, deren gesellschaftsbildende Kraft bereits aufgesogen war. Die Geschichtsschreibung hat diese gegensätzlichen Strömungen, die erst Jahrhunderte später und mehr zufällig unter dem Sammelnamen „Albigenser" zusammengefaßt wurden, recht stiefmütterlich behandelt, und, sofern sie überhaupt die gesellschaftsbildenden Faktoren behandelt, auf völlig irreführende Schwerpunkte verteilt. Sie beginnt nicht mit dem Straßenauflauf in Albi.

Im Rahmen dieser Anmerkungen zu einer umfassenderen soziologischen Studie kann die Geschichte der Albigenser nur gestreift werden. Sie beginnt nicht in Albi, sondern viele Jahrhunderte früher mit der ersten Christenverfolgung als politisches Ziel auf der Landestagung von Lyon, die ihrerseits von der kirchlichen Geschichtsschreibung betont vernachlässigt wird. Ihr Geschichtsschreiber, der Priester Irenäus, ist als Häretiker verdächtig. So entsteht in der staatspolitischen, noch mehr aber in der kirchenpolitischen Geschichtsschreibung dieser leere Raum über die Jahrhunderte bis zur Jahrtausendwende, mit dem der heutige Geschichtsanalytiker sich abfinden muß. Aus vielen hier und da auftauchenden Einzelheiten läßt sich zwar ein Mosaik zusammensetzen, das zum Beispiel u.a. Jacob Burckhardt in leuchtende Farben gebracht hat, aber keine geschlossene Übersicht gibt, aus der die gesellschaftsbildenden Kräfte sich abzeichnen.

Die Form der Gesellschaft wird durch den ständigen Ausgleich von Lebenserwartungen, die der Einzelne an die Gesellschaft stellt, bestimmt und zusammengehalten, vergleichbar mit dem Blutkreislauf im Körper. Solche Verbindungsströme werden durch eine Spitze geschleust und gesintert. Wird dieses System unterbrochen und versagt der Strom nach oben und unten, so stirbt zunächst die Spitze ab, die Zersetzung des Ganzen ist die Folge; noch wirkt die Spitze zwar nach dem Beharrungsprinzip eine Zeitlang weiter, die Zellen aber leben länger, sie sind überhaupt unzerstörbar, weil sie vom Leben getragen und erfüllt sind, solange der Mensch als Gattung im Leben steht.

Ordnung und Gesetz werden für die menschliche Gesellschaft zu eng. Die Menschen sind daran, zu ersticken. Sie suchen das, was hinter dem Gesetz steht, sich vertrauter zu machen und näher zu bringen, die Stimme – damit man besser hören, das Licht – damit man besser sehen kann. Es muß doch eben etwas falsch sein auf dieser Welt; was ist es? Gehorchen und sich unterwerfen, sich aufgeben – schließlich kommt es auf das Gleiche hinaus, wie dagegen revoltieren, niederreißen und zerstören. Jeder Tag dieses Lebens läuft ab nach einem unerschütterlichen Rhythmus, die Sonne geht auf und die Sonne geht unter; im Privaten und im kleinsten Ausmaß wie in dem größeren gerade noch erkennbaren Allgemeinen. In solchen Krisen, die von Zeit zu Zeit aufsteigen, sich verknoten und sich wieder auflösen, achtet man mehr auf die Einzelnen, die im

Ablauf der Zeit stehen bleiben, sich dagegen stemmen, einen Aufenthalt nehmen, außerhalb sind – ich glaube, nur weil sie lauter reden und weil alles ringsum vor Erschöpfung den Atem anhält und alles stiller geworden ist; denn jeder ist zu verschiedenen Aufenthalten einmal ein Abseitiger, und wenn es nur für den flüchtigen Augenblick wäre im Erlebnis einer Freude oder eines Leids. Diese Leute sprechen nicht von sich selbst, sondern etwas spricht aus ihnen heraus und durch sie hindurch, ein Teil von dieser Wesenheit, die hinter dem Gesetz steht und jeder Ordnung, etwas was schon verloren schien oder vergessen, nicht mehr erkennbar und bereits unvorstellbar geworden. Eine Kraft, die den Menschen wieder auf den Weg bringt, die Richtung weist, die das Treibholz im Strom über den Strudel bringt ... nicht stehen bleiben ...

Als die apostolischen Väter in der Zeit der glanzvollsten Machtentfaltung des römischen Weltreiches ihre Stimme erhoben, wurden sie besser verstanden als die griechischen und römischen Philosophen, die eine so vollkommene Konstruktion für das gedankliche Fassungsvermögen geschaffen hatten; genau gesagt, nicht besser, aber tiefer, sie lösten eine tiefer greifende Erschütterung aus. Wieder einmal begann der Mensch sich zu verstehen, sich selbst und seine Umwelt.

Mit einer ungeheuren Gewalt muß das den Einzelnen getroffen haben, der Mensch wuchs über seine eigenen Grenzen hinaus.

Er begann wieder zu hören auf das Wort, das ihm verkündigt wurde, das schon vergessene und nun wieder erneuerte Versprechen: das Ende, das nahe Ende, die Erlösung – so wie sie sich vorbereitet und manifestiert, wie sie sich erfüllen wird, nach dem Unterpfand und den Worten des Erlöser-Gottes selbst. Hatte das Leben nicht erst jetzt wieder einen Sinn bekommen? Gott ist näher, wenn er aus den Menschen heraus selbst spricht, machtvoller und strahlender und auch verständlicher. Das, was der Einzelne braucht, um das Leben ertragen zu können, ist diese innere Erschütterung. Sie ist ausgedrückt in der Liebe, der alles Geschaffene umfassenden Liebe, die in der Sehnsucht nach der Auflösung sich erfüllt. Gott ist nah.

Die Bekenner von Lyon

Der Ursprung der Albigenser liegt in den Schriften der Apostel Marcion und Montan, den Häretikern, die, wie der Name besagt, das Besondere aus einem Allgemeinen herausgehoben und entfaltet haben, die das Evangelium verstanden und weitergetragen haben als eine Botschaft von der Erlösung vom Fleisch, eine Erlösung des Menschen von Leidenschaften und Hoffnungen und von dem, was menschlich ist – menschlich, das ist widerlich, ekelerregend und stinkend (Tertullian), von allem, was in der Wirkung zusammengefaßt werden kann in dem Begriff der Lebensangst.

An jenem 1. August des Jahres 177 in Lyon rottete sich vor dem Altar, der zu Ehren Roms und des Kaisers errichtet war, das Volk zusammen in panischer Angst vor der Unsicherheit aller Existenz, der ständigen Bedrohung des Landes durch fremde Grenzstämme, der sich ständig verschlechternden wirtschaftlichen und politischen Lage des Imperiums und verlangte von dem Statthalter die Bestrafung der „Schuldigen". Da waren diese seltsamen Leute, die von der Erlösung predigten, aus denen der Geist sprach, der die Unsicherheit verbannte, der die Menschen frei machte von Furcht und Zittern um die Existenz. Der jüdische Gott und die vielen kleinen und großen Götter der Griechen und Römer und der von diesen unterworfenen Völkerschaften, die bisher friedlich miteinander ausgekommen waren, hatten sich sichtbar von den Menschen abgewandt zur Strafe für die Duldung einer Minderheit aus allen Stämmen und Massen, aus denen der Geist sprach von einem Gott, der die Menschheit erlösen würde. Man schrie auf die kaiserlichen Beamten ein, die Schuldigen zu bestrafen, mehr noch, auch die Schuld selbst in der Wurzel auszurotten, nicht nur die Menschen, sondern auch den Geist. Das Volk verlangte die Verleugnung des Geistes, die Abschwörung der Erlösung – der Mensch hat zu bleiben wie er ist, in seiner Not und in seinem Dreck, in seiner Angst, zwischen dem Wohlwollen und der gerechten Strafe der Götter. Die Vertreter der staatlichen Ordnung traf dieser Aufruhr unvorbereitet, es lagen keine besonderen Anweisungen für diesen Fall vor. Die Christen, wie sie genannt wurden, waren bisher in den allgemeinen Verordnungen den Zugehörigen zu den verschiedensten Glaubenssystemen gleichgestellt. Welches Verfahren sollte infolgedessen Anwendung finden? Sie schrieben daher an Mark Aurel, stellten den Fall vor und baten um den kaiserlichen Entscheid. Dieser, als Stoiker mit höheren philosophischen Problemen beschäftigt, um sich mit solchen Streitfällen zu befassen, fertigte die Eilboten ab mit der Botschaft: Sperrt sie ein und verfahrt nach der Regel. Die Regel war, eine Schuld zu konstruieren, den Schuldigen durch Folterungen zum Geständnis seiner Schuld zu bringen und ihn sodann der Strafexekutive zu überantworten. Wessen aber waren diese Christen schuldig? – diese Frage konnte nach der damals herrschenden Rechtsauffassung, die auch noch unsere Zeiten bestimmt, nicht eindeutig entschieden werden; es fehlte der persönliche Kläger, der persönlich Geschädigte, das geschädigte Objekt, sogar die Autorität der Ordnung, die als geschädigt hätte angesprochen werden können. Man mußte sich daher damit begnügen, die Aufgegriffenen unter Drohung mit Strafe zu zwingen, ihrem Glauben abzuschwören, dem Glauben an die Erlösung.

Und hier geschah das Wunder, das in seiner weiteren Auswirkung die spätere Organisation der christlichen Kirche erst geschaffen hat und richtungweisend beeinflußte, wenn auch längst wieder von abschwächenden Interpretationen verwässert und überschattet: die so Aufgegriffenen und vor den Altar Geschleppten schwuren nicht ab, sie bekannten, sie waren stolz darauf zu bekennen, sie drängten darauf zu bekennen – kein Haar wäre ihnen gekrümmt worden, und die Menge wäre in Ruhe und befriedigt wieder auseinandergegangen. Es kamen zu diesen Bekennern immer neue hinzu, hohe Richter, hohe Staatsbeamte traten auf die Rampe des Forums und bekannten wie schließlich einer der beiden Prätoren selbst ... Christianus sum ...

Aufruhr hatte das ganze Land erfaßt, Aufruhr gegen die Männer, Frauen und Kinder, die einer inneren Stimme folgten, nachdem es sichtbar geworden war, daß diese außerhalb stand der menschlichen Gesetze, jener Ordnung, zu deren Erlösung sie mit aufgerufen waren. Das Einfangen der Christen ging leicht vonstatten, zumal sie von selbst sich zum Richterstuhl drängten. Der Prozeß zog sich längere Zeit hin, wie es in den Chroniken heißt, und wurde ohne Mitleid durchgeführt. Die Verurteilten wurden in der üblichen Weise gefoltert, dann erdrosselt und den wilden Tieren vorgeworfen. Ein großer Teil, der geistig und körperlich schwächere, starb bereits unter der Folter. Die Geschichtsschreibung hat die Namen dieser Bekenner nur unvollkommen aufbewahrt, eine Chronik darüber von Irenäus ist verloren gegangen. Der Geschichtsschreiber Eusebius zitiert noch aus dieser Chronik, aber da er erst sehr viel später schrieb, als die Kirche sich bereits organisiert hatte und die Glaubenssätze kanonisiert worden waren im Sinne eines Ausgleichs der verschiedenen noch von einander abweichenden Auffassungen, und obendrein die Bekenntnisse dieser Märtyrer sich nicht mehr mit der später kirchenoffiziell gewordenen Lehre vollinhaltlich deckten, also später noch rückwirkend als Häretiker gewertet werden mußten, so berichtet er nur der Vollständigkeit halber darüber und nicht ohne leichten Spott. Das Gerechte ist von jeher für die Gesellschaft ein stärkeres Fundament als das Gute. Der Kaiser Mark Aurel schrieb dazu eine Maxime, die im zehnten Buch seiner Lebensbetrachtungen enthalten ist: „Wie ein Schwein, das an der Schlachtbank ausschlägt und ein Geschrei erhebt, so stelle dir den Menschen vor, der irgendworüber Trauer oder Unwillen empfindet. Von ähnlicher Art ist auch der, welcher auf seinem einsamen Lager in der Stille unsere menschliche Gebundenheit beseufzt. Denke doch daran, daß es dem vernünftigen Wesen allein verliehen worden ist, dem was geschieht, freiwillig zu folgen; schlechthin aber sich darein zu schicken, ist für alle eine Notwendigkeit."

Hier beginnt die Legende von den Albigensern.

Vom Wert der menschlichen Existenz

Aus dem Versuch einer Überbrückung des Dualismus von Gut und Böse haben die frühchristlichen Jahrhunderte die Trennung zwischen Gesetz und Glauben geschlossen; das Gesetz dient dazu, das Leben zu verlängern, der Glauben, es abzukürzen. Die Lebenserwartung des Einzelnen, auf sich bezogen, verdichtet sich in die Hoffnung auf Erlösung. Diese Hoffnung schwingt als tieferer Unterton im gesellschaftlichen Umbau und Zerfall des römischen Reiches. Auf der Suche nach dem Glauben, der mehr ist als das Gesetz, stießen die apostolischen Väter auf

Gott. Die Vorstellung des hl. Augustinus vom Reich Gottes auf Erden ist dieser Wurzel entsprossen. Sie sprechen von diesem Gott, und Gott sprach aus ihnen. Das Wunder, bisher ängstlich von den Wenigen und Auserwählten behütet, wird Allen gemeinsam, das Wunder in einer Menschheit, die frei von Lebensangst ist und bald auch frei sein wird von dem Gesetz, denn der Glaube erfüllt nicht nur das Gesetz, sondern er bindet das, was die Gesellschaft zur Not zusammenhält, in ein Jenseits von Glück und Ewigkeit.

Für die Albigenser war der logische Unterbau dieser Gegensätze in der soziologischen Analyse verblaßt und verloren gegangen. Sie übernahmen die Vorstellungen des hl. Augustinus in der primitiven Weise ihrer Zeit, übersahen die Hülle, um den Inhalt vorwegzunehmen. Ihr Versuch eines Reiches Gottes auf Erden war einerseits getragen von der Enttäuschung der Hoffnung auf ein nahe bevorstehendes Ende dieser Welt – die tausend Jahre waren vorübergegangen, ohne daß sich an dem Stand ihrer Lebenshaltung etwas geändert hätte –, andererseits von dem gefühlsmäßig niederdrückenden Bewußtsein, daß alles menschliche Wesen zum Leben verurteilt ist. So ist ihre Lebenshaltung, ihre Gesellschaftsform und das Consolamentum als eine Art Garantieschein für die Erlösung und zwar im Augustinus'schen Sinne zu verstehen, nämlich behelfsmäßig. Das Consolamentum gab dem Gläubigen gegenüber Gesetz, Gesellschaft und Moral (Lebenshaltung) eine gewisse Freiheit. In der Interpretation dieser Bindung aus dem Glauben heraus war die Kirche mangels begnadeter Kirchenlehrer und Interpretatoren dazu nicht mehr fähig. Das Schwergewicht der Kirchenpolitik hatte sich auf das Gebiet der politischen, der gesellschaftsbindenden Macht verschoben.

Es gehört im Gegensatz zu einer weit verbreiteten Ansicht zum Wesen des Menschen, daß er nach dem Grad seiner Lebenserwartung danach strebt, allein zu sein; zur Gesellschaft wird er erzogen. Die Lebenserwartung mit der Gesellschaft gleichzusetzen, erscheint als eine bald stärkere, bald schwächere Hoffnung, als ein ferner Traum, in dem der eigene Zweifel lebendig bleibt. Wird diese Hoffnung schwächer und ist zugedeckt durch die tatsächlichen Erfahrungen einer Gegenwart, so wird der Einzelne danach trachten, seinen Nachbarn wegzubeißen und umzubringen. Schließlich ist das Leben der einzige und sichtbare Wert, den der Mensch an Existenz mitzubringen hat, diese daher zu vernichten das gegebene Ziel. Im allgemeinen liegt dieses Ziel, zum besseren Verständnis in das Gegenteil verkehrt, auch dem Gesetz zugrunde und jeder gesellschaftlichen Ordnung; stirb nach der Regel und ohne nicht noch zusätzlich dabei den anderen zur Last zu fallen. In Zeiten, in denen diese Regel an Wirksamkeit verliert, an Allgemeingültigkeit, verliert auch das Leben im Rahmen dieser Ordnung durch Gesetz seinen Wert, seinen Marktwert, es verändert seinen Wert und kann für die verschiedensten Zwecke eingesetzt werden, zur Bindung oder zur Abschreckung oder zu sonst einer Standardfunktion. Als Einzelner auf sich allein gestellt, als Einzelgänger mag der Mensch nicht allzu gefährlich sein für seine unmittelbare Umwelt, zur Gesellschaft zusammengetrieben verlieren aber Schutz und Abwehr ihren Sinn. Dann werden Menschen umgebracht zum Spaß und für den Bestand einer immer mehr zweifelhaft gewordenen Ordnung, die vielleicht bereit sind, weiter am Leben zu bleiben. Denn von dieser Bereitschaft lebt schließlich die Gesellschaft der anderen, die zusammengewürfelte Gesellschaft der Gesetzgeber und Administratoren. Das ist das Entscheidende: es werden diejenigen Leute umgebracht, die den Mut aufzeigen, die Entschlossenheit, das Leben dem Menschen erträglicher zu machen. Auf dieser Welt haben die Menschen schon immer sich gegenseitig umgebracht. Trotz hier und da auftauchender gegenteiliger Behauptung ist in der Gesellschaft der existientielle Wert eines Lebewesens nur gering. Im Grunde fühlt das der Einzelne und richtet sich danach ein. Nicht die Gesetze schützen den Menschen, die Gesellschaftssysteme und Versprechungen, sondern sein Anpassungsvermögen, seine Unterordnung und Unterwerfung vor der Erkenntnis und dem Erlebnis seiner Existenz. Sie schützen ihn zur Not, soweit eben seine Anpassung reicht. Der Mensch klettert herum auf der Stufenleiter seiner Lebensangst – im Dunkel, meist vermag er nicht einmal zu entscheiden, ob nach oben oder nach unten.

Das Consolamentum der Albigenser war der primitive Wunsch, die Menschheit von der Lebensangst zu befreien, noch primitiver gesagt, von der Strafe, die aus der gesellschaftlichen Bindung und der Ordnung der Lebenshaltung erwachsen mochte. (Später sollten ihn die Puritaner unter veränderten Verhältnissen auf einer anderen Ebene wiederholen.) Es hob das Einzelwesen aus diesen Bindungen heraus und stellte in seiner höchsten Form durch vollkommene Askese das Individuum allein vor das Angesicht Gottes, des Erlösers, nicht mehr im Jenseits, sondern bereits in dieser Welt. Im kirchlichen Dogma findet man das im Sakrament der Taufe abgeschwächt. Der Einzelne zehrt nicht mehr vom Nächsten, um in seiner gesellschaftlichen Bindung einer politischen Macht unterworfen zu sein. Es war der Versuch, den Menschen aus seiner parasitären Lebensform zu lösen.

Der Versuch ist gescheitert. Nicht weil er eine die benachbarten Länder überragende hohe äußere Lebenskultur entwickelt hatte, deren zivilisatorische Ansätze noch nachwirken – auf das Gewissen vor Gott und den Einzelnen gestellt, besaß diese Lebensform kaum wuchernde Anziehungskraft genug, ohne politische Macht für ihre Ausbreitung einzusetzen –, sondern weil die gesellschaftsbindenden Kräfte den Menschen als Einzelwesen nicht anerkennen, weil der Mensch in der biologischen Reihe ein Parasit und den parasitären Gesetzen der Lebenshaltung unterworfen ist. Er kann revoltieren, aber nicht erobern.

Kann man die Intensität körperlicher Schmerzen mit einem Apparat messen? Den Verlust von Eigentum, Familie und äußerem Frieden? Klagen sind kein schlüssiger Beweis, auch nicht der Schrei der Gefolterten, das Todesröcheln. Das sind Begleiterscheinungen, die sicherlich quälender für den Danebenstehenden sind. Dagegen läßt sich der seelische Schmerz fixieren. Der Verlust der Erlösungshoffnung ist wirklicher und in Wirklichkeit unerträglich, im Grunde unvorstellbar, weil die Existenz daran gebunden ist, die diesseitige wie die jenseitige. Nur der entfernteste Zweifel daran, die Möglichkeit eines solchen Zweifels muß die Menschheit in Raserei bringen, zu einem Amoklauf gegen Gott. Die Menschheit hat einen geringen Schatten in der Vorstellungswelt davon abbekommen, ein Schatten, der das Leben beherrscht, die Organisationsformen, die sogenannte Moral und die Gesellschaft – den Herdenstempel, die Lebensangst.

Aus der Perspektive in die Zukunft

Die Revolte der Albigenser wird in der Geschichtsanalyse meist kollektiv gewertet. Dies hauptsächlich deswegen, weil die darin aufgetretene Gemütswucht ein vereinheitlichtes Massenbewußtsein zur Voraussetzung haben sollte. Trotzdem ist es die Revolte des Einzelnen; auch das Kollektivgefühl der folgenden Jahrhunderte, das den Individualitätsbegriff der Renaissance und der humanistischen Gesellschaftsordnung des Mittelalters geschaffen hat, beruht noch auf dem Einzelwesen.

An der zweiten Jahrtausendwende stehen wir wieder vor einer Revolte gegen die Lebensangst, aber unter grundsätzlich veränderten Bedingungen. Der Existenzkampf der Gattung Mensch hat sich geändert. Das Kollektivitätsbekenntnis des mittelalterlichen Menschen ist zur Selbstbehauptung des Individuums gegen den Kollektivmenschen umgewandelt. Formen und Ziel der Ausrottung sind dieselben geblieben, das Tempo hat sich verschärft.

Von der inneren Kraft dieses Existenzkampfes, der die Gattung Mensch charakterisiert, ist nichts verloren gegangen: nichts geht verloren, was vor 1000 Jahren war und heute ist und morgen sein wird. Der Einsatz der Persönlichkeit unterliegt durch den Fortschritt der Zivilisation einer allgemeinen Nivellierung. Das Empfindungsvermögen der Menschen in dem Vermassungsprozeß ist schwächer, weniger ausgeprägt und gleichgültiger gegenüber der Lebenserwartung; der Kollektivmensch trägt auf dem Wege zum Tode ein leichtes Gepäck. Er wird um ein Vielfaches schneller verbraucht. Die Formen der Abschnürung seiner Lebensexistenz bleiben ohne individuell betonte Nachwirkung in die Zukunft, eine Ziffer nur auf der Akzelerationstabelle. Dieser Mensch trägt nur noch in einem geringen Grade die Verantwortung aus der Vergangenheit und die Verantwortung in die Zukunft. Am laufenden Band rückt er zur Schlachtbank hin; was dann bleibt, wird im Umsetzungsprozeß bei rasch schwindender Erinnerung aufgesogen, Humus für die Nachfolgenden und deren Existenzgrundlage. Das Leben des Menschen ist leicht geworden und in Zivilisation getaucht.

Das Kollektiv dieser Gattung erscheint zunächst unüberwindlich, eine übermächtige Technik walzt alles platt, geistig wie materiell. Dagegen wird das Gepäck des Individualbewußten schwerer. Eine Revolte allein gegen die Akzeleration und den Kollektivierungsprozeß scheint aussichtslos, weil dieser Prozeß vom Parasitären her naturgebunden ist. Die Revolte, zu dem das Individuum gezwungen wird, ist das innere Feuer, an dem das Individualbewußtsein, die Erkenntnis, ein Einzelwesen zu sein, verbrennt.

Es besteht eine sehr weite Spanne zwischen beiden Grundprinzipien. Auch der Kollektivmensch verliert nicht alle Individualität, er muß ständig Reste verarbeiten, in Empfindungsrückständen von Lust und Mißvergnügen, von Freude und Leid und im Rausch eines flüchtigen Glücks. Nur gibt der Zeiger an der Schalttafel das Signal, wann er liquidationsreif geworden ist, dann nämlich, wenn Gefahr besteht, daß etwas davon in die Zukunft wirkt; das würde ihn unverletzlich machen.

Aber auch das revoltierende Individuum ist den Einflüssen des Kollektivierungsprozesses ausgesetzt und schleppt ständig Rückstände davon mit sich, lähmende Hemmungen, die Versuchung zur Überheblichkeit, den Führungsanspruch. Mit einer ungeheuren Gewalt bricht die Erkenntnis der Einzelpersönlichkeit durch, das in der Generationenfolge aufgehäufte Versprechen der Gottähnlichkeit, die Nachfolge und die Bereitschaft des Opfers. Die Anreicherung dieser Kraft wird einmal mit Leichtigkeit das Akzelerationsprinzip der Technik beiseiteschieben mit allen ihren Folgen in der Gesellschaftsbildung. Die Blattläuse werden in Bewegung geraten. Es liegt beim Einzelnen, und die Zeit scheint noch nicht reif. Wir sind scheint's noch in der Vorahnung dieser Revolte, wir sammeln noch die Steine, auf denen eine spätere Generationsfolge bauen wird, jeder nach seinen Kräften und nach seinem Erkenntnisbereich und nach dem, was er mitbringt und zu opfern bereit ist. Das Leid und die Last, unter denen manch einer heute zusammenbricht, setzt sich um in glückhafte Beschwingung für Nachfolgende, der Gedanke, den wir nicht zu Ende denken, wird von einem Späteren vollendet. „Wahrlich ein Elend ist es, auf Erden zu leben" – wir wissen bereits, daß dieser Satz Thomas von Kempens im nächsten Jahrtausend vielleicht keine Gültigkeit mehr haben wird, wenn die Revolte, die Lösung von der parasitären Lebenshaltung allgemein geworden sein wird.

ANHANG

Zur Vorgeschichte der Kreuzzüge gegen die Albigenser

Es mag heute gleichgültig sein, ob Schriften der Albigenser vorhanden waren oder verbrannt sind. Was vorhanden ist, spätere Rechtfertigungen, die Inquisitionsprotokolle, – alles sind nur Begleiterscheinungen am Rande. Wichtiger ist, daß man aus den spärlich genug vorhandenen Materialien, den Schriften der Gegner, den Geschichtsschreibern der Hinrichtungen die eigentliche Grundkonstruktion der albigensischen Lebensauffassung herauslesen kann. Sie läßt sich wieder rekonstruieren, wenn man von der Behandlung des Grundprinzips, nämlich der Lebensangst ausgeht. Ich fürchte mißverstanden zu werden, wenn ich sage, daß die Ausrottung selbstverständlich war, von diesem Grundprinzip aus, solange das Leben als eine Einheit angesehen und auf menschliche Organisation gegründet ist. Es kann nicht zwei Leben nebeneinander geben, zwei Auffassungen, von denen die eine die andere aufhebt.

Die Planung und Führung der Kreuzzüge gegen die Albigenser sollte man in der Perspektive nicht überschätzen. Es ging alles sehr einfach zu. Der ungeheure Stoß, der durch die Revolution um den Sinn des Lebens und den Wert der menschlichen Existenz ausgelöst wurde, wirkte nicht unmittelbar. Ganz abgesehen davon, daß er wenigstens nach der Geschichtsschreibung selbst im europäischen Raum überwiegend lokal beschränkt blieb, ging es in den machtpolitischen Auseinandersetzungen in Wirklichkeit nicht um die Albigenser; sie wurden nur benutzt und vorgeschoben, und ihre Ausrottung vollzog sich nebenbei, als Anhängsel. Eigentlich erst in unserer Zeit schlägt eine Nachwirkung durch, wird dieses ungeheure Ereignis in seiner vollen Bedeutung offenbar, weil jetzt die Menschheit wieder vor einer gleichen Entscheidung steht: nicht weiter der Frage nach dem Sinn des Lebens auszuweichen, die entsetzliche und den Menschen als existentes Wesen so tief erniedrigende Tatsache der Lebensangst als primäres und beherrschendes Erlebnis hinzunehmen, und eine Stellung dem gegenüber zu finden, die gleiche, der auch durch alle Nebel der Jahrhunderte hindurch frühere Generationen nicht ausgewichen sind, die sie, wie die Albigenser, herausgefordert haben, eine Entscheidung unter vielleicht einfacheren und glücklicheren Existenzbedingungen zu finden als wir heute.

Es muß erwähnt werden, daß das Ziel der Kreuzzüge gegen die Albigenser nicht das ursprünglich spirituelle der Ausrottung der Häresie gewesen ist. Das ist insofern interessant, als sich heute die ernsthafte Geschichtsschreibung darüber einig ist. Das Bild hat sich auch in der Historie wesentlich verschoben und das, was als ein höchster Triumph der Kirche auf Erden viele Jahrhunderte lang hingestellt wurde, mit allen sich daraus ergebenden Begleiterscheinungen – die fanatischen Angriffe der Vertreter von Toleranz und Humanität mußte die Kirche in Kauf nehmen, und wie man sehen wird, im Kern zu Unrecht –, das schrumpft zu einem episodenhaften Nebenher zusammen, zu einem Mißverständnis und einer Mißdeutung der Mittel, zu einem Mißbrauch des Glaubens und der Glaubensordnung, nicht im Sinne einer höheren göttlichen Ordnung, sondern zum Zwecke von Kämpfen und Konkurrenzmanövern um eine weltliche Ordnung, um die politische Macht. Am Ende ist die Kirche, die sich bereitwilligst in ihren weltlichen Administrationsspitzen in diesen Kampf eingelassen hatte, darin unterlegen, die Waffe, mit der sie aufzutreten gedachte, ist ihr sehr bald aus der Hand gewunden worden, nicht nur unwirksam gemacht, sondern auf die Dauer gegen sie selbst gekehrt. Die Kirche ist ein Opfer geworden, in der Auswirkung des gleichen Opfers, mit dem die Albigenser schon vorangegangen sind – Christus lebt, von Ewigkeit zu Ewigkeit; die Kirche in ihrem Kampf um die politische Macht hat es, Ironie des Geschicks, gerade in ihren Kreuzzügen gegen die Albigenser erfahren. Die Ausrottungskampagne, in ihrem Ziel und in ihren vielen schrecklichen Einzelheiten, erscheint allmählich in einem anderen Licht. Das Purgatorium auf Erden, eine Charakterisierung des irdischen Lebens, mit der man heute wieder vorzugsweise operiert, wird in seiner umfassenden Bedeutung offenbar. Der Weg der Kirche als Vollstrecker der göttlichen Macht und Gerechtigkeit, als Strafende und als Rächer führte dicht an einen Abgrund. Sie kam noch gerade über die kritische Paßstelle hinüber, aber sie konnte auch nicht mehr zurück; die Opferung der Albigenser hat die Kirche über die Krise hinübergebracht;

Jahrhunderte später sollte sich das, wenn auch in anderer Form und unter veränderten Umständen, wiederholen. Ähnlich wie ihre Priester und Parfaits haben die Albigenser als größere Gemeinschaft das Böse auf sich gezogen und konzentriert, und in der Auswirkung die Kirche aus ihrem Irrtum gelöst. Man darf das nicht verschweigen oder tunlichst vergessen machen wollen, denn in noch umfangreicherem Maße teilt die Kirche auf Erden das Schicksal der Albigenser, die sichtbare und greifbare Erlöserin von dem Übel, das Erlösungsversprechen und darin erst der Träger, der Interpret und der Führer im Glauben an Gott. Solange die Kirche „albigensisch" bleibt – das ist es, was man heute wieder zu erkennen beginnt –, wird sie in der Lage sein, das Opfer auch wirksam zu machen, vor Gott für die Gläubigen, die Menschen dieser Welt und Zeit.

Die neueren Historiker bemühen sich, in dem Ablauf der äußeren Geschehnisse in den Kreuzzügen gegen die Albigenser einen scharfen Trennungsstrich zu ziehen zwischen dem mehr spirituellen Kreuzzug, als welcher die Zeit angegeben wird, in der die Kirche sich dahin entschied, sich des weltlichen Armes und der Macht der Fürsten zu bedienen, die Vorbereitungszeit und die im Grunde entscheidendere in der großen Auseinandersetzung zwischen Gut und Böse – und den aufeinander folgenden Kreuzzügen, denen der Kampf um die politische Einheit Frankreichs und ihre Abgrenzung auf das im wesentlichen noch heute gültige Landgebiet zu Grunde lag. In dieser treten die spirituellen Fragen zurück. Allerdings, die einmal im Zuge befindliche Ausrottung bleibt. Das ursprüngliche Propagandaziel hatte sich als wirkungsvoll genug erwiesen, als daß man es ohne die Gefahr des äußeren Rückschlages hätte auswechseln können. So folgte denn der Opferung der Albigenser auch das Opfer der Kirche; sie hat Maßnahmen mit ihrer Autorität schließlich decken müssen, deren sie sich heute schämt.

Viel Aufhebens gemacht wird von der Ermordung des päpstlichen Legaten Pierre de Castelnau, die unmittelbar den Aufruf des Papstes an die Fürsten zum Kreuzzug zur Folge hatte. Ganz abgesehen davon, daß man heute in der Beurteilung solcher provokatorischer Handlungen sehr mißtrauisch geworden ist, weil ihr Ursprung meist auf diejenigen Kreise zurückzuführen ist, denen sie zur Auslösung einer Aktion dienen – hatte der Kreuzzug in Wirklichkeit schon viel früher begonnen. Der französische Historiker Pierre Belperron schließt mit diesem Datum, dem 12. Januar 1208, bereits die erste Phase der Kreuzzüge, die er von 1147, der Bestellung des hl. Bernard zum Reformator des Zisterzienser-Ordens, bis 1208 rechnet. Dazwischen liegen die Konzile von Tours (1163), Saint-Felix-de-Caraman (1187) und Lombers (1178). Auf dem lateranischen Konzil (1179) rief Papst Alexander III. die weltliche Macht zur Bekämpfung der Häretiker zu Hilfe. Er bezog sich dabei auf eine frühere Vereinbarung des Papstes Lucius III. „ad abolendam", die dieser gemeinsam mit dem deutschen Kaiser Barbarossa auf dem Konzil von Verona getroffen hatte. Der Kampf wurde überwiegend in den öffentlichen Streitgesprächen innerhalb des Klerus ausgetragen. Alle noch erhalten gebliebenen Urkunden sprechen davon, daß die von Rom gesandten Missionen sich mehr mit der Reform des Priesterstandes im Rahmen der Rom anhängenden Kirche zu befassen hatten. Die reformistischen Tendenzen, die, oft nur um den Schuldigen zu decken, als Häresie angeprangert und denunziert wurden, hatten ausschließlich in dem Sittenverfall der Priesterschaft ihren Ursprung. Man diskutierte über die Reinheit der Lebensführung, und wo es ihnen nützlich und zweckmäßig erschien, mischten sich die Fürsten in diese Diskussionen ein. Eine orthodoxe Interpretation wurde vorgeschoben und den weltlichen, oft nur lokalen Interessen untergeordnet. Man diskutierte über die Einhaltung der göttlichen Gebote und ihre Interpretation, die Askese und das Leben nach dem Tode – auf der einen Seite die mit weltlichem Gepränge auftretenden Prälaten und Mönche, deren aller Sitte hohnsprechendes Treiben hinter den Klostermauern dem Volk nur allzu sichtbar war, auf der anderen Seite die „Parfaits" der Albigenser, um diese Zeit noch meist aus dem allgemeinen Priesterstande hervorgegangen, Bischöfe und Mönche als Reformatoren und nur stufenweise und zögernd von der Kirche abgedrängt, in apostolischer Armut und in immer fanatischer werdender Askese als der einzigen Waffe der Verteidigung im Angriff und der Provokation. Dem hl. Bernard, der nach anfänglichen Erfolgen seine Mission scheitern sah, nicht am Widerstand seiner häretischen Gegner, sondern an dem Unverständnis seiner Auftraggeber, an der Zerstörung seiner Reformtätigkeit aus den Kreisen seiner eigenen Begleitung heraus, schrieb der Papst, als er sich wieder in sein Kloster zurückziehen wollte, um über die Ursachen seines Mißerfolges nachzudenken: „L'action vaut mieux que la contemplation ... Vous n'avez pas réussi comme vous vouliez, mais ce n'est pas le succès que Dieu récompense, c'est le travail ..." Innozenz fügte hinzu: „Insistez, argumentez, implorez, et avec la force de patience et d'éloquence ramenez les dévoyés." Die Geduld war nicht die Sache der Fürsten und der mit ihnen verbundenen Prälaten. Der hl. Bernard zog sich in das Kloster zurück. Der spanische Bischof Diego d'Osma, der sich mit seinem Kapitelvorsteher Dominique de Guzman, dem späteren hl. Dominikus, dem Papst zur Verfügung gestellt hatte, die Häretiker durch Beispiel und Belehrung der Kirche zurückzugewinnen, legte die Mission wieder in die Hände des Papstes zurück, müde der Intrigen der Prälaten und Fürsten, die ihn und seine Brüder als spanische Sendboten politisch verdächtigten, Spione des Königs von Aragon zu sein. Der hl. Dominikus hatte resignierend über die Abtrünnigen, die er in den Schoß der Kirche zurückführen sollte, nach Rom berichtet: „Ich finde nichts Böses an diesen Menschen."

In dieser entscheidenden Krise der Kirche wird im Jahre 1198 der römische Kardinal Lothar Segni mit 38 Jahren zum Papst gekrönt, der einzige Priester in der Kurie Roms, der dank seines tiefen Wissens, seiner asketischen Lebensweise und seiner stahlharten Energie berufen zu sein schien, die Krise der Kirche zu meistern, Sinn und irdisches Ziel der Kirche wiederzufinden, die Kirche als Mutter und Führerin der Gläubigen, die gerade über dieses ihr Ziel in Zweifel und Unordnung geraten war. Die außerordentliche Persönlichkeit dieses Papstes hat der Geschichte der folgenden Jahrhunderte ihren Stempel aufgedrückt; niemand wird heute klar zu entscheiden wagen, nachdem der Anspruch der Kirche auf machtpolitische Führung in der irdischen Welt sich als Fehlschlag und im weiteren Sinne daher sich auch als ein Irrtum erwiesen hat – zu wessen Bestem: für die Gläubigen und den Glauben, für die Kirche selbst als die Statthalterschaft Christi auf Erden, deren Grenzen offenbar geworden sind, oder für die Entfaltung der weltlichen machtpolitischen Kräfte, die losgelöst von der jenseitigen spirituellen Bindung einen selbständigen Entwicklungsweg gefunden haben ... ist hier noch ein Kompromiß möglich und deutet er sich in äußerlichen Vereinbarungen an? ... niemand wird das beantworten wollen. Die Unvollkommenheit in der Erkenntnis des Lebensziels beim Einzelnen, die Unbehagen und Revolte im Bewußtwerden des Gewissens hervorruft, ist auf Ordnung und Gesetz im Weltmaßstab projiziert, der Kampf um den Ausgleich und die Erlösung ist permanent geworden und scheint verewigt, sofern die Begrenzung auf unsere kurze Lebensspanne das zuläßt, im Erlebnis ewig – sollte es heißen. Das sind die Folgen. Nur ein Papst, der nicht davor zurückschreckte, keinen wie immer gearteten Kompromiß zuzulassen, konnte von sich sagen: kraft meiner Berufung bestimme ich und trage vor Gott die Folgen, ich allein – ein Gedankengang, der dem der Albigenser sehr ähnlich war. Die Berufung war gegeben und auf den Glauben gegründet, die Folgen, mochten sie eine menschliche Katastrophe nach sich ziehen, blieben schließlich zeitgebunden, menschlich – mit allen Schwächen und Irrtümern, die dem Menschenwesen anhaften. Sie zu beseitigen, wenn die Bestimmung sich als falsch erweisen würde, ist das sich immer wieder erneuernde Lebensziel der Kirche. Mit dieser Bestimmung war das weitere Schicksal der Albigenser besiegelt, der einzelne Mensch zählt nicht, auch nicht die Masse der Einzelnen. In seiner Jugend hatte der Priester Segni einige der Grundauffassung dieser Zeit zuneigende Schriften verfaßt, die weitgehend aus dem Geist der Albigenser geboren scheinen: „Das Elend ist das Geschick des Menschen ... die menschliche Natur ist verdorben und verdirbt mehr und mehr ... die Welt und unser Körper altert dahin ..." Er konnte daher die eigentlich motorische Kraft in der irdischen Bindung dieser Menschen verstehen, die später, als man daran ging sie als Gesellschaftsform zu vernichten, Albigenser genannt wurden. Er hatte sich als Oberhaupt der Kirche inzwischen ein anderes Ziel gesteckt: das Leben – statt der Hoffnung auf Auflösung, und zwar mußte zuerst die Kirche leben, wenn dem Auflösungsprozeß des Einzelbewußtseins Einhalt geboten werden sollte. Dank seiner überragenden Persönlichkeit hat der Papst Innozenz III. das auch durchgesetzt. Sein Werk ist in Stücke zerfallen, er hat die spätere Reform nicht aufgehalten, er hat ihr indirekt den Weg bereitet – und auch hier, Irrwege der menschlichen Entwicklung, zum Bestehen der Kirche, die sich in ihren Niederlagen erst spirituell zu einem tieferen Lebensziel entfalten konnte.

Zum Vollstrecker der kirchlichen Macht wurde der Zisterzienser-Abt Arnaud-Amoury eingesetzt, ein Mann im Rahmen seiner Aufgabe von dem gleichen Format des großen Papstes, von fanatischem Eifer beseelt und rücksichtslos in Verfolgung der machtpolitischen Interessen der Kirche, die an die spirituellen gebunden waren, gleicherweise verantwortlich für die Auslösung der Kreuzzüge und ihren Erfolg wie ihren späteren Mißerfolg. Das Leben dieses streitbaren Abtes ist von einer in der Geschichte beispiellosen Machtfülle umgeben. Mit der gleichen Unerbittlichkeit wie gegen die Häretiker ging er auch gegen die weltlichen Machthaber vor, gegen die Kreuzfahrer selbst, in deren Heerführer, dem normannischen Ritter Simon de Montfort, er gegen Ende des Ausrottungsfeldzuges seinen eigentlichen und größten Feind erkannte. Mit der Autorität des Papstes ausgestattet, interpretierte er die von Rom kommenden Erlasse nach eigenem Ermessen. Dort, wo es ihm zweckentsprechend schien, scheute er sich nicht, dem Papst selbst gegenüber ungehorsam zu sein. Wie die späteren Reformatoren stellte er in solchem Falle Gott die Entscheidung anheim. Als Vollstrecker der päpstlichen Autorität ebnete er zur gleichen Stunde bereits den Weg ihrer Aufhebung. Die wissenschaftlichtheoretische Grundlage in der Politik Innozenz III., die bestrebt war, aus der Überlieferung das Reich Gottes auf Erden zu errichten, mußte mit der praktischen Durchführung durch Arnaud-Amoury sich begegnen, um die Kreuzzüge gegen die Albigenser zu entfesseln, wie sie in der Geschichte aufgezeichnet sind, mit allen Folgen nach innen wie außen, mit der jeden menschlichen Gefühlen baren Grausamkeit, Anwalt des göttlichen Willens auf Erden, des Schöpfer-Gottes, des Gottes ohne Liebe, der die Menschen nach seinem Ebenbild geschaffen hat und für den die Menschen nicht mehr zählen als die Sandkörner am Meer.

Der König von Frankreich, Philipp August, dessen machtpolitischer Einfluß zu dieser Zeit kaum über den weiteren Umkreis von Paris hinausging, sah in den Schwierigkeiten der Kirche im Süden die große Chance, seine Einflußsphäre zu erweitern. Er hatte die päpstlichen Absichten, die weltliche Macht erneut einzusetzen, die sich in den Kreuzzügen gegen das heilige Land bereits stark abgenutzt hatte, bisher nur lauwarm unterstützt. Er zeigte sich jetzt eher gewillt, mit seinen Baronen und Vasallen der Kirche Hilfe zu gewähren unter der Bedingung, daß ihn der Papst vorher von seinem gefährlichen Gegner, dem englischen König Johann, befreien müßte, den französisch-englischen Krieg durch einen Waffenstillstand beenden und den französischen Baronen die gleichen Vorteile, insbesondere bezüglich der Verteilung der Beute, einräumen würde wie ehemals den Kreuzfahrern. Der Papst zögerte, das Risiko eines derartigen Vertrages schien für die Zukunft bedenkliche Entwicklungen einzuschließen. Arnaud-Amoury setzte sich über solche Bedenken hinweg und gab seinerseits bindende Versprechungen, kraft seiner Bestallung. Kurzerhand exkommunizierte er den englischen König und überließ es dem Papst, sich mit der Tatsache abzufinden beziehungsweise daraufhin den englischen König zu dem gewünschten Waffenstillstand zu bewegen; die Quarantäne-Dienstverpflichtung der Kreuzritter, die ursprünglich spirituell mit der Vergebung der Sünden und dem Ablaß verbunden war, jetzt aber ein materieller Handel wurde, auf Grund dessen sich Beute machen ließ, eine Erpressung gegen die Führung der Kreuzzüge – wurde wieder eingeführt, der Appell über die Grenzen Frankreichs auf das ganze Gebiet der Christenheit ausgedehnt. Immer noch zögerte der französische König. Da gab die Ermordung des päpstlichen Legaten Pierre de Castelnau (14. Januar 1208) durch einen Vasallen des Grafen von Toulouse den Anstoß. Die reichen Ländereien des Grafen von Toulouse und seiner Barone und Vasallen waren jetzt der Preis, den es zu erbeuten galt.

Das Attentat hatte den Erfolg, daß sich nun ihrerseits die nordfranzösischen Barone über die Bedenken des französischen Königs hinwegsetzten (der Preis war zu verlockend), und schließlich drohte noch der spanische König von Aragon mit einem Heer von spanischen Kreuzrittern, die zwar nach den afrikanischen Küsten bestimmt waren, zuvorzukommen. Zusammen mit deutschen Rittern, dem Herzog von Burgund, den Grafen von Bar und Vevers und der Champagne, womit die dortige Gräfin sich die Scheidungsurkunde von einem ungetreuen Gemahl erkaufte, brachten die nordfranzösischen Barone für Arnaud-Amoury ein Kreuzritterheer auf die Beine; zum Anführer wurde der normannische Ritter Simon de Montfort, ein gebürtiger Engländer, den man notfalls gegen den englischen König ausspielen konnte, gewählt und vom Papst bestätigt. Das Heer setzte sich in Bewegung.

Es ist müßig, die Versuche des Grafen Raymond de Toulouse, dem drohenden Kriege durch Unterwerfung auszuweichen, im einzelnen zu schildern, die Bittgänge, die Exkommunikationen hüben und drüben, woraus sich die Rechtsansprüche auf gegenseitige Vernichtung, die Verwüstung der Ländereien ergaben, die Bußen und die verschiedenen hinhaltenden Verträge und den Gebietsaustausch. In dem klassischen Werk der französischen Literatur, dem Chanson de la Croisade, das im 15. Jahrhundert von einem unbekannt gebliebenen Verfasser, wahrscheinlich einem Archivar der Stadtbibliothek von Toulouse geschrieben wurde, ist alles aufgezählt.

Mehr zur Vervollständigung des äußeren Rahmens mag der Verlauf der Kreuzzüge selbst hier kurz angezeigt sein. Im Juli 1209 setzte sich die Armee gegen die Stadt Beziers in Bewegung, am 22. Juli wurde die Stadt genommen und ihre Einwohner massakriert; im folgenden August fiel Carcassonne; erster Teil der Aktion, – der größte Teil der Barone zog mit ihren Bewaffneten wieder ab. Die Eroberung der Grafschaft Trencaval wurde erst in den beiden nächsten Jahren bis 1211 vollendet; Termes, Cabaret und Lavaur wurden gestürmt und geplündert. In dem Statut von Pamiers (Dezember 1212) wurde der Graf von Toulouse unterworfen, nachdem vorher bei wechselnden Bundesgenossenschaften Agenais und Comminges erobert und die Schlacht von Castelnaudary geschlagen worden war, – sozusagen der zweite Akt des Dramas. Pierre II. von Aragon interveniert, Innozenz ist nahe daran, auf dem Konzil von Lavaur die Sache der Albigenser einem geistlichen Schiedsgericht zu übertragen, die Gefahr einer spanischen Invasion läßt das nicht zu. Es kommt zu der Schlacht von Muret. Am zweiten Tage der Schlacht ziehen die siegreichen Spanier sich zurück, die verbleibenden provenzalischen Ritter werden am dritten Tag niedergehauen. Simon de Montfort bleibt Triumphator. Zwischen 1213 und 1216 wird von Simon die Beute verteilt, Simon als der usurpierende Graf von Toulouse steht dem König von Frankreich rivalisierend um die Herrschaft gegenüber, das Lateran-Konzil (November 1215) kann keinen Ausgleich bringen. Erstmalig greift das Volk ein, das sich um seine Priester schart. Die Schlacht um den Tarpejanischen Felsen, allgemeine Revolte, die Barone gegen Simon de Montfort, eine zweite Belagerung von Toulouse mißglückt und Simon de

Montfort fällt, in den Jahren bis 1224 auch seine Dynastie. Der Sohn Raymond wird wieder als Graf von Toulouse eingesetzt; der Zweck der vorhergegangenen Kreuzzüge scheint gescheitert. Die Reste der am Leben gebliebenen Bevölkerung, die zweite Generation organisiert sich im Kampf gegen die Kirche, deren Autorität immer mehr schwindet – die eigentlichen Albigenser. Die Zeit für den französischen König ist gekommen, die Beute einzubringen; der Kampf gegen die Barone, die jetzt bei dem aufständischen Volk Hilfe suchen, beginnt; er währt in fortgesetzten Revolten bis ins Jahr 1244, die Eroberung von Montségur. Das Volk wird hingeschlachtet, die Barone bleiben – Untertanen des Königs von Frankreich. Die Kirche ist auf die Aufgabe beschränkt, den von der weltlichen Macht eingesetzten Inquisitionsgerichten einen spirituellen Untergrund zu geben. Sie möchte versöhnen, aber die örtlichen Behörden brauchen die Eintreibung der Kriegs- und Besatzungskosten, das weltliche Gericht bestimmt. Es bestimmt die Vernichtung der Armen und die Enteignung der Besitzenden. Eine letzte Revolte flackert noch 1271 auf, die Geschichte spricht nur noch von Landstreichern und Bettlern.

AMERIKANISCHER BÜRGERKRIEG

**Mystik und Magie
im amerikanischen Bürgerkrieg –
die Widersprüche und die Wirkungen**

**Revolte des Instinkts
an der Schwelle der amerikanischen
Wirtschaftsreform**

In diesem Jahr wird in den Vereinigten Staaten die hundertste Wiederkehr des Tages begangen, an dem der amerikanische Bürgerkrieg entfesselt worden ist. Man kann nicht gerade sagen, daß Feste gefeiert werden sollen. Es wird trotzdem in den festlichen Veranstaltungen der Sieg des Unions-Gedankens gefeiert werden, das Festhalten an der staatlichen Einheit. Nur wird man dabei weniger betonen, daß die Frage der Sezession, nach der dieser Krieg seinen Namen in der Geschichte erhalten hat, mit gleichem Fanatismus von beiden Seiten aufgebracht worden ist. In dem Jahrzehnt vor dem Beginn des Krieges waren es die Heißsporne im Norden, alles andere als eine festgefügte politische Partei mit einem klaren politischen Ziel, die eine Sezession der Nordstaaten von den Sklavenhalter-Staaten des Südens gefordert haben. Die Folge war eine derartig tiefgreifende Spannung im politischen Leben der Union, daß eine Katastrophe, der Zerfall aller politischen Bindungen drohte, Anarchie und Gesetzlosigkeit, hervorgerufen von Gruppen der verschiedensten Klassen und Interessenten, kulminierend in dem Wirtschaftszusammenbruch von 1857, bei dem über 200 Banken in den Nordstaaten ihre Schalter schließen mußten und Millionenvermögen von Spargeldern der Farmer und Neusiedler verloren wurden. Einer kleinen Gruppe von besonnenen Politikern im Norden wie im Süden, wobei die maßvolleren Elemente im Süden sehr viel stärker waren, die sogenannten Unionisten, gelang es schließlich, dieser Sezessionsbewegung vom Norden ausgehend Herr zu werden. Die Gruppe der Unionisten, gleicherweise mit dem entscheidenden Einfluß vertreten bei den Demokraten wie der neu entstandenen Republikanischen Partei im Süden wie Norden, stand vor der fast unlösbar erscheinenden Aufgabe, das Land vor dem Abgleiten in die Katastrophe zu retten. Der administrative Kampf im Norden gegen die um sich greifende Anarchie hatte eine Reaktion im Süden zur Folge, die aus der Angst und der Notwendigkeit einer Abwehr gegen die drohende Flutwelle einer politischen Revolution vom Norden her geboren war und ihrerseits eine Gruppe von politischen „Feuerfressern" jetzt auch innerhalb der Südstaaten entstehen ließ, und die sich mit den entsprechenden Gegenspielern im Norden in einem bisher unerhörten Ausmaß von demagogischer Propaganda gegenseitig bekämpften, der gegenüber schließlich die besonnenen Gruppen der Unionisten beiderseits das Feld räumen mußten. Es mag daran erinnert werden, daß zu diesen Unionisten auf beiden Seiten die politischen und militärischen Führer der beiden Staaten-Koalitionen gehört haben, die sich wenige Jahre oder sogar Monate später im Kriege gegenüber gestanden sind, entschlossen, sich gegenseitig zu vernichten und vom Erdboden verschwinden zu lassen.

Daran muß man sich erinnern, wenn heute die Ansprachen gehalten werden, Tagungen veranstaltet von den Universitäten und Schulen, den historischen Instituten der Städte und Länder, und von den Museen, die begonnen haben, Trophäen aus diesem Kriege zu sammeln, was man bezeichnenderweise fast über ein halbes Jahrhundert vergessen hat, und schließlich von den Veteranen-Organisationen, obwohl der letzte Überlebende auf der Unions-Seite im Vorjahr im Alter von 107 Jahren gestorben ist. Presse, Radio, Fernsehen und Film haben sich der Erinnerung bemächtigt. Eine Flut von Literatur ergießt sich über das Land. Der Pegel der Welle von Bürgerkriegsliteratur ist schon seit den letzten 5 Jahren in raschem Ansteigen. Allein für dieses Jahr sind an die 80 neue Bücher angekündigt oder bereits erschienen, die propagandistischen Vorbereitungen betreffend, die psychologische und militärische Strategie, die Kämpfe an den Fronten, die Kriegsgreuel, die Praxis der „verbrannten Erde", die erstmalig in großem Stil als Kriegswaffe angewendet wird, den Hunger, die Tortur in den Gefangenenlagern, die Justiz, die noch heute in der Manipulation der Verfassungsparagraphen davon beeinflußt ist – ferner die Folgen für die Zivilbevölkerung, während und unmittelbar nach dem Krieg, und die späteren sozialen, wirtschaftlichen und politischen Auswirkungen bis in unsere Zeit hinein.

Ein breites Feld ist offen für die Historiker, die Berufenen, das sind die akademisch Geschulten, die Katalogisten, ebenso wie für die Unberufenen, die in Romantik Voreingenommenen, die Memoiren-Bearbeiter, die Briefwechsel-Interpreten, die Erinnerungs-Analytiker und für den nirgends dann fehlenden Schwarm von Poeten, Romanschreibern und Künstlern aller Art. An den Ufern des Missouri stehen sich heute noch ebenso wie vor 100 Jahren die beiden Fronten gegenüber, die Sieger, die von sich behaupten, einem moralischen Recht zum Durchbruch verholfen zu haben, dem verbrieften Grundsatz der Humanität: alle Menschen sind gleich geboren und frei ... und die Besiegten, die für sich in Anspruch nehmen, für ein durch die Verfassung garantiertes Grundrecht der freien Entscheidung über die Zugehörigkeit der einzelnen Staaten zur Union heroisch gekämpft und Besitz und Leben geopfert zu haben.

Über alles das braucht hier nicht besonders gesprochen werden. Nur – was seit einem halben Jahrhundert zum mindesten als sogenannte Historie zusammengetragen worden ist, geht an dem Kernproblem vorbei, das sind die existenten und eigentlich nirgendwo auch ernstlich verschwiegenen Tatsachen, und zwar grundsätzlich!

Darin liegt eine magische Verknüpfung in der Beurteilung des Bürgerkrieges, von der Ferne her gesehen eine Magie, die zwar allen großen Ereignissen der Weltgeschichte innewohnt, den mehr glückhaften wie den katastrophalen, die sich dann aber in Erkenntnissen der Massenpsychologie erschöpft, eine Magie, die im Falle des amerikanischen Bürgerkrieges noch bis auf den heutigen Tag latent ist und genauer gesprochen auch noch heute der Erklärung harrt. Es mag dabei zuzugeben sein, daß ein zu tiefes Eingehen auf die sozialen und gesellschaftlichen Wurzeln einer Massenhysterie, die zu dem Sezessionskriege geführt hat, nicht geeignet sein mag, eine Legende aufrechtzuerhalten, ohne die ein Volk, das erst auf dem Wege einer Entwicklung zur Nation sich befindet, wie das amerikanische, anscheinend nicht auskommen kann.

Dabei braucht man sich um die Argumente von hüben und drüben kaum zu kümmern. Was über die oft seltsamen Widersprüche zu sagen wäre, ist alles auch aus den Schriften zur Bürgerkriegsliteratur herauszulesen, oft nur in Seitenlinien und Anmerkungen versteckt. Was fehlt, ist eine Zusammenfassung dieser Unterströmung, die man zwischen den Zeilen heraussintern muß. Es sind einige solche Ansätze vorhanden, aber ebenso erstaunlich, sie sind sogleich aus dem Markt wieder verschwunden und gehören heute zu den bibliophilen Seltenheiten wie „A New American History of America" von W. E. Woodward, 1938 in New York erschienen. Man braucht eigentlich nur einiges aus solchen Zusammenfassungen in ein helleres Licht zu rücken, akzentuierter zusammenzuziehen, um sogleich zu einer tieferen Bedeutung der Probleme, um die gekämpft wurde, vorzustoßen. Es ist seltsam genug, denn niemand kann heute mehr ein Interesse daran haben, Tatsachen und Vorgänge zu verschweigen oder vergessen zu machen, die einfach vorhanden sind. Sie brauchen nur gesammelt, studiert und ausgewertet zu werden. Auch hierin liegt eine magische Verknüpfung. Denn schließlich ist in Wirklichkeit und ohne besonders politisch betonte Analysen und Kombinationen das heutige Amerika, die Vereinigten Staaten daraus hervorgegangen.

Man weiß inzwischen ziemlich allgemein, sofern sich der Durchschnitts-Amerikaner für die Geschichte seines Landes interessiert, daß es sich in diesem Bürgerkrieg, der nach außen von der Union für die Abschaffung des Sklavenhalter-Systems in den Südstaaten geführt wurde, überhaupt nicht um diese Sklaven gehandelt hat. Es lagen zur Sklaven-Frage in der Unionsverfassung zwei gesetzliche Grundlagen vor, das sogenannte Missouri-Kompromiß von 1820 und ein erneuertes vom Jahre 1850. Beide sind zu keiner Zeit vor dem Ausbruch des Krieges von dem Kongreß aufgehoben, selbst kaum diskutiert worden. Sie beinhalten im groben Umriß das Recht zur Sklavenhaltung und schränken dessen Anwendung auf die nördlichen Unionsstaaten sowie die neu hinzugekommenen Staaten Kansas und Nebraska, sowie die später aus dem mexikanischen Krieg neuerworbenen ein.

Die um die Mitte des 19ten Jahrhunderts fieberhaft vorgetriebene Erschließung des Landes, der Bau der großen Überlandeisenbahnen und die damit verbundene Bodenspekulation, aus der die späteren Vermögen der Astor, Gould und Rockefeller stammen, hatten bereits die Union in zwei Landeshälften aufgespalten, die praktisch weder miteinander noch nebeneinander existieren konnten. Daraus entstand Ende der 50er Jahre die katastrophale innere politische Krise, um deren Lösung die Unionisten vom Norden wie vom Süden vergeblich bemüht gewesen sind. Die aus den Landspekulationen in den Nordstaaten gewonnenen Kapitalien wurden in die Industrialisierung des Nordens gesteckt. Es hatten sich bereits diese sogenannten Pressure-Gruppen gebildet, die oft noch heute das politische Leben in den USA beherrschen, das sind nach der Wild-West-Tradition ihre Interessen vertretende Gruppen, in sich geschlossene kleine Zirkel, mit der zusammengeballten Kraft ihres Kapitals auf die Massen Einfluß gewinnend und rücksichtslos diesen Einfluß ausnutzend. Gewiß – das große Amerika unserer Zeit ist so entstanden – aber für die damaligen Jahre, in der Auseinandersetzung mit dem in der Wirtschaftsform völlig konträren Süden, glich diese Entwicklung einem Tornado, der über den Süden hinwegfegte.

Der Norden mit der spekulativen Ausweitung des Landbesitzes – eine Vorbedingung für die rasche Erschließung des Landes – und der beginnenden Industrialisierung brauchte Schutz für das investierte und noch zu investierende Kapital, protektionistische Maßnahmen vom Kongreß, kurz die Schutzzölle. Die Südstaaten standen nicht nur ihrer Wirtschaftsstruktur nach diesem entgegen. Sie bildeten auch gesellschaftspsychologisch eine Barriere, die wegzuräumen für die Protektionisten im Norden geradezu eine Existenzfrage geworden war.

Der Süden lebte noch inmitten einer aristokratisch-patriarchalischen Agrarwirtschaft, die an der Schwelle des Maschinenzeitalters an sich schon zum Untergang verurteilt gewesen ist. Mit der Produktion von Baumwolle, Tabak und Zucker, auf der die Wirtschaft im Süden beruhte, brauchte das Land den Freihandel, die Aufhebung der protektionistischen Tarifgesetzgebung, billige und ausreichende Versorgung mit Industrieprodukten und zwar im Austausch mit den Ländern, wohin der Süden exportierte. Die Nordstaaten waren kaum ausreichende Abnehmer, und für die Industriewaren aus dem Norden war die Verbraucherbasis im Süden zu eng – der Süden war bereits zu arm geworden.

Dies ist vielleicht der entscheidende Faktor: während sich im Norden das Kapital ansammelt, wurde der Süden immer ärmer. Um es bereits schon etwas überspitzt auszudrücken: der Sklave war als Arbeitskraft bereits zu teuer geworden.

407

Es wird für manchen überraschend sein zu hören, daß seitens der größeren Sklavenhalter-Staaten seit 1854 Jahr für Jahr im Kongreß ein Antrag eingebracht wurde, das in der Haltung und Verwendung von Sklaven in diesen Staaten investierte Kapital auf die Union umzulegen, dieses Kapital abzulösen in der Form von – wie man heute sagen würde – Entwicklungsanleihen an diese Staaten, und für die im Laufe dieser Finanzaktion freigelassenen Sklaven Beschäftigung zu finden, entsprechend ihren Fähigkeiten und ihrem Beruf. Nach den vorgelegten Plänen könnten die auf etwa 2 1/2 Millionen geschätzten voll arbeitsfähigen Sklaven in einem Zeitraum von etwa 10 Jahren als freie Arbeitskräfte in die Gesamtwirtschaft der Union eingegliedert sein. Mit andern Worten: die größeren Plantagengesellschaften, die über 100 und mehr Sklaven beschäftigten, wollten ihre Sklaven los sein. Man zählte davon noch rund 10 000 Einzelbesitzer, der Rest von 350 000 Sklavenhaltern – nach der Statistik von 1858 – setzte sich aus kleinen Haushalten zusammen, die sukzessive ihre Sklaven freizulassen pflegten, sobald der Haushalt verändert oder aufgelöst wurde. 1820 stand der Baumwollpreis bei 16 cents per Pfund gegenüber einem Sklavenpreis von rund 1000 Dollar per Kopf. Im letzten Jahrzehnt vor dem Kriege war der Preis der Baumwolle auf 9 cents per lb gefallen, der Sklavenpreis aber per Kopf umgerechnet auf den offenen Marktpreis, Unterhaltung und Altersfürsorge auf 1700 Dollar gestiegen. Die Wirtschaftsführung der Sklavenhaltung war nicht mehr konkurrenzfähig, der freie weiße Arbeiter, meist irische Einwanderer, die zur Trockenlegung der Sümpfe eingesetzt wurden, bei der Sklaven wegen der Gefahr des gelben Fiebers nicht mehr beschäftigt wurden, arbeitete billiger und ohne daß der Plantagenbesitzer das Risiko einging, wertvolle und vor allem hoch preislich dotierte Arbeitskraft durch Krankheit und Tod zu verlieren. Dem weißen Arbeiter gegenüber bestanden keine irgendwelchen Verpflichtungen. Die Heißsporne in den Nordstaaten und vor allem die demagogischen Drahtzieher einer Massenbewegung zur Abschaffung der Sklavenhaltung waren mit kühlen wirtschaftlichen Berechnungen nicht mehr aufzuhalten. Jahr für Jahr wurden diese Anträge der Südstaaten im Kongreß abgelehnt, wenn auch nur mit einer verschwindend kleinen Mehrheit. Inzwischen hatten die Gegner die schwache Seite in der Position des

Südens erkannt, gegen die sie eine Massenbewegung, die Hysterie des Mannes von der Straße, der von den eigentlichen Problemen überhaupt keine Vorstellung hatte, einsetzen konnten. Um den Süden als wirtschaftlichen Faktor aus dem Wege zu räumen, brauchte man nicht mehr die Propagierung der Schutzzölle, man hatte die bessere Waffe der humanitären Emotion zur Hand, die Befreiung der Sklaven. Während der weiße Arbeiter in den Textilfabriken von Massachusetts im Taglohn 17 Stunden arbeitete, wurde der Sklave selten länger als 10 Stunden am Tage beschäftigt, geschützt durch das Kapitalinteresse seines Besitzers und in einer Art von Alters- und Sozialversicherung. Darüber wird man in dem höchst zweifelhaften Propaganda-Machwerk von Onkel Toms Hütte, das für die Tränendrüsen bestimmt die zivilisatorische Welt bis heute in Bann hält, kein einziges Wort finden. Dagegen ist das gleichzeitig erschienene Buch von Hinton Rowan Helper, „The Impending Crisis of the South", einem Nordstaatler, kaum über Amerika hinausgekommen und bald völlig in Vergessenheit geraten.

Der Farmer in den Südstaaten hatte den Bankerott vor Augen. Das löste auch im Süden schließlich eine Massenhysterie aus, die der Propaganda-Welle vom Norden her entsprechend angepaßt war. Sie hieß: Verteidigung angestammter Rechte. Der Kongreß war unfähig, die eine Milliarde Dollar aufzubringen, die notwendig gewesen wären, das Sklavenhalter-System abzulösen. Und so brach der Krieg aus, der auf beiden Seiten von Leuten geführt wurde, die eben noch administrativ und politisch im Kongreß für die gleiche Plattform gewirkt und gestimmt hatten.

Präsident Lincoln's Frau hatte drei Halbbrüder, die sämtlich als Offiziere in den Diensten der Konföderierten standen. General Grant's Frau war eine Südstaatlerin, die ihre eigene Plantage besaß mit etwa 60 dort beschäftigten Sklaven, die sie sich weigerte auch nach dem Kriege einfach freizulassen. Der Vetter von General Lee, der Oberkommandierende der Föderierten, war ein Admiral auf der Unions-Seite.

Admiral Porter, der Blockade-Kommandierende auf der Unions-Seite, hatte zwei Neffen, die in der Südstaaten-Flotte Dienst taten. Die Frau des Präsidenten der Konföderation Jefferson Davis war die Tochter des Gouverneurs von New

Jersey und hatte einen Bruder in der Unions-Armee. Der General Robert Lee war ein ausgesprochener Gegner der Sklavenhaltung und hatte noch vor seiner Berufung zum Oberkommandierenden der Konföderierten seinen 50 Sklaven die Freiheit gegeben mit garantiertem Jahreslohn. Sein Gegenspieler auf der Unions-Seite, General Sherman, hatte noch kurz vor Ausbruch des Krieges einem Freunde geschrieben: „Für meinen Teil – ich würde die Sklaverei nicht abschaffen. Der Neger muß entweder dem weißen Mann unterstellt sein, oder er gehört ausgerottet zu werden. Beide Rassen können nicht anders miteinander leben denn als Herren und Sklaven."

Nach dem Kriege kam noch einmal der ursprüngliche Südstaaten-Antrag auf Ablöse der Sklavenhaltung, diesmal in der Form zur Schaffung eines Unterstaatssekretariats für Eingliederung der freigelassenen Sklaven in den allgemeinen Wirtschaftsprozeß, zur Abstimmung vor den Kongreß. Diesmal, im Jahre 1868, als Notstandsgesetz. Obwohl schon durch Lincoln 1863 in dem „Proclamation Act", der die Freilassung der Sklaven verkündete, vorbereitet, hatte es noch 5 Jahre gedauert, bis dieses Notstandsgesetz dem Kongreß vorgelegt werden konnte. Es wurde wiederum abgelehnt. Die von den Siegerstaaten dekretierten Arbeitsverordnungen für die Freigelassenen drohten den Süden in völlige Anarchie zu stürzen. Die Historiker berichten darüber, die Freigelassenen hatten keine andere Freiheit als frei die Luft zu atmen. Sie benötigten eine Arbeitslizenz und sie hatten dafür einen Arbeitskontrakt zu unterschreiben, der willkürlich einen oft nur fiktiven Lohn festsetzte. Bei der geringsten Verletzung des Kontraktes verloren sie die Lizenz, einschließlich des eingeschriebenen Lohnes. Sie wurden praktisch außerhalb des Gesetzes gestellt. Sie konnten als Vagabunden jederzeit aufgegriffen werden und zwangsweise einem weißen Farmer überstellt, der sie lediglich bei der Polizei zu registrieren hatte. Nach einer amtlichen Statistik von 1869 waren von 3 400 000 Freigelassenen über eine Million als permanent arbeitslos zu bezeichnen.

Es kann nicht die Aufgabe dieser knappen Übersicht sein, Geschichte zu skizzieren. Es soll nur einiges, an sich genügend Bekanntes, etwas anders akzentuiert werden. So der magische Zirkel um den Tod Abraham Lincolns. Lincoln war schon seit Beginn des Krieges in den Reihen seiner eigenen Partei ständig der Konspiration mit dem Süden verdächtigt worden. Es ist mehr wie wahrscheinlich, daß seine 1865 erfolgte Ermordung auf Betreiben und im Auftrag dieser Gegner durchgeführt worden ist. Der Attentäter Booth hatte keine Verbindungen zum Süden. Es ist auch zweifelhaft, ob Booth einige Wochen später, umzingelt in einer Scheune im Staate Virginia, von der Militärpatrouille in persona erschossen worden ist. Man wird in Stellvertretung eine andere Leiche produziert haben, die niemand im übrigen gesehen hat. Es gibt keinen Zeugen dafür als den Militär-Sergeanten Corbett, der Booth erschossen haben will. Corbett ist mit einem Türsteherposten in der staatlichen Legislatur in Kansas belohnt worden. Eines Tages hat er dort die Außentüren verschlossen und angefangen aus zwei Armee-Revolvern auf die versammelten Gesetzeshüter zu schießen. Überwältigt, wurde er in ein Irrenhaus gesteckt. Lincoln's Frau wurde nach dem Attentat für irrsinnig erklärt, das heißt sie wurde von Beamten des Weißen Hauses in ein Irrenhaus eingeliefert. Die ohne Zweifel völlig unbeteiligte Inhaberin einer Herberge, Frau Surrat, wurde aufgehängt. Gegen den Protest von Tausenden von Unterschriften von Personen von Rang und Ansehen. Den Delegationen, die ihren Protest persönlich dem Präsidenten Johnson vorbringen wollten, wurde der Zugang zu dem Präsidenten von den Senatoren King und Lane verwehrt, die sich ohne irgendwelchen Auftrag vor der Tür des Präsidenten in Positur gestellt hatten. King hat sich wenige Monate später, die Beine an einen Zementblock gebunden, von einem Fährschiff im New Yorker Hafen ins Wasser gleiten lassen. Lane hat sich in Fort Leavenworth (Kansas) erschossen. Der Staatssekretär Stanton, in dessen Hände die Untersuchung gelegt war, hat sich 1869 die Kehle durchgeschnitten.

Und es muß noch erwähnt werden, daß bei all dem Außergewöhnlichen, was im Zusammenhang mit dem Bürgerkrieg zu beobachten ist, als das Außergewöhnlichste angesehen werden muß, daß dieser Krieg überhaupt 4 Jahre gedauert hat – bei dieser großen technischen Überlegenheit der Nordstaaten an Menschen und Material gegenüber einem Gegner, der über keinerlei Transportmittel verfügte, keine Industrie und kaum die Möglichkeit besaß, seine Soldaten auszurüsten und zu bekleiden.

Die Geschichtsschreibung darüber wird zu einem Tummelplatz werden für Psychiater, Psychologen und vor allem Psychoanalytiker. Schon heute können die Militärwissenschaftler in ihren Analysen der strategischen Planungen oft ihre Bestürzung nicht verhehlen, daß Kämpfe verloren wurden, die bereits gewonnen waren, und umgekehrt, und daß auf beiden Seiten die als die fähigsten zu bezeichnenden militärischen Führer oft an einem unerklärlich auftretenden plötzlichen Gedächtnisschwund gelitten haben oder einfach völlig betrunken gewesen sind, wenn eine Entscheidung, die den Ausgang des Krieges hätte bedeuten können, getroffen werden mußte.

Einmal wird auch von dieser Seite aus die Geschichte dieses Krieges geschrieben werden, aber ich möchte beinahe lieber hinzufügen: hoffentlich noch nicht so bald; vielleicht ist es heute noch zu früh.

WIE DEM AUCH SEI

Studie über den Zerfall
der Zeitgeschichte

In der Chronik der englischen Gerichte steht zu lesen, daß in Chipping Campden – davon überliefert das heutige Campden-Haus im Londoner Stadtviertel Kensington die Erinnerung – am 8. Oktober 1660 die Witwe Perry und ihre beiden Söhne durch den Strang hingerichtet worden sind, beschuldigt der Ermordung des Schulaufsehers Harrison, Angestellter in der Gutsverwaltung des Herzogs Argyll. Der Beamte war aus der Gemeinde Chipping Campden, dem Sitze der Schulverwaltung, am 18. August des Jahres verschwunden, ohne irgendwelche Spuren zu hinterlassen als die vagen Gerüchte, der Schulmeister sei einem Morde zum Opfer gefallen.

Über diesen Mord und die weiteren Begleitumstände, so alltäglich sie in diesen Zeiten politischer und religiöser Leidenschaften erschienen sein mögen, sind bis auf die heutige Zeit Dutzende von Pamphleten und gelehrten Abhandlungen geschrieben worden, Hunderte von Aufsätzen in Zeitschriften belehrenden und spiritualistischen Inhalts; weiterhin ein Roman in der bürgerlich wohlmeinenden Selbstzufriedenheit der viktorianischen Epoche, ein halbes Dutzend Theaterstücke und eine Sendereihe über den britischen Rundfunk. Es ist also kaum Anlaß, diesem so alltäglichen Melodrama einer Hinrichtung noch eine weitere Betrachtung zu widmen.

Weit davon entfernt, die Wahrheit zu finden, noch weniger eine der Variationen dieser Wahrheit als glaubwürdig zu unterstellen und bestimmt nicht, damit etwa einen Leser überzeugen zu wollen, dient das Nachfolgende dem alleinigen Zweck zu ergänzen, was in den auf unsere Zeit überkommenen Aussagen stecken geblieben und so allmählich, im eigentlichen Sinn der Chronik zu bleiben, verschwunden ist. Bei der Durcharbeitung des Wustes von Niederschriften, so oberflächlich jemand an diese Arbeit auch herangehen wird – und dies mit gutem Recht, denn es wird nichts geändert und soll auch nichts geändert werden –, fällt auf, daß alles nur halb ausgesprochen, halb gefolgert und selbst halb verurteilt worden ist. Es ist kein Grund, sich zu fürchten.

Die Verschiedenheit in den Betonungen der Hauptmerkmale bei den literarischen Bearbeitern läßt die Vermutung aufkommen, als ob es nur darauf angekommen wäre, die eine Seite der Vorgänge besonders kraß herauszustellen, um eine andere in der Deutung völlig in den Hintergrund treten zu lassen: das sind die Mißverständnisse, die Verbrechen und Sühne begleiten, das künstliche Dunkel um die beteiligten Personen, der Widerspruch schlechthin und die Frontstellung gegen das Gesetz, gegen das Opfer als Person oder weitreichender gegen die Gesellschaft und gegen sich selbst ... alles könnte in helleres Licht gesetzt werden, in einen Blendstrahl verwandelt oder kontrapunktlich unterdeutet sein – statt dessen nur die üblichen Nachdeutungen und Vermutungen; allerdings Nachdeutungen, die je nach den Komponenten der Zeit sich ändern.

Die Gegenwart neigt in einem solchen Falle der Auffassung zu, daß zwischen Mord und Ermordeten mehr tiefgreifende innere Bindungen entstehen, wie solche oft schon vorher zwischen Mord und dem Mörder bestanden haben mögen. Als Tat und Erlebnis erscheint daher jeder Mord reichlich zweideutig. Der Zeitfaktor ist entscheidender. Zum Beispiel: eine Bestrafung des Mordes wird gegenstandslos, besonders in der Form gesellschaftlicher Sühne, wenn der Bestrafung des Mordes der Ermordete nicht beizuwohnen in der Lage ist. Man hat dies in früheren Zeiten gut genug verstanden, die Chance des Weiterlebens eines Ermordeten wird damals größer gewesen sein ...

Die Leute von Chipping Campden, die Magistratspersonen in der Verwaltung der Gemeinde und der Rechtspflege und was sonst damit zusammenhängt beschäftigt, haben sich gegen diese Auffassung gestellt. Einige der Historiker führen dies auf die Panik und die Flucht vor Dämonen zurück, die in regelmäßig wiederkehrenden Zeitabständen die gesellschaftlichen Bindungen beherrschen, Wahrsager und Propheten, geistliche Herren und die Henker weltlicher Rechtspflege, von denen sich loszukaufen kein Opfer zu gering gewesen sein mag, besonders wenn solche Opfer, den Umständen entsprechend, gelegen zur Hand waren.

Die Leute von Chipping Campden hatten sich beeilt, eine Hinrichtung vollstrecken zu lassen, an der, nach dem Geständnis von John, dem jüngeren der Brüder Perry, der Verwalter der Schulgerechtsame der herzoglichen Güter keine Gelegenheit mehr haben würde mit anwesend zu sein.

Nach der Aussage des jungen Perry ist die Leiche von der Mutter und dem älteren Bruder zerstückelt worden. Er – John – hat die Stücke einzeln in Säcke gepackt und diese dann in den darauf folgenden Nächten einzeln aus dem Haus gebracht und in den Fluß geworfen. In der Gerichtsverhandlung konnte laut Protokoll nicht bewiesen werden, wer von den Beschuldigten allein schuldig oder nur mitschuldig gewesen ist. Die Witwe wie der ältere Sohn haben von Beginn alles geleugnet, selbst eine Bekanntschaft mit dem Ermordeten abgestritten, so daß auch die Motive nicht geklärt wurden.

Das Schauspiel der Hinrichtung selbst hat die von weit her gekommenen Neugierigen nicht enttäuscht. Nachbleibende Erinnerung hat die Festtagsstimmung nicht gestört – bis auf einige Einzelheiten, auf die sogleich zurückgekommen werden soll.

Diese Hinrichtung mag dem gegenseitigen Schutzbedürfnis in der Gesellschaft entsprochen haben. Sie hat schon wenige Jahre nachher Niederschlag gefunden in einer Ballade, für Bänkelsänger bestimmt und auf den Dorffestlichkeiten der engeren Umgebung vorgetragen. Die Leute dieser Zeit haben sich mit einigen der sonderbaren Begleitumstände nicht weiter aufgehalten; auch sie haben das Recht beansprucht zur Vereinfachung, was sonst in Krisenzeiten nur der Staat von oben herunter für sich selbst zu verordnen gewohnt ist.

Die Ballade ist vor nicht allzu langer Zeit in der Oxforder Bodleian-Sammlung aufgefunden worden. Sie befreit den berühmten Rechtsgelehrten Sir Thomas Overbury, der 1676 die erste Streitschrift über die Abschaffung der Todesstrafe in England veröffentlicht hat, von dem Verdacht, zur Stützung seiner These die Umstände und späteren Begleitumstände der Hinrichtung der Witwe Perry und ihrer beiden Söhne einfach erfunden zu haben.

Seit dem Pamphlet Overburys hat das Interesse der geistigen Oberschicht an dem Campden-Fall niemals aufgehört. Schließlich sind inzwischen rund 300 Jahre nach der Hinrichtung vergangen. Erst unlängst hat der Historiker Sir George Clark aus den Gerichtsakten des Kensington-Distrikts, dem Archiv der herzoglichen Gutsverwaltung und den Anwesenheitslisten der

Schulaufsichtsbehörde bestätigt gefunden, was das Gericht damals veranlaßt hatte, die Angeklagten zum Tode durch den Strang zu verurteilen. Aus den gleichen Quellen aber auch die Bestätigung aller dieser besonderen Begleitumstände, die dem Vorgang ein besonderes Interesse verleihen, und die nicht ohne weiteres erklärt werden können, außer in vagen Vermutungen und weitreichenden Spekulationen, denen sich hinzugeben natürlich jedermann willkommen ist. Dies bildet die Grundlage und zugleich den Anlaß zu der nachfolgenden analytischen Betrachtung, die jetzt nicht länger hinausgezögert werden darf.

Zwei Jahre nach der Hinrichtung der Familie Perry ist der Ermordete, der Schulaufseher William Harrison, wieder in Chipping Campden aufgetaucht, am ersten Tage des sich wieder erneuernden Mondes, worauf der Astrologe der königlichen Akademie in einer den Campden-Fall behandelnden Schrift hingewiesen hat, wieder erschienen in der gleichen Konstellation der Sternbilder, unter der, nach dem Geständnis des jüngeren Perry, das Opfer von dem älteren Bruder auf Betreiben der Mutter mit einer Axt niedergeschlagen und zerstückelt worden ist. Der junge Mond wird über dem nächtlichen Spektakel am Horizont gestanden sein.

Harrison ist in der Tat in Fleisch und Blut und völlig seiner selbst in der Gemeinde erschienen. Darüber kann kein Zweifel sein. Dutzende von Leuten haben ihn gesprochen, die später ihre Aussagen vor Gericht zu Protokoll gegeben haben. Harrison ist nicht ein Charakter gewesen, der sich zu längeren Mitteilungen so ohne weiteres herbeigelassen hätte. Er ist in der Gemeinde schon vorher nicht sehr beliebt gewesen, ein kränklicher Mann, 64 Jahre alt nach dem Geburtsregister, zeitweilig dem Trunk ergeben; ein reichlich unsympathischer Mensch, obwohl keine seiner unerfreulichen Eigenschaften in den lokalen Chroniken besonders erwähnt und begründet wird.

Die Protokolle der Zeugenaussagen vor dem Obergericht, das nach dem Wiederauftauchen von Harrison das Gerichtsverfahren von Chipping Campden zu überprüfen bestellt worden war, führen auf Dutzende von Leuten in allen Einzelheiten mit Namen, Charakterbeurteilung und Glaubwürdigkeit, die Harrison gesehen und gesprochen haben. Die Akten erwähnen den Schankwirt, der dem Schulaufseher täglich ein bestimmtes Quantum Bier und Schnaps verkauft hat, beinahe die doppelte

Ration, die Harrison vor dem Morde zu konsumieren die Gewohnheit hatte. Die Akten bringen das Geständnis eines Pfandleihers, bei dem Harrison eine silberne Schale verkaufen wollte. Der Mann hatte zunächst nur ein paar Pfunde als Pfand darauf geliehen. Als aber später allerhand Gerüchte um Harrison in Umlauf kamen und bald darauf Harrison ein zweites Mal aus der Öffentlichkeit verschwand, ohne die geringste Spur zu hinterlassen – das nochmalige Verschwinden Harrisons wird nicht ohne tiefere Bedeutung bleiben –, hatte der Pfandleiher sich beeilt, die Schale unter der Hand an einen Sammler zu einem guten Preis weiterzuverkaufen.

Die Schale blieb gleichfalls verschwunden. Niemand hat diese Schale je wiedergesehen, keines der königlichen Museen und keiner der privaten Sammler, die sich im Preis überboten hätten. Der Pfandleiher wurde daraufhin für längere Zeit in Gerichtsverwahrsam genommen; sein Name wird in späteren Schriften nicht mehr erwähnt.

Über diese Schale sagen Zeugen aus, daß sie ein sehr kostbares Stück gewesen sein soll. Einige sind der Meinung, daß sie aus einem Museum gestohlen worden sein mag. Harrison selbst hatte darüber Neugierigen gegenüber noch einige Aussagen gemacht. Das Obergericht hat im wesentlichen den Angaben Harrisons Glauben geschenkt. Danach sollte die Schale aus der Türkei stammen und dort dem Harrison geschenkt worden sein. Die Erzählung geht: Im Auftrage des Herzogs Argyll war Harrison nach der Türkei gereist. Der Auftrag muß ziemlich geheimnisvoll gewesen sein und obendrein dringend, unter Drohungen, daß großes Unheil entstehen würde, wenn auch nur eine Seele davon erfährt. Harrison hat auch später kein Wort darüber verloren ... soweit die Annahme des Gerichts. Zeugen, die dazu vernommen werden konnten aus dem Haushalt der Argylls – Pferdeknechte, Kammerdiener, das Küchenpersonal und der Jagdaufseher –, wußten nichts auszusagen; sie wären, an sich schon, auch kaum dazu in der Lage gewesen.

Die Argylls sind in der englischen Geschichte genug bekannt, eifrige Scholaren, mit den Geheimnissen des Orients vertraut, Alchemisten und Teufelsbeschwörer. Hundert Jahre später hat einer der Argylls in dem berüchtigten Höllenfeuer-Klub in West-Wycombe eine Rolle gespielt, neben dem Premierminister Burte, unter dem die englischen Provinzen von Nordamerika den Bostoner Kaufleuten zugespielt wurden, neben Sir Francis Dashwood, Klub-Präsident, der auf einer Reise durch Rußland, als Schwedenkönig Karl XII. verkleidet, in diesem Incognito die russische Kaiserin Anna besucht und beschlafen hat, neben John Wilke, dem Freiheitschampion des englischen Volkes, damals gemeinhin Mob genannt, zusammen mit dem Schriftsteller Lawrence Sterne und dem Zeichner Hogarth, schließlich im Verein mit Benjamin Franklin, dem Verfasser der Polly-Baker-Briefe und der bedeutsamen Schrift „The Technique of Farting", das ist eine Untersuchung über den Einfluß der Körperwinde auf die Herausbildung des Nationalbewußtseins – und so weiter und so fort ... der Leser möge die Abschweifung entschuldigen.

Alles dies geht schon weit über die ursprüngliche Bedeutung der Campden-Affaire hinaus, rund 120 Jahre später. Es sind zwar bestimmte Verbindungen gegeben in den Quellen, im Ursprung der Entfaltung, aber die Wurzeln liegen doch zu tief, als daß sie nur so nebenbei – und anders wäre das technisch jetzt nicht möglich – an die Oberfläche gebracht werden könnten. Jeder weiß: die Zeiten ändern sich, die Nachdeutungen, die Stellung zur Gesellschaft und diejenige zum Tod, die Argumente gegen die Zufriedenheit, Langeweile des Glücks und die Einblicke in die nächste Zukunft.

Die Schale ... an den Vorgang im Thema zu erinnern, mag von Harrison gestohlen worden sein. Die Erzählung geht weiter, daß Harrison im Lande der Türkei in Gefangenschaft geraten und als Sklave an einen der Leibärzte des Sultans verkauft worden ist. Die Bemerkungen Harrisons über die Schale und einiges, was damit zusammenhängt, klingen durchaus glaubwürdig für das Obergericht. Der Arzt hätte ihn mehr als Freund behandelt denn als Sklaven. Er habe seinem Herrn auch wertvolle Dienste geleistet, sagt Harrison. Der Arzt ist gestorben. Er hat die Schale dem Harrison als Andenken hinterlassen, zugleich mit der Freiheit, nach England zurückzukehren. Mehr war aus dem Mann, wie die Zeugenaussagen bekunden, nicht herauszuholen. Harrison ist bei solchen Gelegenheiten äußerst grob geworden. Die Fragesteller haben sich rasch zurückgezogen, um etwaigen Gewalttätigkeiten auszuweichen, wie es in den Akten heißt. Der Mann wird obendrein stark angetrunken gewesen sein. Das Obergericht hat die Wiederaufnahme der Untersuchung wieder abgebrochen.

Den Stein der Weisen hat Harrison nicht nach England gebracht.

Soweit sind die ersten Chronisten und die Kritiker der englischen Rechtspflege dem Protokoll der beiden Gerichte gefolgt. Vermutungen ohne beweisbare Substanz sind nicht weiter verfolgt worden. Etwa, daß Harrison von den Argylls umgebracht worden ist ... ein zweites Mal sozusagen – was durchaus nicht so ungewöhnlich gewesen wäre. Die Kunst, Dämonen zu beschwören, in Erscheinung treten, wirksam werden und verschwinden lassen, eignet sich nicht für den Gebrauch der niederen Klassen. Der Grund wird gewesen sein, dem Schulmeister die peinliche Befragung vor Gericht zu ersparen, vielleicht auch, um die umlaufenden Gerüchte abflauen und schließlich verstummen zu lassen. Zugleich in der an sich verständlichen Annahme: das Interesse an zweifelhaften Vorgängen geht selten über eine Generationsfolge hinaus; der Bürger kann dies nicht durchhalten.

Um die Wende des 17. Jahrhunderts, genauer gesagt, im Jahre 1696 hat der Lord-Kanzler unter König Charles II. eine neue Grundregel für das Gerichtsverfahren aufgestellt in einer Verteidigungsschrift gegen Sir Thomas Overbury, der sich, wie man sich erinnern wird, für die Abschaffung der Todesstrafe ausgesprochen hatte. Diese Schrift behandelt das sogenannte „Law of Evidence", das seitdem einer der Grundpfeiler der anglo-sächsischen Rechtsauffassung geworden ist, obwohl es in der Praxis selten genug angewandt wird, wenigstens sofern ein Verfahren in aller Öffentlichkeit verhandelt werden muß. Es gibt demnach zwei Arten von juristischen Beweisen für die Schuld oder Unschuld der Angeklagten. Der eine entstammt der römischen Rechtsauffassung, wonach der Beweis aus den in greifbaren Tatsachen sich ergebenden Vorlagen des Falles unter Berücksichtigung aller besonderen Umstände entwickelt werden muß. Der andere Beweis ist beweglicher gespannt. Er berücksichtigt das Volksempfinden und die allgemeine gesellschaftliche Erwartung, die Differenz zwischen Aufklärung und Instinkt, die der ausschließlichen Diskretion des Richters überlassen bleibt, der sich zugleich damit erst für sein Amt qualifiziert. Voltaire, der über die Zeit von Charles II. einen historischen Essay verfaßt hat, findet in dieser Rechtsauffassung den echten humanitären Akzent, ein Samenkorn, das in der französischen Revolution aufgegangen, über Lenin und Hitler zu voller Blüte sich entfaltet hat und heute bereits allgemein das Wohlergehen der Gesellschaft beschattet, vielmehr – genauer gesagt – befruchtet. Ob schuldig oder unschuldig, – das ist ziemlich gleichgültig geworden, eine Entscheidung für die geistig Zurückgebliebenen; die Geschichtsschreibung geht sowieso darüber hinweg.

Sind die Perrys schon Jahrzehnte vorher die Opfer dieser Rechtsdeutung geworden? Es wäre müßig, sich um eine spekulative Beantwortung dieser Frage zu bemühen. Der juridischen Seite ist kein neues Interesse mehr abzugewinnen. Die Schwerpunkte sind anders gelagert, was die Kette der Nachdeutungen nicht abreißen läßt. Schon damals hat sich die Annahme als Irrtum erwiesen, durch juristische Tricks und durch weitere Morde die Hinrichtung der Familie Perry vergessen zu machen.

Dabei sind solche Hinrichtungen nicht ungewöhnlich gewesen. Die mehr allgemein verständlichen Gesetzesverletzungen, Straßenräuber und Diebe, die bunt schillernde Masse der Betrüger und Schuldner, Totschläger von Leib und Seele bildeten den Grundstock für die Hinrichtungen – die Routine. Die humanitären Akzente treten stärker hervor, sobald es sich damals bei den Hinzurichtenden um die Veranstalter und Besucher von liturgischen Messen gehandelt hat, um Katholiken und solche, die es hätten sein können, um Teufelsbeschwörer, Hexenmeister und Propheten, um Politiker und die Admirale der königlichen Kriegsflotte, die zur Auffrischung der zivilen Moral aufgehenkt wurden – die stolze Tradition der englischen Flotte ist daraus hervorgegangen.

Opfer gibt es allerwegen. Die späteren schwarzen Messen, die der Höllenfeuer-Klub mit einem besonderen Ritual ausgestattet hat, rücken diese Opfer in den Mittelpunkt. Aufzählung und Beschreibung solcher Hinrichtungen bildeten den Hauptteil des Rituals, die Torturen und die besondere Technik, diese Opfer vor ein Gericht zu bringen. Nur nebenbei: die schwarzen Messen wurden auf dem nackten Leib von Jungfrauen zelebriert, die aus den Bordellen des Kensington-Distrikts ausgewählt und eingekauft worden waren. Dazu wurden erbauliche Hymnen gesungen, alte Kirchenlieder, denen etwas veränderte Texte untergelegt worden waren, bearbeitet von dem Sohn des Erzbischofs von Canterbury, Thomas Potter, ein leichtlebiger Poet und Tunichtgut, der in der englischen Literaturgeschichte meist nur in einer Fußnote erwähnt wird. Auch die Campden-Ballade wird auf diesen Messen gesungen worden sein. Leider sind nach einer Erklärung des Klub-Präsidenten vor dem englischen Unterhaus die meisten dieser Hymnen vernichtet worden, ebenso das Scenarium des Rituals sowie die Anwesenheitslisten bei den Veranstaltungen, Tagebuch-Aufzeichnungen von Mitgliedern, die diese der Bibliothek des Klubs zur Aufbewahrung übergeben hatten. Alles das soll verbrannt und sonstwie vernichtet worden sein ... worüber einige Zweifel bestehen.

Solche Zweifel haben immer bestanden. Sie machen sich gerade in der Gegenwart wieder stärker bemerkbar, als ein Manuskript über die Ordensregeln des Klubs zum Vorschein gekommen ist. Darin sind unter den Aufgaben des Klubs aufgezählt: mit dem Gleichgewicht zwischen Gut und Böse im menschlichen Charakter zu experimentieren; das Zweideutige und Zwiespältige im Menschenwesen zu studieren; beobachten das Heraufziehen einer sozialen Konstellation, die den Zusammenbruch der Gesellschaft zu beschleunigen geeignet ist. Große Bedeutung wird dem Versuch beigemessen, die Grenzen der primitiveren Lebensfunktionen und der Überlieferung zu übersteigen. Diese Regeln, auf das flachere Niveau der heutigen Erkenntnisbildung bezogen, sind inzwischen Allgemeingut geworden.

Das Leben oder besser das Ableben von Völkern, das Hinschwinden von Einzelpersonen, die sich aus bestimmten Verflechtungen heraus bereits außerhalb des gesellschaftlichen Gegenseitigkeitsschutzes befinden, wird in der Geschichtsschreibung reichlich übertrieben dargestellt. Es ist schließlich nichts anderes als eine Kette von Auftritten und Schaustellungen zur Unterhaltung der andern. Ob es sich um das Objekt eines Gerichtsverfahrens handelt, um Foltern und Hinrichtungen und was dem sonst noch vorangegangen sein mag an Mißverständnissen und Nichtwissen – an und für sich wäre das völlig gleichgültig. Alles treibt einer endgültigen Bestimmung zu, die Pflanzen wachsen und verdorren, die Bäume, selbst die

Felsen – alles bricht wieder zusammen, ein wenig früher oder später, von selbst oder mit der Nachhilfe von andern – interessiert das eigentlich?

Das wirkliche Leben mag ganz woanders liegen.

Nachdem William Harrison von den Argylls beiseite geschafft und ermordet worden ist, wofür die größere Wahrscheinlichkeit spricht, ist der Ermordete noch ein weiteres Mal, etwa drei Jahre später, wieder aufgetaucht. Die Regierung der Cromwells ging zu Ende, die Restauration kündigte sich an. Mit dem nochmaligen Wiedererscheinen Harrisons kommt die Betrachtung bereits sehr viel näher an das eigentliche Thema heran.

Diesmal finden sich über Harrison keine neuen Eintragungen in den Akten, keine Aussagen, die vor einem amtlichen Gremium hätten protokolliert werden können. Es scheint, daß die Gerichte oder die städtischen Ämter sich nicht mehr die Mühe genommen haben, ein Verfahren wieder aufleben zu lassen, das schon zweimal mit einem Mißklang ins Dunkel abgeglitten war.

Die Zeugen, die Harrison in den nachfolgenden Jahren gesehen und gesprochen haben, sind nicht nach vorn gekommen. Sie haben vielmehr ängstlich vermieden, allgemeinere Beachtung und die Neugierde auf sich zu ziehen. In einer Reihe von Erbauungsschriften sind solche Aussagen ohne Nennung der Personen wiedergegeben. In den Streitschriften der Gegner, das sind die Pamphlete der Papisten-Feinde, die das Wiederumsichgreifen der von Rom abhängigen katholischen Glaubensbewegung unter den Nachfolgern Cromwells zu bekämpfen sich als Ziel gesetzt hatten, werden die Gerichte des Königs aufgefordert, sich dieser Zeugen zu vergewissern und sie einer angemessenen Tortur zu unterwerfen.

Das wird der Grund gewesen sein, daß die Bezeugungen von der Wiederkehr des Schulmeisters nur unter der Hand und im Flüsterton verbreitet worden sind. Hinzu kommt, daß solche Schriften und die Gegenschriften zunächst die Hinrichtung der Familie Perry im Zusammenhang mit dem Harrison nur ganz nebenbei erwähnen. Wichtiger erscheint zu dieser Zeit die Frage: Welche Rolle kommt diesem Schulmeister zu, dem herzoglichen Haus der Argylls und erst entfernter am Rande auch den hingerichteten drei Perrys – in der Unterdrückung der katholischen Glaubensübung in England?

Im Mittelpunkt dieser Frage steht der Herzog Argyll, der Harrison nach der fernen Türkei geschickt hatte, und Argylls Neffe, der zur Zeit der Hinrichtung die Gerichtsbarkeit im Distrikt zu verwalten hatte, dessen Sohn wiederum als Erbe des herzoglichen Titels später dem Höllenfeuer-Klub als Sekretär und Archivverwalter gedient hat. Der Essay des Herrn Voltaire kann hier zum Beweis herangezogen werden, daß die Barone des Königs ihr Glaubensbekenntnis mehrfach zu wechseln pflegten wie die Fahne, die nach dem Winde sich dreht. Diese Paladine, ausgestattet mit einer weitreichenden Verwaltungsautonomie, Herren des Gerichts und einer bewaffneten Garde, waren bestimmt, in ihren Bezirken den königlichen Verordnungen zur Durchführung zu verhelfen. Sie verfolgten dementsprechend die im geheimen praktizierte Ausübung der katholischen Glaubensriten wie das Zelebrieren und den Besuch der Messe mit großer Strenge, in ihrem Eifer oft weit über den strikten Wortlaut des Verbotes und die Ausführungsbestimmungen der Strafe hinausgehend. Dies – wie zeitgenössische Beobachter vermuten – weil sie selbst sich nicht scheuten, in den eigenen privaten Räumen ihrer Schlösser die gleichen Messen vor einem ausgewählten Kreis von Vertrauten und Eingeweihten lesen zu lassen, vor politischen Verschwörern und den Emissären aus Frankreich und Italien. Zum Teil, um mit den Unterströmungen in der ihnen anvertrauten Masse der Bürger in Verbindung zu bleiben; zum Teil auch als eine Form der Rückendeckung und Versicherung für den Fall, daß der Wind von oben her sich drehen sollte. Die hochadligen Herren sind durch Schenkungen von Landbesitz und Privilegien von dem königlichen Kabinett für den Verfolgungseifer belohnt worden, sofern sie mit einer ansehnlichen Anzahl von Hinrichtungen aufwarten konnten. Im Falle aber einer Indiskretion von Neidern und persönlichen Feinden, Intriguen und Denunziationen, durften sie mit einem höchst wohlgemeinten Verständnis rechnen, unter Augenzwinkern – auch Könige lassen mit sich reden; aus dem Gegenstand der Verdächtigung war inzwischen die schwarze Messe geworden. (Zur allgemeinen Aufklärung soll hier eingefügt sein, daß ernsthaftere Schriftsteller unter Charles II. und den nachfolgenden Georgs überhaupt die allenthalben überlieferte Prozedur dieser schwarzen Messen anzuzweifeln. Sie mögen einer wohldurchdachten Verschleierung gedient haben. Nachdem das sensitive Verständnis für das Wirken von Dämonen so arg zurückgeblieben ist, wird in diesen schwarzen Messen als Ersatz eine Illusion geschaffen worden sein, die sich dann in die Phantasie derjenigen verdichtet hat, die zu diesen Veranstaltungen nicht zugelassen worden sind.) –

Das ist möglich und würde dem Höllenfeuer-Klub vieles von dem Einfluß auf die jeweils jüngere Generation nehmen – ein Tabakskollegium älterer Herren, denen die Vorführung pornographischer Filme noch nicht vergönnt gewesen ist; die Welt ist an solchen Herrenabenden leider nicht zu Grunde gegangen.

Dazu bedarf es anderer Zusammenhänge, einer stärkeren vibrierenden Resonanz in den Bindungen, die den gesellschaftlichen Zusammenhang ausfüllen, und einer nach innen gerichteten Lautstärke. Es lohnt sich nicht, das Unverständnis herauszuschreien, auch wenn dieses Nichtwissen mit Schmerzen verbunden ist.

Wenn man der Geschichte Glauben schenken darf, wurde in der sich ankündigenden Restauration um den Einsatz einer Konfiskation der weltlichen Besitze gespielt. Im Hintergrund die Religionsverfolgungen, sind den spirituellen Interessen keine Grenzen gesetzt. Das läßt etwas mehr Licht fallen auf die Person des Ermordeten. Wie man sich erinnern wird, war Harrison im Dienste des herzoglichen Hauses Verwalter der Schulen. In späteren Traktaten wird darauf hingewiesen, daß William Harrison als Katholik getauft und auch als Katholik erzogen worden ist. Er hätte dem katholischen Glauben abgeschworen – das geht aus einer noch in Campden aufgefundenen Liste von Beamten hervor, die dem königlichen Dekret Folge geleistet haben oder, um ihre Stellung zu halten, dazu gezwungen worden waren. In einigen der späteren Streitschriften wird Harrison mit der katholischen Untergrundbewegung in Zusammenhang gebracht, je nach dem Parteistandpunkt der Verfasser, als Helfer, als Zutreiber von Gläubigen und Opfern und als Beobachter und Spitzel, im Dienste des Herzogs und zur Verfügung der königlichen Autoritäten. Also: Harrison und die herzogliche Verwaltung weiß, wer in Kensington die Messe liest und wer die Messe besucht und wer die Verbindungen zu den Jesuiten hält, die illegal aus Frankreich wieder ins Land gekommen und rückgewandert sind. Aber der Herzog selbst und seine Freunde wissen das auch ohne Harrison; sie wissen mehr und sie wissen es besser. Harrison verschwindet eines Tages. Es gehen Gerüchte um, daß er beiseitegeschafft und ermordet worden ist. Beseitigung eines lästig gewordenen Mitwissers? Fememord? Harrison kannte sich aus im katholischen Untergrund. Seine Tätigkeit als Doppelagent ist zwar niemals bewiesen worden, aber mehr als wahrscheinlich.

Von Zeit zu Zeit sind solche Gläubigen, harmlose Bürger, gute Steuerzahler, Vivatrufer, wenn die königlichen Soldaten mit Pfeifen und Trommeln aufmarschierten, ans Licht gezogen worden, einzeln und in Gruppen. Sie wurden vor den Richter gebracht, gefoltert, verurteilt, der weltliche Besitz eingezogen. Ihre spirituelle Erbschaft, die Flüche, Beschwörungen und als Reflex der Erlösung die Segenswünsche ... selbstverständlich auch Segenswünsche der Hingerichteten, sie sind übergegangen auf die jeweils Zurückbleibenden, die Nachfolgenden und die nächsten ... bis auf die heutigen Tage ein gewaltiger und unverbrauchter Schatz von Lebensenergie und von Widerstand, der sich immer weiter ansammelt und zu einer Entladung akzeleriert. Diejenigen, die sensitiv den Einfluß zu spüren beginnen, schrecken noch davor zurück. Aber es wird Zeit, diese Kraft nutzbar zu machen ... the witches are riding again! Die Kräfte des Widerstandes gegen die Gesellschaft sind noch allenthalben verstreut, sowohl in den Bereichen der intellektuellen Erkenntnis, in denjenigen der Leidenschaften des Instinkts wie in den mehr physischen Bereichen von Geld und Würden, der Klassen und des Berufs, den Gegensätzen des Geschlechts und der Altersunterschiede. Die Jugend drängt nicht nach vorn, wie eine romantische Geschichtsschreibung dies so lange Zeit hindurch glaubhaft zu machen versucht hat: das Alter hält die Hand an der Zündschnur. Eine Revolution wird zu wuchern beginnen, eine Revolution ohne Ziel und ohne Grenzen.

Damals allerdings sind noch manche mit einem Denkzettel davongekommen, viele wurden hingerichtet. Damals wie heute ist es wie mit den Fischen, die im Gasthaus in einem eigens hergerichteten Behälter herumschwimmen, zur Unterhaltung der Gäste und zur Anregung des Appetits. Kommt eine Bestellung, wird der Wirt einen der Fische aus dem Bassin herausgreifen, den besonders gewünschten oder nach eigener Wahl – Größe, Gewicht und Preis.

Die Wissenschaftler hat es von jeher interessiert, daß die Fische – Arten, die einander für gewöhnlich auffressen, die kleinen wie die großen, der Hecht neben dem Karpfen, friedlich miteinander auskommen in diesen Behältern, reichlich mit frischem Wasser versorgt, diszipliniert und gezähmt, so wie die Menschen dieser Tage sich den Frieden auf Erden vorstellen ...

Man ist damals, in diesen lustigen Zeiten, nicht gerade zart mit den Opfern umgesprungen. In den Kensingtoner Archiven ist zum Beispiel der Fall der Margarete Clitherden aufgezeichnet, Besitzerin eines den Herzögen Chesterfield benachbarten Anwesens, der nachgesagt worden war, daß sie zur Ausübung des katholischen Glaubens zurückgekehrt war, nachdem sie bei Lebzeiten ihres Mannes dem Glauben abgeschworen hatte. Die Dame hat in der Tortur dies auch nicht bestritten. Sie wurde zu Tode gepreßt. Viele Neugierige haben dem Todeskampf beigewohnt. Über eine halbe Stunde hat das Röcheln gewährt, läßt sich Voltaire berichten. Unter den Rücken des Opfers wird ein scharf zugespitzter Stein gelegt, von der Größe etwa einer Männerfaust. Gegen den Stein drückt ein Gewicht von einigen Zentnern, das auf die Brust des Opfers gelegt ist. Die Rippen werden gebrochen und stoßen dann durch die Haut.

Es ist schließlich die Verdichtung der eigenen Erlebniswelt in eine Vorstellungsreihe, in der primitiv zwar, aber anschaulich gezeigt wird, wie der Einzelne in dieser Gesellschaftsform zu Tode kommt. Er wird gepreßt. Er liegt unter einem Gewicht, das auf ihn drückt, schon von Geburt an. Niemand weiß, warum das geschieht. Die Hilfsstellungen der äußeren wie der inneren Märchenwelt reichen für eine Erklärung nicht mehr aus. Der Einzelne bekommt keine Antwort, außer dem allgemeinen Gerede, womit die Menschen untereinander sich zu verständigen versuchen; die wenigsten haben bellen gelernt. Ob ein Mißverständnis vorliegt? ... so weit nur stößt die aus Instinkt und Intellekt entwickelte eigene Gedankenbildung vor. Sie stößt bereits gegen das Ende. Sie löst sich auf, zersplittert in den leeren Raum, zwischen Gut und Böse, Schuldig und Nichtschuldig ... schließlich wird alles eins: die Rippen stoßen durch die Haut.

Es wird auch vorgekommen sein, daß man Leuten den Prozeß gemacht hat, denen man nicht das Geringste beweisen konnte. Die kirchlichen Messen wurden nicht gerade öffentlich veranstaltet, und es wären keine Zeugen aufzutreiben gewesen, glaubwürdige. Man wird sich geholfen haben, daß man diesen Leuten andere Verbrechen angedichtet hat, wie das heute noch allgemein üblich ist; geeignete Auswahl wird immer zur Hand gewesen sein.

Trifft dies auf die Familie Perry zu?

Daß die Witwe Perry an den katholischen Verschwörungen teilgenommen haben soll, wird nirgends erwähnt. Selbst ob sie mit solchen Kreisen Umgang gepflogen, flüchtig gewordene Priester versteckt, Almosen verteilt zu haben an solche, die von Haus und Hof gejagt, aus dem Amt geworfen und deren Kinder auf der Straße verwahrlosen und hungern ... in Verdacht gekommen wäre, wird im Prozeß nicht ausdrücklich festgestellt. Es wird nicht zu beweisen versucht und daher auch nicht im Protokoll aufgenommen worden sein, obwohl das Gericht davon überzeugt gewesen sein mag. Vermutlich durch die Beteuerungen in der Verteidigung der Mutter, als Lebensregel stets auf eine dezente Aufführung zu achten, die Gesetze zu befolgen, hilfreich und gut zu sein, wie die Heilige Schrift das befiehlt. Das Geständnis des jüngeren Perry, der den Mord in allen Einzelheiten beschreibt, hatte dem Gericht bereits genügt. Obendrein, auch die Heilige Schrift bei allem Respekt, der von dem König selbst vorgeschrieben ist, weist Stellen auf, wo der Mord am Feinde gesegnet und oft genug geradezu anbefohlen wird.

In Wirklichkeit ist die Hinrichtung der Perrys bereits vergessen, als Harrison neuerdings in Erscheinung tritt. Die Akzente in der katholischen Untergrundbewegung wie im politischen Kampf gegen die Papisten, die Akzente um das Bewußtwerden der Einzelexistenz, die Verantwortung auf das Erleben zu begrenzen, treten bereits stärker hervor. Das erklärt, warum in den Traktaten und Erbauungsschriften der mit der Bewegung zur Bewahrung des Glaubens Sympathisierenden – die Gläubigen selbst sind weniger zu Worte gekommen, es sind überhaupt kaum direkte Bekenntnisse vorhanden; es ziemt sich auch nicht, daß der Gläubige allzu viel Aufhebens von sich macht – die Sympathisierenden haben das Perry-Urteil wieder aufgegriffen und in die Glaubensverfolgung zurückversetzt, nachdem von den Beteiligten die für eine neuerliche Befragung Zuständigen nicht mehr vorhanden waren, vielleicht nur der Henker und dessen Enkelkinder ... erklärt, warum daher um das Glaubensprinzip in der Hinrichtung gestritten wurde, statt um das Recht.

Die Gegner haben sofort mit Erfolg die Fehde aufgenommen. Ihnen wird zugute gekommen sein, daß sie weniger das Gesetz, das königliche Haus, die Barone oder die Richter zu verteidigen hatten, vielmehr den Seelenfrieden und die Ordnung in der Gesellschaft, die durch das Wiederauftauchen Harrisons in Schrecken versetzt und ernstlich erschüttert worden war, wenigstens in einigen Bezirken des Landes und in der näheren und weiteren Umgebung von Chipping Campden.

Diesmal ist Harrison gesehen worden in Begleitung von zwei Wanderpredigern, die, was die Angriffe gegen die Wiedererwecker des wahren Glaubens sehr erleichtert haben wird, im ganzen Kensington-Distrikt bekannt genug gewesen sind; bei Lebzeiten hatten sie sich keines sehr guten Rufes erfreut.

Die beiden sind, wie in einigen Erbauungsschriften zu lesen ist, aus dem Fegefeuer zur Erde wieder aufgestiegen, genauer gesagt, entsandt worden, um den Verfolgten Trost zu spenden, ihren Mut zu stärken und die Gefolgsleute zu offenem Bekennertum im wahren Glauben zu sammeln. Viele dieser Predigten sind aufgezeichnet worden und zum Teil auch erhalten. In diesen Predigten selbst wird Harrison nicht erwähnt. Der Mann muß auch schon sehr alt gewesen sein und körperlich verfallen, falls er im Fegefeuer sich nicht einer Verjüngungskur hätte unterziehen müssen. In einem anonymen Schreiben an einen der Beisitzer des Gerichts in Campden wird die Vermutung ausgesprochen, daß er bereits taub gewesen ist, zum mindesten mit einer Sprachhemmung belastet. Er konnte sich, heißt es, nur durch Gesten verständlich machen, aber diese Gesten sollen sehr eindringlich gewesen sein.

Was hätte er auch sagen sollen? – die beiden anderen konnten wenigstens über einige Begebenheiten im Fegefeuer berichten, über die Erleuchtung und Berufung, die ihnen dort zur tätigen Bereuung ihrer Sünden widerfahren war. Es wird nirgend erwähnt, ob Harrison die beiden Kumpane schon vorher gekannt haben mag oder sie erst im Fegefeuer getroffen und zur Begleitung und Bestätigung nur mit aufgestiegen ist – was einige der Traktatschreiber ohne eigene Stellungnahme völlig offen lassen; jedenfalls könnte sich der Schulmeister nur sehr kurze Zeit im Fegefeuer aufgehalten haben, nicht lange genug, um eigene Erfahrungen zu sammeln und darüber zu berichten.

Von den beiden Wanderpredigern ist der eine, James Atkins, auf Erden ein Gastwirt gewesen. Das Wirtshaus stand auf einer abgelegenen Straße im Durchgang durch das Lewisham-Moor; die Gegend war weit und breit gefürchtet. Vorüberkommende Reisende sind dort verschwunden, im Moor. Einer der Unglücklichen, der im Wirtshaus von James Atkins für die Nacht abgestiegen war, konnte flüchten, bevor er völlig zu Tode geschlagen war. Er ist zwar bald darauf an den Strapazen gestorben, ohne präzisere Angaben zu hinterlassen. Trotzdem sind daraufhin Häscher des Gerichts erschienen und haben das Wirtshaus umstellt, um des Wirtes habhaft zu werden. Atkins war aber nicht mehr zu finden. Er wird ins Moor gelaufen und dort umgekommen sein; das berichtet die zeitgenössische Chronik.

Der andere, John Simmons, seines Zeichens ein Roßhändler, soll einer Bande von Straßenräubern angehört haben. Er hat das geraubte Gut verwahrt und für die Verteilung auf die Anteile der Genossen verwertet. Auch Simmons ist nicht vor ein ordentliches Gericht gestellt worden. Er ist flüchtig geworden und blieb seitdem verschollen. Er soll in großem Elend gestorben sein. Über seinen Tod findet sich ein amtliches Zeugnis, worauf in den Traktaten besonders hingewiesen wird.

Beide Prediger bereuen ihre Sünden und flehen die Gläubigen um Vergebung an.

Für die Gegner mag es natürlich leicht gewesen sein, diese Erzählungen anzuzweifeln. Sie hatten indessen nur einen begrenzten Erfolg. Es ist sogleich aufgefallen, daß sie weder die Autorität des Königs, noch diejenige des Gerichts hinter sich hatten. Es ist nicht bekannt, daß die Wanderprediger im Verein mit dem Harrison-Schatten vor amtlichen Personen befragt und verhört worden, geschweige denn, daß sie vor Gericht gestellt worden wären, ob wegen früherer Missetaten oder der neueren, offen zum Ungehorsam gegen die Gesetze des Königs aufzurufen. Das ist seltsam genug.

Weniger seltsam, daß die Kumpanei eines Tages wieder verschwunden ist – aufgelöst in die Luft. In einer Zuschrift, veröffentlicht in einem der großen Londoner Wochenblätter, die der Unterhaltung und Belehrung des Mobs dienen, werden die letzten Vorgänge dem jungen Argyll zugeschrieben, zu seiner Zeit Archivverwalter im Höllenfeuer-Klub. Die schwarze Magie des Wiederauftauchens und Verschwindens von Leuten, die vielleicht besser daran getan hätten im Tode zu bleiben, ist nicht der entscheidende Punkt in diesem Spiel. Auf die Nebenwirkungen kommt es an, die Seitenlinien. Und diese dienten offenbar dazu, dem König Georg, dem Zweiten wie dem Dritten, neue Opfer in die Gerichtsmühlen zu treiben. Das Volk hatte sich an die Torturen und Hinrichtungen bereits gewöhnt. Es ist schon beinahe gleich, früher oder später vom Hof vertrieben und hingerichtet zu werden. Um dieser Apathie zu steuern, hatte es neuer Opfer und eines neuen Auftriebes bedurft.

Und, ganz allgemein gesprochen, wären selbst ernsthafte Zweifel wirksam geworden – wem hätte man erklären sollen, was es mit dem Fegefeuer auf sich hat? Wer es nicht bei Lebzeiten fühlt, am eigenen Leibe, im täglichen Gebet – der wird es nach dem Tode nicht mehr lernen. Man weiß heute bereits sehr viel mehr, als was noch Dante und die von ihm beeinflußte katholische Doktrin unter dem Purgatorium verstanden haben. Die Menschen sind bereits in das Außer-Irdische hineinverflochten im Zuge der körperlichen und geistigen Verfallserscheinungen, die unsere Gegenwart bestimmen und Aura und Gestalt berühren: die letzte Frage, die unbeantwortet geblieben ist; die zwingende Notwendigkeit, nach all den Mißverständnissen des täglichen Lebens nachträglich noch etwas erklären zu müssen, sich zu rechtfertigen, sich zu verteidigen, Verständnis zu suchen, Verzeihung ... mit dem schwächer werdenden Herzschlag bereits abgeschnitten, im Rasseln der letzten Atemzüge erstickt. Es ist nichts mehr, es kommt nichts mehr ... Perlen von kaltem Schweiß auf der Stirn. (Eine leichte Vorstellung davon bringen die ersten Stunden dem Zeitgenossen, der ins Gefängnis eingeliefert wird ... es war alles falsch, das Opfer, die Begeisterung, die Revolte, die Technik und die Vorsicht, sich außerhalb der Gesellschaft zu halten. Es ist ein biologisches Gesetz: es wird immer nur einer von beiden überleben: der Mörder oder der Ermordete, der Betrogene oder der Betrüger, der Einzelne oder die Gesellschaft.)

In den bürgerlichen Chroniken wird im allgemeinen viel zu

viel Aufhebens gemacht von den Personen, die aus dem Fegefeuer in das irdische Leben zurückgekehrt sind. In der englischen Glaubensgeschichte schreibt man den ersten Fall dem Erzbischof John Bartley zu, der in Begleitung einer der Erzengel gegen Ende des 12. Jahrhunderts die Gläubigen seiner Diözese besucht hat. Die Kette solcher Vorfälle reißt nicht ab und endet vorläufig mit der zeitweiligen Rückkehr des englischen Presselords Northcliffe, worüber der Kollege Hannen Swaffer bei Hutchinson & Co. in London detaillierte Aufzeichnungen herausgegeben hat. Lord Northcliffe hat demzufolge die Gelegenheit benutzt, einige seine Tätigkeit im ersten Weltkrieg betreffenden Irrtümer vor der Öffentlichkeit zu bekennen, insbesondere seine Intrigue gegen Lord Kitchener, der – eine Folge davon – zu Schiff auf dem Wege nach Rußland in den Wellen der baltischen See verschwunden ist. Northcliffe hat sich auch die Mühe genommen, Anfragen von Lesern seiner Zeitung Daily Mail zu beantworten, die wissen wollten, ob es nicht unstatthaft sei, daß Geister gewöhnliche Kleider tragen. Das müsse jedem freigestellt bleiben. Northcliffe selbst ist, wie Zeugen bekunden, in einem grauen Flanell-Anzug, mit weichem und weißem Kragen wiedererschienen. Er kündigte schließlich noch das baldige Wiedererscheinen des englischen Dichters Oscar Wilde an. Von anderer Seite werden die interessierten Daily-Mail-Leser unterrichtet, daß auch Jack London an seiner Re-Materialisation arbeite. Jeder wird für sich das Recht in Anspruch nehmen, zu glauben und damit glücklich oder weniger glücklich zu sein.

Es bestehen große Hindernisse, die einer Re-Materialisation im Wege stehen und die überwunden werden müssen, sowohl durch eine in Panik geballte Energie der für die Wiederkehr Bereiten, die entschlossen sind, noch etwas auszusagen, als auch durch die Bereitschaft im Glauben einer Gruppe von Anhängern und Interessenten, an die solche nachträglichen Konfessionen gerichtet sein mögen, Aufklärungen, Nachdeutungen und Geständnisse, die denjenigen, die sie aufnehmen sollen, weh tun und meistens nur bestimmt sind, die Zurückgebliebenen in noch größere Verwirrung zu stürzen.

Trotzdem, die Zeit ist nicht mehr fern, wo derjenige, der diese Kommunikationen beherrschen wird, Menschen nicht nur wieder auftauchen, sondern auch verschwinden lassen kann, nach Laune vielleicht und öfter noch für den allgemeinen Nutzen der Gesellschaft. Vorausgesetzt, daß solche Kräfte und Menschen in Demut geblieben sind.

Was den Schulmeister Harrison anlangt, so ist allerdings nicht so ohne weiteres zu erklären, was den Mann veranlaßt haben könnte, die Sperre der Kommunikationen zu durchbrechen und in das Erdendasein zurückzukehren. Gerufen hat ihn sicherlich niemand, eher im Gegenteil. Die Leute in Chipping Campden werden bestrebt gewesen sein, Figur und Charakter so schnell wie möglich zu vergessen. Die Geschichtsschreibung sollte sich nicht damit begnügen, über das, was nicht offen zu Tage liegt, einfach hinwegzugehen. Harrison hat sich bei seinem neuerlichen Erscheinen jeder direkten Äußerung enthalten. Es ist aber zu vermuten, daß er um zu sprechen gekommen war, zu bekennen, wie alle die anderen auch, aber ... die Worte waren ihm nicht gegeben; er soll ja auch sonst ein reichlich beschränkter Mensch gewesen sein, durchschnittlich in seinem Standard, devot und bösartig. Das läßt die Frage offen: wer hat ihn daran gehindert, nachdem anscheinend jemand sich die Mühe gemacht hatte, ihn wieder an die Oberfläche zu bringen.

Ich glaube, hier liegt mit der Schwerpunkt in dem Campden-Drama, der diesem auch die nachhaltige Wirkung über sechs Generationen hinaus gesichert hat. Wäre es nicht gegebener anzunehmen, daß Harrison die Familie Perry gemordet hat, und nicht umgekehrt? – wie die Gesellschaft das so haben wollte. Das würde den Beweis schließen, denn die Gesellschaft, damals noch stärker als der Einzelne, hatte kein Interesse daran, Harrison sich aussprechen zu lassen.

Es bleibt den literarischen Kommentatoren überlassen, die Hinrichtung der Witwe Perry mit der Wiedererweckung in Zusammenhang zu bringen. Auffallen muß, daß nirgendwo die Rede ist von einer Botschaft, die die Witwe Perry aus dem Fegefeuer hätte übermitteln lassen, und wenn es nur gewesen wäre, das Dunkel um die Hinrichtung aufzuklären. Vielleicht sind die Kommunikationen jenseits des Todes zwischen den einzelnen Orten der Verdammnis nicht so vollkommen wie hier auf Erden.

Der Campden-Fall scheint abgeschlossen. Daß nach menschlicher Urteilsfähigkeit weder die Witwe noch ihr älterer Sohn das Opfer erschlagen, den Leichnam zerstückelt haben können, dafür liefert der Schulmeister Harrison selbst den besten Beweis. Dies wird auch die Ansicht des überprüfenden Gerichts gewesen sein, das schließlich darauf verzichtet hat, die Anklage erneut zu verhandeln. Die Perrys sind auf Erden nicht wieder erschienen, weder um sich zu rechtfertigen, noch um sich zu beklagen, oder gar der Wahrheit einen Dienst zu erweisen.

Bereits in der ersten Gerichtsverhandlung war fast nichts über die Familie, die besonderen Lebensumstände ausgesagt worden. Ein heutiger Beurteiler, von einer neutralen Außenseite her, könnte zu dem Schluß kommen, die Familie Perry in der so überlieferten Form hat überhaupt nicht existiert.

Es soll nicht verschwiegen werden, daß dies in der Abwehr der Papistengegner gegen die Flutwelle der Erbauungsliteratur auch hier und da angedeutet wird. Niemand weiß oder hat sich die Mühe gegeben nachzuforschen: Gab es einen Vater Perry? Unter welchen Umständen ist er von hinnen geschieden? Hat er die Witwe in guten Verhältnissen zurückgelassen? Ist die Witwe verfeindet gewesen mit den Nachbarn oder als Familie, einschließlich der Söhne, mit irgend jemanden oder der Umgebung im allgemeinen? Und die Söhne ... waren sie verfeindet untereinander? In der Revolte zur Mutter, gegen Gesellschaft und Gesetz? In den Dutzenden von Traktaten findet sich darüber nicht ein einziges Wort, nicht im Protokoll des Gerichtsverfahrens und nicht bei der Beschreibung der Hinrichtung ... die Perrys müssen eine durchaus normale und durchschnittliche Familie gewesen sein.

Der berühmte englische Psychoanalytiker Jones, Verfasser einer Biographie von Sigmund Freud, hat vor einigen Jahren in einer Schrift über den Oedipuskomplex sich sehr eingehend mit dem Campden-Fall beschäftigt. Er findet in dem Verhalten der vor Gericht Stehenden wie in dem aller Beteiligten, der Richter, der Henker und der Zuschauer, alle klinischen Anzeichen des Oedipuskomplexes, wenngleich er den Vater Perry nur mutmaßen und in Wirklichkeit hinzuerfinden muß. Zur Stützung seiner These, die eine Dreiecksbeziehung Sohn – Vater, Sohn – Mutter, Vater – Mutter mit einem Seitenreflex auf einen zweiten Bruder als Echolot herstellen muß, bleibt Dr. Jones auf eigene Vermutungen angewiesen. Für denjenigen, der mit der Freud'schen Frühanalyse, auf die Jones sich stützt, ein wenig vertraut ist, mag das Symbol das Erkenntnis-Objekt ersetzen, das Vater-Symbol als Autorität des Richterspruchs, das Familien-Symbol – in die Gesellschaft sublimiert, der Sohn als der Einzelne, der Ausgestoßene, der Betrogene im Oedipus-Symbol – die Revolte und der Widerspruch schlechthin.

Es ist unerheblich, ob John Perry das Geständnis erfunden hat, die Aufzählungen und die letzten Einzelheiten erfunden, oder ob sie ihm zugeflüstert worden sind. Die Dämonen pflegen von Zeit zu Zeit auf diese Weise sich zu manifestieren.

Die Symboldeutung Freuds reicht hierfür noch nicht aus. Das Aufspalten des seelischen Gleichgewichts im Einzelnen zwischen Reflex und Instinkt löst um ein Vielfaches stärkere Kräfte aus, als die Symbolbindungen innerhalb der Gesellschaftsordnung diesen Explosionen entgegenzusetzen vermögen. Einmal ... von Opfer zu Opfer, einzeln und in Gruppen, in einem Verfall, der nicht nach Jahreszahlen gemessen werden kann, sondern nach der Explosionsdichte des Zerstörungswillens, wird diese Gesellschaft auffliegen. Auch die Atombombe ist nur ein Symbol.

Das Schauspiel der Hinrichtung ist immer wieder für die zeitgenössischen Leser in den Balladen der Bänkelsänger mit den gleichen Worten beschrieben worden. Es muß ein großes Vergnügen gewesen sein, ein ungeheurer Spaß. Die Karnevalsveranstaltungen sind kurzlebig, die Witzreden der Anreißer verblassen in der Erinnerung. Aber das Spektakel der Hinrichtung der Witwe Perry und ihrer beiden Söhne ist über Jahrhunderte frisch und lebendig geblieben. Jeder hatte einen guten Tag, die Zuschauer, die Balladendichter und später die Leser der Traktate und bis auf die heutige Zeit die Kommentatoren und Analytiker, auch die Hingerichteten selbst ... es muß ein echtes Volksfest gewesen sein.

Ein besonderer Begleitumstand, der die Vorgänge in Chipping Campden in ein neues Licht zu rücken geeignet ist, konnte trotz des anwachsenden Stapels von einschlägiger Literatur nicht geklärt werden. Das ist das Lachen. Nicht das Gelächter, das der Einzelne meist bei seinen Nachbarn und Mitmenschen hervorruft, und das ihn dann auch von der Umwelt trennt. Es ist in diesem Fall das Lachen als Bekenntnis, ein Lachen, das aus der Urgeschichte der Menschwerdung zu stammen scheint, ein Lachen, das trotz der äußeren Verschiedenheit in der Geste das Menschenwesen wieder dem Tier näher bringt.

Dem persischen Philosophen Zoroaster wird in der Religionsgeschichte nachgesagt, er hätte schon im Mutterleib gelacht. Er hat dann, was von seinen Anhängern bekundet wird, bei der Geburt das Licht dieser Welt mit einem schallenden Gelächter begrüßt. Eine neue Umwelts-Konstruktion als Religion hat sich daraus entwickelt und wesentliche Teile unserer heutigen Religionsvorstellungen sind davon beeinflußt worden.

Alle Beteiligten bei der Hinrichtung der Perrys haben gelacht, die Masse der Zuschauer, Frauen und Kinder, die Perrys unter dem Galgen und die Henker, denen es vor Lachen schwer gefallen ist, die Schlinge ordnungsgemäß zuzuziehen. Einige in der Menge werden sich anfangs ein wenig geniert haben, aber mit der Zeit werden sie das Lachen nicht haben unterdrücken können, am wenigsten schließlich der junge Perry, der aus vollem Halse gelacht hat, als ihm der Strick um den Hals gelegt wurde, so daß die Umstehenden kaum seine letzten Worte verstehen konnten, die ungefähr heißen sollten: Ihr werdet noch große Wunder erleben … sie gingen im unartikulierten Gurgeln unter.

Dies alles ist vielfach bezeugt und beschrieben worden. Es besteht nicht der geringste Anlaß, daran zu zweifeln. Auch daß der junge Perry die ganze Zeit über – er war der Letzte in der Reihe, die Mutter und der ältere Bruder sind vorher aufgehängt worden – durch Ansprachen an die Zuschauer und durch Zurufe an die bereits am Galgen Zappelnden die Menge unterhalten hat. Die Worte selbst sind in den späteren Schriften nicht übermittelt worden, nur andeutungsweise Sinn und Bedeutung, und wenn die Dämonen, wie manche glauben, sich einer besonderen Sprache bedienen, so findet sich diese in den Wortsammlungen für einen dezenten Gebrauch unserer Umgangssprache nicht verzeichnet.

„Wie ein Schwein, das an der Schlachtbank ausschlägt und ein Geschrei erhebt, so stelle dir den Menschen vor, der irgendworüber Trauer oder Unwillen empfindet. Von ähnlicher Art ist auch der, welcher auf seinem einsamen Lager in der Stille unsere menschliche Gebundenheit beseufzt."

Der Mann, der diese Sätze niedergeschrieben hat, ist der römische Kaiser Mark Aurel. Sie stehen im zehnten Buch seiner Lebensbetrachtungen. Mark Aurel, als tugendsam in die Chronik der römischen Kaiser eingegangen, hat neben der Verbreitung seiner Lebensbetrachtungen auch die erste Christenverfolgung größeren Ausmaßes angeordnet. Er selbst hat dieser keine besondere Bedeutung zugemessen und erwähnt sie auch kaum. Es besteht seither auch ein gewisser Zweifel, ob sich diese Christen nicht einfach selber umgebracht haben. Was natürlich durchaus möglich gewesen wäre. Von den Kriegen als ein Faktor biologischer Erneuerung abgesehen, haben alle Verfolgungen, sofern sie auf Massenvernichtung ausgehen, in der Geschichtsschreibung keine genügend stichhaltige psychologische Klärung gefunden.

Am 18. August, dem gleichen Jahrestage, an dem das Campden-Mysterium seinen Anfang genommen hat, wurden auf dem zu Ehren des Kaisers errichteten Altar in der römischen Garnisonsstadt Lyon – im heutigen Frankreich – Dutzende von hohen kaiserlichen Beamten hingeschlachtet. Sie waren nicht angeschuldigt worden, einen Umsturz vorzubereiten. In den zeitgenössischen Chroniken werden sie als verdiente und getreue Beamte des Kaisers gerühmt. Mark Aurel wußte mit den nach Rom gelangten Klagen nichts anzufangen. Sie seien Christen, hieß es in den Klageschriften, und sie hätten sich als solche bezeichnet – aber Mark Aurel wußte kaum, was es damit auf sich haben sollte, Christen zu sein und sich als solche zu bezeichnen – übrigens die Opfer werden das höchstwahrscheinlich auch nicht gewußt haben ... Er ließ den turbulenten Vorgängen in Lyon ihren Lauf: Richtet sie nach dem Gesetz! Viele Tausende kamen im Laufe der folgenden Wochen in der Arena um, bei lebendigem Leibe und mit dem Gestank des verbrannten Fleisches als Anreiz den wilden Tieren vorgeworfen.

Über einige der Begebenheiten bei dieser ersten großen Christenverfolgung kann man in dem von kirchlichen Zensoren stark verstümmelten Bericht des Bischofs Irenäus nachlesen, der inzwischen von der Kirche einige Jahrhunderte später als Häretiker eingestuft worden ist, ein Schicksal, das zugleich auch den in Lyon Hingerichteten widerfahren ist. In der Not, hervorgerufen durch den Verfall des römischen Reiches, heißt es bei Irenäus, hat das Volk auf den Erlöser gewartet; die Einen aus den bereits allgemeiner verbreiteten biblischen Schriften, die eine solche Wiederkehr angekündigt haben; die Andern aus Doktrinen der kaiserlichen Staatsmänner und Philosophen, nach denen die römischen Gottheiten es bereits müde geworden wären, sich um die Geschicke der Menschen und um diejenigen des römischen Kaiserreiches zu kümmern.

So etwas wiederholt sich immer wieder. Die Zeit, die dem Fortschritt dient, scheint stille zu stehen. Die Einzelwesen bringen sich nicht mehr gegenseitig um, wie dies etwa auch bei den Tieren in einem Naturschutzpark jetzt zu beobachten ist. Instinkt wandelt sich in Panik. Der Lebensinhalt des Einzelnen flüchtet sich in die Masse. Die Masse stößt vor gegen eine gleiche Masse, die als Halt entgegengesetzt wirkt. Das ist ein ganz natürlicher Vorgang. Es wird zum Erlebnis des Einzelwesens, sich aus dieser Masse zu lösen. Der Glaube, ob an die irdische Autorität oder die ewige Verdammnis, löst sich auf in die Erkenntnis, daß der eigene innere Halt verloren gegangen ist, ohne den eine Gesellschaft an sich schon nicht bestehen kann.

Es wird sich kaum lohnen, diese Seitenlinie in der Betrachtung weiter zu verfolgen. Die gelehrten und berufenen Zeitnehmer im Ablauf der geschichtlichen Vorgänge sind damit vollauf beschäftigt, von der ältesten Überlieferung an bis auf den heutigen Tag.

Die auf einen alltäglichen und an sich gleichgültigen Einzelfall aber von weither gezogene Parallele zu beenden: sich als Christen zu bekennen war für die kaiserlichen Beamten nichts weiter als die provokative Abschirmung von dem Volk, die Selbstbezichtigung – sich von den Richtern, der kaiserlichen Autorität, die sie als Opfer ausgewählt hatte, abzusetzen. Von dem Prätor Vettius Apagathus, dem damals höchsten Beamten in Lyon, dem persönlichen Vertreter des Kaisers Mark Aurel, wird berichtet, daß er herausfordernd gelacht hätte, als ihm mit glühenden Nadeln durch die Geschlechtsteile gestochen wurde; er solle wenigstens eine Verschwörung gegen den Staat gestehen. Er lachte und blieb stumm.

Er war als Präsident des Tribunals aufgestanden, hatte die Robe abgelegt und war unter die Angeklagten getreten, sich als Christ zu bekennen. Irenäus stellt in Zweifel, daß er je vorher Umgang mit den Gläubigen gepflogen haben sollte – er wäre dafür auch nicht der Typ gewesen.

Die späteren kirchlichen Geschichtsschreiber erklären das damit: die Opfer hören auf eine innere Stimme. Sie erwähnen solche Vorgänge mit einem Unterton von Drohung und Abscheu, denn – nach Auffassung der früheren Kirchenväter benutzen die Dämonen diese innere Stimme sich zu offenbaren.

Wer sich die Fähigkeit im Erleben bewahrt hat, dem Wirken der Dämonen zu folgen, dem wird es verächtlich erscheinen, der Wahrheit nachzugehen. Die provokative Lüge, die Selbstbezichtigung, wie sie bis in unsere Tage gehandhabt wird, hat den therapeutischen Wert, den Einzelnen gegen die Masse abzuschirmen. Gemordet wird schließlich überall, in Einzelaktionen wie in Massen ... ob mit Recht oder zu Unrecht, das ist nicht die Frage; sie ist auch nirgends so gestellt worden. Wenn man der auf uns überkommenen Geschichtsschreibung in der Zeitrechnung von einigen tausend Jahren nachgeht, so ist ausschließlich und fortlaufend gemordet worden, ein Zuschnitt, auf dem unsere Zivilisation beruht. Das braucht niemanden zu erschrecken, denn – wenn man das so sagen darf, der Mensch mordet sich selbst ... ein Zug tiefer humanitärer Verbundenheit in der Biologie der parasitären Lebewesen.

Das Lachen ist nach innen geschlagen. Der Leser könnte es noch wiederfinden als das gleichbleibend vibrierende Echo in der an sich müßigen Frage nach dem Sinn unserer Existenz. Der Leser kann es noch hören ... falls er dazu bereit ist. Allerdings wäre dabei zu berücksichtigen, daß die Masse, längst selbst in ein Symbol aufgelöst, so fadenscheinig geworden ist, daß es kaum mehr lohnt, sich in einer provokativen Geste davon abzusetzen.

Der Blick ist getrübt. Die Perspektive für eine Zukunft ist noch nicht frei. Der Nachbar ist zu tief erschreckt, als daß er sich eingestehen würde, dieses Lachen im Erlebnis des Alltags zu empfinden, zu hören ...

Aber fürchtet Euch nicht ...

Der Erlöser ist noch nicht in Sicht.

Die Witwe Perry hat offensichtlich nicht auf den Erlöser gewartet. Die Perrys haben überhaupt auf niemanden gewartet. Das ist das Besondere an dem Campden-Fall, daß der Spaß dieser Hinrichtung sich bis auf den heutigen Tag stärker akzentuiert. Das Lachen wirkt noch nach; auch die Perrys haben sich selbst umgebracht? –

Die Welt ist voller Wunder. Ihr werdet noch große Wunder erleben, hat der jüngere Perry lachend den Zurückbleibenden zugerufen.

Dieser Campden-Fall ist so wenig bedeutsam. Er ist herausgegriffen aus den üblichen Geschehnissen, die sich überall in der Welt und zu jeder Zeit und Stunde wiederholen, sofern jemand nur die Neigung zeigt, näher hinzusehen. Die Leute, die sich eben noch an der Oberfläche tummeln, sich zur Geltung zu bringen als Politiker, die Geschäftemacher und als die in dem vielmaschigen Netz von Kultur und Fortschritt Eingefangenen ... leben sie eigentlich noch? Vielleicht in Wirklichkeit nur als Reflex von bereits Vergangenem? ... sie schrumpfen in dem Hohngelächter der Opfer, die Nachwirkung jagt sie in panische Angst. Die Dämonen sind bereits unterwegs.

Greift die Zeit voraus? Man weiß, daß die Personen, die sich ausstaffieren in die Geschichte einzugehen, trotzdem sofort vergessen werden. Der Kadaver ist in der Erinnerung nur mit einem Symbol für die Nachfolgenden bekleidet, das scheinbar anhält.

Vorläufig ändert sich noch nichts, nur daß mehr und mehr die noch am Leben befindlichen dieser Auswahl von Bevorzugten bereits verwesen und zu stinken beginnen.

Das nimmt dem Lachen viel von dem ursprünglichen Akzent der Herausforderung. Es wird mehr zu einem Abschied von dieser Welt, der weiter zu dienen die Henker und Richter, die Generäle und die Verwaltungsbeamten verurteilt sind, ebenso wie die Heiligen und die Erpresser, die unsere Gesellschaft bilden, wachsen und gedeihen lassen.

Es ist zuzugeben: die Welt ist nicht mehr so bunt. Die Welt ist dunkler geworden. Der Mensch ist gut, hat es geheißen. Der Mensch kann noch besser werden, heißt es heute ...

Fürchtet Euch nicht, die Welt wird auch damit fertig werden – solange es als nützlich angesehen werden kann, die Reichen zu bekleiden und die Armen, mit Karl Marx zu sprechen, verhungern zu lassen.

Der Leser wird daher gut daran tun, diese Betrachtungen leichter zu nehmen.

Sursum corda. Empor die Herzen.

Wie dem auch sei – was kann schon noch kommen und was kann schon sein ...

PARIS ENTDECKT DEN HERING
Gruß aus Paris von Franz Jung

Der Frühling in diesem Jahr geht in Paris vorschnell zu Ende. Die Kastanien im Luxembourg sind bereits verblüht, der Flieder ist über die Vororte nicht hinausgewandert, und in der inneren Stadt werden die gelben Rosenknospen verkauft, die eigens aus San Remo nach Paris eingeflogen worden sind.

In den Zugangsstraßen zu den Ausfalltoren nach Westen und Süden sind Hunderte von leeren Autobussen zusammengezogen, die als Barrikaden Verwendung finden sollen, falls die 80 000 Rekruten, die in der Umgebung von Paris noch im Training für die Armee in Algerien sind, die Lust verspüren sollten nach Paris zu marschieren, die Stadt für die Generale in Algerien zu erobern.

Es ist schwer vorauszusehen, welcher Widerstand diesen Kriegern entgegengesetzt werden könnte, denn – zwar hat der General de Gaulle Freiwillige aufgerufen, die für die Nacht mit leichten Waffen ausgerüstet werden, die sie am Morgen dann, in Zehner- und Hundertschaften gegliedert, in ihren jeweiligen Depots wieder abzuliefern haben ... denn die Tradition französischer Revolutionen schreibt vor, daß die Kämpfe nur des Nachts stattfinden, bei Fackelschein auf den Barrikaden und mit Bomben, den heutigen „Plastics", nach rechts und links den schlafenden Bürger aufzumuntern.

Es besteht, um es sogleich zu sagen, wenig Neigung allerseits, diese Tradition aufrechtzuerhalten. Der etwaigen Kampfbegeisterung der Rekruten und dem Frontwillen der Barrikadenverteidiger steht die Zärtlichkeit entgegen, die um diese Jahreszeit Paris beherrscht. Die älteren Liebespaare, Arm in Arm und eng umschlungen, die rechte Hand des Herrn im Schultergriff die Dame neben sich herziehend – (die Wahrheit zu sagen, der Prozentsatz der Alternden, die von dem Frühlingsfieber erfaßt werden, hat sich in diesem Jahr beträchtlich vermehrt) – wie die jungen, die neuerdings mehr zu dritt und zu fünft sich die Boulevards entlang schieben, werden keine große Lust verspüren, sich in die leeren Autobusse zu setzen, auch wenn diese umgestülpt sind. Die Kolonnen der Rekruten werden sich in Einzelgänger auflösen, die ihrerseits auch ein wenig nach Zärtlichkeit und einer freien Bank auf den Boulevards und in den Parks Ausschau halten werden.

Kriegerischer sieht es den Tag über im Zentrum aus. Rings um die Oper sind Panzerwagen aufgefahren, als ob die Fallschirmjäger der Fremdenlegion zunächst die Oper zu erobern die Absicht hätten. Dort wo bisher die Ausflugsomnibusse für die Fremden standen, sind jetzt die schwarzen Transportwagen für die Polizei und die Miliz-Garde stationiert. Ein großes Schauspiel für die Touristen, von denen keiner es sich wird entgehen lassen, vom sicheren Portal des American Express Gebäudes aus oder den umliegenden Cafe-Terrassen, die schon weniger sicher sind, wenigstens vor Taschendieben, dieses militärische Bild für die Familie zu Hause als Erinnerung zu knipsen.

Dabei – im Zusammenhang mit den Touristen, komme ich zu dem Eigentlichen, worüber ich überhaupt sprechen will. Das ist die für die Touristen sehr betrübliche Feststellung, daß die Tradition und der Ruhm der französischen Küche in raschem Schwinden begriffen ist. Und zwar dort, wo die Touristen sich nicht so massieren wie im Loire-Tal oder im Süden des Landes zur Rhône hin. Dort ist eine Küche zu Hause, von der sowieso nur die Reisehandbücher berichten und die Agenturen, die ihre Reisenden per Flugzeug oder im Überland-Autobus dahin dirigieren. Nein – der Pariser will mit dieser französischen Küche nichts zu tun haben, die er schon ein wenig unrespektierlich als „Touristenfraß" bezeichnet.

Den Umschwung haben die aus Amerika importierten Abfütterungszentren gebracht, den guten alten Aschinger aus dem Berlin Kaiser Wilhelms nicht zu vergessen. Dabei sind diese Kettenrestaurants, die am Boulevard Michel und in der Gegend um St. Germain, dem Intelligenzlerzentrum, wie es auf den Bieruntersätzen im Café aux deux Magots heißt, wie die Pilze aus dem Boden schießen, durchaus französisiert, mit einer individuell gebliebenen Atmosphäre und genug Ellbogenraum, auch wenn auf der Straße vor dem Eingang lange Ketten von Wartenden stehen. Das heißt, man muß Geduld haben und Zeit mitbringen. Das hat der Pariser, zum Unterschied von Frankfurt und New York. Und dort ißt man dann einen Hering. Das ist, unter uns gesagt, der letzte Chic. Einen Hering, mit Petersilienkartoffeln, und wenn man durchaus will, eine Gemüsesuppe dazu und ein Glas Mineralwasser.

Die Gerüchte gehen schnell. So sollen sich regelmäßig in dem Restaurant an der Ecke der Rue de Médicis einige Senatoren einfinden, die den Weg zu Fuß von dem benachbarten Palais du Luxembourg nicht scheuen. Dicht dabei ist der Foyer Israelite, wo man, wenn man die richtigen Beziehungen hat, auch umsonst den Hering essen kann; vorläufig sind allerdings die Senatoren dort noch nicht aufgetreten. Dagegen ist der Minister Malraux, der ein bedeutendes Buch „Kunst und Küche" geschrieben hat, in der „Source", eines der größten neuzeitlichen Restaurants der oben gezeichneten Art, mehrfach gesichtet worden, mal beim Matjes-Hering, mal beim Rollmops.

Man beachte wohl: Kunst *und* Küche, das heißt die Relation der Kunst zum öffentlichen Leben, die vergleichbar ist dem täglichen Brot und einer guten Sauce, mit der auch schlechte Politik serviert werden kann ... nicht etwa die Kunst *der* Küche, mit der sich mediokre Personen wie dieser Savarin so lange in der Weltliteratur behauptet haben.

PARISER LITERATURBRIEF

Im Folgenden wird über Literatur im Einzelnen nicht berichtet. Eine Liste von Autoren wird nicht gereicht. Die Literaten seien gewarnt. Nichts von dem hier Übermittelten wird sich eignen in den Seminaren auseinandergezerrt zu werden. Die Lektüre ist nicht für Professoren bestimmt, denen die Zeit für das Wiederkäuen von Literaturgeschichte nicht beschnitten werden soll. Neue Erkenntnisse werden nicht vermittelt; wer schläft soll weiter schlafen. Dabei tut es wohl zu wissen, daß inmitten des Motorenlärms, Explosionen in Weltanschauungen und Neurosen-Equilibristik, daß und so weiter es so viele gibt, ich meine die Selbstberufenen, die Beamten und die vor einem so Hingestellten, die den Platz einnehmen und darauf sitzen, von staatswegen oder aus eigenem Geld ... viele gibt, die gerade noch gelernt haben die Luft einzuziehen und wieder auszustoßen, und sonst nichts.

Gegen solche Leute aufzustehen oder gar aufzubegehren, das wäre nur ein Stoß gegen diese Luft. Es entsteht eine andere Welt, die sich völlig abzusetzen beginnt von derjenigen, die wir in der Überlieferung vielleicht noch mitbekommen haben. Wir benutzen noch dieselben Laute, aber wir sprechen nicht mehr dieselbe Sprache. Dies muß vorausgeschickt werden.

Ein französisches Erfolgsbuch, das sich über die letzten beiden Jahre am Markt gehalten hat, „Le Matin des Magiciens" von Louis Pauwels und Jacques Bergier – liegt in diesem Winter im Scherz Verlag auch in deutscher Übersetzung vor. Das Buch nimmt für sich in Anspruch die Basis zu sein für eine neue Geisteshaltung, aus der sich eine neue Weltanschauung entwickeln wird. Vor diesem Anspruch muß gewarnt werden. Das Buch plätschert herum in einem brodelnden Kessel von Vermutungen, Assoziationen und Perspektiven. Es greift hier und da Ansätze heraus, als etwas aufregend Neues plakatierend, um sogleich in den selbst aufgezogenen Sensationen stecken zu bleiben, man könnte sagen mittendrin. In dieser Hinsicht ein gutes Beispiel der heutigen französischen Literatur, der Literatur an der geistigen Oberfläche. Die Perspektiven, richtig übernommen und geschickt profiliert, sind trotzdem falsch gestellt, und zwar auf einen Leser, dem blauer Dunst vorgemacht wird.

Unter Berufung auf die Dialektik im Bereich der sprachlichen Ausdrucksformen wird etwas Entscheidendes zerredet, zugedeckt und vernebelt: der Zerfall der kartesianischen Logik in den Denkformen, die Trennung von Individuum und Person, die Reflexionen aus den Erkenntnissen der Wissenschaft vom Menschen, die Umweltsfrage zur Person und die Grenze zwischen Kunst und Politik, banal gesprochen – der Trieb nicht der Wille, der Instinkt nicht das Wissen über die Grenzen hinaus, die dem Individuum von der Natur gesetzt sind.

Genau das ist die Basis der heutigen französischen Literatur, der Künste und alles dessen, was sich mit Darstellung, Beschreibung und Fixierung einer Erlebnisrichtung beschäftigt oder zu beschäftigen vorgibt – desengagiert, apolitisch, der Dichtung Widerstand leistend, vergleichbar den 50er Jahren des vorigen Jahrhunderts, als die Junghegelianer in Europa den Schnupftabak-Revoluzzern den Rücken gekehrt haben, der junge Karl Marx damals noch mit dabei.

Man kann das nachlesen in dem Briefwechsel, den der Rabbiner Moses Hess mit den damaligen revolutionären Gruppen geführt hat, dem Bund der Gerechten in Lyon und anderen Vorläufern des politischen Kommunismus: Wozu die hochtrabenden Aufrufe ... die Deklamationen, die Plakate und die Aufmärsche, die im Hinterzimmer einer Kneipe vorher geprobt werden müssen (wer erinnert sich da nicht an Rot Front) ... dort stehen die Fronten nicht ... Moses Hess heiratet um ein aktives Beispiel abzugeben die stadtbekannte Hure seines Viertels; zum Entsetzen seiner Gemeinde, die ihn aus der Stadt jagt. Gewiß, romantisch und sentimental, der damaligen Zeit entsprechend; aber nicht sentimentaler als die Romane des großen Zola, die der inneren Wirklichkeit so fern stehen.

Auf die Pauwels & Co. zurückzukommen: lesbar in dem Buch ist überhaupt nur das erste Drittel. Dann tut das Buch sich schwer in einer Hitler Mythologie, von der sich jeder privat den ihm zusagenden Teil abschneiden kann. Um schließlich im letzten Drittel eigentlich völlig aufzuhören. Die vorgeschriebene Seitenzahl aufzufüllen wird alles Mögliche hineingepackt – charakteristisch auch für die gegenwärtige Literatur. Der Leser, so wird vermutet, ist nach dem ersten Drittel bereits müde geworden; er hat schon alles mitbekommen, er weiß schon genug um ... desengagiert zu sein. Notwendig zu erwähnen, daß die in der konservativ-akademischen Oberschicht Mode gewordene Zeitschrift „Planète" von den gleichen Autoren herausgegeben wird. Die Zeitschrift behauptet den Schlußstrich unter den literarischen Surrealismus in Frankreich gezogen zu haben. Sie vergißt nur zu erwähnen, daß André Breton, die Prominenz im Surrealismus, eben diesen Schlußstrich schon einige Jahre früher gezogen hat. Und zwar, so kurz ist das Gedächtnis in Literaten Kreisen, mit den beiden gleichen Herausgebern Pauwels und Bergier in der Zeitschrift „Médium, Communication Surréaliste" – Mai 1954, worin anläßlich der Affäre des russischen Philosophen Gurdjieff und dessen Gemeinde in Fontainebleau den beiden vorgeworfen wurde, Mitbegründer der internationalen Gruppe Thule gewesen zu sein. Pauwels, der seinerzeit als Sekretär Gurdjieffs in Fontainebleau funktionierte, mußte sich sagen lassen, daß er selbst die Verbindungen zu dem Kreis der Magier um Adolf Hitler hergestellt hätte, insbesondere zu Haushofer, Heß und Himmler; den letzteren hat Gurdjieff noch höchstselbst in Fontainebleau empfangen ... Bergier war der Verbindungsmann, laut seinen eigenen Angaben, für den Thule Kreis zu den weißrussischen Generalen in Paris, von denen bekanntlich einige Ende der 30er Jahre auf mysteriöse Weise entführt worden und verschwunden sind. Bergier gilt heute als Parteikommunist. Soweit die surrealistischen Rekorde dieser Gruppe, die materiellen dürften besser sein.

Der literarische Surrealismus ist verbraucht wie so viele Ismen vor ihm. Trotzdem ist etwas zurückgeblieben, frischer denn je, aggressiver und bestimmter formuliert. Der literarische hat sich in den sozialen, politischen und wirtschaftlichen Surrealismus verwandelt. Man muß dies zu Grunde legen jeder Betrachtung der französischen Literatur von heute, der „neuen Welle" und den verschiedenen Ismen der „Avant-Garde", die auch längst verbraucht und völlig überflüssig geworden ist.

Ich kann mir erlauben zu behaupten, da ich es nicht vor einer Mehrzahl von an sich uninteressierten Lesern zu beweisen brauche, daß was noch an dem Begriff künstlerische Avant Garde vorhanden sein mag sitzt in den Physik- und Chemie-Laboratorien der staatlichen und privaten Institute. Sie feilen die mathematischen Formeln für die Computer Maschinen. Sie füllen diese Computer mit den Formeln der vorhandenen Weltanschauungen – Moral als geometrische Figur, die gesellschaftsbindende und -gebundene Politik als das Diagramm von Parallelen, die sich überschneiden werden, nachdem das Unendliche in das Endliche hineinanalysiert worden ist. Und dann ... dann läßt man die Maschine anlaufen und wartet ab, was der Computer zusammenstellen wird. Wie sieht die neue Weltanschauung aus? noch etwas unklar? man kann das nachschärfen, korrigieren, Zusatzformeln in den Computer schicken ... eines Tages wird eine perfekte Weltanschauung herauskommen. Dabei sind die Fehlleistungen interessanter als die Perfektion; mit Fehlleistungen kann man operieren.

Was sich so früher damit beschäftigt hat, Flächen zu bekleistern, Linien zu bündeln und dem Photographen sein Brot wegzunehmen, das arbeitet heute in Kolonnen, in Anstreicher Kolonnen. Das Gelände um den Bahnhof Montparnasse bis zum Marsfeld hin ist ein einziger riesiger Bauplatz, das alte Paris wird niedergerissen und es entstehen die 6-8stöckigen Wohnblocks wie in Queens, dem Wohnviertel New Yorks, wo die Lehrer und Beamten untergekommen sind. Es gibt für die Anstreicher viel zu tun und sie verdienen gutes Geld; auch das ist eine Kunst. Die Kollegen, die Dichter und so, arbeiten in Reklame. Victor Hugo wäre heute Chef eines Werbebüros und Stendhal schriebe die Texte. Wer in einem solchen Büro untergekommen ist, für den ist ausgesorgt. Allerdings ist es nicht so leicht da hineinzukommen. Die Leute verlangen Referenzen. Der Anwärter muß einige Bücher gedruckt in einem der größeren Verlage vorlegen können, er muß einige literarische Preise aufzuweisen haben, und er muß von Haus aus etwas Geld haben, das heißt mit einer Frau aus wohlhabender Familie verheiratet sein. Seine literarische Bedeutung und Ansehen bleibt in Permanenz. Es wiederholt sich in jedem Jahr, in den gleichen Zirkeln, den gleichen Zeitschriften, im Rahmen der gleichen Ismen.

Das mögen Äußerlichkeiten sein. Sie treten nur diesmal stärker hervor, sie beherrschen das Bild. Es sind keine Zufälle, vereinzelte, sondern es ist die Charakteristik geworden. Natürlich – von dieser Gesellschaft kommt nichts mehr, ist auch nichts mehr zu erwarten. Aber sie bildet den Sumpf, den Sauerteig, die Erbmasse, aus der heraus sich das entwickelt, was man bereits als eine neue Rasse bezeichnen kann.

Man sollte verstehen, daß zwangsläufig eine völlig veränderte Wesenheit entstehen wird, eine neue Einheit; eine Synthese zwischen Mensch und Kosmos, die den neuen Menschen von dem was äußerlich zur gleichen Species gehörend sich um ihn herum bewegt, als eine eigene Gesellschaft und zwar für sich getrennt manifestiert. Wird dies das Merkmal einer „neuen Jugend" sein? Schwer zu sagen, weil das Charakteristische nicht in der Zahl der Lebensjahre ausgedrückt ist, erleichtert, aber nicht bestimmend. Entscheidend ist die Abkehr von dem Gegebenen und Vorhandenen, der Widerstand etwas zu übernehmen, das nur zur Tradition gehört; etwas zu lernen, was andere schon vorher gelernt haben, geboren zu sein in einer Zeit, wo man sich nicht dagegen wehren kann – das alles wächst zusammen zu einem Unbeteiligtsein, dem Widerstand verantwortlich zu sein für etwas oder gegen etwas, was der Einzelne schon von Beginn ignoriert hat, wofür oder wogegen es sich nicht einmal mehr lohnt zu kämpfen. Dabei ist es fraglich, ob es sich überhaupt lohnt zu kämpfen. Der Kampf ist etwas, was einem die Gesellschaft aufzwingt, wenn der Einzelne sich gegen die Gesellschaft behaupten will. Die Gesellschaft schreibt aber zugleich die Mittel, die Waffen, die Richtung vor. Lohnt sich das? Wer gegen die Gesellschaft kämpfen will, wird sich besser seiner eigenen Waffen bedienen, nach dem Grade, wie er sie einzusetzen gezwungen sein wird, und der Erwartung und dem Ausmaß ihrer Wirkung. Das ist Neues Leben, das ist eine völlig veränderte Atmosphäre, das ist was ich in ihrer letzten Perspektive als das Heraufkommen einer neuen Rasse bezeichnen möchte.

Es ist nicht nur eine bestimmte und zufällige Schichtung, es ist eine neue Rasse. Sie ist apolitisch, amoralisch, sie ist anti-anti. Gegen die Politiker, hüben wie drüben, die Führer des Volkes, die Interpreten des Lebenswandels, gegen die Autoritäten, die Beamteten, die Aufseher und die Toilettenwächter, Straßenkehrer und Briefträger und gegen das Gewürm der Unverstandenen, die Maler und Bücherschreiber, die Maurer und Architekten und was es so alles gibt – ich meine die Rassenmischungen, die diesen Planeten noch bevölkern.

Was in der konstruktiven Perspektive fehlt, sind die Propheten, die Propheten an die Front ... die Voraussteher, die Erleuchteten, die Wegweiser in die Zukunft der kosmischen Zeitalter. Sie werden erst die Plattform schaffen, auf der die neue

Rasse sich präsentieren wird. Diese Plattform, ihre Perspektive erfüllt zugleich die gegenwärtige französische Literatur. Es sind genauer gesagt die „Fremden" in der französischen Literatur, die französisierten und diejenigen der Franzosen, die sich als „Fremde" gebärden.

Wer bis dahin gefolgt ist, wird eher bereit sein, die Schlußfolgerung in Betracht zu ziehen. Was im Entstehen ist, bereits heraufzieht und sich zu verbreiten beginnt, ist mehr wie nur eine neue Weltanschauung. Niemand wird voraussagen wollen, ob dies nach der heutigen Schichtung innerhalb der weither übernommenen Gesellschaftsordnung – ob diese neue Rasse oben oder unten sein wird. Eins ist sicher, sie wird sich nicht mit den bestehenden Schichten und Rassen mischen, integrieren, verschmelzen, Teile übernehmen oder in Teilen übernommen werden. Sie ist zu allem, was zu dieser Gesellschaft gehört, in ihrer Bewußtwerdung der Trennung entfernter wie die Differenz zwischen Mensch, Tier und Pflanze. Eher verwandt den Steinen, so daß endlich jetzt auch die Steine zu reden beginnen.

Es wäre sehr oberflächlich gedacht annehmen zu wollen, daß diese Unterschiede zunächst nur in der Distanz zur Masse begründet werden könnten. Es mag nicht verschwiegen werden, daß dafür trotzdem eine gewisse Möglichkeit besteht, denn wenn die Führung der Masse ignoriert wird, ihre gesellschaftsbildenden Faktoren, so wird damit auch die Masse entscheidend ignoriert.

Der politische Surrealismus, der sich in der gegenwärtigen Literatur manifestiert, geht in direkter Linie zurück auf die Gesellschaftsanalyse von Karl Marx, dem orthodoxen Marx. Mit aller Schärfe und einer gewissen Überspitzung werden die Gegensätze zwischen permanenter Revolution und diktatorialer Übergangszeit im Funktionär-Kommunismus ausgetragen. Der Traum der permanenten Revolution ist ausgeträumt. Es hat ein bitteres Erwachen gegeben. Dabei wird nicht nur das Diktatoriale beiseitegeschoben, sondern auch die Disziplin schlechthin. Dabei wird auch der Existentialismus mit weggefegt – erfreulich genug, daß man diese lähmende Langeweile loswird. Während der Existentialismus wieder in den Partei Apparat einzuschwenken beginnt, wollen die Neuen gerade heraus. Sie sind stolz darauf „Ex" zu sein. Das wird zum Befähigungsnachweis. Daß diese „Ex-Kommunisten" – man findet sie nicht etwa nur auf der Linken, sondern parteipolitisch gesehen bis ganz nach rechts – nicht aufhören Kommunisten zu sein, gibt der Entwicklung einen besonderen Reiz. Sie befassen sich nicht mit Politik, sie halten keine Disziplin und sie zahlen keine Beiträge, das ist alles. Die deutsche Romantik mit Schelling, Hölderlin und Hegel bleibt in Mode, verstanden als das große Unbeteiligte, Achim von Arnim als Vorbild und Meister.

Das würden etwa die Themen sein, die von der französischen Literatur in dieser Zeit zu erwarten wären. Was dagegen heute geschrieben wird, von routinierten Könnern ihres Fachs, stellt nur die Reflexe dar, auf die Gesellschaft übertragen, den Lebensablauf der täglich wechselnden und ewig gleichbleibenden Konflikte, das Individuum in seiner Umwelt – so könnte es sein, die Grenzen des Gegebenen verwischen sich, im persönlichen, im sozialen und im gesellschaftlichen Bereich. Die Tabus werden aufgelöst, Überlieferungen weggeschmolzen. Das gibt dieser Literatur ihren besonderen Reiz.

Es ist noch alles im Fluß, und wenn die Wasser sich verlaufen und bereits gesetzt haben werden, wird der eine oder andere erkennen können: hier wird in allen Bereichen des Lebens und der Lebenserwartung von etwas gesprochen, das es in Wirklichkeit nicht gibt oder noch nicht gibt. Surrealismus hin und her, mit oder ohne politische Kontrolle – lassen Sie es mich sagen, damit Sie mich verstehen ... das eben ist nicht aufzuhalten, im politischen Bereich wie in der Literatur. So schreiben diese Literaten für eine Jugend, die es auch in Wirklichkeit noch nicht gibt. Es könnte so sein ... das sind die Reflexe in den Themen, es vibriert zwischen den Zeilen, es ist das, was den Reiz der „Neuen Welle" ausmacht, aber es ist vordem nichts weiter trotz alledem als ein Phantom. Denn wer wird angesprochen? Das was etwa einmal zur Neuen Rasse gehören wird? Kaum. Angesprochen kann nur werden, das schon vorher erlebt worden ist. Und die Jugend – wenn der verallgemeinernde Begriff hier erlaubt ist, schreibt nicht; sie hat sich noch nicht zu Wort gemeldet, und es ist fraglich, ob sie es überhaupt tun wird. Sie ist nicht mehr so vaterbesessen, in Kunst sich zu betätigen oder Bücher zu schreiben, höchstens bei Gelegenheit ein paar Gedichte, aus den Mundwinkeln herausgespuckt. Sie sind schon vergessen, ehe man noch den Pernod, mit dem man den schlechten Nachgeschmack wegspülen wollte, hinuntergegossen hat. Über die „Blousons Noirs" oder die Halbstarken und so, die Beatniks, die von bekloppten Verlegern an der Strippe gehalten sind, schreiben die Kriminalpsychologen oder die älteren Semester einer Kritikergilde, denen das alles wie etwas wunderschön Neues und wie ein Märchen erscheint – das Märchen des glücklichen Zeitungslesers, dem niemand mehr in einer Gesellschaft, in der der Saft Trumpf ist, die Leute, die gerade in vollem Safte stehen, mögen sie glücklich sein ... entgehen kann ... entgehen kann ...

FRANK RYBERG
ILLUSTRIERT DIE WELT

I

Im Getöse der mehr vordringlichen Erfindungen neuer Waffen und neuer Heilmittel sind fast unbemerkt einige Grundgesetze der Lebensexistenz entthront worden, zusammen mit den dazugehörigen prominenten Vertretern der zeitgenössischen Wissenschaft. Zu diesen gehört neben anderen Albert Einstein, dessen Ergänzung seiner Relativitätstheorie, die vor einiger Zeit veröffentlicht worden ist, mit eisigem Schweigen aufgenommen worden ist, von den sensationellen Ankündigungen einiger amerikanischer Tageszeitungen abgesehen. Die wissenschaftlichen Kritiker Einsteins haben entdeckt, daß der Relativitätstheoretiker die Eierschalen seiner wissenschaftlichen Herkunft von Newton nicht abgelegt hat. Der zur astronomischen Historie gehörende Newton war noch nicht im Besitz der kosmischen Zeittafel. Die kosmische Zeitrechnung überhaupt war ihm unbekannt, und damit ist über das Newton'sche Weltsystem der Stab gebrochen. Die Astronomen Hubble und Milne, die die kosmische Zeit in eine mathematische Formel gebracht haben, sind, wie behauptet wird, in der Lage, das Schöpfungsgesetz im Ganzen mathematisch zu erfassen. Es drückt sich aus in der Formel zwei punkt acht mal zehn hoch neun, wobei der Punkt hinter der Zwei, der kosmischen Zeittafel entnommen, nicht am Fuße der Zwei, sondern in der Mitte gesetzt wird. Mit anderen Worten, wer diese Formel zu deuten versteht, weiß, wann das Schöpfungsgesetz für unseren Erdplaneten in Wirksamkeit getreten ist, und wann es beendet sein wird. Es ist, um es dem Leser näher zu bringen, der Ablauf auf magnetischem Feld zwischen Anziehung und Abstoßung. Die kosmischen Körper ordnen sich zu Trauben, akkumulierend, und einer allmählich zerrenden Entfernung ausgesetzt. In einer dieser Trauben hängt unser Erdplanet, nicht mehr zu jung, aber auch noch nicht alt genug, um aus dem Schöpfungsprinzip ausgestoßen zu sein. Die Spielerei mit der H-Bombe ist das Beispiel einer Fehlrechnung Newton'scher Provenienz.

Wenn es auch die Soziologen nicht gerade gern hören, so fußt die moderne Gesellschaftswissenschaft bisher noch auf der kulturhistorischen Aufteilung Bachofens, der die Entwicklung der Menschen in drei Gruppierungen sich vollziehen sieht, der Ackerbauer, Hirten und Jäger. Die Psychoanalyse, die sich heute mit dem Wrack des Bewußtseins beschäftigt, kann sich von diesen Grundtypen nicht trennen. Man ist bisher der Frage ausgewichen, zu welchem Typ die Gattung Mensch als Lebewesen in der biologischen Ordnung des Naturgeschehens gehört, verglichen mit näherliegenden Lebewesen aus dem Tier- und Pflanzenreich. Ohne diese Feststellung hängt aber unsere bisherige Soziologie in der Luft. Angeregt durch Vogts „Road To Survival" neigt man jetzt überwiegend zu der Feststellung, daß der Mensch zu den parasitären Lebewesen gehört und soziologisch als Parasit erfaßt werden muß. Im Gegensatz zu dem Krapotkin'schen Prinzip der gegenseitigen Hilfe im Menschen- und Tierreich verdrängt der Mensch nicht nur die anderen Lebewesen in seiner Atmosphäre und vernichtet sie – zumindest geht die Tendenz seiner Existenzbedingungen dahin –, sondern es wird offenbar, daß der Mensch auch in seiner Gesellschaftsform nur dadurch existiert, daß er von der Atmosphäre der Gesellschaft zehrt, daß der eine vom anderen lebt, geistig und materiell, und daß er gesetzmäßig, nachdem er seinen engeren Lebensraum in der Umgebung verbraucht hat, sich selbst aufzufressen gezwungen ist. Das sind die Lebensbedingungen des Parasiten. Es wird schwer sein, dieser Erkenntnis romantische Vorstellungen einer Vergangenheit wirksam entgegenzusetzen. Mit den bisherigen Mitteln der Oberflächenforschung hat die Soziologie einen toten Punkt erreicht.

Der Kulturhistorie leichteren Kalibers bleibt dagegen noch ein reichhaltigeres Betätigungsfeld. Nachdem die italienischen Kommunisten den Heiligen von Assisi als einen der Vorläufer der russischen Revolution entdeckt haben, veröffentlicht die englische Zeitschrift „Horizon" einen Gedenkartikel zur 150. Wiederkehr des Todestages des Marquis de Sade, worin diese etwas mysteriöse Persönlichkeit, seit hundertfünfzig Jahren der Schrecken unserer Moralisten, im Gegensatz zu Jean-Jacques Rousseau, von dem man das bisher allgemein angenommen hatte, der entscheidende Anreger der französischen Revolution gewesen ist. Die dreißig Bände seiner „Justine", sorgsam gehütet und verschlossen in den staatlichen Bibliotheken, enthalten in verschlüsselter Form die Moral zur Befreiung des dritten Standes, die zur damaligen Zeit nur Robespierre zu deuten verstanden hat. Das Vergnügen an der Tortur, über die unsere Geschichtsschreiber heute schon ein wenig offener berichten können, als dies noch zu Zeiten möglich war, wo die Menschen noch die Mühe sich gaben, einander in direktem Kampf umzubringen – dieses Vergnügen entspringt nicht nur einem Spieltrieb, sondern es ist eine ernste Aufgabe, eine Belastung: es ist das Opfer des echten Reformers. Gelegentliche Revolutionen, die sich zwischendurch in größerem oder kleinerem Maße abspielen, sind eigentlich nur bedauerliche Aufenthalte, Abweichungen von dem Endziel der Ausrottung.

II

Wie Indien in Deutschland „Weiße Elephanten" einkaufte ... unter dieser Schlagzeile veröffentlichte eine indische Tageszeitung in Neu-Delhi eine Kritik über die Tätigkeit der nach zweijährigem Aufenthalt in Deutschland zurückgekehrten hindostanischen Einkaufskommission. Von dem Indien zugesprochenen Reparationsanteil hat die Kommission nach Hause gebracht das Besitzrecht an dem in den letzten Kriegsjahren in Frankfurt a. M. gebauten unterirdischen Kraftwerk, das die Frankfurter Industrieanlagen während des Bombenhagels mit Strom zu versehen hatte. Die technische Anlage ist so kompliziert, daß keine Aussicht besteht, eine solche Anlage in dem zunächst von Bomben nicht gefährdeten Indien wieder aufzubauen. Ferner eine umfangreiche Anlage für Methanol-Herstellung, im Gesamtgewicht von 4000 Tonnen, bei der sich erst später herausstellte, daß von dieser Anlage nur 1500 Tonnen abtransportiert werden können, während der Rest in der russischen Besatzungszone liegt und nicht zur Verfügung steht. In Düsseldorf wurde eine hydraulische Presse von 400 Tonnen den Indern zugesprochen, die zur Massenherstellung von Stacheldraht benutzt wurde. Der Transport dieser Presse hätte besonderer neuer Krananlagen bedurft, ein eigens dafür gebautes Schiff, ganz abgesehen davon, daß die Presse in den indischen

Häfen bei den gegenwärtigen Bedingungen überhaupt nicht an Land hätte gebracht werden können. Nachträglich hat man der indischen Kommission erst zu verstehen gegeben, daß solche Riesenpressen, sofern sie lokal benötigt werden, an Ort und Stelle gebaut zu werden pflegen. Die Bilanz der indischen Einkäufe ist, wie die dortige Presse feststellt, Schrott; und zwar Schrott, für den Indien erst sich bemühen muß, einen europäischen Käufer zu finden.

Afrika spricht: Der in Leopoldville erscheinende „L'Informateur Congolais" kündigt das Eintreffen einer belgischen Sonderkommission an, die sich mit dem Studium des Elfenbein-Exports befassen wird. Genauer gesagt, untersuchen soll, wohin das afrikanische Elfenbein, bzw. die Elephantenzähne in den Urwäldern des Kongo verschwunden sind. Seit Jahren gibt die belgische Administration jährlich große Summen dafür aus, Elfenbein zu sammeln, ohne daß das gesammelte Elfenbein später in die Faktoreien gelangt und zum Export zur Verfügung steht. Entweder haben die Elephanten ihre Gewohnheit geändert, sich Elfenbeinzähne wachsen zu lassen, oder sie sind aus dem Kongogebiet überhaupt verschwunden oder, was jedenfalls die sichere Basis für die kommende Untersuchung ist, vorläufig nur das Elfenbein.

Aber auch das Gouvernement im englischen Nigeria hat sich mit seltsamen Vorkommnissen zu befassen. Ein fanatischer Stammeshäuptling hat eine Gruppe von Anhängern um sich gesammelt, die sich verschworen haben, das Eindringen der europäischen Zivilisation zu bekämpfen. Die Bewegung ist nicht gerade gefährlich, zumal die Fanatiker es ablehnen, sich der Feuerwaffen zu bedienen, und auch sonst mehr der Askese zugeneigt sind, Zauberei ist verboten. Aber es entstehen doch gewisse Schwierigkeiten. So wurde eine Gruppe von englischen Regierungsbeamten, die in Begleitung von einheimischen Polizisten sich einem Dorfe der Fanatiker näherten, um dort Ordnung zu schaffen, von einem Speerhagel empfangen, Ergebnis sechs Tote, zwei Engländer und vier einheimische Polizisten. Über das Schicksal des Dorfes wird nicht weiter berichtet.

Wie anders dagegen in Australien: Das in Sydney erscheinende „Smith's Weekly" berichtet aus den nördlichen Territorien, daß in den dortigen Bergwerksbezirken ein erstaunlicher Lesehunger ausgebrochen ist. Die lokalen Verteilerläden und die wenigen Reisebuchhändler sind nicht in der Lage, den plötzlich aufgetretenen Bedarf zu befriedigen, und haben dringend Nachschub aus den südlichen Metropolen angefordert. Verlangt wird schwergewichtete Literatur, so wurde die 10-bändige Encyclopaedia Britannica, die selbst unter Brüdern achtzig Pfund wert ist, an einem einzigen Tage in Tennant Creek 62mal verkauft. In Darwin wurden technische Lexika im Werte von 5000 Pfund in einer Woche umgesetzt. Statt der klassischen Erziehungsliteratur ist die Geschichte des Zweiten Weltkrieges verlangt, in neun Bänden für 20 Pfund. Romane sind nicht abzusetzen.

V. Entwürfe und Projekte

NOTIZEN BREDA 1921

Geheimbünde in China (Gartenlaube 1900 I)

(Karl Friedrich Neumann: Ostasiatische Geschichte.)

Bruderschaft des Himmels u. der Erde. Programm: „Die Sonne mit ihrem strahlenden Antlitz, die Erde mit ihren reichen Schätzen, die Welt mit ihren Freuden ist gemeinschaftliches Gut, welches zur Bestreitung der Bedürfnisse von Millionen unserer Brüder aus den Händen der Tausende zurückgenommen werden muß."

Schriftgelehrte *Hungtsiutsuan* (jüngere Bruder Jesu) für *Arme u. Elende* neue Religion. (Provinz Kwangsi)
Taiping (großer Friede) H. verband sich mit Räuberbanden.
Thienwang ausgerufen (Himmelskönig) 1851 erste Eroberungen, 53 Nanking erobert. 63 Nanking eingenommen von Europäern u. Regierungstruppen. (66 Friede Regierung mit Europa) 30. Juni. verbrannte sich H. mit Harem in der Hofburg.

Der *Dreifaltigkeitsbund* 5 Hauptlogen „die Glücksgüter mit den anderen zu teilen u. das Unglück sich gegenseitig tragen zu helfen." *Material* in E. von Hesse-Wartegg „China u. Japan"

Geheimbund *Thue nichts*

Bemerkung über das Leben der Tiere. Die Angstschreie vor der Tötung – Association zur Gemeinschaft. Rufen sie um Hilfe – Die Gemeinschaft *weiß* (?), daß sie nicht helfen kann. Gefühlssituation der Arbeiterschaft (laß dich umfangen)

*Unsere Wünsche sind Vorgefühle der
Fähigkeiten, die in uns liegen*
(D. u. W. Goethe) II. Teil 9. Buch
daneben: Erst die Menschheit zusammen ist der wahre Mensch. Der Einzelne kann nur froh und glücklich sein, wenn er den Mut hat sich im Ganzen zu fühlen

Der Mensch ist berufen, in der Gegenwart zu wirken
(Schreiben ist Mißbrauch der Sprache)
Unser Wollen ist ein Vorausverkünden dessen, was wir unter
allen Umständen tun werden (III T. 11. B.)

Alles Vereinzelte ist verwerflich (Hamann)

Wer Gott recht liebt muß nicht verlangen,
daß Gott ihn wiederliebt (Spinoza)

Das Gesetz u. die Mandarinen sind nicht
für anständige Leute (Chines. Sprichwort)

(Unterschied in China)   *Auf sich selbst stehen*
Tradition, Familie   x   Eigene Tradiation, aus dem eigenen
                                       Leben heraus weiter wirken.

Furcht vor Tieren = Masochismus. Steigender M. entspr.
Analyse der Gemeinschaft. (Näherung der Erlebenskrise die
Residuen des Einzeldaseins i. Familie

Die Tradition – [Hauptkapitel]

Der westliche Individualismus (*Selbst* – Arbeiten) heißt nur sich
sichern gegen die Dummheit.
Es gibt keinen Anti-Kollektivismus – außer innerhalb einer
Gefühlsreaktion inmitten der Dummheitsatmosphäre. *Dumm
sein heißt – nicht arbeiten* (arbeitskrank?)

Unentbehrlicher Ratgeber im Kampfe gegen die Dummheit.
Das Lebensbuch (Arbeitsbuch). Arbeitsglück (?)

Der Gegensatz zwischen *westl.* u. *östlicher* Revolution, *materieller* (wertgeborener) und psychologischer, Intensität der
Menschlichkeit.

Existenz und *Zusammenhang*. Verschiedenheiten im Kollektivismus dementsprechend. Aber der gemeinsame Schnittpunkt,
gilt es herauszuarbeiten, bewußt machen [unleserlich] überall
durcheinander.

21./8. vorm.
Verzweiflungsanfall: Die Spinne, die einen Faden quer über die Zelle spannt. / Association zur Größe der Aufgaben.

Wut ist Erkenntnis von Schwäche (Mangel, zu wenig) an Lebensproduktion.

Der *aktive* (abwehrende) Abscheu kommt zustande durch die Wunschbetonung einer zugehörenden Teilempfindung, die unterdrückt werden soll – im Sinne einer gewählten oder konventionierten Gesamtempfindung

Der *passive* (nur wertende) Abscheu (gleichbedeutend mit negativem Werturteil) ist im Grunde nur Vorstadium für den aktiven. Als solches aber Angst vor Gleichgewichtsstörung oder Streben nach Gleichgewicht, für das der Einzelne aus sich selbst heraus eine Gesamtempfindung einschließlich aller Verdrängungen, Übertragungen und Konflikte gleichsetzt.
Man kann verstehen, wie notwendig es ist, ein solches Gleichgewicht zu bewahren.
Quelle aller Werturteile. Jungborn von Haß etc.

Die *Folge:* Was ist demnach Wert, Urteil überhaupt vom Einzelnen gelebt, gefunden, gesehen?

Es ist so elend betteln zu müssen
Und noch dazu mit bösem Gewissen
Es ist so elend in der Fremde zu schweifen
Und sie werden mich doch ergreifen!

Orientierung der Geistigen
Klassenkampf
Paradies-Symbolik
Zur neuerlichen Vorarbeit
Räte Zeitung

Byron: Die Wellen kommen ein[e] nach der andern herangeschwommen, und eine nach der andern zerbrechen sie u. zerstieben sie auf dem Strande, aber das Meer selber schreitet vorwärts –

Ein großer Kahn ist im Begriffe
Auf dem Kanale hier zu sein   Faust II

Das [unleserlich] *Junktim:*
          Von Aberglauben früh u. spat umgarnt
Faust   Es eignet sich, es zeigt sich an, es warnt

         Das ist der Weisheit letzter Schluß:
         Nur der verdient sich Freiheit wie das Leben
         Der täglich sie erobern muß

Wahlspruch der *Wanderjahre*
         Vom Nützlichen durchs Wahre zum Schönen

Das Schlußkapitel: Das *Arbeitsproblem* und Mut oder Feigheit/ Narkotika anfangen im Schlußkapitel

Die Utopie – hat sich jeder schon besser ausgedacht, aber dafür die Convention zu finden – das ist der Sinn der Revolution// Jeder Mensch hat eine Vorstellung
(Niemand will [unleserlich] oder unterdrücken oder ausbeuten) vom Paradies, es ist Pflicht sich eine von der Revolution zu machen u. zwar *eine gemeinsame!*

Für Kameradschaft
Für Glück   }   Orgie, die
Für Genialität   Arbeit, die

Glück ist überall, es ist nur gebunden. Glück ist wichtiger wie Leid u. Einsamkeit. Man soll den Menschen sagen, daß sie glücklich sind. Das ist, wenn sie da sind.

Ist Gehorsam im Gemüte
wird nicht fern die Liebe sein   }   Gott u. d. Bajadere

Das Ewge regt sich fort in allen.
Denn alles muß in Nichts zerfallen } Eins u. alles
Wenn es im Sein beharren will

Arbeit als Lebenssymbol für Sexualität = Erleben
Atmen u. Essen Symbol für *sexuelle Funktionen*

Was ist Rührung – sich eins fühlen (?) Befriedigung nach Arbeit oder guten Gedanken – aufgelöst in einem mitschwingen[den] Rythmus, heißt seinen Platz in der Kollektivität einnehmen!
Weinen – homosexuelle Komponente erleben?

Spiele der Kinder, Vergnügungen der Erwachsenen
Buße *dasselbe wie Traum.* Die Erholung von der Arbeit deckt die Erlebensbedingungen auf. Wie Träume zu behandeln

Freude nach Communion, Sakramente etc. – Eingliederung bezw. Wiedereingliederung in die Gesellschaft, nicht zu Gott, sondern zu den Menschen (Lauterkeitsgefühl / Glaube, *zutunlich* d.h. arbeiten zu können. / Religiöse Auswüchse = Bruch in Arb. u. Gemeinsch.
Die Beichte: Die zehn Gebote = Sünden gegen die Gemeinschaft.
Analyse der Arbeits-Gemeinschaften u. Revolutionsfeindlichen
Die Freude an der guten Tat – Zergliederung, Analyse, das Verbindende. (Bewußtsein, fähig zu sein zu arbeiten, Arbeitsbereitschaft. Nicht Rückschluß auf Ethik u. Moral – voraussehen, nicht stillstehen, sondern Beweg. u. *Genuß ist in Bewegung.*
Hellenismus (Goethe)

Analyse der Politik – *Aktivismus* – Persönliche Erlebnisse
Herbst 1920
Grund Bonzentum, Situationspolitik – aktiv zur Solidarität [unleserlich] notwendig. Andere geistige Tugend

Problem des Zufalls: Differenz der Objekte: Seiltänzer, gute Tat (Kapitel II. 4)
Freude als Waffe. Mit Glück Jemandem explosiv
Analyse des sich Freuenden Das Expansive

Nahrungsfrage ist gelöst: Statt Steine werden die Menschen Glück fressen.
Die neue Kultur ist Freude: Klassen unglückl. u. glücklich.
Das Gefühl der Zeit
Der Sinn des Lebens: die Unsterblichkeit / das Ewige, Dauer, Gott, ist sekundär, das Wort, Ethik, Glaube. Vorstoß erkennbar: *Steigerung* des Lebendigen, neue Plattform eines Erkennens u. Wissens (im Hinblick auf Umwelt)

Lektüre Dostojewski: die russische Seele
Aktivität, seelische Kollektiv-Arbeit – das slawische, anscheinend weiche leidende u. doch so hart – das Gegenteil die deutsche// Onanie: Einzelsein: Schwäche [Grosz Streben nach Analyse der Schwäche]

Die Orgie als die konfliktfreie Tendenz der Geschlechtlichkeit

Narkotika als Lebensinhalt

Kein *Werturteil* (Das *Moralische* / die Genüsse Grund der Suggestionen / [unleserlich]
Unzuverlässigkeit (Was ist das?) Angst darüber
Kollektivismus (Ansicht der Analytiker – Großes Wollen
Onanie – unser gesellschaftl. Leben, Existenzfrage.
Kollektiv. – *homosexuelle Componente*. /
Geschlecht Verdrängung o. Einsamkeit. / Ist *Schmerz* – Leid?
Grosz als Nietzsche u. Stawrogin / *Die Tragik des Erfolges* – für Denker? /
Gesetzmäßigkeit des Grundinstinktes finden – Leben / Denken – im Determinismus (aus der *Bedingung* heraus) Not in sich klar legen
Was ist *Existenzkampf?* – *nicht* Kampf um Erfolg / (macht wehrlos?
Worin besteht *wehren?* / Die *Befriedigung* gibt sich nicht in Frieden, *warum gerade mir?* /
Herrschaftsproblem / Schön u. häßlich /
Konvention der Zweckmäßigkeit
~~Über die Form der *Darstellung*~~
Die Problemstellung der Psychoanalyse

Elektr. Trust *übernimmt Kalibetrieb.*
Landarbeiter Conferenz
Bulletin

Zeitungen. *Amerika/Japan*
[unleserlich]

Alle gegen alle
Braunkohlenstreik
Müller/ Elege, Trust/ Chemiebet. *Ausland*
Bahnen/ Metall/ Maschinen

Chemieindustrie baut auf

immer noch Neugründungen

Leute machten sich ihr eigenes Papier [unleserlich]

Militär ist stärker/ Regierung schwächer/
Beamten Betragen/ Richter

KULTURPROGNOSE

Die großen Verschiebungen
Das Psychologische wird Politik
Religion wird Wissenschaft
Der Glaube wird Bewußtsein

Die Beziehung der Menschen untereinander wird Erkenntnis u. Voraussetzung

Kunst wird Propaganda
(Vorzeit: Das harte Wort.)

Alles [1 Wort unleserlich] sich neu. Die weiche Linie / u. der harte Ausdruck.

Hinter dieser Sachlichkeit lauert die Sehnsucht nach mehr, grade der Buntheit des psychologisch endlich aufgeschossenen Ichs.

Dann neue Begriffe differenzieren sich: *Nationalismus*
Die jungen Völker, der Zusammenschluß, die gemeinsame Reservationsmethode

Nicht so schlimm, wie es von den Politikern gemacht wird

Die *Betonung der Klasse* vollzieht sich unter oft unschönen u. rückschrittlich anmutenden Formen

Man muß *wissen*, daß der Umweg zugleich die Geschichte des gradesten Weges ist.
Neid, verbauende Intriguen und eigensinnige Dummheit sind Ausdruck desselben – einer entrechteten Klasse, die im Vormarsch ist!

Man muß ihre Bedingungen nur erkennen, um sie zu entgiften.

Also *Folgerung:*

Es ist nicht nötig, jemandem weh zu tun, aber unsere Politiker erscheinen etwas mit der Geste des zu hohen Hutes. Sie haben alle etwas vom Quacksalber. Da der Politiker in 5 Minuten vergessen muß, fehlt ihm die motorische

Perspektive des Denkens die zu einem geistigen Leben gehört. Es wirkt oft rührend naiv.

Politik als Beziehungs*wissenschaft* / bisher keine Wissenschaft arithmetischer Lebensform
Automatisch
Dann *Kunst als Sport*
überall wuchern bereits Ansätze.
Der wirkl. vornehme geistige Sport

Und ist Optimismus, denn das ist der Glaube
Man muß *allen* gut zureden, dem einen zu Grunde zu gehen, dem andern aufzusteigen

Selbstverständlich unter Auswahl der jeweils dafür gegebenen Mittel.

WIRTSCHAFTLICHER NACHRICHTENDIENST

Die allgemeine Unsicherheit in der Wirtschaftsführung und die oft überraschend eintretenden Schwankungen in den planwirtschaftlichen Zielen erfordern eine besondere Art von Wirtschaftsbeobachtung, die von den heute bestehenden Informationsdiensten nur zum geringen Teil und völlig ungenügend geleistet wird. Die auf den Nachrichtendienst für die Tageszeitungen zugeschnittenen Wirtschaftskorrespondenzen erschöpfen sich noch immer in Einzel-Berichterstattung über Vorgänge bei Gesellschaften und Kartellen, die von diesen heute schon größtenteils auch direkt an die Presse gegeben werden. Die Umstellung auf eine perspektivische Beobachtung der Vorgänge, Zusammenfassung derselben zu einer allgemeingültigen Analyse und Wirtschaftsbeobachtung lassen diese Korrespondenzen durchwegs vermissen. Zum Teil sind sie auch arbeitsmäßig garnicht in der Lage, diese wirtschaftsmäßig notwendige Umstellung, die heute die Wirtschafts-Beobachtung verlangt, mit ihrem auf reine Berichterstattung eingestellten Mitarbeiterstab durchzuführen. Es entsteht dadurch ein Leerlauf dieser Informationsdienste, der gerade von den Tageszeitungen und Verbandszeitschriften etc. empfindlich bemerkt wird, da ja auch die Umstellung des volkswirtschaftlichen Teils der Zeitungen unter stärkerer Betonung der perspektivischen Wirtschaftsbeobachtung aus demselben vorerwähnten Grunde auf große Schwierigkeiten stößt.

Diesen Mangel vermögen auch die Wirtschaftsbriefe, vertrauliche Berichte, Führer-Briefe u.a., die sich auf bestimmte parteimäßig gebundene Wirtschaftsgruppen stützen, nicht zu beseitigen. Ihnen fehlt zunächst der Grundsatz einer sachlichen und allgemeingültigen Beobachtung und vor allem aus dieser perspektivischen Beobachtung heraus die Möglichkeit, freie Schlüsse daraus zu ziehen. Der Vorzug, daß sich diese Sonderkorrespondenzen an einen vorher ausgewählten Personenkreis wenden, wird andererseits zum Nachteil durch ihre parteimäßige und ideologische Gebundenheit.

Aufbau

Ein wirtschaftlicher Beobachtungsdienst, der der Information über die Entwicklungstendenzen der Wirtschaft allgemein sowohl wie für die einzelnen Märkte und Produktionszweige betrachtet dienen kann, wird eine analytische Form wählen müssen, die sich sowohl an die Tages- und Fachpresse als auch an einen bestimmten Kreis von Wirtschaftsleitern wendet. Der Bedarf eines solchen Informationsdienstes für die Presse ist festgestellt, eine Notwendigkeit für leitende Persönlichkeiten in der Wirtschaft, die daraus Anregung und Übersicht schöpfen, ist zu erwarten. Ein solcher Dienst würde die direkten Berichte aus den Verbänden und Gesellschaften, die fachliche Marktbeobachtung und die Vorgänge der Auslandswirtschaft in Zusammenfassungen bringen, aus denen sich zu den vorherrschenden Wirtschaftstendenzen jeweils bestimmte Perspektiven ableiten lassen. Für die Form am geeignetsten scheint der tägliche Nachrichtendienst, gedruckt oder vervielfältigt. Zu erwägen wäre auch eine Verbindung beider Formen, indem man für die Presse eine Art von Schnellberichterstattung, die ja hauptsächlich der Information dient, die Form der Vervielfältigung wählen würde, während für die beobachtende Zusammenfassung mit der Betonung auf besondere archivmäßige Verarbeitung eine etwa ein- bis zweimal wöchentlich erscheinende gedruckte Korrespondenz vielleicht vorzuziehen wäre. Der Inhalt der Korrespondenz dient, wie schon erwähnt, der Aufzeigung der Richtung eines Wirtschaftsvorganges, eine Bearbeitung, die im wesentlichen anonym und aus der Redaktion heraus erfolgen sollte. Gestützt würde dann diese Arbeit durch Heranziehung von Mitarbeitern aus dem Kreis der Wirtschaftsführer selbst, die aus ihrem direkten Arbeitsgebiet zum jeweils behandelten Thema Stellung nehmen. Zu erwägen wäre, aus dem allgemeinen Gebiet der Wirtschaftsführung gewissermaßen als Rahmen, Nachrichten mit beizufügen, wie sie etwa seinerzeit im Arbeitsbereich der Gesellschaft für wirtschaftliche Ausbildung erstrebt worden sind.

Das Ziel

Ein solcher Nachrichtendienst würde einerseits dazu beitragen, die allgemeine Information über Wirtschaftsvorgänge für das Verständnis der zunächst Interessierten, eine allgemeine Übersicht der vorherrschenden Tendenzen nutzbringend und zweckentsprechend zu unterbauen, andererseits aber heute im Mittelpunkt stehende Vorgänge, wie der Umbau der Kartelle, Veränderungen in der internationalen Wirtschaftsverknüpfung, Etat-Analysen, Sparprogramme und Rationalisierungen und ähnliches mehr in einem bestimmten Kreis der damit in erster Reihe Beschäftigten zu einer sicher fruchtbringenden Diskussion zu stellen. Aus dem Arbeitskreis der Vereinigung leitender Angestellter ist in erster Reihe hierfür Anregung und die Bejahung der Bedürfnisfrage für einen solchen Informationsdienst zu erwarten. Die Vela als Träger dieses Dienstes dient damit nicht nur ihrem Mitgliederkreis und ihren direkten Aufgaben, sondern dieser ihr wirtschaftlicher Informationsdienst läßt sie auch als Organisation an Ansehen und Bedeutung gewinnen. Sie wird zum Mittelpunkt einer um volkswirtschaftliche Perspektiven bemühten Aussprache, an der nicht nur die Wirtschaftsorganisationen selbst sondern auch die amtlichen Organe des Staates interessiert sind. Sie stellt zugleich den heute doppelt notwendigen Mittler in Form dieser analytisch zusammenfassenden Wirtschaftsbeobachtung für die Öffentlichkeit, in beschränkterem Kreis und auch möglicherweise unbeschränkt, dar.

Es mag noch betont werden, daß die Vela als Träger und Herausgeber dieses volkswirtschaftlichen Beobachtungsdienstes besonders in der Tages- und Fachpresse einer schnellsten Einführung sicher wäre. Die Unsicherheit in der Wirtschaftsentwicklung verbietet es heute, mehr oder weniger anonym erscheinende Nachrichtendienste, und zu diesen gehören ja auch die großen den Telegraphendiensten angehängten Wirtschaftskorrespondenzen, zu benutzen, zu mindesten ist ihre Wirkung schon von vornherein sehr beschränkt.

Es mag weiter betont werden, daß ein derartiger Nachrichtendienst vom volkswirtschaftlichen Ausschuß der Vela gezeichnet in direkter Verbindung mit ähnlich organisierten Nachrichtendiensten im Auslande stehen kann. Der vorbezeichnete

Aufbau liegt auch dem jetzt neuerdings halbamtlich gewordenen Nachrichtendienst für Frankreich, der Agence Financiere Economique zugrunde, ebenso wie der London General Press, deren Direktor der jetzt viel genannte Sir Layten ist. Wir haben in Deutschland bisher einen gleichen Aufbau einer Nachrichtenbeobachtung nicht aufzuweisen gehabt. Es darf als sicher angenommen werden, daß der volkswirtschaftliche Nachrichtendienst der Vela in direkte Verbindung mit Nachrichtendiensten ähnlicher Art im Auslande treten kann und ein Austauschverhältnis bzw. Vertreterverhältnis herstellen, der die Bedeutung des Nachrichtendienstes sogleich auch um ein vielfaches vermehren würde.

DREI MÄNNER

Geschichte einer Fabrik – Werkzeugmacherei –
Perspektive zum Großbetrieb

I. Der *Unruhige* – Überseemann – als Heizer
gefahren – technischer Leiter – kleine Bude –
quält sich   Die *Frau* –
Gegensatz u. doch lastend, I leidet darunter, aber duckt
sich, *fremdes Kind*
II. Der *Kaufmann* – von der Großbranche her – Frau mit 2
Kindern, heimische Atmosphäre – brüchig – hungert nach
mehr – bringt die *unsolide* Grundlage –
III. Reisender – Propaganda – später zum Teilhaber –
romantisch – verdammend – Alkoholiker – *beginnt erst
mit der Kolonne Reisender* – früherer Offizier – *Student
im Kriege* – politische Schlaglichter

Thema: Einer gesehen immer mit den Augen des andern.
II zu I // III zu II und IIII usw.
Thema *entblätternd* – Stil – filmisch – *näher* –
dann berichtend – nur andeutend – und auch ganz
scharf.

[*Ein Reportage-Thema im Kern*]

1) *Ein kleiner Vorspruch*
    (über das Ganze – Thema u. Behandlung)
2) Walter Heinz Renner mit seiner Kolonne
    (Umstellung)

ZWEI GEFANGENE

Scene Fabrikant Ritterstrasse / Nürnberg // Frau –
Unmöglichkeit zu produzieren (*ohne* Verdienst) Zwangslage.

Erklärung: Hausierer / Konsum / *Perspektive*

Das Mädchen – Schwester [unleserlich] / Auszehrung –
gibt Parallele zu Carl Gustav.

Inmitten der *Erzählung*:
Gefangener – Zelle – draußen / *politisch*

Gastwirt Krojanker
Rohling / schlägt den Gast mit der Faust nieder
Gast ([unleserlich]-weich) mit Bier der
Frauen (drei) dem Freund (Adolf)

nimmt das Portemonnaie um zu zahlen
Glauben, er plündert aus / *fremd im*
Milieu, die Wirtin
der Mantel wird gewonnen

Anlaß: Für die Gerichtsverhandlung
der Wirt – der Gast lächelt – weiter
                    (Angst)

Vorstrafen	⌐ Perspekt
Wirtin [unleserlich]	*ob*
	Die Katzen
	die schwarzen
	die weißen
ganz kalt	Ausscheidung &
und	⌐ trächtig
	⌐ Klassen

      sentimental perspektivisch

NOTIZEN
AUS DER „GEGNER"-ZEIT UM 1930

Anthropozentrisch –
Die Überschätzung des Menschen
Der Mensch im Mittelpunkt

Wirtschaft (menschgebunden) Natur (an Werte gebunden)
Geld (Kapitalismus) als Sache
Regulativ zum Kollektivismus / alleiniges

Die große Unterscheidung: Der Mensch
   oder die Materie
Mensch und Materie?   Ottopal
Oder *nur* der Mensch?
Die Dynamik erschöpft sich schon in der

Perspektive x Buch, als Programm angekündigt, wird kaum weiter geschrieben werden. In der *Diskussion* bewegen [wir] uns im luftleeren Raum. Die aktivistischen Perspektiven gesehen von gutem Bürgertum, Akademikern, Stammtisch kaum Aussicht, überhaupt verstanden zu werden und wie will man kosmozentrisch u. anthropoz. verstehen? Eine tabula rasa für die Entfaltung der Dynamik notwendig

Fisch und Vogel
Zurück zum Instinkt – Insekten

Der Tod	glücklich und
Tod als Glück	zugl. unglückl.
Glück u. Unglück	(vergeht sich an der Kunst)

Ende Timons: Vision der beiden Liebenden
Frage: Nachdem der Machtwille unterlegen ist –
Macht als das Glück des andern
Philosophie / Religion / Metaphysik
   als Motor – Verbindendes
Glück[s]will[e]. Das Jetzt – Sozialismus.
Beanspruchen für sich: jeder glücklich
alle allen die Güter der Erde

Zwitterstellung des Menschen

Voraussetzung auch für die andern
Im Motorischen, *Zwang,* erst in Generationen
zu erreichen
(Klassenlose Gesellschaft – Klassenkampf)
Das Ziel der Phäaken – Spießbürger
begabt gegen unbegabt.
Menschenliebe – Menschenhaß?
Kampf um das *Sein* u. das *Weiter-Sein*

Briefwechsel über Terror u. Polizei
Direkter Brief an Jung
Antwort (Beziehung zu früher)

Antwort an Marinetti
zu *Tempo-Frage*

Militärmarsch
kann mir nicht darunter vorstellen gegen Heere zu marschieren
(allgemein)
ja wenn –
bin stolz darauf, zur Arbeiterklasse zu reden
(auch wenn sie nichts von mir wissen will)

Gerüst des *Mansfeld-Kampf*
wirtschaft. Seite | Gehen wir weiter
politische Seite |
sociale | Die große Wandlung
persönlich: Vera Guttmann
         Die Mannheimer
         Otto Wolf
         Presse
         Auslandsdruck
Die Rolle der Großbanken
  Sobernheim / Eugen Landau
  Besuch Neuländers mit den beiden
  Kindern (weiße Engel) bei V.G.
  Angst vor Frenzel-Schicksal
  er darf nicht dabei sein / *baden*
  Der Krach mit der Schwester

Fußball d. Hampelmänner
Die *Unsicherheit* – Angst vorm Verlieren

endend:
   in tragischer *Steigerung*
   Keine Lösung
   nur indirekt / im Stil

Das dicke Ende
   mit happy End in die Zukunft?
Den Lesern zum Gruß!

Die Unruhe um die Frau als Thema

als Scene: die sexual-patholog. Sammlung
Eindruck

Das goldene Zeitalter

Wir kommen zum Gehör:
   Autarkie
   Das kontinentale Europa
   Autoritätsglaube

Zuschriften
   Drohung mit d. Notbremse
   Spritze Wasser gefällig
   Schafft Vorbilder
   Flußregulierung

Mensch in Bewegung
   Saurier (Fuhrmann)
   natürl. künstl. Existenz
   Die große Trommel

   Die Insel des Grauens

   Stoffwechsel Literatur
   Mit dem Klingelbeutel

Ist der Film tot?

Revision Patentwesen

Sport

Der Stuhl / *Corbusier*

Werkbund / Biologische Architektur
   Siedlung – sociologisch

Brennstoffe – Export – Syndikat

Patentfragen

Der Realismus in der mod. Literatur

Optimismus
   Der Glaube an die Selbstbehauptung
   Schaffen
   organische Grundauffassung
   froher Zukunftsglaube
   Konservativismus

Das goldene Zeitalter

Film-Notiz / Rolf Mayr /

Theater

Literatur

Einflüsse   Arbeitssklaven?
Der Pendel

alte Kleider
die schlechten Wünsche

Trödler ⎫ Schönherr!
Dirnen ⎬ *Topf*   *Beye*
        ⎭ *Bernstein*

Nürnberg X Olympia

Der selbständige Gedanke
   Haß – schädlich

Vorrede *an das Gewissen*

Der Mittelpunkt der Mensch?

Wie er war ⎫
er ist   ⎬ Schilderung
sein wird ⎭
Der Mensch in seinen Beziehungen
Doppelgeschlechtlichkeit X Zwiespältigkeit
Organisation der Empfindungen u. Leidenschaften
Der neue Zusammenhalt
Was der Staat nicht kann
Umwälzung von innen
   u. von außen?
Beispiele: *Die Befriedigung*
       Mensch sieht überaus glücklich aus
       Sattheit: Mensch sieht ekelhaft aus
       Aus der Verschiedenheit der Instinkte, die
       befriedigt worden sind.
       Krieg u. Frieden
       Erklärung der Desertion
       Für den Krieg
       Auseinandersetzung nach innen, ständiger Kampf
       Auslösung nach außen
       Nur Aggression?
       Melancholie – Fülle von Glücks-erlebnissen
                                        -hoffnungen
           im Gegensatz zu dem *Unerreich-*
           baren, das drohend wirkt
       Einsamkeit: Weg über die Zeit

Zwiespältigkeit im Geschlecht
  will *alle* Frauen
Der Mensch im Mittelpunkt
Allgemeiner Leitfaden in die Zeit
  Deutsches Lesebuch
Form der Novelle (*komprimiert* an drittletzter Stelle als Kapitel)
finden Sie nicht? } eingestreut
nicht wahr?

Menschen außerhalb der Klassen
  wirkt dort so oder so
  blond/braun/Physiognomienbeschreibung
  Profil/alles in Bewegung
        in Gemüt umgesetzt.
Schönheit des *befriedigten* Menschen
I societäre Mensch
II Ansprache an das Gewissen der Welt
III Die Entfaltung des Menschen
Geschäft
  Staat
    Societät
      Verbindung X *Beziehung*
      Der Mensch als Kamerad
      als Punkt im Kosmos
            Kosmos
        Erotik X Dynamik / Kreislauf
Glück und Unglück

Stirnauge – **Natursichtigkeit**
Großhirn – Kollektivismus
        Mittel zur Magie, Überwindung u.
        Beherrschung der Kultur

Form der *Sklaverei*:
        Von Urzeit bis zum kommunist. Gemeinwesen
        Begriff der Sklaverei: Entwicklungsgang
        zusammen mit ökonom. Nutzen
        (Individueller Nutzen nur Zwischenstufe)

Tabelle der Menschheitsentwicklung.

Klassenfeindschaft / Furcht vor Rückentwicklung
Psychoskopie   Tischner
Wissen / Individuum zum   Über Telepathie u. Hellsehen
All / *Einheitlichkeit*   München 1920 / Heft 106
                            Grenzfragen des Nerven- u.
                            Seelenlebens

„*Ragnarök*" / von Axel Olrik
Die Sagen vom Weltuntergang
Berlin u. Leipzig 1922

ENTWURF A

Der Hintergrund

Nach dem Ausgleich der römischen Kirche mit der Reformation, der dem politischen Führungsanspruch des Staates gegenüber der Kirche den Weg bereitet hat, sind die Auseinandersetzungen über die Interpretation des Begriffes Seelsorge in den Schoß der Kirche verlagert. Die beiden vornehmlich Erziehungsaufgaben dienenden Orden, Jesuiten und Dominikaner stehen sich schroff gegenüber; auf der einen Seite die Tradition, autoritäre Totalität, die Unterwerfung (auch im Sinne der Staatspolitik), theologisch gewertet als Ausfluß der Erkenntnis – auf der anderen Seite die Parola der Dominikaner, die Aufklärung, der Glaube und das Bekenntnis als der zusammengefaßte Wille der Gläubigen. Kirche und Gläubige, Herr und Diener, Staat und Volk, wer ist für wen da – in diesem Falle weisen diese Gegensätze um die Frage im Mittelpunkt nach Verwirklichung des Gottesstaates (civitas dei) und dessen machtpolitisches Mittel, die kämpferische Kirche (Ecclesia militans).

Es ist im 18. Jahrhundert, nach der kirchlich approbierten Geschichte der Päpste das Jahrhundert der Einkehr, der Sammlung, der Erneuerung, als sich dieser Gegensatz formuliert und zuspitzt, im Schatten der nahenden Revolution. Nach außen die päpstliche Kabinettspolitik an den europäischen Höfen, das Spiel mit dem Gleichgewicht in den europäischen Koalitionen, die Nivellierung der staatlichen Autorität mit subversiven Mitteln – nach innen der Kampf um den Führungsanspruch innerhalb der Kirche, Palastrevolution um die Autorität des Papstes als Person. Die Krise ist mit ihrer dramatischen Zuspitzung der zeitweiligen Sistierung des Jesuitenordens, auf dem Höhepunkt. Das vom Papst unter dem Druck des Klerus eingesetzte geistliche Gericht ist bereits in seiner Zielsetzung ein Vorläufer der heutigen Kollektivprozesse. Beide Parteien gehen mit Nutzen aus dem Streit, die Dominikaner haben gesiegt, die Jesuiten aber Boden gewonnen. In ihrer Unterwerfungsschrift wird bereits der Staat und der Mensch unserer Zeit als Erziehungsaufgabe vorgezeichnet.

Zum Teil als Gegengewicht, zum Teil als Mittel dieser Kabinettspolitik entfaltet sich die Missionstätigkeit der beiden Orden in Übersee, der Einfluß auf die Staatenbildungen in den ehemaligen reinen Kolonialgebieten, die staatspolitischen Experimente, Vorläufer der Befreiungsbewegungen, der socialen Auseinandersetzungen, noch im Modell. Die gleichen Gegensätze im Anspruch auf die Führung, in der politischen und socialen Zielsetzung. Die Austragung dieser Gegensätze bis auf das Gebiet der civilen und militärischen Administration.

Inhalt und Form

Der Hintergrund wird Strich für Strich und in den einzelnen Sektoren aufgehellt. Im Grunde ist es eine Geschichte der europäischen Staaten, etwa vom Beginn des 18. Jahrhunderts bis in das erste Viertel des 19ten, unterschieden von der bisherigen Behandlung, als sie zusammengefaßt ist im Prisma der Kirchenpolitik und deren Krise, von der sie das Licht bekommt. Das eine Schwergewicht ist gelegt auf die handelnden Personen, die auf der kirchlichen Seite in der bisherigen Geschichtsschreibung nur für einen Augenblick im Scheinwerferlicht aufleuchten, auf der weltpolitischen Seite meist einseitig, mit ungenügenden Aspekten verankert sind. Daneben auch die Kräfte außerhalb von Kirche und Staat, wie etwa die Philosophie der Aufklärung, deren repräsentative Vertreter, wie Voltaire dieser Entwicklung zunächst wie gebannt gegenüberstehen – Toleranz als Schwäche, als Atempause oder als Form einer neuen socialen Ethik. Das in dieser Problematik ruhende Dynamit ist noch nicht zur Explosion gebracht.

Ein anderer Schwerpunkt liegt auf der Dokumentation der Strategie der Missionsarbeit, wie sie sich in den Berichten der Missionen an die Ordenszentralen wiederspiegelt, den taktischen Anweisungen, in der civilen und militärischen Organisation, die in solchen Instruktionen niedergelegt ist. Objektiv ist der Mensch, das Volk, der Staat und die irdische Welt auch noch in der Revolte, die ein wirksames Instrument zu diesem Ziel sein kann. Besonders zu behandeln die Gegenkräfte in der Kirche, der Rückschlag, der Prozeß vor dem geistlichen Gericht, die Unterwerfung. Ein weiteres Schwergewicht liegt auf der Geschichte dieser Missionsgründungen selbst in ihren Spannungen um die Frage der Bekehrung – Bekehrung zu was? Notwendigerweise muß hier bereits entschieden werden, welches die Voraussetzungen einer Erkenntnis sein müssen, um das Irdische vom Überirdischen zu scheiden, die Seligkeit und das Glück; in diesem Falle also Bekehrung zur Arbeit, Gehorsam gegen den Staat, zu einem in der Heimat bereits schon brüchig gewordenen Moralbegriff. Die sociale Frage ist aufgerollt.

Die Darstellung sollte gelockert sein und theologische Erörterungen und Spekulationen vermeiden. Die Heraushebung der Personen und ihrer Atmosphäre gibt weiter Gelegenheit, die Gesamtlinie der Darstellung nicht erstarren zu lassen.

Die *Tendenz* ist die Dokumentation. Geschildert wird der Ablauf eines Entwicklungsprozesses nach dessen ureigenen Bedingungen. Vorgetragen wird die Ansicht eines Einzelnen, als Ergebnis besonderer Studien nach den Zusammenhängen, in der Form von Auswahl von Dokumenten und Berichten, die diesen Zusammenhängen dienen, nicht die Ansicht einer Gruppe, geschweige denn das Postulat einer Weltanschauung.

ENTWURF B

Herr Grosz
Der Handlung liegt eine von mir 1920 veröffentlichte Novelle „Der Fall Grosz" zu Grunde. Der Konstruktionszeichner Grosz, böhmischer Auswanderer aus Bielitz-Biala, arbeitet bei gutem Verdienst in verschiedenen Stahlgießereien in Pittsburg. An und für sich als guter Arbeiter geschätzt, er hat auch einige Verbesserungen patentiert, die ihm noch ein kleines zusätzliches Einkommen sichern, muß er doch durch regelmäßig am Wochenende immer wiederkehrende alkoholische Exzesse oft die Stellung wechseln. Er leidet an manischen Depressionen. Frau und Tochter sind zuhause geblieben, die er reichlich unterstützt. Sorge macht ihm die Nachbarsfamilie Seidel. Mit der Frau hät er gern ein Liebesverhältnis anfangen wollen, der Mann hat ihm aber sehr auf die Finger gesehen.

Die manischen Exzesse haben schon in Bielitz angefangen, es war zu einem Skandal gekommen, als er sich vor dem Hause der Seidels an kleinen Mädchen vergreifen wollte. Das war auch der Grund seiner Auswanderung. Die Depressionen steigern sich zu Verfolgungswahn, in dessen Mittelpunkt der Begriff Seidel steht. Er wird eingesperrt, wieder entlassen, hört die Leute hinter sich herrufen: Kinderschänder, Frauenmörder, alles denunziert von einem Seidel oder einem, der in dessen Diensten steht. Er denunziert seinerseits, fällt die vermeintlichen Seidel auf der Straße an, kommt in die psychiatrische Klinik, wird wieder entlassen, irrt gehetzt herum bei Landsleuten, immer nur kurze Zeit, längere Zeit bei einem Landsmann, dessen Familienleben er durch seine Exzentrizitäten zerstört. Schließlich zur Deportation aufgegriffen, kommt es auf der Pier in Hoboken noch zu einem großen Skandal, als er vor einer johlenden Zuschauermenge Weltverbesserungspläne verkündet, die in der Ausrottung der Seidel gipfeln. Überfahrt, Landung in Hamburg, weitere Stationen, schließlich Breslau, wo er aus einem Hotel auf die ihn verfolgenden Seidel schießt – Fort Chabrol, zu Tode verletzt, wird er ins Krankenhaus geschafft.

Im allgemeinen folgt die Handlung einem klinischen Bericht. Die Novelle hatte das in vielen Überschneidungen mit dadaistischen Mitteln zusammengeballt, um die Angst der Kreatur zu zeigen.

Diesmal falte ich die Handlung von Station zu Station auseinander um zwischenhinein einer Assoziationshandlung Raum zu geben, die sich aus den Wunschvorstellungen des von Minderwertigkeitsgefühlen besessenen Grosz konstruiert, entsprechend dem Grad seines Wahns auch ansteigend vom Verbesserer einer Pumpendichtung zum Wirtschaftsführer, von der Erreichung eines höheren Lohnstandards zur Lösung der socialen Frage, von der vielgesuchten Persönlichkeit zum Sonderbeauftragten der Regie[rung], zum Weltverbesserer mit seinen vielseitigen Aufgaben zum Weltdiktator.

Das *technische Problem* der Associationshandlung

Im Rahmen der zweiten Handlung, mit dem anderen Grosz im Mittelpunkt, werden alle Probleme der Staatsführung, die civilen wie militärischen, Kunst und Wissenschaft in Dialogform behandelt, die Meinungen, Weltanschauungen und gegenteiligen Auffassungen, Theorien etc. von den jeweils berufenen Fachvertretern und zwar möglichst im Original aus Stichwortsätzen vorhandener Äußerungen und Schriften. Grosz entscheidet dann unbeschwert von Kenntnissen diktatorisch abschließend in seiner alles vereinfachenden Lösung. Das Ausrutschen in die reine Satyre wird durch ständige Wiedereinführung der mehr tragischen ersten Handlung vermieden, so daß ein grausig-unwirklicher Dämmerzustand über dieser zweiten Handlung schweben bleibt. Das Schwergewicht im Schwebezustand beider Handlungen wechselt ständig, gegen Ende scheint die zweite Handlung das Übergewicht zu bekommen, bis das Ende von Grosz das Gleichgewicht wieder herstellt.

Das Übergleiten von der einen in die andere Handlung erfolgt durch die Dialoge, und erst im Laufe dieser hellen auch die entsprechenden Personen auf.

Die Tendenz ruft die Erinnerung an erlebte Vorbilder auf, ohne indessen diese Vorbilder präzisiert überwuchern zu lassen, mehr Schlaglichter. Das Groteske wird gedämpft und zurückgeführt auf die Betrachtung des Einzelwesens in seiner Verstrickung von Dumpfheit, Angst und Schuld – bestimmt zu grunde [zu] gehen, ohne Rücksicht, ohne Erbarmen und ohne Mitleid. Das Werben um ein im Tragischen begründetes Verständnis ist nicht unmittelbar, es muß aus der Gesamtdiktion hervorgehen.

Der *zweite Teil* zeigt den Emigranten in einer amerikanischen Fabrik. Das Leben der amerikanischen Fabrikarbeiter entrollt sich, in das die Kunde von der russischen Revolution dringt. Der Klassenkampf mit seinen Werkzeugen der Fabrikpolizei, der Spitzel und des Abfallens der schwachen Teile des Proletariats wird geschildert. Die Arbeiter werden geschlagen, die Gruppen zersprengt und unter Führung des aus Rußland eingewanderten Arbeiters wird eine Gruppe nach Rußland gehen. Der Soldat hat als Rotarmist gegen die Feinde der Revolution gekämpft und kehrt ins Dorf zurück, wo man ihm die Verwaltung der Fabrik als Kommunisten überträgt. Das Mädchen als Organisatorin der gewerkschaftlichen Frauenarbeit erstreckt ihre Tätigkeit gleichfalls über ihr Dorf um auf dem Wege durch Hausindustrie und Agitationen bei den Bauern gegen die Kirche kommunistische Ideen zu verwirklichen. Die Behörden haben alle gewechselt, der Geist ist derselbe geblieben, die Wirtschaft geht zurück, der größte Teil der Bauern ist nicht lebensfähig, sich selbst zu erhalten, nachdem sie das Gut unter sich aufgeteilt haben. Der schon verjagte Pope kehrt wieder zurück, und der reiche Bauer und der Dorfhändler gewinnen wieder Boden. Alle Anstrengungen, die Fabrik in Gang zu halten, scheitern; es fehlt an Lebensmitteln, Geld und schließlich auch an Material. Auch der aus Amerika gekommene Arbeiter hatte in der Großstadt mit seiner Gruppe Enttäuschungen erlebt. An Disciplin gewöhnt, sinkt unter den Verhältnissen, die sie vorfinden, die Arbeitslust. Der größte Teil der Fabriken ist zerstört, Werkzeuge fehlen, er bringt nicht die Initiative auf, durchzuhalten und er wendet sich enttäuscht von der Sowjetregierung ab. Er beschließt in sein Heimatdorf zu fahren und sich von allem zurückzuziehen. Die Bilder werden durch knappe Inschriften über die ökonomische Lage miteinander verbunden. Der Teil endet mit der Ankunft des Arbeiters im Dorf, die Fahrt läßt Erinnerungsbilder hochkommen und der Arbeiter wird von dem Bruder, der in der Fabrik noch allein sitzt, überredet, neu anzufangen und seine Erfahrungen zu verwerten.

Der *dritte Teil* zeigt die Belebung der Fabrik und die Hebung der wirtschaftlichen Lage des Kreises. Detailliert werden alle

Schwierigkeiten gezeigt, die sich entgegen stellen, erstens rein technischer Art, zweitens verwaltungstechnischer Art, Umständlichkeiten der entsprechend höheren Organe, die Schwierigkeiten, die Arbeitsdisciplin zu heben und den Arbeitern Vertrauen in die Verwaltung zu geben. Sozialrevolutionäre Agitatoren im Dorf werden entlarvt, als bezahlte Agenten des ehemaligen Gutsbesitzers und Fabrikbesitzers, die wieder zu ihrem alten Besitz gelangen wollen. Die Schwierigkeit liegt in der Versorgung mit Lebensmitteln. Dem ehemaligen Bauern, jetzigen Kommissar der Fabrik, gelingt es, die Bauern zu veranlassen, das Gut wieder als Kommune herzustellen und zu bewirtschaften, er übernimmt die Leitung des Gutes, während die Fabrik seinem Bruder, der wieder Mut gefaßt hat, übertragen wird. Auch die Arbeit der Frauengruppe geht vorwärts. Nach Fehlschlägen in der Organisierung von Kinderheimen und Gruppen, Volks- und Arbeitsschulen bessert sich die ökonomische Lage durch Organisierung der Hausarbeit und die erst fehlgeschlagenen Experimente werden mit einer besseren Anpassung an die Verhältnisse der einzelnen Familien und einem gewissen Eingehen auf die Geistesverfassung der noch immer verärgerten Alten im Dorfe wieder aufgenommen. Die kommunistische Agitation faßt Boden, sie gewinnt den Anschluß an die größere Stadt, und ein besserer Austausch von Stadt und Land beginnt. Die Bauern beschließen zur besseren Bewirtschaftung des Gutes bessere Maschinen zu besorgen und die Fabrik beginnt mit der Herstellung derselben. Der Materialmangel und das Fehlen an geeigneten Arbeitskräften türmt noch einmal Schwierigkeiten auf. Die zentralökonomische Verwaltung ergibt einen Überblick, in welcher Weise planmäßig an den Ausbau der Fabrik gedacht werden kann. Eine Fabrikschule wird eingerichtet. Man beginnt Teile der Maschinen herzustellen, während andere Teile in den dafür besser geeigneten großen Fabriken hergestellt werden, die durch diese Bestellungen dann erst wieder in Gang kommen. Der Teil schließt mit der Montage des ersten Traktors, der dem Gut dann übergeben wird und in Tätigkeit gesetzt wird. Der Film schließt mit Zahlen und Statistik.

[1 Manuskriptzeile unleserlich] Familie eines Halbbauern und Proletariers, [von] dessen Söhnen der eine beim Gutsbesitzer als Arbeiter arbeitet, der andere, der in der Dorfschmiede gelernt hat, als Arbeiter in der nahegelegenen landwirtschaftlichen Maschinenfabrik. Die Fabrik ist halbverfallen und schmutzig und hat veraltete Arbeitsmethoden und minderwertige Fabrikate. Der Zusammenhang zwischen dem Gutsbesitzer und dem Fabrikdirektor wird klargelegt, als drittes Bindeglied der Pope. Die andeutungsweise Hineinverflechtung eines Konfliktes in das Familienleben des alten Dorfschmiedes, wobei auch Schnaps und Geld eine entsprechende Rolle spielen, zeigt den Einfluß des Popen auf das Familienleben, besonders auf die weiblichen Mitglieder. Der Besuch sozialistischer Agitatoren, ihr Einfluß auf die jüngeren Bauern und Arbeiter, die Agitation einer Studentin unter den Mädchen gegen den Einfluß der Kirche macht sich in folgendem bemerkbar, Zusammenrottungen gegen den Gutsbesitzer, Kundgebungen der Unzufriedenheit der Fabrikarbeiter veranlassen die Dorfbehörden halb widerwillig aber unter dem Druck der drei obenerwähnten kapitalistischen Kräfte, Kosaken herbeizuholen. Das Ende ist, daß der junge Bauer zwangsweise zu den Soldaten gesteckt wird, der junge Fabrikarbeiter flieht. Das junge Mädchen, das am meisten den Agitationsreden gefolgt hat, verdingt sich als Arbeiterin in die Großstadt. Der Teil endet in dem Aufzeigen der neuen Lebensschicksale, nicht mehr in der Form der geschichtlich aufgebauten Detailmalerei des obigen, sondern skizzenhaft nur und in großen Zügen auslaufend. Man sieht den Soldaten exerzieren, in der Wachstube und in den Krieg ziehen; den Arbeiter im Auslande beim Straßenbau beschäftigt, als Arbeitslosen an den Hafenquais und das schnelle Wechseln einer gelegentlichen Fabrikarbeit, das Mädchen skizzenhaft im Dienste einer Herrschaft, das Betteln um Arbeit an den Fabrikstoren und schließlich in einer Fabrik bei Löhnen, die für die Existenz nicht ausreichen.

EXPOSES DER VERSCHIEDNEN ERZÄHLUNGEN

1. Die Erzählung „*Emil Machol*" zeigt an Hand des Einzelschicksals des Emil Machol, eines Goldschmieds und Durchschnittsmenschen, den Fanatismus und Zwang der modernen Gesellschaft auf. Machol, der sein gemütliches Privatleben führen will und die Politik Politik sein läßt, wird von der Politik nicht in Ruhe gelassen. Dem Halbjuden wird das Verhältnis mit einer Frau als Rassenschande ausgelegt, er wird verhaftet. Aus dem Berliner Polizeigefängnis entlassen, wandert er nach England aus. Wenige Wochen führt er dort ein freies, sorgloses Leben. Da bricht der zweite Weltkrieg aus und Machol wird als feindlicher Staatsangehöriger auf der Isle of Man interniert. Um der ständigen Internierung zu entgehen, wandert er nach Shanghai aus, macht einen kleinen Laden auf. Der Krieg in Asien bricht aus und er muß zusammen mit jüdischen Flüchtlingen in das japanische Ghetto nach Honkew ziehen. Dort wird er zum Wohlfahrtsempfänger und Trinker. Nach Ende des Weltkriegs fährt er nach den Vereinigten Staaten, stirbt am Tag seiner Ankunft in San Francisco am Herzschlag. Er sah einen Beamten kommen, der früheren Beamten aus verschiednen Ländern glich.

2. Die Erzählung „*Das Zimmer*" bringt die Angstatmosphäre jüdischer Familien, ausgelöst durch einen anonymen Telefonanruf, der besagt, die Gestapo führe neue Verhaftungen durch. Die Familie Rot versteckt sich in einem Zimmer ihrer christlichen Freundin, wenige Blocks von der eigenen, zugeschlossenen Wohnung entfernt. Über die ersten, schlimmen Stunden der Angst hilft ihnen die Freundin und deren Mann durch ein ausgezeichnetes Essen und belanglose Konversation hinweg. Aber unter freundschaftlicher Harmlosigkeit des Gesprächs wird bereits das Doppeldeutige sichtbar. Das Zimmer, das verhängt und verschlossen bleibt, wird zum Beobachtungsstand, von dem aus gesehen das Leben und Treiben der Heimatstadt seine Vertrautheit verliert, stattdessen aber seine dschungelhafte Fremdheit und Feindseligkeit zeigt. Den drei Rots, Vater, Mutter und Sohn, wird das Eingeschlossensein im Zimmer zum Anlaß von

Rückblicken, Erinnerungen, kaum ausgesprochenen Fragen, Gesprächen, in denen sich die Entfremdung und endgültige Loslösung von Deutschland, der Entschluß zur Emigration vollzieht.

3. „*Das Altersheim*" behandelt das Zusammenleben alter Männer und Frauen in einer Privatpension. Die Schwierigkeiten, die für die Alten damit verbunden sind, ihr Eigenleben, ihre überflüssigen Habseligkeiten aufgeben zu müssen, werden geschildert. Zugleich ihre Bemühungen, sich der eintönigen Ordnung der neuen Gemeinschaft einzufügen, deren Leben sich zwischen Schlafraum, Speisesaal, Garten abspielt, aber in Wirklichkeit doch nur ein Warten auf den Tod ist. In den Alltag der Altersheiminsassen spielt das Verlassensein von ihren Kindern hinein, die auswandern, fliehen oder verschollen sind. Einzelschicksale heben sich ab, wie das des Stromers Sommer, der sich den Winter über ausfüttern läßt, um im Frühling das Heim zu verlassen und wieder auf die Walze zu gehen. Oder das der Erblindeten, die nach den Sehenden schlägt und ihr Blindsein erst akzeptiert, wie ein Insasse sich ihr als Freund anschließt. Das Ende der Erzählung bildet die Aufforderung der Gestapo zum Abtransport.

4. *Die Bildersammlung der Frau Dr. Wald.* Die Erzählung mit stark satirischen Tönen zeigt das Alltagsleben einer emigrierten Familie in Amerika auf. Dr. Wald, ehemaliger Staatsanwalt und gleich seiner Frau aus vornehmem Großbürgerhaus, arbeitet als Packer. Trotz seiner schwächlichen Konstitution opfert er seine Gesundheit für seine Frau, die als Dame der guten Gesellschaft nicht arbeiten will, sondern vielmehr in ihrem kleinen Apartment in altem Stil weiterlebt, Gesellschaften gibt und genießt. Auch als ihr Mann scheinbar nur leicht erkrankt, ist sie nicht bereit, ihre Sammlung berühmter Bilder und Radierungen zu verkaufen, um ihrem Mann damit ein leichteres Leben zu ermöglichen. Dr. Wald stirbt an den Folgen der Überarbeitung als Packer und als Opfer seiner Idee vom vorbildlichen Ehemann und Kavalier.

5. In der Geschichtslegende „*Alexander der Große und der Sannayasi*" vollzieht sich der Zusammenprall indischen und

griechischen Geists. Beim Einmarsch im nordindischen Taxila erfährt der wißbegierige Alexander von der Weisheit und Seelenmacht des Sannayasi Dandamis, den er zu sich befiehlt. Der herrschsüchtige Kosmokrator, seinen Ursprung von Zeus ableitend, will sich nicht nur den fremden Erdteil unterwerfen, sondern auch den Geist seiner Menschen. Die Unterredung, der Gedankenaustausch Alexanders mit Dandamis wird zur dialogischen Auseinandersetzung mit dem eigenen Widerspiel, zur Konfrontierung des Menschen der Macht mit dem Menschen des Geists, dem Weisen, der sich selbst beherrscht und mit dem Leben im Einklang lebt. Dandamis erschließt Alexander die Sinnlosigkeit seines Tuns, danach seine Sterblichkeit. Schließlich, um dem tobenden Alexander dessen Machtlosigkeit über ihn zu beweisen, stirbt er aus eigener Willenskraft vor den Augen des ganzen Heers. Seine Voraussage von dem baldigen Tod „des Herrschers der Welt" trifft wenige Wochen später ein.

6. „*Der Tod des Don Ruiz Cazalla*". Während des fluchtartigen Rückzugs der spanischen Eroberer unter Cortez aus Cholula wird der Hidalgo Cazalla bei einer strategisch wichtigen Furt mit dreißig Indianern und zwei Geschützen zurückgelassen. Die folgenschwere Niederlage, die Cazalla den dreißig Mann zu verheimlichen versucht, ist durchgesickert. Die sechs Indianer, die Cazallas zur Inspektion über den Fluß tragen sollen, nehmen die Gelegenheit wahr und halten den „Weißen Gott" unter Wasser, bis er ersäuft. Während das Hirn des Ertrinkenden Erinnerungen, Bilder, Worte aus der Heimat Mallorca durchziehen, tragen die Eingeborenen den Reglosen ängstlich an Land, knien hin vor ihm. Sie vollführen das notwendige Zeremoniell für den Fall, daß der „Weiße Gott" sich nur schlafend stellt, gleich wieder erwacht und sie für den Frevel bestraft.

7. „*Der Berg*". Uji, der Halbwüchsige, leidet unter der unglücklichen Ehe seiner Eltern und dem Kommerzialismus der kleinen Touristenstadt am Fuße des großen Bergs. Der Berg mit seinem vereisten Gipfel war für Uji seit je schon ein Symbol ungebundenen Lebens, der Freiheit. Als sein Lehrer, der Meister aus dem Waldtempel, kommt, sich zu verabschieden, beschließt Uji ihm und den zwei anderen Pilgern zu folgen, die den Berggipfel als Wallfahrer erklimmen wollen. Aber der

Aufstieg zum Gipfel, eine Art Wallfahrt der Selbstbewährung und inneren Reife, wird für Uji zum Verhängnis. Weder seelisch, geistig noch körperlich dem Aufstieg zur vereisten Höhe gewachsen, macht ihn die dünne Höhenluft und die Einsamkeit der Bergwelt krank. Aber für versagende Pilger gibt es auf solcher Wallfahrt keine Rückkehr mehr. Dem Waldmeister und den zwei Pilgern wird er zur Last, der sie sich nach uraltem Brauch entledigen. Sie werfen den Fiebernden ins Tal hinab, wo er zerschmettert.

DIE PAMPHLETISTEN
DER SPÄTWILHELMINISCHEN ZEIT
(bis zum Beginn des 1. Weltkrieges)

Die Gesellschaftskritiker des letzten Jahrzehnts im wilhelminischen Reich, so um die Jahrhundertwende herum, haben einen bestimmenden Einfluß auf die heranwachsende Studentengeneration ausgeübt, sie sind nicht zuletzt der Ausgang für die Moderne in der Literatur geworden, den späteren Expressionismus und den „Vitalismus" die geistige Nachfolge Haeckels in den Evolutionstheorien der Wissenschaft.

Sie sind heute bisher weitgehendst vergessen, von der expressionistischen Welle sind sie nicht mitgetragen worden.

Drei dieser Pamphletisten wachsen besonders aus dem literarischen Schicht heraus: *Maximilian Harden* – als Pamphletist gewertet, weil jede No. der „Zukunft" praktisch als ein Pamphlet anzusehen ist. Harden bleibt der Grundidee eines deutschen Nationalismus verhaftet. Davon ausgehend analysiert er die Gesellschaft und die Gesellschaftsform des wilhelminischen Reichs. Er greift besonders die Träger dieses deutschen Nationalismus, die sich nach außen als Schutzherren dieses Nationalismus gebärden, an. Es entsteht diese Mischung aus Liberalismus (besser Volksliberalismus) und Nationalismus, die ihre Chance nach der 1848er Revolution hatte und die Bismarck unter dem Einfluß der Agrarier in Deutschland als politische Basis nicht wiedererwecken konnte. Aus dieser Diskrepanz heraus schreibt Harden seine Artikel. Aufgeschlossen allen kulturellen Entwicklungen, sowohl im Drama wie der erzählenden Literatur, aber in Distanz zu einer geschlossenen Bewegung. Eine Wiederbelebung Hardens hat heute einen eigenen Reiz.

Dies gilt ebenso, wenn nicht vielleicht noch stärker für *Samuel Lublinski*, der pointiert scharfe Kritiker und Essayist Lublinski hat sich einem Überwuchern des Naturalismus in feste Dogmen entgegengestellt, er bleibt skeptisch gegenüber Hauptmann und der Schlesier Schule, deren Brüchigkeit er wohl als einziger gleich zu Beginn klar erkannt hat. Er bezieht alle Literatur auf den Einzelnen, den Menschen, seine Umwelt etc. und wertet das Werk, wenn es über das Einzelschicksal hinaus in das Allgemeingültige übergreifen kann und nicht umgekehrt, Literatur oder Kunst zu betätigen und dahinein dann Menschen zu stellen. Ein Grundsatz, der erst heute wieder Beachtung zu finden beginnt. Lublinski ist heute so gut wie vergessen, obendrein den gefälligeren Kritikern, den Schaumännern wie Kerr etc. zum Opfer gefallen.

Der dritte in dieser Riege war: *Theodor Lessing* – ein noch heute weit verkannter Kulturkritiker. Der Mann der kulturellen Perspektive, der geistigen Verpflichtung, unbestechlich, die billigen Erwartungen aufzudecken. Die Wiederbelebung der Lessing'schen Schriften wäre heute dringend zu wünschen.

Über diesem Dreigestirn steht *Franz Mehring*, der große Geschichtsschreiber der deutschen Nation, bis heute nie richtig erkannt und ausgewertet. Die Geschichte Deutschlands vor und nach der 1848er Revolution ist überhaupt nur von Mehring erkannt und dargestellt worden, geradezu eine sich aufdrängende Parallele zur heutigen Situation.

Das Essay sollte zusammenfassend über diese Leute und andere in derselben Linie akzentuieren, eine einheitliche Perspektive aufzeigen und eigentlich auch nach dem Zusammenbruch der beiden Kriege, das heißt der Auflösung eines Volksnationalismus, erklären warum.

VORSCHLAG FÜR 12 FOLGEN „DER GEGNER"

1) Abschied von Deutschland (Franz Jung)
2) Pamphlet gegen die Mitbürger (Marat)
3) Vor den Schweinen (Leon Bloy)
4) The Murder of the Christ
Bericht über das tragische Leben des Dr. Wilhelm Reich
5) Unter Ausschluß der Öffentlichkeit
Bericht über Ernst Fuhrmann
6) Über Wahrheit und Lüge im außermoralischen Sinne
(Nietzsche)
7) „GKdos." (Geheime Kommandosache)
Geheimdokumente der Geschichte
8) Zwei politische Sendschreiben an Cäsar (Sallust)
9) Man wird mich niemals lebend in ein Gefängnis bringen
(Chamfort)
10) Lieber Schweinehirt sein und verstanden von
Schweinen (Kierkegaard)
11) Wiederholter Aufruf an die deutsche Nation (1794)
(u.a. Pamphlete der deutschen jakobinischen Publizistik)
12) Kaiser Wilhelm II.: Reden

FORTSETZUNG ZUM
AUTOBIOGRAPHISCHEN ROMAN

Es besteht eine Parallele zwischen dem Lebensweg der Person Franz Jung im autobiographischen Roman und der Tochter Dagny.

Das Schicksal dieser Tochter ist in einer früher noch in Italien geschriebenen unveröffentlichten Novelle „Jahr ohne Gnade" behandelt. Das Manuskript, damals für die Büchergilde im Auftrag, ist verloren gegangen (angeblich bei der Büchergilde), ich habe noch Bruchstücke, im handgeschriebenen Manuskript, genug jedenfalls um für die Fortsetzung den allgemeinen Rahmen zu geben.

In diesen Rahmen hinein würde ich die Schicksale, Erlebnisse und sonstigen Verdingungen der Frauen bringen, die in meinem und Dagnys Leben eine Rolle gespielt haben, Dagnys Mutter, Cläre Jung, Harriet Jung und Sylvia. Alle haben entscheidend auch meist negativ das Schicksal Dagnys mit beeinflußt.

Der Roman würde nicht mehr in Ich-Form geschrieben werden. Mehr im Stile eines eher trockenen Dokumentarberichtes, fast wie ein Protokoll. Dazwischen wird aber die Erzählung weitgehends im *Dialoge* aufgelöst. Aus dem Dialog erst projeziert sich das Bild, das diese Erzählung vermitteln soll.

Für eine noch etwas fernere Zukunft ließe sich ein dritter Band perspektivieren: das Schicksal von Jung und Dagny mit allem privaten Zubehör auf die Gesellschaft als Ganzes übertragen. Ich habe darüber schon (nicht allerdings auf Jung bezogen) einen längeren Essay geschrieben, die Albigenser. Die gesellschaftlichen Katastrophen in der Geschichte, an einigen Beispielen erklärt, die Ausrottung von Völkern, die Massen Hypnosen und Hysterien, analytisch mit der Hoffnungslosigkeit auf Gleichgewicht und „Erlösung" oder auf die Ausrottung der bereits Erlösten gestellt. Das gibt einen gleichbleibenden Zug, wobei die Hitler Massaker noch die primitivsten und beschränktesten sind. Die Colonnes Infernales während der französischen Revolution waren sehr viel typischer. Dieses Buch würde geschrieben sein im Hinblick auf die kommenden

10 Jahre, wo die Ausrottungstendenzen, die gegenseitigen Massaker einen ungeahnten Umfang annehmen werden, intensiver denn je zuvor, mit oder ohne Atombombe – kurz die Revolution der Reichen gegen die Armen, der Hungernden gegen die Satten, nur der Arme ist satt.

VI. Korrespondenzen
Analysen zu Wirtschaft und Politik

DAS UNTERNEHMERTUM IN DER KALIINDUSTRIE

II.
Der staatliche Anreiz zur Schieberpolitik

Die Geschichte der Kaliindustrie ist vielleicht wie keine andere Industrie in Deutschland völlig nach amerikanischem Muster die Geschichte des Konkurrenzkampfes der Großunternehmer untereinander. Je näher dieser Kampf sich vor unseren Augen abspielt, um so schärfer erkennt man, daß aus einem Konkurrenzkampf, der zunächst aus rein wirtschaftlichen Motiven hervorgegangen sein mag, sich allmählich eine Auseinandersetzung rein persönlicher Art entwickelt, in der persönliche Gehässigkeiten der Konkurrenten gegeneinander und die Sucht, die Privatexistenz des Gegners zu treffen, die Hauptrolle spielt. Das ist das Hauptmerkmal des Konkurrenzkampfes der beiden deutschen Kalimagnaten Sauer und Schmidtmann und das ist die Grundursache der Einmischung des Staates in die Kaliindustrie.

Herr Emil Sauer war bei Verteilung der Beute verhältnismäßig schlechter weggekommen als der Pferdehändler aus Aschersleben. Seine Werke und Felder enthielten hauptsächlich Karnallit, das sich für große Überseetransporte weniger eignet und erst besonderer chemischer Verarbeitung bedarf, während in den Schmidtmannschen Kalischächten Kainit und andere hochwertige Salze gefördert wurden. Die Folge war, daß das Ausland mit Herrn Schmidtmann Kontrakte abschloß, wobei Herr Sauer Gefahr lief, daß bei weiterer Aufschließung seiner Felder seine Kuxe und Aktien, die er auf den Markt bringen mußte, zunehmend entwertet würden. Emil Sauer als schlauer Geschäftsmann wußte jedoch dagegen Rat. Wie ihm erging es nämlich noch einer Anzahl anderer Kaliwerksbesitzer, die, wenn auch nicht Emil Sauers Bedeutung, dafür aber seine Ausbeutungs- und Geschäftsmethoden sich angeeignet hatten. Hier sind zu nennen zunächst Emil Sauers Bruder, ein Dr. Wilhelm Sauer, der Hauptanteilhaber an den Gewerkschaften „Hugo" und „Bergmannssegen", der auf Veranlassung seines Bruders sein Studium, das ihn beinahe zum Oberlehrer gemacht hätte, aufgab und schleunigst Kaliinteressent wurde. Sodann Herr Krüger, seines Zeichens ein kleiner Schlächtermeister aus der Umgegend von Halle, der, als der Kalirummel losging, sein Geschäft an den Nagel hing und schleunigst Bohranteile und Kuxe statt Kälber und Schweine verhandelte. Der Erfolg war so prompt, daß Herr Krüger nach kurzer Zeit in Halle ein Bankgeschäft eröffnete und als neugebackener Bankier sich in der Kaliindustrie einen entsprechenden Wirkungskreis suchen ging. Ein unrühmliches Denkmal seiner Wirksamkeit trägt noch heute die Gesellschaft Krügerhall, die nach ihm bzw. seinem Gelde benannt wurde. Die Gebrüder Sauer, Krüger und eine Anzahl kleinerer Besitzer, die aus dem Felderbesitz der genannten Herren eigene Gesellschaften abgezweigt hatten, vertraten seinerzeit in der Unternehmerorganisation des damaligen Kalisyndikats den sogenannten Karnallit-Konzern. Ihre Existenz war für die Zukunft durch die reinen Kainitwerke bedroht, die fast das Fünffache exportieren und die bei der im Ausland herrschenden Nachfrage nach ihren Salzen es garnicht nötig hatten, dem Syndikat anzugehören. Der Kampf des Syndikats gegen Aschersleben und Sollstedt wurde mit aller Schärfe geführt und der Ausgang war recht zweifelhaft, bis die Großbanken und das Großbankkapital die Gelegenheit wahrnahm, sich den maßgebenden Einfluß in der Kaliindustrie und damit neue große Ausbeutungsobjekte für die Großbankpolitik zu erobern.

Wir haben gesehen, daß das Unternehmertum sich auf einzelnen Privatpersonen gründete und im allgemeinen im weiteren Verlauf aus kleinen Privatspekulanten, die ihre Ersparnisse auf leichtere Weise verzehnfachen wollten, zusammengesetzt bleibt. Als die Großbanken sahen, welches Geschäft sich außerhalb ihrer Kontore in Bohranteilen, Kuxen und Kaliaktien entwickelte, schufen sie schleunigst für dieses Geschäft eigene Börsen. Sie schickten Vertreter nach Hannover und Essen, die sich beide bald als Hauptplätze des Kuxenhandels entwickelten. Auf diese Weise war es den Großbanken möglich geworden, durch finanzielle Einflußnahme eine Anzahl kleinerer Gesellschaften zu verschmelzen oder zu Konzernen zusammenzuschließen. Es war natürlich klar, daß damals zu jener Zeit nicht gerade die gesündest fundierten Unternehmungen und die besten Schächte für die Großbanken zu haben waren, sondern daß es sich vielfach hierbei um Gesellschaften handelte, die entweder übergründet waren oder eigens zwecks Übernahme durch die Großbanken erst schnell gegründet wurden. So entstanden die einzelnen Konzerne, die unter dem Kapitalregime der Deutschen Bank, der Nationalbank und des Schaaffhausenschen Bankvereins auf Aktionärfang ausgingen. So kam es, daß der Heldburg- und der Westeregeln-Konzern mit dem Karnallitkonzern der vorher erwähnten Privatspekulanten künftighin in taktischen Konkurrenzfragen gemeinsam operierte. Damit hatte diese Gruppe in der Kaliindustrie den zahlenmäßig überwiegenden, wenn auch noch nicht sehr erheblich überwiegenden Einfluß gewonnen. Das Zünglein an der Waage bildete der Fiskus und der stattliche Felderbesitz in den thüringischen Kleinstaaten. Gelang es den preußischen Fiskus und diese Kleinstaaten zu bewegen auf ihrem Domänenbesitz Schächte anzulegen, und unter die Reihe der Kaliausbeuter zu treten, so hatte Herr Emil Sauer das Mittel in der Hand, seinen Erzfeind Schmidtmann unterzukriegen.

Die Sache gelang. Mit einer riesenhaften Reklame wurde die Zukunft der Kaliindustrie ins Rosenrote gemalt. Ein noch nie dagewesenes Gründungsfieber hatte die bürgerlichen Kreise Norddeutschlands bis zum Pfennigkrämer hinunter erfaßt und zögernd zwar aber wirksam unterstützt durch günstige Offerten der Bohr- und Schachtbaugesellschaften, hinter denen wiederum vereint die Privatspekulanten und die Großbanken standen, entschlossen sich die Staatsverwaltungen, das Risiko eines eigenen Kalibaues zu unternehmen. Damit hatte Emil Sauer gewonnenes Spiel. Unter der Flagge eines Protestes gegen die Verschleuderung deutschen Kalis an das Ausland unter der Devise der Nationalisierung der Kaliindustrie und unter dem Lockmittel der Erhaltung der alleinigen Ausbeutung des Weltkalimonopols für Deutschland und den deutschen Kapitalisten wurde eine Hetze gegen die ausländischen Kalikontrakte des Herrn Schmidtmann sen. veranstaltet. Hinzu kam, daß Herr Schmidtmann jun. selbst Präsident eines amerikanischen Trusts war und als solcher, d.h. als Amerikaner Kaliwerke in Deutschland besaß. Hinzu kam weiter, daß er andere Preise als das Syndikat nehmen konnte, da er als eigener Besitzer sich selbst in seine eigne Tasche wieder verkaufte, also gar keinen Grund hatte für sein Kali besonders hohe Preise zu nehmen. Bei seinem umfangreichen Besitz an Kainitlagern, bei seinen Beziehungen zur internationalen Großfinanz war es ihm natürlich auch ein leichtes, Kontrakte mit England, Holland und andern Staaten abzuschließen, so daß er in der Tat in der Lage war, das Exportgeschäft des Syndikats d.h. der übrigen Werke lahm zu legen. Die Entwicklung dieses Konkurrenzkampfes mußte früher oder später auch die fiskalischen Gruben berühren, so daß also bald eine geschlossene Gruppe einschließlich der staatlichen Unternehmungen gegen den Schmidtmannkonzern d.h. gegen die organisierte Exportpolitik zustande gebracht war. Zuerst versuchte man es durch Verhandlungen, die Amerikaner zum Eintritt in das Syndikat zu bewegen. Dieser Eintritt hätte für sie bedeutet, daß sie Herrn Sauer zuliebe ihr Kali aus ihren eigenen Gruben um den doppelten Preis fortan beziehen würden. Herr Kempner, der schon damals wie noch heute Vorsitzender des Kalisyndikates war, fuhr zu diesem Zweck verschiedentlich nach Amerika und berechnete für eine Reise dem Syndikat die runde Summe von einer Million Mark an Spesen. Kempner gründete in Amerika eine neue Gesellschaft, die „German Kali-Works" mit dem Zweck, den Düngertrust, die Internationale Agricultural Company, im eignen Lande zu bekämpfen. Das Kalisyndikat lieferte dieser Gesellschaft Kali unter den von Schmidtmann geforderten Preisen, um den Düngertrust zu stürzen. Man kann heute berechnen, *daß das Syndikat bis zu 50 Prozent an diesen Verkäufen verloren hat, dasselbe Kalisyndikat, das gegen die Verschleuderung durch Schmidtmann flammende Proteste erließ*. Die German Kali-Works verbanden sich, um den trotz billiger Preise schlecht in Gang kommenden Absatz aufzuhelfen, mit dem Armour-Trust, an dessen Spitze derselbe Armour stand, der als Beherrscher der Chicagoer Schlachthäuser einen internationalen Ruf als gewissenloser Ausbeuter errungen hat. Herr Armour bezog von den Farmern im Süden für seine Schlachthäuser die nötigen Rinder und Schafe und lieferte ihnen als Bezahlung das beim deutschen Syndikat gewonnene Kali. Zwischen dem Armourtrust und dem Düngertrust des Herrn Schmidtmann jun. entspann sich eine beispiellose Pressefehde. Der ganze Apparat berüchtigter amerikanischer Bosspolitik mit Wahlmanövern und Bestechungen wurde in Szene gesetzt und vom Kalisyndikat bezahlt. Die Millionen, die das Syndikat sich als Kampffonds aufgespart hatte, und die im Grunde aus den Ersparnissen der spekulationslustigen Kleinkapitalisten sich zusammensetzte, schwanden dahin, ein Erfolg in Amerika selbst war nicht zu bemerken. Da entschloß man sich, die Kampftätigkeit nach Deutschland selbst wieder zu verlegen. Mit den in Amerika gerade erprobten Methoden sollte gearbeitet werden. Es war höchste Zeit, denn das Syndikat war finanziell ziemlich am Ende.

Die ewige Steuernot des deutschen Reiches, das an Steuererträgen naturgemäß hinter seinen militärischen Ausgaben zurückblieb, gab den gewünschten Vorwand. Anläßlich der Steuergesetzgebung vom Jahre 1909 wurde im Reichstag ein Reichskaligesetz eingebracht, das zur besseren steuerlichen Erfassung der Kaliproduktion die Monopolstellung des Kalis sichern sollte und eine Verschleuderung ins Ausland verhindern sollte. Hierzu wurde die Forderung auf Ungültigkeitserklärung der amerikanischen Kontrakte aufgestellt und das bisher freie Syndikat in ein Zwangssyndikat umgewandelt. Die Produktion wurde kontingentiert, d.h. jedem Schacht eine bestimmte Beteiligungsziffer bei einem jährlich einmal festzustellenden Verteilungsplan zugestanden. In Deutschland arbeitete der amerikanische Apparat. Ganze Pressekonzerne wurden gekauft, man erinnert sich, daß ein in der bürgerlichen Finanzwelt bekanntes Blatt, der Berliner Börsenkurier, über Nacht von Schmidtmann zu Sauer überging und vom Gegner zum schärfsten Befürworter des Reichskaligesetzes wurde. Es wurde damals öffentlich festgestellt, daß der Privatsekretär Emil Sauer zum Chefredakteur des Blattes gegen eine Verpflichtung Emil Sauers, jährlich 100 000 Mark in den Propagandafonds des Blattes zu zahlen, gemacht worden war. Eine merkwürdige Rolle spielten die einzelnen staatlichen Verwaltungen. Einige thüringische Kleinstaaten, die unter dem Einfluß Schmidtmannscher Finanzagenten standen, waren Gegner des Gesetzes, den Ausschlag gab dagegen Preußen, für das der Unterstaatssekretär Richter die Kalifragen bearbeitete. Exzellenz Richter, der im letzten Jahre aus dem Staatsdienst ausgeschieden ist, hat jetzt seinen versprochenen Lohn erhalten: er ist in die Geschäftsleitung des Kalisyndikates aufgenommen worden mit Riesengehalt und Riesentantieme, desselben Syndikats, mit dem er als Unterstaatssekretär durch dick und dünn gegangen ist. Es ist weiter festgestellt worden, daß vom Syndikat in den Wahlfonds einiger Parteien insbesondere des Zentrums und der damaligen

Fortschrittlichen Volkspartei Bestechungsgelder von beiden Seiten geflossen sind, namentlich Bergrat Gothein, der demokratische Handelsminister, spielte in diesem Kalistreit eine sehr komische Rolle. Er hatte es übernommen im Plenum des Reichstages die Interessen des Volkes der Regierung gegenüber zu vertreten, er sprach für Schmidtmann und dessen Exportpolitik und stimmte für Sauer. Schließlich wurde der Kaligesetzentwurf auch vom Reichstag angenommen, obwohl Amerika mit Gegenmaßnahmen, die zunächst einen Zollkrieg bedeutet hätten, drohte. Bevor aber der Bundesrat seine Zustimmung dem Gesetz hatte geben können, und bevor der Konfliktsfall für den amerikanischen Senat gegeben war, machte Herr Schmidtmann sen. seinen Frieden mit dem Syndikat. Er verkaufte seine Beteiligungen an Aschersleben und Sollstedt dem Syndikat und ließ sich für die noch laufenden festen Kontrakte überdies eine gute Abfindungssumme zahlen. Die amerikanischen Firmen waren dadurch ausgeschaltet, und der Senat hatte keine Veranlassung mehr, einzugreifen. Millionen über aber Millionen, die der Allgemeinheit an sich entzogen waren, waren dem Beutel der kleinen Privatkapitalisten entnommen und zum Fenster hinausgeworfen worden, um ein Scheinmanöver von nationaler Entrüstung aufzuführen, das schließlich mit einem fetten Vergleich unter den Hauptbeteiligten endete.

Was die Jahre über von alldem noch sichtbar blieb, das ist das Reichskaligesetz mit seinem Anreiz zu neuen Schachtbauten, mit seinen Prämien auf wüsteste Kuxenspekulationen. Der Ruin der Industrie hat damit eingesetzt, worauf wir im nächsten Abschnitt noch näher zurückkommen werden. Die einzelnen staatlichen Unternehmen in der Kaliindustrie haben die ganzen Jahre selbst schwer darunter zu leiden gehabt, der Krieg hat den Zusammenbruch vervollständigt, aber das Reichskaligesetz ist geblieben. Es ist trotz seiner zweideutigen Vergangenheit als Grundlage genommen worden für die sogenannte Sozialisierung der Kaliindustrie. Es ist mehr wie bezeichnend, daß sowohl in der Sachverständigenkommission für die Sozialisierung der Kaliindustrie wie in dem beabsichtigten Reichskalirat dieselben Leute, die Sauer, Kempner und Richter sitzen sollen, deren Tätigkeit für die Kaliindustrie eigentlich mehr die Geschichte eines Kriminalfalles ist.

KALISOZIALISIERUNG UND KALISABOTAGE

Die deutsche Kaliindustrie ist das krasseste Beispiel für die allein vom Profit bestimmte Produktionsanarchie des Kapitalismus. Von den rund 200 Anlagen kann die knappe Hälfte den Bedarf des Marktes decken. Neben der Kohle hat daher die sogenannte Sozialisierungskommission sich mit einer Lösung dieses Problems beschäftigt. Es sind zwei Vorschläge ausgearbeitet worden.

Der erste trägt neben Batocky, Siemens und Vogelstein den bekannten Namen *Rathenaus*. Er geht dahin, das Übergewicht der großen über die kleinen Werke zu befestigen, d.h. es sollen die Beteiligungsquoten nicht, wie bisher alle 5, sondern nur alle 30 Jahre festgestellt werden unter Entschädigung der kleinen Werke. Neue Schächte dürfen nicht abgeteuft werden. Der Reichskalirat, d.h. die Zusammenfassung der Werke, soll sofort das Recht erhalten, dauernd unrentabel arbeitende Werke stillzulegen. Karenzfrist zwei Jahre. Der Ergänzungsvorschlag *Lindemann* sieht eine Übertragung der kleinen Quoten auf die Staatswerke vor.

Vorschlag 1 hat also nichts mit Sozialisierung zu tun, sondern bedeutet im Gegenteil eine Sanierung und Festigung der heutigen kapitalistischen Machtverhältnisse.

Der *zweite* Vorschlag *Cohen – Hilferding – Umbreit – Wissell* will die Belastung der gutarbeitenden Werke durch Tragung der Verzinsung der schlechtarbeitenden vermeiden. Sie behaupten, eine Überführung in die „Gemeinwirtschaft" zu bezwecken, und zwar in Ergänzung zu der bereits seit 1908 bestehenden Zusammenfassung der Absatzorganisation (Kalisyndikat) eine Zusammenfassung der Betriebe, deren Organ der Reichskalirat, das Reichskalidirektorium und die Generalkommission der 5 Bezirke Hannover, Halle, Magdeburg, Nordhausen und Eisenach sein sollen. Die Selbstkosten sollen werksweise festgestellt und durch Produktivitätsprämien herabgesetzt werden. Natürlich wird *entschädigt*, und zwar sollen die Werksbesitzer neun Zwanzigstel der Anteile der Kaligemeinschaft bekommen und aus diesen Anteilen eine Vorschußdividende von 4 Prozent erhalten. Der Rest wird auf die gesamte Kaligemeinschaft verteilt. *Lederer* schlägt noch ergänzend vor, daß zur Durchführung der Stillegung ein Trust zu bilden sei, von dem 49 Prozent in den Händen der Kaligemeinschaft liegen sollen, er verzichtet also ohnmächtig von vornherein auf die Majorität.

Der zweite Vorschlag bedeutet ebensowenig wie der erste eine „Sozialisierung", denn er arbeitet mit Entschädigung, ja noch mehr, mit *Vorschußdividenden für die Unternehmer*. Er bedeutet dasselbe wie Rathenaus Vorschlag, nämlich eine Konsolidierung der bankrotten kapitalistischen Interessen unter dem Schein eines mißverstandenen Sozialismus.

Beide Vorschläge sind daher vom Standpunkt des Proletariats aus abzulehnen, und zwar der Hilferdingsche Vorschlag mit noch größerer Entschiedenheit als der Rathenausche, weil ersterer die Gefahr enthält, das Hungerdasein des Proletariats noch weiter zu verlängern als der erste.

Der Kaliindustrie ist der Auslandsmarkt seit Abtragung der elsässischen Kaliwerke, die ihre Produktion 1920 gegenüber 1913 verdreifacht haben, verdorben worden. Hinzu kommt, daß die Weltkrise und die in ihrem Gefolge eingetretene Einengung des Anbaus von Getreide eine Senkung der Preise und Verringerung der Absatzmengen erzwingt. In den *Vereinigten Staaten* hat das Syndikat auf die gelieferten Mengen 50 Prozent draufgeben müssen. Die englischen Dominions fallen aus politischen Gründen als Abnehmer aus. Rußland und Österreich und der Balkan wegen ihrer Zahlungsunfähigkeit. Die Neutralen aber nehmen wegen der Weltkrise nichts ab, zumal sie auf über die Grenze geschmuggelten Vorräten sitzen, die die offiziellen Zahlen des deutschen Kalisyndikats überschreiten. Die Weltkrise ist für den Weltmarkt heute das entscheidende Moment. Das geht vor allem daraus hervor, daß Frankreich für seine elsässischen Gruben ein Zusammengehen mit dem deutschen Syndikat propagieren läßt. Nachdem der Auslandsmarkt also verrammelt ist, sucht die Kaliindustrie ihre Gewinne im Inland zu realisieren. Sie macht schon seit geraumer Zeit Versuche in dieser Richtung. Am 22. April hatte sie damit zum erstenmal Erfolg. Im *Reichskalirat* ging der Antrag auf Erhöhung der Kalipreise mit 17 gegen 12 Stimmen durch. *Rohsalze* sollen um 65 Prozent, *Düngesalze* um 75 Prozent und die übrigen Salze um 70 Prozent erhöht werden. Der Reichswirtschaftsminister erhob gegen den Betrag der Erhöhung Widerspruch, erklärte sich aber sofort mit einer durchgängigen Erhöhung von 35 Prozent einverstanden, wobei ein Teil dieses Betrages auf Lohnerhöhungen verwandt werden soll. Das Kalisyndikat beantragt die Profitkürzung, wie schon früher durch glatte Lieferungssabotage unter der üblichen Bemäntelung mit Frachterhöhungen. Nur merkwürdig, daß gerade die wichtigsten, die 40er Düngesalze auch ohne Frachtbemäntelung sabotiert werden sollen. Das Schreiben lautet:

Berlin SW11, den 21. April 1921

An die deutschen Abnehmer des Kalisyndikats G.m.b.H.!
Der Reichskalirat hat in seiner heutigen Sitzung den Antrag des Kalisyndikats, die Kalipreise um 65 Prozent für Rohsalze, 75 Prozent für Kalidüngesalz, 38–42 Prozent und 70 Prozent für alle Kalisorten zu erhöhen, mit Wirkung vom 21. April d.J. angenommen. Auf Grund des § 91 der Vorschrift zur Durchführung des Kaliwirtschaftsgesetzes hat der Herr Reichswirtschaftsminister diesen Beschluß beanstandet, insoweit die Preiserhöhungen 35 Prozent überschreiten. Nach demselben Paragraphen muß binnen zweier Wochen eine endgültige Entscheidung über die Beanstandung folgen, andernfalls tritt dieselbe außer Kraft. Wir haben daher die Werke angewiesen den Rechnungsbetrag für alle Verladungen ab 21. April um 35 Prozent zu erhöhen. Diese Berechnung gilt mit dem ausdrücklichen Vorbehalt, daß der Unterschied zwischen der Preiserhöhung von 35 Prozent und den vom Reichskalirat beschlossenen Preiserhöhungen nachträglich berechnet wird, falls die Beanstandung des Reichswirtschaftsministers außer Kraft treten sollte. Wir empfehlen unseren Abnehmern, den gleichen Vorbehalt bei der Weiterberechnung der Ware zu machen, wozu sie auf Grund unserer Verkaufsbedingungen berechtigt sind.
Die Unmöglichkeit der Erfüllung bei den Salzen der Gruppen I–III für Stationen, welche mehr als 500 Kilometer von den gegenwärtigen Frachtausgangsstationen entfernt liegen, sowie bei Bestellungen in 40er Düngesalz für alle Stationen bleibt bestehen, so daß wir nach wie vor nicht in der Lage sind, derartige Aufträge anzunehmen. Wir empfehlen, Chlorkalium zu bestellen.
Die Beschlußfassung über den Antrag des Kalisyndikats, die Ausführungsbestimmungen zum § 22 des alten Kaligesetzes

betr. die Frachtvergütung von 10–25 Prozent bei Entfernungen von mehr als 500 Kilometern und die Ersetzung der drei Frachtausgangsstationen Staßfurt, Bienenburg und Salzungen durch die Frachtausgangsstation Nordhausen wurde vertagt.
Hochachtungsvoll
Deutsches Kalisyndikat G.m.b.H.
gez. C.W. Zillemann
ppa. Schulze

Der Reichswirtschaftsminister wird zweifellos der jetzigen Lieferungssabotage der Kaliunternehmer ebenso nachgeben, wie er der der 35prozentigen Erhöhung vorausgegangenen nachgegeben hat. Das Proletariat wird diese räuberische Profitmanipulation in einer *Steigerung der Brotpreise um ein Drittel bis drei Viertel* zu spüren bekommen, und nicht nur das: infolge des Wegfalls der Düngung großer Gebiete auch in einer *Verringerung der Brotmenge*.

Die Schwierigkeiten der Kaliindustrie wären behoben, wenn das Bündnis mit Sowjetrußland käme. Sowjetrußland kann die volle Menge abnehmen.

Auch hier die Parole: Kaliarbeiter, nur der Anschluß an Sowjetrußland kann Rettung bringen, nur die Dritte Internationale kann das Problem lösen.

DIE WIRTSCHAFTSHILFE DER „ARBEITERHILFE"

Das Auslandskomitee der Arbeiterhilfe unterscheidet sich von den übrigen Hilfsorganisationen dadurch, daß es sich zum Ziel setzt, den wirtschaftlichen Neuaufbau zu fördern und mit der Hilfsaktion zu verbinden. Eine solche Wiederaufbauarbeit fängt zunächst mit einer Bekämpfung des Hungers, also mit der Hungerhilfe, an. Das Komitee will zunächst die Menschen arbeitsfähig machen.

Wenn das Arbeiter-Hilfskomitee also im Augenblick in gleicher Weise jetzt die Hungrigen speist, wie das die bürgerlichen Hilfsaktionen jetzt anfangen, so ist das, was für die übrigen Organisationen bestenfalls Selbstzweck ist, für die Arbeiterhilfe nur erster Schritt und Etappe.

Das Ziel der Arbeiterhilfe muß also jetzt schon über die Hungerhilfe hinausgehen. Wenngleich sie dort eingreift, wo Hilfe zur Zeit am notwendigsten ist, nach den Direktiven der örtlichen Behörden, so wird sie in der Zukunft ihre Hilfe konzentrieren müssen auf die Ernährung bzw. Besserernährung der Erwachsenen.

Die Arbeiterhilfe wird einen Druck auf die bürgerlichen Hilfsorganisationen ausüben, ihre Hilfe so auszudehnen, daß alle Kinder und Kranken und Arbeitsunfähigen ernährt werden können.

Die Arbeiterhilfe wird nicht nur Produkte, sondern auch Produktionsmittel senden. Es ist geplant, die Organisation von Kooperativen, Kollektivwirtschaften und ähnliches im kolonisatorischen Sinne, gestützt auf die Hilfsaktion des internationalen Proletariats, in Zukunft durchzuführen.

Für diese Zwecke sollen an den örtlichen Stellen Komitees zur Vorbereitung der dafür notwendigen Arbeit, Aufstellen der Statistiken usw. organisiert werden, bestehend aus Vertretern der zuständigen örtlichen Instanzen, der Verteilungsorganisation und einem Vertreter der Arbeiterhilfe.

Für das Auslandskomitee:
Der Bevollmächtigte für Rußland: Franz Jung

GEWITTERWOLKEN AM ENGLISCHEN KAPITALMARKT
Kontrolle für Privatkredite nach Deutschland?

Am Londoner Kapitalmarkt machen sich Bestrebungen geltend, die die ernsteste Beachtung in Deutschland verdienen. Die Flut der deutschen Kreditgesuche in der City hat nicht nachgelassen, im Gegenteil: der Kreditbegehr tritt eher, gestützt auf fixiertere Unterlagen, in dringenderer Form auf. Bisher haben die Großen des Geldmarktes diese Bewegung unterstützt. In den letzten Tagen ist eine Gegenbewegung zu verzeichnen. Selbst große Finanzblätter, wie die „Financial News", haben sich ihr angeschlossen. In dem genannten Organ untersucht ein besonderer Mitarbeiter die Aussichten für die englischen Kapitaleinleger von einem *ziemlich unfreundlichen Standpunkt*. Er folgert aus den Nachwirkungen der Inflation, die nach seiner Ansicht einige Jahrzehnte noch andauern werden, daß der Zusammenbruch der Goldguthaben auch den der noch unberührten oder sogar vermehrten *Sachguthaben* nachziehen muß, um so mehr, als die Reparationszahlungen deren freie Verfügung hemmen, und schließt daraus, daß die Lage Deutschlands von allen unter ähnlichen Verhältnissen kreditsuchenden Staaten, wie Polen, Rußland, Ungarn und Österreich die für Anlage englischen Kapitals am wenigsten aussichtsreichste sei.

Ihr Korrespondent hatte Gelegenheit, ein führendes Mitglied des Leadenhall-Trustes, einen ehemaligen Minister aus dem Lloyd George-Kabinett, darüber zu sprechen. Derselbe schwächte zwar die oben wiedergegebene Ansicht wesentlich ab. Die Anforderungen an den englischen Kapitalmarkt seien zurzeit außerordentliche. Die ungarischen und polnischen Anleihen seien schon so gut wie untergebracht. Eine russische stehe vor der Tür. Nach Österreich werden Nachschüsse gezahlt werden müssen. Schließlich müsse die englische Großfinanz auch auf ihre alten Beziehungen und die Erweiterung derselben bedacht sein. Darin folge England nur dem vom Kontinent vorgezeichneten Weg. Unter solchen Bedingungen sei soeben die argentinische Anleihe abgeschlossen worden, die der englischen Industrie den größten Teil des argentinischen Bahnbaues sichere. Zweifellos werde man in England alle Anstrengungen machen, die Reparationsanleihe, sobald sie wirklich fällig sei, gut zu plazieren. Man habe auch den englischen Geschäftshäusern, die ihr Geld privatim in Deutschland anzulegen gewillt sind, sowohl an der Börse als auch von sonst irgendeiner Seite irgendwelche Schwierigkeiten nicht in den Weg gelegt. Aber – und hierin liegt ein sehr bemerkenswertes Eingeständnis – England kann doch schließlich auf die Dauer nicht dulden, daß seine eigenen wirtschaftlichen Lebensinteressen irgendwie dabei in Mitleidenschaft gezogen werden könnten, und zwar nicht nur direkt wirtschaftliche, sondern so eminente politische Interessen, wie die Unterbringung von Anleihen an die Dominions und neuen Märkte, denen der Aufnahmeboden zum mindesten zweifelhaft gemacht werden könnte. Was also tun? Sicherlich bereitet sich nach der Richtung der Erfassung der Abwanderung von Kapitalien nach unerwünschter Richtung etwas vor. Denn mein Gewährsmann hat nicht ganz aus seinem Herzen gesprochen. Denn es gibt noch einen politischen Grund, der noch viel schwerwiegender zählen dürfte.

Das ist die Perspektive für die voraussichtliche Entwicklung der politischen Verhältnisse. Jedermann in England rechnet damit, daß für den Herbst Neuwahlen zum Parlament bevorstehen. Die Sprache der Mitglieder der Regierung und vor allem der Parlamentsmitglieder der Arbeiterpartei wird täglich offener. So verschieden nach den Parteistandpunkten die Aussichten auch beurteilt werden mögen, eines steht zweifellos fest: Die Aussichten der Arbeiterpartei sind die denkbar besten. Die Frage der Dominions muß gelöst werden, und die Arbeiterpartei ist die einzigste aus ihrer Regierungsvergangenheit selbstverständlich nicht korrumpierte Partei, die sie überhaupt lösen kann. Sie wird sich eine Propaganda wie die „Rettung des Empire" nicht entgehen lassen. Diese Lösung sieht, soweit bis jetzt davon durchgesickert ist, einen wirtschaftlichen Interessenausgleich und fixierte wirtschaftliche Bindungen vor, denen ein gut Teil der bisher überwiegend politischen geopfert werden soll. Ob dieses Opfer noch zurecht kommt, mag dahingestellt bleiben, aber solche Lösung läßt sich verbinden mit dem Schlagwort der „Rettung der englischen Industrie", für das es nachgerade Zeit wird, in die politische Arena einzutreten.

Die prekäre Lage der englischen Kohlenindustrie und besonders auch der Schwerindustrie kommt der Arbeiterpartei zu Hilfe. Was praktisch daraus werden wird, das lohnt sich noch nicht heute zu prophezeien, aber daß man schärfer auf die Kapitalien zurückgreifen wird, das ist sicher, im übrigen auch seitens der anderen Parteien. In wirtschaftlichen Fragen gibt es bekanntlich keine Patentlösung. Die Folge ist denn auch, daß die *Kapitalflucht aus England schon begonnen* hat. Man liebt zwar nicht, das hier auszusprechen, aber jeder weiß es. Und diese Kapitalflucht ist es denn auch, die nicht nur der Regierung, sondern auch den anderen Parteien Sorge macht. Wer wird den ersten Stoß dagegen führen? Sicherlich wird er sehr gut aufgezogen werden müssen, soll er nicht die ihn stützende Partei für England unmöglich machen. Vorerst fühlt man mit Propaganda vor, wie der Stimmungsumschwung gegen die Kredite nach Deutschland bereits zeigt. Bekanntlich aber verläuft das weitere automatisch. Die Flucht wird sich beschleunigen, wachsen doch jetzt schon die Syndikate, die auch den kleinen Sparer erfassen, wie Pilze aus dem Boden. Die hohen Zinssätze, die Beteiligungsziffern und Provisionen verstärken den Anreiz. Dann wird auch die Regierung vielleicht schneller, als sie es beabsichtigt, eingreifen müssen. Und vielleicht wartet die konkurrierende Partei nur darauf, den Fehler eines aufgezwungenen Übereifers dann auszunutzen.

LONDONER KINOS

Die englische Kinoindustrie macht ernste Anstrengungen, die Vormachtstellung Amerikas zu erschüttern und gegen die Invasion der amerikanischen Filme, die den Londoner Markt zu ermüden beginnt, anzukämpfen, vorerst mit dem Erfolg, daß die amerikanischen Stars dutzendweise nach London kommen, um hier zu filmen. Es scheint auch drüben über dem großen Teich nicht alles so zu sein, wie man möchte. Denn mit den Stars kommen gleich die Regisseure, die Operateure und der ganze Stab von sonstigen Choreographen mit. Auch die Aufnahme in London ist nicht so, wie sie sein sollte – sehr kühl. Selbst die Kinostars auffallend kühl. Manchmal findet man in einem Abendblatt eine kleine Notiz, etwa: Rosa Bughton, der Liebling der San Franciscoer Jugend, ist nach Weyton gekommen, um zu filmen in der neuen Aufnahme vom 16. Oktober. Sie lacht und tollt den ganzen Tag herum. Der Frühling ist in Weyton doch noch eingekehrt. Die jungen Leute von Weyton und Umgegend sind närrisch verliebt und gebärden sich wie verrückt. Aber es ist kaum anzunehmen, daß deswegen jemand hinausfährt, der sich den kommenden Film notiert. Solche Aufnahmen nennt man kühl. Weiter nichts? Denkt der Eingeweihte.

Auch der Besuch der Theater scheint nicht zum Besten zu sein. Wer die „Times" zu lesen gezwungen wird, kann gleich ein halbes Schock pachten oder kaufen. Die Steuern sind zu hoch, klagen die Besitzer. Und die Preise müssen heraufgesetzt werden, erklären die Regierungsstellen. Beides ist schwer zu vereinigen, auch wenn die Theater statt um 2 Uhr 30 Minuten nachmittags schon um 10 Uhr vormittags anfangen würden. Dazu haben die Residenzen der Dominions, Kanada an der Spitze, Australien und Südafrika Freikinos in ihren Räumen eingerichtet, wo dem englischen Angestellten und Arbeiter Land und Gewohnheiten und nicht zuletzt Arbeitsgelegenheit in den verlockendsten Farben geschildert werden. Aber auch hier heißt es: Das war einmal. Es sind schon zu viele enttäuscht zurückgekehrt, und die Imperium-Regierung traut sich nicht mehr so recht, die Propaganda zu unterstützen.

Was den Bildstoff anlangt, so herrscht unbestritten die Exotik. In den letzten Wochen sind nicht weniger als drei große Reisefilme herausgekommen. Der beste ist der von Major Radclyffe *Dugmore*, der den Sudan bis Uganda hinunter bereist und die Wüsten um das Rote Meer gefilmt hat. Die Photographie ist ausgezeichnet. Interessant aber auch sind Aufnahmen aus der Südsee und vom Kongo – amerikanisches Produkt –. Neben diesen Reisefilmen läuft aber auch neue englische Produktion mit exotischem Sujet. So im *Tivoli* mit zahlreichen Zweigtheatern der Großfilm: „*Der unschuldige Sünder*" – the innocent sinner –. Ausgezeichnet gemacht. Die große Presse schreibt über den Regisseur *Ralph Ince*, er hätte viel von Chaplin gelernt. Trotz aller Sentimentalität und einer typisch englischen Liebesgeschichte von spannender Handlung. Ein schiffbrüchiger Matrose wird von einem Stamm Südseeinsulaner aufgenommen, verstoßen, verfolgt und verliebt sich in eine polynesische Schöne, die ihn rettet, und die er schließlich sitzen läßt. Rassenfragen und Mannesdisziplin des Old England. Hauptdarsteller sind die in England sehr beliebten *Joane Tolley* und *Lifty Thynn*. Auch ein englisches Gegenstück zum Nanukfilm findet zahlreiche Freunde – The great white Silence – „Das große weiße Schweigen" –, das *Norbert Poutney*, der berühmteste der englischen Regisseure, herausgebracht hat. Das Thema ist belebter als im Nanukfilm behandelt, vielleicht wirkt aber die Photographie dafür weniger echt.

Von großen amerikanischen Filmen läuft zurzeit nur der Paramount-Film: „*Die zehn Gebote*". Der Film ist mit einem gewaltigen Aufwand von technischen Mitteln in Szene gesetzt. Allegorie wechselt mit der Wirklichkeit von heute, dazwischen geschichtliche Bilder von außerordentlicher Wirkung, wie der Untergang der Ägypter im Roten Meer.

In der Gruppe der Großfilme muß als dritter genannt werden der deutsche *Nibelungenfilm*, der in großer Aufmachung, mit begleitendem Symphonieorchester in der *Albert Hall* gezeigt wird. So anerkennend auch die Kritiken der großen Presse über den Nibelungenfilm sind, es fehlt etwas doch an der erwarteten großen Sensation, ohne die nun einmal in London kein Geschäft zu machen ist. Auch scheint die Plakatpropaganda etwas spärlich. Man muß schon ziemlich lange suchen, ehe man auf eine Ankündigung stößt.

Nicht verschwiegen darf werden, daß die Serie der antideutschen Hetzfilme in London noch nicht abgeschlossen ist. Man kann sie schon in mittleren Theatern der inneren Stadt noch gelegentlich sehen und – was das Bedauerlichste ist – es sind durchaus nicht etwa alte Ladenhüter aus der Kriegszeit.

AUS DEM ZENTRUM DES LONDONER FILMGESCHÄFTES
Der große Unbekannte

Westlich von der Londoner City, dort, wo die Oxfordstraße nach dem Hydepark zustrebt, liegt eine schmale enge Seitenstraße, an der der Passant für gewöhnlich achtlos vorübergeht, die *Warbourgstreet*. In dieser Straße konzentriert sich das Londoner Filmgeschäft und an *Sonntag-Vormittagen* herrscht dort reges Leben, ganz im Gegensatz zu den umliegenden Straßen dieses Viertels, die von der Londoner Sonntagsstille gefangen sind. In der Warbourgstreet hängen die Filmgesellschaften am Sonntag Morgen ihre *Reklame* heraus. Auf den Straßen spazieren phantastisch gekleidete Leute, die Titel und Personen der angepriesenen Filme verkörpern. Über die Straße sind Leinwandtransparente gespannt, die den Käufern und den Besitzern der Kinotheater, die aus der Provinz und aus den weiteren Vorstädten Londons nach der Warbourgstreet strömen, um Filme zu kaufen und zu tauschen, den nötigen Reklamewink geben. Einen ganzen Häuserblock benutzt die *Lasky*-Gesellschaft, die an diesem Tage ihre Zentrale dort aufgeschlagen hat. Riesenschilder zeigen die Statistik und die Einnahmeerfolge aus den „*Zehn Geboten*", die die Lasky-Gesellschaft gerade in dem hauptstädtischen Theater laufen hat. Daneben erfreut sich aber auch noch der „*Covered Vagon*", der berühmte amerikanische Ansiedlerfilm einer nachträglichen Beachtung. Gegenüber von Lasky werben *Pathe Frevers*. Sie bringen für den Sonntag eine eigene Reklamezeitschrift heraus und in den großen Schaufenstern des Parterrestocks rollt der letzte Tagesfilm. Auch *Graham Wilkox* ist dort vertreten. Seine *Nibelungen*-Reklame ist zwar im Augenblick verschwunden, er deutet aber bereits an, daß er in den nächsten Wochen einen neuen deutschen Großfilm von gleicher Bedeutung aus Deutschland herüberbringen wird. Dieser Film wird zwar kein deutscher Film, aber mit deutschen, englischen und amerikanischen Schauspielern in den deutschen Ateliers hergestellt sein. Neben diesen großen des englischen Filmmarktes bemühen sich unzählige kleine Gesellschaften um die Gunst der Kinobesitzer. Eine *Cobern*-Filmgesellschaft hat sich eine Anzahl *Cowboys* verschrieben, die für ihre Filme, ausschließlich Szenen aus dem Wildwestleben Amerikas, Stimmung machen. Die *National*-Filmgesellschaft arbeitet, ihrem Namen entsprechend, mit nationalistischer Propaganda. Filme aus den Dominions, Abenteurerfilme werden dort vertrieben. Vor einer Firma steht ein Herr im Abenddreß und Zylinder. Man sieht es ihm nicht an, daß er der Gentleman-Verbrecher von London-West ist, auf den Bilder und Affichen hinter ihm im Schaufenster hinweisen.

Die Käufer kommen in Scharen. Wagenladungen mit Blechkisten mit abzuliefernden Filmen. Der Mann aus der Provinz kommt selbst, der größere aus der Londoner Vorstadt, der schon feste Verträge hat, schickt seine Angestellten. Man sieht Angestellte jedes Typs. Vom Londoner Clerk bis zu der alten Frau, die vielleicht die Garderobe betreut. Sie zeigen alle die gleichen Mienen, die Miene des Kritikers, der jetzt die Auswahl für die kommenden Wochen treffen soll. In den frühen Vormittagsstunden, wenn der Verkehr am stärksten ist, hat eine Teebude in einem breiteren Hauseingang ihre Zelte aufgeschlagen. Dort werden Erfahrungen ausgetauscht und die Filmkäufer benutzen diesen Fünf-Minuten-Tee zu einer Art *kritischen Börse*. Man erfährt dort mehr über das Londoner Filmgeschäft, als in den Dutzend schön ausgestatteten Filmzeitungen, die einem an diesem Tage gratis in die Hand gedrückt werden.

An einem der letzten Sonntage hatte die Warbourgstreet eine besondere Sensation. Ein Londoner Abendblatt, „Der Star", hatte von einem tüchtigen Korrespondenten sich aus Southampton melden lassen, daß der berühmte amerikanische Filmmanager *Jack Root* soeben dort eingetroffen sei, und sich anschicke, für seine Gesellschaft einen Komiker zu engagieren, dem er ein Honorar von 1 Million Dollar garantieren könne. „Der Star" ließ sich eine Gelegenheit zu solcher Sensation nicht entgehen und am nächsten Tage erschien schon ein zweites Interview, worin Herr Jack Root den Typ, den er im Auge hatte, genauer beschrieb. Sein Mann muß ein kleiner untersetzter Herr sein, mit freundlichem breiten Gesicht, und in der Lage, seine Zeit ganz dem Filme zu widmen. „Der Star" fügte noch einiges von der überragenden Bedeutung Jack Roots in der internationalen Filmwelt hinzu und dann ging das Schicksal seinen Lauf. In der Warbourgstreet sammelten sich die kleinen untersetzten Herren mit freundlichem breiten Gesicht an. Sie liefen von einer zur anderen Gesellschaft, um zu erfahren, wo der berühmte amerikanische Filmmann abgestiegen sei, und sie mußten schließlich erfahren, daß in der Filmwelt ein Mann namens Jack Root wie die Filmgesellschaft, die Jack Root dem Korrespondenten angegeben hatte, völlig unbekannt waren. Die Leute wurden vertröstet, es hieß, daß Jack Root in den nächsten Tagen vielleicht bei ihnen vorsprechen würde, und so blieben die kleinen Leute mit dem freundlichen Gesicht in der Warbourgstreet. Sie sammelten sich erst zu einigen Dutzend und schließlich zu einigen Hunderten. Aber Herr Root erschien nicht. Damit beginnt der Sturm auf die Zeitung. „Der Star" hatte noch gemeldet, daß Jack Root nur einen Engländer im Auge hätte und daß allerdings auch noch zwei Deutsche in Betracht gezogen würden. Die Wogen nationalen Ehrgeizes schlugen hoch. Die übrigen Abendblätter begannen von der Notwendigkeit zu sprechen, die englische Filmindustrie und die englischen Filmschauspieler vor der ausländischen Konkurrenz zu schützen. Es wäre sogar zu erwarten, daß der Minister Macdonald sich damit würde befassen müssen, Herrn Root zu überzeugen, daß für den neuen Weltkongreß nur der englische Schauspieler geeignet sei. Für den „Star" wurde die Sache schließlich bedrohlich. Mehrere hundert Briefe liefen täglich ein, und, wie „Der Star" sich etwas verschämt ausdrückt, aus allen Schichten. Er ließ dabei durchblicken, daß es für abgedankte Offiziere, die im Weltkriege sich mit Ruhm bedeckt hätten, sicherlich andere Positionen gäbe, als auf das Reklameangebot eines amerikanischen Filmmannes zu reflektieren. Und dann begann schließlich „Der Star" die Jack Root-Campagne langsam abzuwickeln. Er erklärte, weitere Briefe nicht anzunehmen und außerdem nicht in der Lage zu sein, die Bittsteller mit der Adresse dieses Root in Verbindung zu setzen. Denn weder Lord Mayor von London noch den Bezirksvorsitzenden der 75 Londoner Stadtbezirke war die Adresse Jack Roots bekannt. Und „Der Star" bereitet sich vor, den Ansturm der untersetzten Leute zu empfangen, die dahinter einen Schwindel vermuteten, der zugunsten der deutschen Konkurrenz ausgespielt wäre, und die ihn persönlich mit den verantwortlichen Reakteuren aufdecken und evtl. Streitfälle gleich an Ort und Stelle selbst austragen wollten. Das gutmütige, freundliche breite Gesicht schien sich in ernste Falten legen zu wollen.

Näheres ist darüber nicht bekanntgeworden. Vielleicht hat Jack Root auf diesen Augenblick gewartet, um die ernste Seite des von ihm gewünschten Komikers zu studieren. Denn das war es, worauf es Herrn Root nach seinen eigenen Äußerungen am meisten ankam: Nie die gute Laune zu verlieren. – Ein Wink für die in Aussicht genommenen zwei deutschen Komiker.

ENGLAND UND DIE KREDITFRAGE

Auf die friedliche und den endgültigen Ausgleich mit Deutschland erwartende Stimmung der englischen Geschäftswelt ist die *Rede*, die *Lloyd George* anläßlich der Board of Trade-Debatte am 19. d. M. im Unterhaus gehalten hat, niedergegangen wie ein schweres Gewitter. Die wirtschaftliche Invasion Deutschlands steht vor der Tür, sagte Lloyd George unter allseitiger Aufmerksamkeit des Hauses. Die deutsche Industrie, so fuhr er fort, ist in ihrer Produktionskraft stärker denn je, sie ist nicht nur völlig wiederhergestellt, sondern bedeutend erweitert in ihren Produktionsanlagen, in denen die Inflationsgewinne angelegt sind. England wird vor die Alternative gestellt, Reparationszahlungen in deutschen Industrieartikeln in Zahlung zu nehmen, und dies zu einer Zeit, wo die englische Industrie selbst vor ihrer dringlichen Aufgabe steht, neue Märkte zu erobern und die alten auszubauen oder mit den deutschen Industrielieferungen, die von anderer Seite dann auf den Markt geworfen würden, unter ungünstigen Bedingungen in Konkurrenz zu treten.

Dies alles sagte Lloyd George und seine Rede blieb nicht ohne Wirkung. Die Fragen an Herrn Webbs, den Präsidenten der Handelskammer, der eben noch recht optimistische Perspektiven für die englische Industrie vorgetragen hatte, hagelten nur so nieder, und eine Anzahl konnte die Regierung nicht einmal beantworten, so über die Zahl der von Deutschland nach England eingeführten Pianos, Grammophone und anderen Musikinstrumente, über die zu ergreifenden Maßnahmen der als ungesetzlich bezeichneten Einfuhr von Teilen von Radioapparaten aus Deutschland, über die Fortschritte der englischen elektrischen Industrie und deren Produktionsverhältnis zur deutschen (gemeint sind die Aussichten auf dem Südamerikamarkt, auf dem England gegen die deutsche Industrie gerade zu konkurrieren sich anschickt) und schließlich sogar über die Entwicklung der Verhandlungen der deutschen mit den englischen Farbwerken, wobei ein konservativer Abgeordneter von der Regierung, die erklärte, sie sei über diese Verhandlungen nicht unterrichtet, da sie privater Natur seien, verlangte, sie solle offiziell eingreifen und nicht dulden, daß solche Verhandlung privat geführt würde, weil die Regierung verlangen müsse, daß die deutschen Farben, wenn überhaupt, so nur als Halbfabrikate, zugelassen werden dürften, damit sie so wenigstens dazu beitrügen, die Arbeitslosigkeit in England zu vermindern, statt zu erhöhen. Und Lloyd George selbst schoß schließlich den Vogel ab, indem er verlangte, daß Maßnahmen untersucht werden müßten, die geeignet seien, die Kanäle des englischen Kredites zu kontrollieren. So sehr man die Freizügigkeit des englischen Geldmarktes achten müsse, so unerwünscht sei es, daß Länder und Finanz- und Industriegesellschaften Kredite erhielten, die keine Freunde der englischen Wirtschaft seien und nichts dazu beitragen würden, englische Waren auf dem Weltmarkt zu verkaufen.

Solche Auslassungen wirken deswegen so überraschend, weil, wie schon angedeutet, Webbs vom offiziellen Standpunkt an eine zwar allgemein gehaltene, aber doch immerhin gegenteilige Meinung vertreten hatte. Wie wenig ihr übrigens das Unterhaus Bedeutung beigemessen hatte, geht daraus hervor, daß die gewünschte gründliche Untersuchung der Grundlagen und Aussichten der englischen Industrie in Form einer umfassenden statistischen Erhebung allgemeinen Beifall fand. Daraus ergeben sich für die erst eben eingetretene Besserung der europäischen Wirtschaftsaussichten neue Gefahrenmomente. In England setzt, wie es scheint, schon eine Gegenbewegung ein. Etwas Licht kommt in diese zunächst überraschenden Gegensätze, wenn man sich die Lage der englischen Industrie etwas näher ansieht. Es ist eine noch vielfach verbreitete irrige Meinung, daß der Stand der englischen Stahlindustrie günstig sei. Trotz prunkender Dividenden treiben die Werke einer Krisis zu, sie sind sogar schon mitten drin. Die Heeres- und Marinebestellungen lassen nach, die Dominiens kann man in der Hauptsache als Abnehmer heute schon stark kürzen, denn die Wirtschaftsabkommen, die die Regierung bis zum Herbst unter Dach haben will, verlangen gerade diese Zugeständnisse und Ausgleiche, die neu zu erobernden Märkte sind doch zum mindesten ein sehr unsicherer Faktor. Was aber das wichtigste ist, die amerikanische Stahlindustrie will diese Märkte für sich erobern, und schon von verschiedener Seite von drüben ist der englischen Stahlindustrie zu verstehen gegeben worden, daß ihr Expansionsdrang unerwünscht ist, um so mehr, als die beiden

Industrien in der Hauptsache gleiche Kapitalsinteressen sind. Die englische Industrie beantwortet zunächst diesen Druck mit hohen Dividenden, sie sucht nach neuen Aktionären.

Daß in der Kohlenindustrie die Lage noch kritischer ist, dürfte bekannt sein. Sie macht einen ganz eigenartigen Vertrustungsprozeß durch, insofern die Grundstücksbesitzer in die Produktionsgesellschaften hineingehen, teils doch in einer Art von Furcht vor der Arbeiterregierung, die mit einer gewissen Nationalisierung des Grundbesitzes spielt, teils um bei Ablösung oder Nationalisierung der Kohlenproduktion gleich ihren Anteil sicherzustellen. Denn auch eine solche Ablösung wird für den Herbst erwartet, zum Teil auf Drängen der Industrie selbst. Und schließlich die Lage der verarbeitenden Industrie. – Wo solche Industriezweige neueren Ursprungs sind, da sind sie völlig auf Stützungsmittel angewiesen, und zwar politischer Natur. Und das gilt auch für andere Industrien. Die Motor- und Lokomotivindustrie, sogar für Maschinen und Stahlwaren und nicht zuletzt auch die Textilindustrie. Alle englischen Industrien arbeiten unter dem Druck eines Überangebots ihrer Rohstoffquellen, das sie zur Expansion treibt. Wie lange solche Hochspannung ohne genügendes Ventil laufen kann, ist ungewiß. Aber sicher ist, daß jede politische Partei in England heute immer die Gefahr vor Augen sieht, Rohstoffquellen, Dominiens und Industrie alles zusammen zu verlieren und daß ein ständiges Lavieren und Jonglieren begonnen hat, um wenigstens den Versuch zu machen, die Fragen hintereinander zu lösen.

Die Arbeiterregierung hat sich bisher mit den Fragen des Kapitalmarktes wenig beschäftigt, insbesondere steht sie der schon drohend an die Wand gemalten Kapitalflucht sehr kühl gegenüber. Sie baut an ihren großen Trusten, auf denen sie die Ablösung der Vorbesitzer vorzunehmen gedenkt und gerade spitzt sich die Entscheidung eines derselben, des Bautrustes, unmittelbar zu. Über diesen Trust wird die Grundbesitzfrage entschieden werden. Sie hofft auf die Verständigung mit den Dominiens, die den Ausgleich mit der englischen Industrie bringen soll. Unter dieser Flagge werden die nächsten Wahlen gehen. Die Kassandrarufe Lloyd Georges passen *nicht* in ihr Programm. Sie vermehren die innere Unruhe, verkürzen die notwendige Vorbereitungszeit für die Verhandlungen mit den

Dominiens und können ihr das Vertrauen breiter Schichten der Arbeiterschaft entziehen. Daher wird die Regierung auch zur Frage der erwünschten und unerwünschten Kapitalausfuhr jetzt Stellung nehmen müssen, und damit eine Seite des Sachverständigengutachtens berühren müssen, die sie bisher ängstlich vermieden hat, die Frage des Wiederaufbaus der deutschen Industrie!

SPAZIERGÄNGE IN WEMBLEY

I. Die Propaganda der Welt

Der Fremde in Wembley wird die Bezeichnung „Spaziergänge" etwas unpassend finden. Schwitzend wälzt sich die Menge von einem Pavillon zum anderen, der entsprechend seiner Größe ausnahmslos Palast genannt wird, und vor dem Kunstpalast, wo der Königin Puppenhaus gezeigt wird, und dem Tempel der Schönheit, wo die Schönheiten der Jahrhunderte von Helena und Kleopatra bis zu der Dame von 1924 um den Schönheitspreis der Besucher streiten oder vielmehr lächeln, stehen die Menschen in langer Reihe vor der Tür und warten auf Einlaß. Um England zu sehen, daß englische Volk, englischen Charakter und englische Denkweise zu studieren, genügt es für den Fremden, sich in Wembley herumschieben zu lassen. Von 22 Eisenbahnbüros kann er gleich auf der Ausstellung sein Rückreisebillet kaufen und von Cook läßt er sich auf den Autobus setzen, der ihn direkt bis an seinen Schlafwagen fährt.

Wenn jemand daraus den Schluß ziehen wollte, England ist nicht London, so müßte er vorerst die Frage lösen, was überhaupt London ist. Unter den hundertundfünfzigtausend Engländern, die täglich Wembley besuchen, trifft man auf keine Londoner. Man sieht dort die Yorkshireleute und die Reisegesellschaften aus Lancashire, ganze Fabrikbetriebe aus Sheffield und dem Midland, die Walliser sind da und die Pensionäre aus Kent und Sussex und im Jamaikahaus, wo die Kostproben von Rum und Angostura-Bitter ausgeschenkt werden, an den Bartischen der riesigen Kaffeehallen, denen Rudyard Kipling so bezeichnende Namen wie Einigkeit, Frieden, Südafrika und Indien zusammen mit den entsprechenden Avenuen, die die Gäste da hineinführen, gegeben hat, trifft man die Gruppen schweigsamer Schotten und streitender Iren. In 50 Londonzügen kommen sie täglich aus allen Teilen des Landes nach Wembley, nicht eingerechnet die Londondampfer, die aus Amerika, den Dominions nach dem Kontinent den Strom der Reisenden nach Wembley lenken. In der Konferenzhalle inmitten des Ausstellungsgeländes sind von früh bis abends die Konferenzsäle besetzt für Methodisten, Schulgesellschaften, medizinische Weltvereine, Automobilhändler, die Wissenschaftler der Elektrizität, Verwaltungsspezialisten, Psychoanalytiker, Mutterschutzdelegierte und Reklamefachleute. Das Präsidium der Ausstellung besteht aus 72 hervorragendsten Vertretern des englischen Geistes und jedes dieser Mitglieder hat mindestens fünf solcher Weltkonferenzen täglich zu eröffnen und die passende Begrüßungsansprache zu halten. Für ehemalige Londoner ist eine schwere Zeit angebrochen. Sie arbeiten in den Banken und Wechselstuben der Ausstellung, in den 600 Billetpavillons, in den Kontoren der Handelshäuser, die ihre Kojen in Wembley unterhalten, in den Versicherungsgesellschaften und den Büros der verschiedenen Eisenbahnen und Schiffslinien. Sie fahren unzählige große und kleine Autos, Kleinbahnen und die Rundbahn, die nach dem Prospekt von selbst läuft als Perpetuum mobile. Nicht zuletzt bilden sie die Maschinerie des Vergnügungsparks.

Aber alle diese Menschenmassen würden auf dem Ausstellungsgelände, vom Stadion, daß allein 300.000 Personen faßt, ganz zu schweigen, verschwinden, würden sich in Gruppen und Grüppchen zerstäuben, wenn nicht eine unerschöpfliche, nie endenwollende Parade das flutende Leben in den Avenuen außerhalb und innerhalb der Ausstellungspaläste zum Stocken brächte, große Stauwellen bildete – das sind die Kinder. Über alle diese Menschenmassen herrschen die zehntausende von Kindern. Sie kommen mit ihren Lehrern und Lehrerinnen, jede Schule, jede Stadt, jedes Dorf für sich. Jede Gruppe ist besonders gekleidet, blaue Kleider oder Anzüge mit roten, grünen, gelben Schleifen, weiße Anzüge mit schwarzen Aufschlägen, alles militärisch, einheitlich, gleiche Mützen – aber jede Gruppe für sich wieder besonders. Der Eindruck dieser Kinderparade ist überwältigend. Die Erwachsenen stehen herum, das Interesse an der Schau erlahmt, ermüdet. Bald wissen sie gar nicht mehr, wozu sie eigentlich gekommen sind, da rücken diese Kinderzüge an, kreisen sie ein, schieben vorwärts – das junge England, für das sie verantwortlich sind, und jeder gibt sich gewissermaßen einen neuen Ruck und marschiert wieder mit und läßt sich wieder mit hineintreiben nach Südafrika und Indien und Kanada und überallhin, schon um mit Zeuge zu sein an der Schaulust und der Freude dieser Kinder.

Die ganze Ausstellung arbeitet für die Kinder. Im Industriepalast und im Palace of Engineering erklären die Ingenieure an jedem Stand die Maschinen. Die Motoren laufen, in der Münze wird Geld für die Kinder geprägt und erklärt, eine Abteilung der „Times" druckt unter Assistenz der zuschauenden Kinder eine Sondernummer. Die Kinder werden gebeten, den Webstuhl in der Arbeit zu besichtigen und das Mädchen an der Maschine gibt die Erklärungen. Nie vergißt sie zu schließen, daß der Webstuhl von England aus in die Welt gegangen ist, wie die Dampfmaschine und alle großen Erfindungen. Hat sie geendet, drängt ein neuer Kinderzug heran, tritt ein zweites Mädchen an die Stelle und beginnt zu arbeiten und zu erzählen. In den Dominionpalästen steht sofort ein Führer bereit, der die Geschichte der Industrie erzählt, und was England für sie getan hat. In dem der Goldküste aber empfängt ein Neger und spricht von seinem Heimatland und seiner Zukunft und singt ein Loblied auf das mächtige englische Volk, das seinem Volk die Kultur bringt, um damit zu schließen, daß er der Sohn eines Königs sei. Befriedigt ziehen die Kinder weiter.

Unmittelbar an den nordöstlichen Ausgangstoren des Ausstellungsgeländes ist eine mächtige Halle mit mehreren Sälen errichtet. Dort walten die Ammen. Für die Mütter aus der Provinz ist dort Gelegenheit geboten, ihr Baby „unterzustellen". Dort spielen unter Aufsicht die Kleinsten, und die Mutter erhält für ihr Kind einen Scheck, gegen den sie es später zurückerhält. Es sollen sich dort schon manche heitere und auch ernste Szenen abgespielt haben, sagen die Zeitungen. Manche der Babys werden auch vergessen.

Gegen Abend zieht sich eine flammende „Daily Mail"-Reklame über den Horizont, tausende farbige Lichter und Lampions flammen auf. Man tanzt auf dem kanadischen oder afrikanischen Ball, im Ballraum der Königin im Dress, während auf der Insel, einem von einem künstlichen Strom, auf dem illuminierte Boote sich schaukelnd umspülten grünen Rasenplatz der Foxtrott freier und zwangloser für den Londoner dargeboten wird. Auch im Vergnügungspark beginnt man um diese Zeit zu tanzen. Die Kinder sind dann gegangen, und wer bis zum Schluß ausgehalten hat, der trägt etwas von einem Stolz in sich, der ihn die eigenen Sorgen vergessen läßt. Das ist auch die Zeit, wo ein Chor von 10.000 Stimmen singt: O England, Land of the free ...

II. Australien, the land of gold

In einem kleinen Rondell inmitten des Australienpalastes neben jener von Menschenmassen umlagerten Grotte, in der lebende Schafe elektrisch geschoren werden, ist eine Auslage der populären australischen Songs: „There is a place for you in Australia, gladness and welcome for all" – singt das Grammophon, und für 3 Pence wird dem Besucher dies[er] „Song of Australia" aufgedrängt. Gegenüber stellt die Commonwealth einen automatischen Totalisator aus, der in Sidney sich eingeführt hat, und der für sechs Pferde zugleich die Wettergebnisse anzeigt.

Der Australienpalast ist in der Wembley-Ausstellung an mehreren Stellen aufgebaut. An den anderen Plätzen heißt er Kanada oder Südafrika. Rings um das sehr umfangreiche Gebäude sind Grotten gebaut, eine neben der anderen, in denen Land und Leute, Rohstoffe und Industrien, die Gewinnung und die Produktion gezeigt werden. Es wirkt außerordentlich instruktiv, und der harmlose Besucher aus der englischen Provinz bedauert, nicht schon längst in das gelobte Land von Australien ausgewandert zu sein. Es wäre interessant, zu erfahren, wer diesen und ähnliche Paläste aufgebaut hat, England oder Australien, Kanada oder Südafrika. In den Zeitungen liest man nämlich gerade von Wirtschaftskrisen und Arbeitslosigkeit in diesen Ländern, und ein englisches Sonntagsblatt ging sogar neulich so weit, ein Interview mit englischen Rückwanderern aus Australien zu veröffentlichen, das kaum filmistisch verwertet werden dürfte.

Sonst wird alles gefilmt, und wer an den gestellten Bildern in den Grotten noch nicht genug gesehen hat, kann an mehreren Stellen im Ausstellungspalast die dazu gehörigen Wandelbilder studieren, denn jeder Staat der Commonwealth hat seinen eigenen Filmsalon, der von 10 Uhr morgens bis 10 Uhr abends australische Filme zeigt. Man sieht in solchen Grotten eine Sägemühle im Busch, die elektrische Maschinerie, An- und Abtransport der Stämme und Bretter, alles in vollem Modellbetriebe. Man sieht ein Weizenfeld, Dreschmaschinen, und daneben gleich eine Brotbäckerei, in der man schmackhafte Brötchen, soeben aus dem elektrischen Ofen kommend, gleich kaufen kann. Man sieht eine Rindviehfarm, eine Schaffarm, das

Modell einer Konservenfabrik im Betrieb, daneben einen früchtetragenden Obstgarten, in dem Frauen und Kinder gerade das Obst einsammeln, ferner einen Weinberg mit Trauben, Wein- und Likördestillation, ferner das Leben im Busch: drei Jäger sitzen um ein Holzfeuer und schmauchen eine Pfeife englischen Tabaks. Eine Goldmine wird im Betrieb gezeigt, Goldwäscherei am Fluß, Sprengung und Transport von Eisenerz, direkt aus der Mine in den Dampfer, die Häfen von Sidney und Melbourne, in Betrieb gehaltene Modelle mit Kranen, Eisenbahnen und Dampfern, die in kleinen Wasserbecken hin und her fahren, und überall Landschaftsbilder, Gebirge und Täler, Stadtansichten, hervorragende Gebäude und Wohltätigkeitsanstalten. In riesigen Pappsäulen drückt sich die Produktionsstatistik aus.

Mehr nach der Mitte der Halle zu sind die Produkte selbst untergebracht. Riesige Stände mit Obst aller Art, Berge von getrocknetem und gefrorenem Fleisch, Haufen von Mais und Weizen, Wagenladungen von Butter und Eiern, überleitend zu den Verkaufsständen, die überall in den Palästen hineindringen und den Charakter des Bazars in der Gesamtausstellung vordrängen lassen. Man trinkt australische Fruchtsäfte und nippt an australischem Eiscreme. Irgendwie bleibt dem Besucher auch etwas von einer eigenen verarbeitenden Industrie Australiens haften. Aber diese Industrie bleibt etwas versteckt. Obwohl die englische Industrie ihre Betriebe nach Australien zu verlegen beginnt, scheint das Problem für eine Ausstellung noch nicht spruchreif. Vielleicht wollten gerade die Australier in diesen Fragen selbst mitsprechen. Wollengewebe, Leinwand, Garnstoffe werden gezeigt, landwirtschaftliche Maschinen, Automobilkarosserien, Werkzeuge, Musikinstrumente, selbst ein Klavier. Man erfährt leider nicht, welcher Handwerksmeister es gebaut hat. Nur daß es in Australien angefertigt wurde, das steht auf jedem Stück dieser Abteilung der Australienausstellung.

Die Besucher werden im Australienpalast individuell behandelt. Man sieht an ihren Mienen, wofür sie empfänglich sind. Dem einen wird ein Auswanderungsprojekt in die Hand gedrückt, einem andern die Preisliste der verschiedenen landwirtschaftlichen Produkte. Es gibt auch Büchlein über Erze und eins über die Fortschritte der australischen Industrie. Manchmal wird einem Besucher auch ein reich ausgestattetes Buch über das soziale Leben in Australien zur Erinnerung verehrt. Alle

Fragen des sozialen Lebens scheinen aufs glücklichste gelöst – bis vielleicht der interessierte Besucher sich gerade nach einem Lärm umsieht, der von irgendeiner Ecke der Riesenhalle heraufsteigt. Die Menschen strömen dahin zusammen, die Masse schiebt sich näher, eine Pauke schwillt an, Pfeifen und Trommeln – eine Gesellschaft von australischen Exsoldaten zieht auf. Mit Pauke, Trommel und Querpfeife marschieren sie durch die Gänge und sammeln für den Exservicefonds, der den zum Krieg mobilisiert gewesenen Australiern Brot und Arbeit verschaffen soll, und so wird Wirklichkeit alle Theorie. Wer diesen Palast, der dem von Kanada und Südafrika an Größe, Inhalt, Aufmachung und Propaganda aufs Haar gleicht, verläßt, den begrüßen die Fanfaren einer rotbefrackten englischen Militärkapelle. Es ist das die Kapelle des West. India-Regiments, und die Gesichter der Musikanten sind schwärzlich und schwarz, was zu ihren weißen Pumphosen in einem gewissen Gegensatz steht.

DEUTSCH-OST-AFRIKA
AUF DER WEMBLEY-AUSSTELLUNG

In dem Ostafrika-Pavillon stellt neben Mauritius, Uganda, Sudan, Nyassaland, Zanzibar und Kenya auch das ehemalige Deutsch-Ostafrika, jetzt genannt Tanganyika, als „mandated Territory" aus. Es genießt in diesem Pavillon einen bevorzugten Platz. Die Ausstellungsleitung verkauft einen über 200 Seiten starken Tanganyika-Führer, der in mehr als einer Hinsicht wertvolles Material über die Zukunft der ehemaligen deutschen Kolonie enthält, und der den jetzt manchmal in Deutschland wieder zutage tretenden Optimismus über die Möglichkeit einer Rückgabe reichlich Lügen straft. Fast Seite für Seite wird darin ausgeführt, was die englische Verwaltung für dieses Land getan hat, wie sie die Kolonie erst zur wirtschaftlichen Blüte erschlossen hat, und daß heute Tanganyikaland nicht nur zum geographischen, sondern wirtschaftlichen und politischen Verwaltungsmittelpunkt des englischen Ostafrika geworden ist. Hinweise fehlen nicht, daß Tanganyika zum Bindeglied zwischen Indien und Südafrika geworden ist, und daß Südafrika auf den Holzexport aus Tanganyika angewiesen ist. Dafür wird Südafrika die in Tanganyika vorhandenen Mineralien erschließen und wirtschaftlich ausnutzen, Kohle und Eisenerze importieren und der Entwicklung der Gold- und Diamantenminen seine Erfahrungen, Maschinerie und Arbeitskräfte widmen. Am Eingang zur Ausstellung findet man die Aufforderung an den englischen Arbeiter und Kaufmann: „Tanganyika braucht dich. Es ist das Idealland für englische Auswanderung. Wer Bergwerksanteile zugesprochen erhalten, Gold- und Diamantenfelder belegen, Land für Plantagenbau, Farm und Gartenland mit Kreditunterstützung überschrieben haben will, möge sich freundlichst nebenan ins Bureau bemühen." – Das sieht nicht danach aus, als dächten die Engländer daran, das Land so bald wieder herauszugeben.

Die Ausstellung selbst zeigt so recht, was Deutschland an dieser Kolonie verloren hat. Überall an den ausgestellten Waren und Exportrohstoffen ist mit propagandistischer Absicht der Ertrag von 1924 mit dem von 1920 und 1923 verglichen. Dies gilt besonders für Sisal, dessen Anbau und Verarbeitung bekanntlich die deutschen Pflanzer entwickelt haben und deren beginnende Blüteperiode der Krieg unterbrochen hat, ebenso für Kaffee, Kakao, Baumwolle und Tabak. In der Tabakabteilung ist darauf hingewiesen, daß die englische Verwaltung den bereits vorhandenen griechischen Kolonien am Fuße des Kilimandscharo ihre besondere Unterstützung hat angedeihen lassen, und daß heute die Tanganyika-Tabake das Hauptkontingent für die Ostafrika-Tabak-Company stellen. Man kann in daneben aufgestellten Automaten für 6 Pence eine Schachtel Zigaretten kaufen, auf denen gedruckt steht, daß diese Tabake von den dankbaren Tanganyika-Pflanzern besonders für die Besucher der britischen Reichsausstellung ausgesucht sind.

Verschiedene Baumwollarten werden gezeigt, von denen gesagt wird, daß die früheren deutschen Versuche zum Baumwollanbau fehlgeschlagen seien, das Gleiche für Kautschuk, ferner Ölsaaten, Flachs, Palmöl, Kokosnüsse, Vanille und Getreide, hauptsächlich Weizen und Mais. Besondere Bedeutung wird den Medizinpflanzen zugemessen, deren Anbauentwicklung allein den Engländern zugeschrieben wird, so Kampfer, Coca und Cinchona – für Chinin. Im Zusammenhange damit wird gesagt, daß Tanganyikaland die Hauptserumstation für Ost- und Südafrika geworden ist.

Eine eigene Abteilung nehmen Nutz- und Edelhölzer ein, ebenso Mineralien. Neben Proben von Gesteinsformationen und den hauptsächlichsten Mineralien, Kohle, Eisenerz, Mangan, Kobalt und Nickel, Schwefelkies, Kupfer, Asbest, Bituminen, Graphit und Marmor, Halbedelsteinen, Diamanten und Gold sieht man die Landschaft im Bild festgehalten, die Transportwege, kleine Modelle der in Gang befindlichen Minen und die Aufforderung, Anteile zu erwerben. Die Aufschließung des Minenreichtums wird bis auf den Export an Halbedelsteinen in der Hauptsache erst der englischen Verwaltung zugeschrieben, die 1919 eine ständige geologische Kommission im Gebiete stationiert hat, auf Grund deren Arbeiten eine Anzahl neuer Gold-, Diamanten- und Kupferminen in Ausbeute genommen worden sind. Dabei berührt es aber immerhin sonderbar, daß in dem dem Bericht hinten angehängten Quellenverzeichnis die englischen Autoren eine sehr bescheidene Rolle spielen und überwiegend mit Kriegs- und Jagdberichten vertreten sind, während die wissenschaftliche Arbeit fast ausschließlich deutsche Namen aufweist.

Aus dem Tanganyika-Buch ersieht man sodann noch, daß die Preise der wichtigsten Artikel weit unter dem Weltmarktpreis geblieben sind. Die Ziffern für Export und Import sind nicht ganz zuverlässig, weil rein englische Grenzgebiete mit eingerechnet sein sollen. Der Import 1922 stellt sich insgesamt auf 1 386 212 £, dem ein Export von 1 067 012 £ gegenübersteht. Die Zahl der Einwohner weist gegenüber der deutschen Statistik wesentliche Veränderungen auf, in einzelnen Distrikten ist die Differenz bis 100 000 Köpfe. Doch scheint es sich hierbei um ein anderes Zensursystem zu handeln. Es ist nur verwunderlich, daß man trotzdem dann die deutschen Ziffern zum Vergleich heranzieht. Auffallend ist die große Einwanderungsziffer von indischen Kaufleuten, daneben ist auch die Zahl der holländischen und griechischen und italienischen Pflanzer stark angewachsen. Die belgische Kongo-Bank hat eine Anzahl Filialen im Lande eröffnet, und als Kuriosum sei erwähnt, daß sich auch eine *polnische Überseefirma* in Dar-es-Salam niedergelassen hat.

Gelegentliche *Stimmen aus Deutschland* mit Hoffnung auf Zurückgabe finden in England eine schnelle Erwiderung. So weiß die „Times" in einem Bericht aus Tanga gewissermaßen als Antwort auf das Kolonie-Interview, daß Dr. Schacht amerikanischen Pressevertretern gewährt hat, zu melden, daß die Bewegung unter den Tanganyika-Pflanzern im Wachsen sei, die eine völlige Eingliederung der Kolonie in das englische Kolonialreich fordere. Die Pflanzer verlangen, so heißt es, Aufhebung der schädlichen Sonderstellung, die Tanganyikaland als „mandated Territory" einzunehmen noch gezwungen sei und die sie an einer besseren Ausnutzung ihrer Produkte auf dem Weltmarkt hindere. Zudem bleibe dadurch die Kreditfrage für die weitere Erschließung des Landes ungelöst. Sie verlangen Eingliederung verwaltungsmäßig an Kenya oder nach dem Süden. Unter diesen Pflanzern befinden sich aber keine ehemaligen deutschen Siedler mehr, deren Eigentum und Konzessionen bekanntlich konfisziert worden sind und deren letzte Werte, noch immer 130 Pflanzungen, erst in diesem Jahre noch zur Versteigerung kommen sollen.

DIE ENGLISCHE INDUSTRIE
AUF DER BRITISCHEN REICHSAUSSTELLUNG

I.
Allgemeines über den Zweck und die Organisation

Wie alle großen Ausstellungen stellt auch die britische Reichsausstellung in Wembley das erzieherische Moment in den Vordergrund. Es wäre töricht, leugnen zu wollen, daß sie durchaus den Anspruch darauf erheben kann, mit in der Reihe der Weltausstellungen später genannt zu werden. Dem englischen Volke und insbesondere der englischen Jugend soll eingehendst vor Augen geführt werden, wie das britische Weltreich sich organisch entwickelt hat und immer mehr zu einem einheitlichen Ganzen zusammenwächst – und dies eben zu einer Zeit, wo in den einzelnen noch recht wenig organischen Gliedern dieses Weltreiches die Unabhängigkeitsbewegung besonders stark im Anwachsen ist. Die Rolle, diesen Widerspruch aufzuklären, ist der englischen Industrie zugefallen.

Die englische Industrie wird dargestellt als der Felsblock und das Fundament, von dem aus der Wirtschafts-Organismus des britischen Weltreiches lebensfähig gemacht werden soll, und das die Wirtschaftskräfte der einzelnen Länder erst zur Entfaltung bringen kann. In diesem Sinne sucht die Wembley-Ausstellung die Dominions zu erziehen. Auf Schritt und Tritt findet man den Hinweis, findet man Statistiken und graphische Darstellungen über den Kreislauf der Rohstoffe aus den Dominions in die englischen Werkstätten, um von hier wieder in die Dominions zurück als verarbeitete Waren, als Industrieprodukte und Fertigfabrikate zum Export bestimmt zu werden. Denn auch das ist vorgesehen, daß die eigene Wirtschaftsentwicklung die einzelnen Länder zwingt, eine eigene Industrie im Lande selbst zu entwickeln. Dann bezieht England die Halbfabrikate. Es springt als Veredelungs- und Verfeinerungsindustrie ein, und die englische Industrie stellt schließlich ihre Verbindungen zum Weltmarkt, das heißt, ihre Finanzkraft über den englischen Geldmarkt, dessen Vormachtstellung in der Welt erhalten werden soll, für die weitere Entwicklung dieser befreundeten außerenglischen Industrien zur Verfügung. Sie bereitet auf diese Weise die kommenden Handelsverträge innerhalb des Reiches zwischen England und den Dominions vor. Sie deutet Interessenausgleich, gemeinsames Vorgehen und Kontingentierungsmöglichkeiten des Weltmarktes an, vorausgesetzt, daß der englische Bankier, der Importeur und Exporteur, freie Hand behält, politisch gesprochen, unabhängig von Schutzzoll und Freihandel bleibt – die neue Linie der englischen Politik. Sie scheut sich nicht, in diesem Zusammenhange von allgemeiner Weltwohlfahrt, Weltsozialismus, und wie man es nennen mag, zu sprechen, und sie bereitet damit auch ein günstiges Argument für die soziale Beruhigung im Innern vor.

Auf dieser Grundlinie basiert die Wembley-Ausstellung, und es ist zweifellos, daß ihre propagandistische Wirkung nach innen wie nach außen eine sehr große sein kann, selbstverständlich nicht gleichmäßig, und vor allem der Industrie ist es nicht immer ganz gelungen, den Beweis ihrer Expansionsfähigkeit zu erbringen, oft sogar nicht mal den einer notwendigen wirtschaftlichen Spezialisierung. Ganz abgesehen davon auch, daß in Weltwirtschaftsfragen der Glaube allein, der sich hier politisch auswirken soll, nicht immer genügt. Die kontinentalen Industrien, und nicht zuletzt die deutsche, dürften bei solcher Lösung der Weltmarktsfragen noch einiges mitzusprechen haben, wenngleich die Ausstellung bemüht ist, diese Industrien auf Spezialgebiete abzudrängen, für die es der englischen Industrie vorerst nur an genügenden Bestellungen fehlt. Eine besonders deutliche Spitze ist gegen die deutsche Industrie in erster Reihe zu merken. Eine Anzahl Industriezweige, wie die Industrie mechanischer Instrumente und Uhren, elektrotechnischer Artikel, Klaviere und Musikinstrumente, insbesondere von Grammophonen wirken wie aus dem Boden gezaubert zu dem alleinigen Zweck, der deutschen Konkurrenz, die heute unter ungünstigen Bedingungen am Weltmarkt ist, unter Ausnutzung einer politischen Vormachtstellung Absatzgebiete wegzunehmen. Nicht weniger gilt dies für einzelne Zweige der Textilindustrie, für Stahlwaren, Lederwaren und billige Bijouterieartikel, für Haushaltungsgegenstände, Büroartikel und Büromaschinen. Inwieweit solche Tendenzen wirksam sind oder Erfolg versprechen können, soll an einer Reihe von Industriezweigen noch ausführlicher untersucht werden.

Anordnung und Organisation kommen dem Grundgedanken

der Ausstellung sehr entgegen. Die Industrieausstellung ist geteilt in das „House of Industry" und den „Palace of Engineering". In dem ersteren findet man im allgemeinen die verarbeitende Industrie, die Veredelungsindustrie und die Massenartikel sowie die Nahrungsmittelindustrie. Doch ist die Anordnung so getroffen, daß bei den betreffenden Industriezweigen die dazugehörige Maschinenindustrie selbst mit ausstellt. Das Bild wird für den Fabrikationsprozeß dadurch ein sehr einheitliches und wirkt zweifellos propagandistisch auf den Überseekäufer, dem an Hand der Ware, die er selbst herstellt, die Maschinerie vorgeführt wird. Andererseits findet sich die elektrotechnische Industrie im „Palace of Engineering" neben Großkraftmaschinen und Motorindustrie spezialisiert bis auf Haushaltungsartikel und elektrisch leuchtende Blumen. Manches wird zwar auf Kosten der Einheitlichkeit der Industriezweige auseinandergerissen, dem Erziehungscharakter der Ausstellung scheint es aber durchaus angepaßt. Im „Palace of Engineering" finden sich auch die Eisenbahngesellschaften, die eine Halle für sich beanspruchen, daneben Versicherungsgesellschaften, Maklerkontore und Direktionsbüros aller englischen Ausfuhrhäfen. Interessant ist, daß die Eisenbahngesellschaften Waggons und Lokomotiven selbst ausstellen, ebenso wie eigene Verlagsanstalten, die der Belebung und Intensivierung des Reiseverkehrs dienen. Fast jede Industriegruppe arbeitet zudem mit eigenen Firmen, und die englische Industriepropaganda hat mit filmerischen Mitteln ungeheure Anstrengungen gemacht, den Grundgedanken der Ausstellung auch im Wandelbild festzuhalten. Es ist anzunehmen, daß die Überseemärkte noch nach Jahren mit diesen ausgezeichnet gemachten englischen Industriefilmen, die überall sehr stark die belehrende Note neben einer allgemein unterhaltenden betonen, überschwemmt werden dürften.

Überall findet sich aber die Industrie in den Pavillons der Dominions wieder, gewissermaßen als leise mitschwingender Grundakkord. Sie läßt überall durchblicken, wie sie die eigenen Industrien des betreffenden ausstellenden Landes mitentwickelt hat, wie sie sie erhält und beschützt und wie sie sie weiter entwickeln kann. Darin liegt zweifellos das bedeutendste Moment dieser Ausstellung, die ja eigentlich erst in zweiter Linie eine Industrieausstellung sein soll.

II.
Die Motorfahrzeugindustrie

Die Halle der Motor- und Motorfahrzeugindustrie weist im „Palace of Engineering" nicht weniger als 250 ausstellende Firmen auf. Sie ist von der „Society of Motor Manufacturers and Traders Ltd." organisiert, und man erhält den Eindruck, daß diese mehr nach Berufsinteressen zusammengeschlossene Industrie, die gleichsam als Arbeitgeberverband eine Untergruppe der „British Engineers' Association" bildet, den Weg eines engeren wirtschaftlichen Zusammenschlusses sucht. Darauf deuten nicht nur die gemeinsamen Kataloge und ziemlich einheitlich gehaltenen Grundpreise, sondern mehr noch die Form der Auskunftserteilung an Interessenten. Exportpreise, Frachtraten und eventuelle Kreditbedingungen werden durch nur eine Stelle im besonderen Büro der ausstellenden Industriegruppe genannt, und zwar für alle Firmen gleicherweise verbindlich. Bereitet sich aus dem Ausstellungsverband der Exportverband vor? – Alle Anzeichen sprechen dafür.

Welche Bedeutung die breite Öffentlichkeit in England gerade diesem Industriezweige zumißt, beweist die heftige Kritik, die dieser Teil der Ausstellung in der großen Presse gefunden hat. Die Kritiker sprechen ihre Enttäuschung darüber aus, daß nur vereinzelt unter den ausgestellten Typen, seien es Personen- oder Lastwagen oder Fahrräder, Fahrzeuge zu finden seien, die sich besonders für Übersee eignen. Man beginnt, Statistiken zu veröffentlichen, die beweisen sollen, daß der Hauptexport amerikanischer, schwerer Wagen nach den englischen Kolonien gehe und daß die kontinentale Automobilindustrie an erster Stelle den Nutzkraftwagen zu fördern beginnt, gerade mit Rücksicht auf ein zu erwartendes Überseegeschäft. Fast kein Tag vergeht, ohne daß in Zuschriften an die Herausgeber in den Tageszeitungen die englische Automobilindustrie angegriffen wird. Es besteht kein Grund, den englischen Kritikern selbst zu widersprechen.

Was auf der umfangreichen Motorausstellung, die als Ganzes später noch an verschiedenen Plätzen des Kontinents und Übersee gezeigt werden soll, aber immerhin bemerkenswert ist, wenn auch in einem anderen Sinn, ist gerade besonders interessant für die kontinentale und besonders für die deutsche Automobilindustrie. Es ist die völlige Ratlosigkeit und ein unsicheres Tasten im Typenbau. Anzeichen hiervon findet man bereits auch in Deutschland. Die Marktlage ist schlecht, auch in Übersee wird noch wenig gekauft. Grund genug, schreibt eine Automobilhandelsfirma im „Observer", bestimmte Typen zu spezialisieren. Wir werden sie leichter einführen. – Eine Ansicht, die in Deutschland wohl gehört zu werden verdiente.

Fast die Hälfte aller ausgestellten Personenautomobile fallen unter den Typ des Luxuswagens. Und zwar wird anscheinend der schwere Sechs- bis Achtsitzer besonders bevorzugt, angepaßt den Verkehrsverhältnissen der britischen Insel und sicher nicht auf einen zu großen Kreis von Abnehmern zugeschnitten. Hierin zeigt Rolls Royce sehr geschmackvolle Wagen, nicht unter 1500 £. Daneben findet man aber das überaus wechselvolle Bild des kleinen Sportwagens. Firmen wie Vauxhall, Napier, Talbot, Beau und Humber stellen zugleich 4 bis 5 Typen des gleichen Wagens aus. Alvis und A.C. stellen Wagen mit Aluminiumkarosserie aus. Der Preis eines A.C.-Aluminium-Zweisitzers wird mit 360 £ für England genannt, Viersitzer der genannten Firmen stellen sich zwischen 450 und 600 £. Der billigste 4-Zylindertyp stellt sich auf etwa 200 £.

Geschlossener wirkt die Schau der Lastautomobile. Neben zahlreichen Typen der Heeresfahrzeuge, deren Rekord im Kriege gewissenhaft aufgezählt ist, mit Leistungsstatistiken und Verbrauchstabellen, sicht man neue Typen eines schweren Lastwagens (5 bis 7 tons Nutzlast) und der entsprechenden Anhänger. Große Aufmerksamkeit ist dem Öltankwagen zugewandt, nicht weniger als 10 Firmen, darunter Mendthey, Burford, Hailey und Thornycrott, sind mit Typen, die wenig voneinander abweichen, vertreten. Dennis und Albion zeigen 2-3-tons-Lastwagen, die auf das Eisenbahngeleise überführt werden können. Der Preis schwankt um 700 £. Wie einschneidend das Brennstoffproblem für die englische Automobilindustrie geworden ist, zeigt die große Zahl von Damotkraftwagen, die in der gleichen Gruppe ausgestellt sind. Die bekanntesten Firmen, wie Garret, Sentinel, Atkinson, sind darin vertreten, und das Geschäft soll sich darin gut entwickeln. Man hofft gerade auf den Kontinent als Absatzgebiet dieses Spezialzweiges der englischen Industrie.

Die Motorindustrie kommt gegenüber der Motorwagenausstellung etwas spärlich zur Geltung. Gleniffer Boice, Ailsa Craig zeigen neue Motore, daneben Rolls Royce Flugmotore. Viel Teilbau und einige Versuche an Brennstoffsparung. Die Schau selbst gestattet ein näheres Eingehen in diese Fragen nicht.

Verkehrswagen, wie Omnibusse usw., kommen gut zur Geltung. Die Tendenz geht auch hier nach Luxusausstattung, Reisebequemlichkeit und breitem, materialverschwendenden Unterbau. Die Industrie des Omnisbusbaus steht zweifellos an der Spitze der englischen Automobilindustrie, neben dem sechssitzigen Luxuswagen etwa die Austingesellschaft. Ein 25sitziger Luxusomnibus der Firma Karrier stellt sich auf 1100 £. Motorpflüge sind wenig vertreten. Austin stellt einen leichtgewichtigen Traktor aus, der an Fordson erinnert, Preis 195 £. Motorräder sind in zahllosen Typen vertreten. Der Preis schwankt zwischen 60-120 £. Dagegen kostet das billigste Fahrrad 10 £ (Wooler). Unter den Motorfahrrädern fällt auf, daß der Zweisitzer weniger beliebt ist, man findet unter 50 nur zwei Modelle.

Allgemein läßt sich sagen, daß die englische Automobilindustrie beabsichtigt, mit der kontinentalen Industrie für den leichten billigen Nutzwagen zu konkurrieren. Sie sucht noch den Typ. In Suxwagen und besonders in schweren Lastwagen pocht sie auf ihre Überlegenheit, auf Grund deren sie glaubt, in das Geschäft der großen Umsätze in Massenartikelwagen hineinzukommen. Über Brennstofffragen, leichten Motor und andere technische Grundfragen des Augenblicks hält sie sich in Schweigen. Wie sie unter solchen Bedingungen den Weltmarkt sich erzwingen will, bleibt ihr Geheimnis, und es wird schon eines großen und politischen Druckes auf die Kolonien, bzw. Dominions bedürfen, wenn sie das ihr vorschwebende Ziel erreichen will. Das ist der Kern auch der Meinung ihrer englischen Kritiker. Jedenfalls unter normalen Bedingungen hatte die deutsche Automobilindustrie die englische Konkurrenz kaum zu fürchten.

III.
Die Verkehrsgesellschaften

Die Transportindustrie wird in Wembley bis auf die Automobil- und Motorradindustrie durch die großen Verkehrsgesellschaften vertreten, die Eisenbahn- und Schiffahrtsgesellschaften, die Straßenbahn- und Motortransportlinien. Der Gedanke liegt nahe, daß sich dann die Tendenz eines wirtschaftlichen Zusammenschlusses vordeutend äußert. Dieser Zusammenschluß wird von politischer Seite heute in England eifrig gefördert, und im Grunde genommen ist jede der drei politischen Parteien darauf aus, unter ihren Auspizien diesen Zusammenschluß, in den noch Kohle und Elektrizität eingeschlossen werden soll, zustande zu bringen. Die Schiffahrtslinien stellen die Modelle ihrer neuesten Schiffe aus, sie zeigen aber auch die Typen der von ihnen benutzten Ölmotoren, Maschinen- und Steueranlagen, und sie sind insofern ein willkommener Promotor der Industrie, als sie in ihren Prospekten darauf Wert legen, die beste, erprobteste und zuverlässigste Maschinerie der Welt zu besitzen. Der Interessent erfährt das Nähere darüber in dem betreffenden Schiffahrtsbüro. Das gleiche Bild bei den Eisenbahngesellschaften. Diese stellen Personen- und Frachtwaggons aus, vom Pullmannwagen bis zum kleinsten Personen-Tenderwagen, der in den Kolonien auf Nebenstrecken zu benutzen sein wird. Es sind Typen darunter, die auf dem ursprünglichsten Tätigkeitsfeld dieser Gesellschaften, nämlich in England, zweifellos nicht benutzt werden oder überhaupt nicht benutzbar sind. Also besteht der Schluß nicht zu Unrecht, daß die Verkehrsgesellschaften zugleich die Agenten der von ihnen benutzten Industriezweige sind, was zweifellos für die Industrie große Vorteile bieten dürfte. Verfügt sie doch dadurch über die einwandfreieste und propagandistisch wirksamste Eignungsstatistik. Man wird sich fragen müssen, ob die jetzt im Umbau befindliche deutsche Reichseisenbahn diesem Beispiel nicht nach einer den deutschen Verhältnissen angepaßten Richtung folgen sollte.

Die verschiedenen Eisenbahngesellschaften in England haben die Verkehrsstrecken im Lande unter sich aufgeteilt. Sie machen sich untereinander keine Konkurrenz, mit Ausnahme des Frachtverkehrs, wo aber allenthalben eine gegenseitige Verständigung sich fühlbar macht, zum Teil mit Unterstützung der

Frachtschiffahrtslinien, der Häfen und Dockplätze, die alle zusammen in gewissem Sinne eine Art von Holdingsgesellschaft für die Eisenbahnen darstellen, zum Teil aber auch über den Straßen-Motortransport, der, wo er bisher völlig ausgebaut ist, wie nach Kent, Sussex und der Südküste zu, überall von den Eisenbahnlinien gemeinsam mitbenutzt wird, und an dessen Finanzgesellschaft die Eisenbahngesellschaften auf Grund früherer Frachtquoten mitbeteiligt sind. Wenn trotzdem die Eisenbahnen eine sehr intensive Propaganda treiben, eine Propaganda, die mehr als alles andere das äußere Bild des englischen Verkehrs charakterisiert, so wirkt diese Propaganda auf die Intensivierung des Reiseverkehrs überhaupt, und sie hat die nicht zu gering einzuschätzende Nebenwirkung, daß der Engländer sein Land wirklich kennen lernt. Davon erhält man in Wembley einen sehr guten Eindruck. Die Verkehrsgesellschaften haben eine Auswahl ihrer Propaganda zur Schau gestellt. Sie stellen alle die Bequemlichkeiten und Erleichterungen aus, die dem Reisenden Beginn der Reise, Fahrt und Aufenthalt am Ziel angenehm machen sollen, Lesezimmer, Bar, Kino, Radio und Telephon im Zuge, ihre direkten Hotelverbindungen wie die Zubringerlinien der Autobusse, die irgendwie, wie die Kanäle in Holland, jedes Dorf in England berühren und in das große Verkehrsnetz der Eisenbahnen eingepaßt sind. Sie stellen aber auch eigene Verlagswerke aus. Nicht etwa nur Reisepläne, Kursbücher und ähnliches, sondern Bücher von hohem literarischem, kunst- und volkswissenschaftlichem Wert. So bringt die Great Western Railway ein Buch heraus über englische Kathedralen, das zu den wertvollsten der modernen englischen Kunstliteratur gezählt wird. Die Veröffentlichung behandelt unter Zuhilfenahme eines reichen Bildermaterials mit Aufsätzen der bekanntesten englischen Kunstforscher und Architekten Entstehung, Zustand und Geschichte der englischen Kathedralen, zu denen man mit den Zügen der Great Western Railway gelangen kann. Ein anderes Buch ist in anderer Hinsicht sehr instruktiv, es ist das „Eisenbahnbuch für Knaben aller Alter", in dem Geschichte, Erfindung, Entwicklung der Eisenbahnen geschildert werden, die hauptsächlichsten technischen Mittel gemeinverständlich erläutert werden – dies alles in dem Rahmen einer Frühlingsfahrt in das englische Midland mit Aufzeichnung der Wanderherbergen, Aussichtspunkten nach der

See, historischen Erinnerungen und Statuten und Zweck der Boy Scout-Bewegung, mit der die Eisenbahnlinien nach Midland einen besonderen Vertrag für Schülerwanderungen abgeschlossen haben.

Nicht weniger eingehend und instruktiv stellen die Straßenbahnen und die Autobuslinien aus. Sie sind heute schon fast eine geschlossene Untergruppe der Eisenbahngesellschaften, obwohl es sich ausschließlich um Einzelgesellschaften handelt, deren Unternehmer, häufig demobilisierte Exoffiziere, um eine besondere Lizenz einkommen müssen. In ihren Betriebsmitteln und ihren Taxen sind sie indessen völlig gebunden und fügen sich automatisch ein in den Verkehrstrust, der sich schon immer sichtbarer auch ohne offizielle Nationalisierung vorbereitet.

SCHRITTMACHER
DER LONDONER KONFERENZ

In diesen ersten Tagen der Londoner Konferenz, von der das Schicksal der deutschen und kontinentalen Wirtschaftsentwicklung abhängt, ist eine weniger allgemein beachtete Konferenz in London zu Ende gegangen, die man in mehr als einer Hinsicht zu den Schrittmachern der jetzt in Gang befindlichen Londoner Aussprache zählen darf. Es ist dies die *Weltenergiekonferenz*, die seit 14 Tagen in den Konferenzhallen in Wembley tagte und letzten Sonntag zu Ende gegangen ist. An dieser Aussprache war auch ein ziemlich starkes Kontingent deutscher Vertreter, an ihrer Spitze Geheimrat *Klingenberg*, beteiligt. Wie vorauszusehen war, hat die Konferenz ihr Arbeitsprogramm, das 415 Referate enthielt, nicht in einer des Programms der Konferenz würdigen Weise erledigen können. Die Hauptarbeit der Konferenz lag in politischem Sinne in dem Versuch, die Energiepolitik, die Entwicklung der Kraftquellen zu einem Instrument des britischen Imperiums zu machen, und alle Fragen elektrischer und maschineller Kraft unterzuordnen in die politischen Fragen des Völkerbundes. Dieses Bestreben ist durchaus nicht harmlos zu nehmen, wie das etwa in anderen Fällen mit wissenschaftlicher Behandlung rein industrietechnischer Fragen zu geschehen pflegt. Es hat eine eminente politische Bedeutung, und wenn diese Konferenz im Augenblick als etwas vorschnell abgebrochen erscheint, so nur deswegen, weil sie dem breiteren Rahmen der politischen Aussprache im St. James Palast Platz machen mußte.

Die sichtbaren praktischen Resultate mögen gering anzuschlagen sein. Außer den ziemlich umfangreichen Eröffnungsansprachen in den ersten Tagen der Sitzungsperiode ist an praktischer Arbeit nicht mehr allzuviel in die Öffentlichkeit gelangt. Die 415 Referate, worunter auch etwa ein Dutzend deutscher Referate sind, werden später in einem Sammelbuch veröffentlicht werden, und über die innere Auseinandersetzung unter den einzelnen Sektionen über die Frage einer praktischen Zusammenarbeit ist näheres nicht in die Öffentlichkeit gelangt. Soweit dabei die deutsche Sektion in Betracht kommt, kann mitgeteilt werden, daß an diese mit praktischen Vorschlägen über die rein wissenschaftliche Zusammenarbeit hinausgehend überhaupt nicht herangetreten worden ist. Dagegen ist es zweifellos bei anderen Ländern der Fall gewesen, und es verlautet, daß sowohl die italienische wie die französische Sektion dieser Frage ziemlich ablehnend gegenübergestanden haben. Das schließt natürlich nicht aus, daß von englischer Seite dieser Vorschlag auf der Konferenz jetzt wiederholt werden wird, steht doch auf der Tagesordnung auch die *Elektrifizierung der deutschen Reichsbahn* als ein Punkt in der Lösung des Reparationsproblems. Diese Elektrifizierung steht auch im Mittelpunkte der englischen Politik, nicht nur der Politik innerhalb des Inselreiches, sondern viel mehr noch innerhalb des britischen Weltreiches, und die einheitliche Verwendung von elektrischer Kraft, deren Ausgestaltung und planwirtschaftliche Organisation ist eine der Hauptfragen, die zur Zusammenhaltung des Weltreichs ausgenutzt werden sollen. Dafür kämpft Lloyd George mit seiner Gruppe, das hat auch Lord Curzon für die konservative Partei an die Spitze des Programms gestellt, und natürlich stützt sich auch die Arbeiterpartei auf das Elektrizitätsproblem für die Frage der Nationalisierung wichtiger Wirtschaftszweige. Es liegt dem englischen Charakter nahe, diese eigentlich häuslichen Probleme zu Weltproblemen umzustempeln, und an der Spitze der Lösung dieser Weltprobleme politisch marschieren zu wollen. In diesem Sinne schließt auch die Resolution, die von den Teilnehmern der Konferenz einstimmig angenommen wurde. Sie spricht von der Elektrizität und von der mechanischen Kraft als dem Friedensbringer, als demjenigen Stoff, der die Völker verbindet, vorausgesetzt, daß die Lösung der weltwirtschaftlichen Fragen im Geiste der Völkerverbrüderung und des Friedens erfolgt. Diese Resolution ernennt sodann das bisherige Exekutivkomitee, das aus den Vertretern des britischen Imperiums besteht, zu einer ständigen Körperschaft, die alle Weltelektrizitätsfragen künftighin regeln soll, und die eine *nächste Konferenz 1927 in Rom* vorbereitet. Gewiß mag die praktische Bedeutung solcher Resolution ziemlich fragwürdig sein, als politisches Propagandamittel und als ein Fonds, auf den sich die englische Politik auch künftighin in ihren Auseinandersetzungen mit dem Kontinent stützen kann, dürfte die mögliche und einseitig gehaltene Auswirkung derselben von nicht zu unterschätzender Bedeutung sein.

Noch schärfer kommen solche Gedankengänge bei der zweiten parallelen Konferenz zum Ausdruck, die gerade jetzt noch tagt, und die mit ungeheurer Intensität gewissermaßen gestartet worden ist. Das ist die *Weltkonferenz der Reklamefachleute,* die letzten Sonntag in Wembley eröffnet worden ist. An dieser Konferenz nehmen über 2000 amerikanische Reklamefachleute teil. Die gleiche Menge stammt aus England. Der größte Teil der Teilnehmer setzt sich aus den englischen Dominions zusammen. Der Höflichkeit halber hat man Frankreich und Italien eingeladen, allerdings erst nachträglich, und auch die skandinavischen Länder haben seltsamerweise einen Vertreter zu dieser Konferenz gestellt. Die mitteleuropäischen Staaten und vor allem Deutschland sind nicht vertreten.

Diese *Reklamekonferenz* tagt unter ganz außerordentlichen und bedeutsamen Auspizien. Präsident *Coolidge* hat den amerikanischen Delegierten ein besonderes Begrüßungsschreiben mitgegeben, in dem er fast nach Wilsonscher Methode, als im Krieg um die Menschlichkeit gekämpft wurde, der Konferenz empfahl, die Reklamemethode zu reinigen und den englisch-amerikanischen „Wahrheitsgeist" auch in der allgemeinen Weltreklame zum Ausdruck zu bringen. Der *Prinz von Wales* hat die Ausstellung mit einer Radioansprache eröffnet, die in der ganzen Welt gehört werden sollte und worin er ausführte, daß das englische Volk die Initiative ergriffen hat, die Reklame von schwindelhaften Tendenzen und der Unsachlichkeit zu reinigen. Der englisch-amerikanische Wahrheitsgeist hat sich also zusammengefunden, um die Weltreklame zu reinigen. Die Perspektiven dieser Reklamekonferenz wirken in solchem Zusammenhang dann sehr merkwürdig. Ein Völkerbund der Reklame bereitet sich vor und der Zweck der Konferenz ist gleichfalls, ein internationales Büro zu schaffen, das unter der Marke „Wahrheit" die Reklame international sanktioniert und das den Kampf vorbereitet gegen jede anderweitige Reklame, die diesem Weltbund nicht angeschlossen ist, und die nicht berechtigt ist, die Marke „Wahrheit" zu tragen. Der Reklamekrieg, das ist der Krieg der englisch-amerikanischen Industrie, die sich für diese Zwecke einigen wird, das ist der Krieg der expansionslustigen englischen Industrie, die jetzt daran geht, sich neue Weltmärkte zu erobern, *dieser Krieg bereitet sich vor.* Es ist kein zufälliges Zusammentreffen, daß er zugleich ein Auftakt dieser Konferenz ist, und die Prophezeiung fällt nicht schwer, daß in dieser Konferenz, die über die Reparationslieferungen sprechen wird, die über die Verteilung deutscher Industrie und Rohstofflieferung ein Schema aufzustellen haben wird, daß diese Konferenz umhüllt ist von der englisch-amerikanischen Reklame unter der Marke „Wahrheit", die nur dann deutschen Industrieprodukten diese Marke zusprechen wird, wenn sie ihren Interessen dienen.

UM DIE BETEILIGUNG
DEUTSCHER TRANSPORTVERSICHERUNGEN
AN DEN REPARATIONSLIEFERUNGEN

Gelegentlich der jetzt in London tagenden Konferenz ist in einem Unterausschuß der sogenannten dritten Kommission, der Sir *Kindersley* von der Bank of England präsidiert, auch über die Frage der Hinzuziehung deutscher Banken und deutscher Versicherungsgesellschaften innerhalb der Maschinerie der Verteilung der Sach- und Reparationslieferungen gesprochen worden. Ihr Korrespondent erfährt hierzu, daß von seiten englischer Sachverständiger erklärt worden sei, daß an und für sich gegen eine Heranziehung deutscher Transportversicherungsgesellschaften nichts einzuwenden sei, daß aber nach Auffassung englischer Versicherungsgesellschaften es notwendig sei, das Transportversicherungsgeschäft zu zentralisieren und als besondere Abteilung der Reparationsbank zu unterstellen. Hierbei würden sich für die deutschen Transportversicherungsgesellschaften gewisse Schwierigkeiten ergeben. Soweit solche Gesellschaften ihre Verbindungen mit englischen Versicherungsgesellschaften, die vor dem Kriege ziemlich rege waren, wieder aufgenommen hätten und sofern die Frage einer Rückversicherung deutscher Transportversicherungen in England geklärt sei, wären an sich Verhandlungsmöglichkeiten gegeben, doch hingen diese schließlich in der Hauptsache davon ab, in welcher finanziellen Lage sich die deutschen Transportversicherungsgesellschaften befänden.

Es wurde darauf hingewiesen, daß seitens einiger großer deutscher Konzerne bestimmte Vorschläge für das Transportversicherungsgeschäft der Reparationslieferungen, soweit eine deutsche Beteiligung dabei in Betracht käme, bereits vorliegen und daß schon seit einigen Monaten deutsche Transportversicherungsgesellschaften sich bemüht hätten, in Kontakt mit englischen Gesellschaften für dieses Geschäft zu kommen.

Die Ansicht des Vertreters einer führenden Transport- und Rückversicherungsgesellschaft in der City geht dahin, daß die Reparationsbank mit ihren Abteilungen, sei es nun, daß es sich um die Bank für Industrie-Obligationen oder um diejenige Zentralstelle des Clearing, die die Sach- und Reparationslieferungen übernimmt, handelt, zunächst den Grundsatz feststellen muß, daß alle Gewinne dieser Operation zur Deckung der aufgelegten Anleihe bzw. auf Lieferungskonto laufen. In diesem Sinne würde es sogar wünschenswert sein, deutsche Versicherungsgesellschaften an dem Umsatz und an der Garantie des Risikos zu interessieren und heranzuziehen. Es ist aber kaum denkbar, daß die privaten deutschen Transportversicherungsgesellschaften bereit sein sollten, sich an einem solchen Geschäft zu beteiligen, es sei denn, daß die Prämien von den Empfängern gezahlt würden. Diese Empfänger sind aber, soweit bisher feststeht, staatliche Institute der in Betracht kommenden Länder und wieweit die finanzielle Verteilung auf den letzten Empfänger der Ware vorgenommen werden wird, steht bis heute noch nicht fest. Es ist zwar eine solche Verteilung zu erwarten, doch werden auch hierin die Gewinne in den staatlichen Institutionen konzentriert bleiben. Es ließe sich also höchstens denken, daß die Bewegung in der deutschen Transportversicherungsbranche, die man in England mit großem Interesse verfolgt, und die dahingeht, sich dem Aufsichtsrat für Privatversicherungen zu unterstellen und eine erweiterte staatliche Kontrolle und Beteiligung der Staatsgelder an diesen Transportversicherungsgesellschaften zuzulassen, einer solchen Entwicklung selbst entgegenkommt. Da hätte man aber nicht mit den Privatversicherungsgesellschaften, sondern mehr oder weniger mit staatlichen Institutionen zu rechnen, über deren Hinzuziehung ja der deutsche Einfluß in der Reparationsbank maßgebend sein wird.

Es ist hier in London davon gesprochen worden, daß eine solche Entwicklung auch der Frage der Umwandlung zur Goldbilanz förderlich sein wird. Schließlich hätte man mit dem Neuaufleben eines Instituts, wie es während des Krieges in Deutschland bestanden hat, der deutschen Seeversicherungsgesellschaft und der deutschen Versicherungsbank, zu rechnen, an die die sich am Geschäft beteiligenden Transportversicherungsgesellschaften angeschlossen sind. Es wird als nicht ausgeschlossen bezeichnet, daß die an den Reparationslieferungen beteiligten Staaten ihren Transportversicherungsgesellschaften eine ähnliche Entwicklung vorschlagen und daß dieser internationalen Reparationsbank eine so geschaffene Versicherungsbank unterstellt wird, die die Risiken untereinander verteilt.

Wahrscheinlicher aber ist, und das entspricht mehr der englischen Auffassung von der Lage des Transportgeschäftes, daß die Transportversicherungen der Lieferungen in einen Pool eingebracht werden, an der nach Maßgabe der verteilten Risiken die privaten Transportversicherungsgesellschaften sich beteiligen, wobei die Prämien von der Reparationsbank gezahlt werden, die sie auf die staatlichen Empfänger weiter überträgt. In diesem Falle allerdings wird es kaum anzunehmen sein, daß ohne die vorgangs erwähnten Vorbedingungen, soweit sie die Lage der deutschen Transportversicherungsgesellschaften in sich selbst betreffen, herangezogen werden würden.

LONDONER BILDER

I. Montmartre in Holborn

Im Londoner nahen Westen, etwa vom Regentpark bis zum Russelsquare und Britischen Museum, liegt ein Straßenzug mit zahllosen kleinen Nebenstraßen und Plätzen.

Der Tottenham Court Road, der in mehr als einer Hinsicht an Montmartre erinnert. In diesem Viertel liegt das Verwaltungsgebäude der Londoner Universität, in nächster Nähe die Mehrzahl der Einzelkolleges, umsäumt von den Clubhäusern der Studenten, die nach Nationalitäten gesondert sind. Am bekanntesten in der Cowerstraße der Club der indischen Studenten, die bereitwilligst den Fremden, der sich für ihre Organisation interessiert, in ihre Mitte aufnehmen.

Geht man aber von diesem etwas stillen Winkel über den Tottenham Court Road auf die andere Seite hinüber, so umfängt einen ein für London ganz seltsames Straßenbild. Die Kinder spielen auf der Gasse, die schmalen, höchstens zweistöckigen Häuser sind gleichsam offen, Frauen liegen auf der Fensterbrüstung, in den engen Hausdurchlässen, die kaum zwei Personen in einer Reihe nebeneinander dulden, dreht der Ex-servicemann sein Straßenklavier, und es scheint, daß die Leute auf dem Damm langsamer und gemächlicher dahergehen, als in irgendeinem Teil Londons. Das ist die Charlottenstraße und die sie kreuzenden Straßenzüge, ein Viertel, das der Geschäftsgeist verschont zu haben scheint. Hier wohnen eine Anzahl bekannter Maler und Künstler, die sich die schon fast baufälligen kleinen Häuser in Ateliers umgewandelt haben. Zu einem solchen ist auch das Wohnhaus Thackerays heute umgebaut, der in dieser Straße die Zufälligkeiten des Lebens studieren konnte. In nächster Nähe wohnten Dickens und Darwin, auch Fontane während seines Londoner Aufenthalts.

Vor dem Kriege hausten hier zahlreiche Deutsche. Es war beinahe das deutsche Viertel. Zwar sind viele Deutsche verschwunden, aber noch vieles erinnert an sie. Der deutsche Schlächtermeister hat den Krieg überdauert und hat hinter dem Laden sich ein Restaurant angebaut, in dem heute wieder deutsche Kellner bedienen. Die wirklich deutschen Gäste aber genieren sich noch ein bißchen, dafür hört man von allen Seiten das komischste Englisch. Es gibt wieder deutsche Buchläden und deutsche Zeitungen, und an einem Pub, der dunkle Geheimnisse aufzuschließen scheint, prangt ein verwittertes Schild, das anscheinend auch den Krieg überdauert hat, „Echt Münchner Bier".

Trotzdem sind aber die Deutschen fast ganz aus dem Viertel verdrängt und haben der französischen Invasion Platz machen müssen. Ein Café drängt sich an das andere. Diese Cafés, meistens unter der Flagge de la concorde, de la paix, de la victoire segelnd, sind sehr klein, sehr verräuchert und sehr besucht. Man steht an der Bar und trinkt einen schwarzen Kaffee, wie man ihn nirgends in London so gut trinkt. Es riecht nach Butter und Öl, und fast ausschließlich die näheren Freunde der Mademoiselle hinter der Bar füllen den engen Vorraum. Französische, belgische und flämische Speiselokale, manche entzückend aufgemacht, wechseln miteinander ab. Über allen aber thront das Restaurant „Tour d'Eiffel", das in London mindestens ebenso berühmt ist wie Frascati oder Ritz. Es ist ein unscheinbares, dreistöckiges Haus, dem man seinen Ruf von außen kaum ansieht. Die Autos pflegen für die Gäste weiter südlich am Eingang zur Oxfordstreet zu halten. Denn so vornehm und selbstverständlich es für die „jeunesse dorée" gilt, im „Tour d'Eiffel" zu verkehren, so sehr bewahrt man doch eine gewisse Distanz. Neben den teuersten Weinen, den auserlesensten Speisen steht der Eiffelturm auch in dem Rufe, Salons der Pariser Halbwelt zur Verfügung zu halten, was vielleicht ein Reiz ist.

Aber auch die Franzosen sind nicht mehr die Alleinherrscher des Londoner Montmartre. In den letzten beiden Jahren sind die Italiener in Massen angerückt, und sie behaupten zunächst die Straße. Die Pubs beginnen Chianti und Vromonta auszuschänken, in Papierläden verkauft man Astispumante und Spaghetti, und neben dem deutschen Schlächtermeister Schmidt hat sich Beverelli niedergelassen, in dessen Speiselokal schwer ein Platz zu erobern ist. An den Straßenecken verkauft man Brissagos.

Aber noch eine besondere Eigentümlichkeit hat die Charlottenstraße. Man findet auf ihr die weiblichen Polizisten, die sonst im Straßenbilde Londons fast ganz verschwinden. Sie sehen nicht gern, daß die ziemlich zahlreichen Damen aus aller Herren Länder, die von hier ausschwirren und die Cafés und

Speisehallen umsäumen, auf der Straße stehen bleiben, und bringen die immer sich bildenden Gruppen in Fluß, sehr höflich, aber mit der typischen unnahbaren Ruhe ihres männlichen Kollegen, des Londoner „Tommys". Dieser steht auch hier mitten auf dem Damm und beschaut sich eisigen Gesichts diesmal den Fußgängerverkehr zur Abwechslung. Er hat nicht viel zu dirigieren, aber sein Geschäft soll auch nicht ganz umsonst sein, sagt man. Die Taxe, die ein Mädchen für den ungestörten Abend zu zahlen hat, wird mit einer halben Krone angegeben. Und diese „halfcrown" wird zur Einheitsmünze, mit der die Geschäftswelt rechnet.

Wie überall in London fehlt auch dem Charlottenstraßenviertel nicht der symbolische Abschluß. An dem einen Ende der Straße steht eine klobige alte Kirche, über die ganze Breite der Straße, gleichsam wie ein mittelalterliches Kastell. Am anderen Ende ihrer Verlängerung aber steht das riesenhafte städtische Hospital für Syphiliskranke. Zwischen beiden geht der Weg hin und her.

II. Highgate

Im Norden Londons, vom Zentrum in zwanzig Minuten zu erreichen, liegt Highgate. Es ist der Ort, wo der kleine Angestellte und Arbeiter, der im Zentrum wohnt und aus der Stadt selbst nicht heraus kann oder will, seinen Sonntag verbringt. Dort findet der Londoner alles, was das Land und der Landaufenthalt bieten können. Die Highgate-Hügel und daran anschließend die Hampsteader Heide, lassen wie mit einem Zauberschlage den Wanderer vergessen, noch in der geschäftigsten Stadt der Welt zu sein. So weit das Auge reicht, grüne Hügel und sanfte, gleichsam schwebende grüne Matten, die auf- und absteigen, sich zu Tälern verengen, in deren Grunde kleine Seen zu träumen scheinen – auch, wenn diese Seen die Londoner Wasserwerke sind. Und überall sind in diese Landschaft blühende Rotdornbüsche gestreut. Zu wieviel Tausenden auch immer der Londoner nach Highgate pilgern mag, die Menge verliert sich. Nirgends hebt sie den friedlichen und souveränen Charakter der Landschaft, fast noch im Herzen Londons, auf.

Über all die grünen, mit Blumen geschmückten Anhöhen erhebt sich der völlig kahle Parlamentshügel. Von diesem aus hat man einen Rundblick auf die ungeheure Stadt, wie wohl von keinem Aussichtspunkte anderer europäischer Großstädte. Nach Süden steigt aus dem grauen Schleier scharf umrissen das Parlamentsgebäude herauf. Nach Osten und Westen verschwimmend, das unendliche Häusermeer, und, wie kleine grüne Tropfen, die fast quadratisch abgezirkelten zahllosen Squares, jene grünen Gartenplätze, an denen das Stadtbild Londons so reich ist, und die London mehr charakterisieren als sein Verkehr.

In einer kleinen Mulde, unter dem natürlichen Dach von drei Riesenplatanen, hält ein irischer Zisterziensermönch eine Abendandacht im Freien ab. Seine direkte Zuhörerschaft ist nicht groß, aber ringsum haben sich die Familien auf dem Rasen gelagert, und die Kinder drängen sich an die Zuhörer und bitten um die kleinen Bilder, die man in England der Schachtel Zigaretten beilegt. Der Mönch läßt die Fragen und Einwürfe lächelnd über sich ergehen und versichert, daß niemand das Leben jedes einzelnen in der Hand habe, um es zu bestimmen, als der Lord Papst in Rom.

Der Weg weiter durch die Hügel führt zu einem breiten Rundplatz. Der predigende Mönch kann diesen Platz übersehen. Er spricht nicht davon. Sein Wort ist Gott. Auf dem Platz tanzen Kinder und Erwachsene zu einer improvisierten Musikkapelle. Und an den vier Bankfeiertagen des Jahres stiftet der Staat die Musik einer Militärkapelle, meist der schottischen Garden. Dann tanzen dort Tausende.

Und weiter im Talgrunde fliegen die Schaukeln, wackeln die Treppen, drehen sich die Tanzplatten eines Rummelplatzes. Aber man hört keinen Lärm. Wie alles in dieser Stadt, scheint selbst der Lärm beherrscht. Drehorgel und mechanisches Klavier dringen nicht über ihren allernotwendigsten Wirkungskreis hinaus.

Zwischen den Hügeln, mit dem Gesicht nach der östlichen Stadtseite, liegt ein Friedhof, in der grünen, blühenden Umgebung ringsum ein Wald von Tafeln und Steinen. Dort liegt einer begraben, dessen Werk gerade mehr denn je zuvor die Welt in Atem hält: Karl Marx. Es ist außerordentlich schwer, dieses Grab zu finden. Es ist eins der bescheidensten im ganzen Friedhof, und es birgt außer den Überresten von Karl Marx, seiner

Frau, Tochter und Enkelkindern auch noch die seiner Dienerin und Hausgenossin Helene Demuth. Das kleine Grab ist bald zerfallen und ganz verwahrlost. Eine Platte, die nur zur Hälfte das Grab bedeckt, kündet die Namen; eine zerbrochene Vase und wild wucherndes Gras. Keine Blume, kein Zeichen der Liebe und Erinnerung ... doch durch die Grasbüschel blinkt etwas Schwarzes: Es ist ein bronzener Lorbeerkranz mit einer Widmung der Sowjetrepublik, den die Sowjets letztes Jahr hier niedergelegt haben. Man muß schon scharfe Augen haben, ihn zu entdecken. Kein Merkmal kennzeichnet mehr die wirkliche Bedeutung des Sozialismus in England als dieses Grab von Karl Marx. Das Land, das den Wert des Menschen ausschließlich nach Tradition, Erinnerung und Achtung der Nachlebenden einschätzt, hat diese Ehren Karl Marx versagt, und noch zu einer Zeit, wo seine Schüler, und zwar Leute, die Marx noch zu seinen Lebzeiten gekannt haben, an der Regierung sind.

III. Die Pubs

Die Londoner „Pubs" (sprich: Popps, Abkürzung von Publican Houses) sind das wahre und ungeschminkte Gesicht des arbeitenden London. Die Vorstellung einer Bar trifft nicht ganz zu. Eine Bar mag besser oder schlechter sein, auf jeden Fall aber ist sie kein Popp. Und die Popps herrschen in London, im Zentrum und in allen Vierteln bis zu den weitesten Außenbezirken. Die Popps spiegeln von Eleganz: Holzgetäfelte Wände, eine Einrichtung wie von schwarzer Eiche, separate Kojen bis an den Schanktisch, eine Bank für zwei bis drei Personen, Platz am Schanktisch für fünf bis sechs, meist vier bis fünf solcher Einzelabteile, alle auch mit separatem Ein- und Ausgang, und in der Mitte, im Dreieck, im Kreis oder längsseits die Fässer mit Portwein, mit Bitterbier, mit Guinness. – Das ist die Popp.

Wenn jemand nach London käme und hätte keine Ahnung von den Popps, er würde sie sofort erkennen. Der Hauseingang ist voll von Kinderwagen, an den Ecken rund um das Haus gestellt, so daß alles verstopft ist, und der Straßenpassant ausweichen muß ... Kinderwagen – mit Kindern darin, Kindern, die sich nicht rühren und wie tot liegen ... Dort ist ein

Popp. Die Mütter sitzen drin auf der Bank und trinken ihren Guinness und manchmal auch Gin, aber die Babys schöpfen draußen frische Luft. Es mag etwas übertrieben klingen, aber es ist doch wahr. Die Frauen überwiegen in den Popps. Das kommt, weil sie länger sitzen. Vielleicht haben sie mehr Zeit. Die Männer drängen mehr, sie trinken schneller, dafür aber mehr ... und sie haben schnell genug. Ein Mann, der um 6 Uhr den Popp betritt, ist nach 30 Minuten betrunken, schnelle Arbeit. Das liebt der Popp. Besonders große Popps haben einen eigenen Portier engagiert, der auf die Babys achtet. Man sieht auch Matronen, die zwischendurch mit Zündhölzern handeln. Ihr Hauptgeschäft ist aber der Half-Penny, der für die Wartung abfällt.

Sehr vielen ist nicht bekannt, daß London keine Großstadt ist, sondern eine ungeheure Ansammlung von Städten und Städtchen. Jeder Square steht für sich und lebt für sich. Und London ist die ruhigste Stadt der Welt. Durch die Stadt ziehen die großen Verkehrsadern, und diese ästeln sich über alle Viertel, und man nennt Straßen, Gassen und Plätze erst hinter der Richtung und Viertel bestimmenden Verkehrsstraße, auf der die Autobusse und in den äußeren Bezirken die Elektrischen dahinjagen. Ein Schritt von solcher Straße ab und man tritt in den tiefsten Frieden. Dort fängt einen der Popp auf. Der Popp scheut den großen Verkehr. Selbstverständlich gibt es auch Popps in der Oxfordstreet und am Piccadilly. Sogar das vornehme Holborn-Restaurant und Frascati haben sich Popps zugelegt. Ihre Manager würden vielleicht denjenigen verklagen, der sie Popps nennen würde, aber sie haben den typischen Bartisch der Popps in der Vorhalle aufgeschlagen, wo der eilige Geschäftsmann frühstückt und sein Glas Wein hinunterstürzt. Trotzdem ist die Brutstätte der Popps die Seitenstraße, sozusagen der Verbindungsweg von der Verkehrsader zum Wohnsquare. Dort lauern sie und fangen ihre Opfer.

Ihre Geschäftsstunden sind dabei ziemlich beschnitten. Fast überall ist um 10 Uhr abends Schluß, ganz wenige Ausnahmen bis 11 Uhr. Aber schon nachmittags sind sie zwei bis drei Stunden geschlossen. Nach 11 Uhr öffnen die offenen Cafés in Hauseingängen, in leerstehenden Läden, manchmal auch mitten auf der Straße ihre Zelte, aber ohne Alkohol. Dort sitzen die Leute, die keine Wohnung haben oder sonstwie sonderbare Geschäfte treiben. Den eigentlichen Poppbesucher findet man dort nicht.

Das Leben im Popp ist eintönig, wenn nicht stumpfsinnig. Die Leute haben sich dort nicht viel zu erzählen. Keine Musik, nicht einmal das sonst übliche Stimmengewirr. Die Gesichter der Menschen sind stumpf, stier und schläfrig das Auge, der Rücken gekrümmt und die Hand ganz welk.

Viele Leute haben von dem Engländer eine Vorstellung von groß, schlank, blauäugig, elastisch und von Gesundheit strotzend. Es gibt so eine Rasse vielleicht, aber man sieht sie nur für Sekunden auf der Straße vorüberflitzen. Die andere Rasse aber, die man in England und vor allem in London sieht – und diese Rasse ist bei weitem in der Mehrzahl –, sie ist das wirkliche London – ist klein, schmalbrüstig und krumm, müde und verelendet, stumpf und verzweifelt. Ein Volk das abstirbt – in die Popps.

IV. Nachwirkungen des Krieges

Der Exservice-Mann ist die typische Straßenfigur des heutigen London. Wörtlich der Aus-dem-Dienst-entlassene, hat er mehr die Bedeutung von Kriegsinvaliden, in London aber vor allem die des Bettlers. Zu den vielen Dingen in England, die für den Kontinent verwunderlich sind, gehört ja bekanntlich auch, daß England für seine Kriegsinvaliden nichts tut. Wenigstens offiziell so gut wie nichts, und erst vor wenigen Tagen haben die ehrenwerten Mitglieder des Parlaments stundenlang darüber geredet, wie man für die Kriegsinvaliden etwas tun könnte, ohne damit für alle anderen Zweige der Kriegsverletzungen Präzedenzfälle zu schaffen.

Dafür ist der War-Rekord, das ist die Aufzählung der Taten im Kriege, die Regimentszugehörigkeit, die Teilnahme an der bestimmten Zahl der berühmten Gefechte um so höher geschätzt. Der Exservice-Mann, der heute vielleicht bei einer Gesetzesübertretung, sagen wir gleich deutlicher Diebstahl oder Raub sogar, gefaßt, vor den Richter gebracht wird, kommt meist mit einer Verwarnung davon. Jede Verteidigung beginnt mit der Aufzählung der Kriegsrekorde des Angeklagten und „Ich hoffe, Sie hier nicht mehr zu sehen", ist meist der gnädige Schluß.

In den großen Versammlungen der Parteien, der Aktiengesellschaften und neulich sogar im Parlament, wird der Diskussionsredner, der einen Gegner angreift, dies niemals tun, ohne vor dessen Kriegsrekord sich vorher zu verbeugen, etwa wie neulich im Parlament Jukeston (ein Tory) einem Vertreter der Arbeiterpartei gegenüber: „Mein edelmütiger und tapferer Freund, der an dem Ruhm der königlichen Füsiliere bei Chodi Chodingdale (kein Mensch kennt diesen Ort) teilgenommen hat, geht einen falschen Weg" usw.

Es gibt Leute, die heute nicht wissen, wie vor dem Kriege die englischen Orden und Medaillen ausgesehen haben. Damals hielten sich die davon Betroffenen mehr in den dunkelsten Winkeln der östlichen Vorstädte zurück. Heute wird der Unglückliche, der ohne Orden auf der Straße herumlaufen muß, kritisch gemustert, und auch ein noch so großes Taschentuch in der oberen äußeren Rocktasche vermag nicht darüber hinwegzutäuschen, daß der Raum darunter, vom Aufschlag bis zur Mitte der Taschenhöhe, leer ist.

Dafür findet man sie bei den bettelnden Kriegsinvaliden in doppelter Reihe. Selbstverständlich wird niemand in England zugeben, daß diese Leute betteln. Da steht am Charing-Cross, wo zwei diagonale große Verkehrsadern sich kreuzen, eine Gruppe von Invaliden mit Trompeten und Tuben und Flöten und versuchen ein Konzert. Die Melodie kommt zwar nicht richtig auf, aber doch laut genug, um die Gruppe bemerkbar zu machen, und ab und zu fliegt von der oberen Plattform der vorübersausenden Autobusse ein Pennystück mitten in die Gesellschaft hinein. Oder am Trafalgar Square oder vor Westminster, dort, wo die Rundfahrtbusse der Reisegesellschaften halten, hat sich einer aufgestellt und schlägt Achten und Serpentinen mit einem Degen. Er hat sich zu diesem Zweck den Rock ausgezogen und vor sich hingelegt mit der ganzen Reihe von Kriegsorden, und zu diesen rollen die Kupferstücke manchmal in beträchtlicher Zahl. Oder ein Kriegsblinder lehnt an der Eingangstür zum „Pub" und singt in das Lokal hinein von der Zeit, wo er einst so glücklich war, und die jetzt so weit hinter ihm liegt. Die elektrischen Klaviere der Pubs sind mit schwerem Segeltuch überspannt, man will sie nicht mehr hören, und sie sollen auch keine Konkurrenz machen dem Exservice-Mann, der am Eingang der Pubs seinen Leierkasten, der schon mehr ein

Klavier auf Rädern ist, aufgestellt hat und die Kupferstücke aus dem Pub herauslockt, und wer sich den Spaß machen wollte, zu zählen, wie viele dieser Klavierdreher dort am Tage vorbeikommen, der käme auf eine ganz hübsche Zahl, vorausgesetzt, daß er bei der entsprechenden Zahl von Guinness, mit denen er ja die Wartezeit ausfüllen müßte, überhaupt noch in der Lage wäre, zu zählen. Man hat auch nie davon gehört.

Es gibt keinen Platz in London von irgendwelcher Bedeutung, der nicht ein Kriegerdenkmal hätte. Vor dem Britischen Museum steht ein Tank, und selbst auf der Bank von England bereitet sich ein Walliser Regiment zum Sturm. Unterhalb des Trafalgar Square steht das sehr würdige Denkmal von Miss Carell. Sie kämpfte, heißt es, für die Menschlichkeit, und sie fiel fürs Königtum, fürs Land und für die Freiheit. All diese unzähligen Denkmäler sind täglich mit frischen Blumen geschmückt, in erster Reihe das Denkmal aller Denkmäler, das in der Nähe des St. James Palast Aufstellung gefunden hat, das Denkmal des unbekannten Soldaten. Es sieht so aus, als wird die Legende Staub und Asche überdauern. Der Verkehr nach dem Parlament der Downingstreet und dem Regierungs- und Gesandtschaftsviertel strömt daran vorüber. Jedesmal scheint ein Ruck durch die Tausende, die da vorübergehen und -fahren gleich einem elektrischen Schlag zu zucken. Die Männer nehmen den Hut ab, und wehe dem Fremden, der, und sei es aus Unwissenheit, dies versäumen würde ...

V. Marble Arch

Um den Marble Arch, den Marmorbogen am Nordosteingang zum Hyde-Park, sammeln sich Sonntag vormittag die Leute, die es auf sich genommen haben, die Welt von allem Übel zu erlösen. Die Oxfordstraße teilt sich dort in zwei große, den Hyde-Park nach Norden und Osten umfassende Avenuen, auf denen in ununterbrochener Reihe die Autobusse und Privatautos entlangsausen, fast geräuschlos und gespenstisch. Auf den breiten Alleen wandelt eine vieltausendköpfige Menge, neben dem Klubmann im Besuchsanzug auch der Arbeiter und kleine Angestellte mit Familie. Wo die beiden Avenuen sich treffen, buchtet sich ein nicht allzu großer freier Platz gegen den Eingang zum Hyde-Park hinaus. Dort haben die Welterlöser ihren Platz aufgeschlagen. Die Menge kann dort nicht vorbei, ohne daß das eine oder andere Wort eindringt, aufhorchen läßt und zum Stehenbleiben auffordert. So fangen die Leute ihre Gemeinde, die sich gelegentlich staut, zum festen Kreis zusammenschließt und sich dann wieder auflöst, um neuen Augenblicksgläubigen Platz zu machen.

Die Redner sprechen von Stühlen herab, die mit hohem, breitem Sitz eigens als Rednerstühle gebaut scheinen. Da hat einer auf einer Tafel das Innere des menschlichen Körpers aufgezeichnet und wettert gegen die sogenannte neue Zeit und den Medizinbetrieb. Daneben drängen sich um eine kleine weißhaarige Dame ein paar Dutzend typische Ladenmädchen, um die Wunder zu vernehmen, wie man ein gesundes Kind erzielt und die Schwangerschaft verhütet. Gleich in der Nähe aber keift eine, scheint's, überaus hysterische Dame von der Notwendigkeit, täglich zur Beichte zu gehen, und es gibt Frauen und Männer, die gleich stehenden Fußes zu beichten beginnen. Die kleine Gemeinde aber, die sich inzwischen gesammelt hat, stimmt eine Hymne an. Leise und fast unsicher steigt der Gesang an, um schließlich breit und zu hart skandierendem Rhythmus anzuschwellen – schon ist die Heilsarmee in die Vororte verdrängt. Ebenso wie die kommunistischen und sozialistischen Straßenredner, die früher an dem Marble Arch ein Hauptkontingent stellten. Dafür donnern heute dort die Volksredner gegen den Sozialismus. Ein Herr hat da einen Kreis um sich gesammelt, Typ vollendeter Gentleman, graues Flinschjackett, weiße Hosen, Blume im Knopfloch und das Kapitänstöckchen, das er mit der behandschuhten Rechten zur Unterstützung seiner Beweisführung schwingt. Er reizt zur Diskussion und er weiß seine Fragesteller sehr schlagfertig abzufertigen. Er hat immer die Lacher auf seiner Seite. Kommt man öfter an diesem Kreise vorbei, so sieht man immer dieselben Leute jüdischen Typs, auf deren Kosten die Unterhaltung geht, und man wird den Eindruck nicht los, daß die Gruppe gestellt ist. Ein anderer, dickes, rotes Gesicht, Typ des John Bull, droht seine Fäuste gegen die Unionisten, gegen britische Arbeiter, die den Unfug noch mitmachen, zur Gewerkschaft zu gehören. Er beweist, daß die Warentransporte von einem Punkt in Deutschland nach Berlin, und von da nach Hamburg und von da über Southampton nach

London genau alle zusammengenommen nur die Hälfte soviel kosten, wie von Kent nach London, und dies dank der internationalen Verschwörung der Unionen, zu denen noch britische Arbeiter und Exsoldaten gehören. Die Menge steht teilnahmslos und schweigend und weiter rauscht der Rede Schwall.

Der Deutschenhaß, sonst doch längst vergessen, muß noch zu ganz anderen Dingen herhalten. Da hat sich eine Gruppe aufgestellt mit einem riesigen hölzernen Christus in der Mitte. Es ist die Catholical Evidence Guild. Dort wird ein neuer Katholizismus gepredigt, obwohl er, wie auf einer Riesentafel vermerkt ist, die Sanktion des Erzbischofs von Canterbury tragen soll. Der Redner brüllt, auch in Deutschland leben 22 Millionen Katholische. Das hat man uns in den Schulen gelehrt. Aber sie sind nicht die richtigen Katholiken. Sie nennen sich so, wie so viele auch in anderen Ländern, selbst in England. Sie haben nicht den wahren Glauben, und sie haben getötet Männer, Frauen und Kinder. Das ist ihr Terrorismus. See the idea. Und dann müssen die deutschen Katholiken herhalten als Beispiel für ein ansteigendes Gebrüll gegen alle Laster der Welt und den Terrorismus gegen Gott.

Ein anderer gar will endlich den englischen Geist nationalisieren und schlägt um sich und schwingt amerikanische und englische Flaggen, mit denen er sich auch gelegentlich den Schweiß von der Stirn wischt.

Aber auch Bekannte sind noch da, die man schon aus der englischen Literatur kennt. So der Verkünder des indischen Propheten Anhatra, über den Chesterton im „Fliegenden Wirtshaus" geschrieben hat. Er steht noch da auf einem Stuhl, im schwarzen Gehrock, einen grünen Fes um den Kopf geschlungen. Er verschlingt geradezu seine Zuhörer mit seinen fanatischen Blicken, wenn er gegen die falschen Propheten Buddha, Jesus und Mohammed eifert.

Eine halbe Stunde aufmerksamer Zuhörer am Marble Arch und man ist dem eigenen Wahnsinn bedenklich näher.

Nach dem Park zu, als Außenseiter, stehen Gruppen von Männern mit Frauen und Kindern, die für sich, scheint's, Volkslieder singen. Sie singen die schottische, die Walliser und weiß Gott welche Nationalhymnen und dazwischen mischen sich auch Polizisten und Soldaten, und schließlich singt man das

„God save the King", die Hymne aller Hymnen für den Engländer.

Im Hintergrunde verdämmern im grauen Schimmer die wundervollen großen grünen Rasenflächen des Hyde-Parks. Hier und da lagern die Menschen in Gruppen und vereinzelt oder sitzen auf Stühlen wie gänzlich verlassen in dieser großen Stille und Einsamkeit. Sie wirken von Marble Arch aus wie kleine schwarze Punkte, nicht anders wie die Schafe, die noch heute zwischen den Menschen auf diesen Rasenweiten inmitten dieser Riesenstadt ringsum weiden, dieses Londons unserer Zeit, das so viel Schönheit und so viel Wahnsinn in sich birgt.

DER GROSSE EMPFANG
IM PILGRIM-CLUB

In London bereitet sich jetzt so etwas ähnliches wie ein *republikanischer Konvent* vor, der dem vor kurzem zu Ende gegangenen demokratischen Konvent, der der Welt das Schauspiel von über hundert Wahlgängen für den Präsidentschaftskandidaten gegeben hat, außenpolitisch die Spitze zu bieten gedenkt. Die Londoner Konferenz in ihrer Krisenatmosphäre und ihren dramatischen Höhepunkten gibt den Rahmen ab für den Auftakt der *amerikanischen Präsidentschaftskampagne*, die von zwei amerikanischen Bankiergruppen als Kämpfern im Ring bestritten wird. Der *Pilgrim-Club*, jene vornehmste englisch-amerikanische Institution, die auf die Tradition der Pilgerväter zurückgeht, die von England nach Amerika auszogen, um die neue Welt unter englischem Quäkergeist zu kolonisieren, ist besonders geeignet dafür, die Plattform der republikanischen Kampagne um die Präsidentschaft zu schmieden und zu bezahlen.

Der Staatssekretär *Hughes* hat den Reigen der noch zu erwartenden gesellschaftlichen Ereignisse eröffnet mit einem großen Empfang, den er seine Parteifreunde veranstalten ließ, und der zugleich einen Wendepunkt in der Entwicklung der Londoner Konferenz bedeutete. In seiner Rede über die Rolle der Vereinigten Staaten in dieser Konferenz und bei den weiteren Arbeiten zur Befriedung Europas und zur Lösung der Reparations- und Kriegsschuldenfrage unterstrich er überraschenderweise alle die Ansichten, die Herr *Owen Young*, der als Vorsitzender der amerikanischen Bankiervereinigung und in der Hauptsache als Privatmann bisher in der Konferenz und dem Sachverständigenausschuß gegenüber gesprochen hatte, vertrat. Für die *Londoner City* und nicht zuletzt auch für amerikanische Freunde der englischen ausländischen Bankinstitute war dieser plötzliche Stimmungsumschwung der amerikanischen öffentlichen Meinung und ihrer ersten Vorboten in London um so überraschender, als gerade aus Wallstreet bisher diesem jetzt hier zu vertretenden Standpunkt direkt entgegengesetzte Nachrichten vorlagen. Man erinnerte an den Besuch des Herrn *Morgan* vor einigen Monaten in London und Paris, der dem Zwecke diente, den französischen Franken zu stützen. Auf dieser Besuchsreise hatte die Morgangruppe nicht nur davon abgesehen, sich von der französischen Regierung Garantien über Durchführung und Ende der Ruhrbesetzung geben zu lassen, sondern schließlich auch auf eine Formel verzichtet, die vorher eine endgültige Beilegung des englisch-französischen Wirtschaftsgegensatzes im Hinblick auf den Wiederaufbau der Kontinentalwirtschaft zur Folge haben sollte. Die Nachgiebigkeit der Morgangruppe hatte auf den englischen Geldmärkten einige ziemlich erhebliche Verluste zur Folge, und wenn jetzt die Herren *Lamont* und *Whitney* als Vertreter derselben Gruppe für die Rechte der späteren Anleihezeichner an der deutschen Anleihe mit so großer Hartnäckigkeit gegen französischen Einfluß und französische Ansprüche kämpfen, so sind dahinter noch *andere Gründe* zu suchen als nur die der nachträglichen Bekehrung zur besseren Einsicht.

Hinter der Konferenz und hinter dem Kampf um die Sicherheiten der Geldgeber für die internationale deutsche 40 Mill. Pfund-Anleihe steht die *Kriegsschuldenfrage*. Die amerikanische Regierung hat zwar, bevor sie von dem Vorschlag eines amerikanischen Sachverständigen als Vorsitzenden in der Reparationsfrage Kenntnis hatte, wiederholt erklären lassen, daß sie Wert darauf lege, eine Diskussion über die Kriegsschuldenfrage auf dieser Konferenz vermieden zu sehen. Und alle direkten Fragen, die als Programmpunkte auf der Tagesordnung dieser Konferenz stehen, enthalten auch naturgemäß darüber nichts. Aber jede der Fragen spitzt sich schließlich und zwar gerade in dem Kampf der amerikanischen Bankiers gegen die französische Auffassung, die jetzt zutage tritt, dahin zu, auf die Aufrollung des Kriegsschuldenproblems und auf eine Wiederholung des Morganabkommens zur Stützung des französischen Franken. Die amerikanischen Bankiers, die nach den ersten Äußerungen Owen Youngs beim Präsidenten Coolidge vorstellig geworden waren und aufgeregte Telegramme nach der Londoner City gesandt hatten, sind inzwischen beschwichtigt worden. Die Öffentlichkeit hat nicht erfahren, welche Auskunft der Präsident Coolidge den Wallstreetvertretern gegeben hat. Sie muß aber beruhigend gewesen sein, und die Rede des Staatssekretärs Hughes spinnt den beruhigenden Faden weiter fort.

Zum Empfang im Pilgrim-Club war auch Herr Otto *Kahn*

von der Firma Kuhn, Loeb & Co. erschienen. Herr Kahn, der in der englischen Presse als der größte Bankier der Welt gefeiert wird, war schon einige Tage vor der Konferenz eingetroffen, um das Feld zu sondieren, und die nötige Gruppe der City aufzubringen, mit der er den Kampf um die deutsche Anleihe aufzunehmen gedachte. Das Bankhaus Kuhn, Loeb & Co. steht der *Rockefeller-Gruppe* nahe, und Herr Kahn glaubte seiner Sache so sicher zu sein, daß er vorzog, zur Eröffnung der Konferenz sich auf seinen schottischen Landsitz zu begeben, um in aller Ferienruhe die Entwicklung dort abzuwarten. Von dort aus wurden auch die ersten Äußerungen und das alarmierende Interview Owen Youngs über die Beteiligung Amerikas an den Reparationslösungen mit skeptischen Kommentaren versehen und erst die Weiterentwicklung, der sich versteifende Widerstand der Morgangruppe, die Ankunft Hughes und die Abreise Morgans von New York riefen auch Herrn Otto Kahn wieder nach London zurück. *Kuhn, Loeb & Co.* hatten in aller Stille mit ihren englischen Beteiligungen die Überraschung geschmiedet, die in der Offerte begründet lag, die *gesamte Anleihe für Amerika* zu übernehmen und direkt mit der französischen Regierung über die entsprechende Sicherung zu verhandeln. Die Offerte kam zu spät und die Morganleute hatten der Rockefeller-Gruppe bereits den Wind aus dem Segel genommen. Das, was niemand im Grunde genommen in der City erwartet hatte, war eingetreten: die amerikanischen Bankiers blieben fest, und Morgan, der Frankenretter, bestand auf seinen Garantieforderungen. Die englische Presse, soweit sie der Rockefellergruppe freundlich gesinnt ist, quittierte diesen überraschenden Ausgang eines Zweikampfes, der ein Vorspiel in der in Gang befindlichen Präsidentschaftskampagne ist, etwas resigniert. Sie bescheinigte Herrn Kahn, dem größten Bankier der Welt, daß sein Sohn und Thronerbe, der auf einer Vergnügungstour gleichfalls in London eingetroffen ist, der größte Jazzbandspieler der Welt sei und sie hoffte, dem Papa Kahn damit eine kleine Freude für seine Enttäuschungen zu bereiten.

Inzwischen geht der Kampf weiter, und die Londoner City neigt sich wieder mehr der *Morgangruppe* zu, die letzten Endes um die Aufrechterhaltung alter Verpflichtungen und das Ansehen des französischen Franken kämpft. Noch ist nicht zu übersehen, was an praktischen Vorteilen für Deutschland daraus erwachsen wird. Vielleicht wird die Seifenblase der Hoffnungen doch letzten Endes wieder in nichts zerstieben, wenn es *den Hintermännern der Mieum und der französisch-belgischen Schwerindustrie* gelingt, die nervös gewordene Morgangruppe zu beruhigen und die Entwicklung einer französisch kontrollierten Reparationswirtschaft in ein günstiges Licht zu setzen. Immerhin sind diese Aussichten gering, doch lohnt es sich, sie auf alle Fälle nicht zu vergessen. Wahrscheinlicher und vor allem logischer ist, daß die Morgangruppe in dem augenblicklichen Kampf um die amerikanische Präsidentschaft nicht riskieren kann, sich auf so unsichere Geschäfte wie den französischen Franken einer auf Machtabenteuer ausgehenden Regierung weiter zu stützen. Alle Anzeichen sprechen dafür, daß sie ihre letzte Stützungsaktion noch kurz vor Beginn einer neuen möglichen Katastrophe in das *allgemeine Kriegsschuldenproblem* mit einbringen will, wofür die Klärung der Reparationsfrage samt ihrem Dawes-Gutachten eine Vorbedingung bedeutet. Daraus ergibt sich ganz unzweideutig, daß Deutschland zum mindesten als wirklicher Partner in den Verhandlungen aus dem Sumpf aller wirtschaftlichen und finanziellen Nachkriegsprobleme wieder emporwächst. Und eine nüchterne und auf wirkliche Tatsachen gestützte Politik kann diese Stellung verstärken. Sie kann rückwirkend werden auch auf eine innere Festigung der außenpolitischen und wirtschaftlichen Lage *Deutschlands*. Das ist die Ansicht, die jetzt in der City sich durchzusetzen beginnt. Sie stützt sich nicht auf die Alarmrufe Poincarés, die den Kern des Problems ja nicht treffen, weil Herr Poincaré vorzieht, über die mögliche Entwicklung des französischen Franken zu schweigen. Sie stützt sich auch nicht allein auf die Kassandrarufe Lloyd Georges, der aus englischen innerpolitischen Gründen manchen Gesichtspunkt der Poincaréschen Beweisführung gelten läßt. Sondern sie stützt sich allein auf die Entwicklung der kommenden finanziellen Auseinandersetzungen in der Kriegsschuldenfrage. In der Abwicklung dieser Schuldenfrage innerhalb der Alliierten selbst – eine Atmosphäre, die Deutschland rein entwicklungsgemäß und keinesfalls aus Freundschaftsgefühlen Englands und Amerikas heraus, was niemand vergessen sollte, etwas freieren Lebensraum zu gewähren beginnt – liegt die erste wirkliche Etappe der Lösung aller Nachkriegsprobleme.

ENGLISCHE HOPFENPFLÜCKER

Leute, die ein starkes Bier lieben, wird es interessieren zu erfahren, daß die Stärke ihres Bieres davon abhängt, daß die Hopfendolden trocken und einzeln am Stielende abgepflückt werden. Man darf sie nicht bequemerweise vom Blütenstock einfach abstreifen, sie müssen eben gepflückt werden. Es sind Spezialisten, diese Hopfenpflücker, alte Männer, denen die Hand zittert, junge Frauen und Kinder, die ein gedrücktes Wesen haben und die genau das tun, was die alten ihnen sagen, weil sie hungern und der Vater das Geld braucht. Ein Mann, der noch gewohnt ist, das Leben fest anzupacken, hat im Hopfengarten nichts verloren, das Bier wird schlecht.

Es ist für die Pächter der Hopfengärten eine schwere Sache, die richtigen Leute zu finden. Alle Jahre bringen die Sonderzüge aus London viele Tausende nach Kent. Sie haben nicht nötig, den ungewohnten Gang nach den Bahnhöfen des Zentrums zu machen. Die Bahn befördert sie von Stepney direkt oder von Bromley, den Warenumschlagsplätzen des östlichen Londons in der Umgebung der großen Docks. In Canterbury und Umgebung, in Tonbrigde Wells und südlicher werden die Hopfenpflücker in Empfang genommen, gemustert und zusammengestellt, in richtiger und passender Verteilung, Greise, Kinder und Frauen. Es geht alles schweigend vor sich, und die Gendarmerie ist aufgeboten. Um diese Zeit ist Hochsaison. Vorher waren schon die Erntearbeiter in Mittelengland an der Reihe, dann die Schafschur in Irland und Südwales, und nach der Hopfenernte kommen noch die Kartoffelarbeiter dran, die bis nach Schottland hinauf gehen. Alle zusammen treffen Ende Oktober, wenn die Nebel zu steigen beginnen, wieder in der Gegend der großen Docks zusammen, um dort bis zum Beginn des Sommers zu wohnen und wenn das Jahr sonst gut war, zu leben. Nur die Kinder sterben und werden neu geboren, mit Hilfe der Heilsarmee.

Auf den Hopfengärten von Kent liegt der Nachschimmer eines anmutigen blumengeschmückten Sommers. Ein herbzarter Duft hängt in der Luft. Wehmütig stimmt das leiser gewordene Zwitschern der Vögel, die sich schon anschicken, das Land zu verlassen. Über die weiten Golfgründe und die künstlichen Heiden, die die sanften Abhänge der Hügel schmücken, weht das Blöken vereinzelter Schafe. Die Bewohner jener glücklichen Gegend lieben es nicht, nur zwischen Blumengärten und Parks zu wohnen. Die Heide macht die Landschaft in ihrer Farblosigkeit strenger. Es ist unmöglich, ausgelassen zu sein. Diese Landschaft öffnet sich nicht dem Fremden, sie verschluckt ihn.

Dort arbeiten die Hopfenpflücker. Über dem Garten dampft der kalte Morgennebel. Die Hopfenranken sind eisig feucht und klebrig. Sie reißen mit ihren Widerhaken an den Triebansätzen die Handflächen und die zarte Haut zwischen den Fingern auf, daß es blutet. Man hört nur das Rascheln der von einer Hand nach der andern gleitenden Ranke. Der Aufseher zündet sich wiederum die Pfeife an. Ein Korb, der bereits vollgepflückt ist, wird gerückt, um den Hopfen fester zu lagern und leeren Raum zu gewinnen. Die Sonne geht auf. Manche der Alten haben irgendwo ein Stück Holz oder einen Knüppel aufgefunden. Sie haben ihn in die feuchte Erde gebohrt, um sich darauf ab und zu auszuruhen und im Sitzen weiterzupflücken. Die Frauen stehen in den Furchen des Ackers und verfolgen ängstlich das Weiterschreiten des Vordermannes, um gleichen Schritt halten zu können. Zu ihren Füßen hocken die kleineren Kinder, denen der Pächter die Erlaubnis gegeben hat, ihrer Mutter zu helfen. Die größeren Kinder haben eigenen Stand und Reihe. Die Sonne steigt höher. Eine warme Suppe wird gereicht. Die meisten haben bereits zwei Stunden nach Arbeitsbeginn etwa 8 Pence verdient. Und dann grüßt der scheidende Sommer noch einmal über den ganzen Tag hin. Über das Rascheln der Ranken, das Aufsetzen der Körbe und die vielen schweigenden Menschen.

Es ist seit einigen Jahren nicht mehr gestattet, die Menschen im Freien nächtigen zu lassen. Der Pächter mietet für diese Zeit die Unterkunftshütten auf dem Felde, in denen das Vieh sonst Schutz vor Sturm und Regen sucht. Dort liegen die Müden, Körper an Körper, um zu schlafen. Sie benutzen hierzu die Nacht, in deren Dunkelheit man nicht arbeiten kann. Es ist gut, wenn es nicht regnet. Dann geht die Arbeit schneller. Seit einiger Zeit gestattet auch die Bahn den Hopfenpflückern, in den Vorräumen der Bahnhofshallen zu nächtigen. Aber manchmal ist der Weg vom Garten zur Station weit, und Kraft und Zeit ist kostbar genug, um sie zweckmäßig auszunutzen. Fast immer kommt der Morgen sehr schnell.

Der Geruch der Kenter Hopfenpflanze ist süßlich, der Geschmack des Bieres aber, ebenso wie die Arbeit des Hopfenpflückers, ist bitter.

BUDAPESTER BERICHTE

Budapest 29.10.1940

In hiesigen diplomatischen Kreisen ist heute eine Darstellung zur politischen Lage im Umlauf, die gestern der amerikanische Gesandte in Belgrad, Bliss, einer Reihe von Balkan-Diplomaten gegenüber gegeben hat. Danach erwartet man in der amerikanischen Diplomatie in allernächster Zeit in der Frage des italienisch-griechischen Konfliktes einen Friedensschritt Deutschlands. Bei der engen Bindung zwischen Deutschland und Italien und den gemeinsam vorbereiteten Aktionen zur Bedrohung Griechenlands könne diesem Schritt kaum eine besondere Bedeutung zukommen. Nach amerikanischer Auffassung sei Griechenland „überfallen" worden und die deutsch-italienische Diplomatie könne nicht damit rechnen, daß die Vereinigten Staaten den so geschaffenen Zustand, selbst wenn Griechenland der Drohung nachgeben würde, anerkennen werde. Der amerikanische Gesandte glaubte damit auch die Ansicht der englischen Regierung aussprechen zu dürfen.

Im Zusammenhang mit dieser Äußerung wird in der Balkan-Diplomatie die Lage wie folgt beurteilt: Es sei nicht anzunehmen, daß irgendwelche Verpflichtungen aus dem noch bestehenden Balkanbund, etwa durch ein Eingreifen Jugoslaviens, in Anspruch genommen würden. Die Lage Jugoslaviens erscheint besonders heikel, da die gegenwärtige Situation ein fait accompli der bereits gegen Jugoslavien begonnenen Einkreisung darstellt, und sich über kurz oder lang gegen Jugoslavien direkt auswirken wird. Es fragt sich, ob Jugoslavien den Worten des Ministerpräsidenten entsprechend heute überhaupt noch in der Lage ist, dem gemeinsamen Druck der Anliegerstaaten auf Grenzrevision Widerstand zu leisten. In der Hauptsache hängt dies von dem Grad der inneren Zersetzung ab, der als ziemlich weit fortgeschritten angesehen wird. Es besteht eine geringe Chance für die Durchführung des ursprünglichen Entschlusses der Regierung, Widerstand zu leisten, wenn Jugoslavien heute noch gemeinsame Sache in der Abwehr des italienischen Angriffes mit Griechenland macht. Gerade aber diese Chance hat die Regierung, nach dem gestrigen

Beschluß des Ministerrates, abgelehnt. Zu dieser Ablehnung hat viel beigetragen der ungarische Aufmarsch mit drei mobilisierten Corps sowie die gestern in Umlauf befindlichen Gerüchte, daß zwei motorisierte deutsche Divisionen auf dem Wege durch Ungarn nach der jugoslavischen Grenze im Anmarsch seien.

Der Grad des griechischen Widerstandes sei im Augenblick nicht abzuschätzen. Es wird heute allgemein bestätigt, daß zwischen der Türkei und Griechenland ein Militärbündnis in der Tat bestehe. Man nimmt aber in den diplomatischen Kreisen an, daß im Augenblick die Türkei nicht unmittelbar eingreifen werde, sondern daß erst nach einiger Zeit im Verlauf der Kampfhandlungen, falls diese direkt fortgesetzt werden, die Türkei gezwungen sein wird, auch militärisch einzugreifen. Im allgemeinen sieht man aber für die Türkei so viele Ausweichmöglichkeiten, daß im Augenblick die Ansichten über ein tatsächliches Eingreifen der Türkei in den Kreisen der Balkan-Diplomatie geteilt sind. Im übrigen wird die Lage der Türkei, was die künftige Einkreisung anlangt, fast genau so beurteilt wie diejenige Jugoslaviens, wobei die Achsenmächte sich nach allgemeiner Ansicht der Partnerschaft der Sowjetunion bereits versichert haben sollen. Es kommt also nach dieser Auffassung für die Diplomatie der Achsenmächte darauf an, jede dieser Einkreisungs-Operationen hintereinander und getrennt durchzuführen. Die englisch-amerikanische Diplomatie rechnet mit diesem taktischen Ziel. Innerhalb der Balkan-Diplomatie hat man im Augenblick keine Kenntnis darüber, wie die englische Diplomatie dies durchkreuzen wird, und ob sie überhaupt dazu in der Lage ist.

Man behauptet, daß die Amerikaner heute schon die Balkan-Diplomatie dazu ermuntern, schon jetzt Vorbereitungen für Emigrations-Regierungen dieser Länder zu treffen, die zum gegebenen Zeitpunkt in einem Europa-Sektor der englisch-amerikanischen Koalition ausgebaut werden sollen. Die Fühler für eine solche Tendenz reichen neuerdings bis in die oppositionellen politischen Kreise Ungarns.

Die Haltung Bulgariens wird als ziemlich eindeutig charakterisiert: mit Gewehr bei Fuß die künftigen Entscheidungen der Achsenmächte abzuwarten und indirekt die neutrale Hilfsstellung für die Achsenmächte, besonders auch der Türkei gegenüber, zu leisten. Ein direktes Eingreifen Bulgariens wird im Augenblick nirgends erwartet.

[3 Manuskriptseiten fehlen] volksdeutschen Gruppe aufgebaut wird, an ihn gestellt wird. Auch hier will die ungarische Regierung ihn anderweitig entschädigen.

Der engere Horthy'sche Kreis ist aber in der Zwischenzeit nicht müßig. Es scheint, daß man Horthy bewogen hat, sich ausschließlich auf die klerikalen Gegenspieler zu stützen. Es wird hier behauptet, daß der Fürstprimas beim Vatikan schon mehrfach Schritte unternommen hat, um die Möglichkeit zu untersuchen, das Königsstatut so abzuändern, daß Horthy eine Krönung mit der Stephanskrone erreichen kann. Von der erwähnten Politikerschicht werden diese Bemühungen als ganz abwegig bezeichnet, denen die Gefahr einer deutschen Provokation zugrunde liegt.

Die zweite Schicht der früheren führenden Gömbös-Beamten, heute also in den Ministerien als Ministerialräte oder sonstwie auch in der Wirtschaft untergekommen, zeichnen sich durch eine große Unentschlossenheit aus, ganz abgesehen daß sie von der heutigen Regierung an und für sich mit Mißtrauen behandelt werden, beklagen sie sich auf der anderen Seite über eine brüskierte Vernachlässigung durch die deutschen Stellen. Als tragende Schicht des deutschen Einflusses dürften sie kaum anzusprechen sein.

Für einen Beurteiler, der als Außenseiter die Entwicklung in Ungarn beobachtet, ist es schwer, ein Urteil über den gegenwärtigen Kohlenstreik abzugeben. Es dürfte feststehen, daß die Agitation in den unteren Arbeiterschichten mit politisch-nationalsozialistischen Argumenten arbeitet. Die Regierung hat eine Unsumme von Protokollen über die Äußerungen solcher Agitatoren gesammelt. Der Erfolg der Regierungspropaganda, der Drohungen und der amtlichen Abwehrmaßnahmen war sehr gering, geringer als die Regierung selbst angenommen hatte. Auf der anderen Seite sind Maßregelungen vorgenommen worden, so ist der Militärbefehlshaber von Tatabanya, der mit den Pfeilkreuzlern sympathisiert hatte, sofort abberufen und entlassen worden. Man spricht davon, daß er vor ein Kriegsgericht gestellt werden soll. Gleichfalls abberufen worden sind die beiden Militärbefehlshaber (ein Feldmarschalleutnant und ein

General) in Diosgyör. In der dortigen Staatsgießerei sind an den Martinöfen nach amtlicher ungarischer Erklärung Sabotage-Akte vorgenommen worden. Der Ausfall in der Kohlenproduktion (man schätzt zwei Wochen nach Beginn des Streiks am heutigen Tage den Bestand der Belegschaft immer noch auf nur 40 Prozent) beginnt sich bereits sehr störend bemerkbar zu machen. Am 26. Okt. feierten von der Belegschaft der Manfred Weiss Werke in Csepel aus Kohlenmangel 15 000 Mann. Bei diesen Werken handelt es sich um ausgesprochene Werke der Rüstungsindustrie, darunter auch der Flugzeugfabrik.

Von sozialdemokratischer Seite (der Abgeordnete Payer) ist dem Innenministerium eine Denkschrift überreicht worden, wonach angeblich festgestellt worden sein soll, daß unter den Streikenden verteilte Flugblätter, die in kommunistisch-bolschewistischen Ausdrücken gehalten waren, und von einer kommunistischen Streikleitung unterzeichnet waren, mit Geldern der Pfeilkreuzlerpartei gedruckt worden sein sollen.

Budapest 25.11.1940

Wie sowjetrussische Diplomaten, die von ihrer Dienststelle aus einen persönlichen, auf politischer Übereinstimmung beruhenden Verkehr mit Kollegen an anderen Plätzen unterhalten, berichten, ist man in Moskau keineswegs davon überzeugt, daß Deutschland im kommenden Kriegsjahr besiegt oder zusammenbrechen wird. Für Japan hält man dieses schon eher möglich, jedoch würde ein solcher Ablauf der Dinge nicht den sowjetrussischen Wünschen und der Stalin'schen großen Kriegskonzeption entsprechen. Diese beruhte darauf, daß die kriegführenden Parteien sich in einem langen zermürbenden Ringen erschöpfen und damit der Sowjetunion die Möglichkeit geben würden, auch mit ihrem noch unentwickelten Wirtschaftsapparat eine Rolle zu spielen. Diese Konzeption schien mit Ausgang des Sommers 1940 durch die Ereignisse überholt, weshalb auch damals die Pflege der Beziehungen zu den Vereinigten Staaten nachließ.

Inzwischen hat sich dieses (wie dementsprechend auch die Einstellung zu USA, an die wirtschaftlich sich näher anzubahnen man doch wieder für zweckmäßig hält) geändert. Andererseits aber ist die Entwicklung am Balkan sehr zu Ungunsten der Sowjetunion verlaufen. Im Moskauer Außenkommissariat hatte man gute Beziehungen zu Rumänien, Bulgarien, Ungarn und der Slowakei als notwendige Rücken- oder Flankendeckung der allgemeinen Kriegskonzeption betrieben und sie auch für sicher gehalten. Die Einflußnahme Deutschlands auf Rumänien sowie auch die Änderung der Einstellung Bulgariens zu Moskau hat die Brüchigkeit dieser Hoffnungen gezeigt.

(Anm: von dem Beitritt dieser Staaten zum Dreimächtepakt war zurzeit der Einholung der Information noch nichts bekannt.)

So besteht heute in dem Kreis um Stalin eine große Furcht vor Einkreisung durch die Achse. Aber es geschieht von Moskau aus auch nichts, um irgend einen wirksamen Gegenzug zu tun, wenn man von dem Versuch einer neuen Aktivierung der Beziehungen zu Bulgarien absieht. Die Instruktionen an die Sowjetgesandtschaft in Sofia lauten dahin, den Bulgaren die Passivität der sowjetrussischen Politik am Balkan zu begründen und andererseits eine Besserung des bulgarisch-türkischen Verhältnisses herbei zu führen. Auf dem letzteren Gebiete will man besonders in der Armee bereits Erfolge festgestellt haben.

Im Kreis um Stalin soll aber – nach diesen Mitteilungen – die um jeden Preis deutschfreundliche Gruppe noch die Oberhand haben, jedenfalls die Erklärung für die Untätigkeit Stalins bedeuten.

Andererseits hofft die Gegenrichtung auf die Möglichkeit, eine bedeutsame innerpolitische Veränderung zu Gunsten einer Verstärkung ihres Einflusses ausnutzen zu können: die Armee hat, so heißt es, den toten Punkt im innerpolitischen Leben überwunden und beginnt sich wieder zu regen. Dabei sollen die früheren Sympathien für Deutschland nunmehr restlos ausgeschaltet sein, so daß die vorerwähnte Gegenrichtung mit einer Propaganda Erfolg zu haben hofft, als deren Inhalt sie die Warnung vor einem einseitigen Anschluß an die amerikanisch-englische Koalition, aber auch die Warnung vor der noch größeren Gefahr einer Auslieferung an die Achse andeutet.

Budapest 24.2.1941

Die amerikanischen Vertretungen in den Südoststaaten sind angewiesen worden, beschleunigt eine Südost-Enquête für die Nachkriegsprobleme in Angriff zu nehmen. Sie werden hierbei durch besondere Wirtschaftsexperten, die von Washington zur Unterstützung des diplomatischen Dienstes und insbesondere zur politischen und wirtschaftlichen Information unterwegs sind, teilweise auch schon eingetroffen sind, unterstützt werden. Man kann schon in der Anlage dieser Enquête auf Grund persönlicher Eindrücke im Gespräch mit Angehörigen der diplomatischen ansässigen Vertretung die Beobachtung machen, daß Wert darauf gelegt wird, diese Aktion selbstständig und nicht unter Benützung des vorhandenen englischen Informationsdienstes und des durch diesen geschaffenen oder zu erweiternden Beziehungsnetzes durchzuführen. Es wäre vielleicht übertrieben und irreführend anzunehmen, daß sich hier bereits der Keim eines künftigen Gegensatzes innerhalb der englisch-amerikanischen Koalition zu entwickeln beginnt. Immerhin ist trotzdem auffallend, daß nach einer mehrmonatlichen Zwischenzeit, während der wenig aktive englische diplomatische Tätigkeit hier zu verspüren war, neuerdings auch die politischen und wirtschaftlichen Exponenten Englands wieder eine gewisse Aktivität zeigen und das Personal der Gesandtschaften, besonders in Form der der Gesandtschaft zugeteilten Experten und gesellschaftlichen Vermittlungsstellen, bedeutend vermehrt worden ist. Während sich das Schwergewicht der englischen Beobachtung im Augenblick auf Belgrad konzentriert, ist der Start für die wirtschaftliche Beobachtung der Südostländer seitens der U.S.A. Budapest, u.zw. werden von hier die gesellschaftlichen und politischen Beziehungen zu prominenten Persönlichkeiten in den Südostländern gelegt. Man gewinnt obendrein den Eindruck, daß man in der U.S.A.-Diplomatie neuerdings Wert darauf legt, den rein journalistischen Vertreterdienst im Beobachtungsapparat möglichst vom Zentrum einer diplomatischen Aktivität auszuschalten, was auch die Zurückziehung der amerikanischen Berichterstatter aus den Südost-Hauptstädten und auch aus Budapest erklärt. Was in dieser Hinsicht hier und anderswo noch arbeitet, ist ausgesprochen dritte Garnitur einschließlich des Mitarbeiterstabes aus den entsprechenden Gastländern. Man kann beinahe sagen, daß das Gegenteil im englischen Diplomatendienst der Fall ist, wo die journalistischen Mitarbeiter, meist mit einem direkten Arbeitsauftrag den Gesandtschaften beigeordnet, in den letzten Wochen wesentlich verstärkt worden sind.

Nach Auffassung amerikanischer Beobachter erstreckt sich ein wesentlicher Teil der amerikanischen Wirtschaftmobilisierung, für Europa gesehen, auf das Problem der Koordinierung mit der englischen Wirtschaft für die spätere Nachkriegswirtschaft, wobei man heute überzeugt ist, daß die U.S.A. die Führung im europäischen Wirtschaftsaufbau übernehmen muß. Die Meinungen über die Zweckmäßigkeit und die Durchführbarkeit sind in amerikanischen Wirtschaftskreisen noch recht geteilt, u.zw. sollen die Auffassungen nicht nach Wirtschaftsgruppen, etwa auf der einen Seite die Banken, die Farmer und sonstige reinen Exportinteressen stehen, auf der anderen Seite etwa die Stahlindustrie und die reinen Konkurrenten einer auf Friedenswirtschaft umgestellten europäischen Industrie differieren, sondern sie differieren auch innerhalb jedes Wirtschaftszweiges selbst. Nach hiesiger Auffassung neigt die Gruppe der Federal Reserve Banken für die Nachkriegswirtschaft mehr zu einer isolationistischen Haltung, während die großen New-Yorker Banken mit ihrem ausgebauten europäischen Geschäft trotz der üblen Erfahrungen in den Nachkriegszeiten nach dem Weltkrieg, also etwa die Gruppe der Investments Banken um die Garantee Trust, die National City Bank, Dillon Read u.a. eine amerikanische Intervention und Führung in der europäischen Nachkriegswirtschaft befürworten und propagieren. Man wird übrigens hier im Gespräch mit amerikanischen Wirtschaftsbeobachtern sogleich darauf aufmerksam gemacht, daß man diese Haltung nicht mit der Stellung zur Frage eines offiziellen Kriegseintritts der U.S.A. oder einer Forcierung der Wirtschaftskriegspolitik im Sinne des Defense-Programmes verwechseln sollte, denn hier liegen die Dinge gerade umgekehrt; die mit Europa verknüpften Banken wären in dem Falle überwiegend die Träger der augenblicklichen politischen isolationistischen Oppositon.

Die Person des jungen Harriman, der als besonderer Beauftragter des sogenannten Obersten Verteidigungskomitees in der U.S.A. mit besonderen Wirtschaftsaufgaben jetzt nach England dirigiert worden ist, gilt sowohl politisch wie wirtschaftlich als stark umstritten. In den diplomatischen amerikanischen Kreisen im Südost regt man sich besonders darüber auf, daß Harriman, dem kein besonders großes Organisationstalent und vor allem keine Erfahrung im europäischen Geschäft nachgesagt wird, den Auftrag hat, von London aus eine eigene Organisation für die wirtschaftliche Beobachtung zur Organisierung der Nachkriegswirtschaft aufzuziehen, und alle wesentlichen Positionen in den einzelnen Ländern mit eigenen Vertretern und Vertrauensleuten aus der jeweils bodenständigen nationalen Wirtschaft dieser Länder zu besetzen und insofern eine Doppeltgleisigkeit der Beurteilung und Beobachtung hervorruft und damit Gefahr läuft, Beurteilungen und Vorschläge und sonstige Verbindungsmaßnahmen der diplomatischen Vertretungen in ihrem eigenen Wirtschaftsbeobachtungsapparat zu durchkreuzen und ihre Wirkung zu erschweren. Einige dieser Harriman-Vertreter, die anscheinend schon in Washington nominiert worden sind, bevor noch Harriman seinen neuen Posten angetreten hat, sind bereits nach hier, bzw. dem Südosten angekündigt und unterwegs. Man ist hier noch vollkommen im unklaren, ob diese Vertreter dem amerikanischen diplomatischen Dienst eingeordnet werden sollen, oder ob sie, was hier als wahrscheinlich angesehen wird, zumal sie via London in Erscheinung treten, sich mehr dem englischen diplomatischen Dienst einordnen und gewissermaßen den Wirtschaftsbeobachtungsapparat dieses Dienstes ersetzen oder als Kontrollinstanz aufbauen.

Zunächst hat der junge Harriman, wie hier in amerikanischen Kreisen bekannt wird, die Aufgabe, die englische Wirtschaft der im Zuge befindlichen totalen Wirtschaftsmobilisierung in Amerika anzupassen und im gewissen Sinne sogar unterzuordnen. Er wird mit den Eisenbahnen und der inneren Transportfrage beginnen und bringt nach England einen Plan mit, das gesamte Transportsystem einheitlich auszurichten und ohne Rücksicht auf die bestehenden mehr privatwirtschaftlichen Verträge zu militarisieren. Der Plan geht von dem Gedanken aus, daß die Hauptschäden in der industriellen Produktion Englands weniger durch das direkte Bombardement aus der Luft entstanden sind, als durch Zerstörung von Bahnanlagen, für die die englische Organisation nicht genügend Vorsorge getroffen hat, auch bisher noch nicht genügend staatliche Machtmittel eingesetzt hat, sie durch Überlandtransporte per Auto zu ersetzen. Im Grunde genommen läuft der Plan auf eine zwischenzeitliche Verstaatlichung des gesamten Transportverkehrs hinaus. Man wundert sich in amerikanischen Wirtschaftskreisen, daß die englische Regierung so lange eine Verstaatlichung und Zusammenfassung der Eisenbahngesellschaften und des privaten Autotransports hinausgezögert hat und auch heute dem amerikanischen Druck noch erhebliche Widerstände entgegensetzt. Man sagt hier, daß möglicherweise die englische Regierung eine damit zu erwartende Neuaufrollung der Lohnfrage fürchtet, während die heutigen Gesetze gerade noch ausreichen, die bestehenden Verträge mit den lokalen Gliederungen der Transportarbeitergewerkschaft im Rahmen des gesetzlichen Arbeitsfriedens aufrechtzuerhalten.

Mit der Regelung des Transportproblems hängt die Organisierung des englischen Exportes eng zusammen. Die Harriman-Organisation bringt eine Liste derjenigen Waren mit, die in England ungefährdet von den Kriegsereignissen produziert werden sollen und können, und die die Basis für einen begrenzten Austausch mit amerikanischen Rohstoffen und Kriegsmaterialien bieten können, zunächst untergebracht auf dem amerikanischen Markt, später unter amerikanischer Vermittelung und Kontrolle auch auf den übrigen Märkten. Voraussetzung ist allerdings, daß diese Exportketten auch für die Zukunft so funktionieren, daß sie nicht mehr individuellen Sonderwünschen und sonstigen Vereinbarungen mit dem englischen Exporthandel und der City-Financierung unterliegen. Hierfür bringt die amerikanische Wirtschaftskommission des jungen Harriman auch die entsprechenden Vollmachten für ein umfassendes Neuaufbauprogramm, bzw. Neuinvestitionen etc. mit.

Von diesem Sektor aus greift dieser Plan auch auf die Organisierung der europäischen Nachkriegswirtschaft über, die künftigen Verträge mit den europäischen Ländern, wobei der englischen Exportindustrie ein in sich begrenzter Teil am europäischen Aufbau zugewiesen werden soll. Die Untersuchungen über den Anteil der englischen Exportindustrie beim wirtschaftlichen Aufbau des Südostens im Sinne der amerikanischen Konzeption werden auf der einen Seite, für die Interessen der nach dem amerikanischen Verteidigungsausschuß eingesetzten Kontrollinstanz für die englische Wirtschaft, die

Harriman-Vertreter hier ausführen, auf der anderen Seite die direkte diplomatische Wirtschaftsbeobachtung der U.S.A. ganz allgemein für die amerikanischen Gesamtinteressen, ohne Berücksichtigung eventueller besonderer englischer Interessen. Hierin wird sich eben nach amerikanischer Auffassung dieser diplomatischen Vertreter die oben angedeutete Zweigleisigkeit und über kurz oder lang gewisse Gegensätze ergeben, zumal der Kreis der politischen und wirtschaftlichen Persönlichkeiten in den Südostländern, bei den[en] beide Organisation[en] ihre Untersuchungen ansetzen und ihre Pläne vortragen, schließlich mehr oder minder immer dieselben sind.

Es herrscht hier übrigens nicht allein auf Grund der üblichen politischen und diplomatischen Information aus Washington, sondern auf Grund der Berichte aller hier durchkommender amerikanischer Wirtschaftsexperten, der allgemeine Eindruck vor, daß sofern erst die Diskussionsdebatte über Zweckmäßigkeit oder Gefahr des Defense-Gesetzes in Washington überwunden ist, bzw. das Gesetz einmal in Kraft getreten ist, technisch keine andere Möglichkeit bleibt, als die amerikanischen Lieferungen nach England oder dem englischen Imperium unter Convoy zu stellen. Über diese praktische Konsequenz sind sich im Grunde genommen auch die Gegner des Gesetzes einig. Eine dahin zu erwartende Maßnahme der amerikanischen Regierung dürfte dann auf weniger Schwierigkeiten stoßen, als die vorhergehende Diskussion des allgemeinen Rahmengesetzes. Auch der Harriman-Plan sieht im Grunde genommen bereits den unter amerikanischen Kriegsschiffschutz sich vollziehenden Warentausch zwischen England und der U.S.A. vor.

Man scheint hier in diplomatischen Kreisen der U.S.A. noch vorerst der Meinung zu sein, daß man diesen Schutz, sofern man noch glaubt auf die allgemeine politische Situation noch Rücksicht nehmen zu sollen, was zum Teil aber auch bereits bestritten wird, versuchen wird, dieses Schutzsystem mit dem Warentausch der noch freien europäischen Länder zu beginnen und z.B. auch englische Ware auf amerikanischen Schiffen und unter amerikanischen Schutz mit den Südostländern zu tauschen. Nach dieser Richtung hin hat die amerikanische Diplomatie bereits mit den hiesigen Regierungen im Südosten eine Fühlung aufgenommen und Vorschläge unterbreitet. Man erklärt zu dem ganz offen, daß nicht zuletzt die Nebenabsicht darin liegt, diesen Regierungen den Rücken zu stärken und dem deutschen Druck den Vorwand zu nehmen, diese Länder wären zur Aufrechterhaltung ihrer außenpolitischen Konzeption auf die deutsche Wirtschaft allein angewiesen.

Budapest 12.3.1941

Über die Lage in Jugoslavien stützt sich die allgemeine Beurteilung im wesentlichen auf die Berichte englischer Diplomaten, die in Belgrad und in der jugoslavischen Provinz eine rege Tätigkeit entfalten, und dort vorübergehend eine Art Informationszentrum aufgezogen haben. Auch die Herren der englischen Gesandtschaft in Budapest reisen ständig nach Jugoslavien und sind zeitweilig mehr dort als hier anzutreffen. Im allgemeinen hat sich in der englischen Beurteilung der pessimistische Grundton bezüglich Jugoslavien erhalten. Man erklärt, daß zwar England im jugoslavischen Regierungsapparat sowie innerhalb der führenden Leute Kroatiens und Sloveniens zahlreiche Freunde besitze und daß insbesondere in den Südbanaten auch breite Bevölkerungsschichten weder mit fascistischen oder sonstwie sozial-revolutionären Tendenzen etwas zu tun haben wollten, daß es sich weder von einem politisch noch einem wirtschaftlich beherrschenden Einfluß Deutschlands oder der Achse etwas verspreche und daß selbst in Mazedonien die Tendenz gegen einen Einfluß Deutschlands überwiege. Wenn man auch diese Gebietsteile und diese bäuerlichen Bevölkerungsschichten nicht gerade ausgesprochen als englandfreundlich ansehen kann, dafür ist der direkte Kontakt zu England und seinen Kriegszielen zu gering, so seien diese Leute doch überwiegend überzeugt, daß sie von einer deutschen Wirtschaftsplanung über Jugoslavien nicht viel zu erwarten haben, und daß eine von dieser Seite organisierte europäische Ordnung nicht ihren Interessen entsprechen werde. In den bürgerlichen Bevölkerungsschichten Dalmatiens sowie in den Schichten des Verwaltungsapparats von Bosnien und der Herzegovina, überhaupt im Vrbas-Banat wie in der begüterten Bauernschaft Mazedoniens herrsche die Auffassung, daß, wenn die Belgrader Regierung sich den deutschen Wünschen heute gefügig zeige, dies unter der Angst vor revolutionären Unruhen der ärmeren und besitzlosen Bauernschichten Altserbiens geschehe und daß die sogenannten serbischen Waldbauern gemeinsam mit diesen proletarisierten Bauernschichten den entscheidenden Einfluß in der Regierung zu gewinnen hofften. Mit anderen Worten, daß die Einordnung Jugoslaviens auch politisch in das deutsche Europasystem eine Art Bolschewisierung auf kaltem Wege bedeute und daß den leitenden Leuten der Regierung hierbei eben die deutschen Versprechungen handfester und greifbarer erschienen als die russischen, im Grunde käme aber beides auf dasselbe hinaus. So ungefähr erklärt man sich englischerseits die vorhandene antideutsche Tendenz und einen gewissen Erfolg der englischen Propaganda auch im Industriegebiet von Serajevo, das noch vor wenigen Monaten stark deutschfreundliche oder italienfreundliche Tendenzen auch innerhalb der Arbeiterschaft gewissermaßen als eine Art Keimzelle für das ganze Gebiet aufweisen konnte. Heute seien allerdings diese Tendenzen meist schwächer geworden. Zusammenfassend charakterisiert man das in der englischen Diplomatie hier etwa so: schrittweise ist der deutsche Einfluß auf den Regierungsapparat identisch mit dem allgemeinen korrupten Zustand der oberen serbischen Beamtenschicht geworden und die Tendenzen gegen diese Schicht sind heute gleichfalls identisch gegen den Einfluß Deutschlands geworden. Man führt als Beweis dafür an, daß es gelungen ist, in denjenigen radikalen politischen Gruppen der drei Landesteile Serbien, Kroatien und Slovenien, die früher zu einem revolutionären Aufstand gegen das Belgrader System und auch gegen die mehr oder weniger davon abhängigen autonomen Regierungsgruppen bereit waren und auch entsprechende Vorbereitungen getroffen hatten, neue Spaltungen in der Führerschicht herbeizuführen. Noch vor wenigen Monaten war in diesen Gruppen eigentlich Hoffnung auf eine Intervention Deutschlands vorherrschend, während sich heute die pro- und antideutschen Tendenzen schon ungefähr die Waage halten.

Nach englischer Auffassung wird deswegen die Entwickelung zu Deutschland hin nicht aufzuhalten sein, sie wird nur wesentlich erschwert, vor allem auch für die nächste Zukunft, da keine Regierung, auch die heutige nicht, wenn sie sich völlig den deutschen Einflüssen unterordnen würde, in der Lage sein wird, die Ruhe im Lande im Sinne der deutschen Wirtschaftspläne zu garantieren, die Produktion, d.h. die Anbaupflicht und die Ablieferungspflicht aufrechtzuerhalten und durchzusetzen und etwa eine Entwickelung nach dem Vorbild der früheren Schweiz durchzustehen, wobei man in Belgrad die Hoffnung hegt, mit deutscher Hilfe nicht drei, wie man leicht annehmen könnte, sondern etwa fünf bis sechs solcher wirtschaftlich, politisch und kulturell autonomer Gebiete zu entwickeln und in ihrer Zusammenfassung dann durch die Achse garantieren zu lassen. Wenn Deutschland eine solche Entwickelung als Voraussetzung angenommen haben sollte, so ist dies nach englischer Auffassung ohne eine völlige Demobilisierung der jugoslavischen Armee und ohne gleichzeitige Besetzung oder zumindestens sehr weitgehende militärische Hilfestellung Deutschlands nicht möglich. Im Augenblick hat man in englischen Kreisen nicht die Auffassung, daß Deutschland ohne zwingenden Grund sich dazu entschließen wird und daß zumindestens die nächste Entwickelung der inneren Verhältnisse erst allmählich Deutschland dazu treiben wird. Eine praktische Unterstützung für diese Politik in Form einer wirklichen organischen Zusammenarbeit könne Deutschland weder von der augenblicklichen Regierung, die sozusagen nur von einem Tag zum anderen lebt, noch von irgendeiner der bisherigen Parteikonstellationen erwarten. Nach englischer Auffassung arbeitet also in diesem Falle die Zeit für England und je später sich Deutschland zu diesem immerhin riskanten Schritt mit all seinen innenpolitischen Folgen entschließt, umso schwierigere Verhältnisse wird es dann antreffen.

Man glaubt in diesem Zusammenhange nicht, daß der Besuch des deutschen Gesandten in Zagreb grundsätzliche Veränderungen der Gesamtlage erzielt hat, weil, wie auch schon oben ausgeführt, in der kroatischen Bauernschaft die autonome Regierung in Zagreb einschließlich der Belgrader kroatischen Minister längst schon nicht mehr für anders angesehen wird, als die Belgrader Regierung überhaupt. Der Schutz des Privatkapitals, der Spargelder und der Wirtschaftsanlagen setzen grundsätzliche Reformen voraus, die nach englischer Auffassung Deutschland mit seiner Tauschwirtschaft und der daraus resultierenden versteckten „Ausplünderung" auch nicht anders lösen könne, als dies heute mit genau so unzulänglichen Mitteln die Belgrader Regierung auch schon versucht.

Die Belgrader Regierung hat weitgehende Einberufungen angeordnet; sie hat einen Mobilisierungsstand erreicht, der etwa dem im Juli vorigen Jahres entspricht, allerdings unter ganz veränderten Umständen. Während damals die Tendenz vorherrschte, eine Verteidigung des Staatsgebietes durchzuführen oder sie wenigstens nach außenhin zu dokumentieren, läuft die heutige Mobilisierung auf eine Verteidigung der inneren Sicherheit hinaus, sie dient im wesentlichen der Kasernierung etwaiger Unruhherde und ihrer Unterstellung unter militärische Disziplin. Die Erwartungen nach Verstärkung der lokalen Einheiten nach dem Nationalitätenprinzip, die zwar versprochen worden sind, konnten begreiflicherweise nicht erfüllt werden, so daß die Regierung sich im Falle von Unruhen, Hungerrevolten oder Provokationen radikaler autonomistischer Elemente gezwungen sehen wird, das Militär nach Nationalitäten verschieden zur gegenseitigen Unterdrückung der Nationalitäten einzusetzen. In den militärischen Spitzen ist der innere Zusammenhang nach englischer Auffassung inzwischen auch weitgehendst gelockert und es herrscht eigentlich dort, abgesehen von einer Stimmung für oder gegen die augenblickliche Regierung, mehr nur noch eine reine Stellenjägerei und eine Anbiederung je nach den Nationalitäten, wobei noch die Unterschiede zwischen der offiziellen politischen Linie in der Autonomiepolitik und den oppositionellen Gruppen dazu zu beachten sind.

Der Tod von Korosec wird als den deutschen Interessen sehr abträglich charakterisiert. K. war trotz einer betonten Reservestellung ihm gegenüber seitens Deutschlands in letzter Zeit stark auf dem Wege, sich zu einem zweiten Tiso zu entwickeln. Bei der absoluten Autorität, die K. nicht nur für die slovenische Volksgruppe, sondern auch für das gesamte Staatsgebiet beanspruchen konnte, zumindestens für den maßgeblichen Beamtenapparat, ist der lediglich auf das slovenische Gebiet beschränkte Nachfolger Kulovec dieser Aufgabe natürlich bei weitem nicht gewachsen. Selbst in der slovenischen Volksgruppe hat Kulovec keinen entscheidenden politischen Einfluß. Wenn nach englischer Auffassung die Deutschen im Verfolg ihrer Korosec-Politik sich in der entscheidenden Phase der Kriege auf die Slovenen hätten stützen wollen, so ist diese Politik heute kaum mehr möglich.

Die englische Gesamtauffassung ist etwa die, daß an und für sich zwar Deutschland durch den Ausfall Italiens aus jeder Balkan-Kombination freiere Hand gegenüber Jugoslavien gewonnen hat. Daß aber Deutschland gezwungen ist, mit der gegenwärtigen Regierung zusammenzuarbeiten und diese sich gefügig zu machen, was ursprünglich kaum in deutscher Absicht gelegen haben kann. Die Mehrzahl der Regierungsmitglieder selbst und insbesondere der Regentschaftsapparat sind nicht deutschfreundlich eingestellt; sie sind zum Teil in langjährigen traditionellen und geschäftlichen Verbindungen sogar eher an England gebunden. Wenn trotzdem Deutschland heute diese Regierung sich gefügig gemacht hat, so erhält sie einen schwachen und vor allem innerpolitisch leicht angreifbaren Partner, was die Schwierigkeiten in Zukunft zweifellos vermehren wird. Die englische Propaganda jedenfalls ist für die weitere Entwickelung, und zwar glaubt sie dazu alle Trümpfe in der Hand zu haben, reichlich optimistisch, so pessimistisch [sie] auch die gegenwärtige Lage bezüglich eines Abfalls Belgrads von der akuten Rückendeckung zur englisch-amerikanischen Koalition zu beurteilen gezwungen ist.

Bei der hier schon mehrfach betonten Ausschaltung der offiziellen amerikanischen Politik in Belgrad, die in Washington als völlig unzulänglich charakterisiert wird, ist die hier dargelegte englische Auffassung auch in großen Zügen die Auffassung der europäischen Diplomatie. Die englischen Situationsberichte werden unter Umgehung des Belgrader amerikanischen Gesandten über die amerikanischen Stellen in Budapest und Athen weitergeleitet, bisher war dies auch über Sofia der Fall, doch scheint in den letzten Wochen auch der amerikanische Gesandte dort, Earl, in Washington in Ungnade gefallen zu sein.

Budapest 30.8.1941

Die Lage in Ungarn
Äußerlich ist der Eindruck vorherrschend, daß die auf die Straße und die breiteren Kreise der ungarischen Mittelschichten getragene Nervosität über das künftige Schicksal Ungarns in einem von Deutschland beherrschten europäischen Raum stark abgeflaut ist. Bei oberflächlicher Einschätzung der aus höheren Beamtenkreisen zu erlangenden Informationen könnte man sogar feststellen, daß eine fühlbare Entspannung im Verhältnis zu Deutschland eingetreten ist. Die tatsächlichen Gründe sind für den Außenstehenden nicht ohne weiteres ersichtlich. Im wesentlichen beinhalten sie das gleiche Argument, daß eine Reihe als unmittelbar bevorstehend erwarteter Ereignisse nicht eingetreten ist. In erster Reihe gehört hierher die für Mitte des Monats erwartete allgemeine Mobilisation, über deren Auswirkung sich niemand recht im Klaren war. Tatsächlich gehen nämlich die Erhebungen über die Verwendungsmöglichkeit der Beamten im besetzten und in dem noch zu besetzenden Gebiet weiter, verbunden mit dem Ariernachweis nach deutschem Vorbild, die Beschaffung von Zertifikaten über politische Zuverlässigkeit, die sonstige Eignung im früheren Militärdienst für halbzivile militärische Aufgaben wie z.B. die Einschreibung von Rechtsanwälten zu Auditoren und ähnliches, woraus man noch immer auf die bevorstehende totale Mobilisation schließt.

Bezüglich der Aufgaben dieser Mobilisation sind die Ansichten verschieden. Während man von zwölf bis fünfzehn Divisionen spricht, durch die das ungarische Expeditionscorps verstärkt werden soll, glauben andere zu wissen, daß eine vollmilitärische Mobilisation im Inland als eine Reserve für Deutschland unter deutscher Kontrolle und Führung aufgestellt werden soll, aus der sich das Expeditionscorps, das in eine Elitetruppe von Freiwilligen umgewandelt werden soll, ergänzt, während die Hauptmasse abgesehen von den innerpolitischen Aufgaben im Innern für die Besetzungs- und Befriedungs-Aufgaben in Europa als Reserve mobil gehalten werden soll. Damit würden naturgemäß auch die erwarteten staatspolitischen und wirtschaftlichen Aufgaben Hand in Hand gehen und die weltanschauliche Anpassung an die Staats-Struktur der Achsenmächte in Europa erfolgen können. Es hat den Anschein, als ob bei diesem Umschaltungs-Prozeß der ungarischen Regierung Zusicherungen gegeben worden sind, die ein möglichst großzügiges und terminmäßig unbegrenztes Gewährenlassen an Ungarn voraussetzen. Zum Teil erblickt man in den maßgeblichen politischen Schichten und im Staatsbeamten-Apparat darin das Aufgeben vor einigen Wochen noch als aktuell angesehener deutscher Forderungen an Ungarn, zum Teil erblickt man darin aber auch möglicherweise eine Falle für die ungarische Regierung, die politischen insbesondere die innerpolitischen Verhältnisse zu einer Situation treiben zu lassen, die dann nachher ein deutsches Eingreifen nur umso notwendiger erscheinen lassen.

Geblieben ist die Atmosphäre, die noch ängstlicher als früher jedem Zusammenstoß mit etwaigen deutschen Forderungen auszuweichen wünscht und durch betontes Entgegenkommen und zur Schau gestellte Liebenswürdigkeit eine Atmosphäre von Watte schafft, in die der deutsche Druck eingewickelt werden kann.

An diesen Bemühungen sind alle deutschfeindlichen Kräfte eifrig am Werk. Die Situation ist für die ungarische Regierung nicht einfach, als sie sich in ihrem aktiven Teil nicht mehr auf die von dem Abgeordneten Toth aufgezogene Geheimorganisation stützen kann. Diese Organisation war bisher der Hauptträger der am flachen Lande und in der Armee unter der Flagge der ungarischen Freiheit und Unabhängigkeit betriebenen Agitation gegen Deutschland und so übte ihre in kleine sekrete Gruppen eingeteilte Bespitzelungs- und Überwachungs-Tätigkeit gegen Reichsdeutsche und betont deutschfreundliche Ungarn im Beamten-Apparat einen ausreichenden Terror aus. Die Organisation ist nicht aus Gründen einer politischen Schwenkung der Regierung aufgelöst worden, sondern sie war der Träger der Finanzbeschaffung für die Partei „Ungarisches Leben", für die Versorgung der Abgeordneten mit hochbezahlten Posten in der Wirtschaft. In der Entwicklung der Kriegswirtschaft und in der Beschaffung von Verwaltungs-Posten in kriegswirtschaftlichen und ernährungswirtschaftlichen Organisationen mehrten sich bald die Fälle von Korruptionen, die anfangs zwar von der Partei gedeckt werden konnten, bald aber ein solches Ausmaß annahmen, das den Bestand des gesamten Regierungs-Apparates zu gefährden schien. Man hat vorgezogen, den schon in Anlauf gekommenen Reinigungs-Prozeß, nicht zuletzt unter deutschem Druck und zwar dort, wo diese Korruption ihre Ausstrahlungen auch in die Kriegswirtschaft der Achse zwangsläufig zu nehmen begann, abzustoppen und dafür die Organisation Toth im gesamten aufzulösen, bezw. ihr ein Mäntelchen von sozialpolitischer und kultureller Betreuung umzuhängen. Bekanntlich hatte diese Organisation auch Eingang in die fünfte Abteilung des Generalstabes (Abwehr) gefunden; die im Laufe der Entwicklung notwendig gewordene Zusammenarbeit entsprechender deutscher Stellen mit dieser Abteilung ließ auch schon aus diesem Grunde zur Vorsicht mahnen. Heute möchte man am liebsten in der höheren Regierungs-Bürokratie von der Existenz dieser Organisation nichts mehr wissen und will behaupten, sie wäre nur ein Vorschlag des verstorbenen Ministerpräsidenten Teleki gewesen, der aber in Wirklichkeit nicht zur vollen Ausführung gelangt sei. Wie erinnerlich, hat den ersten Stoß gegen diese Organisation im Abgeordnetenhaus der pfeilkreuzlerische Abgeordnete Csia geführt, der sich dabei auf Material aus dem Generalstab stützte. Man ist jetzt, nach sechs Monaten, nachdem schon die Organisation in ihrer ursprünglichen Form nicht mehr besteht, dabei, einen Prozeß gegen diesen Abgeordneten mit aller Vorsicht zu entwickeln unter dem Rubrum der Verletzung von Amtsgeheimnissen, wobei man sich der Hoffnung hingibt, daß Deutschland sich mit der nachträglichen Behandlung eines rein technischen Vorgangs zufrieden geben wird und durch die Zusammenarbeit der beiden Generalstäbe zum Teil in örtlicher Bürogemeinschaft auch für die Abwehr eine gewisse Zusicherung gegeben scheint, daß sich ähnliche Vorgänge und Versuche nicht mehr wiederholen. Immerhin zeigt man sich auch in ungarischen Regierungskreisen über die Wirkung dieses Prozesses nicht ganz sicher und versucht mit allen Mitteln die mögliche Aufnahme bei den entsprechenden deutschen Stellen klarzulegen und sicher zu stellen. Man benutzt hierzu teils authentische teils gefälschte Flugblätter aus der Pfeilkreuzer-Bewegung, worin die Enttäuschung über Deutschland erwähnt wird, daß Deutschland wie vorerst im Falle Hubay-Vago und später im Falle Csia ungarische Patrioten, die sich mit Deutschland verbunden fühlen, vorschickt, um sie dann fallen zu lassen oder gegen anderweitige Zugeständnisse der ungarischen

Regierung von Fall zu Fall auszuhandeln. Es kann als sicher festgestellt werden, daß unter den Flugblättern der Pfeilkreuzer, die damals unter der Anhängerschaft in Umlauf gesetzt wurden, eine Reihe von Mitgliedern der Organisation Toth aus provokatorischen Gründen gefälscht worden sind.

In der Judenfrage zeigt die Regierung eine auffallende Aktivität, wobei von der Beamtenschaft geflissentlich für die Bevölkerung besonders in Budapest die Flüsterparole ausgegeben worden war: es hinge dies mit dem Auftreten des neuen deutschen Gesandten in Budapest zusammen. Später wurde diese Flüsterpropaganda abgeblasen und ohne weitere Überleitung durch eine Gegenpropaganda abgelöst, der Gesandte habe die strikte Anweisung, sich weltanschaulich neutral zu verhalten, um jedem möglichen Konflikt mit der ungarischen Regierung auszuweichen. Bei der typisch ungarischen Mentalität der sogenannten national-ungarischen Beamtenschicht überspitzte sich dies sehr schnell zu der Flüsterpropaganda, daß es im Gegenteil zu den Aufgaben des Gesandten gehören würde, die scharfmacherischen Elemente seiner Beamtenschaft auszuwechseln und auch die zeitweilig nach ungarischer Auffassung zu bemerkenden Bestrebungen in der Landesgruppe der N.S.D.A.P. zu selbständigem politischem Auftreten abzustoppen. Mit besonderer Genugtuung will man festgestellt haben, daß die Gesandtschaft künftig bereit sein wird, den ungarischen Interpretationen des Minderheiten-Abkommens mehr zu folgen als früher. Als Beweis wird angeführt, daß der von der Volksgruppe oder vielmehr deren reichsdeutschen Beratern unternommene Versuch, anläßlich der letzten Clodius-Verhandlungen gewisse Wirtschaftsfragen in den volksdeutschen Gebieten als Gegenstand besonderer Verhandlungen einzuführen, in erster Reihe nicht so sehr von den ungarischen Unterhändlern, sondern auf Intervention der Gesandtschaft zurückgewiesen worden ist. Inwieweit solche Versionen überhaupt zutreffen, kann von einer außenseiterischen Beurteilung überhaupt nicht festgestellt werden. Dagegen kann festgestellt werden, daß sie von der jüngeren Generation der Sekretäre und Räte in den Ministerien im Nationalkasino mit besonderem Eifer in Umlauf gesetzt werden und daß sie dem Nebenzweck dienen und ihn auch zum Teil erreichen, in diesen Kreisen die Autorität der deutschen Gesandtschaft und des neuen deutschen Gesandten als unsicher und gering erscheinen zu lassen. Man wird überhaupt die Beobachtung machen können, daß sich in diesem jüngeren Nachwuchs in den Ministerien eine neue Clique (vielleicht ist die Bezeichnung Geheimgesellschaft heute hierfür noch zu weitgehend) organisiert, die nicht unterschätzt werden soll. Es gehören hierzu die Söhne anerkannter Politiker, Magnaten die entweder im legitimistischen oder im liberal-christlichen Lager stehen und die zum Teil auch bewußt eine Abkehr von der Nationalpolitik ihrer Väter zur Schau tragen. Die Diskussionen, die im Nationalkasino darüber geführt werden, gipfeln etwa in der Feststellung: laßt mal die jungen Leute machen, sie sollen zeigen was sie können, bisher haben sie ja auch schon manches erreicht. Was sie bisher erreicht haben, ist, daß es ihnen tatsächlich gelungen ist, teilweise das Vertrauen deutscher Verbindungsstellen zu gewinnen in ihrer Bereitwilligkeit, deutsche Intentionen aufzunehmen und mit deutschen Stellen über die „Verwestlichung" Ungarns zu diskutieren. Bekannt geworden ist der Ausspruch des jungen Pallavicini, Sekretär in der Kanzlei des Ministerpräsidenten, der im Nationalkasino den alten Herren gegenüber seine Methode, mit den Deutschen fertig zu werden, mit dem Argument erklärt hat: er habe einem deutschen Herrn gesagt, „der Floh gehöre nun einmal zum Hund". In das schallende Gelächter meldete allerdings der alte Pallavicini das Bedenken an, ob nicht der deutsche Herr darauf geantwortet habe, der Floh könne aber auch auf einen anderen Hund überspringen. Das charakterisiert etwa die Geisteshaltung dieses Kreises, die sich anscheinend den Gömbös-Kreis aus der Umgebung des Reichsverwesers in den ersten zwanziger Jahren zum Vorbild genommen hat. Interessant ist, daß auch für diese jüngeren Leute der Reichsverweser als die gleiche etwas angeschlagene Marionette erscheint wie schon zu Zeiten des jungen Gömbös. Man könnte sagen, es ist eine Arbeitsteilung vorgenommen worden, die alten Politiker halten an ihrer Idee, Stützpunkte im Ausland selbst bis zur Schaffung einer unterirdischen Gegenregierung, die mit der englisch-amerikanischen Koalition in Kontakt bleibt, fest, während die jungen glauben ruhig abwarten zu können, falls diese Stützpunkte zerschlagen werden und evtl. diese Politik desavouiert werden muß. Sie bauen deswegen ihre eigenen Verbindungen nicht weniger aktiv aus. Während die Alten mit dem Begriff eines Alibi spielen, dem deutschen Partner im Notfall suggerieren zu müssen, ihre Politik ziele letzten Endes auf den Aufbau einer Reservestellung, deren sich Deutschland im Notfalle bedienen könne, verzichten die jüngeren auf dieses Argument. Sie glauben nicht an eine mögliche Vermittlerrolle Ungarns im Falle eines deutschen Zusammenbruchs oder im mitteleuropäischen Sektor für den Fall eines Kompromiß-Friedens, sondern zielen auf die deutsche Mithilfe unter Ausnutzung der gegenwärtigen Situation zu einem starken selbständigen Ungarn, um sich im Falle eines deutschen Zusammenbruchs von Deutschland ganz zu trennen. Es kann mehrfach belegt werden, daß keine Möglichkeit versäumt wird, die englisch-amerikanische Koalition von diesen beiden Versionen der offiziellen ungarischen Politik ausreichend zu informieren. In der Praxis wirkt sich diese Grundhaltung (die vielleicht zwar als Kaffeehauspolitik charakterisiert werden könnte und mehr ein interessantes psychologisches Spiel ist, die aber deswegen hier ausführlicher dargelegt worden ist, weil man bei Beurteilung mancher Widersprüche und Widerstände dann auf diese Grundhaltung zurückgreifen kann) in der merkwürdigen Behandlung der im Verlauf der letzten Polizei-Aktionen internierten Juden, Legitimisten, sonstiger angeblich politisch Unzuverlässiger, von Leuten die mit amerikanischen oder englischen Freunden in Kontakt oder Mitarbeiterverhältnis stehen, aus. Die ganze Aktion hat viel von einem Fleißzeugnis, das deutschen Beurteilern vorgespielt werden soll, an sich. Die Liste der in den letzten Wochen internierten Personen dürfte annähernd 20000 erreichen, davon rund 9000 Juden, darunter die Hälfte polnische und russische Flüchtlinge. Für diese hat sich zur Beschaffung von Dokumenten, vorübergehende Aufenthaltserlaubnis etc. eine schwarze Börse gebildet, wo man zum Preise von 3000 Pengö bis zu 15000 Pengö je nach Lage und Umfang des Auftrages die Freilassung bekommen kann. An der Spitze eines solchen Auftrages steht dann aber nicht mehr wie früher der jüdische Anwalt, auch nicht wie das früher hier der Fall war der gewesene Staatssekretär, sondern der jüngere ungarische und nationalungarische Anwalt, der sich der besten Verbindungen zu den Behörden erfreut, Mitglied des Nationalkasinos ist und meist seine Substituten-Jahre im Behördendienst verbracht hat. Für die politisch Unzuverlässigen, Leute die auf Grund einer schriftlich niedergelegten Denunziation interniert sind, Korrespondenten, Geschäftsvertreter, hängt es von dem Grad des Eintretens ihrer amerikanischen oder englischen Freunde ab. In Fällen, an deren Internierung man anscheinend von deutscher Seite besonderes Gewicht legt, die man also nicht ohne weiteres entlassen kann, übernimmt die Lagerverwaltung auf eigene Kosten (es wird von einem Vorschuß gesprochen, aber aus welchem Fond?) die Sonderverpflegung, wofür sonst der normale Internierte 140 Pengö pro Monat zahlen muß. Charakteristisch ist der Fall der internierten ungarischen Vertreter der jugoslavischen Dampfschiffahrts-Company, für die sich bisher aus dem englisch-amerikanischen Lager niemand eingesetzt hat, für die mehrfach von ungarischen Freunden interveniert worden ist, aber selbstverständlich ohne Erfolg. Anscheinend braucht man diese Leute auf der Liste. Es kann auch keinem Zweifel unterliegen, daß die ziemlich harmlos verlaufene Intervention des amerikanischen Gesandten in der Frage der Juden-Internierung und Ausweisung nicht ohne ungarisches Zutun erfolgt ist, obwohl oder vielleicht gerade weil die darüber ausgestreute Flüsterpropaganda, von ungarischer Regierungsseite sicherlich stark geschürt, die Angelegenheit sehr übertrieben und mit für Ungarn zu erwartenden furchtbaren Folgen dargestellt hat.

In Einzelheiten sind die politischen Strömungen und Erwartungen für die politische Nachkriegs-Konstruktion Ungarns demgegenüber weniger interessant. Sie finden bei der vorsichtigen Haltung des Beamten-Apparates in der Öffentlichkeit nur einen geringen Niederschlag. Dem Mann auf der Straße wird gesagt, daß Ungarn mit Südsiebenbürgen und dem Banat sicher rechnen könne. Eine andere Version, die inzwischen auch publizistisch ihren Niederschlag in der Zeitschrift „Donaueuropa" finden wird, wärmt die Rolle des ungarischen Gendarmen für Mittel- und Südosteuropa wieder auf. Die Legitimisten propagieren neuerdings die Personal-Union Ungarn-Kroatien, evtl. unter italienischem Schutz, vorausgesetzt, daß Italien sich bis dahin dem deutschen Einfluß entzogen haben wird. Anscheinend rechnet man in diesen Kreisen auch mehr als früher damit, daß die Slovakei wieder unter die Einflußsphäre einer tschechischen Regierung geraten wird. Neu aufgelebt ist bis in die höchste Regierungsschicht das Sentiment für Polen. Alle diese Versionen spielen keine irgendwie bedeutsame Rolle, sie gehen nur auf die Grundeinstellung zurück, daß Deutschland diesen Krieg nach der traditionellen Überlieferung eines Kriegszieles nicht gewinnen kann. Über kurz oder lang wird Deutschland, heute sagt man auch schon selbst [einige Worte unleserlich] englischen Insel, auf einen Kompromiß angewiesen sein, der je schwerer für Deutschland ausfallen wird, je länger der Krieg dauert. Irgendwelchen Gegenargumenten, besonders etwa auch über die völlig anders geartete Form des Krieges und des Kriegszieles, frei von jeder bisherigen Tradition ist die ungarische politische Regierungsschicht nicht zugänglich. Sie haben überhaupt kein Verständnis dafür.

Der Bericht wäre unvollständig, würde man nicht noch eine Besonderheit der ungarischen Mentalität hier erwähnen, die sich schon heute allenthalben bemerkbar macht. Nämlich gerade bei solcher Auffassung gewinnt vielfach das äußere Entgegenkommen gegenüber Deutschland wieder stärkeres Gewicht. Der Großteil der betonten Deutschfeinde, sofern sie einmal gewillt sind, im Gespräch dies offen zuzugeben, sind in dem Augenblick, wo für sie die deutsche Niederlage feststeht, auch wieder Deutschfreunde. Früher war das in der Politik eine Spezialität des alten Grafen Bethlen, heute ist aber diese Auffassung ziemlich allgemein. D.h. etwa, *nach* der Niederlage werden wir dann euch Deutschen beweisen können, was wir wirklich für euch zu tun in der Lage sind.

Die Rolle und die Beurteilung der Volksdeutschen, die bis zum Haß überspitzte Gegensätzlichkeit und deren Gründe sowie die eigentlichen innerpolitischen Probleme müssen einer besonderen Beurteilung vorbehalten werden.

Budapest 24.3.1942

Mit der Kurspflege des Dollars in den neutralen europäischen Ländern beschäftigt sich offiziell das Bankhaus Beer in Zürich. Früher hatte sich dieses Bankhaus sehr bescheiden im Hintergrunde bewegt. Es war eigentlich mehr dafür bekannt, Emigrantengelder in der Schweiz und dann als Schweizer Gelder in Frankreich (zum Teile auch im Südosten) hier anzulegen und zu verwalten. Das Geschäft mit Amerika war verhältnismäßig gering. Heute tritt dieses Bankhaus offiziell als Sachwalter amerikanischer Interessen auf und hat mit den schweizerisch-englischen und schweizerisch-amerikanischen Investment-Gruppen, die zusammengefaßte Anteile von englischen Grundstücksgesellschaften und kanadischen und nordamerikanischen Industriebetrieben vor dem Kriege in der Schweiz zu placieren pflegten, ein Abkommen getroffen, wonach für diese Investmentanteile die Zinszahlung wieder in Dollar oder Franken freigestellt wird, vorausgesetzt, daß die Anteile bei Beer eingereicht werden. Da an der Einführung und Betreuung dieser kombinierten Serien von Anteilscheinen (Swisse Unit, Canada Trust Fond, u.a.) die führenden schweizer Banken beteiligt waren (damals mit Ausnahme von Beer), so hat dieses Bankhaus heute eine führende Stellung in den schweizer Finanzbeziehungen mit dem Auslande, insbesondere in der Einflußnahme auf schweizer und die über die Schweiz gegangenen fremden Fluchtkapitalien gewonnen.

In den letzten Wochen waren hier mehrfach Vertreter des Bankhauses anwesend, darunter auch auf der Durchreise nach dem übrigen Südosten, die sich dafür interessierten, mit Inhabern blockierter Dollarbeträge ungarischer Herkunft in Verbindung zu kommen. Im allgemeinen sollen die hiesigen Banken sehr entgegenkommend ihre Vermittlung anbieten. Beabsichtigt scheint zu sein, solche Beträge zusammenzufassen und da hier die gesetzlichen Voraussetzungen hierfür vorliegen, in schweizer Anteile auf diese kombinierten Serien-Antcile umzuwandeln. Für die hiesigen Banken scheint eine größere Provision herauszuspringen, denn sie zeigen sich für die Beer'schen Vorschläge sehr interessiert.

Zur Unterstützung dieser Aktion für hier und dem Südosten wird das schweizer Finanzblatt „Finanz und Wirtschaft" in Budapest eine Vertretung errichten und versuchen, das Blatt hier in größerem Umfange an die Interessenten zu verbreiten. Das Blatt ist, wenn nicht bereits von Beer in der letzten Zeit überhaupt aufgekauft, von diesem entscheidend finanziert worden. Der Herausgeber des Blattes Herrmann befindet sich im schweizerischen Aktivdienst, das Blatt ist schon mehrfach durch seine betonte Deutschfeindlichkeit aufgefallen. Der Zweck dieser Aktion wird im wesentlichen darin bestehen, eine Propaganda für die amerikanische Wirtschaftskraft und amerikanische Rüstungsproduktion zu entfalten und den Widerstand maßgeblicher Wirtschaftskreise hier und im Südosten gegen die Eingliederung in den deutschen Wirtschaftsraum und die deutsche wirtschaftliche Durchdringung zu verstärken. Diese Propaganda wird mit amerikanischen Angeboten für die Zukunft nicht sparen. Zur Zeit wird hier, unterstützt vom schweizer Generalkonsulat, versucht, ein engeres Vertreternetz zu gewinnen, das über gute Beziehungen zu Wirtschafts- und Finanzkreisen verfügt und, wie dies hier ausgedrückt wird, „auch in der Lage ist, über die schwierigen Probleme der gegenwärtigen Kriegswirtschaft, Industrialisierungsfragen, Kapitalbeteiligungen auf längere Sicht und die Probleme der Nachkriegswirtschaft dem Interessenten Rede und Antwort zu stehen."

Für die Diskussion der europäischen Neuordnungspläne bereiten die Amerikaner einen Ausbau der in der Schweiz domizilierenden Europa-Union vor. Wie aus schweizer Kreisen dazu mitgeteilt wird, wird die Europa-Union in ihrer Konstruktion einen Umbau erfahren; sie nimmt die noch verbliebenen Reste der verschiedenen pazifistischen Gesellschaften und der Völkerbund-Ligen in sich korporativ auf; der von der Union bisher betriebene humanitäre und charitative Sektor wird eingeschränkt, wenn auch nicht ganz aufgehoben, um die Aufbau-Tätigkeit dieser Gesellschaft nicht zu sehr zu erschweren. Dafür wird eine neue Studien-Abteilung eingerichtet, die besonders auf wirtschaftlichem und finanziellem Gebiet verschiedene Unterabteilungen schaffen wird, die sich mit Wirtschaftsplanung, Transport- und Zollfragen, der Finanzierung der Nachkriegswirtschaft etc. beschäftigen werden. Die Gesellschaft wird auch die Arbeiten der Carnegie-Institute und deren Vertreter übernehmen. Dem hiesigen Beauftragten der Union ist vorgeschlagen worden, eine Studiengesellschaft für die sozialen Folgen des Krieges in Erwägung zu ziehen. (Ich bemerke noch, daß eine ähnliche Studiengesellschaft 1919 seinerzeit mit dem Sitz in Kopenhagen gegründet worden war.)

Eine Verbindung des neuen Arbeitskreises der Europa-Union zu den noch vorhandenen Stützpunkten des Internationalen Arbeits-Büros in Genf besteht scheinbar vorerst nicht. Der hiesige Vertreter jedenfalls war bisher ohne Kenntnis davon, so daß anzunehmen ist, daß die Pläne für diese Stützpunkte vorerst unabhängig weiter verfolgt werden. Mit anderen Worten: Es zeigen sich vorerst noch keine Schwierigkeiten, die die informative Arbeit dieser Stützpunkte nach Stockholm und Washington unmöglich gemacht haben würden.

Budapest Ende März 1943

Zur Lage im Südosten
Im Zuge der verschiedenen Sonderfriedensgerüchte, deren Welle allerdings schon im abebben ist, hatten sich im Südosten einige Gerüchtszentren herausgebildet. Der wesentlichste war in *Sofia*. In den dortigen Diplomatenkreisen strömten die verschiedensten Versionen, die mit der Stellung der Türkei und der Bildung eines Balkanblockes zusammenhingen, ein und wurden entsprechend auch in den diplomatischen Berichten verarbeitet. Geblieben ist die „Erkenntnis" von der bedeutsamen Rolle, die nach Ansicht des türkischen Außenamtes Bulgarien zu spielen bestimmt ist, wenn es sich der diplomatischen Führung der Türkei unterwirft. Die Wiedergewinnung einer stärker betonten Neutralität ist dabei für diese Rolle Bulgariens Voraussetzung. Man muß dabei in dieser türkischen Auffassung zwei Phasen unterscheiden:
Erstens die mögliche Bedrohung der Türkei durch Bulgarien im Falle eines deutschen Angriffes zur Forcierung der Dardanellenfrage: Nach ziemlich gleichlautender Auffassung in der türkischen wie in der bulgarischen Diplomatie wäre diese Bedrohung bezw. ein deutscher Angriff eingeleitet worden durch die deutsche Forderung auf Zurückziehung der englischen Militärmission in der Türkei bezw. der technischen Kommissionen der Alliierten zum Ausbau der Flugzeugstützpunkte. – In dieser Phase hat es die Türkei verstanden, die englischen und amerikanischen Verbündeten auf Bulgarien zu hetzen, dagegen sich gegenüber dem russisch-bulgarischen Verhältnis uninteressiert zu verhalten. Diese erste Phase ist vorbei

und jetzt abgelöst worden von einer zweiten, die unter völlig anderen Vorzeichen steht.

In der bulgarischen Innenpolitik sind in letzter Zeit verschiedene Wandlungen zu verzeichnen gewesen: 1. Die Bekämpfung des russischen Einflusses, der dem Kriegseintritt Bulgariens an der Seite Deutschlands im Wege stand. 2. Die Notwendigkeit, die neu gewonnenen Gebiete aus eigener Kraft zu verwalten, Ausdehnung des Verwaltungsapparates, ständige Mobilisation und Ausschöpfung der staatlichen Finanzkräfte des Landes usw. führten zu einer zunehmenden Verarmung und zu einer Wirtschaftskrise, die durch die allgemein bekannten Kriegserscheinungen in Gestalt der Stockung des gegenwärtigen Wirtschaftsverkehrs begünstigt wird. 3. Die Umstellung auf expansive Außenpolitik mit fast imperialistisch gefärbtem Anstrich, wobei auch die bulgarische Ambition auf das türkische Thrazien eine nicht unbedeutende Rolle gespielt hat.

Wenn die bulgarische Regierung mit diesen innerpolitischen Problemen wenigstens insoweit fertig geworden ist, daß sie sich einer aktiven Opposition gegenüber im Gleichgewicht gehalten hat, so kann das nicht heißen, daß diese Probleme damit gelöst oder beiseite gestellt worden sind. Im Gegenteil, die Schwäche der bulgarischen Regierung charakterisiert sich am besten dadurch, daß sie den einzig möglichen Ausweg, die Regierungsgeschäfte mehr im Sinne einer Militärdiktatur zu führen, versäumt hat, vielmehr ihn nicht beschreiten wollte. Aus dieser ursprünglichen Schwäche ist nun aber für die Regierung durch die Entwicklung der Kriegsverhältnisse im Augenblick eine ziemlich starke Position entstanden, die im türkisch-bulgarischen Verhältnis die *zweite Phase* eingeleitet hat. Die türkischen Vorschläge kommen im Grunde allen vorher aufgezeigten Tendenzen irgendwie entgegen. Sie erkennen eine lokale Grenzberichtigung an der thrazischen Grenze an. Sie befürworten den bulgarischen Anspruch auf einen entsprechend gesicherten Zugang zum Ägäischen Meer, einschließlich Salonikis. Sie bieten die türkische Hilfe an für die Berücksichtigung der bulgarischen West- und Nordgrenze gegenüber dem noch ungeklärten Südost-Programm der Alliierten. Sie bestärken die bulgarische Unabhängigkeit gegenüber etwaigen sowjetrussischen Aspirationen auf Bulgarien, einschließlich des Zieles einer bulgarisch-türkischen Allianz gegen russische Aspirationen auf die Dardanellen. Mit anderen Worten: Bulgarien wird die Chance eines Groß-Bulgarien in der künftigen Neuordnung des Südostens im Sinne der Alliierten-Propaganda eingeräumt, sofern sich Bulgarien für den Balkan als eine Art Ordnungsblock an der Seite der Türkei erweisen kann. Für diese Konzeption wird die Türkei der bulgarischen Außenpolitik jede Hilfsstellung in Aussicht stellen. Der diplomatische Meinungsaustausch zwischen Ankara und Sofia ist seit dieser Zeit äußerst rege. Man pflegt die diplomatischen Beobachter in Sofia entsprechend zu unterrichten, sodaß nicht ohne Zutun der bulgarischen Regierung (und zum Teil auch ihrer diplomatischen Vertreter) im übrigen Südosten der Eindruck erweckt werden konnte, daß sich über die Türkei im Südosten Stabilisierungsversuche und Friedensfühler vorbereiten; die bulgarischen Vertreter haben auch nicht versäumt, deutsche Stellen darüber zu informieren. Über die amerikanischen Diplomaten in der Türkei hat sich, gestützt durch die türkische Diplomatie, ein amerikanisches Interesse im Südosten angebahnt, das zunächst (wenigstens auf den ersten Blick) nicht unbedingt den deutschen Interessen in diesem Raum zuwiderzulaufen schien, zumal ja auch nach dieser Ansicht Deutschland in der gegenwärtigen Entwicklung des Krieges an einem neutralen bulgarisch-türkischen Block ein gewisses Interesse haben sollte.

Wie weit diese Dinge nur ein politischer Bluff sind, kann heute noch nicht ausreichend erwiesen werden. Vieles spricht dafür, da unmittelbar dadurch die gesamten Südosteuropa-Probleme in einem für Deutschland unerwünschten Zeitpunkt und letzten Endes auch von einer unerwünschten Seite her aufgerollt werden sollen.

Zu gleicher Zeit ist in *Bern* über die Amerikaner ein zweiter Schwerpunkt für Kombinationen im Südosten und für entsprechend ausstrahlende Friedensgerüchte aufgezogen worden.

Die amerikanische Diplomatie hatte sich in den letzten Monaten in der Schweiz verhältnismäßig ruhig verhalten. Es mußte dabei auffallen, daß jetzt von amerikanischer Seite in Bern die Ermunterung ausgesprochen worden ist, auf der Basis des früheren Minderheiteninstituts beim Völkerbund und unterstützt durch einen entsprechenden Arbeitskreis aus dem internationalen Arbeitsamt in Genf eine Diskussion über die

Nachkriegsprobleme im europäischen Südosten in Form von Aussprachen, Denkschriften, privaten Korrespondenzen etc. ins Leben zu rufen, an der auch Vertreter der Emigrationsregierungen der besetzten Südostländer gemeinsam mit sonst irgendwie in der Schweiz ansässigen oder sonst direkt dahin dirigierten Vertretern oder Vertrauensleuten der gegenwärtigen Südostregierungen teilnehmen könnten. Verständlicherweise sah diese Aktion gleichfalls wie ein Friedensfühler aus, umso mehr als Länder wie Ungarn und Rumänien in diesen Wochen bemüht waren, für diesen Zweck Leute nach der Schweiz zu bringen. Es läßt sich sehr gut denken, daß beide Aktionen Teile eines gemeinsamen Planes waren.

Die Schweiz hat indessen ihre Zusage auf Förderung und Schutz solcher Aussprachen zurückgezogen und die beabsichtigte Konferenz von Yverdom ist zumindestens in dem geplanten Umfange nicht zustande gekommen. Geblieben sind ein paar Lageberichte, die einem beschränkten Personenkreis in der Schweiz selbst zugegangen sind. Jedenfalls ist eine direkte Einschaltung der Emigrationsregierungen nicht möglich geworden.

Nach Berichten bulgarischer Diplomaten, die sich auf amerikanische Informationsquellen in Istanbul stützen, hat die englische Diplomatie die beiden Projekte zu Fall gebracht. Dahinter soll nach dieser bulgarischen Auffassung der tschechische Expräsident Benesch stehen, der bei der amerikanischen Diplomatie gegen das bulgarisch-türkische Projekt intrigiert hat. Nach Kenntnis des Berichterstatters aus Kreisen, die dem Benesch-Regime noch informativ nahestehen, wird dabei die Rolle Benesch' und überhaupt des Benesch-Programms überschätzt. Allerdings gilt die Stellung von Benesch heute im Rahmen der Alliierten-Diplomatie als stärker wie noch vor einigen Monaten. Es ist auch durchaus zu erwarten, daß im Anschluß an den Eden-Besuch eine Reihe von Konferenzen über die europäischen Nachkriegsprobleme, darunter auch über den Südosten, stattfinden werden, wobei teilweise bestimmt auch Benesch eine Rolle spielen wird. Immerhin ist er aber nicht so entscheidend, daß die Alliierten sich auf ein von ihm vorgelegtes Programm heute festlegen würden.

In der Schweiz hat das Projekt zum Scheitern gebracht die englische Drohung, eine Reihe in der Schweiz domizilierender finanzieller und wirtschaftlicher Dachgesellschaften auf die schwarze Liste zu setzen, da ihre geschäftlichen Operationen in den Südostländern den Interessen der Achsenmächte dienten. Die Schweiz hat zunächst, um aus diesem Dilemma herauszukommen, einerseits eine Betätigung dieser Gesellschaften außerhalb des Rahmens der Schweiz, d.h. außerhalb der Kontrolle der Bundesbehörden, verboten (woraus das Gerücht über die Abberufung von Schweizer Firmen aus den Südostländern entstanden ist), auf der anderen Seite aber auch ihre Zusage zur Förderung einer Informationszentrale in Yverdom zurückgezogen.

Es gab und gibt noch einen *dritten Schwerpunkt*, der an Bedeutung allerdings hinter den beiden anderen weit zurücksteht: *Rom bzw. Budapest*. In beiden Städten verfolgt man im wesentlichen dieselbe Taktik, nämlich, daß, was die ungarischen Informatoren nicht den Mut haben, aus Eigenem in Umlauf zu setzen, sie nach Rom verschieben oder sich auf römische Informationen beziehen. Man spricht zwar heute verständlicherweise in Budapest im Augenblick nicht mehr von einer ungarisch-italienischen Allianz in diesen Fragen, sondern bemüht sich, die gegebenen deutsch-italienischen Spannungen zu aktualisieren und zu vergröbern, wobei man möglichst nach beiden Seiten das Gehör eines vertrauten Informators und Beobachters finden möchte. Der Wunsch Ungarns ist es, gewissermaßen aus einem Kessel – welcher der Dreierpakt für Ungarn nicht nur geographisch ist – herauszukommen und eine diplomatische Selbständigkeit zu gewinnen, um in direkte Gespräche mit den Alliierten zu gelangen. Der Versuch ist bisher nicht gerade von Glück begünstigt gewesen. Z.B. werden die amerikanischen Bedingungen immer härter. Während man noch vor einigen Wochen hören konnte, daß sich die Alliierten mit einer Beschränkung der ungarischen Kriegsanstrengung auf den Kampf gegen den Bolschewismus begnügen würden, verlangt man heute schon die sofortige Einstellung der Kriegsbeteiligung und die Einführung einer effektiven Wirksamkeit des in Ungarn ja noch vorhandenen parlamentarisch-demokratischen Regimes, u. zw. wie von ungarischer Regierungsseite unlängst ziemlich offen ausgesprochen wurde, nicht nur in der bisher in Ungarn geübten Weise der Duldung von hinten herum, sondern auch in der Durchsetzung der von Ungarn erhobenen Forderungen gegenüber Deutschland. Im Augenblick hat sich in der ungarischen Regierung noch niemand gefunden, der in der Öffentlichkeit diese Diskussion aufzunehmen wünscht; die Gegensätze zwischen einer deutsch-freundlichen Richtung (im offiziellen Regierungsapparat stark in der Minderheit, in der breiten Bevölkerungsschicht nicht ohne Aussicht weiter an Boden zu gewinnen) und den demokratischen Tendenzen stehen nach wie vor auf dem typisch ungarischen status quo. Praktisch hat dies zur Folge eine Ausschaltung der ungarischen Außenpolitik aus allen umlaufenden Versionen und Kombinationen über den Südosten nicht nur den Alliierten, sondern auch den vielfältigen Versuchen der kleinen Südoststaaten gegenüber. Es ist daher eigentlich zwangsläufig, daß die Drahtzieher der ungarischen Politik sich bemühen, nach allen Seiten Gerüchte auszustreuen und sich als eine Art Umschlagsplatz auszugeben, und zwar schon aus keinem anderen Grunde als dem der Störung.

Demgegenüber, d.h. gegenüber diesen drei Schwerpunkten, ist die außenpolitische Entwicklung in den übrigen Südoststaaten bisher noch ohne Bedeutung. Die griechische Frage ist kaum angeschnitten worden und es wird zurzeit auch sehr störend empfunden, Griechenland in irgendwelche Kombination einzuziehen, da Griechenland als eine besondere Interessensphäre der Amerikaner betrachtet wird. Es ist diese Einstellung ein feststehender Begriff der Balkan-Diplomatie geworden, heute eigentlich ohne sichtbaren Grund.

Auch über Rumänien wird wenig gesprochen; doch dürfte die türkische Diplomatie Rumänien für ihre Interessen im Alliierten-Programm ähnlich wie Bulgarien präsentieren, nur daß Bulgarien den Vorrang hat und für die Türkei erheblich wichtiger ist. Das, was für Bulgarien gilt, gilt in stark eingeschränktem Maße auch für Rumänien.

Die Umbildung der jugoslawischen Emigrationsregierung bedeutet letzten Endes den Versuch einer Einstellung auf die großserbische Linie, deren Bedeutung nicht so sehr auf die Erhaltung der serbisch-kroatischen Koalition als auf die Festigung der großserbischen Ideologie abzielt. (Keiner der neuen Minister ist unbedingter Anhänger der Wiederherstellung des jugoslawischen Staates.) Die Tendenz liegt mehr in einer neuen Drohung und einer Pression auf Bulgarien als auf irgendeinem anderen Gebiet.

Budapest 7.10.1943

In einem Überblick über die Lage im Südosten muß leider immer wieder vorangestellt werden, daß ständig die Gefahr besteht, durch Berücksichtigung der zahlreich umlaufenden und widersprechenden Gerüchte einer Überschätzung der Schwergewichtsbildung zum Opfer zu fallen. Die verschiedenen Balkan-Nachkriegspläne, die im Augenblick von der alliierten Propaganda wieder im Vordergrunde liegen, sind keineswegs neu oder etwa durch die gegenwärtige Situation an den Kriegsschauplätzen bedingt. Aus den zahlreichen zum Teil schon monatelang zurückliegenden Informationen aus diplomatischen Kreisen sintern sich immer wieder die gleichen grundsätzlichen Konstruktionen heraus. Die *Sovjet*russen fordern die Interessensphäre des Balkans in Fortführung der alten imperialistischen Zarenpolitik sowie freien Zugang zum Mittelmeer. Sie bedienten sich früher der bolschevistisch-kommunistischen Propaganda und sie versichern heute, daß sie sich in die inneren Verhältnisse nicht einmischen. Sie fördern heute den Plan einer Balkanunion. Die russische Führung und Schutzstellung beinhaltet nach russischen Äußerungen eine Konstruktion dieser Balkanunion, die den Russen den freien Zugang sichert. Alle wirtschaftlichen und politischen Fragen, Zollunion etc. werden dabei nach dieser Auffassung zurückgestellt. Praktisch bedeutet dies eine Interessensaufteilung mit dem *englischen* Plan. Der englische Plan ist einer Balkanunion nicht abgeneigt, wenn dem englischen Kapital freier Zutritt zur wirtschaftlichen Erschließung dieser Länder und eine gewisse Sonderstellung eingeräumt wird. Das englische Kapital wünscht die Balkanländer zu seinem Interesse zu kolonisieren. Nach der alten bisherigen englischen Auffassung geschieht dies am besten in Form politischer Bündnisse oder Bündnisgruppen, die dem englischen politischen Einfluß unterliegen. Der englische Plan unterscheidet sich insofern von dem sovjetrussischen, als er den Plan einer alle diese Völker umfassenden Balkanunion nicht oder nur sehr widerwillig und zögernd zustimmt. Die Engländer streben als Ziel im Grunde genommen den Status quo ante an. Sie wünschen mit jedem Lande selbst zu verhandeln und bei diesen Verhandlungen nach dem Prinzip des do ut des ihre Interessen durchzusetzen. Im Rahmen des englischen Planes finden die verschiedenen Fühlungnahmen mit den einzelnen Regierungen entweder durch die Emigrantenkomitees oder durch deren Vertrauensleute in den Regierungen selbst statt. Das Bild ist immer dasselbe, ob mit den Rumänen, Bulgaren, Ungarn, Griechen oder Slowaken gesprochen wird; Inaussichtstellung einer wohlwollenden Behandlung, wenn die künftige Stellung des Landes zur englischen Politik vorher bestimmt und von England akzeptiert wird. Die Frage der späteren Bündnisse unter einander kommt dann erst in zweiter Linie. Bekommen die Engländer von den Russen die Zusicherung, daß ihre Schutzherrschaft den politischen und wirtschaftlichen Interessen Englands keinen Abbruch tun wird, sondern (wie dies in den letzten Tagen der Fall zu sein scheint) von Rußland zugestandenermaßen noch gefördert werden würde, läßt sich der englische und russische Plan mit einander vereinbaren. Von den Russen sind besondere Emissäre, die für die Propagierung der Konstruktion ihres Landes auftreten, nicht bekannt geworden; dagegen bauen die Engländer in ihren Plan ein weitverzweigtes Agentennetz ein. Die alten Leute aus der Londoner Balkan-Review mit Seton Watson an der Spitze haben wieder ihre Verbindungen aufgenommen, ein spezielles Südostbüro ist im Entstehen (vielleicht schon gegründet), dessen publizistische Leitung der alte Wickham Steed übernommen hat. Steed hat sich auch schon an alte Mitarbeiter hier im Südosten gewendet und Verbindung aufgenommen.

Alles dies hat weder mit den Emigrantenregierungen, noch mit Benesch und dessen Plänen etwas zu tun und läuft vollkommen selbstständig.

Im krassen Gegensatz zu diesen beiden Plänen steht der *amerikanische* Plan. Die Amerikaner wollen den Südosten wirtschaftlich und im Grunde genommen politisch als eine Einheit. Sie streben sozusagen eine allgemeine Bestandsaufnahme an, aus der sie das Finanz- und Wirtschaftsprogramm und die Verteilung der Erträgnisse einheitlich zu regeln wünschen. Der amerikanische Wirtschaftssachverständige aus dem engeren Rooseveltkreis Baldwin, der im Augenblick allerdings nach Italien geht, ist der Sachverständige Washingtons für den Südosten. In der Propagierung des amerikanischen Planes ist interessant, daß die Amerikaner mit einer Mitarbeit Deutschlands an dem Balkangeschäft rechnen; sie scheinen daher auch die bisherigen Beziehungen bezw. Bindungen Deutschlands in den Balkanländern entscheidend nicht ändern zu wollen.

Im Grunde genommen wirkt sich die Propaganda für den amerikanischen Plan im Augenblick auch bei den spekulativen Schwankungen der einzelnen Südostregierungen im Interesse Deutschlands aus, obwohl die Amerikaner immer betonen, daß die deutsche Zusammenarbeit mit dem Balkan ein wesentlicher Teil der Nachkriegshilfe für Europa (selbstverständlich unter amerikanischer Kontrolle) sein wird, mit anderen Worten, daß die Balkanländer die Kriegsspesen aus Eigenem decken müssen und eine amerikanische Kapital- und Wirtschaftshilfe nicht in Frage kommt. Die Amerikaner, die ihren Plan sehr intensiv durch Agenten und Emissäre über ihr istanbuler Büro propagiert haben, sind mit der englischen Auffassung und der sich etwas zurückhaltender bewegenden russischen Auffassung etwas in Konflikt gekommen. Die publizistische Propaganda ist im Augenblick so gut wie völlig eingestellt, nicht dagegen die Propaganda in der persönlichen Fühlungnahme mit den Diplomaten der Balkanstaaten.

In diese Grundkonstruktion fiel die italienische Kapitulation und deren Folgewirkungen. Es ist ein Irrtum anzunehmen, daß die Südostländer die schwache Situation Italiens nicht seit langem gekannt hätten. Wenn man überhaupt im Südosten auf Italien etwas gesetzt hat, dann nur deswegen, weil die italienischen Diplomaten immer haben durchblicken lassen, daß Italien künftighin beim Zerfall der Achse als Sprecher und Mittler für die Balkanländer den Alliierten gegenüber auftreten würde. Insofern bedeutet die enge Bindung Italiens an England (ohne dabei eine Klarstellung über den englisch-amerikanischen Gegensatz am Balkan zu erzielen) hier eine ziemliche Überraschung. Die Balkanländer einschließlich Ungarns sehen sich hier vor die Notwendigkeit gestellt (sofern sie sich überhaupt in die politischen Spekulationen einlassen oder diese weitertreiben wollen), sich zwischen der englischen und der amerikanischen Auffassung zu entscheiden, daher die tiefgreifende Unruhe in den Regierungsapparaten.

Die ungarische Regierung hat noch wenige Tage vor der Kapitulation der italienischen Regierung mit Matschek und seinen Leuten in Kroatien verhandelt und dabei so eine Art Zustimmung erhalten, daß die kroatische Bauernpartei den Verhandlungen, die der ungarische Emissär Tibor von Eckhardt mit dem früheren Banus Schubatschitsch in Los Angeles führt, zustimmt. In Los Angeles wurde ein gemeinsames Protokoll aufgesetzt, wonach für den Fall eines Zusammenbruchs der Achse Ungarn und Kroatien gemeinsam auftreten würden, mit dem Ziel, wenn möglich den früheren Zustand der ungarisch-kroatischen Verwaltungsunion wieder herzustellen. Das Protokoll ließ die Frage offen, ob dies im Rahmen einer Donaumonarchie oder einer Donauunion geschehen kann. Matschek hat die Zusage gegeben, mit Ungarn gemeinsam auch die auftauchenden Fragen der Gegenwart zu behandeln. Der betreffende ungarische Emissär wurde damals auch von dem General Tito in dessen damaligem Hauptquartier in Crkvenicza empfangen. Dort kam eine Vereinbarung über die ungarische Südgrenze zustande, wobei Tito die Erklärung abgab, daß sich die Bandenüberfälle auf das Murgebiet nicht wiederholen würden. Tito gab sodann noch die russische Auffassung wieder, daß im allgemeinen die ungarischen Grenzen respektiert werden würden bis auf spätere wenn möglich friedlich vonstatten gehende Verhandlungen über Grenzberichtigungen zu Gunsten von künftigen Mitgliedern der Balkanunion. Das Gespräch schloß mit der Anregung an die ungarische Regierung, ihrerseits Vorverhandlungen mit russischen Vertretern aufzunehmen, wie dies nach Titos Angabe angeblich die rumänische Regierung schon getan hat. Entsprechende Entschlüsse konnte die ungarische Regierung nicht mehr fassen, da nach der unmittelbar danach erfolgten italienischen Kapitulation sich die Verhältnisse wesentlich geändert hatten. Eine Beteiligung ungarischer Truppen zur Bereinigung der Aufstandsgebiete in Istrien kam sowieso nicht in Frage und war auch nicht verlangt worden.

Die Ungarn befinden sich im Augenblick in einer schwierigen Lage. Nachdem in der gegenwärtigen Phase auf Seiten der

Alliierten zweifellos England in der europäischen Politik die Führung hat, nützt ihnen die geflissentliche Rückendeckung mit Amerika nichts. Die Engländer zeigen sich verärgert und zugeknöpft und die ungarischen Anbiederungsversuche an England, die sich jetzt in diesen Tagen zeigen, werden daran nichts ändern. Es ist heute fast gleichgültig, was Ungarn nunmehr zu tun gedenkt, und welche Regierung dies ausführt. Nach ungarischer Auffassung hat Ungarn mit Amerika auf das falsche Pferd gesetzt bezw. sind noch keinerlei Zusicherungen von Amerika eingetroffen. Es herrscht an der Regierungsspitze die gleiche Unsicherheit und die gleiche Meinung wie vor einem Jahr oder noch länger. Im Grunde genommen wünscht man heute die so oft als Schreckschuß benutzte Drohung mit der Besetzung Ungarns durch deutsche Truppen verwirklicht zu sehen, um die Verantwortung einer eigenen Politik loszuwerden. Wie weit die an der Staatsführung verantwortlichen Personen das allerdings noch mit ihrer Person vertreten können, steht auf einem anderen Blatt. Tritt nämlich der Reichsverweser zurück, wovon gelegentlich natürlich sehr laut gesprochen wird, so muß die Regierung im wesentlichen Kern bleiben; tritt umgekehrt die Regierung zurück, so muß der Reichsverweser bleiben. Beides sind für die ungarische Politik sehr unbequeme Lösungen.

Charakteristisch ist schon die Frage der Behandlung der italienischen Diplomaten. Es ist nicht so, daß deutscherseits ein Druck auf Ungarn zur Klarstellung ausgeübt wurde, sondern gerade umgekehrt. Ungarn hat nach außen prestigemäßig diesen Druck erbeten, um den festgefahrenen diplomatischen Apparat überhaupt wieder in Bewegung setzen zu können. Der hiesige diplomatische Apparat der Italiener hat sich für Badoglio erklärt, zugleich aber das Gesandtschaftsgebäude verlassen. Die Zwischenfinanzierung wird zunächst von ungarischer Seite privat vorgestreckt und später nach Feststellung des Alliiertenverhältnisses zur Badoglio-Regierung von der Schweiz als der Schutzmacht der britisch-amerikanischen Wirtschaftsinteressen im Südosten und Ungarn gedeckt. Bekanntlich befindet sich ein erheblicher Goldschatz der italienischen Regierung in der Schweiz, im übrigen mit ungarischer Hilfe angesammelt durch hiesige Mitglieder der italienischen Botschaft. Die Finanzierung erfolgt zunächst als Apparat und sollte die ungarische

Regierung später die Version einer Anerkennung der Badoglio-Regierung nicht aufrecht erhalten können, als Unterstützung für die Personen, das ist nach einer Erklärung des Herrn Stendardo ausdrücklich vereinbart, was zugleich unter Beweis stellt, daß die ungarische Regierung vor der Treuerklärung dieser Gesandtschaftsmitglieder in Savoyen diese Vereinbarungen zugesichert hat. Die betonte Freundschaftsgeste zu England hin ist darin offenbar. Der innere Grund für eine vielleicht fallweise Umbildung der Regierung ist damit gegeben. Immerhin bedeutet das alles nichts. Es ist nur in Ungarn besser gelungen wie in Sofia oder Bukarest, wo die italienischen Vertreter zunächst buchstäblich auf dem Trockenen sitzen und die Finanzierungstransaktionen nicht so leicht fallen dürften.

BEOBACHTUNGSBRIEFE ZUR NACHKRIEGSSITUATION AN RUTH FISCHER

Masi di Cavalese (Trento), 14.1.47
Val di Fiemme

Liebe Ruth,
inzwischen sind noch einmal die beiden Nummern der Korrespondenz angekommen, und zwar in gutem Zustande, so daß ich alles lesen kann. Also vielen Dank. Falls jemand über Ungarn berichtet, so schicke ich einige grundsätzliche Beobachtungen, die man der Beurteilung zu Grunde legen kann.

Zur Bodenreform.
In der Mitte der zwanziger Jahre entstand von einer Gruppe junger Soziologen eine Bewegung „die Wiederentdeckung Ungarns", die kritische und überaus fruchtbare Untersuchungen über die Lage des ungarischen Dorfes und der Bauern durchführte. Leider ist diese Bewegung im Ausland kaum bekannt geworden, übersetzt worden sind glaube ich diese Schriften nicht. Diese „Dorfforscher", wie sie sich nannten, meist Schullehrer, wurden von der Regierung bald sozialistischer und kommunistischer Tendenzen verdächtigt und unterdrückt, d.h. in einer besonders raffinierten Weise mundtot gemacht, indem man den Leuten Stellungen in Budapest verschaffte in den Ministerien, als Sozialberater in den Komitaten, ich glaube dieses Amt wurde eigens für diese Gruppe geschaffen, oder als Redakteure hauptstädtischer Zeitungen, vornehmlich unter dem Einfluß des katholischen Klerus. In den dreißiger Jahren war die Bewegung bereits vollständig verschwunden, neue Kräfte sind nicht nachgewachsen, einige Leute haben sogar ihre früheren Bücher ausdrücklich verleugnet, wie ich noch selbst persönlich feststellen konnte, die sozialistische Bewegung, die in ihrer Lethargie sich ausschließlich auf praktische Lokalfragen der Industriearbeiterschaft beschränkte, hat die Bewegung nicht weitergeführt und aufgenommen, von den Kommunisten, die unter der Oberfläche ein klubmäßiges Dasein vortäuschten,

schon gar nicht zu reden. Von der jüngeren Intelligenz, die unter dem Gömbös-Kurs von dem revisionistisch-nationalen Kurs aufgesogen wurde, wurden die ursprünglichen Propagandisten ihrer Käuflichkeit wegen verachtet. Um 40 herum wurde schon überhaupt nicht mehr davon gesprochen, schon allein danach zu fragen, war eine Art Taktlosigkeit – trotz aller Schwäche und der geringen tatsächlichen Resonanz der Bewegung hauptsächlich deswegen, weil im Grunde die nationale Überbetonung darin nicht zu finden und die mystische Idee des Stefansreiches abgelehnt worden war, d.h. sie fand in einer Untersuchung des Bauernstandes bei aller Herausarbeitung des Bodenständig-Eigentümlichen einfach keinen Platz. Ob heute die Regierungspolitik zur Bodenreform wieder darauf fußt, möchte ich bezweifeln, ich weiß es jedenfalls nicht, denn was ich darüber gehört und sogar gelesen habe, benutzt die alten mechanischen Schlagworte von der Bodenaufteilung, die für den Bauern in Ungarn völlig nutzlos und sinnlos sind.

Einer Aufteilung muß eine Kapitalisierung des Bodens vorangehen. Ich verstehe darunter eine Verbesserung der Sauerböden und Bewässerung der Pusten (in Ungarn macht die Versteppung rapide Fortschritte), Meliorationen, Ausrüstung mit Maschinen und Gerät und eine grundsätzliche Änderung bezw. Ausgleich der Produktion, gestaffelt nach den örtlich gegebenen Bedingungen vom Eigenverbrauch des Landes zum Export, mit entsprechendem Einbau der Nahrungsmittelindustrie, und alles was an Hilfsmitteln durch Erziehung und Verkehrsverhältnisse etc dazugehört. Ob das der Staat oder eine genossenschaftliche Organisation durchführt, ist zunächst gleichgültig, Ansätze waren hierzu etwa in der Hangya, der Genossenschaftszentrale vorhanden, die nur wie alles bisher in Ungarn sehr schnell von ihrer ursprünglichen Aufgabe sich entfernt hat und zu einem monopolistischen Gebilde ausgewachsen ist, und dem Bauern statt ihm zu helfen zu Gunsten einer Schicht privilegierter Grundbesitzer ausgeplündert hat.

Ich möchte das Paradox wagen: In Ungarn, das durch den hohen Prozentsatz seiner landlosen Bauern charakteristisch ist, gibt es nicht zu wenig, sondern zuviel Land. Um die zwanziger Jahre hat der ungarische Bewässerungsfachmann Rutkay, damals glaube ich Generalkonsul in Barcelona und von der spanischen Regierung mit einem Bewässerungsplan für Spanien beauftragt, einen solchen Plan auch für die Bewässerung der ungarischen Tiefebene aufgestellt. Der Plan wäre nur mittels einer Anleihe des Völkerbundes durchzuführen gewesen, was aber durch die üblichen Machtintrigen und Konkurrenten abgelehnt wurde, sehr zum Schaden, denn dieser Plan, einer der wirklichen großen Siedlungspläne sozialistischer Prägung der Vorkriegszeit hätte das Bild Europas wesentlich geändert und den Nazismus vermutlich im Keime erstickt (Ungarn hätte für sich allein die Ernährung Europas sicherstellen können). So aber wurde daraus eine groteske Tragikomödie. Nach jahrelangen Kämpfen vom ungarischen Parlament angenommen, ist er nie verwirklicht worden, immer nur Teilbewilligungen, die sich eine Gruppe von Projektemachern in die Tasche stecken konnten, während Rutkay, der inzwischen Stellung und Vermögen geopfert hatte, sich schließlich selbst umgebracht hat, die Witwe wurde dann auf Staatspension gesetzt und der damalige Bewässerungskommissar, der spätere Ministerpräsident Kallay, der inzwischen die drei Pumpenfabriken des Landes an sich gebracht hatte, verstand den Plan in das Gegenteil umzubiegen, nämlich in eine Entwässerung der Theissniederung, die bereits durchgeführten Vorarbeiten wurden zu einem Modellgut zusammengefaßt und Herrn Horthy als Geschenk der Nation überreicht. Ich will damit sagen, ursprünglich hat es nicht an Einsicht gefehlt, ich glaube über eine Million Bauernstellen waren vorgesehen. Zum Beispiel wäre das ein Start für eine Bodenreform gewesen.

Die großen Unterschiede in den Güteverhältnissen des Bodens und die Etatbedürfnisse des von Beamten übersetzten Staates haben nach einer extensiven Wirtschaft gedrängt. Es steht die Frage rein rechnerisch im Sinne des Etatismus, was ist für diesen vorteilhafter, die Ausnutzung der Steppe durch Aufzucht großer Viehherden, Schweine, Geflügel etc mit der entsprechenden Großverarbeitung bis zum berühmten Bacon und der Gänseleber beispielsweise, oder die Nutzbarmachung des Bodens für Bauernsiedlung? Bei dem einen nimmt der Staat ein, beim andern muß er zahlen. Ein Musterbeispiel von Etatismus. Das gleiche gilt für den Anbau von Nutz- und Ölpflanzen, Paprika, Pfefferminz etc, für die der Staat den Großanbau, das ist zugleich der Grossist, der Verarbeiter, der Mühlenbesitzer bevorzugen wird. Es entsteht die Preisschere in der Gesamtwirtschaft, und der Etatismus, der davon lebt und dem man seine Einnahmen vorrechnen kann, wird zuletzt gezwungen Vorschüsse, d.h. Subventionen, Exportprämien zu zahlen, die er mit einer geschlossenen Produktionsgruppe vor sich aushandelt, der kleine Bauer kommt da nicht mit und wird nicht in Betracht gezogen – das bleibt dem Kommissionär, dem Grossisten dann überlassen. Wer nicht stark genug ist, wer nichts riskieren kann in dieser Spekulation um den Etat bleibt zurück und geht zu Grunde. Wohlgemerkt wird eben aus einer Produktion das Objekt einer Spekulation. Das ist beim Weizen oder Mais oder Wein immer der gleiche Fall. Aus der Produktion allein kann der Bauer im Etatismus sich nicht erhalten – seine Arbeitskraft wird nicht mal aufgesogen als Landarbeiter, der sich in der extensiven Wirtschaft über kurz oder lang zu teuer stellt, er wird der landlose Bauer, der überschuldet an die Genossenschaft von der Hand in den Mund lebt, praktisch in der Erzeugung von Kindern, die in die Stadt in Dienst und auf Arbeit gehen. Der ungarische Bauer ist für eine intensive Wirtschaft nicht vorbereitet, weil alle Voraussetzungen und Vorbedingungen fehlen, nicht etwa durch Erziehung und Neigung, sondern weil die etatistische Wirtschaftsordnung dem entgegensteht. Der Krieg hat das ins Phantastische gesteigert durch die deutschen Bedürfnisse, die dem sehr entgegenkamen, so hat zum Beispiel die Firma Plazter einen großen Teil des deutschen Heeresbedarfs an Trockengemüse gedeckt. Aber grade diese Ausplünderung durch die deutsche Intendatur mit Hilfe der ungarischen sogen. Einhandstellen ist ein Beweis dafür, daß Deutschland in diesem Etatismus ein Noli me Tangere gesehen hat, sich in die ungarische Selbständigkeit nicht einzumengen. Im Gegenteil, es hat bis in die letzten Monate dort jeden Nazismus gehemmt und unterdrückt, auch alle Reformbestrebungen aufgehalten und ängstlicher jeden Anschlußgedanken oder irgendwelche Wirtschaftseinordnung in das europäische Wirtschaftssystem, so wie es Deutschland für andere Südostländer vorschwebte, abgelehnt als die Ungarn selbst. Dies nur nebenbei. Ich will sagen, daß Produktion, Erfassung und Verteilung erst von der Zwangsjacke des Etatismus befreit werden müssen, ehe an eine Aufteilung des Bodens gedacht werden kann. Für Ungarn ist Etatismus mit nationaler Unabhängigkeit gleichbedeutend. Ein unabhängiges Ungarn aber ist nach meiner Auffassung ein

Naturschutzpark, wirtschaftlich geradezu eine Unmöglichkeit, auch schon vor dem Kriege. Ungarn kann für Europa der Frucht- und Gemüsegarten sein, aber nicht von Ungarn aus gesehen, sondern von Europa aus, d.h. die Kapitalisierung muß von Europa aufgebracht und verwaltet werden. Dann lohnt es sich, die Bodenaufteilung vorzunehmen, dann ist sie überhaupt erst möglich. Alles andere ist ein Unding. Denn unter dem gegenwärtigen Etatismus, der geblieben und sogar unterstützt wird, kann sich nichts ändern und die beste Form genossenschaftlicher Produktion und Verteilung muß immer wieder zu den gleichen negativen Resultaten für den Bauern führen.

Man kann mit einem Ungarn bei dessen Überempfindlichkeit für nationale Fragen schlecht diskutieren, obgleich dies eigentlich Selbstverständlichkeiten sind. Soweit ich den Charakter der neuen Handelsverträge zu erfassen vermag, hat sich in der etatistischen Grundauffassung nichts geändert, andere Namen mit dem gleichen Ziel. So höre ich, daß die Firma Maggi, mit der Zentrale jetzt in der Schweiz das Schwergewicht ihrer Urproduktion nach Ungarn verlegen will, worob großes Jubeln, ein Todesstoß für die Bodenreform, die monopolistische Großabnahme setzt eine genossenschaftliche oder staatliche Großerfassung voraus unter den ähnlichen Bedingungen wie früher, das ist zwangsläufig, dazu das Reparationssystem und die staatlichen Bedürfnisse des allgemeinen Wiederaufbaus. Woher soll dann das Geld zur Kapitalisierung des Bodens kommen?

Ungarn kann nur als ein geschlossenes Produktionsgebiet, wenn man den Ausdruck nicht scheut als Produktionskolonie aufgebaut und verwaltet werden und zwar als Muster einer europäischen Zusammenarbeit von außen her. Das wird die ungarischen Menschen entwickeln, eine wirkliche Bodenreform herbeiführen können, einen besseren Ausgleich in sozialer Hinsicht bringen. Und hat phantastische Perspektiven, wie ja gerade die ungarischen Möglichkeiten schon immer die Abenteurer aus aller Welt angezogen haben, darunter auch mich. Die Deutschen waren dazu nie fähig und haben es auch eigentlich nicht versucht, dagegen das was davon geblieben ist, haben jetzt die Russen übernommen. Was sich diese eigentlich vorstellen weiß ich nicht. Wer in Ungarn was herausholen will, muß wie überall in der Welt erst etwas investieren, bei den Deutschen hat es daran schon gehapert, die Russen haben zunächst einmal alles was schon da war weggenommen, die Maschinen, das Vieh etc und denken nicht daran zu investieren, sondern unter dem Druck der Reparationen sind sie in die deutschen Positionen eingerückt und mit den gemischten Produktionsgesellschaften monopolisieren sie den Etatismus und den Staat. Cui bono? Nur um zu herrschen und ein Land noch ärmer und produktionsunfähiger zu machen als es schon ist? Stattdessen mit einer Bodenreform aufzuwarten, das etwa dem Bilde der Katze, die sich in den Schwanz beißt, entspricht. Zu verstehen wäre es, wenn die Russen eine strategische Glacis-Bildung durch verstärkte Steppenbildung anstreben würden, man hört doch aber gerade das Gegenteil, nämlich das das Glacis neuerdings in einer möglichst gefestigten wirtschaftlichen Bevölkerungsdichte liegen soll. Was dort geschieht, ist unverständlich.

Es läßt sich noch vieles sagen, die unglückliche Konstruktion des ungarischen Charakters, Erbschaft der Habsburgmonarchie, die dem Ungarn die Rolle eines Gendarmen für den Südosten zugewiesen hat, eine Idee, die zunächst in jedem intelligenten Ungarn spukt und erst allmählich schwindet im Laufe seiner politischen Erfahrungen, Mystik und Phantasie und ein primitiv menschliches Zutrauen und große Kameradschaftlichkeit, ein schweres Gepäck für politischen Realismus. Dazu ein Nationalstolz würdig eines historischen Museums und nur noch als Kinderschreck zu benutzen. Und so wenig Verständnis in der breiten Schicht für die Grundlage des Sozialismus.

Dann als Beispiel die Volksdeutschenfrage, die die drei und vier Gruppen von Volksdeutschen, die sich untereinander unterscheiden wie der Neger vom Eskimo, in einen Topf wirft, nur weil es Hitler in Mode gebracht hat, die Volksdeutschen aufzufinden und zu reklamieren. Darüber ein andermal. Die Hausknechte, Barbiere, Kellner und Fuhrleute der Schwaben werden übrigens schon wieder zurückgeholt, viel andere waren nicht. Der Keckemeter Gruppe, reiche Grossisten, sind der sozialen Verschiebung in der Folge jeden Krieges zum Opfer gefallen und dürften zum Teil als russische Kommissionäre in ihren früheren Gesellschaften arbeiten, sie waren sehr gegen Hitler und selbst der ungarischen Regierung als Alliiertenfreunde verdächtig. Dann gibt es die Batschka-Deutschen und Banat, schwankende Hitlerfreunde, die sich ihre Söhne von Hitler haben buchstäblich abkaufen lassen und mit den serbischen Partisanen gegen die Ungarn paktiert hatten. Ich nehme an, daß Jugoslavien diese Leute behalten hat. Die Intelligenz sitzt in den ungarischen Ministerien, antideutsch und magyarisiert, getarnt für Hitler, wütende Überungarn, werden sich gedrückt haben und dageblieben sein. Ausgewiesen sind die kleinen Bauern in der Umgebung von Budapest und dem linken Donauufer bis Bratislawa, keinesfalls ein Beitrag zur Bodenreform. (Den Gemüsebedarf der Städte haben übrigens nicht die Schwaben sondern die bulgarischen Bauernartels gedeckt.)

Ob das alles in Einzelheiten belegt werden kann, weiß ich nicht, ich habe hier keine Unterlagen und an Statistiken glaube ich sowieso nicht. Aber ich weiß, daß es im Grunde unumstößlich richtig ist und ich schicke es dir sozusagen als Memorial-Unterlage, falls euch derartiges irgendwo im Laufe der Korrespondenz aufstößt.

Sobald die Kälte es erlaubt, will ich mich in ähnlicher Weise zu verschiedenen Themen gelegentlich äußern.

Mit herzlichen Grüßen
Franz

Masi di Cavalese (Trento), 10.6.[1947]
Val di Fiemme

L.R.
der Schlüssel für die Beurteilung und Entwicklung der Situation in Italien liegt beim Vatikan. Nur von dieser grundsätzlichen Erwägung aus kann man eine halbwegs fundierte Prognose stellen. Zunächst die Christlich-Demokraten: Hält diese aus vier Gruppen bestehende unter dem Einfluß der katholischen Aktion zusammengeschweißte Sammlung eine Zerreißungsprobe durch oder klafft sie auseinander – das hängt vom Vatikan ab, der jederzeit die kath. Aktion zurückziehen kann, bezw. die Auseinandersetzungen zwischen den Gruppen freigeben kann, nicht von den anderen Parteien, wie oberflächliche Beurteiler, insbesondere die USA-Korrespondenten annehmen. Seit 45 hat der Vatikan bisher nur einige Exponenten der Gruppen zurückgezogen oder in der Versenkung verschwinden lassen oder ins Ausland geschickt, ohne es auf eine

eigentliche Zerreißungsprobe ankommen zu lassen (nicht zufällig sind sämtliche Prominente der Gruppen aus dem Beamtenstab der Vatikanischen Bibliothek hervorgegangen). Seit 43 präsentiert sich diese Sammelpartei als die Fortsetzung der „Populari", die im Antifaschistischen Block neben den Sozialisten und Kommunisten führend war. Man unterscheidet die „alten" Populari De Gasperri, Scelba, Gonella – im wesentlichen die gegenwärtige Regierungsgarnitur als eine Gruppe, eine zweite, die man als Opposition der jungen Populari bezeichnen könnte, Mosconi, Paolo Moruzzi, Adriano Ossicini, mit starkem Anhang in der kath. Aktion in der Provinz, auch im Klerus, scharf abgegrenzt von der ersten, der sie politische Träumerei und Utopie vorwirft, mit der schroffen Tendenz einer Erneuerung der bürgerlichen Mitte. Ferner die dritte: Franco Rodano Romualdo Chiesa, Prof. Mira, die die Weltanschauung Thomas von Aquins mit dem Marxismus vereinigen zu können glauben; zahlenmäßig nicht unbedeutend, innerhalb der kath. Aktion zellenmäßig nach kommunistischem Vorbild organisiert. Die Führer dieser Gruppe sind im Vorjahr aus der Sammelpartei hinausmanövriert worden in verdächtiger Stille, Rodano ist heute Mitglied der KP und hat am 1. Mai offiziell zu einer Sammlung seiner Anhänger auf katholischer Grundlage im Rahmen der Kommunist. Partei aufgerufen, bzw. aufrufen dürfen ohne daß ein Bannstrahl erfolgt wäre. Beeinflußt wird diese im Augenblick mehr unterirdische Bewegung von einem Landpfarrer Don Primo Mazzalori aus Bozzolo Mantovano, der aus der antifaschistischen Kampfepoche her eine Art Nationalheros ist und ein kleines aber weit verbreitetes Wochenblatt herausgibt unter schwierigem Lavieren mit der kirchlichen Disciplin. Und viertens, aber völlig getrennt von Rodano Prof. Bruni mit seiner hauptsächlich aus jungen Intellektuellen bestehenden Gruppe der christlichen Socialisten, Persönlichkeitssozialismus im Stile des Jaques Maritain und Nicolas Berdiajew, publizistisch sehr aktiv. Über die internen Auseinandersetzungen dringt kaum etwas an die Öffentlichkeit innerhalb aller vier offiziell geduldeten Gruppen, es wetterleuchtet nur gelegentlich, so hat zum Beispiel Bruni zusammen mit Nenni und im Gegensatz zu Togliatti neulich gegen die Lateranverträge in der Konstituante gestimmt. Immerhin werden die beiden letzten Gruppen im Augenblick offiziell schärfer wenn auch mit Samthandschuhen zurückgedrängt, was zu einer Annäherung taktischer Art zwischen diesen geführt hat und unter Leitung des dazu auserwählten Guido Miglioli als Mittelmann zur Gründung einer „Bewegung der christlichen Arbeiter". Die Gruppe zählt unter den Abgeordneten heute etwa 35. Dazu kommen noch etwa 12 Dissidenten, Bauerngenossenschaftler, die von dem Prof. Igino Giordani geführt werden. Im allgemeinen rechnet man, daß bei einer ersten Zerreißprobe etwa ein Drittel des heutigen Parteibestandes dem Regierungskurs den Rücken kehren würde.

Immer unter Voraussetzung der eingangs erwähnten Einschränkung des Blickwinkels kann man sagen, daß alle übrigen Parteien, abgesehen vielleicht von den liberalen bedeutungslosen Splittergruppen und mit Ausnahme der Nenni-Sozialisten dem direkten oder indirekten Einfluß der kath. Aktion unterworfen sind oder sich ihm nicht entziehen können oder wünschen. Das gilt sowohl für die Qualunquisten des Giannini wie für die Kommunisten. (Ich weiß nicht, ob Togliatti schon getauft ist, wenn nicht, wird er das bestimmt noch nachholen.) Für den Vatikan ist es eine Frage auf lange Sicht und wird nicht nach dem politischen Augenblickserfolg bewertet, wer die nächsten Wahlen machen soll. Bleibt die Sammlung der Christlich-Demokraten und wird die Aktionsarbeit auf hohen Touren eingesetzt, so können die Kommunisten nicht gewinnen, wird aber die Spaltung forziert, so ist der Weg für die KP frei, aber nicht ohne daß *vorher* bestimmte Garantien eingehandelt wären. Dazu ist zu sagen, daß man im Vatikan unter solchen Voraussetzungen nicht unbedingt einem kommunistischen Experiment abgeneigt ist, nicht nur als Scherz spricht man von einer „Komintern" innerhalb des Vatikans, als deren Inspirator der Jesuitenpater Brucculeri genannt wird. Immerhin kann man die wirkliche Entscheidung des Vatikans heute noch nicht mit Sicherheit voraussehen, dagegen sobald die Wahlpropaganda allgemein offener geworden sein wird. Es dürften dann wohl auch allgemein Zusammenhänge der Weltpolitik entscheidend sein. Mit der inneren Lage in Italien hat das weniger zu tun. Vielleicht nur nach einer Richtung: der Einordnung und Unschädlichmachung der alten und enragierten Faschisten, fälschlich als Neofaschisten bezeichnet. Diese Leute bedeuten heute, auch in ihrer Wirkung für die heranwachsende Jugend, die Gefahr eines unkontrollierten Umsturzes und Revolution. Giannini hat diese Gefahr und Befürchtung nicht ganz zerstreuen können, die Kommunisten sind zum mindesten eine Rückendeckung. In der Tat hat in der Jagd nach Faschisten als Parteimitglieder die KP vor allen anderen Parteien den größten Erfolg aufzuweisen, schon allein weil Mussolini in seinen letzten Reden und Proklamationen eindeutig das kommunistische Programm vertreten hat und damit eine außerordentlich wirksame Zeitbombe gelegt hat. Daß er beseitigt wurde war eine taktische Notwendigkeit und zwar bevor es zu einem Volksprozeß gekommen wäre, die Panne für die KP war nur, daß ausgerechnet Togliatti den Befehl zur Hinrichtung gegeben hat und daß diese Tatsache nicht vertuscht werden konnte, weil aus Parteiinteresse die anderen Mitglieder des nationalen Befreiungskommittees T. jetzt einfach bloßgestellt und im Stich gelassen haben. Die KP hatte dies nicht mitkalkuliert. Irgendwie ist das für eine umfassendere Propaganda hinderlich und läßt der KP die Bäume nicht in den Himmel wachsen, es rät sogar zur Vorsicht, die Macht in die Hand zu nehmen und läßt gerade jetzt die Parteiführung langsam treten. Es ist daher ebenso gut möglich, daß selbst wenn der Partei der Weg zur Regierungsführung langsam geöffnet würde, sie sich mit einer bescheideneren Rolle begnügen würde. Taktische Fehler sind leicht zu machen, ein falscher Zungenschlag kann selbst bei günstigsten Voraussetzungen über Nacht der Partei die Wahlen kosten, gewollt und auch übrigens ungewollt. Hier kann man von einer augenblicklichen Stimmung noch nicht auf den endgültigen Ausgang der Wahlen schließen. Der Kommunismus in Italien ist kein autonomes weltanschauliches Programm, er ist unabhängig von der Parteiorganisation ein Mittel zum Zweck und zwar nicht ausschließlich allein in der Hand seiner Moskauer Väter.

Der Gegenspieler der kath. Aktion ist, bedeutet die faschistische Garde erst einmal keine Gefahr mehr, der Nenni-Sozialismus bzw. vielleicht eine wieder geeinte sozialistische Partei. (Die Saragatianer werden zwangsläufig, schon um sich gegen Nenni bei den Wahlen zu behaupten, in die Einflußsphäre der kath. Aktion gedrängt.) Die unselige Persönlichkeitspolitik hat die sozialistische Idee jeder Kraft beraubt, als daß die Partei bei den Wahlen eine ausschlaggebende Rolle spielen könnte. Alle wichtigen Probleme sind versäumt, in allen Fragen, wie der Bodenreform, des Arbeits- und Arbeiterexports, der Umformung der Wirtschaftsreform, die führend schon dem Programm nach die Partei hätte in die Hand nehmen müssen, ist sie über uninteressierte und schwächliche Ansätze nicht hinausgekommen. Ich erwähne nur als ein Beispiel unter vielen die ungenutzten Möglichkeiten einer agrarwirtschaftlichen Erschließung von Apulien und überhaupt Süditaliens (ein großes Projekt der amerikanischen Traktorenfabriken schon vor dem ersten Weltkrieg). Von Mussolini aufgegriffen und schließlich in reiner Propaganda untergegangen, traut sich heute keine Partei daran, aus Angst vor der Zeitbombe. Von den Sozialisten hätte man aber den Mut erwarten müssen, von dort aus wird Italien ein anderes Gesicht bekommen, statt dessen wird ein landwirtschaftliches Eldorado, das ganz Italien hätte ernähren können, in eine Wüste verwandelt. In dieser Schuld der Sozialisten liegt eine tiefe Tragik.

Mit herzlichem Gruß
Franz

Masi di Cavalese (Trento), 2.10.[1947]
Val di Fiemme

L.R.
ein Bericht aus Italien kann nur eine Menge Einzelheiten zusammenstellen, die außerhalb einer üblichen journalistischen Berichterstattung liegen, die eine bestimmte Schlußfolgerung auf der Basis einer Schwarz-weiß-Perspektive vorspiegeln muß und daher in dieser Situation grundsätzlich falsch sein muß. Man kann kleine Bausteine liefern, die für jede beliebige Grundmeinung, für die ein solcher Bericht bestellt sein mag, verwendet werden können, in Wirklichkeit aber geht nichts vor und geschieht nichts entscheidendes, das über die allbekannte Wahrnehmung herausgehen würde, daß wirtschaftlich und politisch die nächste Zukunft Italiens nicht in diesem Lande sondern außerhalb entschieden, ja sogar geplant und bearbeitet wird. Hier im Lande hat man nur mit einer gewissen Taktik und Händlergerissenheit, am besten wäre das poker face, das aber von einem Italiener schwer zu erreichen ist, stillzuhalten und

abzuwarten. Manchmal wird man, entsprechend dem Volkscharakter, ein wenig ungeduldig, die hiesigen und ausländischen Journalisten stürzen sich darauf, froh etwas zu haben, weil sie sonst ihre Stellung verlieren würden, und posaunen in Krise bis zur bevorstehenden Revolution.

Für eine tieferschürfende Beurteilung sind die Verhältnisse trotzdem sehr instruktiv, vielleicht sogar beispielhaft. Also der Kommunismus – es gibt zwar eine Partei, die von dieser Bezeichnung ausgeht, aber es gibt keinen Kommunismus in Italien, sofern man darunter noch Weltanschauung und politische Strategie marxistischer-leninistischer Analyse versteht. Wenn es dies in den Köpfen der in Moskau geschulten Führerpersönlichkeiten gegeben haben sollte, so ist es über die Etappe des spanischen Bürgerkrieges zu einer Tradition geschrumpft, die nur noch taktisch und zwar mit kurz gespannten Zielen verwendet [wird] – so daß man es von einem Tage zum anderen über Bord werfen kann. Vor allem ist auch nicht mehr ein Schatten von Internationalismus vorhanden. Aus dieser Tradition mit ihren social-revolutionären Perspektiven, die zu kleinen Erpressungen und spielerischen Kristallbildungen im Rahmen einer Organisation praktisch heute benutzt werden können, schälen sich zwei Grundfragen heraus, die Diktatur und der Slavismus, beides aktuelle Formen der Machtpolitik. Darauf reitet der Kommunismus italienischer Spielart herum, beide Grundelemente sind in der italienischen Volksstruktur vorhanden und aufnahmefähig, wenn auch häufig verschieden differenziert, und zu verschiedenen Zeiten verschieden betont – irgendwie hat man übrigens draußen vergessen, daß im italienischen Volk schon immer eine starke slavische Komponente vorhanden gewesen ist.

Ich ziehe den Schluß unter Überspringung einiger logischer Zwischenglieder, die ich in dieser Kürze nicht erörtern kann:

1) Italien hat ohne Unterschied der Parteien nur ein Ziel: Geld und materielle Unterstützung, nicht so sehr für eine seriöse und durchgearbeitete Planung, als aus nationalem Ressentiment, aus Rache für den Verlust des Krieges und der Diktatur. Dieses Ziel ist alles so überschattend, daß sich die Parteien kaum die Mühe geben, eine ernstliche Planung aufzustellen, derartig dilatorisch und dilettantisch, nur um der Form zu genügen, daß solche Pläne wie etwa ein Vierjahresplan der

KP mit dem üblichen Drum und Dran der Socialisierung, der Bodenreform etc nicht mal Gegenstand einer ernsthaften Discussion zwischen den Parteien sind – solche Sachen stören nur und laufen Gefahr vom Hauptziel abzukommen.

2) Wer gibt das Geld und woher und wie? eine taktische Frage, durch Konzilianz oder Erpressung? und was wird dann weiter – hier scheiden sich die Geister, aber nicht so, daß sie das gemeinsame Ziel verlieren. Der italienische Politiker ist nicht dumm. Wird Amerika das Geld geben? und wie lange? Eine klare Rechnung ergibt, daß jedes nach Italien gesteckte Geld verloren ist, wie bei einem Konkurs, je mehr man hineinsteckt, je größer und zwangsläufiger werden die Nachforderungen. Man wird zunehmend skeptisch, ob der Amerikaner der dauernde Geldgeber bleiben wird. Gewiß – die Mittelmeerlinie, das Bollwerk gegen den Kommunismus (Slavismus) aber die kapitalistische Weltanschauung, vorläufig wird noch ein Prestige gehalten, Prestige bringt aber keine Zinsen, Prestige das immer nur zahlen muß, rutscht ins Gegenteil, während der Dollar für sich allein, wenn er sich aus einem schlechten Geschäft zurückzieht, wieder an Prestige gewinnt und wahrscheinlich dann, was gewisse Sicherungslinien anlangt, mehr erreichen wird als so – diese Auffassung beginnt an Boden zu gewinnen. Daran liegt heute die Stärke der KP. Sie sagen voraus daß sich die westlichen Geldgeber früher oder später zurückziehen werden, und [es] ist daher gut sich rechtzeitig nach dem anderen Partner umzusehen. Was ist es ihm wert? zu welchem Zeitpunkt? völlig oder nur mit einer Hand? Selbständig oder getrieben, und welchem der Partner ist dabei die Verantwortung zuzuschieben – darüber differieren die Parteien. Einig sind sie darin, daß es das beste wäre beide Partner bei der Stange zu halten, aus der Konkurrenz den höchstmöglichen Nutzen zu ziehen. Wem von den heutigen Parteiführern wird das am besten gelingen, Konkurrenz der Köpfe.

3) Gewicht erhält diese Erwägung durch die schon allgemein gewordene Überzeugung, daß das materielle Übergewicht der Slaven in Europa heute bereits dem physikalischen Gesetz des Schwergewichts entspricht und es zwecklos ist dagegen mit Weltanschauung anzukämpfen, zumal jedes Land dagegen eigene Spielarten von Diktatur und Demokratie aufstellen kann. Die Italiener fühlen sich jedenfalls dazu durchaus in der Lage.

Sie meinen sogar, daß sie dann, unter dem panslavischen Einfluß von sich aus ein stärkeres Bollwerk sein werden gegen das, was man drüben noch Kommunismus nennt als heute.

4) Und darin liegt die Schwäche der KP. Für die letzteren Ansichten hat sie die Jugend, bürgerliche Schicht gewonnen; es findet eine ständige Fluktuation unter den Anhängerschichten statt. Die Partei verwässert selbst ständig ihr Programm und stößt die Schicht die sie eben gewonnen hat, nach einigen Monaten wieder mit Rücksichtnahme auf andere vor den Kopf. Wenn es die Aufgabe Togliattis war, in diesem Milieu herumzulavieren, so hat er vollkommen versagt. Nach wie vor gilt meine Behauptung, daß der ganze so gut aufgebaute Apparat, und hochbezahlte nebenbei, in der Luft hängt. In Wirklichkeit besorgt er mehr die Geschäfte der anderen und ist daher auch allgemein beliebt. Er hat es nicht verstanden, das Odium der russ. Partei, sagen wir den Stalinismus, ausgedrückt in den Machenschaften des Apparats dem Italiener näherzubringen, dem diese Methoden nicht etwa der Grausamkeit wegen, sondern der Atmosphäre im grundsätzlichen Ansatz zutiefst zuwider sind. Er ist daher gezwungen, sich in der Propaganda bürgerlicher zu geben als die Bürger, rechtsstehender als die Monarchisten und katholischer als der Papst. Infolgedessen ist das Auftreten der Partei von einer leisen wenn nicht weniger auflösenden Komik umwittert. Die anderen Parteien ziehen den Nutzen daraus, leider nicht die Socialisten, deren im Grunde tragische Situation ich ein andermal gesondert behandeln muß.

Besonders behandelt werden müßte auch die Frage Italiens im Marshall-Plan, eine geradezu hundertprozentige Unmöglichkeit derart, daß sogar der Plan selbst davon in der daraus entspringenden Analyse davon betroffen würde – alles rein wirtschaftliche dabei ist betr. der Mitwirkung Italiens reiner Humbug. Was bleibt ist Italien als eine glänzend florierende Zuchtanstalt von Handarbeitern, aber für wen und unter welcher Form das ist mit Nutzen für den Staat und den Partner zu kapitalisieren, das ist das Geschäft und das wissen die Leute hier gut und werden es sich hoch bezahlen lassen. Mit diesem Geschäft winken die Kommunisten, wenn sie sich drüben in Erinnerung bringen wollen. Aber es eignet sich nicht zur politischen Diskussion hier deswegen sind auch alle Parteien darüber einig, stillschweigend noch darüber hinwegzugehen.

Dieses Geschäft kommt aber über kurz oder lang auch ohne Marshall-Plan zustande. Und die anderen Parteien müßten schon große Idioten sein, wenn sie dieses Geschäft als politische Perspektive der Macht der KP überlassen wollten. Das tun sie auch nicht, vorläufig hält man Burgfrieden darüber, aber sicher werden es die andern, wenn es erst einmal reif sein wird, der KP wegnehmen, dann hat die KP vielleicht die Chance in die Opposition zu gehen, vielleicht sogar liegt dies alles schon in einem Plan Moskaus, die sich in diesem Menschenexport eine neue Garnitur von Infiltrationsmaterial schaffen, der rein zeitgemäß Moskau billiger kommt und besser eingesetzt werden kann, als der direkte Kontakt mit einem kommunistisch regierten demokratisch-slavischen Italien.

Welche Chance haben die Socialisten dann versäumt! Noch einige Beispiele: Vor einigen Wochen war viel Rummel um den Landarbeiterstreik in der Po-Ebene. Nach den Zeitungen war die Reisernte verloren und Italien am Vorabend der Revolution. Gestreikt haben an 120000 Landarbeiter, in der Mehrzahl Kleinpächter mit einem besonderen Erntearbeitskontrakt, d.h. sie werden auf den großen hervorragend meliorisierten und bewässerten Gütern, die meist den Mühlen oder Aktiengesellschaften gehören, nach Quintal der eingelieferten Frucht und nicht nach Stundenlohn bezahlt, sie wollten das letztere und zwar auf gewerkschaftlicher Basis. Dem stand entgegen, daß diese Ernteleistung ja ein Teil der Pachtverträge ist, die entsprechend von Grund aus nämlich nach dem System hätten geändert werden müssen – das wollten sie aber auch nicht, so daß also von vornherein kaum eine Verhandlungsbasis gegeben war. Nebenbei bemerkt ist die Lage dieser Leute sehr unterschiedlich, je nach den häuslichen Verhältnissen und der Zahl der Kinder, die auf dem Felde mitarbeiten. Das Ziel war, diese Landarbeiter und Halbpächter in einer gewerkschaftlichen Organisation zu erfassen und sie in die Socialgesetzgebung einzuordnen – an und für sich steht dies zwar sowieso auf dem Programm der Konstituente – und zwar ein Wettlauf nach der Führung, kommunistisch oder christlich-demokratisch. Aber auch dieses ist im Augenblick unerheblich, weil der Verband sowieso zwei Sekretäre nach jeder Partei hat und die spätere Stimmenabgabe ja ganz zweifelhaft bleibt, es war also nur das Prestige für die Zukunft zu gewinnen. Es geschah folgendes:

der durch großartig organisierte KP-Stoßtrupps entfesselte Streik wurde den Initiatoren schon nach wenigen Tagen völlig aus der Hand genommen durch den Bauernpfarrer Primo Mazzolari, der die radikalsten Forderungen noch übersteigernd den Streik unterstützt, die Frauen aber und Kinder der Streikenden zur Ernteeinsammlung mobilisiert (was sie zwar schon immer getan haben), aber die Einbringung in die staatlichen Magazine leitet und der Gutsverwaltung so entzieht. Zwei Fliegen mit einem Schlag: der Schwarzhandel wird empfindlich getroffen und die Regierung von einer großen Sorge befreit. Der Sinn jeden Streiks beginnt sich ins Gegenteil zu verwandeln. Jetzt kam die Krise – wie soll die Sache, die praktisch schon beendet war, nach außen zum Abschluß gebracht werden? Die KP löst in der ober-italienischen Metallindustrie einen 48stündigen Sympathiestreik aus, Schlagzeilen; am Vorabend der Revolution, Hungermarsch nach Rom etc. Von 180000 Arbeitern streiken knapp die Hälfte und zum Glück ist der zweite Tag ein kirchlicher Feiertag, der zwar nicht mehr staatlich anerkannt ist, aber immerhin zum Feiern Anlaß gibt und sich in komischen Demonstrationen erschöpft, die an den Spaß der Erntedankfeste erinnern – das war der gefürchtete 20. September. Am nächsten Tag erscheinen drei Zeilen – Landarbeiter, Halbpächter und Gutsherren bilden eine gemeinsame Kommission, um für die Regierung Vorschläge für eine Reform des Pächtergesetzes vorzubereiten. Kein Wort mehr, heute weiß kaum einer mehr, daß ein Streik gewesen ist ...

Im Latium finden gegenwärtig wieder Besetzungen von Land statt, in den Latifundien zum Beispiel des Fürsten Tolonia, die ich ja aus der Nähe kenne. Das geschieht folgendermaßen: Unter Vorantragung roter Fahnen und auch Kirchenfahnen ziehen ein paar Dutzend Arbeiter auf brachliegendes Land, das jetzt auch für die Sommerweide aufgegeben ist, nicht benutzt, weil es nicht meliorisiert und bewässert ist, und quartieren sich dort mit Kind und Kegel in den Heustadeln und leeren Scheunen ein – und warten, daß ihnen jemand Ackergerät, Samen, Vieh etc gibt. Das tun sie alle Jahre und lesen in der Zeitung, daß sie eine Agrarrevolution begonnen haben. Einige Wochen rührt sich nichts, die paar Agitatoren sind inzwischen abgezogen und auf einem anderen Sektor eingesetzt, im November setzt der Winterregen ein, Ende November beginnt in den Blockstationen der Güter die neue Feldarbeit und sie ziehen wieder in ihre alte Kaserne, froh dort wieder unterzukommen. Merkwürdig, daß immer der gleiche Vorgang sich wiederholen und zu alarmierenden Berichten ausgewertet werden kann.

Warum überhaupt dieser Lärm? Bisher hätte man sich denken können, daß die Regierung damit auf die ausländische Hilfe spekuliert und ein schnelleres Tempo herauspressen will. Jetzt aber ist doch damit nichts mehr zu machen und die Liberalen, die die Propaganda mit der berüchtigten Kommission zur Verteidigung der Lire in der Hand haben, zeigen sich auch über das Revolutionsgeschrei, das sie entfesselt haben, sehr betreten. Die Regierung hat alle Hände voll zu tun zu apaisieren, ja die bösen Journalisten ...

Und so könnte ich seitenweise das noch an Beispielen fortsetzen. Wesentlich ist, daß sich in diesem Marasmus sich trotzdem etwas herausbildet, der Zug zum hochdotierten Naturschutzpark, vorausgesetzt daß sich ein Mäzen findet, der das bezahlt und überhaupt bezahlen kann. An dieser Stelle erst hätte einzusetzen die Analyse der amerikanischen und der russischen Politik.

Liebe Ruth, Deinem hobby zuliebe, habe ich mit der Beurteilung des Kommunismus angefangen, ich kann das später auf den Socialismus, die Wirtschaft und die Rolle des Vatikans – in gewissem Abstand dazu und etwas veränderten Perspektiven fortsetzen; aber ich habe zuvor noch eine große Bitte: im Dezember hat mein Junge Geburtstag. Ich kann ihm von hieraus nichts schicken. Wäre es nicht möglich, daß du ein kleines Packet organisieren könntest. Du siehst wie unbescheiden ich geworden bin. Ich verspreche dir, auch künftighin Schwarzweiß-Berichte zu schicken mit prägnanten und erwarteten Prognosen, richtigen handfesten Stoff.

Herzliche Grüße (ich muß die Maschine abgeben)
Dein
    Franz

Masi di Cavalese (Trento), 12.10.47
Val di Fiemme

L.R.

die Perspektiven einer Revolution in Italien hängen (einmal mehr gesagt) von einem außerhalb des Landes gelegenen Schwergewicht mit weltpolitischen Aspekten ab, das eine solche Revolution für ihre Zwecke bestellen müßte, vorher aber noch ein bestimmtes Programm entwickeln müßte. Daran fehlt es zu allererst. Ein nur strategisches Programm, Sicherheitslinie, Einfluß würde nicht genügen, auch wenn es hoch bezahlt werden würde. Im Lande selbst fehlen die Voraussetzungen für eine Revolution (trotz Lenin), die Bereitschaft und selbst eine ideologische Linie wie etwa eine Neutralisierung würde nicht verstanden werden. Das Hauptproblem liegt darin, daß das Land keine politische, wirtschaftliche sogar geographische Einheit ist – von der traditionellen gegensätzlichen Auffassung lebt das Land. Man sollte sich nicht die Mühe sparen, das immer wieder zu beweisen. Es ergibt sich nämlich daraus zwangsläufig der Schluß, daß jede Revolution und entsprechende Gegenrevolution ein schlechtes Geschäft für den Interessenten ist. Er müßte zum mindesten diese Einheit voraussetzen oder sie wiederherzustellen suchen, wogegen eben jede Analyse der Tatsachen eindeutig spricht. Betrachten wir es mal von der anderen Seite: der Industriearbeiter, sofern er gewerkschaftlich massiert auftritt, verdient heute im Monat etwa doppelt soviel wie der Beamte und Lehrer, circa 30 000 Lire, während das Gehalt eines Richters um 12 bis 15 000, das eines Lehrers sogar noch unter 10 000 L. liegt, mit dem Erfolg, daß der Arbeiter zwar eingeschriebenes Mitglied der KP ist, da er seinen Lohn dem Erfolg kom. Streiktaktik zuschreibt, aber eine andere Partei wählt, und der Beamte, etwa der typische Liberale kommunistisch wählt, der will eine Veränderung der Lage bis zur Revolution, der erstere ist eher konservativ. Daher kommt auch in der KP-Propaganda das Wort Revolution nicht vor, eher im Gegenteil ein nervöses Anbiedern an das Bürgerliche, eine Popularitätshascherei nach allen Seiten, die jedes sociale Programm verwischt und daher auch nicht mehr Ernst genommen wird, mit einer Ausnahme, wenn durch zu lautes KP-Geschrei die Banken und Industriellen verärgert werden könnten, so suchen die

Gewerkschaften mit den Industrieverbänden rasch eine gemeinsame Front, wie dies zur Vorbereitung des Hungermarsches geschehen ist, weil eben die Gefahr von Aussperrungen größer ist als die von Streiks. Und man weiß nicht ob die Regierung, die bisher die Streiks eher geduldet hat, sich nicht auf die andere Seite schlagen könnte. Was den Bauern angeht, den Pächter und Halbpächter (contadini), so lebt dieser für und von dem schwarzen Markt, der ja in Italien offiziell ist, sehr ausreichend, da die Preise hoch und die Ablieferungsquote gering ist, schlecht und recht, da er nichts investiert, sogar sehr gut, unterschiedlich nach den Provinzen und den Landbesitzern, je größer die Gesellschaft um so besser. Ist er auf Landarbeiter angewiesen (cafoni), so beteiligt er diese nochmals abgestuft nach unten an Risiko und Gewinn, es entsteht so etwas wie das verzerrte Gesicht einer Genossenschaft mit einem frei disponierenden Führer, je nach der Kultur gibt er auch Weide und etwas Boden ab. Der Bauer der ja nur ein meist aus Princip verschuldeter Pächter ist, neigt zu einem Umsturz, wenn ihm garantiert wird, daß das Land dann ihm gehören wird, der Cafoni hat eher das Gefühl, daß es dann noch schlechter werden wird, er fürchtet sich vor einem Kontrakt, den der Bauer nicht halten wird. Alles dies spielt sich aber nur auf einem Drittel der Kulturfläche der Festlandshalbinsel ab, ein zweites Drittel, Maremmen, Küstenland etc, auch fruchtbarer Boden, müßte erst meliorisiert, ent- oder bewässert werden, dort ist Niemandsland, die Besitzer und Gesellschaften fassen es nicht an, weil sie das finanzielle Risiko nicht tragen wollen, die Investierung und der Staat befaßt sich nicht damit. Das letzte Drittel ist dasjenige, von denen in den Romanen geschrieben wird, das eigentliche Kernstück Italiens, Gebirgs- und Hügelland, auch überaus fruchtbar aber nicht zusammenhängend zwischen Steinen und Felsen, gerade nur immer soviel, daß unter den primitivsten Verhältnissen sich eine Familie davon ernähren könnte, wenn sie nicht gezwungen wäre, die Ernte ihrer Baumfrüchte gegen Brot zu verkaufen. So leben etwa 10 bis 20 Millionen, die aber als socialer Faktor gar nicht erfaßt und in der Politik keine Rolle spielen. Für diese besagt auch eine Bodenreform nichts und wie eine solche bei den allgemeinen Verhältnissen überhaupt angefaßt werden soll, erscheint schleierhaft. So erklärt sich das Übergewicht der zahlenmäßig eigentlich unbedeutenden Liberalen (nur nichts ändern – solange es uns einigermaßen gut geht, und die Mailänder Bankiers haben das Telefon nach New York in der Hand. Würden die Cafoni aus den Abruzzen nach der Romagna marschieren und dort die Pächter vertreiben, so würde das das Bild ändern – sie denken aber gar nicht daran, sondern werden nach Südamerika geschickt oder nach Belgien in die Kohlengruben und zum Teil mit erheblichem Druck – ohne das auch eine Stimme dagegen laut zu werden wagt). Man kann nicht mehr in Italien von einem Bürgertum sprechen, wie es etwa das Risorgimento hervorgebracht hat, es gibt eine Zwischenschicht von Progressisten aller Stände, die alle vom Staat abhängen und mehr noch daran verdienen, die Interessen der Parteien, die sich darum gebildet haben, sind nur um Nuancen verschieden – ob sich dagegen eine andere Schicht politisch kristallisieren wird, ist noch nicht abzusehen. Das will nicht sagen, daß in allen diesen Parteien auch konstruktive Elemente im Rahmen ihrer Parteiauffassung vorhanden sind, aber ohne Einfluß. Am stärksten noch in den Christlichdemokraten vertreten, auch unter der KP, aber wenn der Bürgermeister von Bologna Dozza, dem man eine revolutionäre Note nachsagt heute in seiner Stadt zur konsequenten Aktion schreiten würde, so würde er einen Streik von 100 000 Arbeitern auslösen können, die Stadt unabhängig erklären können und aus der Umgebung 2 oder 3 Güter besetzen, zur Ernährung seines Gebietes – es fragt sich ob man ihn gewähren läßt, das gleiche kann auch noch an einem Dutzend anderer Orte geschehen, aber mehr nicht, und wenn man genauer hinsieht, hätte sich gar nichts geändert, denn praktisch versorgt sich jedes Industriezentrum auch heute schon, wenn auch schwarz, autonom. Man darf es nur nicht zu laut sagen ...

Ein paar Worte über den Vatikan: grundsätzlich wird von diesem nicht angesehen als Gegenspieler der Kommunismus oder welche kollektivistische Theorien sondern alles *Zeitgebundene*, alles was seine Befriedigung und Erfüllung hier in diesem Leben sucht und beenden will – gemeint ist die Freimaurerei. Da ich wenig über Bedeutung und Umfang der Logen weiß, kann ich mir nur eine geringe Vorstellung davon machen. Ich weiß aber, daß jeder Landpfarrer die Aufgabe hat dagegen das ganze Gewicht seiner geistigen Betreuung einzusetzen. Der Kommunismus ist ein verirrtes Kind, mit Ansätzen zur Besserung, viel-

leicht sind einige Führer Freimaurer, die Massen aber nicht, dagegen andererseits gibt es überall Freimaurer, auch in Ländern, die gegen den Kommunismus kämpfen. Das ist die Grundlinie der vatik. Politik, aus der die Vorstöße und Direktiven erfolgen.
　Mittwoch schicke ich dann wieder mehr Einzelheiten. Heute Schluß.
　Herzliche Grüße, bei mir hat sich nichts ergeben und noch nichts geändert
　　　　　Franz

Vielleicht sollte ich noch vorher eingehend die Rolle der Socialisten behandeln?

San Remo, den 2.2.48

Liebe Ruth,
herzlichen Dank für deinen Brief mit Inhalt. Das Geburtszeugnis habe ich leider noch nicht, weil ich mich noch nicht entschlossen habe, das Risiko von 4 Zeugen einzugehen, die der Notar verlangt. Ich versuche es nocheinmal über die juristische Abteilung des Rot. Kreuzes, vielleicht kommt es dort billiger. Von Herrn Roth habe ich inzwischen einen weiteren Brief bekommen, worin er mir schreibt, mein ital. Rückreisevisum so zu verlangen, daß der 4 Wochen Termin erst von Ausstellung des Schweizer Visums läuft, da ich noch 3 bis 4 Wochen mit der Erledigung des Gesuches durch die Schweiz rechnen müßte – im Augenblick ist diese Sorge ganz umsonst, scheint mir, denn ich warte schon seit 3 Wochen auf das it. Rückreisevisum, obwohl es mir hier in 3 Tagen versprochen worden war, unter Einkassierung eines ansehnlichen Vorschusses. Man scheint die Papiere nach Rom geschickt zu haben. Die Auswirkung der Franz. Frankenabwertung macht sich einheitlich hier und in England in einer Steigerung der Goldpreise, offiziell und schwarz, geltend. Besonders das letztere spricht dafür, daß man auch mit einer zwangsläufigen Abwertung von Pfund und Lire rechnet. Mit andern Worten es wird eine Anpassung an eine durch den Marshallplan zu erwartende (und auch von Harriman bereits angedeutete) europäische Golddevise gesucht, die wenn

der Plan anläuft mit Erfolg, der Dollar ungefähr umschreiben könnte, wenn er mißlingt, – der auch der Dollar folgen muß. Hier liegt der kritische Punkt. An und für sich liegt die Aktion des Franken im amerikanischen Interesse, sie dürfen es drüben nur nicht zu laut sagen, weil London natürlich sehr verschnupft ist, und um auch nicht den Schatten eines Verdachts aufkommen zu lassen, Wallstreet hätte die Sache angeregt – was unter uns nicht ganz von der Hand zu weisen ist, das sprunghafte Ansteigen der franz. Goldreserven drüben ist sehr verdächtig. Dagegen ist das Risiko bei Scheitern des Planes sehr gering, weil es noch ein weiter Weg ist, ob es dann Frankreich gelingen wird, die europäischen Währungen dem Beispiel des Franken folgen zu lassen bzw sie unter den Hut des Franken zu bringen, der dann mit dem Dollar zu akkordieren hätte – eine Perspektive, die natürlich auch den Wallstreet Banken unangenehm wäre. Die Forzierung eines französischen Exports ist ein lächerliches Schreckgespenst. Frankreich hat nicht genügend Koks (siehe die Ruhr Aspiration) und ohne Koks ist die Stahl- und Maschinenindustrie nicht konkurrenzfähig. Die Elektrizitätswirtschaft ist noch desorganisiert und selbst bei Verdreifachung der Kilowatterzeugung, die im Gange ist, wird erst die Basis geschaffen sein, um die Chemische Industrie, die Aluminiumerzeugung zu einem internationalen Faktor entwickeln zu können. Bleibt der französische Export in Spezialerzeugnissen, im internationalen Maßstab gesehen nicht von Bedeutung, dagegen für Frankreich verlorene Positionen wiederzugewinnen, etwa den Balkan und diejenigen europäischen Länder, in denen der frühere deutsche Export durch USA abgelöst worden ist. Im ersteren Fall ist es den Amerikanern sicherlich erwünscht Frankreich eine Bresche in den Ostblock treiben zu sehen, eine Auflockerung – im zweiten Fall wird man sich arrangieren müssen, Kompensationsmöglichkeiten sind im Übersee-Frankreich genug vorhanden und in Verhandlung. Mit diesen Mitteln kann man eine Stabilisierung der freien Wirtschaft in Frankreich in bescheidenem Umfang erreichen, für den Hausgebrauch. Wirklich Perspektive aber hat nur eine planwirtschaftliche Einbeziehung des Kolonialreiches, scheint wirtschaftlich im int. Maßstabe gesehen viel wichtiger als die Kontrolle des Ruhrgebiets, ob und wie weit sich hier der Dollar einschalten kann, scheint vom Gelingen des ersten Experiments abzuhängen, und zweitens welche Regierungsform Frankreich dann besitzen wird. Die gegenwärtige Form des demokratischen Parlamentarismus dort steht dem entgegen, zum mindesten sind noch zuviel Männer mit Tradition am Werk. Leichter wird dieses Geschäft gehen, wenn auch England seine Kronkolonien einbringen wird, als Morgengabe. Diese Entwicklung ist aber zwangsläufig, wenn Amerika nicht seine Marshallmilliarden abschreiben will. Man kann jedenfalls feststellen, daß der bisherige Bluff schon genügend war, schön in Humanität getarnt, um den europäischen Pleiteladen billiger aufzukaufen, als dies noch vor einem Jahr der Fall gewesen wäre – wenn das die Absicht gewesen ist. Daher die Verstimmung in England und die Malaise in Italien – auch diese Leute haben etwas ähnliches vor mit dem Balkan, worin ihnen Frankreich jetzt den Rang abläuft. Noch immer ist im Balkan der Napoleon die eigentliche Währung (die Stücke hier sind von 5000 Lire am freien Markt in einer Woche auf 6500 heute gestiegen trotz stärkster offizieller Bremsen. Das hat nicht allein mit der Goldrelation zu tun, sondern mit der Aufhäufung kurrenter Währung, wenn man mit dem Balkan ins Geschäft kommen will. Daher ist der Goldhandel in Frankreich auch freigegeben worden).

Vielleicht zeichnet sich in der Auflockerung des Balkanhandels eine neue Phase der russisch-amerikanischen Beziehungen ab. Zunächst hat mal Rußland sein Veto eingelegt. Ein föderativer Balkanblock hätte diese Auflockerung begünstigt. Die Anpassung der verschiedenen Drei- und Fünfjahrespläne unter einem Zentrum in Belgrad, das in der staatswirtschaftlichen Struktur am weitesten fortgeschritten ist, gibt genügenden Spielraum für einen Handelsverkehr mit dem Westen, wenn man schon davon absieht, daß die für den Amerikaner gesehene Ideallösung einer eigenstaatlichen Individualwirtschaft für diese russisch außenhandelsmäßig kontrollierten Länder nicht mehr gegeben ist – die Russen ziehen die Kontrollschrauben stärker an, um welche Gegenleistungen und wo – das ist die Frage, die zu beantworten wäre. Praktisch haben die Russen mit ihren Leistungsverträgen diese Länder vollkommen in der Hand (das DR. Schachtsystem), die KP Polizei ist eigentlich mehr eine Schönheitsfrage – ziehen sie die Schlinge enger, obwohl sie wissen, daß damit die Länder noch weiter verarmen und auch produktionstechnisch schwächer werden – denn sie sind schließlich keine kleinen Kinder, die nur aus Bosheit und Zerstörungstrieb, das was sie in der Hand haben kaputt machen – so verfolgen sie damit einen bestimmten Plan. In der Presse liest man, sie brauchen alles für ihre eigene Wirtschaft etc – das mag sein, aber nicht primär. Die Charakteristik des Russen ist der Moskauer Kaufmann, der Preis der Ware wird bestimmt, was sie den anderen wert ist plus der augenblicklichen Stimmung. Will jemand in Bulgarien Rosenöl kaufen oder in Jugoslavien Zement oder Bauxit, frage in Moskau an und sage welcheres größere Geschäft dahintersteckt, denn es könnte sein, daß dann dahinter Obstpulpe, Fleisch und Gemüse etc steckt, ein Geschäft mit den Marshallplanländern und das wäre schon – bei dem was man dabei einhandeln noch kann, eine Messe wert. Daher der Fahrplan der Leistungsverträge, die zwar das Land ruinieren und überhaupt nur fiktiv eine eigene Staatswirtschaft aufrechterhalten, die beliebig propagandistisch frisiert werden kann, solange sie sich obendrein noch auf Beschlagnahmungen und Kriegsrecht stützt, dem Staat geht es ziffernmäßig gut, der Einzelne verkommt und verhungert, gesprochen nach Wert und Zahl der Konsumgüter, die kalte Enteignung, ohne revolutionären Inhalt, zum System erhoben – zwischen dem beinahe automatischen Bemühen um Eigenstaatlichkeit wenigstens in der Wirtschaft, und den Faustpfand- und Garantiemethoden der Moskauer Großkaufleute ist noch alles im Fluß, noch ein großes Tauziehen – solange ist es noch zu früh, die Frage einer stabileren Tendenz in den Staatswirtschaften der Ostländer auch nur zu untersuchen geschweige denn zu beantworten. Zweifellos, perspektivisch gefühlt, wäre es der Union nicht ganz unerwünscht, aber was fordert sie und was ist man drüben gewillt dafür zu bieten? Das ist es. Soweit ich die Zeitungen lese – auf diesem Sektor nichts, und dann macht Rußland eben den Laden zu. Für Frankreich wäre das eine schlechte Perspektive und würde das Frankenexperiment ernstlich gefährden. Für Italien, das Italien dieser Regierung, wäre es die Vermeidung der socialkommunistischen Regierung, die mit Sicherheit für Mai zu erwarten ist (mit einer christlichen Ehrenrepräsentanz vielleicht), wenn nicht die schroffste Ablehnung und Kampfstimmung gegen die Union und ihre Satelliten propagiert wird – das allein wird den Italiener bedenklich machen und die Regierung weiterwursteln lassen. *Jetzt* ein Kompromiß, macht Italien un-

weigerlich kommunistisch. Allerdings, ich weiß nicht was besser ist – bleibt Italien sozusagen bei der Stange, dann wird das dem Amerikaner sehr viel kosten, wobei er Frankreich zugleich nur durch eine diktaturähnliche Regierung, ob mit De Gaulle oder mit einem anderen, halten kann – auch ein schlechtes Geschäft.
Herzlichen Gruß
Franz

San Remo, den 19.2.48

Liebe Ruth,
der Beginn des italienischen Wahlkampfes, bei dem sich zunächst noch alle Gruppen äußerste Zurückhaltung auferlegen, läßt einige principielle Bemerkungen zu.

Im Ganzen gesehen hat der social-kommunistische Block keinen schlechten Start, die ersten außenpolitischen Bonbons sind ziemlich wirkungslos verpufft (Verhandlungschancen mit Tito über die mögliche Rückgabe von Triest und die russische Erklärung über die Rückgabe der Kolonien an Italien), hauptsächlich durch das absolute Schweigen, mit dem London und Paris darüber hinweggegangen sind, so daß die erwartete Diskussion nicht in Gang gekommen ist (oder noch nicht), die Attacken gegen England (Schuldig und Provokateur des Massakers in Somali, Terror in Tripolis) sind über Features nicht hinausgekommen und zu wenig fundiert, besser war der Protest gegen die amerikanische Landung in Bari und Taranto [Torrento?], die eine allgemeine Streikgefahr hätte auslösen können, die aber über lokalbegrenzte nicht hinausgegangen ist, von den Gewerkschaften selbst dann abgeblasen wurde, nachdem die Regierung sich sehr teilnahmslos gezeigt hat und ausgewichen ist. Die Probewahl in Pescara bedeutet nicht allzu viel, der Gewinn für den Block ist kaum 5% und zu berücksichtigen, daß die Kommunalvertretung dort wegen Disciplinlosigkeit und Ungehorsam gegen die Regierung aufgelöst worden war, Grund genug für die italienische Mentalität, dieselbe Vertretung erst recht wieder zu wählen, erstaunlich daß der Sieg nicht höher ausgefallen ist. Die Perspektive ist so zu nehmen:

nur durch stärkere Provokationen der Regierung, fortgesetzte Streiks bis zum Aufstandscharakter kann der Block für die Wahlen an Boden gewinnen, vor allem wenn die Regierung die Provokation annimmt. Dem steht scheinbar ein momentan gegenteiliges Interesse der Sowjetunion entgegen, die Russen bremsen sichtbar, was sich zu Ungunsten der Wahlchancen des Volksblocks auswirken wird. Vielleicht 20 bis 30% der Stimmen, die von Rückversicherern, den Doppelparteilern stammen, werden so verloren gehen. Interessant ist die Desavouierung von Nenni, der propagandistisch sehr wirkungsvoll erklärt hatte, siegt der Volksblock bei den Wahlen nicht, so haben wir in Italien die Revolution – dieser Passus ist von den KP Blättern gestrichen worden, später überhaupt ganz kalt abgestritten und Nenni hat schweigen müssen. Es heißt, daß eine solche Äußerung das Signal für einen schärferen Kurs in der Propaganda des Rechtsblocks abgeben würde und daher ungeeignet sei. Ich glaube nicht daran, vielmehr an die strikte Weisung zur Legalität vor und *nach* den Wahlen, die Togliatti Reden deuten das klar genug an.

Es kann sein, daß sich die Lage verschärft, wenn die Amerikaner das Geschäft mit Franco abgeschlossen haben (d.h. der russische Druck auf größere Aktivität, denn unter der italienischen Masse ist Franco allein keine zugkräftige Parole. Die kleinen Versuchsstreiks können auch nicht ewig fortgesetzt werden, ohne größere Ermüdungserscheinungen in Kauf zu nehmen, so ist z.B. ein gestriger Proteststreik der Post, auf eine Stunde begrenzt, beinahe völlig unbeachtet abgelaufen und hat eher Heiterkeit erweckt. Die Regierung spielt damit, die politischen Leidenschaften sich totlaufen zu lassen, und hat bisher damit Erfolg – im Hintergrund steht dabei die Erwartung, daß Amerika weiter wie bisher Geld und Nahrungsmittel schickt, und vielleicht werden auch die Forderungen bald höher werden. Gefährlich wäre es etwas detailliert zu versprechen, nur die allgemeine Erwartung aufrechterhalten! Nach diesem von USA bezogenen Schema sind scheints auch ihre Saragatleute und Republikaner, der sogen. Mittelblock angetreten. Eine erstaunliche Gesellschaft, die durch den Beitritt der kleinen Soc. Gruppen Silone und Lombardi fast eine komische Rolle spielen. Die Republikaner um Pacciardi haben nur noch eine Bedeutung um einen Keil in die von der KP eroberte Partisanenbewegung

(1 600 000 Mitglieder) zu treiben, ob es gelingt, ist nicht zu übersehen. Einen wirksamen Keil konnte man nur noch vor etwa 3 Monaten ansetzen anläßlich des Besuches der russischen Delegation durch Veröffentlichung von Artikeln, Broschüren und Büchern meinetwegen, über den wahren Charakter der sogen. ital. Widerstandsbewegung – das hätte zwar einen ungeheuren Krach hervorgerufen, aber die Bewegung, die heute ein festes Bollwerk der KP ist, nebenbei ein großer Rentenempfänger, aufgespalten. Versäumt ... an Hinweisen hat es nicht gefehlt. Einen größeren Nutznießer an der Heroisierung von Partisanen wie die italienischen, die alles andere als heroisch und damit die gleichen Geschäfte gemacht haben und noch machen wie die italienischen Politiker im allgemeinen, wird man kaum noch in der Welt finden. Hat man vergessen, daß am Tage des Waffenstillstandes zunächst einmal von den Alliierten alle Partisanen durch die Bank genau so behandelt wurden wie die reguläre Truppe d.h. ins Lager gesteckt wurden? (und mit Recht.)

Heute ist die Behandlung selbstverständlich schwieriger, nachdem sie eine Parteimiliz geworden ist. Immerhin – das Gentleman-Auftreten der Saragatianer wirkt komisch. Was wollen die eigentlich, was haben sie in der Tasche – bestimmt keine Wahlgelder, merkwürdigerweise, Propaganda und Organisation ist geradezu kläglich. Die Christlich-Demokraten schwenken sichtlich ins rechte Lager ab, obwohl ein nüchterner Beurteiler ihre Chancen gerade auf der Linken suchen sollte. Warum – großes Rätselraten. Der Vatikan ist gegen den Volksblock und die Russen und Tito neuerdings sehr sanft und sogar verständnisvoll, dafür bootet er den linken Flügel der Chr.D. aus, die militante Jugendorganisation der kath. Aktion wird gerüffelt, die Pfarrer unter den Partisanen werden zurückgepfiffen, z.T. exkommuniziert, der Aufbau einer chr. Gewerkschaftsorganisation ist steckengeblieben, wird aus Mangel sichtbarer Unterstützung eingehen und die Kleriker werden aufs Dorf geschickt, vorläufig hält noch die Parteidisciplin, aber wie lange noch? Schon ist Pater Miglioli mit seiner kleinen Gruppe für Christentum und Frieden dem Volksblock beigetreten und zwar was besonders bemerkenswert ist, ohne exkommuniziert zu werden. Also theoretisch alles Wasser auf die Mühle des Volksblocks, und trotzdem glaube ich nicht an den Wahlerfolg, wenn nicht vorher revolutionäre Unruhen ausgelöst werden. Diese zu vermeiden und Provokationen einzustecken, ist die ganze Weisheit der Regierung. Programm ist keins, weder wirtschaftlich noch politisch – die Amerikaner werden zahlen, und wenn sie sehr clever sind, werden sie auch mit den Gentlemen eine Art Programm auszuarbeiten haben, aber nachher, kosten wird es schon was. Wie billig wäre das alles gekommen, hätte man die Italiener in ihrem Fett schmoren lassen.

San Remo, den 21.4.48

Liebe Ruth,
zur Analyse der ital. Wahlen: als eindeutigstes Ergebnis erscheint, daß die kommunistische Position nicht erschüttert worden ist, wider allgemeinen Erwartens. Mit andern Worten der bis ins Einzelne durchgearbeitete Apparat und die Parteimaschine hat gehalten. Die Anstrengungen der Gegenseite, diese Maschine zu erschüttern waren gewaltig, die Position in der in den beiden letzten Wochen die Volksfront hineinmanövriert worden war, schien äußerst schlecht geworden, die Partei schien allmählich in eine völlige Auflösung hineingeraten, Rückzüge auf der ganzen Linie, Umstellung der Parolen auf Regierungsbeteiligung statt auf Machtübernahme, Fallenlassen der ursprünglichen Wahlschlager, von Arbeit und Brot bis zur Säuberung des öffentlichen Lebens, Garibaldi Nationalismus und die Fülle der socialwirtschaftlichen Versprechungen – es blieb eigentlich im Grunde genommen nichts mehr übrig als das Versprechen Frieden und die Beteuerung, wir haben es gut gemeint und wir wollen alle daran gehen, wo etwas falsch ist es besser zu machen – statt Revolutionsstimmung, weinerliche Beteuerungen. Wahltaktisch schien die Front ausgeknockt mit besonders kläglichen Erscheinungen auf Seiten der Nenni Gruppe, wo noch in der letzten Woche geführt von Romita eine weitere Abspaltung drohte. Umso erstaunlicher die Aufrechterhaltung der Disciplin – eine Folge der Apparat-Arbeit der letzten Jahre, die noch wirksam war, als ihr bereits die innere Unterstützung und Blutzuführung durch die Spitze fehlte. Zu untersuchen wäre wo und wann diese Zementierung eingestellt

worden ist. Am näherliegendsten wäre es auf die Russen zu tippen, die von einem Tag zum andern die Revolutionsparole gestoppt haben und die Partei in der Luft hängen ließ. Mit sachlichen Erwägungen und ohne revolutionäre Atmosphäre war für die Front die Partie nicht zu gewinnen – diese ist sichtbar abgeblasen worden, ohne Übergangs- und Zwischenparolen. Entgegen allen Vorkombinationen sind weder die Neofaschisten oder der nationale Block die Gewinner, sondern die Christl. Demokraten, die aus dem Ausscheiden des Terror- und Furchtmoments Nutzen ziehen konnten, d.h. die Beamten Intellektuellen und kleinen Mittelschichten, die sogen. Doppelfrontenleute, die wahrscheinlich überwiegend kommunistisch gewählt hätten, sind in den Schoß der Christlich Demokraten zurückgekehrt.

Was wird nun die KP mit ihren Hochburgen in Norditalien (nicht mehr die Großstädte sondern die Arbeiterrandsiedelungen und der neue Landarbeiterverband) den Schulungszentren, die auf die Machtübernahme ausgerichtet sind, anfangen?

Merkwürdigerweise liegt die Beantwortung jetzt bei der Gruppierung der socialistischen Union. Die Union hat in den Wahlen wie erwartet abgeschnitten, aber nicht mehr, die Erbschaft der SPI angetreten und in dem Sinne eine geschwächte, d.h. sie wird eher bemüht sein, die Reste der Nenni-Gruppe in sich aufzunehmen und deutet bereits ein autonomeres Zusammengehen mit der KP wieder in der Reihe der wirtschaftlichen Socialfragen, Socialisierung, Agrarprogramm etc wieder an – Druckmittel, um die reichlich zusammengewürfelte Christlich Dem. aufzuspalten. Wird der Einfluß der Kirche stark genug bleiben um dies aufrechterhalten zu können, bei einer Spaltung würden sich erst die Möglichkeiten einer „dritten Kraft" ergeben – schwerlich. Kompliziert ist die Entwicklung durch die fast völlige Ausschaltung der Liberalen und Republikaner, die als Zentrum hätten dienen können. So sieht also die nächste Entwicklung eine Abschwenkung der Saragat in die Opposition oder um dem auszuweichen eine stärkere Berücksichtigung in der Regierung, die dem Zahlenverhältnis nicht entsprechen würde, mit andern Worten die Regierungsmaschine ist bereits am Beginn gelähmt, falls die Chr.D. nicht allein überhaupt regieren will, was kaum anzunehmen ist, obwohl es an sich möglich wäre. Das Problem steht nämlich bei den Gewerkschaften,

Arbeitsfriede, ungestörte Produktion, sozusagen den Elementen des wirtschaftlichen Aufbaus. Zwar hat De Gasperri in Wahlreden mit der Spaltung der Gewerkschaften gedroht, ein Verbot politischer Streiks an die Wand gemalt, die Soc. Union wird aber darin bestimmt nicht mitgehen und auch die Chr.D. werden, solange sie selbst eine Spaltung vermeiden können, diese Drohung auch kaum wahrmachen. Bei der stark gebliebenen KP Position ist mit Überzeugen nicht mehr zu rechnen, also wird es eine Machtfrage. Wer wird diese riskieren? Hier wird jetzt der eigentliche Kampf um die Taktik und die Durchführung beginnen. Von der KP liegen noch keine Anzeichen vor, daß sie es unmittelbar auf Machtprobe, Streiks und Sabotage ankommen lassen werden. Das wird davon abhängen, wie weit sie ihre Positionen auf Abwarten intakt halten wünschen, oder ob sie sie bereits in einem Kampf einsetzen. Ich vermute, daß man vorerst versuchen wird, die Position und den Zusammenhalt des Gegners abzutasten bis zu der Grenze des Risikos, allmählich an Stärke zu verlieren. Zweifellos besteht natürlich auch die Gefahr, daß der Apparat bei zu langem Abwarten jetzt erst abzubröckeln beginnt. Damit rechnet sicherlich De Gasperri, aber auch Saragat, nur beide mit verschiedenen Perspektiven. Im Grunde wäre jetzt für die Chr.D. die Chance der Populari, ein sociater Flügel der Christlichen gekommen, die mit Saragat eine dritte Kraft aufrichten könnten, mit De Gasperri aber nicht. Bei einer Zuspitzung der internationalen Situation müßte die Ausschaltung der KP aus dem politischen Leben versucht werden, das Antistreikgesetz durchgebracht werden, dies wird aber ohne Polizeiführung, mit andern Worten zum mindesten militärische Garantie der Westmächte nicht gehen – es fragt sich wie lange kann man abwarten, bis sich die Widerstandsbewegung von KP und Saragat abnutzt, ohne zu allzugroßen Erschütterungen zu führen, und die Frage, das wissen auch die andern. Und wer wird diese wirtschaftliche Erschütterung, die im Verlauf dieser Auseinandersetzung eintreten wird, bezahlen? Die USA bezw. das Marshallbüro? Darauf kommt es an. Wird man weiter Geld und Waren auf fonds perdu, als politisches Schachspiel nach Italien hineinpumpen können, ohne auf Rentabilitätschancen zu sehen?

Von der Ausnutzung dieser Zweifelsperspektive wird die nächste Taktik der KP und der Gewerkschaftsführung bestimmt

sein. Immer stärker zeigt sich hierbei, daß der Partei selbst in ihrer Taktik nur für Italien die Hände gebunden sind. Bleibt das so, ist mit einem raschen Niedergang der Partei zu rechnen, deren Erbschaft vorerst Saragat antreten wird. Im andern Fall bleibt bei taktischer Ausnutzung des Zerfalls der Regierungskombination – ohne Gewaltstreiche die Möglichkeit, die Regierungsmaschine zu lähmen, und die Ch.D. auseinanderlaufen zu lassen. Aber auch dies ist für die KP ohne ausländische Rückendeckung nicht durchführbar. Um gegen die KP jetzt entscheidend nachzustoßen, scheint mir die augenblickliche Koalition zu schwach.
(ich schreibe noch mehr)
Herzliche Grüße
Franz

[1947/48]

Zur Lage in Ungarn
Die Entwicklung der Krise kann nicht mit den üblichen Mitteln der politischen Analyse beurteilt werden. Grundsätzlich steht allem voran die Frage: ist in den verschiedenen Abkommen unter den Alliierten Ungarn unter die Einflußsphäre der Sowjets gestellt, auf die Dauer oder temporär während einer Besatzungszeit, was bedeutet politisch die Einflußsphäre, der Begriff der Eigenstaatlichkeit in dieser Sphäre etc. – da man nicht annehmen kann, daß die führenden Konferenzmänner geschlafen haben, so wird es darüber und über die Frage, wie hoch die ungarische Sabotage gegen die deutsche Kriegswirtschaft, die kampflose Räumung der Sie[ben]bürgenpässe durch die Armee Dálnoki, die Propaganda der Debrecener Gegenregierung im Rahmen der alliierten Kriegführung eingeschätzt und bewertet worden ist, bestimmte Erklärungen und Formulierungen geben müssen. Davon hängt alles ab, in den Verhandlungen zum ungarischen Friedensvertrag ist man mit bemerkenswerter Einmütigkeit diesen Fragen aus dem Wege gegangen, irgendwie und irgendwann dreht sich aber alles darum, und wenn die englischen und amerikanischen Proteste gegen die letzten Vorkommnisse nicht nur leeres Papier sein sollen und dazu dienen

vor der übrigen Welt das Gesicht zu wahren, so müssen sie sich ja auf etwas präzises stützen – wovon man aber nichts hört, denn allgemeine Phrasen über staatliche Unabhängigkeit und Demokratie genügen hier nicht. Entsprechend hat sich auch Rußland nicht darum gekümmert. Etwas stimmt also nicht, und der Sachbearbeiter im engl. oder amerik. Außenamt hat noch mehr in den Akten, als er vermuten läßt, also raus mit der Sprache – sollte man sagen, sonst ist es nur Zeitverschwendung in Protesten zu machen, dies vorausgeschickt. Es erklärt vieles, wenn nicht das meiste. Genauer gesagt: die Unabhängigkeit ist nicht erst jetzt von den Russen verletzt, sondern schon früher von den Alliierten aufgegeben bzw. verhandelt, d.h. verschachert worden. Trotzdem scheint es noch nicht ganz klar, vielleicht ist das Gegengeschäft nicht zustande gekommen oder noch in der Schwebe – die Russen gehen sehr zögernd zu Werke, mit Samthandschuhen, um die Fiktion eines unabhängigen Ungarns aufrechtzuerhalten, warum – Antwort kann nur das Konferenzprotokoll geben.

Zunächst einige Tatsachen: Fast alle wirklichen traditionellen Alliierten Freunde (einschließlich Rußlands), bewährte Leute im Kriege in der politischen und wirtschaftlichen Sabotage gegen Deutschland sind vor ein ungarisches Volksgericht gekommen und sofort hingerichtet worden (übrigens nach dem gleichen Vorbild in Bulgarien). Schwacher Protest, kaum über eine Registrierung in der Presse hinausgehend. Bis auf Szálasi, die Mitglieder seiner Regierung und etwa 20 bis 25 seiner Getreuen, die in zwei sehr kurzen Prozessen verurteilt und hingerichtet worden sind, ist die Pfeilkreuzerpartei beinahe geschlossen in die KP aufgenommen worden; da es im eigentlichen Sinne kaum eine KP früher gegeben hat (einige Diskutierzirkel, im wesentlichen obendrein noch gestartet von der Gestapo bzw. dem SD), so ist die heutige KPU mit der Pfeilkreuzerpartei eigentlich identisch. Dieses Odium ist vor der Öffentlichkeit nicht ganz zu verbergen, daher der Ruf nach Einheitslisten und Verschmelzung aller „antifaschistischen" Parteien zum ungarischen Block – der Sozialdemokrat Payer, ein alter Kämpfer, der sehr vorsichtig solche Zusammenhänge anzudeuten wagte, ist nicht nur aus der Parteistellung herausgeworfen, sondern bereits Feind Nr. 1. Der englische Handelsvertrag, der geradezu eine für ihn geschaffene Lücke im ung.

Dreijahresplan freudig acceptiert und Bacon, Gänseleber und Truthühner abnimmt, die die russischen Staatsgüter in Ungarn (so nach dem Stichwort der „Reparationen" benannt) exportieren werden. Die in amerikanischen Händen befindlichen Pfänder, Gold und Schiffe, werden zurückgegeben. Um einen Prestigeerfolg für die Regierung der Kleinlandwirte zu machen – mit der man zu verhandeln beginnt, wie der vermutlich auf den Konferenzen gemachte Fehler seitens der Angelsachsen wieder gutgemacht werden kann. Verständlicherweise nehmen das die Russen übel. Sie bestehen auf ihrem Schein. Die scheints doch ganz normalen Beziehungen der Kleinlandwirte als Regierungspartei zur alliierten Kontrollkommission, zu den angelsächsischen Mitgliedern, die Recht und Pflicht haben Erkundigungen einzuziehen, werden in den Augen der Russen Hochverrat, Angriff auf die Rote Armee etc. Wieder nur theoretische Proteste, wieder wird das Kernstück nicht berührt – was heißt Einflußsphäre?

Der Presserummel darüber liegt m[eines] E[rachtens] falsch. In Ungarn ist nichts geschehen, nämlich buchstäblich nichts. Die bisher unter Zufriedenheit arbeitenden vorgeschobenen Figuren (im Parteigewande) vorgeschoben, nicht einmal gekauft, sie haben sich zu den Posten gedrängt, hinaufintrigiert – sind in eine materiell gut dotierte Falle gegangen. Wer hat die Falle gestellt – die Angelsachsen, um zu einer Interpretation des Begriffes der Einflußsphäre zu gelangen, an der Hand von „Fakten", die Russen, die indirekt damit eine Antwort auf viele auch anderwärts gültige Fragen geben?, bestimmt liegt keine eigene ungarische Initiative, wie es in der amer[ikanischen] Presse dargestellt wird, vor.

Die Kleinlandwirte sind die Partei der Gutsbesitzer, und da bei der feudalistischen Tradition im ungarischen Blut sich die landlosen Bauern und Landarbeiter dazurechnen, so erweckt sie den Eindruck einer Sammlung des bäuerlichen Elements. Als solche war sie für das bisherige Spiel sehr geeignet, jetzt wird sie ersetzt werden müssen. Ihr bisheriger geistiger Berater und Generalsekretär, der Piaristenpater Balogh, hat auch schon der Partei den Rücken gekehrt und beim Kontrollrat, sprich Russen, die Gründung einer bäuerlichen Partei beantragt, im Stile der Christlich-Sozialen, bäuerlich betont. Diese Balogh-Partei wird das bisherige Spiel fortsetzen, zu allem ja sagen, was von den Russen gefordert wird, und das ist nach allem eigentlich eine Selbstverständlichkeit.

Ganz abgesehen von der Frage der russischen Expansion und ihren speciellen Begleiterscheinungen, ist Ungarn umgeben von einem slavischen Block, zur slav[ischen] Orientierung zwangsläufig gedrängt. Ungarn ist jetzt wie schon früher, als die deutsche Orientierung in Frage kam, nicht lebensfähig für sich allein, alle ungarische Politik wehrt sich gegen diese Einsicht und scheitert daran, unter außerordentlich sentimentalem Geklingel. Die slav[ische] Orientierung bedeutet Ausrichtung der Wirtschaft nach dem russischen Aufrüstungsplan oder wie man sonst solche Wirtschaftspläne nennen mag. Ungarische nationale Belange müssen nach dem Muster der gewerkschaftlichen Kategorien gefordert, ausgehandelt, event[uell] „erstreikt" werden – soweit die einer ungarischen Regierung verbleibende Politik. Ich habe nicht den Eindruck, daß die Russen in Ungarn besonders wild vorgehen, eher im Gegenteil – sie lassen vieles laufen, was geregelt werden müßte. Es scheint an Leuten zu fehlen. So die Bodenreform. Einige Millionen Joch Land übersauerte Pußtaweide und Akaziengestrüppwald zu enteignen, schafft keine Agrarrevolution. Kulturboden ist bisher unangetastet, die großen Magnatengüter sind russische Staatsgüter geworden, übrigens auf dem amüsanten Umwege von Reparationen und Kredit – nachdem man erst die Maschinen weggeschleppt hat, bietet man jetzt neue russische in Form des Kredits, was in der Beteiligung der russischen Trustgesellschaft als Aktie, Prozente etc. an diesen landwirtschaftlichen Kombinaten, die nach dem Gesetz Eigentum des ungarischen Staates sind – wahrscheinlich hätten sonst die Angelsachsen Einspruch erhoben, bezw. sich mitbeteiligen wollen – zum Ausdruck kommt. Ferner sind ein paar tausend russische Bauern ins Land gekommen als Grenzsiedler ins Burgenland und in Oberungarn – die alte schöne Militärgrenze lebt wieder auf – die Pester Industrie, Ganz, die Aluminiumwerke, Salgo Tarjan, die Glasfabriken, die Schattenindustrien der deutschen Schwerindustrie Messerschmidt Flugbau, Motorenwerke, Konservenfabriken sind den Russen als Reparation in die Hand gefallen. Sie können sich darauf berufen, sie haben sie nicht aus dem Lande geschleppt, sondern in Gang gesetzt und sogar der ungarischen Regierung und dem Staat aus freien Stücken eine Beteiligung daran angeboten. Ist das nicht ein Geschenk? Dafür fordern sie nur die Gefälligkeit der Verstaatlichung der Banken. Hier brach die Krise aus.

Die Banken sind die Inhaber der ungarischen Wirtschaft in der Praxis. Schon an sich wie die Kommerzbank halbstaatlich, sind sie die Träger aller Handelsoperationen, praktisch auch die Inhaber von Grund und Boden – die Magnaten waren schon längst nur Folie. Nach dem Kriege, als die verwickelten Tarnverhältnisse etwa des jüdischen Strohmännerkapitals auseinandergewickelt werden mußten, fanden außerordentliche und schwer zu durchschauende Verschiebungen im Aktienbesitz statt, die es schließlich dem neuen Kapitalinvestor, den russischen Trusts, ratsam erscheinen ließen, diese Entwicklung zu stoppen und unter Kontrolle zu bringen. Diesem Zweck dient die stufenweise durchzuführende Verstaatlichung.

Nicht etwa daß die Russen fremdes Kapital von Ungarn fern halten wollen, im Gegenteil, sie gehen so zögernd vor, weil sie keinen fremden Kapitalgeber vor den Kopf stoßen möchten – sie wollen nur wissen, wer mitspielt. Die „Revolte" der Kleinlandwirte in der Regierung gegen die Verstaatlichungsgesetze hat der schon längst fälligen Klärung der Situation nur in die Hände gespielt. Einmal im Beginnen und Abrollen sollte dann gleich ganze Arbeit gemacht werden – oder hat man schon vergessen, daß Herr Nagy nicht geflohen und heimlich sich gedrückt, sondern daß er geradezu herausgeschmissen werden mußte – mit kinomäßigen Entführungs- und Erpressungstricks. Das gleiche wird auch noch mit Tildy und einigen anderen geschehen. Das merkwürdige ist, diese Flüchtlinge wollen alle im Lande und im Amt bleiben und sie gehen erst mit einer Anweisung auf den noch von Kallay in der Schweiz angesammelten Fond von Devisen in der Tasche. Wer verwaltet übrigens diese 11 Millionen Franken (heute noch, nachdem Kallay und Horthy einige Millionen unter sich und die erste Exilregierung aufgeteilt haben) und wo kommt das Geld her, und wer kann darauf Anweisungen geben und wer zahlt auch tatsächlich aus.

Alles das ist recht kinomäßig, aber es gehört unbedingt dazu, wenn man über die Lage in Ungarn sprechen will. Diesmal glaube ich, sind die Russen in dieser Sache nicht im Unrecht. Sie nehmen nur das, was sie bekommen haben, und wenn das nicht so ist, so muß man das erklären und verlautbaren und alles das, ein auf einander abgestimmtes Geschrei in der Presse ist dafür kein hinreichender Ersatz.

Herzl. Grüße
Franz

[1947/48]

(Fortsetzung der It[alien]-Analyse)
Bevor ich auf akute praktische Folgerungen zu sprechen komme, noch einige Bemerkungen über die KP.

Die Partei wirkt auf den ersten Blick bestechend, weil sie äußerst gut und straff durchorganisiert ist. Sie ist die einzige politische Partei in Italien, die dafür große Geldmittel zur Verfügung hat und die durch indirekte oder auch direkte Waren- und Devisengeschäfte eine Partnerschaft mit der Regierung bezw. der Nationalgang unterhält, wobei beide Teile ein erfreuliches Poker spielen, mit Bluff und Drohungen, aber sich genau kennen. Das Gewinnziel ist kein ideologisches, sondern gemeinsam aus dem Zuschauer oder dritten Mitspieler, mag der nun Dollarkredit oder europäische Solidarität und Wiederaufbau heißen, soviel als möglich herauszuholen. In diesem Spiel sind die übrigen Parteien die interessierten Kiebitze. Das hält alles solange, solange die Fiktion eines einheitlichen italienischen Staates aufrechterhalten wird. Der Zulauf zur Partei erklärt sich zum Teil aus den guten Gehältern der Funktionäre (im Durchschnitt das Doppelte eines normalen Staatsbeamten), die Tendenz daraus einen Parallelapparat zum Staatsapparat zu entwickeln, und das geringe Risiko, denn in diesem politischen Spiel tut niemandem niemand etwas und geschieht ja auch nichts, die gentilezza, mit der sich die politischen Gegner behandeln, sorgt übrigens für die beste Rückendeckung. Es ist müßig aus den hiesigen Gegebenheiten eine sozikommunistische Regierung zu prophezeien, etwa nur nach dem Zahlenverhältnis der KP, die gleiche Chance hätte eine unter liberaler oder monarchistischer Flagge segelnde Rechte, vorausgesetzt daß ihr jemand den Aufbau des Organisationsapparates bezahlt. Die Karten für dieses Spiel werden nicht hier im Lande gemischt, und ich neige eher zu der Auffassung, daß ähnlich wie jetzt in Deutschland Rußland eine Machtübernahme der KP eher bremsen als fördern wird, durch Entziehung der Finanzen eines Tages überhaupt zu Fall bringen wird. Wer führt bzw. provoziert den ersten Streich?

Damit bin ich bei den akuten Fragen, was ist mit den Krediten, und welche Rolle spielt Italien in einem europäischen Hilfsplan – ich sehe in beiden Fällen nur negativ. Italien ist keine Einheit und jeder Dollar, der dieser Fiktion gegeben wird, ist verloren. Der Norden und Süden sind völlig getrennt zu behandeln, Sicilien obendrein noch extra für sich. Es sind nicht nur Gegensätze in der ökonomischen Struktur, sondern die socialen Zusammenhänge, die Menschen in ihren politischen Erwartungen sind auch grundsätzlich anders. Jeder Teil kann nur für sich allein behandelt, aufgebaut und wirtschaftlich und politisch entwickelt werden. Jede Bindung über eine Zentralinstanz unter Aufrechterhaltung der Einheitsfiktion ist der Betrugsversuch, von der bisher alle ital[ienischen] Regierungen gelebt haben und weiter zu leben entschlossen sind.

Daher wird die Rolle Italiens etwa im Marshallplan diejenige des großen Nehmers sein. Dasjenige was sie anbietet, muß sie sowieso auf den Markt werfen, zu ökonomisch vielleicht erzieherischen Bedingungen, nämlich dem Zerfall der Wirtschaftseinheit, woraus sich dann erst allmählich das wahre Bild Italiens entwickeln wird, während so der gegenwärtige Zustand gestützt, d.h. das Loch, in das die Kredite fließen immer größer werden wird. Eine gefährliche Eiterbeule, an der vielleicht die russische Politik nicht uninteressiert ist, wie an jedem europäischen Verlustgeschäft.

Ich muß mich leider mit Stichworten begnügen, denn entweder man folgt grundsätzlich meinen Gedankengängen, dann sind alle weiteren Schlußfolgerungen von selbst zu ziehen, andernfalls würde eine geschichtliche Abhandlung von Cavour über Mussolini bis Nenni (den Cunctator) notwendig sein, um zu überzeugen, Togliatti ist unwichtig, auch wenn er sich zur Zeit der größten Popularität im In- und Ausland, aber nur in den berufsmäßigen sog. politischen Kreisen erfreut, wozu ja auch die Presse gehört.

Herzl. Gruß
Franz

DIE PERMANENTE WÄHRUNGSKRISE

New York. Die englische Sachverständigen Kommission, die im Gefolge Churchills in Washington einen etwas farblosen Eindruck hinterlassen hatte, ist in Ottawa bereits reichlich bestimmter aufgetreten und es ist zu erwarten, daß in London zurück vor den Finanzministern der Commonwealth die Sprache noch ungeschminkter ausfallen wird. In Ottawa bestand ihre Aufgabe darin, der kanadischen Regierung klar zu machen, daß England nur dann auf die amerikanischen Stahllieferungen rechnen kann für eine entsprechende Gegenlieferung von kanadischem Aluminium an die USA. Zwar schweben solche Aluminiumverhandlungen mit Washington schon seit längerer Zeit und sind im Grunde an der Preisfrage, gesehen vom amerikanischen Binnenmarkt aus, nicht recht vorwärts gekommen. Diesmal aber wird der Vertrag und selbstverständlich auch die Preisbasis von England übernommen und ausgehandelt; darin liegt der Punkt. Es soll ein Freundschaftsdienst für England sein, denn im Grunde genommen liegt diese Art Geschäfte den Kanadiern nicht, die nach der kontinental-amerikanischen Wirtschaftseinheit hin tendieren. Die englische Aufforderung ist ziemlich dringend vorgebracht worden, und wenn die Dinge einmal richtig in Fluß gekommen sind, konnte man gleich dabei auch die Weizenfrage anschneiden. England braucht eine Art Weizenpreis Moratorium, für das eine amerikanisch-kanadische Übereinstimmung die Vorbedingung ist. Würde man in der gegenwärtigen Lage dem internationalen Weizenmarkt freie Hand lassen, die Voraussetzungen im internationalen Weizenabkommen dafür sind gegeben, dann würden die Preise nach oben schnellen. Dabei wird jetzt etwas beschämt zugestanden, daß einer der Lieferpartner, Australien als Exporteur ausfällt und seine eingegangenen Lieferverpflichtungen nicht erfüllen kann. Das Weizenabkommen muß in der gegenwärtigen Form ohne allzu viel Aufhebens beiseitegestellt werden, d.h. wenn trotzdem aus der plötzlich aufgetretenen Weizenknappheit die Preise hinaufgehen, dann zu mindestens nicht für England. Mit dem Rest können sich dann die Verteilungsorgane der Internationalen Rohstoffkommission beschäftigen.

Das sind die wesentlichsten Punkte, die Churchill nach London auf die Konferenz mitbringen muß, nicht den ziffernmäßig ausgedrückten amerikanischen Dollarkredit. Washington hat sozusagen nur die Fahrt freigegeben, Ottawa muß die erste Zusicherung geben, die Finanzminister in London müssen den guten Willen zu dieser Art Sanierung in der amerikanisch-kanadischen Kombination sehen und werden sich dann, von den gleichen Sachverständigen begleitet, nach Washington zurückbegeben, um das Gesamtgeschäft unterschreiben zu lassen.

In der amerikanischen Öffentlichkeit hat man wohlweislich verschwiegen, daß es sich nur um allgemeine Vorbesprechungen gehandelt hat, in Ottawa aber hat man die Katze aus dem Sack gelassen, die Konferenz ist bereits für Ende März oder Anfang April angesetzt. Bis dahin werden die anderweitigen Commonwealth Länder Zeit genug haben, sich mit der neuen Lage vertraut zu machen. Schließlich ist auch das Placet der betreffenden Kabinette notwendig, besonders wenn auch von ihnen Opfer gefordert werden, da ist die australische und südafrikanische Wolle, das malayische Zinn und der Rohgummi und die übrigen Junior Partner, die mit dem Punkt 4 Programm oder dem Colombo Plan im Schach gehalten werden können. Washington, im Sinne der soeben wieder bekundeten Freundschafts- und Verbundenheitserklärung, wird still halten und die Offerten abwarten, wohlwollend.

Wie man sieht, braucht man zur Erklärung der größten wirtschaftlichen Entwicklungen nicht mehr die traditionelle tiefschürfende ökonomische Analyse. Die Dinge liegen, wie wahrscheinlich auch sonst manches in dieser allgemeinen Verwirrung, sehr einfach. Die Geschicklichkeit bestand darin, die Krise der englischen Wirtschaft, die Sterlingkrise, nicht auf England zu beschränken, die Commonwealth mit ihrem manipulierten Dollar-Gold Pool hatte das nicht mehr mitmachen können, sondern zu verbreiten, den Standard einer allgemeinen Währungskrise dafür unterschieben und diese Krise zu einer permanenten zu machen. Es gibt eine Reihe von Argumenten, die auch für die übrigen Länder, soweit sie von London oder dem Londoner Diskontmarkt abhängig sind, dafür sprechen, besonders wenn die Londoner Diskontbanken einen verläßlichen Korrespondenten in Wallstreet haben. Das erklärt aber auch, warum die Frage einer Devaluation des englischen Pfundes nicht mehr zu den Vorzugsthemen der Spekulation gehören wird. Die Devaluation an sich ist unmodern geworden. Man sieht an dem englischen Beispiel, daß damit nichts mehr gewonnen werden kann. Noch weniger als an der Spekulation um den Goldpreis. Es ist nicht mal sicher, daß die Londoner Konferenz sich bemühen wird, in die antiquierten Erörterungen um die Einschränkung der Importe aus den Dollar Ländern einzutreten und sich um Quoten herumzuschlagen, wo inzwischen jedermann weiß, selbst die Finanzminister, daß einer Herabsetzung der Importquote das Ersuchen einer Anleihe auf dem Fuße zu folgen pflegt, die dazu dienen soll, die Einschränkungen auszukaufen. Anders ausgedrückt, zur Sicherung des Exportvolumens, unter teilweiser Einschränkung der sogenannten freien Konkurrenz auf den Weltmärkten. Für diese Operationen ist die permanente Wirtschafts- und Währungskrise die geeignete Plattform.

Wenn es gelingt, den Sterling aus der allgemeinen Währungsspekulation herauszuhalten – früher nannte man das mit einem akademischen Seitenblick stabilisieren – und zwar aus Zweckmäßigkeitsgründen, so kann sich aus der permanenten Währungskrise eine Art allgemeine Stabilisierung ergeben, die auf Vertrauen, besser auf Erwägungen der Zweckmäßigkeit basiert und bei der man die Ziffern der Devisen- und Goldbilanz nicht mehr weiter anzuschauen braucht. Es entsteht eine Art Fluktuation in einer Devaluierung, mit Präferenzen und Dutzenden von Seitenlinien, die man nicht wahrzuhaben braucht, wenn es sich um den Steuerzahler, den Lohnempfänger und den Außenhändler handelt, der nicht im richtigen Strom schwimmt. Sicherlich ist heute die Finanzwirtschaft Englands zu schwach, das für sie allein durchzuführen, dazu braucht man Partner. Washington ist gewillt, dieser Partner zu sein. Washington hat das Losungswort der permanenten Rüstung. Beides würde sich ergänzen, Churchill wird versuchen müssen, seinen Finanzministern der Commonwealth diese Lösung zu verkaufen. Kommt es zu einer Verständigung, wird es im Frühjahr zwar eine allgemeine Währungskrise geben, aber keine Sterling Krise im speciellen.

BESTANDESAUFNAHME
IN DER AMERIKANISCHEN WIRTSCHAFT
Produktionsplanziffern bis 1960 festgelegt

Spekulationen über die Auswirkung des Churchill-Besuches bei Eisenhower gehören in die Sphäre der politischen Phantasie. Es ist nicht anzunehmen, daß der Frühjahrsbesuch der englischen Regierungskommission in Washington, die Churchill informatorisch und stimmungsmachend vorbereitet hat, und der sich erwartungsgemäß eine Konferenz der Commonwealth-Minister in Washington vor oder nach der englischen Königskrönung anschließen wird, die Einberufung einer neuen Weltwirtschaftskonferenz bereits zur Folge haben wird. Die gegenwärtige Regierungsadministration hat sich vom Kongreß nicht nur mit der Vorlage des neuen Budgets, sondern auch mit einer Reihe von Gutachten über die künftige wirtschaftliche Entwicklung des Landes bereits verabschiedet. Es ist jetzt die Aufgabe der Eisenhower-Verwaltung, die vorgezeichnete Perspektive durch präzise Planziffern in der Finanz- und Produktionswirtschaft auf ihre Durchführbarkeit zu untersuchen, zu untermauern und dort zu verbessern, wo offengebliebene Unsicherheiten die Möglichkeit eines Fehlschlages erkennen lassen. Man wird der neuen republikanischen Verwaltung nicht den Vorwurf machen können, Zeit zu versäumen. Als eine „Regierung von Geschäftsleuten" fängt sie bei der Übernahme eines neuen Geschäftes damit an, was das traditionell Übliche ist – der Bestandesaufnahme.

Vom 25. bis 27. März dieses Jahres wird in Washington eine Konferenz zusammentreten, die von einer eigens zu diesem Zweck gegründeten Dachgesellschaft, der „Resources for the Future, Inc.", einberufen wird, hinter der die Ford Foundation steht. Deren Präsident, Hoffmann, lange Zeit der aussichtsreichste Kandidat für den Außenministerposten unter Eisenhower, hat mit Eisenhower und seinem Stab die Einzelheiten der Konferenz vorher genauestens festgelegt. Alle führenden Organisationen aus Finanz und Wirtschaft, einschließlich der großen Arbeitergewerkschaften, werden auf der Konferenz vertreten sein, ebenso alle prominenten Persönlichkeiten aus der amerikanischen Wirtschaft. Man wird das errechenbare wirtschaftliche Potential feststellen, die Lücken in der Rohstoffversorgung und die Pläne aufstellen zu deren Überbrückung, als deren wesentlichstes Instrument die Investierung amerikanischen Kapitals im Ausland erscheinen wird, die Formen, die Bedingungen und der Zweck. Erst dahinein gehört dann auch die Planung für die Außenhandels- und Tarifpolitik, von der bisherigen politischen Finanzhilfe an das Ausland ganz zu schweigen, die sich im wesentlichsten als ein Problem der Liquidierung darstellt.

Im Gegensatz zur überwiegenden Mehrzahl der europäischen Länder, geht die amerikanische Berechnung der Wirtschaftsperspektive vom Censusbüro aus. Das amerikanische Censusbüro rechnet, vom gegenwärtigen Beschäftigungsstand von 62,5 Millionen ausgehend, mit einer Zunahme von 4,3 Millionen bis 1958, um weitere 6 Millionen bis 1963, um weitere 6 Millionen bis 1970 und weiteren 4 Millionen bis 1975. Die langfristige Produktionsplanung ist ausgerichtet auf 88-89 Millionen Beschäftigter im Jahre 1975 und auf etwa 67-68 Millionen im Jahre 1960. In diesen Ziffern ist eine Reserve von zirka 9 Millionen, die entweder in militärischen Diensten stehen oder als Unterstützungsempfänger und Arbeitslose von der Wirtschaft indirekt mitgetragen werden, nicht enthalten. Mit andern Worten: die Wirtschaft, die heute auf einem Beschäftigungsstand von 62 Millionen basiert, muß auf den Stand von 68 Millionen umgestellt, bzw. erweitert werden. Das ist die Aufgabe, und daraus errechnen sich die Produktionsziffern, der Kapitalbedarf für die einzelnen Wirtschaftszweige. All dies wird in der Perspektive anderen Problemen, wie der Außenhandelssteuerung, dem Dollar- und Goldpreis, vorangestellt.

Die zwangsläufige Folge wird sein, daß die staatlichen Reserven an Wirtschaftswerten und Rohstoffen besonders herangezogen werden müssen, kommerzialisiert, bzw. reprivatisiert werden. Das ist eines der Fundamente in der Planung des neuen Verteidigungsministers Charles E. Wilson, der, obwohl Verteidigungsminister mit hauptsächlich militärischen Funktionen, praktisch die Wirtschaft dirigieren wird, mindestens in der Planung bis 1960. Die Republikanische Partei benötigt diese Ziffern bis zum Ablauf der zweiten Wahlperiode, um ihr Programm zu fundieren. Die Demokraten hatten diesen Planungsaufbau bereits weitgehend vorbereitet, der jetzt von den Republikanern zum weitaus größten Teil nur übernommen wird, mit dem Unterschied, daß die abtretende Verwaltung die Reserven noch stärker in der Hand der Regierung zu konzentrieren wünschte, während die neue Verwaltung sie *reprivatisieren* wird und der *Regierung* nur noch eine *Kontrollfunktion* zugestehen will.

Man neigt im Auslande dazu, die eigentliche Krise, von der die zwangsläufige Expansion der amerikanischen Wirtschaft bedroht ist, zu unterschätzen. Ob die Regierung jetzt die aus dem letzten Kriege her finanzierten und noch in ihrer Verwaltung befindlichen Industriebetriebe an die private Industrie abstößt, fällt nicht so sehr ins Gewicht. Auch nicht die Mobilisierung der staatlichen Ölreserven, die den drei Heeresteilen unterstellt sind. Das wird sich mehr oder weniger nach markttechnischen Bedingungen richten. Entscheidend dagegen ist die Betriebsstoffversorgung, die Überwindung der zunehmenden Verknappung in der Versorgung mit elektrischer Kraft und Wasser. Schon für 1955 kann vorausgesagt werden, daß die Stromerzeugung mit dem steigenden Bedarf nicht mehr Schritt halten kann. Schon heute hat die Wasserknappheit im amerikanischen Nordwesten die dringlich gewordene Ausweitung der Aluminiumindustrie in den Planziffern stark zurückgeworfen. Das Problem muß also – darüber ist man sich allenthalben klar – von einem andern Punkte aus angefaßt werden. Das ist die *Erzeugung von Atomenergie*. Die Atomwirtschaft befindet sich ausschließlich in den Händen des Staates, der größte Einzelposten im staatlichen Ausgabenetat. Die *Privatisierung* der *Atomenergie-Erzeugung* ist somit das eindringlichste, wenn auch schwierigste Kernstück eines auf längere Frist aufgestellten Wirtschaftsprogramms. Die Schwierigkeit liegt darin, wer und unter welchen Voraussetzungen und Garantien die Errichtung von Modellanlagen, in denen man erst den Preis für die erzeugte Kraft in ungefähr tragbare Relation zum heutigen Kilowattpreis experimentell bringen kann, finanziert. Die vorliegenden Pläne sehen zum Teil eine völlige private Eigenfinanzierung vor, zum Teil eine Beteiligung des Staates, wobei aber alle Projekte mit einer Abnahmegarantie zu einem festgelegten Preis für Plutonium, dem Grundstoff für die militärische Atombombenerzeugung, durch den Staat rechnen.

Es haben sich bereits einige Industriekombinate gebildet, die an die Eigenfinanzierung herangehen wollen. Davon sind die aussichtsreichsten Projekte die Dow Chemical Co., verbunden mit der Detroit Edison Co. und die Monsanto Co. mit der Union Electric. Beide Kombinate haben dann noch weitere 20 bis 30 Industriegesellschaften hinter sich. Sie können schon Ende des Jahres die Modellanlage in Betrieb haben. Die Projekte der General Electric und der Union Carbide Co. würden erst zu einem viel späteren Zeitpunkt betriebsfertig sein. Eine rasche Lösung muß gefunden werden, unabhängig von den politischen Folgerungen, sonst hängen die gesamten Produktionsplanziffern in der Luft.

JEDER SOLL JEDEN VOLL ERSETZEN KÖNNEN
Die konservative General Electric Company
und die Prinzipien ihres Schulungsprogramms

Das Problem der Nachwuchsschulung im industriellen Betrieb ist eins der dringlichsten in der amerikanischen Industriewirtschaft. Die Heranbildung der Belegschaftsmitglieder und Angestellten in Exekutivstellungen innerhalb der Industriegesellschaft gehört eigentlich schon seit Jahrzehnten zu den charakteristischen Besonderheiten der amerikanischen Industrie. Nach dem zweiten Weltkrieg aber hat diese Entwicklung sich auf nationaler Basis zu einem der Grundprinzipien der staatlichen Erziehungsaufgaben ausgeweitet. Sie hat in den letzten beiden Jahren einen stürmischen Auftrieb genommen, eine Folge des Wettlaufs um die Ausnutzung der Atomenergie für die private Industrie, die das Tempo gewissermaßen vorschreibt.

Keine Experimente

Die *General Electric* nun gehört zu den konservativen Gesellschaften, d.h. sie läßt sich nicht so leicht auf Experimente ein. Sie hält an den althergebrachten Methoden so lange fest, bis sie, um Schritt halten zu können, gezwungen ist, Methoden und Prinzipien anderer Gesellschaften zu folgen, die noch vor kurzer Zeit zum Teil auch in der Öffentlichkeit als betriebsrevolutionierend angesehen wurden. Um von der Bedeutung der Gesellschaft eine Vorstellung zu geben, genügt der Hinweis, daß Ende Januar 1953 die General Electric über einen Auftragsbestand noch außerhalb der unmittelbaren Produktionsdisposition im Werte von 2 1/4 Milliarde Dollar verfügte. Sie steht in dieser Hinsicht an zweiter Stelle in der amerikanischen Wirtschaft hinter General Motors.

Das Grundprinzip

Das Nachwuchsschulungsprogramm der General Electric ist daher doppelt interessant, weil es als typisch angesehen werden kann. Es hat die beiden Grundprinzipien aus der Elektronen-Industrie, der Plastik- und Chemischen Industrie übernommen. Diese sind: 1. Jedes Betriebsmitglied, gleichgültig an welcher

Stelle des Produktionsablaufs der Arbeitsplatz ist, muß eine genaue Kenntnis vom Gesamtbetrieb haben und die einzelnen Funktionen der Produktion und die soziale Bedeutung, den Sinn seiner Tätigkeit bei der Gesellschaft genauestens kennen. 2. Jedes Betriebsmitglied muß in der Lage sein, gleichgültig an welcher Stelle und in welcher Funktion, einen Nebenmann in einer vielleicht völlig andern Funktion zu ersetzen. Diese Umstellung und Umschulung kann nicht von heute auf morgen geschehen, besonders nicht in einem alteingefahrenen Großbetrieb mit inzwischen überalterten Nachwuchserziehungsmethoden. Vielleicht wird eine ganze Generation darüber hingehen. Aber das Grundprinzip steht fest, und darauf kommt es an.

Der Foreman-Kurs

Die General Electric hat verschiedene Kurse eingerichtet, durch die alle Belegschaftsmitglieder hindurchgeschleust werden. Jeder Kurs umfaßt 14 Konferenzen. Die allgemeinen Kurse finden während der Arbeitszeit statt. Eine Kommission, die sich aus den jeweiligen „foremen" zusammensetzt, wozu der Werkmeister der unteren Betriebseinheit gehört, der Abteilungsleiter und der Betriebsführer, wählt aus den Teilnehmern des allgemeinen Kurses eine Anzahl aus, die zu einem Studienkurs außerhalb der Arbeitszeit eingeladen werden. Aber auch nicht besonders aufgeforderte Betriebsmitglieder können noch an diesem Studienkurs nachträglich teilnehmen. Aus diesem Studienkurs, der dann bereits praktische Aufgaben bringt, siebt sich eine Elite aus, die von der Kommission an eine entsprechend nachfolgende Kommission weitergeleitet wird. Das ist der Grundkurs, der sogenannte „foreman" Kurs, wobei foreman hier nicht etwa mit Werkmeister gleichzusetzen ist.

Allgemeine Kurse

Andere allgemeine Kurse beschäftigen sich mit dem Verständnis der Faktoren, die den Erfolg eines industriellen Unternehmens bestimmen, der Arbeitsbeschäftigung des Nachbarn und dessen Stellung zu seinen eigenen technischen und materiellen Problemen, soweit sie sich auf seine Arbeitsfunktion beziehen, einer Kenntnis der Grundorganisation der General Electric, ihren produktionstechnischen und kapitalmäßigen Voraussetzungen, der Kenntnis der einzelnen Produktionsfaktoren, der

Kontrollen, der Buchhaltung und der Budget-Kontrolle. Einige dieser Kommissionen sind besonders spezialisiert auf Markt-Analyse, Qualitätskontrolle, Finanz, Administration, Preise, Beziehungen zwischen Management und Belegschaft („human relations") und Verkauf. Es besteht ein Kurs über die Stellung der Betriebsgemeinschaft zur Gemeinde, der Stadt oder Provinz, dem Staat. Der Betrieb, oft der alleinige Steuerträger, will die Belegschaftsmitglieder auch für die kommunalpolitischen Aufgaben erziehen, Wegebau, Schulen und sonstige Aufgaben, die in das rein kommunalpolitische Aufgabengebiet fallen. Der einzelne gehört zur Betriebsgemeinschaft, und er soll einen eigenen Standpunkt beziehen zu der Frage, was mit seinen Steuergeldern und den Steuergeldern der Gesellschaft geschieht.

Jährlicher Wettbewerb

Aber alles dies im Programm ist nur der Teil, der den eigenen inneren Betrieb betrifft. Die bisherigen „Employee Education Foundations" werden so erweitert, daß den Kindern der Betriebsmitglieder Beihilfen für das Studium oder direkte Stipendien gewährt werden können. Der Plan ist, allgemein auf allen Gymnasien (High Schools) und Colleges Spitzenschülern eine Anwartschaft auf ein freies Universitätsstudium in Physik und Elektrotechnik zu geben, die jährlich in einem besonderen Wettbewerb ausgetragen wird.

Jagd nach Talenten

Daneben ist ein Wettbewerb unter den High-School-Lehrern im Gange, aus dem jährlich 60 Preisträger von der General Electric engagiert werden. Auf der Jagd nach heranwachsenden Talenten sind andere Gesellschaften der General Electric weit voraus. Zum Beispiel die Bausch & Lomb Optik Gesellschaft in Rochester schickt jährlich 400 Studenten auf die Universität in Rochester, die sie zum größten Teil schon während der High-School-Zeit unterstützt hat. Dafür spezialisiert sich die General Electric neuerdings darauf, aus ihren weitverzweigten Teilbetrieben Betriebseinheiten herauszunehmen und sie als Unternehmerbetriebe selbständig zu machen, wofür sie den Betriebskredit gibt. Das ist eine interessante Entwicklung des „Big-Business"-Problems, worüber später mehr zu sagen sein wird.

DIE INDUSTRIELLE VERWERTUNG DER ATOMENERGIE
Die amerikanische Regierung schaltet die privaten Industrieprojekte aus

Die Ankündigung der Atomic Energy Commission, daß sich die amerikanische Regierung entschlossen hat, eine eigene Industrieanlage für ihre Verwertung von Atomenergie für die industrielle Produktion zu bauen, hat in weitesten Kreisen der amerikanischen Wirtschaft *größtes Aufsehen* erregt. Zweifellos waren die an der Vorentwicklung der industriellen Versuchsprojekte interessierten Gesellschaften zum Teil schon vorher unterrichtet. Zweifellos sind auch die Spitzen der Republikanischen und Demokratischen Partei vom bevorstehenden Entscheid benachrichtigt worden. Es muß als ausgeschlossen gelten, daß die Regierung einen solchen Entschluß, der praktisch das *Regierungsmonopol für die Atomenergiegewinnung* aufrecht erhält, ohne vorherige Fühlungnahme mit leitenden Kreisen des Kongresses unternommen hätte. Für die Öffentlichkeit aber, und wahrscheinlich auch für die interessierte Wirtschaft im Auslande muß indessen trotzdem die Entscheidung als große Überraschung gewertet werden.

Bisher war nur bekannt geworden, daß sich eine Reihe von Gesellschaften, meist die führenden Großunternehmen der amerikanischen Wirtschaft, der chemischen Industrie und der Elektrizitätsgewinnung um die Freigabe von Atomenergiepatenten bei der Atomic Energy Commission und der Regierung, bzw. dem Verteidigungsministerium bemüht haben, um eigene industrielle Anlagen zu bauen. Die Gesellschaften hatten sich je nach ihrem Spezialgebiet in *Partnerschaften* zusammengeschlossen, an denen wiederum Dutzende von anderen Gesellschaften, die für den Teilbau, die Lieferung von Maschinen, zum Teil auch durch Einbringung eigener Patentverfahren, interessiert waren, beteiligt sein sollten. Im wesentlichen lag diesen Partnerschaften die Aufteilung des Risikos für die Errichtungskosten zu Grunde. Die Verhandlungen dieser Partnerschaften, die man mit gutem Recht die private Atomwirtschaft nennen könnte, mit der Atomic Energy Commission, bewegten sich auf der Basis, eine Bestätigung von der Kommission für die technische Durchführbarkeit und die finanzielle Sicherung ihrer Projekte zu erhalten. Dies wäre dann die Voraussetzung gewesen, von der Regierung eine Änderung des Atomenergiegesetzes zu erlangen, das die Freigabe von Verfahren an Private verbietet. Bisher schien kein Grund vorhanden, anzunehmen, daß die Regierung die Freigabe der in Laboratoriumsuntersuchungen fortgeschrittenen Projekte der General Electric-, der Monsanto- oder der Union Carbidegruppe verweigern würde. In der Tat lagen auch im Schoße der Regierung Entwürfe für die Änderung des Atomenergiegesetzes bereits vor, zum Teil hatte der Kongreß in einzelnen Kommissionen sich mit der Frage bereits beschäftigt.

Es wird bekannt, daß zumindest die General Electric- und das Monsantoprojekt nach Prüfung durch die Atomic Energy Commission als nicht ausreichend abgelehnt worden sind. Wahrscheinlich trifft derselbe Entscheid auch für die übrigen, nicht mehr bekanntgewordenen Projekte der Privatindustrie zu. Keinesfalls können die Gründe allein in der Finanzierung liegen, denn eine Reihe dieser Projekte legte auf eine finanzielle Mitwirkung der Regierung von vornherein keinen Wert, andere, die eine finanzielle Beteiligung wünschten, wollten diese nicht in direkten neuen Zuwendungen, sondern in Form langfristiger Amortisierungen der benutzten Regierungspatente und Verfahren, über die zudem nicht die Atomic Energy Commission oder eine sonstige Regierungsagentur zu entscheiden gehabt hätte, sondern der Kongreß auf der Basis eines erst noch zu schaffenden allgemeinen Abfindungsgesetzes.

Soweit die Vorgeschichte und die vorangegangene Entwicklung. Inwieweit außenpolitische Erwägungen bei diesem überraschenden Entschluß, der in Widerspruch zur Politik der gegenwärtigen Regierung steht und ausgesprochenen New-Deal-Charakter trägt, dabei eine Rolle gespielt haben, mag politischen Spekulationen überlassen bleiben. Die unmittelbare Wirkung ist, daß die vielfältigen Verhandlungen der privaten amerikanischen Wirtschaft mit entsprechenden Gesellschaften und Interessenten im Auslande jetzt völlig in der Luft hängen und voraussichtlich auch abgebrochen werden müssen. Zwar lagen diesen Verhandlungen zunächst nur die reinen Laboratoriumsverfahren zu Grunde. Bevor diese aber von der Regierung und der Atomic Commission für das Ausland freigegeben werden, wird noch längere Zeit vergehen. Zum mindesten wird die Atomic Energy Commission, worauf auch in der Ansprache Thomas E. Murrays, eines Mitgliedes der Kommission vor den Delegierten der Electric Companies Public Information Program ausdrücklich hingewiesen wurde, den Bau der neuen Anlage abwarten, die dort erzielten Erfahrungen sammeln und verwerten. Die weitere Erklärung, daß dadurch, daß die Regierung die Kosten des Experiments selbst übernimmt, um später die Privatindustrie an der Atomkraftausnutzung beteiligen zu können und so das private Risiko größerer Kapitalinvestitionen aus der Industrie selbst herabzusetzen, klingt für die in Betracht kommende private Industrie nicht sehr plausibel.

Es ist damit zu rechnen, daß die wieder auf das Laboratorium beschränkte private Atomwirtschaft den Beschluß nicht so einfach hinnehmen wird. Es wird zu *heißen Kämpfen im Kongreß* kommen, wenngleich, praktisch gesehen, die Kosten für die Anlage aus den bereits bewilligten Mitteln der Atomic Energy Commission bestritten werden, unmittelbar also auch der Kongreß keine neuen Mittel eigens zu bewilligen haben wird. Im allgemeinen ist auch die erste kritische Welle zunächst wieder glatt abgelaufen. Einem Vorstoß der American Uranium Association, einer Dachorganisation der Atomenergieinteressenten, ist nur theoretische Bedeutung beizumessen. Der Kongreß soll nämlich darin veranlaßt werden, der Atomic Energy Commission das Recht abzusprechen, wirtschaftliche Entscheidungen von derartiger Tragweite zu treffen. In der gegenwärtigen Atmosphäre des internationalen Wettlaufs um die industrielle Ausnutzung der Atomenergie, wird der Kongreß sich kaum in allzu tiefgehende Fragen über Kompetenzen der Regierung und ihrer Agenturen einlassen.

Nach den Angaben Murrays soll der Bau der Anlage der Westinghouse Electric übertragen werden, die auch bereits schon im einzelnen Unterkontrakte weiter vergeben hat. Die Anlage wird auf eine Leistung von 60 000 kW als Modellanlage gebaut. Sie wird einer der im Betrieb befindlichen Atomkraftanlagen der Atomic Energy Commission angeschlossen sein. Schätzungsweise werden sich die Kosten auf ungefähr 30 Millionen Dollar belaufen. Die Kosten für den elektrischen Strom werden in der Modellanlage pro kWh 7mal höher sein als bei der heutigen normalen Stromerzeugung. Sie werden aber nach kurzer Frist auf ungefähr das *doppelte der heutigen Elektrizitätskosten* heruntergesetzt werden können, was ungefähr den Berechnungen für die britische Konkurrenzanlage in Calger Hill (Cumberland), die auf 50 000 kW projektiert ist, entsprechen würde.

DER DOLLAR ALS KAMPFMITTEL IM OSTASIENHANDEL

Der amerikanische Dollar ist im Verlauf der beiden letzten Wochen am Hongkonger Devisenmarkt im Verhältnis zum Hongkong-Dollar stark gefallen. Die Differenz betrug allein in der letzten Woche 20 Cents, d.h. von rund 6,00 Hongkong-Dollar für 1,00 US-$ auf 5,80 Hk-$. Da der Hongkonger Devisenmarkt der einzige freie Markt ist für Ostasien einschließlich Japan und Südostasien, so ist die Relation zwischen dem US-$ und dem Hk-$ die Basis, nach der die übrigen asiatischen Devisen sich richten, selbst wenn an den Devisenbörsen dieser Länder der Wechsel in direkter Relation zur örtlichen Währung in US-$ gehandelt werden. Für diese Relation bleibt trotzdem die Hongkonger Devisen-Notierung die Grundlage.

Für Hongkong selbst ist der starke Verkaufsdruck auf den amerikanischen Dollar nicht von so unmittelbarer Bedeutung. Dagegen wirkt sich der *Kurszerfall des Dollars auf den übrigen asiatischen Börsenplätzen,* besonders für Bangkok, Djakarta, Rangoon und im Transithandel über Tokio, Manila, Saigon und Bombay, bis zu einem gewissen Grade auch bis zu Karachi, geradezu katastrophal aus.

Alle diese südostasiatischen Länder einschließlich der Philippinen basieren ihre Handelsaustauschabkommen untereinander auf der Dollarbasis. Das hat zu einer Anlage von Reserven in amerikanischen Dollar in diesen Ländern geführt, die für die Zwecke des Importhandels aus der USA, Kanada, den Commonwealth und den europäischen Exportländern in Fällen, wo diese Importe besonderen Einschränkungen unterliegen, frei ausgenützt werden können. Diese Länder sind zudem durch den Rückgang der Rohstoffpreise und der Notwendigkeit einen Import an lebenswichtigen Gütern, die meist nur der Verbilligung der Rohstoffproduktion dienen, aufrechtzuerhalten, devisenmäßig besonders empfindlich.

Es ist offensichtlich, daß eine außerordentliche *Störung* in den vorgesehenen *Importprogrammen dieser Länder* die unmittelbare Folge sein wird. Zunächst ist damit zu rechnen, daß die privat gehorteten Dollarbeträge neben den offiziellen Dollarreserven der einzelnen Zentralbanken in der Devisenbilanz auf den Markt geworfen werden, was automatisch wiederum zu einem weiteren Rückgang des US-Dollarkurses in Hongkong führen muß, eine Tendenz, die sich markttechnisch bereits am Hongkonger Markt auszuwirken beginnt. In amerikanischen Bankkreisen, die mit dem Hongkonger Markt in enger Verbindung stehen, rechnet man damit, daß es notwendig sein wird, in Hongkong markttechnisch zu intervenieren und daß zwischen den großen Hongkonger Devisenbanken und den amerikanischen Devisenbanken ein *Stützungspool* gebildet werden sollte.

Ganz allgemein kann für die amerikanische Wirtschaft und Finanz eine Devisenkrise um den Dollar in Ländern, in denen große amerikanische Kredite investiert sind und noch ständig investiert werden, die alle in Dollar rückzahlbar sind, alles andere als erwünscht sein. Aber auch für die Hongkonger Banken ist der aus gehorteten Dollarreserven entstehende Druck auf den US-Dollar, selbst wenn er sich im Augenblick zugunsten des Hk-$ auswirkt, keineswegs erwünscht. Hongkong erwartet mit der Entspannung der politischen Lage und eines selbst nur vorübergehend gemilderten Kalten Krieges zwischen Ost und West amerikanische Investitionen, von denen für den Aufbau einiger Industriezweige, darunter auch der Automobilindustrie, amerikanische Kredite und Investierungen verhandelt werden oder vielleicht auch schon abgeschlossen sind. Hongkong sieht in diesen Investierungen eine bessere Garantie zur Wiedergewinnung der Stellung Hongkongs als zentraler Umschlagsplatz für das Ostasiengeschäft als die politischen Hoffnungen in der Aufhebung eines Embargos der alliierten Westmächte gegenüber Peking-China.

Daß dieses Embargo nicht einseitig durch Interpretationen einzelner alliierter Mächte gelockert oder aufgehoben werden kann, hat die amerikanische Regierung durch ein verschärftes Vorgehen gegen Firmen, die unter Umgehung des Embargos mit Peking-China in Geschäftsverbindung stehen, soeben erst wieder unterstrichen. In amerikanischen Bankkreisen mißt man dem gegenwärtigen Vorgehen der Washingtoner Regierung mehr die Bedeutung einer Geste bei, die aus innerpolitischen amerikanischen Gründen besonders in den Vordergrund gerückt ist. In Wirklichkeit sind bisher Beschlagnahmen von Guthaben in größerem Umfange noch nicht erfolgt, wenngleich zweifellos bereits angekündigt. Die Möglichkeit aber, daß eine solche Einfrierung von Dollarguthaben dieser Firmen bevorstehen könnte, hat bei der überaus großen Empfindlichkeit der Devisenbörsen in Ost- und Südostasien den Kurssturz des Dollars hervorgerufen. Privatberichte aus Hongkong an die New-Yorker Banken besagen, daß außerhalb des direkten Börsenverkehrs in Hongkong *solche Guthaben in Hk-$* oder *Schweizerfranken umgewandelt* worden sind, eine aus Nervosität bedingte Vorsichtsmaßnahme, die die Drohung künftiger Einfrierung nicht beseitigt, sofern diese Guthaben im Beschlagnahmebereich der amerikanischen Behörden bleiben, was zumindest bisher in den meisten Fällen der Fall war.

Das Widerspruchsvolle dieser Kampfsituation um den amerikanischen Dollar im Ostasienhandel liegt darin, daß die *Washingtoner Regierung* selbst *mit einer Lockerung des Embargos* in absehbarer Zeit *rechnet* und eher im Augenblick bereit ist, diese Frage im Rahmen eines internationalen Handelsforums zu behandeln, welch innerpolitische Schwierigkeiten dieser Diskussion auch im Augenblick entgegenstehen mögen. Die betont wirtschaftlich und finanztechnische Führung der republikanischen Administration in Washington wird keineswegs bereit sein, die ostasiatischen Märkte kampflos dem englischen oder europäischen Konkurrenten zu überlassen.

Die Finanzierung chinesischer Importe und der daraus resultierenden Warenaustauschabkommen der übrigen Länder mit China auf der Basis von englischen Pfunden oder Schweizerfranken kann lediglich als eine kurzfristige Übergangsmaßnahme angesehen werden. Ein Widerspruch liegt darin, daß die eigentlichen Dollarreserven im Asiengeschäft sich immer noch in den Händen der Pekinger Regierung, bzw. der von ihr kontrollierten Banken in den süd- und ostasiatischen Ländern liegen, Reserven, die bisher noch nicht an den Markt gekommen sind und voraussichtlich auch nicht kommen werden. Hierin dürfte einer der Hauptgründe liegen, daß man letzten Endes in amerikanischen Wirtschaftskreisen der weiteren Entwicklung des Kampfes um den Dollar im Ostasiengeschäft mit Ruhe entgegensieht.

EUROPÄISCHE INTERESSEN DER US-AUTOINDUSTRIE
Der Gemeinsame Markt ist auch für die Vereinigten Staaten von Interesse

Der Aufbau des Gemeinsamen Marktes und die von England propagierte Erweiterung einer Freihandelszone mit Einschluß der skandinavischen Länder und der Schweiz hat das besondere Interesse der amerikanischen Automobilindustrie hervorgerufen. J. Wilner Sundelson von Ford International erklärte in einer Untersuchung über das Verbraucherpotential der beiden europäischen Handelszonen, daß dieser neue europäische Automarkt einmal in der Lage sein wird, die noch für eine Reihe von Jahren voraussichtlich anhaltende Verstopfung des amerikanischen Absatzmarktes zu ersetzen. Nach der letzten Statistik waren in den 6 Ländern des Gemeinsamen Marktes rund 8 Millionen Personenwagen registriert, das sind je ein Wagen für 20 Bewohner, in den USA ist das Verhältnis 1:3. Mit Einschluß der Freihandelszone erhöht sich die Zahl der registrierten Wagen auf 14 Millionen. Die Produktion insgesamt steht gegenwärtig bei rund 3 Millionen Wagen im Jahr, sie wird bis 1975 auf etwa 8 Millionen angewachsen sein, einem Ausmaß, das etwa der amerikanischen Produktion entsprechen wird. Die vier europäischen Produktionsländer England, Westdeutschland, Frankreich und Italien können dieses Produktionsziel aus eigenen Mitteln kaum erreichen, auch wenn man einen starken Aufschwung der Roots-Gruppe in England und der Saab in Schweden mit in Rechnung stellt. Der Ausgleich kann kaum durch einen stärkeren Import geschaffen werden, da die Tarifbarrieren beider Zonen für den Import aus Ländern außerhalb der Zonen Zölle zwischen 20 und 30% bringen werden.

Der amerikanischen Autoindustrie, der nach Detroiter Auffassung dieser neue europäische Markt automatisch zuwächst, bleibt nur der Weg einer stärkeren Beteiligung an der europäischen Produktion.

Wieviel europäisches Privatkapital zur Verfügung stehen wird, ist nicht so leicht abzuschätzen. Der Vertrag des Gemeinsamen Marktes sieht zwar die Gründung einer eigenen Bank vor, die Kapital für die Finanzierung neuer Produktionsprogramme liefern soll. In Detroit ist man überzeugt, daß der Hauptanteil an der Produktionsfinanzierung von den USA bzw. den amerikanischen Autofirmen gestellt werden muß. Die Schätzungen des benötigten Kapitals einer Produktion von jährlich 8 Millionen Wagen liegen zwischen 6 und 7 Milliarden Dollar. Von amerikanischen Firmen ist die General Motors durch die englische Vauxhall und die deutsche Opel in der europäischen Produktion vertreten, die Ford durch eigene Produktionsanlagen in England und Westdeutschland. Chrysler sucht schon seit längerer Zeit eine eigene europäische Produktionsverbindung. Verhandlungen mit einer französischen Gruppe kommen nicht recht vorwärts, weil die französische Regierung eine Überfremdung der Industrie fürchtet und schon den Vorbesprechungen allerhand Schwierigkeiten in den Weg legt. Für Chrysler bleibt immerhin der Ausweg nach England oder Westdeutschland. Unter den augenblicklichen Produzenten steht die British Motor Corp. mit 500 000 Wagen jährlich an der Spitze. Die Volkswagen-Werke wollen dieses Jahr ihre Produktion auf 600 000 Wagen steigern, Vauxhall rechnet mit einer Produktion von 250 000 und Opel mit 300 000 Wagen. Für beide Ford-Werke liegt das Produktionsziel für 1959 bei 650 000 Wagen, die italienische Fiat will dann eine Jahresproduktion von 500 000, Renault eine von 300 000 Wagen erreicht haben. Mit anderen Worten: zwischen einer errechenbaren europäischen Produktion von 3 1/2 Millionen Wagen und dem Produktionsziel von 8 Millionen in 10 Jahren liegt eine Lücke von 4 1/2 Millionen, die im Laufe dieser Zeit durch Neuanlagen und Erweiterungen der Kapazität aufgefüllt werden muß. Ein Ziel, das nach amerikanischer Auffassung nicht aus eigener Kraft der heute produzierenden Gesellschaften erreicht werden kann.

Es ist damit zu rechnen, daß die Zusammenschlußbewegung am inneren Markt in einem beschleunigten Tempo sich fortsetzen wird. Dies wird besonders in Frankreich sichtbar. Citroën und Panhard haben bereits ein Konstruktions- und Marktabkommen abgeschlossen. In Detroit will man sogar bereits wissen, daß sich ein ähnliches Abkommen zwischen Citroën und der deutschen Mercedes-Benz vorbereitet. In irgendeiner späteren Phase der Entwicklung werden dann auch die drei großen amerikanischen Gesellschaften in einer solchen Kombination erscheinen, voraussichtlich nachdem ein Lizenzabkommen für den amerikanischen Markt vorangegangen ist. Es ist dies eine Frage der Produktionskosten; je niedriger diese in Europa gehalten werden in der Konstruktion, je attraktiver wird der Lizenzbau auch für den amerikanischen Markt: Die Integrierung des europäischen Automarktes für die amerikanische Industrie ist auch noch aus einem anderen Grunde von Bedeutung. Die neue brasilianische Autoindustrie wird auf den latein-amerikanischen Märkten vordringen, die indische und japanische auf den asiatischen Märkten. Das Volumen ist noch nicht sehr groß, aber es zeigt bereits eine Entwicklung an, gegen die sich zu schützen die Interessen Europas und Amerikas gemeinsam sind.

ENTWICKLUNGSHILFE UNTER ANDEREN VORZEICHEN
Fünfjahresplan für die Wirtschaftsentwicklung Südamerikas

Die vor wenigen Wochen in Bogota zu Ende gegangene Konferenz der 20 südamerikanischen Länder hat unter dem Druck der politischen Spannungen nicht die weltweite Beachtung gefunden, die ihr eigentlich zukommt. Es hat sich dabei nicht nur um das amerikanische Angebot von 500 Millionen Dollar für eine allgemeine Entwicklungshilfe gehandelt, sondern es ist kaum genügend erwähnt worden, daß diese 500 Millionen Dollar nur der erste Beitrag sind für einen Fonds, der auf 3 Milliarden Dollar aufgestockt werden soll und zu dem die großen europäischen Exportländer und Japan entsprechend dem Umfang ihrer Handelsbeziehungen zu den südamerikanischen Ländern beitragen sollen. In Wirklichkeit zeichnen sich bereits die Grundkonstruktionen für einen Fünfjahresplan für Südamerika ab. Ein solcher Plan kann außerordentliche Bedeutung gewinnen, weil er zum erstenmal die Zweiteilung in der künftigen wirtschaftlichen Hilfe zum Ausdruck bringt in Form einer staatlichen Notstandshilfe, die das bisherige System von Staatsanleihen ersetzen soll, und den üblichen Finanzkrediten der staatlichen und halbstaatlichen Finanzinstitute, die auf bestimmte wirtschaftliche Entwicklungsprojekte abgestellt sind und denen meist die entsprechenden Kontrakt- und Lieferungs-Bindungen für die Wirtschaft des kreditgewährenden Landes vorangegangen sind. Praktisch bedeutet das die völlige Abkehr von den offenen und versteckt indirekten kolonialwirtschaftlichen Methoden im Verkehr mit den unterentwickelten Ländern. Es ist offensichtlich, daß die Grundlage eines solchen Fünfjahresplans für einen ganzen Länderblock wie Südamerika, das bereits als wirtschaftliche und politische Einheit aufgefaßt wird, zunächst mehr einer Improvisation entsprungen ist, im Hinblick auf die unter nationalistischen Akzenten vorgetragene wirtschaftliche Invasion der kommunistischen Länder in Südamerika, und daß für die technische Handhabung des Entwicklungsfonds noch wichtige Verhandlungen nachgeholt werden müssen, sowohl innerhalb der südamerikanischen Länder selbst als auch mit den großen Handelspartnern dieser Länder in Übersee.

In amerikanischen Wirtschaftskreisen erwartet man daher die unmittelbar folgende Bildung eines Sachverständigenrates, in dem die Regierungen ihre Vertreter delegieren werden und deren Vollmachten weit genug gespannt sein werden, im Rahmen ihrer Tätigkeit als eine Beratungskörperschaft für die Verwendung der Wirtschaftshilfe selbständige Entscheidungen zu treffen. Es scheint die Absicht zu sein, daß dieses Gremium außerhalb der Studienorganisation der UNO arbeiten soll.

Bevor von den einzelnen Ländern die Hilfe aus diesem Fünfjahresplan-Fonds in Anspruch genommen werden kann, muß in diesen Ländern das eigene Planprojekt vorliegen, im Budget vorfinanziert mit der oberen Grenze der Finanzen, die das Land aus eigenen Mitteln aufzubringen bereit ist. Der Fonds wird dann die weitere Finanzierung übernehmen und zu Ende führen. In erster Reihe wird es sich um Projekte der Agrarreform handeln: der Verteilung von Landbesitz, der Verbesserung und Urbarmachung des Bodens, Errichtung von Baugenossenschaften zur Herstellung von Häusern mit langfristiger öffentlich-rechtlicher Finanzierung, die Entwicklung von Baustoffindustrien und die Entwicklung des Erziehungswesens, Bau von Schulen und Krankenhäusern. Als Hauptzweck dieses sozialen Aufbaus wird die Bildung einer Grundlage bezeichnet, auf der dann die Heranziehung fremder privater Kredite für Investitionen in der Wirtschaft organisiert werden kann. Von Fall zu Fall wird der gemeinsame Entwicklungsfonds benutzt werden können, neben dem bisher geltenden System durch die Zentralbanken diese Investitionskredite zu garantieren.

Die interessante Perspektive dieser neuen Art von Entwicklungshilfe liegt darin, daß sie praktisch den umgekehrten Weg geht wie bisher, wo die großen ausländischen Wirtschaftskredite an der Spitze standen, darauf bauend, die Wirtschaft des Landes auch sozial sich entwickeln zu lassen, während man diesmal mit der sozialen Entwicklungshilfe beginnen will.

Anhang

ÜBERSETZUNGEN

LEBENSLAUF

Franz Jung, ein gebürtiger Oberschlesier, kam in Neiße, damals (1888) an der deutsch-polnischen Grenze gelegen, zur Welt. Er war der Sohn eines Uhrmachers. An Literatur und Musik interessiert, komponierte er Volkslieder. Er studierte an den Universitäten in Jena, Breslau und München, brach jedoch das Studium mitten im juristischen Staatsexamen ab, um ein unabhängiges Leben als Landarbeiter und Hopfenpflücker zu führen. Er warf alle politische Untertänigkeit und Parteientreue von sich ab, alle äußeren sentimentalen oder romantischen Einflüsse – er akzeptierte nur die grundlegende Erkenntnis, daß dieses Leben in Opposition zu den herkömmlichen Konventionen geführt werden muß. Dies ist das wesentliche Charaktermerkmal seines Lebens und all seiner literarischen Werke.

Seine erste Arbeit „Das Trottelbuch" erschien 1913 als eine Sammlung von Kurzgeschichten, ein Buch, das zu dieser Zeit als große Sensation in deutschen Literaturkreisen galt und heftige Debatten auslöste. Der Ausbruch des Ersten Weltkrieges kurze Zeit später hinderte Franz Jung daran, die Position zu festigen, die er bis dahin in der literarischen Welt erlangt hatte. Er lehnte Angebote der führenden deutschen Verlagshäuser jener Zeit (S. Fischer, Insel-Verlag, Kurt Wolff) ab, ihre oppositionelle Stimme gegen den Krieg in ihrer Zeitschrift „Aktion" zu sein.

Er wurde inhaftiert, in die Armee gezwungen, desertierte und lebte während der letzten Kriegsjahre illegal in Berlin. Zu dieser Zeit veröffentlichte er im „Aktionsverlag" eine Reihe von Romanen, die von der Literaturgeschichte dem „Deutschen Expressionismus" zugeordnet wurden. Zu ihnen gehörte der erste psychoanalytische Roman „Sophie" (1917), die detaillierte Analyse eines Suizids.

Die deutsche Niederlage 1918 führte Franz Jung in das Reich der Straßenpolitik, und er ging 1920 nach Rußland, um für die Hungerhilfe zu arbeiten und unter russischer Führung Transporte der in Rußland tätigen ausländischen Hilfsorganisationen zu koordinieren, die quer durch das Land führten, von Westen nach Wladiwostok, von Archangelsk zur Krim. 1923 wurde er für die russische Wirtschaft tätig, organisierte den Wiederaufbau der Zündholzindustrie, übernahm in Petrograd eine Maschinenfabrik und produzierte im kleinen Rahmen Stanzen für die Fassungen an Petroleumlampen, mit der Verpflichtung, in Rußland gestrandete ausländische Arbeitskräfte zu beschäftigen.

Zu dieser Zeit schrieb Franz Jung eine Reihe von Romanen für den „Malik-Verlag"; Romane, die im Auftrag geschrieben wurden, ohne künstlerische Ambitionen, als Fortsetzungsromane für die Arbeiterpresse.

Weil er sich weigerte, in die Russische Partei einzutreten, sah sich Franz Jung sehr ernsten Schwierigkeiten ausgesetzt, und in Erwartung, verhaftet zu werden, floh Jung in sehr abenteuerlicher Weise im Kettenkasten eines Dampfers, der Petrograd mit dem Ziel Hamburg verließ.

Während der folgenden Jahre kämpfte Jung verzweifelt gegen die wechselnden kommunistischen Richtungen und gegen die bürgerliche Gesellschaft, die nicht in der Lage waren, den Geist der Revolte, der so tief in der Seele des Autors verwurzelt war, zu vergessen oder zu tolerieren. Er trug diesen Kampf nicht mit literarischen Mitteln aus; in Deutschland betrat er das Feld der Ökonomie und brach seine früheren Kontakte vollständig ab. Er arbeitete für eine Seefahrtversicherung, war für zwei Jahre Vertreter der Leipziger Messe in London und gründete einige Wirtschaftskorrespondenzen. Während dieser Zeit schrieb er als völliger Außenseiter in der Literatur zwei Dramen. Das eine wurde im alten Piscatortheater in Berlin aufgeführt, wo es bekanntlich durch die Schauspieler und das Management sabotiert wurde, eine Tatsache, die später von Piscator in dessen Memoiren bestätigt wurde. Das andere Drama „Legende" hatte zur gleichen Zeit seine Premiere im Dresdener Staatstheater und wurde ein großer Erfolg. Aber es wurde von linken und rechten Kreisen eine Pressekampagne dagegen organisiert, sodaß viele Theater ihre Aufführungsverträge kündigten.

Der Boykott gegen Franz Jung war noch in vollem Gang und ein Buch war gerade nach langen Auseinandersetzungen in der „Vorwärts"-Reihe erschienen, als die Nationalsozialisten an die Macht kamen. Die alten und neuen Bücher wurden öffentlich verbrannt und Jung wurde in Schutzhaft genommen. Ein paar Monate später wurde er freigelassen und arbeitete für die Berliner Filiale der National City Bank of New York und baute aus dieser Position eine internationale Wirtschaftskorrespondenz auf, die von der Gestapo 1935 geschlossen wurde. Jung floh über die Grenze, während seine Mitarbeiter zu langen Zuchthausstrafen verurteilt wurden. Die übliche Flüchtlingsexistenz folgte, die Jung nicht so hart traf wie viele andere, da er die Möglichkeit hatte, im Auftrag Schweizer Versicherungsgesellschaften, mit Büro in Budapest, Nachforschungsaufgaben auf dem Balkan zu übernehmen. Er verbrachte dort die letzten Kriegsjahre.

Ein neuer Weg, literarische Anerkennung zu erlangen, schien sich abzuzeichnen. Er schrieb ein neues Drama für das Komödientheater, für das er schon die ungarische Premiere von Thornton Wilders „Our Town" produziert hatte, mit dem Ergebnis, erneut die Aufmerksamkeit der deutschen Machthaber auf sich zu ziehen. Er wurde verhaftet und verbrachte den Rest der Kriegsjahre im Konzentrationslager.

1945 wurde er aus dem Lager in Bozen befreit und verbrachte die nächsten Jahre in Italien. Nach vergeblichen Versuchen, an der italienischen Bühne Fuß zu fassen, ging Franz Jung 1948, nachdem er alle Angebote der Ostzone ebenso wie aus dem Westen, nach Deutschland zurückzukehren abgelehnt hatte, nach Amerika. Aus Italien brachte er eine dramatisierte Hitlerallegorie mit, ins Englische übersetzt und mit dem Titel „The Way Home" versehen. Sie wurde einem Kreis von Kritikern in Piscators „Dramatic Workshop" vorgelesen, stieß jedoch auf so massiven Widerstand, daß Piscator sich nicht dazu durchringen konnte, sie aufzuführen.

Aus dem Englischen übersetzt von
Rembert Baumann und Jutta Webster

VARIATIONEN

Synopsis

Ausgangspunkt: Die Position des Individuums in seiner Umwelt. Neigungen, Charakter und allgemeine Analyse der äußeren Bedingungen, die die Beziehungen der Menschen zueinander bestimmen. Diese Beziehungen bleiben unverändert starr, durchlaufen zwar im Erleben fortwährende Schwankungen, kehren aber automatisch in ihre Grundposition zurück. Glück und Leid, Zuneigung und Abneigung, Liebe und Haß, Verständnis und Verachtung, wieder der gleiche Teufelskreis ... Analyse des Lebens, bewertet auf der Grundlage der Erfahrung.

Dies ist einem Thema (Mann und Frau) zugeordnet, in vier unabhängigen Teilen. Der Handlungsablauf, der Vergangenheit entnommen und in der Darstellung variierend, um die dramatische Handlung zu steigern, ist zu jeder Zeit an eine starre Grundrichtung gebunden.

Es ist darauf zu achten, die Variationen in ihren unterschiedlichen Schwingungen darzustellen, auch unter Berücksichtigung von Klang und Stil.

In allen vier Teilen wird die Neigung zum Zusammenfassen deutlich. Schließlich ist ein gesondertes Verfahren im Handlungsablauf mit dem gleichen Grundcharakter sichtbar, in vier Standpunkte und Perspektiven zerlegt.

Es bleibt dem Optimismus des Lesers überlassen, darüber zu entscheiden, warum der Mensch als das Ergebnis seiner grundlegenden Bedingungen sich nicht selbst ausrottet und von der Bühne abtritt. Es ist keine persönliche Heldentat, das Leben bis zum Ende durchzustehen. Der Mensch ist hineingeworfen, dazu bestimmt zu leben, sich anschickend zu sterben.

Das Buch ist in der folgenden Weise gegliedert:

Teil 1: a) Vertraut werden
        b) Im Gespräch
        c) Abstieg
Teil 2: a) Pilgerfahrt
        b) Theresa
        c) Heimwärts
Teil 3: a) Ich liebe das Böse
        b) Amok
        c) Und ich ziehe die Hölle vor
Teil 4: a) Die verrückte Jungfrau
        b) Zwischenspiel und Abstand
        c) Der Weg ins Leben

Einleitung

Der Mensch ist nicht die Krönung der Schöpfung.
Es ist nicht meine Absicht, den Leser zu beleidigen. Ich schließe mich selbst nicht aus, wenn ich das wiederhole, was bereits von anderen Beobachtern geäußert wurde, daß der Mensch als Lebewesen in seiner funktionellen Art ein Mißerfolg ist. Der biologischen Klassifikation nach gehört der Mensch zu der Gruppe der Parasiten, deren Existenzbedingungen und Verhaltensweisen in einer Vielzahl von Handbüchern beschrieben und analysiert wurden.

Und sogar als Parasit ist der Mensch unvollkommen. Er lebt und nährt sich nicht nur von der Lebensatmosphäre seiner Umwelt, seiner Mitmenschen, seiner Freunde und Nachbarn, er verschlingt sogar sich selbst, allen bisher bekannten grundlegenden Gesetzen der Natur des Schmarotzers zuwider. Zugegeben, Philosophen, Reformer und andere Pessimisten glaubten, sie hätten bereits eine gewisse Abweichung wahrgenommen, die nur für den Menschen charakteristisch ist. Wie dem auch sei, das kosmische Leben wird in der Lebensspanne menschlicher Existenz nur bis zu einem gewissen Grad erfaßt.

Die Analyse zeigt immer, daß in der Tiefe des Bewußtseins, insofern es ausreichend starken Einflüssen der sogenannten übernatürlichen Kräfte ausgesetzt ist, ein Rückstand kosmischen Lebens zu finden ist, schwache Spuren, welche außerhalb der beschriebenen und analysierten biologischen menschlichen Fähigkeiten liegen und eine eigene Existenz führen; seit Sprache und Schrift sich in den letzten Jahrhunderten entwickelten, haben einige Autoren ihr Erstaunen darüber zum Ausdruck gebracht.

Ist dies von irgendwelchem Nutzen? Kann es überhaupt hilfreich sein?

Ich tendiere eher zu der Annahme, daß der parasitäre Charakter der Gesellschaft – und bitte verwechseln Sie dies nicht mit den politischen und sozialen Redensarten von heute – im Gegensatz dazu steht. Ich glaube, daß der Parasit, ein Typus im Universum, nichts anderes als ein Parasit sein kann, und indem er sich selbst durch Bildung und Entwicklung, Wissenschaft, Technologie und Fortschritt bewußt isoliert, sogar noch parasitärer an sich selbst zehren und sich dabei ausrotten wird. Dies würde bedauerlicherweise zurück zu einem primitiveren Stadium unserer Entwicklung führen.

Ich denke, ich muß mich entschuldigen. Erwarten Sie keine großartigen Perspektiven, keine universellen Phantasien aus dem Blickfeld unserer eingeschränkten Beobachtungsfähigkeit. Es ist sicher, daß andere Kreaturen in der biologischen Nachfolge die kosmische Aufgabe der Menschheit übernehmen, sie weiterführen und entsprechend unserem gegenwärtigen Wissen in besserer Art und Weise vollenden werden – insofern man an das Leben glaubt. Oder sie werden, insofern man nicht so sehr an das Leben als solches im kosmischen Sinne glaubt, an ihre Stelle treten und die Existenz der Menschheit vergessen.

Wie dem auch sei, solche Kräfte, Arten und Stadien der Entwicklung existieren bereits in uns und um uns herum. Aber wie sollen wir armen Teufel wissen, ob es die Ratten oder Ameisen, eine Qualle oder eine seltsame Kreatur der Lüfte sein wird, die letztendlich das eine oder andere hervorbringen werden?

Ich kann nur für mich sprechen, und ich werde den Bereich der spekulativen Überlegungen verlassen, um meine eigenen Erfahrungen zur Beurteilung darzulegen.

Ich liebe das Böse

Wer mit sich selbst ins Gespräch kommen möchte, muß ein guter Zuhörer sein, ausgerüstet mit ausreichender Geduld. Er muß ein geübter Zuhörer sein, gut beobachten, gut beurteilen können, beständig und gleichzeitig distanziert sein. Unter solchen Umständen läuft ein Schriftsteller leicht Gefahr, ins Autobiographische zurückzufallen. Beginnt jemand erst um sein eigenes Ego zu balzen wie ein Auerhahn, bekommt dieses Gespräch leicht eine sentimentale Wendung – beide liegen sich verschlungen in den Armen und lieben einander sehr. Das sollte vermieden werden.

Zugegeben, wer mit sich selbst über seine Schuld und seine Verfehlungen spricht, begibt sich unweigerlich in die Rolle des Strafverteidigers, der einen überzeugenden Beweis vorträgt: daß er lebt, oder den Umständen entsprechend, daß er noch lebt. Es ist merkwürdig, wie widersprüchlich hierzu die eigenen Erfolge und Verdienste erscheinen, überbetont durch die Anschuldigungen und herabgesetzt durch die Verteidigung. Es kommt darauf an, ob es das Ziel des Gesprächs mit sich selbst ist, sich seine Schuld oder Unschuld zu beweisen.

Wer sich von der Schuld freispricht, läßt es zu, daß das Gespräch in sentimentale Erinnerungen abgleitet. Es ist ergiebiger, sich schuldig zu bekennen. Der Mensch lernt aus seinen Fehlern, aber er ruht sich auf seinen Lorbeeren aus. Wer das Recht für sich in Anspruch nimmt, schuldig zu sein, verzichtet auf den Respekt vor sich selbst, und damit man darauf stolz sein kann, muß man sich fallen lassen und in den Strom der Vorübergehenden, die die Straße entlangschlendern, eintauchen, einige gehen auf der rechten Seite hinauf, andere auf der linken hinunter. (Im Grunde bedeutet dies, daß heutzutage jeder schuldig ist.)

Erlauben Sie, daß ich mich vorstelle: Friedrich Schneider, bekannt als Fränzchen. Ich verteidige mich nicht. Ich liebe mich nicht, und es wäre vielleicht zu literarisch zu sagen, daß ich mich anekele – eher, daß ich nicht an mir interessiert bin. Es ist nur, daß ich eine Last mit mir herumtrage, die ich mit jedem Schritt und mit der Präzision einer Maschine abtragen muß. Umgeben von einem Dschungel von Gesetzen und Verordnungen, Grundsätzen der Erziehung, zugeschnitten nach gesellschaftlichen Konventionen habe ich irgendwann in diesem Leben, vielleicht im richtigen Moment gegen all das rebelliert; aber etwas muß falsch gelaufen sein, vielleicht zu früh oder zu spät, vielleicht war ich im Zweifel oder zu wenig überzeugend, selbstüberzeugend – ich lebe noch, ich bin noch mitten drin; das ist bitter.

Es ist sicher am bequemsten, nach dem Gesetz zu leben, nur um die Zeit zu vertreiben. Dazu kommen die eigenen Gesetze, die sich jeder zu jeder Zeit und zu allen Gelegenheiten gibt, und bei denen es meist schwer fällt, sie zu befolgen. Es ist völlig gleich, ob du ihnen folgst oder nicht – sie spießen dich an die Wand und nageln dich fest.

Ich interessiere mich nicht dafür, ob in dieser oder jener Phase des Lebens, bei der Interpretation von dem, was ich gelernt habe und was ich mir vorstelle, ich einer Erkenntnis, die mich begeisterte oder einem Freund, der mir wohlgesonnen war hätte folgen sollen. Ob ich im Recht oder im Unrecht war, es interessiert mich nicht, mich darüber auszulassen. Ich weiß, daß ich im Unrecht bin. Und ich bin stolz darauf.

Es besteht kein Zweifel darüber, daß Friedrich Schneider geboren wurde und so das Licht der Welt erblickte, auch darüber, daß er eine sorgsam behütete Kindheit verbracht hat. Nicht etwa, daß, als die Eltern noch lebten, die ganze Last dem Kind aufgebürdet wurde, wie es oft üblich ist, wenn Erwachsene über ihren eigenen zukünftigen Weg uneinig werden – die Fürsorge ist nicht überwältigend, die Liebe hat noch nicht die Form von Gewalt angenommen, das Kind wächst in den elterlichen Kreis hinein mit deren Schwächen und Streitigkeiten, die letztendlich auf einen Kompromiß hinauslaufen, vor dem das heranwachsende Kind erzittert; denn es streitet mit ihnen, es beschuldigt und es vergibt mit ihnen. Außenstehende, die in diesen Kreis eintreten, vermitteln ein klareres Bild. Das, was entscheidet, ob sie Freund oder Feind sind, hängt davon ab, ob sie in den gewohnten Lebensraum eintreten und als Findringlinge empfunden werden. Es kommt darauf an, ob sie etwas von einer Sicherheit wegnehmen, mit der man spielen kann, die man sorglos wegwerfen und wieder fangen kann und hinter der man sich verstecken kann; oder ob es von einem als Verlockung angesehen wird, den beschützenden Kreis zu verlassen, die Grenze zu überschreiten, um zu sehen, was sich außerhalb befinden könnte, das heißt das Leben. Sich mit der Außenwelt anfreundend, die in der Phantasie als etwas Besonderes erscheint, um der Versuchung willen, ich meine Freundschaft, Kameradschaft und ähnliches, um aller möglichen Fehler willen verläßt der Junge das Heim, verrät seine Eltern und alle, die sich um ihn sorgen und läßt alles Behütende hinter sich; er ist erwachsen geworden. Bis hier nimmt alles seinen normalen Verlauf in der Entwicklung, der Ausbildung und dem Lernen – und in dem Fall von Friedrich Schneider nahm es seinen normalen Verlauf, aus seiner Sicht zumindest.

Auch Fränzchen befand sich eines Tages inmitten dieser Welt, streckte sich und schaute sich um. Alles sah verdammt anders aus, als er es sich vorgestellt hatte. Es war unvorstellbar, daß nur einige der merkwürdigen Rätsel, die sich der Junge aufgegeben hatte, gelöst werden konnten, all seine Phantasie: der mächtige Geschäftsmann, der Liebhaber der Dame von Welt, der Nationalheld, sie alle schrumpften in der Gewißheit, daß alle Bindungen gelöst waren, die einen an zu Hause binden, an die Familie, das Mitschwingen, und an denen man reißt und zerrt, weil es Spaß macht und weil sie trotzdem standhalten, egal was die Leute sagen mögen, oh ja – daß die Bindung abgebrochen ist.

Ja, und es ist komisch, plötzlich schmerzt alles, es sticht. Für diejenigen, die mit dem Opponieren beginnen und noch keine Schutzhülle entwickelt haben, keine vorbeugenden Maßnahmen, keinen voraussehenden Plan, sich irgendwo niederzulassen, die keine Übung darin haben, zu betrügen und zu stehlen und darin mit anderen an dem Festtagskuchen der Welt zu knabbern, während man gleichzeitig seinem Nachbarn auf die Finger klopft.

Man muß dies in den guten Zeiten lernen. Die beste Zeit ist, solange man noch zu Hause ist. Es ist eine reichlich merkwürdige Erfahrung, plötzlich allein zu sein. Wo auch immer du dich verstecken willst, alles schmerzt. So war es auch mit Friedrich Schneider; so hat alles begonnen. Hurra!

Mit dem Wissen, daß es sich nicht länger lohnte, zur Schule zu gehen, in den Seminarräumen der Universitäten zu sitzen und auf die Abschlußprüfung zu warten, nur um einen Titel zu erlangen, sich damit schmücken zu können und die Aussicht zu haben ... die Männer, die mit ihm in einer Reihe stehen, werden sich anpassen, die vor ihm bis hin zum ersten und die hinter ihm werden sich den Anforderungen ihres Berufes und ihrer Arbeit unterwerfen, und sie werden zufrieden damit sein, den Tag damit zu verbringen, eine Frau zu langweilen, Kinder großzuziehen und anerkannt zu werden. Der Erwachsene weiß dann nicht richtig, warum er eigentlich existiert; er hört die Musik, weiß aber nicht genau, was eigentlich gespielt wird; alles bleibt im Dunkeln – es sind die lichten Augenblicke, wenn der Mensch der Maschine so nah kommt, daß er sich dabei den Daumen abtrennt, wenn der Kassierer aus der Kasse stiehlt, wenn der Fromme Gott verleugnet und der Ehrenmann, egal in welcher Stellung, eine niedere Handlung begeht, die nicht mit seiner Vorstellung von Ehre und Gesetz vereinbar ist ... lohnt sich dies?

Ja, weil es für diejenigen, denen all das nichts Neues bieten kann und denen es zu langweilig ist, nicht lohnt, die Möglichkeit existiert vielleicht nur kurz und vorübergehend, um einige Dinge mit Verbrechen und Leidenschaften zu überdecken, mit Schwäche und Verrat, im eigenen Dreck, reduziert auf einen gemeinsamen Nenner: um einen in der eigenen Vergiftung unten zu halten.

Einer braucht weniger, der andere mehr, und viele, die sich in einer bestimmten und geordneten Art und Weise vergiften würden, brauchen dafür besondere Übung und Wochen und Monate, um dies zu vollenden. Dies tritt an Stelle einer Ideologie.

Ich muß wiederholen, man kann das auch anders sehen.

Es kann sein, daß Schneider die Erwartungen seiner Eltern nicht erfüllte. Der Vater sorgte für seinen Sohn in einer Weise, daß die Schwierigkeiten, die auf seinem Lebensweg auftauchten, nicht zu groß werden würden, nicht so groß wie diejenigen, an denen er selbst scheiterte. Er war gezwungen, sich selbst zu demütigen, zu unterwerfen, vieles aufzugeben, um sich endlich respektiert zu sehen; er hat sich durchgesetzt, auch wenn alles anders gewesen wäre, herausragender, leichter und in einer anderen Sphäre. Die Mutter ist besorgt, daß der Sohn die Stellung, die der Vater sich aufgebaut hat, nicht genügend respektiert. Daß er sich zu wenig über die Schwierigkeiten, die jeder Mensch bewältigen muß, sorgte, weil ihm alles zurechtgelegt und zu leicht gemacht wird. Daher bevorzugt sie eine strenge Erziehung. Der Stolz des Vaters wird in dem Augenblick zerstört, in dem er sich in eine zaghafte Liebe wandelt, durch die Zuwendung des Kindes, die sich in Trotz umwandelt. Die Mutter wird es eher vorziehen, das Kind sich zu entfremden, als daß sie sich eingesteht, daß sie selbst unter dieser Liebe leidet, die sie nicht ausdrücken kann – so war es eben.

Obwohl die Aufnahme äußerer Eindrücke für die Erfahrung und die Erweiterung des Wissens über die Außenwelt sich immer den gleichen Umständen unterwirft und in der selben Weise vorgetragen wird, erfährt das Individuum diesen Vorgang immer neu in verschiedenen Abweichungen. Die Welt erscheint immer in neuen Bildern. Es ist intensiver und komplexer, wenn der Anfänger ungeschützt und unvorbereitet hinausgestoßen wird, alleingelassen mit seinen Eindrücken und Betrachtungen, und es ist mehr mit Tradition und Verständnis verbunden, spielerischer sozusagen, wenn der Ausgangspunkt eine behütete Umgebung ist. Umsorgt mit Liebe und gleichzeitig in diese Welt gestoßen, ist er verpflichtet, sie als ein schlecht geführtes Hotel zu akzeptieren, sich bis zum Überdruß zu vergiften, nur so zur Unterhaltung.

Der Junge wird einen Beruf ergreifen, in dem er Anerkennung erlangt. Wenn er erwachsen ist und sein Examen bestanden hat, erwartet seine Mutter, daß er mit ihr Arm in Arm die Hauptstraße der Stadt entlang geht und daß sich die Nachbarn nach ihnen umdrehen werden. Die Mutter wird das Mädchen, das er heiraten soll, auswählen, ein Mädchen aus guter Familie mit einflußreichen Verwandten und natürlich mit genug Geld und einer ausreichenden Mitgift. Man kann nicht durchs Leben gehen und glauben, man habe genug; dies ist furchtbar, denkt die Mutter, befürchtend, daß der Vater solchen Ansichten eher zugeneigt sein könnte. Der hatte es schwer genug, bis er letztendlich respektiert wurde; Männer sind in diesen Dingen unbeständig.

Was den Beruf betrifft – jeder hat einen Beruf. Ohne eine sichere Stellung wird der Sohn keine Frau finden, die etwas auf sich hält. Sie muß außerdem ausdauernd sein, wenn sie es wünscht, den zukünftigen Mann erziehen, ihn ordnungsgemäß an seinen zukünftigen Platz im Leben binden und ihn vor bestimmten Abweichungen bewahren. Es gibt immer etwas, was solch ein Mann beachten muß, was ihn und andere betrifft; letztendlich muß er das Geld verdienen, von dem die Familie lebt.

In Deutschland zum Beispiel sollte ein Mensch sich nicht über seinen Stand erheben. Der Vater hatte als Uhrmacher begonnen. Er mußte vier Sonntage nacheinander vor der Kirchentür stehen, bevor er in die Gemeinde aufgenommen war. Und die Mutter kam aus der Großstadt und war eine Fremde in der Gegend. Man darf nicht gegen das Selbstverständnis und die Interessen der Gemeinde verstoßen oder sich auf ein Vorhaben einlassen, das eines Tages ...

Die Eltern hatten darunter zu leiden. Die Mutter trug Kleider, die anders waren als die, welche die Leute in der Kleinstadt zu sehen gewohnt waren. Sie tanzte gern modern, sie sang moderne Lieder, die der Vater auf dem Klavier begleitete. Der Vater versuchte sich im Komponieren, unterhielt Kontakte mit Lehrern, Schauspielern und Schriftstellern der benachbarten Großstadt; er schrieb Gedichte. Das junge Paar mußte alle Absurditäten durchmachen, bevor es die Möglichkeit hatte, in Ruhe zu leben und die bösartigen Verächtlichmachungen seiner Nachbarn und Mitmenschen, die oft auf schroffe Feindschaft hinausliefen, ruhig zu ertragen. Sie gaben vieles auf und manches wurde in Tränen ertränkt. Da gab es in dieser Zeit eine Gesundheitsbewegung, einige Begeisterte begannen barfuß über die Wiesen zu laufen, auch die Eltern. Der Vater gründete Vereinigungen für Handwerker und Hausbesitzer und reiste durchs Land, um Vorträge zu halten. Die Mutter stand im Laden und verkaufte Uhren an die Bauern aus den umliegenden Dörfern. Es war eine schreckliche Zeit, voller Sorgen, bis sich alles schließlich etwas beruhigte. Der Vater wurde Stadtverordneter, dann Stadtrat und er wurde Vorsitzender einer Genossenschaft und gab die Uhrmachertätigkeit auf. Kann ein Kind solche Jahre verstehen? Sie sind tief in der Erinnerung eingebettet, eine Kette von Demütigungen und Ängsten.

Der Junge, der erst geboren wurde, als die Krise bereits überwunden war, wuchs zufällig auf in den Jahren dieses Erfolgs. Da war noch eine viel ältere Schwester, die genau zu diesem Zeitpunkt starb, als der Junge danach Ausschau hielt, durch sie Unterstützung zu bekommen. Sie war leichtsinnig und heiter, da sie geboren wurde, als die Hoffnungen noch blüten, die dann zerstört wurden und deren Erinnerungen die Kindheit überschatteten, nicht gerade für den viel jüngeren Bruder, eher indirekt durch das Leid der Mutter, die ständigen Selbstvorwürfe. Kurz derjenige, der als einziges Kind geblieben ist, wird diese furchtbaren Erfahrungen nicht mehr machen müssen. Der Weg ist vorbereitet und abgesteckt. Er wurde da hineingestellt. Er wird Lehrer oder Rechtsanwalt oder eine andere angesehene Persönlichkeit werden, vielleicht in seiner Heimatstadt, vielleicht in einer größeren – Mädchen, die etwas auf sich halten, ziehen das vor, wenn er Erfolg hat ... und warum sollte er keinen Erfolg haben, wir, die Eltern, haben alles getan, was uns möglich war.

Friedrich Schneider hatte keinen Erfolg. Im Gegenteil, er kämpfte dagegen an, einen Beruf zu ergreifen, der für ihn vorgesehen war. Dies wird einem Mann nicht besonders schwer gemacht; er muß nur das Gegenteil von dem tun, was von ihm verlangt wird. Er hatte aufgehört zu studieren. Er bemühte sich, alle wohlgemeinten Ratschläge in den Wind zu schlagen. In seiner Heimatstadt und auch an anderen Orten, wo gutbürgerlichem Verhalten viel Aufmerksamkeit beigemessen wurde, stieß er den Leuten vor den Kopf. In diesen guten alten

Zeiten wurde ein Mensch seines Schlags Rebell genannt – ein Rebell, der noch immer das Geld seines Vaters in der Tasche hatte. Was auch immer dieses Fränzchen unternehmen konnte, um den Frieden des Elternhauses stören, die Stellung des Vaters untergraben zu können, die Hoffnungen der Mutter in Illusionen zu verwandeln, er unternahm es. Es war unvermeidlich, daß der Bruch vollzogen wurde, daß sich der Kreis öffnete, daß der Sohn sein Zuhause verlieren sollte.

Abgesehen davon ging etwas anderes vor draußen in der Welt. Es wurden Staatsexamen abgelegt, in deren Folge Stellungen vergeben wurden, deren Zugang für ihn verschlossen blieben. Es wurden jedoch Zeitungen herausgegeben, bei denen er die Möglichkeit hatte mitzuarbeiten. Jede entwurzelte Persönlichkeit schlägt irgendwann einen neuen Ton an, wird ein revolutionärer Schriftsteller, ein Revolutionär – sozusagen als Zwischenlösung. Es scheint, daß es zu dieser Zeit Menschen auf der Welt gab, die durch Parteien oder Gruppierungen verbunden waren oder durch Nationen, die miteinander stritten. Die einen wollten etwas von den anderen wegnehmen, die sich wiederum verteidigen mußten, während sie die Aufmerksamkeit auf die Tatsache lenkten, daß es Konflikte gab, die nicht beigelegt werden konnten ... In seinem eigenen Land, das steht fest, wimmelte es nur so vor Parteien, die daran interessiert waren, sich unter allen Umständen gegenseitig zu vernichten. Wirres Geplapper und in weite Bereiche wirkende Agitation beherrschten das tägliche Leben. Plötzlich ereignete sich etwas Kurioses und Überraschendes: Krieg. Wegen einer Reihe von Substantiven, die er in der Schule gelernt hatte zu deklinieren, Ehre und Sicherheit, Krieg gegen den Feind, meldete sich Friedrich Schneider freiwillig.

Wenn auch nicht für lang. Die Eltern hofften, daß sich die Ereignisse zum Guten wenden würden. Der Krieg hatte viele Menschen in Bewegung gesetzt, die schon verloren schienen, er war eine Erfahrung und eine Schule, die den Menschen so vieles vergessen läßt ... So sehr es auch eine Abwechslung von der Eintönigkeit des täglichen Lebens sein mag, zu schießen und beschossen zu werden, jemanden zu töten, um nicht selbst getötet zu werden, ist es für den direkt Betroffenen schwierig, die Kameradschaft, die sonst die Gesellschaft zusammenhält, zu ertragen, der Instinkt des Raubtiers, die Gnadenlosigkeit, der Haß haben mehr Wirkung auf einen Nachbarn als auf einen Fremden ... Bis dahin durch Gesetze und Gewohnheiten gebunden und jetzt plötzlich frei zu sein ... Fränzchen entfernte sich von der Truppe und floh vor seinen Kameraden in die Sicherheit der polnischen Wälder.

In der Folge mußte er einige kritische Situationen bewältigen. Die amüsanteste war, als er auf der Matratze im Beobachtungstrakt lag, um auf seinen Geisteszustand untersucht zu werden und sogar die Gefängniszelle war nicht so schlecht, nicht nur, weil man sich schnell daran gewöhnt, sondern weil es einen in gewisser Weise an zu Hause, an Frieden und Behütetsein erinnert.

Unglücklicherweise vergeht die Zeit. Unter solchen zufälligen Begebenheiten treten immer Leute in Erscheinung, denen man aus verschiedenen Gründen als Freund begegnen sollte; sie sind sehr an dem Gemütszustand interessiert. Es scheint die Hilfe dieser Leute, von denen einige bekannt, andere unbekannt sind, zu sein und sie ist es, die einen Menschen verpflichtet. Aber dies ist nur die treibende Kraft, die den Wagen aus dem Dreck zieht, in dem er stecken geblieben ist. Wenn der wieder auf dem Trockenen ist, muß die Maschine wieder in Bewegung kommen, sozusagen aus eigener Kraft. Das ist es, was fehlte. Nicht nur der Antrieb, sondern der gute Wille. Darüber ist nicht mehr zu sagen. Wenn es erlaubt ist, sollte man darauf verzichten, weiter in die Details zu gehen, da diese sich nur durch unterschiedliche Farbtöne unterscheiden. Sie können mit einer Tonleiter verglichen werden, einer Fuge mit Synkopen, die dein Leben lang eine kleine traurige Melodie in deinem Ohr hinterlassen. Es war doch wunderbar, niemand sollte sich schämen, das zuzugeben, trotz aller inneren Widersprüche. Im Laufe der Zeit, mit den vergehenden Jahren erlangt der, der hin und her geworfen ist, eine besondere Sicht der Dinge, die ihn umgeben, einen durchdringenden Blick.

Das ist etwas, das man nicht erlernen kann, es wächst mit dem Menschen. Alles, die Wahrnehmungen ebenso wie die leblosen Objekte, die lebenden Kreaturen in ihrer Umgebung erlangen dadurch ihren bestimmten Platz, ihre Gewohnheiten und Fähigkeiten.

Aus dem Englischen übersetzt von
Rembert Baumann und Jutta Webster

ANMERKUNGEN UND NACHWEISE

Aus dem Schulheft 1903. Exzerpt aus handschriftlichen Notizen. In: Stuhlmann-Union Zeichenheft für den Zeichenunterricht in den Preußischen Volksschulen Heft 2. Zeichen und Wandtafeln. Berlin-Stuttgart. Union Deutsche Verlagsgesellschaft. Preis 10 Pfennig. Transkription Sieglinde und Fritz Mierau. Schulheft mit handschriftlichen Eintragungen, Sammlung Cläre Jung / Franz Jung Archiv Berlin. Standort: Stiftung Archiv der Akademie der Künste (Berlin).

Aus dem Notizbuch 1906–1908. Lektüre und kleine Überlegungen, literarische Vorübungen, eingestreut Daten. Hinten Adressen. Umfang bei Oktavformat ca. 90-100 Seiten. Transkription der vorliegenden Teile Sieglinde und Fritz Mierau. Notizbuch mit handschriftlichen Eintragungen, Sammlung Cläre Jung / Franz Jung Archiv Berlin. Standort: Stiftung Archiv der Akademie der Künste (Berlin).

Meine Soldatenzeit. In: Akte der *Irren-Anstalt der Stadt Berlin in Dalldorf. Krankheitsgeschichte des Franz Jung. 1.4.1915 – 4.5.1915.* Jung wurde nach seiner Verhaftung als Deserteur im Festungsgefängnis Spandau inhaftiert („Ich saß in der Zelle und schrieb den ersten Teil der Bücher, die im Aktionsverlag später erschienen sind", ist in der Autobiographie zu lesen) und zur Beobachtung nach Dalldorf (Berlin-Wittenau) gebracht, im Juni 1915 wurde Jung aus dem Militärdienst entlassen („Ich kam in der Irrenanstalt großartig raus, denn ich hab überhaupt gar nichts gemacht – ich hab die Tour gemacht, ohne daß ichs jemals gelernt hätte: ich hab gar nicht reagiert. Aus diesem Grund wurde ich wegen schwerer Melancholie mit diesem Attest in die Kompanie zurückgeschickt. Dort hatten die Leute nischt – da hab ich eine Zeitlang für diesen Sergeanten da Kommißbrot verkauft, ausm Fenster raus ...", krächzt Jung auf einer Tonspule, die Oskar Maria Graf heimlich in New York Ende der 50er Jahre aufnahm). Transkription Andreas Hansen. Siehe auch: *Franz Jung, Spandauer Tagebuch. April – Juni 1915. Festungsgefängnis / Irrenanstalt / Garnison.* Supplementband der Franz Jung Werke, Hamburg 1984; und: Kurt Kreiler, *Zehn Minuten im Exil,* in *Der Torpedokäfer. Hommage à Franz Jung,* Hamburg 1988.

Aussagen vor dem Kriegsgericht. In: Akte der *Irren-Anstalt der Stadt Berlin in Dalldorf. Krankheitsgeschichte des Franz Jung. 1.4.1915 – 4.5.1915.* Transkription Sieglinde und Fritz Mierau / Andreas Hansen.

Lebenslauf. Vermutlich für die Emigration in die USA geschrieben, um die sich Jung von Italien aus ab 1946 bemühte (Titel vom Herausgeber).

Anmerkung des Übersetzers: Der englischsprachige Lebenslauf befindet sich im Marbacher Teilnachlaß. Auch er wurde für den Anhang in die deutsche Sprache rückübersetzt. Die beiden fehlenden Textstellen wurden von den Übersetzern nach entsprechenden Informationen aus *Der Weg nach unten* ergänzt. So wurde das Wort „Kettenkasten" eingefügt, sowie „Stanzen für die Fassungen an Petroleumlampen" ergänzt. Der Adressat oder die Bestimmung des Lebenslaufes, der wegen des Präteritums, in dem er verfaßt ist, an einen Nekrolog erinnert und der bis ins Jahr 1948 reicht, ist unbekannt. Die Verdrehungen der Realität sind auffallend, aber wegen der Zweckgebundenheit eines Lebenslaufes nicht außergewöhnlich. *Rembert Baumann*

Siehe dazu auch: *Franz Jung Briefe 1913–1963*, Werke Bd. 9/1, dort eine Version des Lebenslaufs in Briefen an Ruth Fischer, S. 252ff, und an das International Rescue and Relief Commitee, S. 311. Typoskript, Franz Jung Nachlaß. Standort: Deutsches Literaturarchiv Marbach.

Variations. Anmerkung des Übersetzers: Unter dem Titel *Variationen* liegen Teile der ersten Arbeiten Franz Jungs an seinem autobiographischen Romanprojekt vor. Zur Zeit sind nur die hier abgedruckten Texte auffindbar. Die Abschnitte *Synopsis*, *Introduction* und *I love evil* sind nur in englischer Übersetzung vorhanden. Sie wurden für den Anhang von Rembert Baumann und Jutta Webster in die deutsche Sprache zurückübersetzt. Das Kapitel *Abstieg* liegt in deutscher Originalfassung vor. Der erste Teil des Kapitels wurde im Auftrag Jungs unter dem Titel *Slipping down* („Abgleiten") ins Englische übersetzt.

Das aus dem Englischen rückübersetzte Kapitel „Ich liebe das Böse" stimmt auf der ersten Seite und im letzten Absatz mit dem Anfang des in Jung Werke Band 1/2 abgedruckten Textes *Heimwärts* inhaltlich weitgehend überein. Das Manuskript „Heimwärts" trägt die handschriftliche Notiz an Cläre Jung: „Mit herzlichen Grüßen Franz. Das Stück, ein Kapitel aus dem 3. Teil, ist aus meiner allgemeinen Übersicht *33 Stufen bergab*" und stammt aus dem Jahr 1948.

In einem Brief vom 18.9.47 an Cläre Jung erwähnt Jung „das Buch *Variationen*, an dem ich arbeite". Möglicherweise liefert der Brief auch einen Hinweis auf den in *Synopsis* genannten Gliederungspunkt 2a *Theresa*: „... fürchte ich, daß auch du mich mißverstehen wirst, wenn ich dir sage, daß ich die ‚Vita' der Theresa von Avila, von der Kirche erst in der Inquisition gefoltert und später heiliggesprochen, für das großartigste Buch halte, das je in Selbstanalyse von einer Frau geschrieben worden ist – die Formen der Kristallisationen, zeitgebunden und zum Teil auch zweckbestimmt, in der Vereinigung und Verinnerlichung zu dem persönlichen Gott der Kirche brauchen nicht zu stören. In der letzten Nummer der engl. Zeitschrift Horizont untersucht ein gewisser Brennan vom marxistischen Standpunkt aus das Wirken dieser Führer der kath. Gegenreformation und stellt sie an Bedeutung auf die gleiche Stufe mit der franz. Revolution. Du siehst also, ich stehe nicht allein." An anderer Stelle im Brief gibt Jung über seine Arbeit Auskunft: „Der allgemeine Grundsatz für meine Beurteilung ist, ich bin im ersten Teil meiner Produktion gestartet mit der Beziehung als auf der Suche nach einer Bindung zwischen den Menschen, vom Standpunkt der Analyse aus, ich habe im 2. Teil dieses erweitert auf dem Gebiet der sozialen Bindungen in den Ansätzen der sozialen Revolution, auch hier mit dem Einzelwesen im Blickpunkt. In beiden Etappen bin ich nicht weiter gekommen, zu der mir vorschwebenden künstlerischen Synthese – aus den verschiedensten Ursachen. Ich beginne jetzt noch einmal eine dritte Etappe, unter den gleichen ursprünglichen Voraussetzungen, ich suche die Größe X historisch aufzuhellen, die in der materialistischen Geschichtsauffassung zu kurz kommt, und die Kollektivismus allein nicht ersetzt, wenigstens heute noch nicht ..." (*Briefe*, Werke Bd. 9/1, S. 325f; siehe auch: *Heimwärts*, Werke Bd. 1/2, S. 230 und *Sylvia*, Werke Bd. 12) Bei dem Fragment, das mitten im Satz beginnt („zur Planung des Weges ..."), handelt es sich um eine einzelne, mit der Zahl 20 paginierte Typoskriptseite aus dem Teilnachlaß in Marbach. [*Rembert Baumann*] Typoskript, Franz Jung Nachlaß. Standort: Deutsches Literaturarchiv Marbach.

Abstieg. Bislang einzig aufgefundenes vollständiges Kapitel des Romans *Variationen*. 1948 in einem Brief an Oskar Maurus Fontana: „Ich arbeite hier an einem Roman ‚Variationen', in dem auch die alte Fassung der Sylvia Novelle ihren Niederschlag findet." Ein vollständiges Manuskript befand sich im Besitz des Redakteurs und Literaturwissenschaftlers Dr. Heinz Maus. In einem Brief 1952 an Cläre Jung: „Ein literarisches Comeback ist an dem seltsamen Verhalten des Dr. Maus gescheitert, der im Besitz einer Reihe von Manuskripten, die ich selbst im Original nicht mehr habe, mich einfach im Stich gelassen hat, als er nach Berlin an die Universität berufen wurde." (*Briefe*, Werke 9/1, S. 428)

In einem Brief an den Verleger Albrecht Knaus, mit dem 1958 Jung über seine Autobiographie verhandelte, findet sich eine weitere Charakterisierung des Manuskriptes: „Der zweite Teil: *Begegnungen*: enthält Porträts der Personen, die mir in persönlichen Bindungen nahegestanden sind. (Hierfür ist die Bearbeitung eines fertigen Manuskripts *Variationen* aus dem Jahre 1948 notwendig.)" (*Briefe*, Werke 9/1, S. 610) Jung hatte Anna von Meißner, geb. Radnóti, von der dieser Text handelt, in Budapest unter dem Namen Sylvia kennengelernt. In Italien nannte sie sich zeitweilig Silvya de Schnehen Meiszner. Siehe auch: *Sylvia* in *Das Jahr ohne Gnade / Sylvia / Erbe. Autobiographische Prosa*. Werke Bd. 12, S. 61. *Akzente I-III*, Werke Bd. 1/2, S. 134. Franz Jung, *Der Weg nach unten*. Autobiographie; Hamburg 1988. Typoskript, Ruth Fischer Papers. Standort: The Houghton Library, Harvard University.

Der Fall Grosz. Hier abgedruckt ist die 1962 von Jung für eine Neuausgabe überarbeitete Version der Novelle, die im Verlag Jes Petersen erscheinen sollte. Vorgesehen war, den Text in drei Schriftgraden zu setzen (für den hier erfolgten Abdruck wurde die typographische Gestaltung vereinfacht). Entgegen der Erstfassung fehlen die Kapitelüberschriften, außerdem wurde eine Neugliederung mit römischer Numerierung vorgenommen. Der Schluß XXXII–XXXIII ist eine vollständige Erweiterung zur Erstausgabe von 1920 (siehe Werke Bd. 8, S. 297, *Gott verschläft die Zeit. Ein Buch Prosa*). Eine detailreiche Beschreibung und Auflistung aller Textvarianten in: *Grosz/Jung/Grosz*, Verlag Brinkmann & Bose, Berlin 1980.

Damit die vergleichende Empirie nicht einschläft, ein beiläufiger Fingerzeig für Literaturwissenschaftler: Arnold Imhof in seiner verdienstvollen Abhandlung über Jung: „Vereinzelt nahm er Techniken späterer Prosaepik vorweg; etwa im *Programmatischen Vorwort* zu seinem *Trottelbuch*, wo der Vorlesetext mit den Erinnerungen der Zuhörer montageartig verkoppelt ist, oder in verschiedenen Passagen des *Fall Groß*, die man in heutiger Terminologie als innere Monologe bezeichnen kann. Zudem äußert die letztgenannte Novelle das für einen Teil von Jungs Werk charakteristische Lebensgefühl des Verfolgtseins; dies ist in der heutigen Dichtung noch aktuell: man lese den *Fall Groß* parallel mit Dieter Wellershoffs *Schattengrenze* (1969) und Peter Handkes *Angst des Tormanns beim Elfmeter* (1970). Jeder der drei Autoren schreibt scheinbar eine Kriminalgeschichte. Aber das Verbrechen bildet nur einen, übrigens ziemlich vagen, Hintergrund zum eigentlichen Sachverhalt: die Ursache der Verfolgung trägt jede dieser Hauptpersonen in der eigenen Brust." (*Franz Jung. Leben, Werk, Wirkung*, S. 107, Bonn 1974)

Siehe auch: *Die Telepathen. Eine Novelle* (Vorfassung von *Der Fall Grosz*, die 1914 in Die Aktion erschien), Werke Bd. 1/1, S. 94 und: *Herr Grosz*, Werke Bd. 7, S. 551. Typoskript. Standort: Jes Petersen (Berlin)

Einleitung zu: Otto Gross. Auf dem Deckblatt des Manuskripts, für die geplante Veröffentlichung der Schriften Otto Gross' und für das Jung 1921 die Einleitung schrieb, heißt es: *Von geschlechtlicher Not zur sozialen Katastrophe – von Dr. med. Otto Gross / nebst einer Einleitung, Biographischem und einer grundlegenden Darstellung psychoanalytischer Ethik als Lebensglaube und Lebensform des Dr. Gross. Nachlass und der gesammelten Schriften I. Teil. Herausgegeben von Franz Jung / Verlag Erich Reiss Berlin.* Die Inhaltsangabe führte „Ausgewählte Aufsätze von Dr. Gross" auf: *Orientierung der Geistigen / Über Klassenkampf / Paradies-Symbolik / Zur neuerlichen Vorarbeit / Zur funktionellen Geistesbildung des Revolutionärs / Anmerkungen zu einer neuen Ethik / Die Einwirkung der Allgemeinheit auf das Individuum / Konflikt des Eigenen und des Fremden / Notiz über Beziehung / Konflikt und Beziehung.* Eine solche Auswahl, mit der leicht gekürzten Einleitung Jungs, erschien erst 1980 (Robinson Verlag, Frankfurt).

Die unorthodoxe Psychoanalyse von Otto Gross beeinflußte die theoretischen Vorstellungen Jungs nachhaltig und seine Sichtweise auf das Individuum ist hiervon geprägt. Konzentriert findet sich diese Beeinflussung in *Die Technik des Glücks*, aber auch in der Konfliktlage der zwischenmenschlichen Konstellationen seiner Romane.

In Wilhelm Reich, dem er einen Essay Anfang der 60er Jahre widmete und dessen Werke er in Deutschland neu herausbringen wollte, sieht er eine Fortsetzung von Gross. In einem Brief an Cläre Jung aus San Francisco 1954 berichtet er: „... lange bevor ich nach New York gekommen bin, ist Wilhelm Reich auch dort aufgetaucht und ist hier aufgetreten wie eine direkte Copie von Otto Grosz. Er hat ein Buch über ‚Orgiasmus' [Die Funktion des Orgasmus] geschrieben, das direkt von Otto Grosz stammen könnte, die orgiastische Form von Sex als Lebensbasis, geradezu als Religion, als die politische Bindung der Gesellschaft (ein wenig Fourier etc) mit einer fanatischen Anhängerschaft in der damaligen New Yorker Boheme, von der noch immer in der heutigen hiesigen Schriftstellergeneration ein Niederschlag geblieben ist. Das Buch ist heute tabu, völlig unterdrückt, in einigen anarchistischen Zirkeln als Bibel angesehen und mit einer Reihe sehr attraktiven Formulierungen. Ich höre hier jetzt mehr darüber als in meiner Zeit in New York. Wilhelm Reich wurde im Verlauf einiger Prozesse ins Irrenhaus gesteckt (Parallele zu Grosz), ist aber schon seit längerer Zeit wieder heraus und beschäftigt sich mit biologischen Problemen, in mancher Hinsicht Ernst Fuhrmann jetzt nahe. Zum Beispiel die Wüste im menschlichen Bewußtsein – sie nennen es der Vereinfachung halber in der menschlichen Seele, die Verarbeitung der körperlichen Substanz des Menschen ins Bewußtsein in Zyklen etc, d.h. die ständige Wiedergeburt etc – vieles ist ein wenig kindisch und zu vereinfacht, aber im Kern wahrscheinlich richtig. Interessanterweise erklärt das die starke spiritualistische Betonung in allen socialen Bewegungen hier, in der Charybdis zwischen Religion und Materialismus. Ich habe hier alle diese Bewegungen im letzten Jahrhundert studiert, mit großem Interesse und großem Gewinn – was geblieben ist, steckt tief heute unter der Oberfläche, völlig vom Leben abgeschnitten und jedem Quacksalber offen." (*Briefe*, Werke Bd. 9/1, S. 491. Siehe auch: *Das tragische Schicksal des Dr. Wilhelm Reich*, Werke Bd. 1/2, S. 149; und: *Die Technik des Glücks*, Werke Bd. 6)

Jack London. Ein Dichter der Arbeiterklasse. Einleitung zu einem Auswahlband, der 1924 vom Verlag für Literatur und Politik, Wien (eigentlich Berlin), veröffentlicht wurde. Jack Londons Beiträge, die von Joseph Grabisch und Erwin Magnus übersetzt wurden, sind als „Anhang" deklariert. Es handelt sich nach der Inhaltsangabe um: *Aus den „Menschen des Abgrunds": Daniel Cullen / Der Tag der englischen Königskrönung / Eine Nacht und ein Morgen. Aus der „Eisernen Ferse": Mathematik eines Traums. Aus „Klassenkampf": Eigenes Vorwort zu Jack Londons sozialistischen Schriften. Aus „Revolution":*

Revolution. Aus "The strength of the strong": Debs' Traum. Bibliographie der Werke von Jack London.
Siehe auch: *Jack London, ein Dichter der Arbeiterklasse* (Selbstanzeige), Werke Bd. 1/1, S. 283. Und: *Das Märchen einer Legende. Jack Londons tragisches Schicksal* (Radio-Features 1961), Werke Bd. 1/2, S. 195, sowie: *Revolte im Jenseits* (Notizen zu Jack London 1957), Werke Bd. 11, S. 246.

Franz Pfemfert – 70 Jahre. Erinnerungsartikel zum siebzigsten Geburtstag von Franz Pfemfert. In: Aufbau, New York, 2. Novembernummer 1949. In Pfemferts Zeitschrift Die Aktion, die zwischen 1911 und 1932 eine bedeutende Rolle bei der Entwicklung literarischer wie sozialistischer Positionen spielte, erschienen von Jung viele Aufsätze und Prosaarbeiten. Im gleichnamigen Verlag erschienen fünf Bücher Jungs. Darüberhinaus teilten Jung und Pfemfert zeitweilig gemeinsam die Position der kommunistischen Linken, in Fragen der Organisation und Taktik, innerhalb der Arbeiterbewegung.

Über die Bedeutung der Aktion. Beitrag für ein zweiteiliges Radio-Features des Westdeutschen Rundfunks über Franz Pfemferts Zeitschrift Die Aktion von 1961. Typoskript, Franz Jung Nachlaß. Standort: Deutsches Literaturarchiv Marbach.

Ernst Fuhrmann – 70 Jahre. Erinnerungsartikel zum siebzigsten Geburtstag. In: Aufbau, New York, 26.10.1956. Zur Sicht auf Fuhrmann heißt es in einem Brief an Hugo Hertwig, 1957: „Weg mit der Schablone von Anarchismus, Asozialität und anti social etc, sondern das Individuum erklären, wie es überhaupt erst ‚Gesellschaft' verstehen kann, Kapitalismus etc" (*Briefe*, Werke Bd. 9/1, S. 548).

Siehe auch: *Bausteine zu einem neuen Menschen. Das Gesamtwerk Ernst Fuhrmanns* (Titelvariation: Erinnerung an einen Verschollenen), Werke Bd. 1/2, S. 127, und: *Ernst Fuhrmann, Grundformen des Lebens. Biologisch-philosophische Schriften. Ausgewählt und mit einem Nachwort versehen von Franz Jung* (Veröffentlichung der Deutschen Akademie für Sprache und Dichtung, Bd. 28, Heidelberg und Darmstadt 1962).

Betr. Die Hammersteins. Der Kampf um die Eroberung der Befehlsgewalt im deutschen Heer 1932–1937. Das Manuskript dürfte im Zusammenhang mit der von Jung geplanten Biographie von Arkadij Maslow entstanden sein, an der er zusammen mit Ruth Fischer in Paris 1961 arbeitete. In einem Brief an Artur Müller heißt es: „Ich werde das Exposé über die Hammerstein-Scholem Angelegenheit Ihnen hier vorlegen können." (*Briefe*, Werke Bd. 9/1, S. 844) Helmut Heißenbüttel, dem damaligen Redakteur des Süddeutschen Rundfunks, kündigt er die „Hammerstein Story" als „Funk Novelle" an.

Siehe auch: *Betr. Maslow Biographie*, Werke Bd. 11, S. 272 und ebenfalls dort: *Betr. Die Hammersteins* (Teilabdruck), in Werke 11, S. 303. Zum Gesamtkomplex siehe auch: *Ruth Fischer / Arkadij Maslow, Abtrünnige wider Willen. Aus Briefen und Manuskripten des Exils*, München 1990. Typoskript, Franz Jung Nachlaß. Standort: Deutsches Literaturarchiv Marbach.

Roger Boscovich. Die geometrische Entschlüsselung des Weltalls. Als Rundfunk-Features vorgesehener Essay. „Der Westd. Rundfunk hat übrigens inzwischen die Essays über Fuhrmann, Reich und Boscovich sowie die amerikanische Bürgerkriegs story bestellt." (*Briefe*, Werke Bd. 9/1, S. 730) Ausführlich zu den Absichten, die Jung mit den biographischen Essays verband, siehe auch: *Briefe und Prospekte*, Werke Bd. 11, S. 278ff. Typoskript, Franz Jung Nachlaß. Standort: Deutsches Literaturarchiv Marbach.

Die Rolle von Ruth Fischer. Biographische Studie, die 1961, unmittelbar nach dem Tode von Ruth Fischer, im Auftrag der Harvard Universität geschrieben wurde. „Heller hat mir angeboten, einen detaillierten Erinnerungsbericht an RF für Harvard anzufertigen, der dort unveröffentlicht an die 20 Jahre liegen bleiben soll – ohne Schlußfolgerungen, nur die Impressionen, die politischen wie die persönlichen." (*Briefe*, Werke Bd. 9/1, S. 769)

In einem Brief an Adolph Weingarten reflektiert Jung die Rolle von Ruth Fischer, es ist eine Katastrophenskizze der revolutionären Bewegung in Deutschland: „Was war das eigentliche politische Ziel der Ruth während der fast 4 Jahrzehnte ihrer politischen Wirksamkeit? Die Pannen auf dem Wege – Ausschaltung der KAPD, um hintenherum zum Teil durch Maslow wieder dort Fuß zu fassen? Was – Brandler in die Niederlage hineinschlittern zu lassen, die Konfusion der Kuriere im Hamburger Aufstand? Welcher war der Einfluß Maslows auf Ruth vorher und nachher, als sie die Führung der Zentrale übernahm und dann der Ausschluß? Wie erklärt sich der Prozeß Maslows vor dem Staatsgerichtshof und die komischen Folgen, die Verlängerung des Urteils etc? Die Vorgänge in Moskau und die Ausschaltung der linken Fraktion? Was war später, in der Neuköllner Zeit, Ruth als Wohlfahrtssociologe – ohne Kontakt zu irgendeiner effektiven Richtung, die Distanz zur SPD und dann auch zur SAPD? Die Fiktion einer Verbindung zu einer KAPD kann kaum aufrechterhalten werden. Es baut sich der Trotzkismus auf. Welche wirkliche Rolle hat Ruth (einschließlich Maslow) nach außen in der Trotzkistischen Bewegung die Jahre über gespielt? Nur Verbindung zu Spitzen, die meist nicht sichtbar sind (der äußere und der engere innere Kreis)? Es sind Anzeichen vorhanden, wenn auch nicht beweisbar, daß während der ganzen Trotzkisten Blütezeit im Aufbau einer Internationale die Kontakte mit Moskau nie abgebrochen waren. Nicht nur mit ‚Oppositionellen', sondern auch mit Stalin direkt. Welcher war der Sinn und das Ziel? Ein Opfer? um die Einheit der kommunistischen Bewegung au fond zu erhalten, Spaltungen wieder zusammenzuführen auch unter der Beseitigung von ‚Opfern', freiwilligen oder erzwungenen (Radek oder Sinowjew, Bucharin?), eine Kontrolle über die Trotzki Bewegung zu erhalten, das sogenannte politische limit? Welche Rolle haben die beiden oder Maslow, Ruth dirigierend oder eliminierend, in der Spanien Affäre gespielt oder spielen wollen? In Wirklichkeit haben kaum echte Kontakte zur POUM bestanden.

Alles das hört sich sehr phantastisch an. Aber ich habe es, wenn auch nicht wörtlich, von Ruth selbst, wenigstens die Fragestellung, mit der sie sich in den letzten Monaten beschäftigt hat.

Das waren täglich während der letzten 4 Wochen hier im Dezember meine Gespräche mit Ruth, d.h. mein Zuhören. Das heißt die Begründung, daß sie es nicht fertig bringt eine Biographie von Maslow zu schreiben, alle solche Fragen zu beantworten: Beweis – sie hätte Maslow überhaupt nicht genügend gekannt und auch nicht genug verstanden. Nirgendwo ein Beweis selbstverständlich, aber einige Anhaltspunkte, auch von mir. Maslow hat mir 38 und noch 39 kurz vor Ausbruch des Krieges direkte Kontakte zur Russischen Botschaft in Paris über ihn zu der Groupement der Banques privats in Genf angeboten – er wäre im Falle des Krieges nach Genf übersiedelt. Ich habe nicht nur davon abgeraten, zweimal, sondern schließlich das vorgebracht und bin wie ich voraussehen konnte abgewiesen worden. Maslow hatte meine Position in Genf hundertfach übertrieben und überschätzt. Trotzdem wurden im Mai noch 1000 Franken an Ruth für Maslow überwiesen. Genf wollte den Kontakt nicht ganz abreißen lassen. (Einer der Gründe mit, warum ich dann aus der Schweiz ausgewiesen wurde.)

Über alles dieses habe ich mit Ruth hier gesprochen. Sie machte mir noch heute den Vorwurf, daß ich die Sache zu wenig ernst behandelt hätte. Stattdessen erzählte sie mir immer wieder, in welch gutem Kontakt Maslow zur russischen Botschaft gestanden wäre. Nur ihretwegen hätte er das Angebot nach Moskau zurückzukehren nicht angenommen. Und so fort. Die Tatsachen selbst sind nicht wichtig, auch nicht etwelche Folgerungen, die jemand daraus ziehen könnte. Sondern: Welche Rolle hat Ruth dabei in Wirklichkeit gespielt? Wer war der manager? Was später kommt, ist dann auch schon weniger wichtig: der Krach mit dem Bruder, in Paris, in Washington, das Schwimmen in den Resten der Trotzki Organisation – mit zunehmender Distanz und auch nicht ohne Angst. Der Honigmond mit dem Titoismus, die Bandung Affäre, Nehru etc (...)

Also das ist das äußere Bild. Selbstverständlich ohne jede moralische Betonung. Irgend etwas werden sich die beiden gedacht haben, aber niemand weiß es und Ruth war dabei, Maslow jetzt völlig fallen zu lassen, ihn zum Literaten und künstlerisch Veranlagten zu stempeln, dem in Wirklichkeit jede politische Erfahrung gefehlt hat. Ich glaube ihr das nicht und habe es ihr auch deutlich genug gesagt (...) Das sind grobe Umrisse. Für Harvard brauchen wir das alles nicht besonders aufzuschreiben." (*Briefe*, Werke Bd. 9/1, S. 772f)

Maximilien Rubel bemerkte, in einem Interview über seine Erinnerungen an Jung, zu Ruth Fischer: „Ich traf Ruth Fischer, sie war auf dem Weg nach Indien, an das genaue Jahr kann ich mich nicht erinnern, egal, wir hatten so eine Art Diskussion mit ihr und betrachteten Ruth Fischer eigentlich als eine Art ‚state department'-Agentin. Sie war sehr konservativ eingestellt für alles, was Rußland betraf, aber sie war eine sehr charmante Person, sehr umgänglich und gewinnend. Auf der Rückreise trafen wir sie wieder und waren ganz erstaunt über das, was sie sagte. Die Armut und das Elend, das sie in Indien sah, hatten sie tief erschüttert. Sie sagte: Indien braucht einen Stalin, um aus der Situation herauszukommen, das könne nur ein Stalin bewirken ... dies war ihre neue politische Position." (Lutz Schulenburg, *Paris – Hotel Dragon und andere Orte*, in *Der Torpedokäfer. Hommage à Franz Jung*, Hamburg 1988) Typoskript, Franz Jung Nachlaß. Standort: Deutsches Literaturarchiv Marbach.

Morengas Erbe. Undatiertes Manuskript, vermutlich nach 1960 geschrieben („Es wird jetzt etwa 50 Jahre her sein ..." = Die Aktion 6. Dezember 1913, siehe: Morenga, Werke Band 1/1, S. 78). Das Manuskript befand sich mit *Dokumentations Reportage Süd West Afrika* in einer Mappe im Nachlaß. Jeweils mehrere identische Exemplare. Letzteres unvollständig, Schluß fehlt bei allen vorhandenen Durchschlägen. Der Artikel muß nach 1960 entstanden sein, da der erwähnte Austritt der *Südafrikanischen Union* aus dem Commonwealth 1961 vollzogen wurde. Eine UNO-Vollversammlung fand am 13. April 1961 statt, die in einer Resolution die südafrikanische Rassenpolitik verurteilte. Wegen der thematischen Einheit wurde die vorgegebene Inhaltsgliederung des Bandes, die eine Trennung der beiden Texte notwendig gemacht hätte, nicht beachtet.

Afrika gerät in Paris in Jungs Gesichtsfeld, 1961 – die Hoffnung auf eine unabhängige Entwicklung ist noch nicht erstickt, die Welle des Aufbruchs noch nicht erstickt – berichtet er Adolph Weingarten von neuen Möglichkeiten: „(...) so habe ich hier durch einen Bekannten, der Redakteur in einem der hiesigen Finanzblätter ist, die Möglichkeit direkter Beziehungen zu all den neuen afrikanischen Staaten, einschließlich der völlig unabhängigen. Wirtschaftlich heißt das, man sollte dem Schwindel des Afrika-Booms mit all den Riesenprojekten, der westlich-russischen Konkurrenz und all das, entgegentreten – das Ganze meinetwegen zum Schutz von Kapitalinvestors, was sicherlich eine anständige analytische Aufgabe eines solchen Bulletins sein würde. Die meisten dieser Länder sind praktisch – außer als Spesenverbraucher – so arm, daß sie nicht einmal den Nachtwächter ihrer Regierungspalais bezahlen könnten. (...) Mein Interesse daran ist, daß dieser Mann dann auf der Verbindung mit den Reports ein hiesiges Bulletin aufziehen könnte, gut unterstützt durch einige der maßgeblichen großen Blätter hier ... selbstverständlich durchaus links ausgerichtet, Erziehung statt Kapitalbluffs, keine direkte kommunistische Ideologie, aber mit Kursen für die hier studierenden Afrikaner, sogenannter Kadre Aufbau, ökonomisch. An dieser Sache wäre ich dann mit beteiligt und auch interessiert. (...) Diese Tätigkeit würde mir die Literatur ersetzen können." (*Briefe*, Werke Bd. 9/1, S. 812) Typoskript, in Nachlaß Franz Jung. Standort: Deutsches Literaturarchiv Marbach.

Er liegt am Boden. Manuskript ohne Datierung, vermutlich Ende 1915 – Anfang 1916 geschrieben. Längere Fassung von *Läuterung* (Erstdruck 1918). Details der Erzählung sind dem *Spandauer Tagebuch* entnommen. (*Läuterung*, Werke Bd. 1/1, S. 192) Typoskript, vermutlich spätere Abschrift, aus Sammlung Cläre Jung / Franz Jung Archiv Berlin. Standort (drei differente Typoskripte): Stiftung Archiv der Akademie der Künste (Berlin).

Der Brisbane-Fellow. In: Kommunistische Arbeiterzeitung, Nr. 214, Juli 1921. Entstanden im Gefängnis von Breda, in einem Brief von dort an Cläre: „Die australische Novelle kannst du ja dem *Gegner* geben, kann auch als Feuilletonmaterial dann gebracht werden, daß du die Fuchs-Leute [Georg Fuchs, damals Redakteur bei der Roten Fahne] nicht zu überlaufen brauchst." (*Briefe*, Werke Bd. 9/1, S. 58) Thematisch verwandt mit den proletarischen Erzählungen in *Joe Frank illustriert die Welt* (Werke Bd. 2, S. 5ff).

Das Chinesen-Mädchen. Undatiertes Typoskript, durchgestrichen: „Aus dem Londoner Schlamm", mit Jungs vielfach benutztem Pseudonym Frank Ryberg versehen. Der Stempelaufdruck „Kontinent Korrespondenz" läßt vermuten, das die Erzählung 1924 geschrieben wurde, als Jung in London lebte und für die K.K. Nachrichten und Artikel lieferte, eventuell dies für die spezielle „Feuilleton-Korrespondenz". Typoskript, Sammlung Cläre Jung / Franz Jung Archiv Berlin. Standort: Stiftung Archiv der Akademie der Künste (Berlin).

Taubenfreunde und **Die Schlosser von Block Siebzehn.** Undatierte handschriftliche Manuskripte. Entwürfe, die vermutlich Ende der zwanziger Jahre entstanden sind, wie die thematisch und stilistisch verwandten, im Feuilleton der Roten Fahne 1928 erschienenen literarischen Arbeiten. Transkription Sieglinde und Fritz Mierau. Siehe auch: *Zwei unterm Torbogen* und *Streit in der Kneipe*, Werke Bd. 1/1, S. 292 ff. Handschrift, Sammlung Cläre Jung / Franz Jung Archiv Berlin. Standort: Stiftung Archiv der Akademie der Künste (Berlin).

Die Verwirrung der Geister durch den Krieg. Das Manuskript faßt die Eindrücke zusammen, die Jung in England gewonnen hatte, und entstand, nach der Auflösung der Kontinental-Korrespondenz, Anfang des Jahres 1925. „Franz und Cläre Jung ziehen in eine Wohnung Berlin-Wedding, Bristolstraße. Hier ist Erich Mühsam gelegentlich zu Gast. Jung schreibt einen Text über England." (Fritz Mierau, *Leben und Schriften des Franz Jung. Eine Chronik*, in *Der Torpedokäfer*, Hamburg 1988) Das Buch war, nach Cläre Jung (s. Anmerkung zu

England 1924), für eine Veröffentlichung bei Ullstein gedacht, dort war bereits 1924 auch seine Rußland-Monografie erschienen (*Das geistige Rußland von heute*, in: *Nach Rußland!*, Werke Bd. 5, S. 295). Typoskript, Sammlung Cläre Jung / Franz Jung Archiv Berlin. Standort: Stiftung Archiv der Akademie der Künste (Berlin).

Die Albigenser. Mit der Arbeit an diesem Essay, der wesentlich die sozio-psychologischen Auffassungen Jungs reflektiert, begann er im Laufe des Jahres 1948. In einem Brief an Oskar Maurus Fontana: „Die Dogmen sagen mir nichts. Ich verstehe schon, daß sie eine große Erleichterung sein können, aber für mich eben nicht, ich muß anscheinend den schwereren Weg gehen. Ich habe einen Essay über die Albigenser geschrieben, in dem ich die damalige Krise zwischen Individuum und Kollektiv mit der heutigen in Parallele setze, ich müßte aber den Essay um ihn anzubieten noch bearbeiten – er ist mehr für mich skizziert." (*Briefe*, Werke Bd. 9/1, S. 379)

Wiederholt wird der Aufsatz mit *Die Revolte gegen die Lebensangst. Anmerkungen zu einer Studie über die parasitäre Lebenshaltung* betitelt. So in einer Anfrage an Walter Dirks, dem er für die Frankfurter Hefte 1951 den Essay anbietet: „(...) ob Sie für Ihre Zeitschrift an einem Aufsatz über die ‚parasitäre Lebenshaltung' Interesse hätten. Der Aufsatz ist der Extrakt einer längeren Arbeit, im wesentlichen eine sociologische Studie über Lebensführung und Lebenserwartung, um die Stellung des Einzelwesens in der Gesellschaft – die Gesellschaft im weitesten Sinne – gruppiert. (...) Ursprünglich hat mich für meine größere Arbeit das Erlösungsproblem der Albigenser beschäftigt, das ich in den Bibliotheken der Dominikaner in Rom und Turin eingehend studiert habe" (*Briefe*, Werke Bd. 9/1, S. 412).

Dem New Yorker Freund Adolph Weingarten schreibt Jung 1962 aus Paris: „Neben dem Reich Essay, den ich jetzt sogleich machen muß, eine Vorarbeit für das Albigenser Buch: die gerade Linie von Mani, Marcius, Frühchristentum zu den mittelalterlichen Mystikern und Dämonologen über Swedenborg, die Naturphilosophie, Fuhrmann, Reich, Jung und Freud zur Analyse der heutigen Gesellschaft, ihre Negierung, ihre Auflösung und den letzten Fußtritt gegen Politik, gegen Frieden etc (...) einfach aufzeigen den Weg (und die Erlösung) zur Selbstzerstörung. Irgend etwas macht mir daran noch Spaß. Alle diese ‚Mißverständnisse' aufzeigen, Gott und Hitler und Chrustschow und die Sansculotten, unter denen heute die Kneipenwirte zu verstehen sind." (*Briefe*, Werke Bd. 9/1, S. 1010) Siehe auch: *Das tragische Schicksal des Dr. Wilhelm Reich*, Werke Bd. 1/2, S. 149); und: *Die Technik des Glücks*, Werke Bd. 6. Typoskript, in Franz Jung Teilnachlaß. Standort: Wolfgang Symanczyk (Neuss).

Amerikanischer Bürgerkrieg. Jung bietet 1961 diesen Essay u.a. dem Westdeutschen Rundfunk an. Der zuständige Redakteur bestellt für das Radio-Feature neben diesem noch Beiträge zu Reich, Fuhrmann und Boscovich. Er lehnt das fertige Manuskript aber aus stilistischen und formalen Gründen ab: „(...) infolgedessen ist dieses Manuskript stark ins Politische geraten, daß es schlicht eine Ressortüberschreitung von mir wäre, wenn ich den Beitrag in dieser Fassung als kulturelle Sendung laufen ließe. Ich habe Ihre Arbeit dessen ungeachtet an meinen Kollegen von der politischen Abteilung weitergegeben, vielleicht mögen die es (die darin geschilderten Tatsachen sind ja aufregend genug)." (Franz Jung, *Schriften und Briefe*, S. 1404, Salzhausen 1981)

An Adolph Weingarten schreibt Jung 1960, er habe „außerdem eine amerikanische Kurz-Geschichte, angefangen von dem Befreiungskriege eines Landes, das nicht befreit werden wollte, den Lügen und der Doppelzüngigkeit dieses Landmessers, der in der Schule als George Washington gelernt wird, und so weiter bis auf die heutige Zeit – kurz: genau eben das Gegenteil, was in den Schulbüchern gelernt wird" (*Briefe*, Werke Bd. 9/1, S. 669).

Und an Karl Otten: „Späne, die da abfallen und die man zurechtschustern kann in der üblichen Form, wie das der Leser haben will, also die amerikanische Kurz-Geschichte: Washington, Lincoln etc – die große Lüge, die hier geschieht und die sogar ganz amusant ist, amusanter etwa als in dem deutschen Gemüts-Dschungel" (*Briefe*, Werke Bd. 9/1, S. 668).

1962 deutet sich eine neue Möglichkeit an, in einem Brief an Artur Müller: „Ich könnte eventuell im ‚Konkret' eine Serie Amerikanisches Tagebuch veröffentlichen – da würde ich das auch hineinnehmen. Viel Lust dazu habe ich aber nicht. Ich habe *unverbindlich* zugesagt." (*Briefe*, Werke Bd. 9/1, S. 975) Im Juni-Heft von Konkret erschien *Pin oder Dada, der Letzte*, ein Artikel zu Raoul Hausmann (Werke Bd. 1/2, S. 227; sowie: *Dada kommt in die Jahre*, S. 146). Typoskript, Nachlaß Franz Jung. Standort: Deutsches Literaturarchiv Marbach.

Wie dem auch sei. Dieser Text wurde 1960 beendet, unter dem Titel *Fürchtet euch nicht* existiert eine frühere, zum vorliegenden Drucktext erheblich differierende Version. Ruth Fischer erhält 1960 diese erste Fassung, die sich in ihrem Nachlaß befindet. In einem Brief an sie charakterisiert Jung seine Absichten: „(...) ein Experiment, Ironie mit Historie gemischt, und im übrigen die Engländer haben das alles schon besser gemacht. Mir paßte es in den Rahmen der Albigenser, die auch ein eigenes Kapitel über die Kommunisten dieser Zeit bringen werden. Aber ausschließlich für meinen eigenen Spaß. Wirf das Ms weg, wenn du es gelesen hast oder schon vorher, wenn dies dir Spaß macht. In dieser Fassung, besonders der Schluß bleibt sowieso nicht." (*Briefe*, Werke Bd. 9/1, S. 677f)

Aus San Francisco, August 1960, an Cläre Jung: „Ich weiß nicht, ob ich dir seinerzeit meinen Albigenser Essay mal geschickt habe. Diesen falte ich sozusagen jetzt auseinander, benutze ihn nur als Rahmen und füge beinahe mehr novellistisch selbständige Teile ein, so habe ich so eine kleine selbständige Arbeit über den Höllen Feuer Klub gerade fertiggestellt. (...) es ist keine Novelle, keine Satire und auch kein Essay, alles davon ein wenig, und sehr provokativ. Später könnte man das Ganze etwa nach dem Vorbild der Strindberg'schen Blaubücher zusammenfassen." (*Briefe*, Werke Bd. 9/1, S. 676f)

Wie stets in den Briefen Jungs, in denen er Projekte abhandelt, heißt es in einem an Artur Müller 1961: „Ich selber hätte ein Manuskript, das in diesen Rahmen fällt, allerdings in der Form eines mehr philosophischen Essays geschrieben. Es ist das Campden Mystery (...) Es handelt sich da um eine Hinrichtung, die in Campden stattgefunden hat, wobei die Opfer wie die Hingerichteten später noch verschiedentlich wiedererscheinen und bis in den Höllenfeuer Club reichen. Ich habe das genannt ‚Wie dem auch sei. Eine Studie über den Zerfall der Zeitgeschichte'. (...) Ich habe es dem Luchterhand Verlag geschenkt, der aber kaum Wert darauf legt, höchstens für irgendeine Autorenpropaganda in einem Avantgarde Blatt. Ich habe das auch selbst mehr als Schreibübung angesehen. Aber Mystifikationen kann man noch eine Reihe bringen, auch aus Amerika, der Salem Prozeß gehört bekanntlich auch dazu." (*Briefe*, Werke Bd. 9/1, S. 748f) Typoskript, Nachlaß Franz Jung. Standort: Deutsches Literaturarchiv Marbach.

Paris entdeckt den Hering. Mit 25.4.1961 datierter Artikel. Dieser „Gruß aus Paris" ist zweifellos von den unmittelbaren Lebensumständen inspiriert. So berichtet Jung Adolph Weingarten in einem Brief vom 22.4.1961 von seinem alltäglichen Erleben: „Die Nervenspannung ist hier wacher. Vielleicht gehe ich dabei vorschnell zugrunde – was schadet das schon. Ich habe mich hier schon etwas eingewöhnt. Statt des Touristen Fraßes esse ich in den Self Service Restaurants am Blvd Michel Hering, einfachen holländischen Hering, die Hälfte mit Pommes à Vapeur und einer Flasche Wasser für 1.90 NF und abends Landbrot, Käse und Wein – dazwischen etwas Schokolade am Tag und manchmal ein Glas elsässisches Bier, das besser ist als Pilsner. Im allgemeinen lebe ich damit großartig." (*Briefe*, Werke Bd. 9/1, S. 791)

Artur Müller erinnert sich: „Paris war für Jung ein gern gewählter Aufenthaltsort, wobei er unter Verhältnissen dort gelebt hat, die wohl dostojewskihaft gewesen sind (...), ich begreife eigentlich nicht, wovon er überhaupt gelebt hat. Denn, mit Ausnahme der paar Verbindungen, die ich ihm geschaffen hatte, zum Rundfunk, wo er ein paar Features unterbrachte, hatte er keine festen Einnahmequellen (...), von politischen Dingen hat ihn eigentlich nur interessiert, was eventuell in Frankreich passierte, und einmal brachte er mir einen Packen trotzkistischer Zeitschriften mit. In Deutschland war eigentlich von dem, was aus seiner politischen Generation herstammte, nichts mehr übrig, es war alles ausgelöscht. Während er in Frankreich durch den starken Linkskommunismus, dem er in der Vergangenheit nahestand, vielleicht ein bißchen das Gefühl haben konnte, Anschluß zu finden. Diese Spelunke in der Rue de Dragon, dieses Rattenloch, wo er wohnte, kenn ich nur aus Beschreibungen, scheinbar hat er sich da wohlgefühlt." (Artur Müller, *Monolog über das Leben eines Taugenichts*, in *Der Torpedokäfer. Hommage à Franz Jung*, Hamburg 1988) Typoskript, Nachlaß Franz Jung. Standort: Deutsches Literaturarchiv Marbach.

Pariser Literaturbrief. 1960 verließ Jung endgültig die USA und traf Anfang Dezember in Paris ein, das für ihn ein fester Standort in Europa wird. Das Manuskript weist keine Datierung auf. Mit Bestimmtheit kann aber angenommen werden, daß das Manuskript 1962 abgefaßt wurde, da das erwähnte Buch von Louis Pauwels und Jacques Bergier (Originalausgabe 1960 bei Gallimard) in diesem Jahr unter dem Titel *Aufbruch ins dritte Jahrtausend. Von der Zukunft der phantastischen Vernunft* erschienen ist. Das Manuskript liegt in mehrfachen Durchschlägen vor, vielleicht bestimmt für den Versand an Zeitschriften und Zeitungen, mit denen Jung in Verbindung stand.

An seinen Freund Adolph Weingarten schreibt Jung 1962 über die gesellschaftliche Situation in Paris: „Hier bereitet sich der Bürgerkrieg vor. Vorläufig schießt jeder auf jeden, sogar die Schlächter beginnen sich gegenseitig zu plastikieren. Meine Voraussage ist, daß es kaum zu einer Volksregierung kommen wird (kann auch falsche Prognose sein). Algier ist geregelt zwischen den beiden Hauptpartnern. Beide trauen sich nicht, das Abkommen publik zu machen, weil keiner mehr die Ultras von beiden Seiten in der Hand hat. Die Zuhälter und Deserteure aus aller Welt sind von beiden Seiten als Killer angeworben, 500 Franken per Monat mit freier Verpflegung und Versicherung im Falle des Todes, die Frau erhält, falls eine vorhanden ist – auch diese aufzuzeigen ist ein besonderes Geschäft geworden – eine Pension. Dabei nimmt die Bevölkerung das ruhig hin, keine Aufregung, nur das Notwendigste in den Zeitungen hier wie drüben. Hier um die Ecke herum, am Blvd St Germain, ist gestern Nacht eine Kunsthandlung und Galerie in die Luft geflogen – man erzählt sich von Malern plastiziert, die aus der Entschädigung, die der Staat dem Inhaber bezahlt, ihren Anteil bekommen. Mir selbst geht es nicht gerade gut, ich habe auch aus Sympathie mit dem Magen zu tun, ich kann den Fraß hier nicht essen und ich rutsche in eine Unterernährung hinein, aus der ich bald zu müde sein werde mich zu befreien." (*Briefe*, Werke Bd. 9/1, S. 922) Typoskript, Nachlaß Franz Jung. Standort: Deutsches Literaturarchiv Marbach.

Frank Ryberg illustriert die Welt. Undatiert, wegen der Anspielungen auf die Kolonialverwaltungen des Kongos (unabhängig 30.6.1960) und Nigerias (unabhängig 1.10.1960) läßt sich ein Entstehen vor 1960 vermuten („Reparationsanteil Indiens" = Die deutschen Reparationszahlungen des 1. und 2. Weltkrieges wurden 1953 im „Londoner Schuldenabkommen" mit den Westalliierten geregelt). Der 150. Todestag de Sades (1740–1814) wäre 1964 zu begehen gewesen, also etwa 11 Monate nach Jungs eigenem Tode.

Das vielfach benutzte Pseudonym *Frank Ryberg* (ein in Skandinavien häufiger Name) wie auch der Titel, der seinem Buch *Joe Frank illustriert die Welt*, das 1921 im Verlag Die Aktion erschien, entlehnt ist, steht eigentümlich zur Schroffheit, mit der Jung seinem früheren literarischen Schaffen begegnet. In der Autobiographie heißt es unterkühlt: „Es hat nichts von Snobismus, wenn ich gelegentlich betone, ich möchte meine frühen Aktions-Romane nicht wieder anfassen. Ich scheue einfach davor zurück, weil ich Angst habe, es würde mir weh tun. Ich kann mit diesen Büchern nichts anfangen, ich kann keine neue Vitalität daraus ziehen. Ich könnte im besten Falle noch die Wurzeln feststellen, aber diese Wurzeln sind vertrocknet, frühzeitig abgeschnitten." (*Der Weg nach unten*, Hamburg 1988. Siehe auch: *Joe Frank illustriert die Welt*, in Werke Bd. 2) Undatiertes Typoskript, Nachlaß Franz Jung. Standort: Deutsches Literaturarchiv Marbach.

Notizen Breda 1921. „Mitte Mai: Jung reist unter dem Namen Franz Klinger mit Cläre nach Holland, um über Rotterdam, Amsterdam nach England, später Irland zu gelangen. Am 15. Juni sollte er an einer Konferenz der linken Arbeiterparteien in Brighton teilnehmen. Er wird von den Beamten des Reichskommissars für Überwachung der öffentlichen Ordnung ständig beobachtet. Ende Mai: Franz und Cläre Jung treffen bei einem Besuch Henriette Roland-Holst nicht an und werden in Zundert (Nordbrabant) festgenommen. Cläre Jung wird nach einem Monat Haft nach Deutschland abgeschoben. Jung kommt ins Untersuchungsgefängnis Breda." (Fritz Mierau, *Leben und Schriften des Franz Jung. Eine Chronik*, in *Der Torpedokäfer. Hommage à Franz Jung*, Hamburg 1988)

Jung entgeht der Abschiebung nach Deutschland und gelangt mit Hilfe eines sowjetischen Passes im August 1921 nach Petrograd. Siehe auch Jungs Briefe aus Breda, Werke 9/1, S. 50ff; sowie: *Der Weg nach unten*, Hamburg 1988. Transkription Sieglinde und Fritz Mierau. Notizheft, Sammlung Cläre Jung / Franz Jung Archiv Berlin. Standort: Stiftung Archiv der Akademie der Künste (Berlin).

Kulturprognose. Handschriftliche Vorarbeiten für einen gleichnamigen Artikel. Datierung ungewiß, vermutlich Ende der zwanziger Jahre geschrieben (*Kulturprognose*, Werke Bd. 1/2, S. 27). Transkription Sieglinde und Fritz Mierau. Handschriftliche Notizen, Sammlung Cläre Jung / Franz Jung Archiv Berlin. Standort: Stiftung Archiv der Akademie der Künste (Berlin).

Wirtschaftlicher Nachrichtendienst. Undatiertes Manuskript, vielleicht im Zusammenhang mit der 1932 erfolgten Gründung einer *Korrespondenz für Arbeitsdienst und Arbeitsbeschaffung* entstanden; 1934 gibt Jung zusammen mit Alexander Schwab den *Pressedienst für Wirtschaftsaufbau* heraus. Typoskript, Sammlung Cläre Jung / Franz Jung Archiv Berlin. Standort: Stiftung Archiv der Akademie der Künste (Berlin).

Drei Männer und **Zwei Gefangene.** Undatierte handschriftliche Entwürfe, denkbar, sie der Arbeit am Roman *Hausierer* (erschien 1931 im sozialdemokratischen Verlag Der Bücherkreis, Berlin) zuzuordnen, der letzten Romanveröffentlichung zu Lebzeiten Jungs (*Hausierer. Gesellschaftskritischer Roman,* in: Werke Bd. 3).

Auch wenn bei Jung, wie er 1961 in seiner Autobiographie schrieb, von dem Roman „kaum noch etwas in Erinnerung blieb", entwirft er ein abgründiges Erinnerungsbild, das überleitet zu dem Kapitel *Die Wurzeln der Hitler-Katastrophe*: „Das Honorar diente fast ausschließlich dazu, den Autorenkreis dieses sozialdemokratischen Kulturunternehmens in gutem Standard bei Bier und Korn zu halten. Außer dem schon zur Prominenz gerechneten Max Barthel waren es alte Freunde aus der kommunistischen Arbeiterbewegung, die dort untergekommen waren. (...) Der Chef des Unternehmens, der vom sozialdemokratischen Parteivorstand eingesetzt war, hatte sich eben in diesen Wochen in seinem Büro aufgehängt, in einem Anfall von Schwermut." (*Der Weg nach unten*, S. 300)

Transkription Sieglinde und Fritz Mierau. Handschriftliche Notizen, Sammlung Cläre Jung / Franz Jung Archiv Berlin. Standort: Stiftung Archiv der Akademie der Künste (Berlin).

Notizen aus der „Gegner"-Zeit. Aufzeichnungen für einzelne Artikel und Themen der von Jung 1931 herausgegebenen Zeitschrift Gegner. Mitarbeiter u.a. Raoul Hausmann, Karl Korsch, Adrien Turel, Jakob Haringer, Ernst Fuhrmann und Harro Schulze-Boysen, der nach Jungs Rücktritt als Herausgeber das Blatt bis zur Schließung durch die Nazis weiter betrieb (Gegner-Artikel gesammelt in: Werke Bd. 1/2).

In einem Brief an Ruth Fischer, der einen Lebenslauf enthält, heißt es zum Gegner: „In der Zeit über Korrespondenzverlag Herausgabe einer Zeitschrift Der Gegner, Sammlung aller Elemente gegen Hitler, (Kommunisten bis Strasserleute). Der Verlag verdient das Geld durch Analysen, Patentvermittlung etc, konzentrierter Angriff der Nazis" (*Briefe*, Werke Bd. 9/1, S. 253).

Transkription Sieglinde und Fritz Mierau. Handschriftliche Notizen, Sammlung Cläre Jung / Franz Jung Archiv Berlin. Standort: Stiftung Archiv der Akademie der Künste (Berlin).

Entwurf A und B. Beilage eines Briefs an Wieland Herzfelde 1946, in dem Jung sein Vorhaben schildert: „An die Pantheon Books habe ich geschrieben und lege die Kopie der Vorschläge bei. Richtige outlines sind das nicht, denn in dem einen Fall müßte ich mindestens einen geschlossenen Abschnitt einreichen, damit man sich ein Bild von der Technik, wie ich das Thema bearbeiten will, machen kann; im zweiten Falle kann ich nur die Idee aufweisen, fundieren kann ich sie erst, wenn ich wenigstens ein grundlegendes Sammelwerk, etwa die Geschichte der Päpste von Pastor durchgelesen habe." (*Briefe*, Werke Bd. 9/1, S. 229. Siehe auch: *Das Jahr ohne Gnade* und *Sylvia*, in Werke Bd. 12, sowie *Herr Grosz*, Werke Bd. 7) Typoskript, Nachlaß Franz Jung. Standort: Deutsches Literaturarchiv Marbach.

Exposés der verschiedenen Erzählungen. Undatiertes Manuskript, könnte zu den Exposés gehören, die Jung in einem Brief an Artur Müller 1961 erwähnte: „Außerdem habe ich noch eine Reihe anderer Vorschläge, auch dann schon in Exposé Form. Lediglich Anregungen wie sie mir hier einfallen. Gleichgültig ob und wie man sie durchführen kann. Schließlich könnten Sie das dann entscheiden. Ich will einfach meinen Kopf, der langsam sowieso müde wird, nicht einfach ganz leerlaufen lassen." (*Briefe*, Werke Bd. 9/1, S. 844) Typoskript, Nachlaß Franz Jung. Standort: Deutsches Literaturarchiv Marbach.

Die Pamphletisten der spätwilhelminischen Zeit. Undatiertes Manuskript, dessen Vollständigkeit unklar ist. An Karl Otten 1960: „Die Pamphletisten, die genialen Schwindler und Mystificateure, nicht als Geschichte aufgezogen – sowas gibt es schon genug, sondern als Novellen oder Kurzromane oder irgendwie im Zusammenhang unter einem leitenden Gesichtspunkt zusammengefaßt – praktisch eine ‚Geschichte' zur Geschichte." (*Briefe*, Werke Bd. 9/1, S. 668) Siehe auch vorstehenden und nachfolgenden Eintrag. Typoskript, Nachlaß Franz Jung. Standort: Deutsches Literaturarchiv Marbach.

Vorschlag für 12 Folgen „Der Gegner". In Verbindung mit Artur Müller und Karl Otten plante Jung eine Serie von Pamphleten herauszubringen, die als Flankierung seiner literarischen Rückkehrstrategie zu verstehen ist. Zuletzt wollte Jes Petersen diese Serie verlegen, der Raoul Hausmanns Buch *Sprechspäne* 1962 verlegte. Obgleich eine von Jung geschriebene Einführung der Reihe als Prospekt erschien, blieb das Vorhaben jedoch unausgeführt.

An Artur Müller 1961: „Ich würde das dann auch nicht mehr ‚Der Gegner' nennen, sondern einfach ‚Gegner'. Vielleicht aber auch einfach ‚Herausforderung', Schriftenreihe, herausgegeben von Artur Müller – mich kann man auch aus dem Spiel lassen. Mein Beitrag würde besser heißen: In eigener Sache! (indirekt das Abschied Thema umfassend). (...) Ich empfehle für eine Reich Schrift das Buch: Listen, little man – eine sehr einleuchtende sociologische Perspektive. Das kann man mit Vor- und Nachwort sehr bunt aufziehen." (*Briefe*, Werke Bd. 9/1, S. 858)

Seinem Freund Adolph Weingarten schreibt Jung im gleichen Jahr: „Außerdem plane ich die Herausgabe einer an keinen festen Erscheinungstermin gebundenen Serie von Pamphlets. Ursprünglich wollte sich Otten daran beteiligen und Müller wollte die Herausgabe übernehmen (...) ich bin daran nur an *einem* Pamphlet interessiert, nämlich dem von mir, mit dem die Serie begonnen werden soll. In diesem Pamphlet werde ich alles sagen, was ich gegen die Welt, die Zeit, die Personen etc zu sagen habe ‚In eigener Sache'." (*Briefe*, Werke Bd. 9/1, S. 871)

Jung aus Paris an Jes Petersen: „Ich wollte Sie anfragen, ob Sie Interesse hätten an einem kleinen Projekt, das ungefähr wie folgt aussieht: eine Serie von Pamphlets, jedes zwischen 3000-5000 Worte, nicht mehr, darunter eines von mir, das einen von mir schon vor Jahren benutzten Titel tragen sollte ‚Gott verschläft die Zeit', das Pamphlet Marats gegen die Wissenschaft, Wilhelm Reichs ‚Listen, little man' gekürzt und vielleicht die Gesellschaftsanalyse von Ernst Fuhrmann aus dem Insane Asyl – aus den Tagebüchern. Soweit die Vorschläge aus meinem Sektor. Vielleicht könnte man Raoul Hausmann gewinnen, seinerseits Vorschläge zu machen. Es sollten etwa 6-8 solcher Pamphlets zusammenkommen." (*Briefe*, Werke Bd. 9/1, S. 899f)

Der mit *Meinen Gruß zuvor* betitelte Prospekt wurde bei einer Hausdurchsuchung 1962 mitbeschlagnahmt, die sich gegen Panizzas *Liebeskonzil* richtete, das von Petersen veröffentlicht wurde und zur sofortigen Anklage wg. „Verbreitung unzüchtiger Schriften" führte. In einem Brief an Käte Ruminoff 1962: „Ich schicke gleichzeitig einen Prospekt einer Pamphlet-Serie, die ich herausbringen will. Vorläufig haben sich 144 Abonnenten bei Petersen gemeldet, aber ich werde die Serie mit Auslieferung bei einem größeren Verlag nicht mit Petersen zusammen machen können. Schließlich ist der Junge nicht mehr als der weggelaufene Sohn eines dänischen Schweinezüchters und versteht nicht das geringste von Verlag, Literatur und Kunst und was alles. Das hindert ja sehr." (*Briefe*, Werke Bd. 9/1, S. 1077. Siehe auch: *Meinen Gruß zuvor*, Werke Bd. 1/2, S. 221) Typoskript, Nachlaß Franz Jung. Standort: Deutsches Literaturarchiv Marbach.

Fortsetzung zum autobiographischen Roman. Undatiertes Manuskript. Ein Brief an Karl Otten von 1963 gibt einen möglichen Aufschluß: „Ich bin jetzt entschlossen, auch etwas für meine Dagny Novelle zu tun (etwa 150 000 Worte). Die Arbeit, die das Schicksal meiner Tochter behandelt, hat merkwürdige Schicksale durchgemacht. In Italien 1946 geschrieben, auf Bestellung der Büchergilde Gutenberg, Zürich, kam sie in einen Wechsel des Lektorats, die neuen Herren wollten dann nicht mehr, machten solche Auflagen über Änderungen etc, daß ich die Sache zurückgezogen habe. (...) Vielleicht werden Sie sich aus dem Weg nach unten, wo ich die Dagny Katastrophe nur streife, erinnern, wie sehr ich davor zurückgeschreckt bin, mehr darüber zu sagen. Ich glaube allerdings heute, daß ich mich nicht davon drücken sollte. (...) Ich habe übrigens damals eine Probe in der Neuen Zeitung veröffentlicht, die ich beilege. Die Reaktion war so furchtbar enttäuschend – Manfred George (Hg. des ‚Aufbau' New York) schrieb mir damals, hören Sie damit auf, die Leute haben genug Grausiges erfahren, sie wollen jetzt ‚erheitert' werden – daß ich im Grunde beinahe nur zu froh die Sache schnell wieder aufgegeben habe. Das will ich jetzt nachholen." (*Briefe*, Werke Bd. 9/1, S. 1101 und *Dagny*, in Werke Bd. 1/2, S. 108, sowie *Das Jahr ohne Gnade*, Werke Bd. 12) Typoskript, Nachlaß Franz Jung. Standort: Deutsches Literaturarchiv Marbach.

Das Unternehmertum in der Kaliindustrie II. In: Allgemeine Bergarbeiter-Union. Organ der revolutionären Bergarbeiter Deutschlands, Nr. 8, Essen 1919. Achtseitige Zeitung, dessen Hauptartikel den Generalstreik in den Kaligruben thematisiert. Teil I bisher noch nicht aufgefunden.

Für diese und die nachfolgende ökonomische Analyse kommen Jung zweifellos seine guten Kenntnisse der Kaliindustrie zugute, die er als Börsen- und Wirtschaftsredakteur gesammelt hat. Nach seiner Entlassung aus dem Militärdienst arbeitete Jung im „Börsenverlag Ahrends & Mossner, der eine tägliche Korrespondenz Gelb für die Börse herausgab, sowie mehrere Fachzeitungen (...) auch die täglich erscheinende Kuxen-Zeitung, ein (...) sehr angesehenes Fachblatt für die Kaliindustrie." (*Der Weg nach unten*, S. 55) In diesem Jahr gründet Jung zusammen mit einem Kollegen den Industrie-Kurier, ein „Fachblatt für die oberschlesische Kohlenindustrie unter der etwas anzüglichen Firma ‚Jung & Ehrlich'." (*Der Weg nach unten*, S. 96) Die Büroräume dienen gleichzeitig der revolutionären Aktion: „Wir hatten Deserteure mit falschen Papieren eingestellt, eine der sporadisch auftretenden Spartakus-Gruppen, unter meinem Freund Georg Fuchs und dem später in München erschossenen Leviné, stempelte in unseren Räumen die Markscheine mit Spartakus-Parolen." (*Der Weg nach unten*, S. 98) Mit Georg Fuchs gründet er Anfang 1918 das Wochenblatt Socialistische Wirtschafts-Korrespondenz. Jung arbeitet im Seedienst-Syndikat als Redakteur der Schiffahrt Zeitung.

Zeitungsexemplar, Sammlung Cläre Jung / Franz Jung Archiv Berlin. Standort: Stiftung Archiv der Akademie der Künste (Berlin).

Kalisozialisierung und Kalisabotage. In: Die Rote Fahne, Nr. 189, 28.4.1921. Die Kombination von Erfahrungen als revolutionärer Aktivist innerhalb der Arbeiterbewegung der Jahre 1918–1921 mit den weitreichenden Kenntnissen der Strukturen und Funktionsweise der kapitalistischen Wirtschaft hat Jung in seinen „roten Romanen" festgehalten. Insbesondere zum mitteldeutschen Bergbau- und Industrierevier siehe: *Die Eroberung der Maschinen*, Werke Bd. 4 und *Die rote Woche*, Werke Bd. 2, eine zusammenfassende Sicht der revolutionären Bewegung findet sich in *Der Weg nach unten*, insbesondere: *Der Osteraufstand im Mansfeldischen*, S. 178ff.

Die Wirtschaftshilfe der „Arbeiterhilfe". In: Die Rote Fahne, Nr. 27, 17.1.1922. Neben anderen Funktionen im wirtschaftlichen Neuaufbau der jungen Sowjetunion hatte Jung auch zeitweilig eine führende Stellung in der Internationalen Arbeiterhilfe. Ende November 1922 verläßt Jung illegal die Sowjetunion und lebt unter dem Namen Larsz in Berlin, da der Haftbefehl wegen „Beihilfe zur Meuterei und Freiheitsberaubung" weiterhin in Kraft ist (das Strafverfahren wird im Rahmen der sog. Hindenburg-Amnestie 1928 eingestellt).

1929 heißt es in einer „autobiographischen Notiz", die Jung für den Verlag Éditions Sociales Internationales abfaßt: „Nachher tätig in der revolutionären Bewegung, Begründer der Kommunistischen Arbeiter-Partei, mehrfach verhaftet, zuletzt in Holland, ausgewiesen nach Rußland, dort längere Zeit tätig in der Arbeiterhilfe, in Fabriken im Ural und Leningrad, nach der Amnestie wieder in Deutschland. Mit Trotzki außerhalb der offiziellen Partei." (*Briefe*, Werke Bd. 9/1, S. 137. Siehe auch: *Nach Rußland!*, Werke Bd. 5)

England 1924. Im Mai 1924 gründet Jung mit Theodor Beye die Kontinental-Korrespondenz. Die Zielsetzung dieser Wirtschaftskorrespondenz ist es, eine Verflechtung mit dem englischen Kapitalmarkt und Industrie zu propagieren, da „das Schwergewicht des Wiederaufbaus Deutschlands bei England liegt". Zusammenfassend Fritz Mierau: „Als Leistungen werden angekündigt: Englischer Dienst. Deutscher Wirtschaftsdienst. Informationsdienst und Auskunftei. Korrespondenzdienst nach England (Belieferung von ‚Daily Chronicle' und ‚Daily News' über Associated News Services). Feuilleton-Korrespondenz (mit Abteilung Kurzgeschichten). Deutsch-englische Korrespondenz. Telefon- und Telegrafendienst. ‚Im Rahmen der Gesamtarbeit lassen sich unter ähnlichen Bedingungen auch ein Balkan- und ein Ostdienst einrichten.'" (Fritz Mierau, *Leben und Schriften des Franz Jung. Eine Chronik*, in *Der Torpedokäfer. Hommage à Franz Jung*, Hamburg 1988)

Cläre Jung zur Kontinental-Korrespondenz in ihren Erinnerungen: „Wir versuchten trotz der Illegalität, in der wir leben mußten, uns eine unabhängige Existenz aufzubauen. Jung bemühte sich, wieder eine Wirtschaftskorrespondenz aufzuziehen. Nachdem ein erster Versuch mit der Gründung von ‚Rosams Korrespondenzbüro', das mit einigen alten Freunden geschaffen werden sollte, fehlgeschlagen war, wurde eine neue Korrespondenz unter dem Namen ‚Kontinent-Korrespondenz' aufgezogen.

Mit unserem Freund Dr. Josef Grabisch zusammen fuhr Jung damals nach London und stellte die Verbindung zu einer Reihe von englischen Presseorganen her. Von dieser Londoner Reise brachte Jung eine kleine Monographie über England [gemeint ist: *Die Verwirrung der Geister durch den Krieg*] mit, die in der Reihe ‚Wege zum Wissen' bei Ullstein unter dem Namen von Dr. Grabisch erscheinen sollte. Die Herausgabe der kleinen Schrift (die ich heute noch im Manuskript besitze) kam dann leider nicht zustande.

Im Oktober 1924 war die ‚Kontinent-Korrespondenz' soweit fundiert, daß wir im Zeitungsviertel Berlins ein eigenes Büro einrichten konnten. Jungs engster Mitarbeiter war unser Freund Dr. Alexander Schwab. Ich selbst war Geschäftsführerin in dieser Korrespondenz (...) Von der politischen Arbeit hatten wir uns ganz zurückgezogen. Franz bereitete seine Versuche zu einer neuen

Dramatik vor. So begann wieder ein neuer Lebensabschnitt unter anderen Perspektiven." (Cläre Jung, *Paradiesvögel*, Hamburg 1987)

Aus einem Rundbrief der Kontinent Korrespondenz: „Bei der Bedeutung, welche die politischen und wirtschaftlichen Strömungen in England während der nächsten Monate für die Entwicklung der Lage in Deutschland und für das gesamte kontinentale Europa gewinnen, haben sich die unterzeichneten Nachrichtendienste zusammengeschlossen, um einen gemeinsamen Englischen Dienst einzurichten, den wir Ihrer besonderen Beachtung empfehlen. (...) Dazu ist es notwendig, mehr wie bisher in England Land und Leute kennen zu lernen, die englische Wirtschaft, den Transithandel, Export und Industrie, die englisch-amerikanische Großfinanz und die Großkonzerne in England selbst zu studieren, in Interviews führender Wirtschaftsvertreter und Personen des öffentlichen politischen und kulturellen Lebens englische Ansichten und Verhältnisse zu schildern und Artikel führender englischer Schriftsteller selbst den deutschen Lesern zu vermitteln." (*Briefe*, Werke Bd. 9/1, S. 76f)

Jung kann sich in London nicht halten, er kehrt nach Berlin zurück, 5. Juli 1924: „Findet schnellstens Möglichkeit, Geld aufzutreiben u. hierher gelangen zu lassen. Jeder Tag kostet jetzt doppelt." In einem Telegramm vom 8. Juli 1924: „send money immediately by telegramm – larsz" (*Briefe*, Werke Bd. 9/1, S. 110)

Gewitterwolken am englischen Kapitalmarkt. In: Berliner Börsen-Courier Nr. 288, 21.6.1924, gezeichnet mit „Von unserem Londoner Spezialkorrespondenten".

Londoner Kinos. In: Berliner Börsen-Courier, Nr. 289, 22.6.1924, gezeichnet mit Frank Ryberg. In einem Brief an das Berliner Büro: „Sende selbst morgen Londoner Kinobericht. (Kann auch im Rahmen der ‚Bilder' verwertet werden) (...) Die Bilder sind Vorstufen bald zu erwartender Short stories." (*Briefe*, Werke Bd. 9/1, S. 85)

Aus dem Zentrum des Londoner Filmgeschäftes. In: Berliner Börsen-Courier, Nr. 381, 17.7.1924, gezeichnet mit Frank Ryberg.

England und die Kreditfrage. In: Die Zeit, Nr. 153, 2.7.1924, gezeichnet mit „Von unserem Londoner Mitarbeiter K.K." (= Kontinent Korrespondenz).

Spaziergänge in Wembley. In zwei Folgen:
    I. Die Propaganda der Welt. In: Berliner Tageblatt, Nr. 313, 3.7.1924, gezeichnet mit Frank Ryberg.
    II. Australien, the land of gold. In: Berliner Tageblatt, Nr. 325, 10.7.1924,

gezeichnet mit Frank Ryberg (London). In einem Brief Jungs an das Berliner Büro: „1. beginne ich heut mit einer *besonderen* Serie, *Englische Industrie in Wembley*. Sende Ihnen die ersten beiden Artikel. Für unsere Besteller geht das auch als besondere Korrespondenz, außer den Wirtsch. Briefen. Vergessen Sie nicht hinzuzufügen, daß die Industrie mit Rücksicht auf deutsche Industrie behandelt worden ist. (Konkurrenzfragen etc behandelt)

Ich stelle mir vor etwa:

I	Allgemeines
II	Automobilindustrie
III	Pianoforte, Musikinstrumente
IV	Elektrische Industrie
V	Stahlwaren
VI	Papier u. Büroartikel
VII	Bijouterie, Uhren u. Massenartikel
VIII	Textilindustrie
IX	Lederindustrie
X	Maschinenindustrie (Schiffbau)
XI	Chemische Industrie
XII	Verkehrsindustrie (Eisenbahnen, etc)

eventuell Chemische Industrie oder noch das eine od. andere. Ich sende Ihnen neben diesen beiden im Laufe der Woche noch zwei. Mit diesen vieren müssen Sie auskommen, bis ich dort bin. (Geht als *Larsz*) 2. *Bilder von Wembley* werde ich auch versuchen (im Rahmen der Londoner Bilder). Sie erhalten heute abend *zwei*. (Als *Ryberg*)" (*Briefe*, Werke Bd. 9/1, S. 106. Siehe auch: *Rodeo in Wembley*, Werke Bd. 1/2, S. 243).

Deutsch-Ost-Afrika auf der Wembley-Ausstellung. In: Berliner Börsen-Courier, Nr. 314, 7.7.1924, ungezeichnet.

Die englische Industrie auf der britischen Reichsausstellung. In drei Folgen:

I. Allgemeines über den Zweck und die Organisation. In: Berliner Börsen-Courier Nr. 317, 9.7.1924, gezeichnet mit Larsz.

II. Die Motorfahrzeugindustrie. In: Berliner Börsen-Courier, Nr. 329, 16.7.1924, gezeichnet mit Larsz.

III. Die Verkehrsgesellschaften. In: Berliner Börsen-Courier, Nr. 358, 1.8.1924, ungezeichnet.

Schrittmacher der Londoner Konferenz. In: Berliner Börsen-Courier, Nr. 335, 19.7.1924, gezeichnet mit „Von unserem Londoner Ko-Korrespondenten".

Um die Beteiligung deutscher Transportversicherungen an den Reparationslieferungen. In: Berliner Börsen-Courier, Nr. 343, 24.7.1924, gezeichnet mit „Von unserem Londoner Ko-Korrespondenten".

Londoner Bilder. In fünf Folgen:
   I. Montmartre in Holborn. In: Berliner Börsen-Courier, Nr. 141, 26.7.1924, gezeichnet mit Frank Ryberg.
   II. Highgate. In: Berliner Börsen-Courier, Nr. 142, 27.7.1924, gezeichnet mit Frank Ryberg.
   III. Die Pubs. In: Berliner Börsen-Courier, Nr. 143, 28.7.1924, gezeichnet mit Frank Ryberg.
   IV. Nachwirkungen des Krieges. In: Berliner Börsen-Courier, Nr. 146, 1.8.1924, gezeichnet mit Frank Ryberg.
   V. Marble Arch. In: Berliner Börsen-Courier, Nr. 150, 7.8.1924, gezeichnet mit Frank Ryberg.

Der große Empfang im Pilgrim-Club. In: Berliner Börsen-Courier, Nr. 354, 30.7.1924, gezeichnet mit „Eigener Bericht".

Englische Hopfenpflücker. In: Berliner Börsen-Courier, Nr. 502, 24.10.1924, gezeichnet mit Frank Ryberg.

Budapester Berichte. Allgemeine Lebenssituation: 1936 wird Jung zusammen mit Alexander Schwab in Berlin verhaftet, die gesamte Gruppe der „Roten Kämpfer" wird von der Gestapo aufgerollt. Jung kommt auf Intervention der Abwehr (= Canaris) frei. Unterstützt durch den Presseattaché der Tschechoslowakischen Botschaft gelangt er nach Prag. Mit Bernhard Reichenbach, Georg Fuchs und Helmut Wickel wird der Central European Service gegründet, Erscheinungsort ist London. Ziel sei es gewesen, „die politische und wirtschaftliche Unterwanderung Südosteuropas durch von Nazis geleitete Apparate und deutsche Konzerne zu enthüllen" (A. Imhoff, *Franz Jung*, S. 35, Bonn 1974). Jung liefert Material für die von der SOPADE herausgegebenen Deutschland-Berichte (die sogenannten „Grünen Berichte"). 1938 geht er nach Paris, dann nach Genf. Wird 1939 aus der Schweiz ausgewiesen und lebt ab 1940 als Makler schweizer Versicherungsgesellschaften in Budapest, mit einem ungarischen Fremdenpaß.

Über seine berufliche Situation in einem Brief an Arkadij Maslow 1940: „Ich hänge ja selbst bei diesen Gesellschaften nur sehr am Rande, wenngleich ich jetzt bei der obigen Makler-Firma [gemeint ist: Carl Tiso & Co] wenigstens in einem festeren Verhältnis stehe." (*Briefe*, Werke Bd. 9/1, S. 189)

1940 erhält Jung von der SOEG (Südosteuropa-Gesellschaft e.V.), die 1940 in Wien gegründet wurde, einen formellen Auftrag. In einem Brief (9.10.1940) des Geschäftsführers der SOEG, August Heinrichsbauer, heißt es: „Wir bestätigen unsere Rücksprache am 5. Oktober, in welcher wir vereinbarten, daß Sie von Budapest aus für die SOEG einen Studienauftrag übernehmen, der sich auf das gesamte Gebiet der Markterforschung erstreckt." Bis 1943 entstehen über 30 wirtschaftspolitische Berichte, von denen wir hier eine Auswahl veröffentlichen.

Gegen die Verdächtigungen, die Jung später aus seiner Tätigkeit in Budapest erwuchsen, richtet sich ein Brief von Helmut Wickel an Bernhard Reichenbach aus dem Jahre 1969: „Er war nicht engagiert, nicht mehr wenigstens. Daß er im Kriegsministerium und Propagandaministerium bekannt war, ist auch nicht verwunderlich. Aus seinem Buch geht aus den Auslassungen über Gärtner eindeutig hervor – wenn auch nicht expressis verbis –, daß über diesen Beziehungen zum militärischen Nachrichtendienst bzw. zur Abwehr bestanden und daß das Büro dem Gärtner seine Existenz verdankte. Daraus folgt aber weder, daß J. gespitzelt hat noch daß er Spion war. Er hat, wie das seine Art und seine Stärke war, Hintergrundanalysen gegeben, bei denen sich die Ergebnisse seiner scharfen Beobachtungsgabe mit seiner überaus fruchtbaren und realistischen Phantasie mischten." An Arkadij Maslow 1940: „Aus unserer bisherigen Zusammenarbeit weißt Du ja zur Genüge, daß wir irgendwelche direkten ‚Informationen', nämlich was da oder dort geschieht, mit der ganzen Romantik, wie sich sonst der kleine Mann die Politik und den Krieg vorstellt, ja grundsätzlich nicht benötigen." (*Briefe*, Werke Bd. 9/1, S. 192f)

In seiner Autobiographie resümiert Jung seine damalige Lage: „Gewiß – ich verkehrte am Stammtisch der Schweizer Honoratioren im Hotel Gellert, als Agent für Schweizer Transportversicherer; ich half dem Schweizer Generalkonsulat mit Wirtschaftsanalysen aus. Ich war mir aber keinen Augenblick im unklaren darüber, daß das Ganze nicht mehr als ein Affentheater war." (*Der Weg nach unten*, S. 402) Nach dem Einmarsch deutscher Truppen 1944 wird Jung von den Pfeilkreuzlern, den ungarischen Faschisten, die nun an die Macht gelangt sind, verhaftet. 1945 befindet er sich im KZ Bozen. Ende des Jahres trifft er in Rom wieder mit Anna von Meißner zusammen.

Jung selbst hat diese Zeit der fragwürdigen Allianzen, in der das Doppelspiel eine Überlebensfrage war, ohne Verklärung gesehen. In einem Brief an Cläre Jung aus dem Jahre 1947: „Die letzten Jahre dieser Zwielichtatmosphäre und dieses Seiltanzen um die Tarnung haben mich stärker mitgenommen als ich es wahrhaben wollte. Ich bin praktisch am Ende, und wenn ich physisch weiterzuleben gezwungen bin, so bedarf es noch einer großen Kraftanstrengung, diesem Leben auch einen neuen Inhalt zu geben." (*Briefe*, Werke Bd. 9/1, S. 285) Siehe auch: *Der Weg nach unten*, insbesondere S. 377ff und 402 *Kriegsjahre in Ungarn*, Hamburg 1988; sowie *Das Jahr ohne Gnade* und *Sylvia*, Werke Bd. 12).

Zu den **Budapester Berichten**: Streichungen wurden weitgehend ignoriert, da sie vom Empfänger zu stammen scheinen, vermutlich für eine überarbeitete Version, beachtet wurden hingegen offensichtliche Verbesserungen bzw. Korrekturen des Verfassers.

o.T., 29.10.40. 3 Blätter, ungezeichnet, auf der ersten Seite handschriftlicher Vermerk: „Von Franz Jung - Budapest". Mit Aktennummer 141-143 gestempelt.

o.T., 25.11.40. 2 Blätter, ungezeichnet, auf der ersten Seite gestempelt mit „Vertraulich" und „Südosteuropa-Gesellschaft e.V." sowie handschriftliche Signatur (unleserlich). Mit Aktennummer 137-138 gestempelt.

o.T., Budapest, am 24. Februar 1941. 4 Blätter, ungezeichnet. Mit Aktennummer 89-92 gestempelt.

o.T., 12.III.1941. 3 Blätter, ungezeichnet, erste Seite handschriftlich „Jugoslawien". Mit Aktennummer 64-66 gestempelt.

Die Lage in Ungarn. 30. August 1941. 5 Blätter, ungezeichnet. Mit Aktennummer 20-24 gestempelt.

Zur Anfrage vom 27.2., die am 21.3. hier eingetroffen ist. Budapest, 24. März 1942. 2 Blätter, ungezeichnet, Überschrift auf dem ersten Blatt gestrichen, handschriftlich „ausgesandt an kleinsten Kreis" und „Vertrauliche Berichte" sowie „Jung", letztes Blatt ebenfalls „ausgesandt an kleinsten Kreis!" nebst Namenskürzel. Mit Aktennummer 55-56 gestempelt.

Zur Lage im Südosten. Budapest, Ende März 1943. 7 Blätter, ungezeichnet, erstes Blatt mit Stempelaufdrucken „Südosteuropa-Gesellschaft" und „Vertraulich", „Persönlich"; sowie handschriftlich: „Jung" und „1. Dr. John m. d. Bitte um Rückgabe" und „2. Ablage" nebst Namenskürzel wie vorhergehend. Mit Aktennummer16-22 gestempelt.

o.T., 7.10.43. 6 Blätter, ungezeichnet, erstes Blatt maschinenschriftlich: „In Abschrift ergangen an: Präsident Delbrügge, Gauwirtschaftsberater Rafelsberger, Dr. Chlan, Dr. Gerlach, SS-Obergruppenführer Querner, Oberstl. von Boxberg, Dr. Ronneberger", handschriftlich „Franz Jung" und vor dem Datum „Bdpst." sowie Namenskürzel; Stempelaufdruck „Vertraulich". Mit Aktennummer 2-8 gestempelt.

Ein Bericht findet sich bereits in *Briefe*, Werke Bd. 9/1, S. 210. Typoskripte, Aktenbestand der Südosteuropa-Gesellschaft e.V. Standort: Bundesarchiv Koblenz.

Beobachtungsbriefe zur Nachkriegssituation an Ruth Fischer. Jung nahm unmittelbar nach Kriegsende mit Ruth Fischer wieder Kontakt auf. Neben den gesonderten Berichten, die er den Briefen beilegte oder separat an R. F. schickte, finden sich in den Briefen ebenfalls ausführliche Schilderungen der politischen, sozialen und wirtschaftlichen Situation in Italien. Eine besondere Beachtung findet die Kommunistische Partei.

In einem dieser Briefe heißt es: „Ich glaube nicht, daß etwas Irrationales und Dynamisches geschehen kann, ohne daß es im Sinne des historischen Materialismus in der Analyse auf sociale und ökonomische Vorgänge zurückgeführt werden kann, und wo dies fehlt, wie meiner Meinung nach in Italien, ist es auch mit der Dynamik nicht weit her." (*Briefe*, Werke Bd. 9/1, S. 336)

Mai 1948 kann Jung, dank der Unterstützung durch Ruth Fischer, in die USA emigrieren. In einem Brief an Cläre Jung unmittelbar vor seiner Abreise: „Ich fahre ohne materielles und geistiges Gepäck, ohne Illusionen und ohne etwelche Zukunftshoffnungen." (*Briefe*, Werke Bd. 9/1, S. 383) Er lebt in New York und beginnt wieder als Wirtschaftsanalytiker zu arbeiten. Von dort schreibt er Oskar Maurus Fontana: „Sonst bin ich im allgemeinen sehr deprimiert und beginne schon jetzt einzusehen, daß es besser gewesen wäre in eine der Versuchssiedlungen am Nordpol zu gehen." (*Briefe*, Werke Bd. 9/1, S. 385)

Zur Bodenreform, 14.1.1947. 4 Blätter, Absenderangabe Masi di Cavalese Trento, Val die Fiemme, handschriftlich „Franz".

o.T., 10.6.1947. 4 Blätter, Absenderangabe Masi di Cavalese (Trento), handschriftlich „Franz".

o.T., 2.10.1947. 8 Blätter, Absenderangabe Masi di Cavalese (Trento), handschriftlich „Franz", ebenfalls handschriftlicher Zusatz „Peter Jung, Bad Nauheim, Karlstr. 23".

o.T., 12.10.1947. 2 Blätter, Absenderangabe Masi di Cavalese (Trento), handschriftlich „Franz", ebenfalls handschriftlich „Vielleicht sollte ich noch vorher eingehend die Rolle der Socialisten behandeln?"

o.T., 2.2.1948. 4 Blätter, Absenderangabe San Remo, handschriftlich „Franz".

o.T., 19.2.1948. 3 Blätter, Absenderangabe San Remo, handschriftlich „Franz".

o.T., 21.4.1948. 2 Blätter, maschinenschriftlich „Franz".

Zur Lage in Ungarn. 3 Blätter, undatiert, handschriftlich „herzl. Gruß" mit Namenskürzel. Vermutlich entstand der Bericht Ende 1947 – Anfang 1948. Einige allgemeine Hinweise zur Orientierung: Am 15. Oktober 1944 verkündet

Horthy einen Waffenstillstand mit der UdSSR, daraufhin putscht die Pfeilkreuzler-Partei und übernimmt unter ihrem Führer Franz Szálasi die Macht. Am 22.12.44 bildet sich unter Gen.-Oberst Béla Miklós-Dálnoki in Debrecen eine provisorische Nationalregierung. Die Kommunistische Partei formierte sich 1944 neu, die Mitgliederzahl dürfte nicht mehr als 2000 betragen haben, die Partei bestand aus vier Fraktionen, den „Moskowitern" (den Emigranten aus der Sowjetunion), den „Kriegsgefangenen", den „Illegalen" (in Ungarn während des Krieges verbliebenen Kadern) und den „Westlern" (West-Emigranten). Der Führer der „Moskowiter", Mátiás Rákosi, den Jung in Leningrad als Leiter einer Kominternabteilung kennenlernte (s. *Der Weg nach unten*, S. 196ff), war die beherrschende Figur der Partei. Er prägte auch den Begriff „Salami-Taktik" für die Methode der Machteroberung durch die KP. Am 22. Dezember 1944 wurde in Debrecen die Provisorische Nationalregierung gebildet, auf der Grundlage einer Volksfrontkoalition (KP, Kleinlandwirtepartei, Sozialdemokraten und Bauernpartei). Seit 1947 schaltete die KP ihre Koalitionspartner aus. So auch Februar 1947 den Ministerpräsidenten Ferenc Nagy, der sich gerade in der Schweiz aufhielt. Im November des gleichen Jahres wurden Károly Peyer und weitere rechte Sozialdemokraten der Spionage angeklagt und aus der Partei ausgeschlossen. Im Juni 1948 wurde die KP mit der Sozialdemokratischen Partei zur Partei der Ungarischen Werktätigen vereinigt. 1949 wurde die Führungsfigur der „illegalen" Kommunisten, Lásló Rajk, verhaftet und mit anderen nach einem Schauprozeß hingerichtet.

Fortsetzung der Italien-Analyse. 1 Blatt, ohne Datum, handschriftlich „herzl. Gruß" mit Namenskürzel. Vermutlich 1947 oder 1948 geschrieben.

Typoskripte, Ruth Fischer Papers. Standort: The Houghton Library, Harvard University.

Die permanente Währungskrise. Manuskript, datiert mit 15.1.1952. In einem Brief an Cläre Jung vom August 1952: „... so habe ich wieder den Ausweg eines Wirtschaftsjournalismus versucht, wie es früher immer gut gegangen ist. Heute geht das nicht mehr – ich schreibe einen lächerlichen New Yorker Wirtschaftsbrief für den Industriekurier ..." (*Briefe*, Werke Bd. 9/1, S. 428)

Jung arbeitet für Günter Reimanns News Letter (International Reports on Finance and Currencies), ein wöchentliches New Yorker Börsenblatt, und nimmt seine Tätigkeit als freier Wirtschaftskorrespondent für diverse deutschsprachige Tageszeitungen und Wirtschaftsblätter (u.a. Frankfurter Allgemeine Zeitung, Berner Bund, Die Welt, Bremer Nachrichten, Neue Zürcher Zeitung, Industrie-Kurier) wieder auf, 1954 geht er nach San Francisco.

1958 schreibt Jung an Leonhard Frank: „Geld habe ich keins, aber das tut mir überhaupt nicht weh. Das Notwendigste, was ich zum Leben brauche, verdiene ich durch Wirtschafts Analysen, Handelsberatung und Devisenhandel,

sehr eingeschränkt und auch schon nur mehr halb in Phantasie – aber war es mit mir nicht schon immer so?" (*Briefe*, Werke Bd. 9/1, S. 621) Typoskript, Ruth Fischer Papers. Standort: The Houghton Library, Harvard University.

Bestandesaufnahme in der amerikanischen Wirtschaft. In: Der Bund, Bern, 21.1.1952, gezeichnet F. Jung, New York. Für diese Zeitung sind 1953 mehr als 40 Beiträge nachgewiesen, 1961 erlischt die Mitarbeit. Siehe auch: *Widersprechende Prognosen. Unsicherheit über die wirtschaftliche Lage in den USA für 1954*, Werke Bd. 1/2, S. 124.

Jeder soll jeden voll ersetzen können. In: Industrie-Kurier, Düsseldorf, 7.3.1953, gezeichnet mit „Franz Jung berichtet aus den USA".

Die industrielle Verwertung der Atomenergie. In: Der Bund, Bern, 6.11.1953, gezeichnet mit F.J., New York.

Der Dollar als Kampfmittel im Ostasienhandel. In: Der Bund, Bern, 24.12.1953, gezeichnet mit F. J., New York.

Europäische Interessen der US-Autoindustrie. In: Wirtschafts-Correspondent, Hamburg, Nr. 14, 3.4.1958, gezeichnet mit F.J.

Entwicklungshilfe unter anderen Vorzeichen. In: Wirtschafts-Correspondent, Hamburg, Nr. 40, 6.10.1960, gezeichnet mit F.J.

NACHWORT DES HERAUSGEBERS

I. ALLGEMEINER RAHMEN

Der vorliegende Band versammelt durchgehend alle Arbeitsthemen Jungs, zeitlich von 1915 bis 1962. Die Gliederung des Bandes soll der thematischen Weitläufigkeit gerecht werden – etwa im Sinne des von ihm gebrauchten Begriffs der „Situations-Spitzen". Selbstverständlich bleiben Lücken, insbesondere im Bereich der wirtschaftlichen Analysen, hier war nur eine Auswahl möglich. Gleiches gilt für die Marginalien, wie Aufzeichnungen und Arbeitspläne.

Für literaturwissenschaftlich Interessierte mag die Unvollständigkeit bedauerlich sein, der Leser hingegen, so hofft der Herausgeber jedenfalls, wird über mögliche Lücken sich keine grämenden Gedanken machen. Er kann sich ein in der deutschsprachigen Literatur außergewöhnliches literarisches und politisches Schaffen erschließen, für das dieser letzte Band der Werkausgabe eine Bestandsaufnahme ist. Präsent ist der Protagonist der literarischen Revolte, der linksrevolutionäre Aktivist, der soziale und wirtschaftliche Analytiker sowie der Historiker.

Der Herausgeber ist der Ansicht, daß Jung reichhaltig interpretiert wurde, und hat daher darauf verzichtet, dem noch etwas hinzuzufügen, zumal die in Band 9/1 veröffentlichten Briefe für das Verständnis der Absichten und Mißerfolge Franz Jungs höchst aufschlußreich sind. Es ist nebenbei nicht vermessen, der Auffassung zu sein, daß es nicht so sehr an Interpreten fehlt, sondern an Lesern. Für jeden Schriftsteller ist das ausbleibende Leserinteresse eine der bittersten Tatsachen. Im Falle Jung ist dies geradezu skandalös: ein ungemein produktiver Autor, mit einer phantastisch-realistischen Beobachtungsgabe und Spürsinn für stilistische Neuerungen, wird zum Geheimtip.

Die Ursache hierfür liegt nur am Rande im Wesen des Verlagsgewerbes und literarischen Betriebes allgemein, dieser folgt nur, reflexartig, den Modeströmungen, die selbst der kapitalistischen Rentabilität nachgeordnet sind; der eigentliche Grund für Jungs Verschwinden ist in den geschichtlichen Katastrophen dieses Jahrhunderts auszumachen. Jung ist als Wirtschaftsbeobachter, politischer Akteur und literarischer Experimentator diesen gesellschaftlichen Umbrüchen ausgesetzt gewesen, und sein Verschwinden als zur Kenntnis genommener Schriftsteller ist eine der Folgen.

Am Rande eine kleine Abschweifung, die aber zur Sache gehört: Jung wird häufig als pessimistischer, resignierter Autor interpretiert, der sich in einen galligen Zynismus zurückgezogen habe. Dies ist nicht unbedingt von der Hand zu weisen. Jung hat in seiner Autobiographie für diese oberflächliche Sichtweise reichlich Stoff zusammengebracht. Der Leser aber, der Jung von der Sichtweise eines Walter Benjamins her, durch dessen Geschichtsthesen hindurch, betrachtet, wird das Bild eines scharfsichtigen Realisten ausmachen können (andere Verwandtschaften sind denkbar, etwa zu Bloch, Marcuse oder Arno Schmidt). Peter Weiss hat 1971 die Situation beschrieben, in der auch Jung nach dem zweiten Weltkrieg endgültig „stillgestellt" war (für sich hat Jung diese Situation sogar durchgehend in seiner Autobiographie thematisiert) und als Schriftsteller (und fast auch als Zeitgenosse) vom freigesetzten Opportunismus ausgehungert wurde (trotz unerschöpflicher Produktivität nach 1945 gelingt es ihm erst 1961, ein neues Buch herauszubringen. In Jungs Rechnung, wie vielfach in den Briefen nachgelesen werden kann, ist es ein Zeitraum von 30 Jahren nach seinem letzten Roman, dem 1931 in Berlin erschienenen *Hausierer*). Peter Weiss: „Europa ist ein einziger Friedhof von betrogenen, verratenen und gemordeten Hoffnungen" und durch die „Aufteilung in die Großmachtblöcke Ost und West wölbt der Dunghaufen Europa seine Fäulnis immer höher, stinkender zum Himmel." Und, als wäre es irgendeine der ätzenden Sentenzen von Jung, ebenfalls Peter Weiss: „Man meint leicht, daß die Welt politisch sei ... aber das Ganze unterscheidet sich kaum von den Kriegsspielen der Kinder: nur ist es ein Spiel von Banditen, Massenmördern, Psychopathen."

Entgegen der literaturwissenschaftlichen Schublade mit dem Aufkleber „Alterstäuschung nach Sturm und Drang", gewinnt in Jung die Figur eines Analytikers Kontur, der die Mechanismen durchschaut, die den Einzelnen und die Gemeinschaft formen, einer, der die seelischen Zerstörungen wie ein Seismograph aufgezeichnet hat, die von einer Epoche der totalisierten Verfälschung und generalisierten Täuschung hervorgebracht wurde. Einer, der am Ende seines Lebens nichts von seiner Wahrnehmungslust verloren hatte, aber das Wagnis eingegangen ist, ohne moraline Selbsttäuschung auszukommen und ohne falsche Pose sagen kann: „Die Illusion ist eine Überzeugung auf Krücken". Jungs Wirkungslosigkeit als Schriftsteller ließe sich vereinfachend auf die Formel bringen: stets zu früh, zu experimentell und in seiner geistigen Ausformung zu radikal, um im gewöhnlichen Literaturbetrieb wohlgelitten zu sein (diese mißliche Lage ist natürlich kein Einzelschicksal).

Der Herausgeber hat ausgiebig Nutzen aus den Briefen gezogen, zunächst in den Anmerkungen, um den Lesern einige Informationen zu geben, und dann, hier nachfolgend, in dem mit „Motive" überschriebenen Abschnitt. Die Kommentierung und Erläuterung mit Hilfe des Briefbandes soll aber keinesfalls davon abhalten, diesen auch vollständig zu lesen. Der Herausgeber hofft auf den gegenteiligen Effekt, auf die Neugier. Denn zusammen mit der Autobiographie erschließt eine Lektüre der Briefe nachhaltig einen Menschen *und* seine Zeit.

II. PORTRÄT

Ein Bild aus der Imagination der anderen. Der Literaturkritiker Müller-Isenburg 1920: „Seine nervöse, abgehackte, ganz auf Innerlichkeit gerichtete, an der Einstellung auf den andern Menschen geborene Schreibweise wird die meisten abschrecken, sich in seine Romane zu vertiefen. Wer aber durch die rauhe und spröde Schale in den Kern seines künstlerischen und menschlichen Wollens eindringt, dem erschließt sich eine Welt lauterster und reinster Gesinnung, der Drang zur Beziehung von Mensch zu Mensch über alle Äußerlichkeit, über alles hergebrachte, über jede Hemmung und Konvention hinweg."

Zuruf an Oskar Maria Graf: „Ob Sie ein Buch schreiben oder nicht, ist vollkommen unwichtig! Sie müssen doch erstmal ein richtiger Kerl werden, Mensch." George Grosz erinnert sich: „Eine Rimbaudfigur, eine kühne, vor nichts zurückschreckende Abenteurernatur ... und als Gewaltmensch, der er war, beeinflußte er sofort die ganze Dadabewegung ... Wenn er betrunken war, schoß er mit seinem Revolver auf uns wie ein Cowboy aus einem Wildwestfilm ... Er war einer der intelligentesten Menschen, die ich je getroffen habe, aber auch einer der unglücklichsten."

Expressionist, Börsenjobber, Spartakist, Pirat, eine schnell rotierende Rimbaudfigur. Geübt im Untertauchen und Tarnen: der auf Larsz lautende Paß wird sogar verlängert, seine vom syndikalistischen Schiffahrts-Bund ausgestellten Seemannspapiere weisen ihn als Ernst Kerlscher aus. In Rußland, als Direktor der Fabrik Solzne und Ressora, nennt er sich Larisch, daneben finden sich noch Pseudonyme wie Josef Münz, Frank, Johannes Reinelt, Paul Renard, Frank Ryberg. Kurt Kersten 1922: „Dieser Jung hat Töne, die nur ihm eigen sind, kämpferische, verbissene, verbitterte Töne, dabei eine Wut, die sich gar nicht so sehr nach außen, als vielmehr nach innen gegen sich selbst richtet." Noch einmal Müller-Isenburg: „Ein Paar unruhige, scharfe, graue Augen, die so mild und menschenfreundlich aufleuchten konnten. Ein schmaler, gekniffener Mund und ein zartes Kinn mit einer Narbe, die (aus verschwundener Zeit!) von einer Mensur herrührt. Dieses Gesicht, auf dem innere und äußere Kämpfe so hart ausgeprägt waren, konnte kindlich und weich, ja geradezu schön sein, von reiner Güte, wie sie nur zarte und feine Seelen verschenken. Es konnte aber auch verschlossen und hart sein, wenn Jung Trägheit, seelische Versumpfung und Kleinlichkeit aufspürte. Da flammte er auf." Ich ist ein anderer. Kurt Kersten: „Jung hat etwas von einem Spieler, wohl auch von einem Jäger (...) er ist ein Kriminalist in der Seelenanalyse."

Arnold Imhof: „Seine Verachtung für Geld trug er offen zur Schau. Das wachstuchbezogene, weiß-rot-karierte Notizbüchlein, zwischen dessen Seiten er die Markscheine aufbewahrte, war in Jungs Freundeskreisen sehr bekannt. In alkoholisiertem Zustand pflegte er es zu zücken, und unter dem Ausruf ‚Wer braucht hier Geld?' flatterten die Noten nach allen Seiten heraus, über die Runde." Willi Münzenberg, als Kassen-Revisor der Arbeiterhilfe in der Sowjetunion unterwegs, bekommt auch einen Revolver zu sehen und den Zuruf zu hören: „Bin ich Revolutionär oder Buchhalter."

Heimstatt der Dämonen sind die Engel. Oskar Loerke 1916: „Franz Jung scheint eine Verzauberung der Zeit vorzunehmen." Und Paul Rilla 1919: „Die Sprache: abgerissene Sätze, halbe Sätze, fiebernde Sätze, sachlich, Participium,

Hauptwort, Ausruf!!, – die Sprache, eingekrallt in den Rhythmus des Geschehens, die vom Rhythmus des Geschehens bewegte Sprache ... ist Bewegerin der im Inneren kreisenden Kraft, nicht schönes Spiel, Ornament, Kunstgewerbe." Einige Jahre früher Robert Musil: „Während bei Jung das immer wiederkehrende Erlebnis so aussieht: einer geht mit in den Taschen geballten Fäusten durch die Gesellschaft der anderen." Nochmal Paul Rilla: „Es ist nicht leicht heranzukommen, drohend starren Stacheln. ‚Es ist beschämend, daß ein Autor dem Leser ausgeliefert sein soll. Ich brauche keine Leser' – ruft Jung einmal, doch halb im Scherz. Man lasse sich nicht beirren!" Vorbei an den Lehrformeln der bürokratischen Standardideologismen schreibt ein anonymer Autor („Was soll der Proletarier lesen") in der Roten Fahne: „Das sind alles keine ‚besseren' oder ‚guten' Romane; was Franz Jung schreibt – ob es nun Erzählungen, Dramen oder Schilderungen aus Rußland sind – ist immer etwas grundsätzlich anderes als alles, womit sich der Bürger unterhält. Es sind keine Agitationsbücher oder Anklageschriften, man könnte sie Versuche zum revolutionären Leben nennen."

Das Leben ändern, die Welt verändern! – der Jugendfreund Max Herrmann-Neiße („Eine Oase in der Wüste" wird Jung über ihn rückblickend in der Autobiographie schreiben) 1921: „Im deutschen Schrifttum überwiegt der Literat, der verantwortungslose Schreiber. Selbst formal sehr hoch hinauf gelangte Künstler haben dies unverpflichtende Literatentum. Franz Jung war mir immer Vorbild und über den offiziellen Bestand Blühendes durch die Gewissenhaftigkeit, mit der er seine Dichtung jederzeit durch sein Leben deckte. Und stets war er, nicht nur innerhalb meines Bekanntenkreises, sondern von der ganzen Gilde dichtender Zeitgenossen die Persönlichkeit, die keine Kompromisse machte. Dies ohne Nachgiebigkeit im Erlebnis Besiegelte ist die große Einheit seiner künstlerischen Entwicklung. Wer von uns nicht Literat ist, strebt danach, aber keinem gelang es so wie dem Menschendichter Franz Jung. Ganz konsequent ergibt sich in seinem Wirken ein Zug um den anderen ..."

III. MOTIVE

Einführung

Geschichte wird rückblickend geschrieben, aber voranschreitend erlebt. Auch wenn dies eine Banalität ist, sollte dieser Umstand bei der Beurteilung von Menschen und ihren Handlungen berücksichtigt werden. So erschließt sich das Imaginäre – Erlebnis und Phantasie –, tritt die individuelle Einzigartigkeit in den Vordergrund. „An dieser Stelle sollte der Leser daran erinnert werden, daß es das so viel gerühmte Doppelleben, ein beliebtes Thema für den Romanschreiber, in Wirklichkeit nicht gibt. Jeder einzelne, der Erfolgreiche wie der Zukurzkommende, der sich im Glück Spiegelnde wie der an seinen Hemmungen Verzweifelnde, lebt immer nur das gleiche eigene Leben, und dieses Erlebnis ordnet ihn ein – für die Gesellschaft, für seine nähere Umgebung und für sich selbst. Daran ist nichts zu ändern." (*Der Weg nach unten*, S. 300)

Lebenshaltung

Der zeitweilige Kuchenbäcker Jung, in einem Brief an Erwin Piscator 1946: „Mir ist es bisher in meinem Leben nicht gelungen, eine Synthese zwischen den verschiedenen Begabungen zu finden, mich zu behaupten. Ich habe immer sehr leicht Geld verdient als Wirtschaftskorrespondent oder als Wirtschaftsanalytiker, obwohl ich im Grunde kein fachmännisches Wissen habe, Ansätze auch nicht vertieft und weiterentwickelt habe.

Ich möchte sagen, ich habe damit nur gespielt oder besser gesagt nur meine Phantasie spielen lassen. Das hat meiner Entwicklung als Schriftsteller sehr geschadet. Ich hatte immer den bequemen Ausweg bei der geringsten Schwierigkeit oder einem Mißerfolg, der mich zu einer intensiveren Arbeit als Schriftsteller hätte anspornen sollen, auf meine Wirtschaftsbetätigung mich zurückzuziehen. Daß ich trotzdem immer wieder zur schriftstellerischen Arbeit zurückgekehrt bin, begründet lediglich meine Außenseiterstellung, in der ich mich, wenn auch ohne äußeren Erfolg, sozusagen wohlgefühlt habe. Mit zwangsläufiger Notwendigkeit mußte das einmal zu Ende gehen. So habe ich denn auch die letzten Jahre, eigentlich seit 1930, nur noch von den Trümmern meiner Existenz vegetiert." (*Briefe*, Werke Bd. 9/1, S. 222)

Außenseiter wider Willen, an Cläre 1953: „Ich fange halt wieder ein neues Leben an. Ich werde in San Francisco am Bahnhof oder der Autobus Station ankommen, mir die örtliche Zeitung kaufen und nach einem möblierten Zimmer suchen. Und anfangen zu arbeiten. Es wiederholt sich alles. Einen Ausgleich zu einer Frau, die mich hält und vor zu großen Schwankungen bewahrt, habe ich nicht gefunden und wo ich ihn hatte, habe ich ihn weggeworfen. Das ist ein fact, den ich nicht weiter zu analysieren brauche. Ich verstehe zwar, daß es noch einen anderen Glauben als Ausgleich geben kann, die konstruktive und den Einzelnen haltende Weltanschauung – ich will aber diese Zuflucht (und

Flucht) nicht. Sollte ich noch nach Deutschland kommen, dann nur als angetriebenes Strandgut." (*Briefe*, Werke Bd. 9/1, S. 456)

An Ruth Fischer 1947: „Für mein sociales Weltbild habe ich eine Anreicherungstheorie entwickelt, von der die von Rosa Luxemburg auf das Kapital bezogen nur ein beschränkter Teil ist, die in ihrer Auswirkung und Analyse ihrer Begrenzung wegen notwendigerweise zu Fehlschlüssen führen muß, wenn sie nicht das Gesamtgebiet des menschlichen Lebens und Erlebens umfaßt. Ich erreiche damit eine größere Relativität in der Beurteilung der Krisen und Schwankungen der materiellen und geisteswissenschaftlichen Zusammenhänge der Gesellschaft, einschließlich der Religionen, etwa unter dem Motto eines Naturgesetzes: Nichts geht verloren, während es bisher nur heißt: Nichts darf oder dürfte verloren gehen." (*Briefe*, Werke Bd. 9/1, S. 249)

Im Zentrum der Gesellschaft ist ein schwarzes Loch, deshalb ist die Peripherie die eigentliche Sphäre menschlicher Entfaltung. An Cläre Jung 1953: „Alles, was in der Welt abgelehnt, verurteilt, prozessiert und hingerichtet wird, ist das ‚Rechte' – im innersten Kern. Das wissen auch die andern. Sie schlagen einen tot, nur weil er recht hat." (*Briefe*, Werke Bd. 9/1, S. 443)

Emissär der Weltrevolution (I)

Der Bericht eines Polizeispitzels, der innerhalb der KAPD operierte, belegt die umfassenden Perspektiven, in die Jung verflochten war und die ihn als einen soliden Emissär der Weltrevolution ausweisen – in solidarisch-kritischer Opposition zur gerade entstehenden 3. Internationale:

„Die Partei fängt an, sich weitere Ziele zu setzen: sie macht den Versuch, im Ausland festen Fuß zu fassen. Kein geringerer als der durch die famose Fahrt des Fischdampfers ‚Senator Schröder' im April v.J. bekannte ‚Schriftsteller' Franz Jung, der wegen dieser Tat bereits mehrere Monate in Untersuchungshaft gesessen hat, wird sich dieser zweifellos wichtigen und interessanten Aufgabe unterziehen.

Jung ist in diesen Tagen nach Holland abgereist, um über Rotterdam oder Amsterdam nach England zu gelangen; dieses Land soll das Land seiner künftigen Tätigkeit sein. Die Vorbereitungen zur Reise hat er hier in Hamburg getroffen, ein uns bekannter Hamburger Kommunist, der der holländischen Sprache mächtig ist, hat ihn über die holländische Grenze gebracht.

Die KAPD rechnet wie folgt: Der Einfluß der Partei innerhalb der 3. Internationale ist ziemlich schwach; die Partei will sich nun einen größeren Einfluß in der ‚Roten Gewerkschafts-Internationale' verschaffen, sie hofft mit deren Hilfe die Stellung der russischen kommunistischen Partei und der VKPD zu erschüttern. Diejenigen kommunistischen Gruppen Englands, die sich noch nicht offen zur 3. Internationale bekannt haben, die Shop-Stewards und die Communist Party, sollen für die Rote Gewerkschafts-Internationale gewonnen werden und in dieser Seite an Seite mit der KAPD kämpfen. Franz Jung will diese Aufgabe lösen; die KAPD-Zentrale hat er zunächst offiziell von seinem Vorhaben noch nicht orientiert, wohl aber weiß Sach über seinen Plan Bescheid.

Am 15. Juni findet in Brighton eine Konferenz der linksstehenden Arbeiterparteien Englands statt; bis zu diesem Tage muß Jung unbedingt drüben sein und die Verbindung mit Deutschland aufgenommen haben. – Nach dieser Konferenz wird sich eine Anzahl Delegierter über Hamburg zum Kongreß der Roten Gewerkschafts-Internationale nach Rußland begeben. – Mitteilungen aus England gehen an den uns bekannten Hamburger Vertrauensmann zur Weiterbeförderung.

Das Unternehmen wird finanziert aus dem sogenannten Hölz-Fonds, dessen Verwalter wahrscheinlich Jung selbst ist. Interessant ist, daß die russische kommunistische Partei von dem Jung'schen Unternehmen zunächst auch nichts erfahren soll, man will sie vor eine vollendete Tatsache stellen. Jung hat sich ferner zur Aufgabe gestellt, die irische Bewegung im Sinne der KAPD auszunützen. Weiterhin will Jung von Glasgow aus die englischen Unionen im Sinne der KAPD aufbauen und versuchen, Verbindungen mit den Kolonien, mit Amerika und Australien herzustellen. – Er reist unter dem Namen Klinger." (*Meuterei auf der Senator Schröder*, in *Der Torpedokäfer. Hommage à Franz Jung*, Hamburg 1988)

Der Schriftsteller, das literarische Selbstverständnis (I)

Aus New York an Cläre Jung 1953: „Ich begieße meine literarische Begabung wie einen verstaubten Blumentopf am Fensterbrett, für mich, und lerne und verbessere und alles das. Mehr nicht. Tiefere Fragen über Zweck und Aufgabe kann ich schon nicht beantworten. Denn es ist alles auf mich selbst und meine Entwicklung konzentriert und an sich schon nur für wenige verständlich, für kaum ein Dutzend Menschen dann auch noch acceptabel." (*Briefe*, Werke Bd. 9/1, S. 444)

Zum Konzept seines Schreibens, an Cläre: „Ich lege eine kleine Probe [gemeint: Verkehrsunfall in der Neuen Zeitung] bei ... Wie du siehst (das Ganze ist vorerst mehr ein Experiment, vielleicht eine Spielerei), konzentriere ich alles auf Ausdruck (Folgerhythmik) der Schriftsprache, löse die Handlung, jede Handlungsmöglichkeit nebenbei, darin auf. Vielleicht bildet sich daraus eine bessere präcisere Ausdrücklichkeit für die Sprache an sich." (*Briefe*, Werke Bd. 9/1, S. 436)

Und, sich vergleichend, ebenfalls an Cläre Jung: „Das, was so [ein] Ableger wie Kasack verzapft, ist ja eine Schande – was hat da der Kafka angerichtet. Weisenborn ist mir zu arrogant – um das zu sein, muß man in Wirklichkeit mehr können. Plivier konnte (und kann vielleicht) mehr, aber zum Krieg und Frieden langt es trotzdem nicht – dann kommt eben eine Karikatur heraus, was scheints zum deutschen Schicksal gehört." (*Briefe*, Werke Bd. 9/1, S. 439) Er gibt den soliden Ratschlag: „Zu dem zuständig Wesentlichen gehört (trotz Brecht) auch das Belangloseste. Ich habe in meinem ganzen Leben noch keinen getroffen, der wie Goethe oder Thomas Mann geredet hätte. Es muß nur in der inneren Perspektive sitzen. Und dann noch eins: Schreibe im Grundansatz für dich, für dich allein – wenn es Wirkung auslösen soll." (*Briefe*, Werke Bd. 9/1, S. 442)

Ebenfalls 1953 an Cläre: „Ich schrieb dir schon einmal, das womit wir uns früher beschäftigten, die Konvulsionen des Inhalts, das ist keine Schriftstellerei mehr, das ist reine Reportage, das gehört in den Gerichtssaal, in das Erziehungsprotokoll der Schule, in die Kassenabrechnung von Theater und Film oder vor das Steueramt. Was in dieser Zeit geschieht – von den Apparaten aufgezogen und durchexerziert, ist langweilige Zeitverschwendung, vom Standpunkt der Arbeit an der Sprache betrachtet. Der Schriftsteller verbringt, wie der Handwerker, den Rest seiner Tage damit, sich da herauszuhalten. Und das ist nicht einfach, das ist eine fortgesetzte Tortur – darin liegt die konsequente Fortsetzung unserer ‚Revolution'." (*Briefe*, Werke Bd. 9/1, S. 454)

Margot Rhein, seiner ersten Frau, teilt er seine stilistischen Vorstellungen mit: „Ich selber bin von der Literatur in der Form der fortlaufenden Erzählung und der darin hineinverflochtenen psychologischen Zusammenhänge völlig abgekommen." Seine Arbeitsweise wäre die „der psychologisierten Beschreibung statt der psychologisierten Erzählung, mit einer herausgearbeiteten Situations-Spitze, aufgelockert in Dialoge". (*Briefe*, Werke Bd. 9/1, S. 450)

Der Wirtschaftsanalytiker

Günter Reimann, ehemaliger Wirtschaftsredakteur der Roten Fahne, Vorgänger von Kuczynski, nach der Emigration Herausgeber der News Letter International Reports, in einem Nachruf auf Franz Jung: „Ein Mensch von großer Begabung und schnellem Erkennen von neuen Entwicklungen, von großer Kenntnis der wirtschaftlichen Zusammenhänge, besonders auf dem Gebiete der ‚Hochfinanz', dabei ohne systematische Ausbildung, konnte er auf einem Gebiete, wo Phantasie und Kombinationsgabe selten sind, dafür aber umso anregender und fruchtbarer wirken, sich einen Platz schaffen (...) Es mangelte ihm nie an gedankenreicher Kombinationsgabe und phantasievoller Erkenntnis von Zusammenhängen auf dem Gebiete der Weltwirtschaft und internationalen Finanz. Das Resultat war stets bemerkenswert und interessant, oft ins Schwarze treffend, oft aber auch daneben." (Günter Reimann, *Zum Verständnis von Franz Jung*, in *Der Torpedokäfer. Hommage à Franz Jung*, Hamburg 1988)

„Mich reizt", so Jung in seiner Autobiographie, „das Räderwerk, ich phantasiere in einen Antrieb hinein" (*Der Weg nach unten*, S. 301).

Arnold Imhof, die Auskünfte anderer zusammenfassend: „Seine nationalökonomischen Berichte, manchmal in rauchigen Restaurantsecken entstanden, wohin er sich in plötzlicher Intuition zurückzuziehen pflegte, faszinierten durch ihre eigenwilligen Interpretationen und die Zusammenhänge, die er in einmaliger Schärfe, wenn auch nicht immer in der richtigen Perspektive sah. Das rein Informative daran beurteilte er abschätzig als Statistikerarbeit, die Basis bot für das von ihm als schöpferisch Empfundene. Die das Ausland betreffenden Beiträge wurden den Zeitungen der größeren Glaubwürdigkeit wegen häufig über außerdeutsche und außereuropäische Verbindungsadressen zugeleitet" (*Franz Jung. Leben, Werk, Wirkung*, S. 106, Bonn 1974).

Ratschläge zur Methode, in einem Brief an Ruth Fischer: „Mischen Sie den Stoff mit ökonomischen Perspektiven, die großen Zusammenhänge, ohne Fingerzeig Propaganda (...) Verschmähen Sie nicht die Kultur, die Hintergründe zu jeder Leistung und Modebewegung auf diesem Gebiet kann man ganz nach Belieben deuten und zwar mit einem Satz (...) etwa den Existenzialismus mit einem politischen Satz beleuchtet – das läßt die Verteiler aufhorchen, weil sie spüren, hier denkt jemand für sie" (*Briefe*, Werke Bd. 9/1, S. 242).

Emissär der Weltrevolution (II)

Jung verliert im Laufe der zwanziger Jahre den direkten Bezug zur revolutionären Bewegung. Wie bei vielen Aktivisten bewirkt der Rückgang der revolutionären Welle, mit seiner gleichzeitigen Konsolidierung des kapitalistischen Regimes und dem Aufstieg der Moskauer Bürokratie, eine Stillstellung des Engagements. Diesen Prozeß hat Jung mit einer ganzen Generation von Revolutionären geteilt. Nicht der Rückzug ist das eigentliche Problem, denn er ist ein Element des politischen Kampfes, es ist der Verlust unmittelbarer Handlungsinitiative, der die Individuen lähmt und dann gefangennimmt.

Jung in seiner Autobiographie: „Ich bin immer leicht zu überzeugen gewesen, weil ich schon von Natur aus an allem zweifle. Aber wenn eine Überzeugung als Samenkorn auf einen vorbereiteten Boden fällt, dann halte ich an ihr fest, auch wider besseres Wissen und gegen alle Zweifel (...) es ist ein nicht unwesentlicher Teil meiner Erlebnisform." (*Der Weg nach unten*, S. 183) Auf dem Rückzug bleibt er bei den Stoßtrupps der Revolte: „Viele Genossen, aus allen Lagern, den Oppositionellen wie den Zentrale-Hörigen, die sich zu Gruppen zusammengeschlossen hatten. Ich selbst gehörte einer solchen Gruppe an, wenigstens einen Funken von Revolte am Glühen zu halten. Von den Parteien nicht gerade ermuntert, aber geduldet (...) Wir gingen in Versammlungen, wo immer wir welche angesetzt fanden (...) Wir haben nur den Boden bereitet, den Funken der Revolte, die Notwendigkeit, sich zu rühren, den Zwang, zu einer Initiative zu kommen, der Entscheidung nicht auszuweichen ..." (*Der Weg nach unten*, S. 171f)

In einem Brief an die Hamburger Volkszeitung verteidigt er 1921 in diesem Sinne Max Hölz. Der Brief richtet sich nicht vornehmlich gegen die bürgerliche Justiz, er ist eine Attacke gegen diejenigen, die sich als Führungsstäbe der revolutionären Bewegung ausgaben: „Der Versuch der Staatsanwaltschaft (...) die revolutionären Kampfhandlungen Max Hölz' als ‚individuelle Akte', ‚kriminelle Verbrechen' usw. hinzustellen, verlangt seitens der kommunistischen Parteien schärfste Zurückweisung. Es kommt leider auch in der kommunistischen Presse im Rahmen der Diskussionen unter den Mitgliedschaften der Parteien nicht genügend zum Ausdruck, daß Genosse Max Hölz nur das getan hat, was die folgenotwendige Auswirkung des wahren eigentlichen Inhalts sogenannter Aktivitätsparolen ist. Derjenige ist ein feiger Lügner, der behauptet, sogenannte ‚terroristische Einzelakte' schädigen die kommunistische Bewegung. Tatsache ist, daß eine Aktivitätsparole, der Aufruf zum Bürgerkrieg, zum proletarischen Angriff begleitet sein muß von Aktionen, die der Masse des revolutionären Proletariats zeigen müssen, daß es bei dem aufgerufenen Angriff gegen den bürgerlichen Staat und damit auch gegen die bürgerliche Ideologie wirklich ernst ist. Es muß innerhalb jeder Aktion derjenige vorhanden sein, der vorausgeht und wirklich das tut, was die Parole vorschreibt (...) Ich habe Gelegenheit gehabt, Max Hölz während der Aktion nahe zu sein. Ich kenne ihn als Menschen, wie als Revolutionär, wie als Politiker, denn Max Hölz war mehr Politiker als alle die kommunistischen Politikanten, von den Noskiden ganz zu schweigen, als alle die kommunistischen Zeitungsheroen und Führerhelden, die heute von Max Hölz abrücken möchten (...) Der Glaube daran, daß die Politik der Zeitungsparolen, soll sie nicht Schwindel und lächerlich werden, auch in die Wirklichkeit umgesetzt werden muß, setzt voraus, daß die Führer an der Spitze vorangehen. Max Hölz hat das vielen Führern abgenommen, er hat sie vertreten mit seiner Person und mit seinem Namen." (*Für Max Hölz*, Werke Bd. 1/1, S. 252)

Jung hat sich seine Überzeugung bewahrt, den Funken der Revolte für sich gehütet. Er schreibt 1947 an Cläre: „Ich möchte beispielsweise eine Geschichte der Ketzer schreiben und grundsätzlich jeden Ketzer verteidigen, denn irgendwo war jede Abweichung vom Dogma im Recht (...) Damit bin ich wieder im Beginn meiner Arbeiten angelangt, dem Problem des Widerspruchs, der revolutionären Unruhe, geläutert und erkenntniskritisch aufgeblättert in der Unruhe und Erfahrung meines eigenen Lebens bezw meiner Illusionen, meiner Fehler und Schwächen." (*Briefe*, Werke Bd. 9/1, S. 325)

Lebenssituation

Europa bleibt zurück, in New York an Land gespült. An Cläre Jung 1952: „Ich bin im Grunde seit meiner Entlassung aus dem Lager Bozen nicht mehr zu mir selbst gekommen, obwohl ich instinktiv nichts anderes versucht habe, als irgendeine Lebensbasis wiederzufinden. Mit einem großen und fast unverdienten Glück habe ich die drei recht schwierigen Jahre in Italien überstanden." (*Briefe*, Werke Bd. 9/1, S. 427)

Nüchterne Bilanz der materiellen Lebensumstände, an Adolph Weingarten: „In Greenwich Village habe ich eine schwache Aussicht und in der 18th Str East – beide leer. Wahrscheinlich werde ich wenigstens zwei Bettstellen mir besorgen müssen und vielleicht einen Stuhl. Ich kann auch die beiden Kisten natürlich als Stühle benutzen." (*Briefe*, Werke Bd. 9/1, S. 396)

Und an Cläre Jung 1948: „Bei Piscator sollte der Fall Grosz aufgeführt werden, und P. glaubt damit wunder was für mich zu tun. Da er aber weder die

Möglichkeit noch die Macht hat, mich in seinen Etat aufzunehmen, müßte ich schon beinahe ein Millionär sein, um mir diesen Luxus zu leisten vielleicht monatelang ohne Bezahlung in seinem Affenzirkus mitzuwirken als unbezahltes Schauobjekt für den continental flavour. (...) Ich bin aus dieser Bude jedenfalls sehr bald weggeblieben, und ich will lieber als Beifahrer bei einem Möbeltransporteur für jede Ablieferung 1 Dollar verdienen, als bei Piscator mir die Zulassung zur Playwriter Guild absitzen." (*Briefe*, Werke Bd. 9/1, S. 386f)

An Maurus Fontana: „Es ist nur eine Frage der Zeit, wann ich in den Slum und auf die unterste Stufe des ‚Proletariats' absinke, und es dreht sich eigentlich nur darum, ob ich aus eigenem Willen diesen Weg noch abkürzen kann. Es besteht die letzte Chance, daß ich auf dieser Ebene, irgendwo auf dem Lande als unbezahlter Arbeiter gegen Essen und Dach, noch eine gewisse Lebensfähigkeit, nach innen wie außen entwickeln kann, allerdings unter anderen Voraussetzungen, als unter denen ich hier und auch früher gestartet bin." Und nachdem der Sohn Peter irgendwie versorgt ist: „werde ich in der Masse untertauchen". Der innere Druck nimmt zu, an Maurus Fontana 1950: „Ich bin mit meinem Latein zu Ende. Ich bin entsetzlich müde und ich verachte mich, daß ich noch immer nicht verschwinde." (*Briefe*, Werke Bd. 9/1, S. 402)

Auch Karl Otten erhält ein Notsignal: „Ich unterliege – unter uns – einem schrecklichen Druck – die Dämonen haben mich bereits eingeholt. Ich kann auch eigentlich kaum mehr in die Wüste ausweichen." (*Briefe*, Werke Bd. 9/1, S. 668f) Während Ruth Fischer 1960 die frohe Botschaft bekommt: „Ich habe mich entschlossen, nicht zum Glauben zurückzukehren, weder offen noch versteckt, sondern ich bin für den Aberglauben." (*Briefe*, Werke Bd. 9/1, S. 671)

Im Zwielicht – Budapest

Die Lebenssituation Jungs, mit ihren verwickelten Doppeldeutigkeiten, ist nachträglich schwer zu entwirren, zumal die Fakten weicher sind als wohlmeinend angenommen wird. Im Milieu von Agenten und Geschäftemachern, die inmitten eines totalen Krieges agieren, verlieren die moralischen Grenzen vollends an Kontur. Dafür geben sie überreichlich Stoff für die atmosphärische Szenerie einer Geheimgeschichte des 20. Jahrhunderts.

Canaris I: Wie die Verbindungen zum Canaris-Apparat entstanden, eine Erinnerung von Cläre Jung: „In einer kleinen Charlottenburger Probierstube in der Grolmannstraße, in der ‚Griechischen Weinstube', die wir mit Freunden häufig besuchten, verkehrten auch zwei ehemalige Offiziere aus dem ersten Weltkrieg, ein Herr Gärtner und ein Herr Eisenträger. Diese, die Jungs revolutionäre Vergangenheit kannten, vermittelten die Verbindung zu Canaris, der ausdrücklich eine Zusammenarbeit mit ‚linken Leuten' gefordert hatte, aus deren Erfahrungen man für Aktionen gegen Hitler lernen müßte ... Wie Jung einmal von seiner ersten Begegnung mit dem Offiziersstab von Canaris ... erzählte, wurde er gleich zu Beginn nach seinem militärischen Rang im ersten Weltkrieg gefragt. Wahrheitsgemäß konnte er zur allgemeinen Verblüffung nur antworten: ‚Ich war Deserteur!' Es entstand ein verlegenes Schweigen – Na ja, die linken Leute ... Während dieser Jahre war er einige Male kurz in Berlin. Er besaß einen ungarischen Flüchtlingspaß (auf zwei verschiedene Namen ausgestellt). Im Jahre 1944, bei einem solchen Besuch, kam er eines Tages totenbleich zu mir mit den Worten: ‚Canaris ist verhaftet. Ich muß sofort abreisen.'" (aus einem Erinnerungsfragment, siehe auch: Cläre Jung, *Paradiesvögel*, Hamburg 1987)

Jung hat diese Weinstube als einen oszillierenden Ort, zwischen schwindelgeschäftlichem Stabsquartier und Zufluchtstätte, beschrieben: „Eines meiner Stammquartiere, wo ich ziemlich regelmäßig für kurze oder längere Zeit anzutreffen war, auf den Wanderungen von einer Kneipe zur anderen, mit kurzen Zwischenbesuchen in einem der Büros, wo man mich erwartete, war die Griechische Weinstube der Maria in der Grolmannstraße in Charlottenburg. Meine Bekanntschaft oder meine Freundschaft zu Maria, sie hat mich betreut wie eine Mutter, hat sich über viele Jahre erstreckt (...) es ist sicherlich ein Hafen gewesen, in den man sich flüchten, vor Anker gehen konnte, vor und nach dem Sturm (...). Ich habe auch dort in diesem Hinterzimmer verhandelt mit einem Herrn aus Brasilien, der mich für den Aufbau der Zündholzindustrie interessieren wollte." (*Der Weg nach unten*, S. 270)

Szene Budapest I: Aus Italien an Ruth Fischer 1946: „Budapest: in der ersten Etappe noch unterstützt und im Auftrag meines Versicherungskonzerns, Bemühungen zum Ankauf oder Gründung einer ungarischen Gesellschaft für die Rückversicherung der Balkanrisiken. Enger Kontakt mit dem amerikanischen Handelsattachee (Name vergessen) in B[udapest], auch noch als dieser auf der Margareteninsel interniert wird. Hinter mir steht die American-European Securities in Genf (deutscher Makler Tiso & Co, als dessen Vertreter ich in B[udapest] auftrete), auf der Gegenseite die äußerlich inzwischen deutsch infiltrierte Gruppe der Basler Rückvers. mit dem italienischen Anhang (deutscher Makler der Verein Hamburger Assekuradeure, der beliebig je nach Nationalitätenbedarf durch eine seiner Maklerfirmen in Erscheinung tritt, Inhaber der Rußland-Klausel und monopolistischer Vertrauensmann der russ. Versicherung im Europageschäft). Wir haben keinen Erfolg, ich werde 3mal aus B[udapest] und Ungarn ausgewiesen, jedesmal aber hintenherum durch den Polizeipräsidenten selbst, der mir den ungar. blauen Interimspaß zuschiebt, gedeckt. Tiso wird von Fa. Jauch und Hübner (V. Hamb. Assek. mit eigenen Gesellschaften in Paris, London und Rio) bei der Gestapo denunziert, kann mich nicht mehr halten, Genf liquidiert das europäische Geschäft – ich bin mit Komplimenten, Empfehlungen etc auf mich selbst gestellt. (...) Zeitlich mit der deutschen Totalbesetzung zusammenfallend breitet sich eine Zwielicht-Atmosphäre aus, in der einer den anderen nicht mehr erkennt. In der Gewerkschaftsleitung taucht neben dem mir gut bekannten Payr, mit dem ich mehrfach zu tun hatte, eine effektive kommunistische Gruppe auf, beraten von einem deutschen SS-Mann, dem Budapester Vertreter des parteiamtlichen Reischachdienstes. (...) Auftrag des Bischof von Veszprém (heute der Kardinalprimas), für die Kalot-Bewegung (Jungbauern), die unter Leitung der Jesuiten steht, Vorschläge für ein Socialversicherungsprogramm auszuarbeiten, Berücksichtigung bereits der von den Russen vorgesehenen Bodenreform in Ungarn, das Bistum Veszprém stellt 800.000 Joch nach Verhandlungen mit den Russen freiwillig zur Verfügung. Lerne Jesuiten kennen, die begeisterte Russenfreunde sind, der Vorsitzende (Offizial?) der Ordensprovinz Ray war Mitglied der von Moskau 1939 oder 40 berufenen Mission zur Reorganisation der Orthodoxen Kirche. Unter Ausnutzung meiner Bankbeziehungen kaufe ich für den Orden (oder die Kirche) Devisen auf. (...) ich bin wieder nach B[udapest] zurückgekehrt, statt Devisen werden jetzt am Markt Tito-Passierscheine und deutsche Schutzbriefe für Juden gehandelt. Im November 44 werde ich von der Straße weg von einer Gruppe Pfeilkreuzler verhaftet, man kennt nur meinen Namen, weiter nichts. Ich erfahre auch nichts. Ich werde in einen Todeskeller gesteckt, mit noch drei anderen Opfern an einem Seil zusammengebunden. Dort blieb ich 2 Tage und 3 Nächte ohne Essen. (...) Meine literarischen Versuche, in denen ich nach einem einfachen Stil suche mit knappesten Ausdrucksmitteln, dienen da zu einer Art Therapie." (*Briefe*, Werke Bd. 9/1, S. 237ff)

Canaris II: Wieder an Ruth Fischer, ebenfalls 1946 aus Italien: „Ich habe in B[udapest] einige solcher ‚Verschwörer' kennengelernt, zynische Nutznießer des Regimes, was auch selbst in der heutigen Darstellung deutlich hervorgeht. Diese Canaris-Leute bedienten sich übrigens mit Vorliebe der Versicherung. B[udapest] war eine Art Startplatz für die Tätigkeit dieser Leute im Nahen Osten und der Türkei. So wurde der Delphinfang im Marmarameer von einer Poolgesellschaft versichert, an der freundnachbarlich deutsche und englische Gesellschaften beteiligt waren. Den Deutschen gehörten das Schiffs- und das Transportrisiko, den Engländern die Hafenquais, Ladeeinrichtung und Verfrachtung, alle beteiligten Vertreter waren Agenten des entsprechenden Nachrichtendienstes." (*Briefe*, Werke Bd. 9/1, S. 244ff)

Szene Budapest II. 1947 in einem Brief an das International Rescue and Relief Committee (Rom): „(...) dann in der Schweiz als Experte für die Wirtschaft der Balkanländer bei einer von der ‚Patria' geführten Rückversicherungsgruppe. Bei Ausbruch des Krieges ging ich für diese Gruppe nach Budapest. Inzwischen waren in dieser Gruppe selbst Auseinandersetzungen und Verschiebungen eingetreten, die amerikanischen und holländischen Interessen wurden von den deutsch-italienischen Beteiligungen überschattet und verdrängt, was für mich erst viel später ersichtlich wurde. Dann war es aber schon zu spät, aus Ungarn wieder herauszukommen. Ich konnte mir durch Adoption einen ungarischen Interimspaß besorgen, mit dem ich mich schlecht und recht bis 1944 durchhalten konnte. In der letzten Zeit war ich mit dramaturgischen Arbeiten beschäftigt." (*Briefe*, Werke Bd. 9/1, S. 313)

Canaris III. Fortsetzung Brief an Ruth Fischer: „Über allen diesen Geschäften in Konstantinopel präsidierte wohlwollend Herr Earl. Als den deutschen Herren in Gestalt des SD eine Konkurrenz aufgezogen wurde, ging der ganze Apparat zu den Engländern über, was dann die Hinrichtung von Canaris zur Folge hatte, und zwar, nachdem diese Herren als Rückendeckung beim SD ihren Chef preisgegeben hatten und gegen Bezahlung, aus Deckung und Tarnung verrät einer den andern – das ist das Charakteristikum dieser Gesellschaft. Die Engländer revanchieren sich, indem sie die deutsche Armee aus Griechenland und von den Inseln unbehelligt abziehen lassen, um sie zur Liquidierung von Tito aufzusparen. Hitler, vom Vatikan zur Abdankung geraten, von den Türken (Anglo-Amerika) beschworen, verpaßt seine letzte Chance, weil der SD, folgerichtig im Sinne der Nachfolge von Canaris, die Informationen nicht mehr an ihn gelangen läßt und auf eigene Faust operiert – so war das Ende" (*Briefe*, Werke Bd. 9/1, S. 244).

Szene Budapest III. Bereits in den USA, an Ruth Fischer 1955: „Ein weiterer Teil von Fluchtkapital findet sich in den Schweizer Übersee Schiffahrtsgesellschaften, die ohne Regulationen durch irgendein Schweizer Gesetz wild in der Welt herumfahren (27 Einheiten) und alle Tarife etc unterbieten, Schiffsmannschaft geflüchtete deutsche Fremdenlegionäre, karibische entlaufene Strafgefangene etc. Finanzier dieser Swiss Oversea ist die Genfer Privatbank Pictet & Pictet (es lohnt sich ein Besuch), die Privatbank aller depossedierten Fürsten einschließlich während des Krieges der Nazi Würdenträger. Die Firma verwaltete während des Krieges die European American Securities (Hauptbeteiligter die National City Bank), damals mein outfit. Aufgabe, die alliierten Liegenschaften in den Balkanländern in eine schwedische Frontgesellschaft zu bringen und so dem Nazi Zugriff zu entziehen (Teil meiner Aufgabe in Budapest). Du siehst, es geht noch immer verschiedenes vor in der Welt, warte nur ein Weilchen ..." (*Briefe*, Werke Bd. 9/1, S. 514)

Canaris IV. An Carola Weingarten nach seiner Deutschlandreise 1955: „Ich habe versucht zu erfahren, welche officiellen Gründe dort gegen mich sprechen, weil heute hier für westdeutsche Schriftsteller die antisowjetische Einstellung an sich keine besondere Rolle mehr spielt, um selbst im Osten gedruckt oder zum mindesten gelesen zu werden. Ich habe dabei erfahren, daß anscheinend auf Johannes R. Becher zurückzuführen von mir verbreitet wird, ich hätte während des Krieges in einem Büro gearbeitet, das sich mit Spionage in Sowjet-Rußland beschäftigt hätte, wobei meine Aufgabe gewesen wäre, über meine Beziehungen zu emigrierten Schriftstellern Verbindungen zu nach der Sowjet-Union emigrierten Schriftstellern herzustellen. So unsinnig und phantastisch das alles ist, ich weiß nicht einmal, ob es sich überhaupt verlohnt, dagegen aufzutreten und einige der Verbreiter dieser Dinge hier im Westen zu stellen." (*Briefe*, Werke Bd. 9/1, S. 520)

In einer Fußnote der Herausgeber des Brief-Bandes heißt es dazu: „Nach einer mündlichen Mitteilung Cläre Jungs aus den 70er Jahren hatte Becher ihr in einem persönlichen Gespräch gesagt, er rate Jung von einer Übersiedlung in die DDR ab, da Jung wegen seiner Verbindungen zu Canaris eine Verhaftung von sowjetischer Seite zu befürchten habe. Tatsächlich hatte ein so enger Kontakt, wie er zwischen Ruth Fischer und Franz Jung bestand, in der DDR derartig negative Folgen; Cläre Jung hatte das zu spüren bekommen, als man sie im Berliner Rundfunk des ‚Trotzkismus' beschuldigte, dem Ruth Fischer weiter zugerechnet wurde." (*Briefe*, Werke Bd. 9/1, S. 521)

Der Schriftsteller, das literarische Selbstverständnis (II)
In seiner Autobiographie konzentriert Jung alle Themen, die ihn beschäftigen. Auf diese Art sprengt er die Formen, Konventionen und auch Erwartungen.

An Cläre 1958: „Ich arbeite viel an dem Buch, das sich allerdings immer mehr von einer Autobiographie entfernt. Ich schreibe darüber mit drei Verlegern in West, die alle nicht so recht wollen und wahrscheinlich viel hereinreden wollen. Vorläufig sieht es nicht so aus, als ob ich überhaupt einen Verleger finden werde. Die Perspektive ist den Leuten viel zu fremd, ich habe ja auch keineswegs die Absicht einen neuen Regler zu schreiben, die Ignorierung der ‚Historie' zugunsten einer selbstanalytischen Konzentration auf meine Person, mit völlig veränderten Aspekten zu den Ereignissen und der ‚Wirklichkeit', ist eben einem Durchschnittsverleger viel zu neu" (*Briefe*, Werke Bd. 9/1, S. 613).

Und ebenfalls in einem Brief an Cläre aus dem gleichen Jahr: „In der Berücksichtigung, daß Regler erstens wirklich der Romantiker war, der durch Zufall in die Revolution hineingekommen ist – beim Spartakus Aufstand stand er auf der anderen Seite und hätte mich gut damals beim Sturm auf den Vorwärts mit erschießen können – hat er seine Play Boy Existenz in Berlin dadurch gewürzt, daß er Beziehungen zu kommunistischen Literaten aufrechterhielt, von diesen dann, als man seine originale literarische Begabung erkannt hatte, vorgeschoben wurde, zuletzt wahrscheinlich der Partei gebunden Propagandist wurde, ohne das offizielle Parteibuch. Es ist für mich interessant, daß damals der Regler Roman [gemeint ist *Wasser, Brot und blaue Bohnen*] mich aus der Frankf. Ztg verdrängt hat, dort war mein Oberschlesien Roman [gemeint ist *Gequältes Volk*] bereits angenommen und wurde dann zugunsten Reglers fallengelassen. Ulkigerweise verhandle ich heute mit demselben Claassen, der damals dafür zuständig war. Aber trotzdem ist das Regler Buch durchaus lesenswert" (*Briefe*, Werke Bd. 9/1, S. 615f). Die alten Affären bleiben offen, wie Rechnungen, die ständig wieder vorgelegt werden. An Cläre, ein Jahr vorher: „Tolle Sache das mit Kantorowicz – ich erinnere mich, daß dieser Mann es war, der gegen mich damals in der Frankfurter intrigiert hat, den Abdruck des Romans verhindert hat und später auch an dem Boykott gegen mich jetzt nicht unschuldig ist. Zum mindesten hat er bei Lukács verhindert, daß ich überhaupt erwähnt werde. Und dieses Ende – hier wird dieser Lump jetzt zum Heroen gemacht werden, na ja." (*Briefe*, Werke Bd. 9/1, S. 588)

Gegen den Opportunismus und den Konformismus behauptet sich Jung weiterhin als unbestochener Rebell. An Carola Weingarten 1958: „Die Schwierigkeit ist, daß die Leute von vorneherein glauben, ich will nur die Serie der anti komm Autobiographien fortsetzen (...) Die Leute haben damit nicht gerechnet, daß sie bei mir keine Konfessionen finden werden, nichts wird bereut und sonstige Sentimentalitäten. Ich gehe nicht von einem humanistischen Grundzug aus, sondern freue mich an jeder Zerstörung – was ich zu bedauern habe, daß solange ich dabei war zu wenig zerstört worden ist und daß ich das Ende früh genug erlebt habe in einem zunehmenden Puritanismus, in einer Verengung, die eben die Menschen einschließlich mir selbst nicht mehr atmen läßt. Daraus baue ich die Analyse meiner Unzulänglichkeit und meines Versagens." (*Briefe*, Werke Bd. 9/1, S. 617f)

Der Hochstapler

Der Bluff und das Doppelspiel gehören für einen Menschen wie Jung, der als Börsenjobber, Finanzmakler und erfahrener Illegaler Gelegenheit hatte, auf diesem Gebiet vielfältige Erfahrungen zu sammeln, zur selbstverständlichen Handlungsmöglichkeit.

Carola Weingarten erhält 1955 ein schönes Beispiel mitgeteilt: „Hochstaplerischerweise habe ich als Vertreter der Interessen des Hafens von San Francisco mit dem Leiter der chinesischen Handelsmission in Ost Berlin, einer charmanten Dame (Namen habe ich nicht behalten), Tee getrunken, die mir die Vorteile eines direkten Verkehrs der Linie Swatow oder Tientsin nach San Francisco auseinandergesetzt hat. Sie war zu diesem Zweck nach dem Westen gekommen und die Teestunde fand in einem der zahlreichen Ost West Handelsbüros in Westberlin statt. Es war ganz spaßig." (*Briefe*, Werke Bd. 9/1, S. 521f)

Wie ernst dennoch der „Hochstapler" genommen wird, darüber findet sich ein aufregendes Detail in einem Brief von 1956 an Ruth Fischer: „(...) die Folge, daß auch ich dann einen Besuch von der CIA hier bekam. Daß ich überhaupt an die Verbindung über Peters dachte, ist darauf zurückzuführen, daß in dem Gespräch hier und in den an mich gerichteten Fragen eine Redewendung immer wiederkehrte, die ich Peters gegenüber gebraucht hatte, nämlich daß auf die Deutschen kein Verlaß sei und wenn man ihnen die geringste Chance in die Hand spiele, etwa über Kombinationen und Lizenzen über Atomkraftherstellung etc, sie das in der Folge als politische Erpressung ausnützen würden. Am besten wäre es die Besatzung aufzugeben – jetzt sei noch Zeit – und die Deutschen ihrem eigenen Schicksal zu überlassen. Jetzt – sind sie noch ungefährlich, je länger man aber auch nur aus Prestigegründen die politische und wirtschaftliche Integration forciert, um so gefährlicher kann das später werden. Natürlich habe ich das nicht so formuliert exakt gesagt, aber es kommt schließlich darauf hin und so hat es die CIA anscheinend auch verstanden. (...) Glauben Sie, daß Str einen politischen Einfluß gewinnen und mit dem Atomministerium die Bonner Außenpolitik zu beeinflussen wünscht? Ich kenne Herrn Strauss nicht und verfolge die deutsche Politik zu wenig, um das beantworten zu können. Glauben Sie, daß die Person von Str für die deutsche Politik störend sein kann? Weiß nicht. Es ist bekannt, daß Str im wesentlichen anti amerikanisch eingestellt ist. Inwiefern wird sich das äußern? Ich habe nicht den Eindruck aus einigen Gesprächen mit Bekannten, bei denen auch von Str gesprochen wurde, daß er eine besondere politische Persönlichkeit ist. Was ist nach Ihrer Meinung sein Ziel? Ich würde sagen, wahrscheinlich hat er überhaupt kein Ziel. Ich kenne nur von früher den Typ solcher Persönlichkeiten: Bayer, Biertrinker und daher sehr laut. Politisch also ungefährlich? Ich würde sagen, ja. Noch eine Frage: Wir hören von verschiedenen meist deutschen Quellen, daß Str ins Kabinett als Atomminister aufgenommen worden ist, damit er sich dort das Genick bricht. Würden Sie das bestätigen können? Unmöglich zu sagen, weil ich die deutsche Politik nicht verfolge." (*Briefe*, Werke Bd. 9/1, S. 532)

Kalter Krieg, zwischen den Eisblöcken
Kein Ort nirgendwo –: und heimwärts geht es immer auf verschlungenen Wegen. An Ruth Fischer 1951: „Die Moskauer Propaganda hält in Wirklichkeit nicht mehr allzulange vor. Das hindert nicht, daß Leute wie Horkheimer noch hundert Jahre leben können. Der ganze Quatsch – Ost-West – hängt einem langsam zum Halse heraus." (*Briefe*, Werke Bd. 9/1, S. 425)

1955 reist Jung nach Deutschland. Eine Momentaufnahme, in einem Brief an Carola Weingarten: „(...) bis hierher bin ich glücklich gekommen, Frankfurt und Hamburg machen einen ziemlich deprimierenden Eindruck, die Leute laufen und fahren undiscipliniert herum wie in einem aufgescheuchten Ameisenhaufen und man wird herumgestoßen, daß es ein richtiges Wunder ist, wenn man nicht überfahren wird, das Benehmen ist servil und unsympathisch und irgendwie verlogen. In Berlin ist es sehr viel besser, mehr Haltung und auch der Zuschnitt der Stadt wirkt ganz anders." (*Briefe*, Werke Bd. 9/1, S. 520)

Feinde ringsum, an Cläre Jung 1959: „Die Interessenten, die du in deinem Brief aufzählst, sind den Leichenfledderern gleichzusetzen. Je mehr ich mich mit der inneren sociologischen Konstruktion perspektivisch zu beschäftigen habe, etwa dem Automatismus der konservativen Gesellschaftsform in Rußland, so widerlicher werden mir die vorgeschobenen Zwischenstationen und die ‚Nachläufer' wie die Ostzone. So wenig an dem Siege Moskaus über Washington zu zweifeln ist, je mehr hasse ich das literarische Gesindel in der Ostzone, die sich wie Zecken in einen Gesellschaftsbau eingenistet haben, von dem sie nichts verstehen, weder von den notwendigen Opfern noch von der energieschöpfenden Perspektive, von der ja die Gesellschaft leben muß. Das sind keine Menschen, sondern Würmer und Schweine, auch das von dir erwähnte Institut gehört dazu. Heute ist es mir jetzt wirklich gleichgültig, was aus den bei dir liegenden Materialien wird, am besten restlos vernichten. Was daran noch von Wert sein mag, wird in der einen oder andern Form bei anderen wieder auftauchen." (*Briefe*, Werke Bd. 9/1, S. 649f)

Der Deserteur an einen Friedensfreund: „Ich halte natürlich auch absolut nichts von einer Weltfriedensbewegung, so wie sie Frau Hoppkins Huth [richtig: Hoppstock-Huth] verzapft. Solange die Menschen sich in ihren Beziehungen zueinander täglich umzubringen versuchen, wüßte ich nicht, was so eine Friedensbewegung bezwecken sollte." (*Briefe*, Werke Bd. 9/1, S. 580)

An Cläre Jung 1960: „... auch in deiner Ostzone werden die heute tonangebenden Literaten ausgemerzt werden. Ich werde das für meine Bücher nicht mehr abwarten können, am allerwenigsten für das Verständnis meiner Persönlichkeit. Was noch schlimmer ist: meistens verschwinden diese Leute dann in der Westzone und so eine Kreatur wie der Kantorowicz, der Ende der 20er Jahre meine Rückkehr zur Literatur verhindert hat und seinen Meister Lukács derart beeinflußt hat, daß dieser meine Bücher nicht einmal erwähnt, bereitet sich vor eine Art Oberzensur im Westen aufzurichten – das wird die Aufnahme meines Buches auch im Westen sehr erschweren." (*Briefe*, Werke Bd. 9/1, S. 661)

Eine überraschende Mitteilung bekommt 1962 Adolph Weingarten: „Unter Zuhause – deine Anfrage beantwortend – verstehe ich die Ostzone – so dreckig es dort auch aussehen mag. Selbstverständlich kann ich dort nicht arbeiten, das kann ich aber hier auch nicht, wo ich systematisch und langsam verhungere." (*Briefe*, Werke Bd. 9/1, S. 925) Und ebenfalls an Freund Weingarten: „Ich stehe mit Leuten in der DDR in Verbindung und allmählich gewinnt der zunächst etwas abenteuerlich aussehende Plan, nach dort zurückzukehren, etwas festere Gestalt. Ich werde das aber nur tun, da ich nichts für die Leute drüben arbeiten kann und auch will, wenn ich auch hier nicht mehr arbeitsfähig bin. Das werde ich jetzt in Malaucène (Vaucluse) feststellen können. Ob Gefängnis oder Hospital ist gleichgültig, beide haben das Dach über dem Kopf." Und als P.S.: „Ich war bei der Beerdigung der Frau Trotzki, sehr eindrucksvoll u. sehr deprimierend." (*Briefe*, Werke Bd. 9/1, S. 944)

Beatniks

Neue Verbindungen: Durch seine Übersiedlung nach San Francisco begegnet er alten und neuen Rebellen. An Ruth Fischer 1954: „Ich habe hier auf Matticks Veranlassung eine Reihe Leute aufgesucht, Individual Marxisten, Anarcho Marxisten, Anarchisten und die hier ziemlich weit verbreiteten De Leon Leute. (...) wie der Dichter Kenneth Rexroth (Bücher bei New Directions), der Herausgeber von Resistance David Koven und die Leute um den Dissent vertreten uramerikanische alte IWW Tradition. Der Workman Circle hier ist eine Art wöchentliches Kultur-Forum von hohem Niveau. Bei den meisten steht Korsch merkwürdigerweise in hohem Ansehen, gegen Mattick herrscht eine gewisse Animosität" (*Briefe*, Werke Bd. 9/1, S. 463f). Zur atmosphärischen Überlappung von literarischem Hipster und sozialem Revolteur erzählt Lawrence Ferlinghetti, Mitgründer des legendären City-Lights-Buchladens: „Ich erinnere mich noch an den Italiener mit der Melone von der Müllabfuhr. Jede Woche, wenn der Müllwagen vorbeikam, sprang er ab, kaufte sich die italienischen Anarchistenblätter L'Adunata und L'Humanità Nova und sprang wieder auf."

Im gleichen Jahr an Carola Weingarten: „(...) Kenneth Rexroth, ein Nachfahre von Jack London etc, ein sehr merkwürdiger und interessanter Mensch, Edelanarchist, der mir eine Menge anderer Leute angebracht hat, meist antiautoritär, ‚Anarcho-Marxisten', Kriegsverweigerer etc – alles jeder für sich sehr nette Leute, irgendwie in sich eingesponnen, ich würde mit den Leuten öfter zusammenkommen, wenn ich für mich erst eine Basis hätte – so hat es eigentlich keinen Zweck. So daß ich selbst ein wirklicher Einsiedler geworden bin, ich könnte mich ebenso gut auch in die Wüste setzen." (*Briefe*, Werke Bd. 9/1, S. 471)

Sechs Jahre später sieht er die Grenzen, die die spätere Revolte von 1968 enthalten wird. Aus den rebellischen Salmonellen im Softeis-Dream der US-Gesellschaft war ein gewinnträchtiger Sektor der Pop-Industrie geworden. Während für FBI-Chef J. Edgar Hoover Amerika 1960 weiterhin von der Triade „Communists, Beatniks, Eggheads" bedroht war, hatte Kenneth Rexroth bereits das zentrale Werk der Beatniks, Kerouacs On the Road, als Erzeugnis „eines rasenden Spießers" voller Figuren mit dem Verstand von „Eintagsfliegen und Kleinkindern" analysiert. Distanziert über die middleclass-Exaltationen schreibt Franz Jung an Ruth Fischer 1960: „Mit den Beatniks hier habe ich keinen Kontakt. Die Leute sind auch sehr arrogant, dumm und langweilig. Früher habe ich Duncan und Rexroth aufgesucht. Jetzt aber haben die Sekretäre das Heft in der Hand, Studentinnen, die rhythmisch lallen vortäuschend Marihuana zu rauchen. Oder Peyotl zu schlucken. Ich selbst habe das Trinken aufgegeben, lebe von Eiswasser, bin aber sonst gesund (...) Allmählich zerfallen die Knochen sowieso – mit oder ohne Krücken. Ich laufe hier viel herum, in den Straßen, am Meerufer und bin von der Wohnung in walking distance zu den Friedhöfen, was das Ableben etwas verbilligen wird." (*Briefe*, Werke Bd. 9/1, S. 671f)

Der Schriftsteller, das literarische Selbstverständnis (III)
Über die Schwierigkeiten, sich literarisch zu behaupten, an Dr. Schöffler, Verlagsleiter von Luchterhand, 1959: „(...) unter dem Druck dieses langen Schweigens wieder ein großes Vergnügen daran finde, Worte und Sätze zu schreiben, zu konstruieren, zu ‚spielen' und für literarisches Feuerwerk, so zu sprechen. Wie weit das durch die überlagerten Schichten noch durchzudringen vermag, muß man sehen – auch hier bin ich auf Hilfe von draußen angewiesen. Außerdem: ich muß mich auf die Arbeit voll konzentrieren können, disciplinieren und isolieren. Mein guter Wille ist da nicht genug. Ich habe versucht, Ihnen ein klares Bild zu vermitteln. Ich möchte annehmen, daß Sie bereits einiges von mir, den literarischen wie den sonstigen Eskapaden wissen. Sonst wird es Ihnen wahrscheinlich schwerfallen, das Gesagte überhaupt zu verstehen. Aber ich

denke, ich sollte gerade betreffs der Schwierigkeiten so offen wie möglich zu Ihnen sein." (*Briefe*, Werke Bd. 9/1, S. 627)

An Leonhard Frank 1959: „Mit diesen Verlegern wird also sowieso kaum etwas werden, ich kann es den Leuten auch nicht verdenken. Es sind doch Leute, die eine Ware kaufen und umsetzen wollen und nicht von vornherein in der Überzeugung stehen müssen, dabei Geld, vielleicht sogar Prestige zu verlieren. Denn, alles in allem, in Zeiten, wo Telepathie unter die gleiche Kontrolle gebracht werden kann wie der allgemeine Straßenverkehr, mit farbigen Ampeln sozusagen, kann ich kaum verhindern, daß man sehr bald herausfindet, daß ich nicht eigentlich für Leser schreibe, sondern im Gegenteil, ich schreibe ‚nicht nur für mich', sondern ich schreibe zudem auch direkt *gegen* die Leser, ich würde mich etwa einige Jahrzehnte auch nicht genieren, zu erklären, ich schreibe, um die Leute umzubringen, vor allem den interessierten Leser – so sehr, lieber Frank, kann man sich verrennen." (*Briefe*, Werke Bd. 9/1, S. 629)

Im gleichen Jahr an Adolph Weingarten 1959: „Sie [die Verleger] wissen, ich schreibe nicht für einen Leser, sondern nur für mich und zwar ausschließlich *gegen mich*. Es muß halt gerade so gehalten werden, daß man es noch den Lesern vorsetzen kann (...) Sollte einer beim Lesen vor Ärger einen Herzschlag kriegen, das wäre mein größter Triumph." (*Briefe*, Werke Bd. 9/1, S. 641)

Verpaßte Chancen oder auch – Von diesem Brot esse ich nicht. Den Zwiespalt der Rebellion in der und gegen die Literatur hat Jung in seiner Autobiographie festgehalten. Eine Szene, auch wenn sie erfunden sein sollte, wie so vieles in diesem wunderträchtigen Buch, ist für die Haltung Jungs wahrhaftig: „Ich hatte eine solche Unterredung mit Sammy Fischer, der mir sehr wohlgesinnt gewesen ist. Der Verlag suchte gerade einen neuen Standard-Autor. Oskar Loerke und Moritz Heimann hätten mich gern als Verlagsautor gesehen. S. Fischer war auch nicht abgeneigt. Er hat mir väterlich zugeredet, die Politik sein zu lassen, sie mehr innerlich zu verarbeiten und umzusetzen in gute Dichtung. Die Zusagen, die er von mir erwartet haben mag, habe ich verschluckt; ich blieb störrisch. Herr Fischer wollte durchaus mein Zutrauen gewinnen. Er zog aus der Schreibtischschublade das Frühstücksbrot, das er von zu Hause mitgebracht hatte, und gab mir die Hälfte ab über den Schreibtisch hinüber. Ich bin sehr einsilbig gewesen. Der andere Schriftsteller, der zur Auswahl stand, ist Otto Flake gewesen; Flake ist der Standard-Autor geworden." (*Der Weg nach unten*, S. 97).

Zurück in die Politik

Den Funken der Revolte am Glimmen halten. An Carola Weingarten 1960: „Hier [gemeint ist Frankfurt] spreche ich vor einem kleinen Kreis von Gewerkschaft Spitzen Funktionären am 6.1. über die revolutionäre Atmosphäre 1917/18 bis 20/21, der entwurzelte Intellektuelle hineinwachsend in die Anfänge der revolutionären Bewegung, Spartakus etc – praktisch meine Erinnerungen, das Ganze ist mehr aufgezogen als round table Konferenz, ich führe mich ein und beantworte dann Fragen." (*Briefe*, Werke Bd. 9/1, S. 702f)

In selbiger Sache an Ruth Fischer: „Zunächst ergab es sich bei meinem Routine Besuch bei Jola. Ich werde am 6. Januar vor einem kleinen Kreis von besonders geladenen Spitzen Funktionären der Gewerkschaft Metall sprechen über die Beziehungen der intellektuellen Kreise zur Arbeiterbewegung während des ersten Weltkrieges, der Beginn der Spartakus Gruppen auf diesem Sektor, das Hineinwachsen solcher ‚entwurzelter' Elemente in die politische Arbeiterbewegung, Spartakus-Bund und KPD, KAPD, dh die revolutionäre Atmosphäre aus dieser Verbindung 1918–20/21. Nicht in einem politischen Vortrag, sondern nur als Einleitung und Einführung zu meiner Person und dann Fragen beantworten. Der Kreis soll nicht 20 Teilnehmer überschreiten, die Einladungen sollen persönlich sein und individuell ausgewählt etc. Wenn ich nicht ganz auf den Kopf gefallen bin, ist dies eine Art oppositionelle Gruppe innerhalb der Metall, einigen dafür zugänglichen ‚Kollegen', die Basis einer Stimmung von revolutionärem Auftrieb von einem noch überlebenden Teilnehmer als geschichtliches Erinnerungsbild zu übermitteln. Ob dann auch Fragen die Gegenwart betreffend gestellt werden, weiß ich nicht." (*Briefe*, Werke Bd. 9/1, S. 703f)

Über die gleiche Angelegenheit an Adolph Weingarten: „Der Vortrag vor der Jola Gruppe im Gewerkschaftsbund ist auch absolviert. Ich habe den staunenden Leuten erklärt, daß man gegen das Gesetz sein muß, gegen die Regierung etc (und gegen die Partei) und meine Erlebnisse als Bombenwerfer etc 19 und 20 erzählt und zugleich etwas Reklame für das Buch gemacht." (*Briefe*, Werke Bd. 9/1, S. 706f)

1962 entdeckt Jung die Enragés des Pariser Mai '68. Er liegt blutspuckend im Bett seines Hotels Rue Dragon, das „Rattenloch", wie es ein Besucher später charakterisieren wird. Heiter schreibt er an Adolph Weingarten: „In der Zwischenzeit lese ich die Bulletins der Situationisten. Das Amusante: als Splittergruppe hervorgegangen von den Surrealisten werfen sie diesen vor, ‚Stalinisten' zu sein, die proletarische Kunst zu verraten, für die die Situationisten eintreten, die ihrerseits als Trotzkisten jetzt angeprangert werden. In der Internationale der Situationisten bestand auch eine deutsche Gruppe, die jetzt gerade ausgeschlossen worden ist, ebenso eine skandinavische Gruppe, die eine ‚Kunstausstellung' veranstaltet hatte. Proletarische Kunst ist die Zerschlagung der alten Kunst, ohne Basis, ein Situationist schafft keine ‚Werke', um zu überleben – das ist konterrevolutionär. Der deutschen Gruppe ist ein ungarischer Kommissar als Aufpasser zugewiesen worden. Ich will über diese Leute schreiben, für die Beseitigung der Irrenhäuser eintreten, alle Irren freilassen und auf die Menschheit loslassen, die gegen die Logik und gegen die Kausalgesetze erst praktisch erzogen werden muß, und selbstverständlich alle Schizophrenen wieder in Amt und Würden einsetzen. Dazu kann ich auch Argumente von Wilhelm Reich gebrauchen. Sobald das Pamphlet gedruckt ist, lasse ich es dir zuschicken. Vielleicht brauchst du mehr Exemplare, um sie an Interessenten zu vertreiben. Die Sache erscheint bei Jes Petersen, dem weggelaufenen Sohn des dänischen Schweinezüchters, von dem ich dir schon mal schrieb." (*Briefe*, Werke Bd. 9/1, S. 1021)

Frost und Feuer

Erstarrung und Verzauberung. Rückblickend auf die späten zwanziger Jahre bemerkt Jung an sich einen Zustand der „Einfrierung", der ihn in eine Isolation gedrängt habe. Dieses individuelle Symptom ist zugleich das Kennzeichen einer Epoche, das der präventiven Konterrevolution. Die Niederlage der sozialen Revolution, die Selbstauflösung der bürgerlichen Demokratie im aufkommenden Faschismus sowie der Triumph der stalinistischen Bürokratie in der Arbeiterbewegung lösen einen Prozeß aus, der einen Nullpunkt gesellschaftlicher Entwicklung bewirkt. Am Ende dieses Zeitalters, vor dem großen Tauwetter von 1968, heißt es: „Ich habe den Ehrgeiz überwunden, als Schriftsteller anerkannt zu werden, als Geschäftsmann, als Liebhaber – und, wenn man das so will in dieser verrotteten Gesellschaft, selbst als anständiger Mensch; ich bin nicht anständig. Zwar nicht gerade ein Dieb, wie alle, die dieser Zeit dienen, oder ein Erpresser, Straßenräuber und sonstwas, weil ich weiß, alles hat keinen Zweck; wozu die Umwege?" (*Der Weg nach unten*, S. 434)

Das nüchtern-bittere Resümee des Jahres 1961 ist eingelagert in den Ausblick auf die Freiheit, es ist die Erinnerung an den 1. Mai 1920 in Murmansk: „(...) keiner von uns kannte auch nur ein russisches Wort. Die Luft in dem Schuppen war schwer. Der Atem schwebte über der Masse, eine graue Dunstwolke. (...) Diese Masse hat dann angefangen zu singen. Sie sangen die Internationale, das Lied von der Roten Fahne und noch viele andere Lieder. (...) Stunden mögen so dahingegangen sein. Es ist das große Erlebnis meines Lebens geworden. Das war es, was ich gesucht habe und wozu ich seit Kindheit ausgezogen bin: die Heimat, die Menschenheimat. Immer, wenn ich in den Jahren nachher mich vor die Niedertracht der Menschen gestellt sah, die abgrundtiefe Bosheit, Treulosigkeit und Verrat im Charakter des Menschen (...) brauchte ich nur diesen 1. Mai in Murmansk ins Gedächtnis zurückzurufen, um mein inneres Gleichgewicht wiederzufinden." (*Der Weg nach unten*, S. 142)

INHALTSVERZEICHNIS

I. Autobiographisches

Aus dem Schulheft 1903	9
Aus dem Notizbuch 1906–1908	
Die große Sehnsucht	11
Korpsgeist	11
Meine Mutter	12
Meine Soldatenzeit	14
Aussagen vor dem Kriegsgericht	19
Lebenslauf	29
Variations	
Synopsis	32
Introduction	33
Slipping down	34
I love evil	41
Abstieg	50

II. Biographisches

Der Fall Grosz	87
Einleitung zu: Otto Gross,	
Von geschlechtlicher Not zur sozialen Katastrophe	107
Jack London. Ein Dichter der Arbeiterklasse	160
Franz Pfemfert – 70 Jahre	203
Über die Bedeutung der *Aktion*	205
Ernst Fuhrmann – 70 Jahre	209
Betr. Die Hammersteins. Der Kampf um die Eroberung	
der Befehlsgewalt im deutschen Heer 1932–1937	212
Roger Boscovich. Die geometrische	
Entschlüsselung des Weltalls	231
Die Rolle von Ruth Fischer	237
Morengas Erbe	263
Dokumentations Reportage Süd West Afrika	267

III. Literarische Vorarbeiten

Er liegt am Boden	273
Der Brisbane-Fellow	295
Das Chinesen-Mädchen	299
Taubenfreunde	303
Die Schlosser von Block Siebzehn	305

IV. Monographisches

Die Verwirrung der Geister durch den Krieg	311
Die Albigenser. Revolte gegen die Lebensangst. Anmerkungen zu einer Studie über die parasitäre Lebenshaltung. Anhang: Zur Vorgeschichte der Kreuzzüge gegen die Albigenser	378
Amerikanischer Bürgerkrieg. Mystik und Magie im amerikanischen Bürgerkrieg – die Widersprüche und die Wirkungen. Revolte des Instinks an der Schwelle der amerikanischen Wirtschaftsreform	403
Wie dem auch sei. Studie über den Zerfall der Zeitgeschichte	413
Paris entdeckt den Hering	440
Pariser Literaturbrief	443
Frank Ryberg illustriert die Welt	451

V. Entwürfe und Projekte

Notizen Breda 1921	459
Kulturprognose	466
Wirtschaftlicher Nachrichtendienst	468
Drei Männer	472
Zwei Gefangene	473
Notizen aus der „Gegner"-Zeit um 1930	474

Entwurf A (Der Hintergrund)	481
Entwurf B (Herr Grosz)	484
Exposés der verschiedenen Erzählungen	489
Die Pamphletisten der spätwilhelminischen Zeit (bis zum Beginn des 1. Weltkrieges)	493
Vorschlag für 12 Folgen „Der Gegner"	495
Fortsetzung zum autobiographischen Roman	496

VI. Korrespondenzen
Analysen zu Wirtschaft und Politik

Das Unternehmertum in der Kaliindustrie II	501
Kalisozialisierung und Kalisabotage	507
Die Wirtschaftshilfe der „Arbeiterhilfe"	511
England 1924	
Gewitterwolken am englischen Kapitalmarkt	512
Londoner Kinos	515
Aus dem Zentrum des Londoner Filmgeschäftes	518
England und die Kreditfrage	522
Spaziergänge in Wembley	
I. Die Propaganda der Welt	526
II. Australien, the land of gold	529
Deutsch-Ost-Afrika auf der Wembley-Ausstellung	532
Die englische Industrie auf der britischen Reichsausstellung	
I. Allgemeines über den Zweck und die Organisation	535
II. Die Motorfahrzeugindustrie	538
III. Die Verkehrsgesellschaften	541
Schrittmacher der Londoner Konferenz	544
Um die Beteiligung deutscher Transportversicherungen an den Reparationslieferungen	548
Londoner Bilder	
I. Montmartre in Holborn	551
II. Highgate	553
III. Die Pubs	555

IV. Nachwirkungen des Krieges	557
V. Marble Arch	559
Der große Empfang im Pilgrim-Club	563
Englische Hopfenpflücker	567

Budapester Berichte

o.T., 29.10.1940	570
o.T., 25.11.1940	573
o.T., 24.2.1941	575
o.T., 12.3.1941	580
Die Lage in Ungarn, 30.8.1941	585
Zur Anfrage vom 27.2., 24.3.1942	592
Zur Lage im Südosten, Ende März 1943	595
o.T., 7.10.1943	601

Beobachtungsbriefe zur Nachkriegssituation an Ruth Fischer

Zur Bodenreform in Ungarn, 14.1.1947	607
zu Italien, 10.6.1947	613
zu Italien, 2.10.1947	617
zu Italien, 12.10.1947	624
zu Italien, 2.2.1948	627
zu Italien, 19.2.1948	631
zu Italien, 21.4.1948	634
Zur Lage in Ungarn, [1947/48]	637
Fortsetzung der Italien-Analyse, [1947/48]	642
Die permanente Währungskrise	644
Bestandesaufnahme in der amerikanischen Wirtschaft	647
Jeder soll jeden voll ersetzen können	651
Die industrielle Verwertung der Atomenergie	654
Der Dollar als Kampfmittel im Ostasienhandel	658
Europäische Interessen der US-Autoindustrie	661
Entwicklungshilfe unter anderen Vorzeichen	664

Anhang

Übersetzungen	669
Anmerkungen und Nachweise	681
Nachwort des Herausgebers	709

FRANZ JUNG WERKAUSGABE

Werke 1 in zwei Halbbänden
Feinde ringsum Prosa und Aufsätze 1912–1963
Band 1/1 bis 1930, Band 1/2 ab 1931
Werke 2 **Joe Frank illustriert die Welt / Die rote Woche /
Arbeitsfriede** Drei Romane
Werke 3 **Proletarier / Arbeiter Thomas / Hausierer**
Drei Romane
Werke 4 **Die Eroberung der Maschinen** Roman
Werke 5 **Nach Rußland!**
Schriften zur russischen Revolution
Werke 6 **Die Technik des Glücks** Mehr Tempo! Mehr Glück!
Mehr Macht. Das theoretische Hauptwerk
Werke 7 **Wie lange noch?** Theaterstücke
Werke 8 **Sprung aus der Welt** Expressionistische Prosa
Werke 9/1 **Briefe 1913–1963**
Werke 9/2 **Abschied von der Zeit**
Autobiographische Fragmente, Biographisches, Monographisches,
Entwürfe, Projekte, Analysen zu Wirtschaft und Politik
Werke 10 **Gequältes Volk** Ein oberschlesischer Industrieroman
Werke 11 **Briefe und Prospekte 1913–1963**
Dokumente eines Lebenskonzeptes
Werke 12 **Das Jahr ohne Gnade / Sylvia / Das Erbe**
Autobiographische Prosa

Supplementbände:
Franz Jung **Der Weg nach unten**
Aufzeichnungen aus einer großen Zeit. Autobiographie
Der Torpedokäfer Hommage à Franz Jung.
Essays, Interviews, Dokumente und Fotos.

Die Bände der Werkausgabe sind sowohl in Klappenbroschur
als auch gebunden mit Schutzumschlag lieferbar.
Die Subskriptionsmöglichkeit (10% Rabatt bei Abnahme aller Bände)
erlischt am 31.12.1997.

EDITION NAUTILUS